ACCESO GRATIS *a la Lectura en la Nube*

Para visualizar el libro electrónico en la nube de lectura envíe junto a su nombre y apellidos una fotografía del código de barras situado en la contraportada del libro y otra del ticket de compra a la dirección:

ebooktirant@tirant.com

En un máximo de 72 horas laborables le enviaremos el código de acceso con sus instrucciones.

La visualización del libro en **NUBE DE LECTURA** excluye los usos bibliotecarios y públicos que puedan poner el archivo electrónico a disposición de una comunidad de lectores. Se permite tan solo un uso individual y privado.

X CONGRESO INTERNACIONAL SOBRE PREVENCIÓN Y REPRESIÓN DEL BLANQUEO DE DINERO Y IV CONGRESO DE LA ASOCIACIÓN IBEROAMERICANA DE DERECHO PENAL ECONÓMICO Y DE LA EMPRESA

Ponencias y conclusiones del congreso: El blanqueo en la Unión Europea, su incidencia en el mundo digital y la internacionalización del Derecho penal, celebrado en la Facultad de Derecho de la Universidad de Santiago de Compostela, en julio de 2024

Procedimiento de selección de originales, ver página web:
www.tirant.net/index.php/editorial/procedimiento-de-seleccion-de-originales

X Congreso Internacional sobre prevención y represión del blanqueo de dinero y IV Congreso de la Asociación Iberoamericana de Derecho penal económico y de la empresa

Ponencias y conclusiones del congreso: El blanqueo en la Unión Europea, su incidencia en el mundo digital y la internacionalización del Derecho penal, celebrado en la Facultad de Derecho de la Universidad de Santiago de Compostela, en julio de 2024

Coordinadores

Miguel Abel Souto
José Manuel Lorenzo Salgado
Nielson Sánchez Stewart

tirant lo blanch
Valencia, 2025

En caso de erratas y actualizaciones, la Editorial Tirant lo Blanch publicará la pertinente corrección en la página web www.tirant.com.

Esta monografía se integra en el proyecto PID2021-126422OB-I00 (AEI/ FEDER, UE), financiado por la Agencia Estatal de Investigación (Ministerio de Ciencia e Innovación) y la Unión Europea, Programa operativo FEDER 2021-2027 "Una manera de hacer Europa".

EDITA: TIRANT LO BLANCH
C/ Artes Gráficas, 14 - 46010 - Valencia
TELFS.: 96/361 00 48 - 50
FAX: 96/369 41 51
Email: tlb@tirant.com
www.tirant.com
Librería virtual: www.tirant.es
DEPÓSITO LEGAL: V-2723-2025
ISBN: 978-84-1095-667-4
Maqueta: Tink Factoría de color

Si tiene alguna queja o sugerencia, envíenos un mail a: *atencioncliente@tirant.com*. En caso de no ser atendida su sugerencia, por favor, lea en *www.tirant.net/index.php/empresa/politicas-de-empresa* nuestro procedimiento de quejas.

Responsabilidad Social Corporativa: http://www.tirant.net/Docs/RSCTirant.pdf

AUTORES

Miguel Abel Souto
José Caamaño Alegre
María Teresa Carballeira Rivera
María Eugenia Escobar Bravo
José de Faria Costa
Javier Gustavo Fernández Teruelo
José Miguel Fernández Zacur
Juan Carlos Ferré Olivé
Nicola Ferrigni
Emanuele Fisicaro
Mariateresa Gammone
Pierluigi Granata
Diego José Gómez Iniesta
José Luis González Cussac
Diego González López
Yago González Quinzán
Daniel González Uriel
José Manuel Iglesias Casais
Fabio Joffre Calasich
Fernando Lara Gamboa
José León Alapont
Carmen López Andión
José Manuel Lorenzo Salgado
Isabel Morón Pendás
Tania Muñoa Vidal
Juan José Nieto Montero
Miguel Ángel Núñez Paz
Carlos Álvaro Peris
María Quintas Pérez
Juan María Rodríguez Estévez
Carlos Ruiz Miguel
Nielson Sánchez Stewart
Francesco Sidoti
Jorge Taboada Villa
María Mercedes Tato Rodríguez
José Tronchoni Albert
Caty Vidales Rodríguez

Índice

I. PRESENTACIÓN

II. PONENCIAS

A) Sección profesional, financiera, administrativa, económica, constitucional, comparada y tecnológica

B) Sección penal

III. COMUNICACIONES

IV. CONCLUSIONES

A) Sección profesional, financiera, administrativa, económica, constitucional, comparada y tecnológica

B) Sección penal

I. PRESENTACIÓN

Presentación

JOSÉ TRONCHONI ALBERT
Director Xeral de Xustiza de la Xunta de Galicia

Esta obra tiene su origen en el X Congreso Internacional sobre Prevención y Represión del Blanqueo de Dinero y IV de la Asociación Iberoamericana de Derecho Penal Económico y de la Empresa que se celebró los días 4 y 5 de julio de 2024 en la Facultad de Derecho de la Universidad de Santiago; en él participaron los más destacados especialistas en esta materia, y fue de gran importancia para todos los funcionarios de la Administración pública y para las Fuerzas y Cuerpos de Seguridad, no solo por los tipos agravados de blanqueo respecto a los bienes procedentes de la corrupción sino, sobre todo, debido a los múltiples deberes que implica la normativa administrativa de prevención, renovada por el Real Decreto Ley 7/2021, de 27 de abril, al igual que los nuevos tipos penales agravados, modificados por la Ley orgánica 6/2021, de 28 de abril, la incorporación por la Ley orgánica 14/2022, de 22 de diciembre, del delito de enriquecimiento ilícito de autoridades y la reciente presentación de un ambicioso paquete de propuestas legislativas europeas: un reglamento que crea la nueva autoridad de la Unión Europea en materia de blanqueo de dinero, otro reglamento de lucha contra el blanqueo, una sexta Directiva que sustituye la vigente y la revisión del reglamento sobre transferencias para rastrear los criptoactivos.

Es costumbre publicar los libros de actas de los Congresos sobre Prevención y Represión del Blanqueo de Dinero, lo que refleja el buen hacer del coordinador Dr. Miguel Abel Souto, haciendo gala de su generosidad personal e intelectual, que con tanto rigor cumple todos los años con esta cita consolidada en el ámbito jurídico, lo que nos da una oportunidad de avanzar en el conocimiento de las cuestiones que se plantean y en la búsqueda de soluciones a unos problemas cada vez más complejos por la evidente transformación de la sociedad en un mundo cada vez más interconectado y dependiente de la tecnología.

Una vez más especialistas de los más reconocidos en la investigación de este fenómeno analizan múltiples aspectos del blanqueo de dinero: penales, administrativos, financieros, constitucionales, económicos, profesionales, estadísticos, tecnológicos e internacionales, con especial atención a los ordenamientos jurídicos europeos e iberoamericanos y a la internacionalización del Derecho penal y cuyos resultados van destinados a todo tipo de profesionales del derecho, economistas, asesores fiscales, directivos de empresas y a todos los interesados en esta importantísima materia, sin distinciones, pero de forma muy especial a los abogados, tanto el ámbito nacional como internacional. Todo ello como en años anteriores con un enfoque y visión interdisciplinar, empeñado como está su autor en escapar de soluciones únicas, siendo consciente que a veces las leyes aciertan en el diagnóstico, pero fracasan en las soluciones o resultados.

Lo que hasta hace bien poco era una demanda social, científica y económica sobre la prevención y represión del blanqueo de dinero, la responsabilidad criminal de las personas jurídicas y el fraude fiscal, hoy es una exigencia legal y también internacional.

De ahí que este congreso sea todos los años una garantía de éxito. Sin este ámbito internacional, este objetivo no podría alcanzarse de manera suficiente por los Estados miembros de forma independiente, puesto que las medidas adoptadas por cada uno de ellos para proteger sus respectivos sistemas financieros podrían ser incompatibles, con el buen funcionamiento del mercado interior y las normas del Estado de Derecho y de orden público de la Unión.

De esta manera debido a las dimensiones o los efectos de la acción, puede lograrse mejor a escala de la Unión, incrementándose la transparencia global del entorno económico y financiero de la Unión como factor disuasorio.

La Directiva 2018/1673, del Parlamento Europeo y del Consejo, de 23 de octubre de 2018, relativa a la lucha contra el blanqueo de capitales mediante el derecho penal, supuso un hito en la protección del sistema financiero mediante la prevención, detección e investigación del blanqueo de capitales y de la financiación del terrorismo, pues resultaba necesario cierta armonización tanto en la tipificación de las conductas, en la fijación de sanciones suficientes y coherentes, como en su investigación y persecución de manera que esta coordinación facilite y agilice la cooperación judicial y policial y el intercambio de información.

De otra la financiación del terrorismo, que conforma un binomio ideal con el blanqueo de capitales y que son motivo de gran preocupación para la UE, plantean importantes riesgos para la economía y el sistema financiero de la UE y para la seguridad de la ciudadanía. Y es que corrupción y prevención son dos personajes antagónicos, siendo aquella una de las principales preocupaciones desde hace décadas de los Estados y organismos internacionales. De ahí que la cultura de la prevención y represión del blanqueo de dinero se promueva internacionalmente para erradicar este perjudicial fenómeno de la economía, así como para evitar la comisión de otros ilícitos empresariales.

Durante más de 30 años, la lucha contra el blanqueo de capitales ha ocupado un lugar destacado en la agenda política de la UE, puesto que este se va desarrollando en íntima relación con varios delitos previos de mayor relevancia, principalmente en el ámbito de drogas, en el de la criminalidad organizada y con conexión muy frecuente con la financiación del terrorismo, lo que obliga para garantizar que todos los riesgos conexos se aborden correctamente, a las normas de la UE a adaptarse continuamente a los riesgos emergentes, incluidos los relacionados con:

- la innovación tecnológica, como las monedas virtuales;
- la globalización de las organizaciones terroristas;
- el ingenio de los delincuentes para aprovechar las lagunas o deficiencias del sistema.

Otro de los riesgos y desafíos desde la perspectiva de la lucha contra el blanqueo de capitales: el uso de monedas virtuales. Los Estados miembros deben velar por que esos riesgos se aborden adecuadamente. Porque el blanqueo de dinero está en el corazón mismo de las actividades delictivas y representa una amenaza para la estabilidad económica y política de los Estados y para la seguridad internacional.

También tengo claro que las conclusiones que de este congreso salgan a buen seguro se tendrán en cuenta en las revisiones periódicas por el Grupo de acción financiera contra el blanqueo de capitales (GAFI).

Todo este conjunto de procedimientos y buenas prácticas que son objeto de estudio de este congreso nos va a clarificar la identificación y la clasificación de los riesgos operativos y legales a los que nos enfrentamos y nos permitirá establecer mecanismos internos de prevención, gestión, control y reacción frente a los mismos. De manera que deje de ser para muchas organizaciones una opción voluntaria para pasar a erigirse en un requisito a integrar dentro de la estrategia y estructura interna no solamente para las organizaciones, empresas o instituciones, sino también para la Administración en general, a fin de dar cumplimientos a los preceptos legales y poder protegerse ante situaciones de riesgo que nos puedan poner en serios problemas de estabilidad y continuidad en nuestra actividad cotidiana.

Porque nos preocupa y mucho en el ámbito de la Administración, el impacto de estos delitos por quienes ostenten un cargo público que puedan producirse en la esfera pública, para mantener la integridad de las instituciones públicas y lo que hoy es muy importante; la transparencia y rendición de cuentas.

Este libro es un aporte fundamental y, sobre todo, muy oportuno y valioso para todos. Lo debemos una vez más a la labor del profesor doctor Miguel Abel Souto, que con su trabajo excelente y muy útil, mueva a los legisladores siempre proclives a no introducir cambios a que la represión de este tipo de delitos vaya en consonancia con la evolución tecnológica.

II. PONENCIAS

A) Sección profesional, financiera, administrativa, económica, constitucional, comparada y tecnológica

Actualidad y retos de la Abogacía en la prevención del blanqueo de dinero

NIELSON SÁNCHEZ STEWART
Abogado
Doctor en Derecho
Ex Presidente de la Comisión de Prevención de Blanqueo de Capitales del Consejo General de la Abogacía Española
Relator de la sección profesional, financiera, administrativa, económica, constitucional, comparada y tecnológica

El 27 de abril de 2015, hace casi diez años, la entonces Comisión Especial para la Prevención del Blanqueo de Capitales del Consejo General de la Abogacía Española elaboró un completo informe sobre la evolución de la normativa relativa a la prevención del blanqueo de capitales en la medida que afectaba al ejercicio libre de la Abogacía.

Releyendo el informe, puede concluirse que los problemas con los que se encontraban los profesionales de la Abogacía entonces no difieren mucho de los que les aquejan en la actualidad en su calidad de sujetos obligados. Incluso, la situación es peor.

A pesar del enorme esfuerzo que ha desarrollado la Abogacía y la escasa ayuda que ha recibido de la administración que no ha colaborado en poner a disposición de las instituciones colegiales la información que ha ido recopilando y de la que dispone en relación a los blanqueadores y a las personas políticamente expuestas, los abogados tienen que seguir dependiendo de sus propias investigaciones y de las bases de datos que se ofrecen en el mercado que no son siempre confiables y que tienen un importante costo. La pertinaz resistencia de las autoridades de proveer un órgano centralizado de prevención en el seno del Consejo General de la Abogacía Española, a pesar de los casi veinte años en que se viene solicitando la creación de este instrumento que facilitaría el cumplimiento de las obligaciones que impone la ley, subsiste, a pesar de las diferencias de política que se han producido en el período, y no ayuda.

Como es bien sabido, la Ley 19/1993, de 28 de diciembre, sobre determinadas Medidas de Prevención del Blanqueo de Capitales (en lo sucesivo, LPBC), trasposición de la Directiva 91/308/CEE del Consejo de las Comunidades Europeas, no preveía que los abogados fuesen sujetos obligados a la prevención ni les fuese de aplicación el régimen de obligaciones o deberes previstos en su artículo 3. No se les menciona en lugar alguno ni en la Ley ni en el Reglamento, aprobado por Real Decreto 925/1995, de 9 de junio (vigente hasta el 22 de abril de 2005). Tampoco en la antes señalada Directiva.

Sin embargo, como consecuencia de otra Directiva, la 2001/97/CE, la llamada segunda Directiva, se promulgó la Ley 19/2003, de 4 de julio, sobre régimen jurídico de los movimientos de capitales y de las transacciones económicas con el exterior y sobre determinadas medidas de prevención del blanqueo de capitales que modificó la Ley 19/1993, de 28 de diciembre, e incorporó a los denominados "operadores jurídicos", es decir, notarios, abogados y procuradores en el elenco de sujetos obligados a la prevención del blanqueo de capitales.

La razón por la que se incluyeron a estos "operadores jurídicos" radicaba en combatir el intento de que el blanqueo de dinero se desarrollase a través del circuito financiero ordinario con revestimiento de juridicidad, es decir, con la apariencia de que obedecía a operaciones jurídicas efectuadas al margen de la finalidad o causa verdadera, esto es, el lavado de dinero.

Esta normativa comenzó a regir en fecha 6 de julio de 2003 pero no de forma completa y efectiva sino hasta el 22 de enero de 2005 cuando se aprueba mediante el Real Decreto 54/2005, de 21 de enero, la modificación del Reglamento de la Ley 19/1993, habida cuenta de lo que se establece en la Disposición Final Única[1] de dicha ley en relación a la entrada en vigor de la ley al día siguiente de su publicación en el BOE. No obstante, añade, "*la obligación de declarar el origen, destino y tenencia de fondos establecidos en el apartado 3 de la disposición adicional primera de esta Ley, sólo se aplicará a supuestos que se produzcan con posterioridad a la entrada en vigor de la disposición reglamentaria prevista en dicho apartado*".

Hasta entonces, los profesionales de la Abogacía no tenían por qué averiguar la procedencia de los fondos —mucho menos si se canalizaban a través de instituciones bancarias— y, salvo que les constase o les debiese constar que era delictiva, no habían de realizar actividad especial alguna. Evidentemente, si, por dolo o culpa, cometían el delito de blanqueo de

---

1 *Disposición final única Habilitación y entrada en vigor*
1. El Gobierno dictará las disposiciones de desarrollo y ejecución de esta ley en el plazo de seis meses a partir de su entrada en vigor.

capitales —que no se denominó así hasta la modificación del epígrafe que antecede a los artículos 301 y siguientes del Código penal experimentada por Ley Orgánica 5/2010, de 22 de junio—, eran plenamente responsables de su comisión.

El abogado, a diferencia de lo que ocurre con una entidad financiera, dispone de muchos menos elementos para apreciar si el acto o negocio jurídico que le presenta su cliente estaba vinculado a operaciones de blanqueo de capital.

Ése es el primer inconveniente con el que se enfrenta el profesional, pero no el único.

La misma relación de los Abogados con el blanqueo llama la atención. En España, la labor abogadil se orienta fundamentalmente a la defensa en juicio y parece exótico que cuando ocasionalmente pueda asesorar en una operación inmobiliaria, financiera o mercantil se transforme en sujeto obligado.

Se van a cumplir veinte años, pues, del establecimiento del carácter de sujetos obligados a los profesionales de la Abogacía y quince de la promulgación de la ley vigente.

Reitero siempre mi personal satisfacción por la inclusión en el elenco una vez que se suavizaron las exageradas exigencias que imponía la Ley 10/2010, de 28 de abril, que eliminó los sujetos obligados de naturaleza especial y sujetó a los profesionales, cualquiera que fuese el tamaño de su organización, a las mismas obligaciones que un gran banco, nombramiento de un representante ante el SEPBLAC, formulación de una política expresa de admisión de clientes, redacción de un manual de prevención, elaboración de un procedimiento de control interno, revisión por experto externo de los métodos utilizados y aprobación de un plan anual de formación para el personal, entre otras.

El Reglamento aprobado por el Real Decreto 304/2016, de 5 de mayo, libera de esas obligaciones formales a los sujetos obligados que facturasen menos de dos millones de euros al año, tuviesen una plantilla de personal inferior a diez personas y cuyo activo fuese inferior a la antes mencionada suma, representó un alivio para la mayor parte de los abogados que, según estudios realizados por el Consejo General de la Abogacía Española, son profesionales independientes en despachos de pocos miembros, tres como promedio[2]. Así,

2 Los datos se pueden examinar en https://datos.abogacia.es/

quedaban eximidos del cumplimiento de las obligaciones anteriores quedando sí en la necesidad de cumplir al menos con cinco:

(1) conocer al cliente, identificarlo, comprobar si es una persona políticamente expuesta y determinar el titular real a través de la consulta de bases de datos externas con fines de prevención del blanqueo de capitales y de la financiación del terrorismo, para comprobar que los datos disponibles coinciden con los que consten en las tales bases y establecer y analizar diferentes alertas. Dentro de esta obligación está la de verificar si el cliente es una persona con responsabilidad pública o políticamente expuesta y, en caso afirmativo, aplicar las medidas reforzadas de diligencia debida en las relaciones de negocio u operaciones que se realicen. Igualmente, verificar la autenticidad de la información y de los documentos que aporte el cliente para conocer la naturaleza de tu actividad profesional o empresarial. La identidad debe verificarse de manera fehaciente mediante un documento válido y comprobar que la información que facilite el cliente coincida con la información que conste en los documentos oficiales de los que se disponga. En caso de que no correspondan habrá que actualizar la base de datos o contactar con el cliente para solicitar más información y poder tener el dato actualizado. Esto es especialmente importante para determinar el domicilio actual.

Incluye también esta obligación el del seguimiento continuo de la relación mantenida con los clientes, en cumplimiento con la normativa de prevención de blanqueo de capitales, que incluye el seguimiento de las operaciones realizadas con la finalidad de garantizar que coincidan con la información sobre el cliente de la que se disponga originariamente para ponderar el riesgo.

(2) seguir la pista del dinero, aplicando en determinados casos diligencia reforzada.

Es preciso verificar el origen de los fondos y proceder al seguimiento de los documentos e información disponible sobre el cliente y solicitarle la actualización de aquellos que se consideren necesarios.

Conforme a la normativa de prevención del blanqueo de capitales y de la financiación del terrorismo, con el objetivo de tomar las oportunas medidas de diligencia debida y de información, debe analizarse y tenerse presente cualquier conducta compleja, inusual o sin un propósito económico lícito aparte o cualquier conducta o información de la que se disponga que presente indicios de un posible delito contra el patrimonio u orden socioeconómico.

(3) conservar por el plazo de diez años la documentación que acredite la operación en la que interviene y lo realizado para conocer al cliente y disipar cualquier duda de blanqueo. Los documentos identificativos deben incluir la imagen del cliente y habrá que comprobar su coincidencia por cualesquiera medios, formatos y soportes, con la exclusiva finalidad de verificar la identidad cuando sea necesario para el cumplimiento del contrato que liga al cliente con el abogado y para atender requerimientos de las autoridades competentes y cumplir con las obligaciones que impone la ley.

(4) abstenerse de seguir actuando tan pronto como aparezca indicio o certeza de blanqueo y

(5) comunicar a la unidad financiera de tal circunstancia colaborando con el servicio y sin que el cliente conozca tal comunicación.

Estas obligaciones que parecen simples son causantes de problemas aún sin solución

Hagamos un recuento en los apartados siguientes.

EL APARENTE CONFLICTO ENTRE EL SECRETO PROFESIONAL Y LAS OBLIGACIONES DE COMUNICAR A LA UNIDAD FINANCIERA Y COOPERAR CON ELLA

– La inclusión del asesoramiento como una de las actividades que constituyen al Abogado que lo presta en sujeto obligado con la dificilísima delimitación entro lo que está cubierto por el secreto profesional y lo que no lo está.

El artículo 542 de la Ley Orgánica del Poder Judicial define al abogado como el profesional que se desempeña en la dirección y defensa de procedimientos o se dedica al asesoramiento o consejo jurídicos[3].

[3] El artículo 12 de la Ley Orgánica del Derecho de Defensa contiene una nueva definición de los profesionales de la Abogacía: "*Garantía de la prestación del servicio por los profesionales de la abogacía. La asistencia letrada será prestada por los profesionales de la abogacía, que son aquellas personas que, por cuenta propia o ajena, estando en posesión del título profesional regulado en la normativa sobre el acceso a las profesiones de la abogacía y la procura, están incorporadas a un colegio de la abogacía como ejercientes y se dedican de forma profesional al asesoramiento jurídico, a la solución de conflictos y a la defensa de derechos e intereses ajenos, tanto públicos como privados, en la vía judicial o extrajudicial*".

El artículo 2 letra ñ) de la LBC sujeta al abogado que, entre otras cosas, participa en el asesoramiento de determinadas operaciones.

El abogado está sujeto al secreto profesional una obligación deontológica cuya vulneración no solo acarrea una sanción administrativa sino puede ser un ilícito penal[4].

La falta de cumplimiento de la obligación de comunicar y colaborar con la unidad de inteligencia se considera como infracción muy grave acreedora de una multa cuantiosa y de otras consecuencias[5].

El concepto del secreto profesional como un valor absoluto constitucional y legalmente establecido que, por tanto, no es susceptible de excepciones ni de autorizaciones para su revelación, una figura tan distinta a la que impera en los países anglosajones, de origen contractual. La Ley Orgánica del Derecho de Defensa ha venido a recalcar esta consideración[6].

---

4 El artículo 199 del Código penal dispone:
1. El que revelare secretos ajenos, de los que tenga conocimiento por razón de su oficio o sus relaciones laborales, será castigado con la pena de prisión de uno a tres años y multa de seis a doce meses.
2. El profesional que, con incumplimiento de su obligación de sigilo o reserva, divulgue los secretos de otra persona, será castigado con la pena de prisión de uno a cuatro años, multa de doce a veinticuatro meses e inhabilitación especial para dicha profesión por tiempo de dos a seis años".

5 El artículo 51 de la Ley 10/2010, de 5 de noviembre, dispone "*Constituirán infracciones muy graves las siguientes:*
a) El incumplimiento del deber de comunicación previsto en el artículo 18, cuando algún directivo o empleado del sujeto obligado hubiera puesto de manifiesto internamente la existencia de indicios o la certeza de que un hecho u operación estaba relacionado con el blanqueo de capitales o la financiación del terrorismo.
b) El incumplimiento de la obligación de colaboración establecida en el artículo 21 cuando medie requerimiento escrito de la Comisión de Prevención del Blanqueo de Capitales e Infracciones Monetarias".
Por su parte, el artículo 56 penaliza las infracciones muy graves con multa cuyo importe mínimo será de 150.000 euros y cuyo importe máximo ascenderá hasta la mayor de las siguientes cifras: el 10 por ciento del volumen de negocios anual total del sujeto obligado, el duplo del contenido económico de la operación, el quíntuplo del importe de los beneficios derivados de la infracción, cuando dichos beneficios puedan determinarse o 10.000.000 euros, además de amonestación pública.

6 El artículo 15 de la ley en su número cinco dispone: "*El secreto profesional incluirá las siguientes manifestaciones:*
a) La inviolabilidad y el secreto de todos los documentos y comunicaciones del profesional de la abogacía, que estén relacionados con el ejercicio de sus deberes de defensa.

El considerando 9 de la Cuarta Directiva (Directiva (UE) 2018/843 del Parlamento Europeo y del Consejo, de 30 de mayo de 2018, por la que se modifica la Directiva (UE) 2015/849 relativa a la prevención de la utilización del sistema financiero para el blanqueo de capitales o la financiación del terrorismo, y por la que se modifican las Directivas 2009/138/CE y 2013/36/UE) se refiere específicamente a la conservación del secreto profesional en términos ya tradicionales[7].

El artículo 34,2 de esa directiva disponía: "*Los Estados miembros eximirán de las obligaciones establecidas en el artículo 33, apartado 1, a los notarios, otros profesionales independientes del Derecho, los auditores, los contables externos y los asesores fiscales única y exclusivamente en aquellos casos en que tal exención se refiera a la información que estos reciban de uno de sus clientes u obtengan sobre él durante la determinación de la posición jurídica de su cliente o el ejercicio de sus funciones de defensa o representación de dicho cliente en un procedimiento judicial o en relación con dicho procedimiento, incluido el asesoramiento sobre la incoación de un procedimiento judicial o la forma de evitarlo, independientemente de si han recibido u obtenido dicha información antes, durante o después de tal procedimiento*".

Esta Directiva ha sido derogada por la llamada Sexta Directiva, Directiva (UE) 2024/1640 del Parlamento Europeo y del Consejo, de 31 de mayo de 2024, relativa a los mecanismos que deben establecer los Estados miembros a efectos de la prevención de la utilización del sistema financiero para el

---

b) La dispensa de prestar declaración ante cualquier autoridad, instancia o jurisdicción sobre hechos, documentos o informaciones de los que tuvieran conocimiento como consecuencia de su desempeño profesional, con las excepciones legales que puedan establecerse.

c) La protección del secreto profesional en la entrada y registro de los despachos profesionales respecto de clientes ajenos a la investigación judicial".

Aspiraciones largamente mantenidas por la Abogacía.

7 "*Los profesionales del Derecho, tal y como hayan sido definidos por los Estados miembros, deben quedar sujetos a la presente Directiva cuando participen en operaciones financieras o empresariales, incluido el asesoramiento fiscal, en las que existe mayor riesgo de que los servicios de dichos profesionales del Derecho se empleen indebidamente a fin de blanquear el producto de actividades delictivas o financiar el terrorismo. No obstante, deben preverse exenciones de la obligación de notificación en lo que respecta a la información obtenida antes, durante o después del proceso judicial, o en el momento de la determinación de la situación jurídica de un cliente. Por lo tanto, el asesoramiento jurídico debe seguir sujeto a la obligación de secreto profesional, salvo en caso de que el profesional del Derecho esté implicado en blanqueo de capitales o financiación del terrorismo, de que la finalidad del asesoramiento jurídico sea el blanqueo de capitales o la financiación del terrorismo, o de que el profesional del Derecho sepa que el cliente solicita asesoramiento jurídico con fines de blanqueo de capitales o financiación del terrorismo*".

blanqueo de capitales o la financiación del terrorismo, por la que se modifica la Directiva y (UE) 2019/1937 y se modifica y deroga la Directiva (UE) 2015/849. En esta nueva norma no se contiene una manifestación similar a la que venía siendo repetida desde la segunda Directiva. Se menciona el secreto profesional más de una veintena de oportunidades, pero no en relación con la Abogacía. En el artículo 10 referido a los Registros Centrales de titularidad real se contiene un número 15 letra b) del siguiente tenor: "b*) se respetará cualquier garantía procesal vigente en el Estado miembro para proteger la prerrogativa de secreto profesional y no se accederá a ninguna información protegida por la prerrogativa de secreto profesional*".

Sin embargo, una disposición similar a la tradicional se contiene en el artículo 70 del nuevo Reglamento a la que se alude más adelante.

Y el artículo 22 de la vigente ley mantiene su algo confusa redacción:

> "No sujeción.
> *Los abogados no estarán sometidos a las obligaciones establecidas en los artículos 7.3, 18 y 21 con respecto a la información que reciban de uno de sus clientes u obtengan sobre él al determinar la posición jurídica en favor de su cliente o desempeñar su misión de defender a dicho cliente en procesos judiciales o en relación con ellos, incluido el asesoramiento sobre la incoación o la forma de evitar un proceso, independientemente de si han recibido u obtenido dicha información antes, durante o después de tales procesos.*
> *Sin perjuicio de lo establecido en la presente Ley, los abogados guardarán el deber de secreto profesional de conformidad con la legislación vigente".*

No es fácil distinguir qué está cubierto por el secreto profesional (todos los hechos o noticias que lleguen al conocimiento del abogado en su ejercicio) y qué debe comunicarse y ponerse a disposición de la unidad financiera.

LA COMISIÓN CULPOSA DEL DELITO DE BLANQUEO

La comisión culposa del delito de blanqueo de capitales que sólo se castiga en determinados países, entre ellos España, y que, según una corriente jurisprudencial sólo o mayormente puede cometerse por quienes están especialmente obligados a prevenir el blanqueo. Esta corriente ha sido recogida en la última modificación del Código Penal que considera una agravante del delito cometerlo en calidad de sujeto obligado. Así, se ha agregado al artículo 302 un párrafo del siguiente tenor: "*También se impondrá la pena en su mitad superior a quienes, siendo sujetos obligados conforme a la normativa de prevención del blanqueo de capitales y de la financiación del terro-*

rismo, cometan cualquiera de las conductas descritas en el artículo 301 en el ejercicio de su actividad profesional"[8].

Este tratamiento equipara a los abogados, en su calidad de sujetos obligados a quienes pertenezcan a una organización dedicada a delinquir…[9]

LA PUNCIÓN DEL AUTOBLANQUEO

La punición del autoblanqueo que, unido a las figuras típicas de la posesión y de la utilización de bienes de procedencia ilícita, transforma en presunto blanqueador al que no lo es. Un cliente de muy difícil identificación.

La posesión y utilización de bienes de procedencia ilícita como modos de cometer el delito que desnaturaliza el estricto sentido del delito de blanqueo y lo transforma en una infracción penal continuada y, en la realidad, imprescriptible. Y, en caso, de heredarse bienes de procedencia ilícita, una situación delincuencial transmisible por causa de muerte[10].

Afortunadamente, el Tribunal Supremo ha venido a interpretar el artículo 301 del Código penal en el sentido de que estas actividades son

---

8 Esta modificación responde a la trasposición de la Directiva (UE) 2018/1673 del Parlamento Europeo y del Consejo de 23 de octubre de 2018 relativa a la lucha contra el blanqueo de capitales mediante el Derecho penal que se realizó mediante la aprobación de la Ley Orgánica 14/2022, de 22 de diciembre, de transposición de directivas europeas y otras disposiciones para la adaptación de la legislación penal al ordenamiento de la Unión Europea, y reforma de los delitos contra la integridad moral, desórdenes públicos y contrabando de armas de doble uso.

9 Sobre la comisión imprudente del delito de blanqueo puede consultarse a Silva pacheco, José "El delito de blanqueo imprudente" en Revista del Notario Siglo XXI, número 45, Septiembre, octubre 2012
El delito de blanqueo imprudente (elnotario.es)

10 El considerando 8 de la Directiva (UE) 2018/1673 del Parlamento Europeo y del Consejo de 23 de octubre de 2018 relativa a la lucha contra el blanqueo de capitales mediante el Derecho penal insiste *"Los delitos fiscales relacionados con los impuestos directos e indirectos deben estar incluidos en la definición de "actividad delictiva", de acuerdo con las Recomendaciones revisadas del GAFI. Dado que, en cada Estado miembro, diferentes delitos fiscales pueden constituir una actividad delictiva castigada con las sanciones a que se refiere la presente Directiva, las definiciones de los delitos fiscales podrían diferir en el Derecho nacional. No obstante, el objetivo de la presente Directiva no es armonizar las definiciones de los delitos fiscales en el Derecho nacional"*

constitutivas del delito cuando se realizan con el objeto de encubrir el origen ilícito de los bienes[11].

LA CARENCIA DE UN FILTRO

La carencia de un "filtro" que existe en otras jurisdicciones u otras profesiones que, sin seleccionar datos que deben ser comunicados y no comunicados, sirva como una guía de lo que realmente pueda constituir indicios o certeza de blanqueo y de los sinuosos límites entre lo que está sometido al secreto profesional y lo que no lo está. En este sentido, la sentencia Michaud

---

11 El Tribunal Supremo en su Sentencia, Sala Segunda, Ponente señor Conde-Pumpido Turón, de 29 de abril de 2015, ha venido a realizar una interpretación del tipo del artículo 301 del Código penal que la propia resolución califica de "más restrictiva". Una interpretación *ad pedem litterae* de la disposición que sanciona el delito de blanqueo de capitales llevaba a absurdos difíciles de asumir. La punición del autoblanqueo, que preveía la misma norma, producía el riesgo cierto del bis in idem al castigarse al que cometía la actividad delictiva por no sólo por este hecho sino también por blanqueo. Con el añadido que, al no tener, necesariamente la primera, carácter de delito grave, la pena que podía imponerse por el blanqueo era superior. Así, el que hurtaba una bicicleta podría ser penado por el hurto —que igual podría haber sido una mera falta antes de la reforma— y además, si huía en ella, por blanqueo en su modalidad de utilización. Al castigarse la mera posesión y la utilización de bienes de procedencia delictiva, sabiendo, claro está, la ilicitud de su origen, permitía condenar al que, de visita en casa de un conocido narcotraficante, veía un programa en su televisión o, como ejemplifica la sentencia, al que se bañaba en su piscina. No hay duda que el delito de blanqueo ha experimentado en los últimos años lo que se ha llegado a calificar de expansión, pero no puede pensarse que el legislador se propusiese tipificar esas conductas. La sentencia que comento declara que el artículo 301 no consagra diversos tipos sino diversas modalidades de comisión pero todas con la misma finalidad: el ocultar o encubrir el origen ilícito de los bienes de procedencia delictiva. No se trata, pues, de sancionar, por un lado, al que adquiera, posea, utilice, convierta, o transmita bienes, sabiendo que tienen un origen espurio, cualquiera que sea la razón que le anima y por otro al que realiza cualquier otro acto para ocultar ese origen. Todas las acciones previstas en el tipo deben tener idéntico fin. Las comas, antes de las conjunciones disyuntivas deben ser consideradas como lo que son: un simple error gramatical.

Demás está decir que el Tribunal Supremo viene a clarificar, sin decirlo, la duda que podía plantearse sobre la percepción —adquisición o trasmisión de bienes— de honorarios profesionales a un Abogado que un delincuente sin otros ingresos conocidos que o fueran el producto de un delito abonaba a su defensor. Si no hay propósito de ocultación, no puede haber blanqueo.

del Tribunal Europeo de Derechos Humanos de fecha 6 de diciembre de 2012[12] es particularmente interesante y ha tenido influencia en la llamada

---

12 Patrick Michaud, Abogado francés planteó ante el Tribunal la posible disconformidad entre el Convenio Europeo de Derechos Humanos y las normas francesas de trasposición de las Directivas comunitarias que exigen la comunicación a la administración de las sospechas cuando se ejerce la asistencia letrada. Esta comunicación vulneraría el artículo 8 del Convenio que protege, entre otras cuestiones, la confidencialidad de las relaciones entre Letrados y sus clientes. El 12 de Julio de 2007 el Consejo Nacional de la Abogacía francesa adoptó un acuerdo reiterando la obligación de comunicación. En octubre de 2007, Michaud presentó un recurso ante el "Conseil d´Etat", alegando la incompatibilidad de dicha obligación con el libre ejercicio de la profesión y subrayando la falta de definición del concepto de "sospecha" en relación con la tipificación de las sanciones e, igualmente, en relación con el secreto profesional. El "Conseil d´Etat" francés rechazó el recurso y el planteamiento de la cuestión prejudicial, por lo que el asunto, agotada la vía interna fue sometida al TEDH. El Tribunal sostiene que el artículo 8 del Convenio garantiza el derecho a la privacidad en general, en la correspondencia y en las comunicaciones y, en particular, las que se establecen entre letrado y cliente. Por ello, la transmisión directa del Letrado a la administración sería incompatible con dicha disposición. Los Abogados desempeñan un papel esencial en las sociedades democráticas, singularmente cuando ejercen el derecho de defensa. Sin embargo, esta protección debe ser armonizada y coordinada con la lucha contra el blanqueo de capitales y, por eso, la confidencialidad tiene algunos límites que deben ser ponderados tomando en cuenta dos elementos: a) Los Abogados están obligados a informar sólo cuando tomen parte o representen a sus clientes en transacciones financieras, societarias o inmobiliarias y no cuando estén ejerciendo la defensa del cliente. Tampoco, cuando la actividad que ejerce está inmersa en el curso de un procedimiento judicial. El Tribunal reconoce que el asesoramiento, la consulta jurídica es la expresión francesa, está excluido de la obligación de comunicar. En Francia, la consulta se define —así lo ha hecho una resolución de 18 de junio de 2011 del Conseil nacional des Barreaux— como la prestación intelectual personalizada tendente, sobre la cuestión que se plantea, a suministrar una respuesta o un consejo sobre la aplicación de una norma jurídica con el objeto eventual de tomar una decisión. Esta definición ha sido citada expresamente por el TEDH. b) Y porque la ley francesa prevé un importante filtro de protección de la confidencialidad y el secreto profesional: la comunicación indirecta a través del Presidente del Colegio de Abogados correspondiente al "Conseil d´Etat" y de la "Cour de Cassation" o al Decano de su Colegio territorial. Son estas autoridades colegiales las que trasmiten la comunicación recibida al TRACFIN, una vez verificados los requisitos legales para ello.2 Tal actuación del Decano o del presidente es un "filtro protector" ya que no transmitirá al TRACFIN lo que considere que esté cubierto por el secreto profesional. Pero no sólo eso. Según el razonamiento del Tribunal, el Abogado que tiene dudas sobre si una determinada situación puede ser un indicio de blanqueo de capitales disfruta de la posibilidad de obtener la asistencia de un compañero enterado

Cuarta Directiva que contiene un considerando 39 que es novedoso en lo relativo a los organismos autorreguladores de las profesiones a los que se debe informar en "primera instancia en lugar de la UIF" al hacer referencia a la jurisprudencia del Tribunal Europeo de Derechos Humanos, ya que "constituye una salvaguardia[13] importante para la protección de los derechos fundamentales en lo que se refiere a las obligaciones de información aplicables a los abogados".

El Artículo 34.1 de la Directiva que prevé la designación de los organismos autorreguladores de las profesiones insiste en que "transmitirán de inmediato la información sin filtrar a la UIF" la información que reciban. La referencia a la jurisprudencia del Tribunal es suficientemente explícita[14].

---

y experimentado. La utilización de la expresión "filtro" le lleva a esa conclusión, la facultad de realizar un control de oportunidad sobre la existencia de un indicio. Por eso, la sentencia considera, en conclusión, que la obligación de los Letrados de informar, en estos términos, no representa una interferencia desproporcionada en las obligaciones profesionales de los Abogados y que no se ha producido violación del artículo 8 del CEDH por parte de Francia.

13 El Artículo 35.° de la Ley 25/2008 de la República Portuguesa se refiere a esta materia y su redacción es ejemplar: "*Artigo 35.° Advogados e solicitadores*
1- No cumprimento do dever de comunicação previsto no artigo 16.°, os advogados e os solicitadores comunicam as operações suspeitas, respectivamente, ao bastonário da Ordem dos Advogados e ao presidente da Câmara dos Solicitadores, cabendo a estas entidades a comunicação, pronta e sem filtragem, ao Procurador-Geral da República e à Unidade de Informação Financeira, sem prejuízo do disposto no número seguinte.
2- Tratando-se de advogados ou solicitadores e estando em causa as operações referidas na alínea f) do artigo 4.°, não são abrangidas pelo dever de comunicação, as informações obtidas no contexto da avaliação da situação jurídica do cliente, no âmbito da consulta jurídica, no exercício da sua missão de defesa ou representação do cliente num processo judicial, ou a respeito de um processo judicial, incluindo o aconselhamento relativo à maneira de propor ou evitar um processo, bem como as informações que sejam obtidas antes, durante ou depois do processo.
3- O disposto nos números anteriores aplica-se, igualmente, ao exercício pelos advogados e solicitadores dos deveres de abstenção e de colaboração previstos nos artigos 17.° e 18.°, competindo àqueles profissionais, no âmbito do dever de colaboração, logo que lhes seja solicitada assistência pela autoridade judiciária, comunicá-lo ao bastonário da Ordem dos Advogados ou ao presidente da Câmara dos Solicitadores, facultando a estas os elementos solicitados para efeitos do disposto no n.° 1".

14 Su texto es el siguiente: "*Para determinadas entidades obligadas, los Estados miembros deben poder designar un organismo autorregulador adecuado como la autoridad a la que se ha de informar en primera instancia en lugar de la UIF. De acuerdo con la jurisprudencia del Tribunal Europeo de Derechos Humanos, un sistema de notificación en primera instancia a un organismo autorregulador constituye una salvaguardia importante para la protección de los derechos fundamentales en lo que se refiere a las obligaciones de información aplicables a los*

La Cuarta Directiva, como ya se ha dicho, ha sido derogada por la Sexta Directiva (UE) 2024/1640 del Parlamento Europeo y del Consejo, de 31 de mayo de 2024, relativa a los mecanismos que deben establecer los Estados miembros a efectos de la prevención de la utilización del sistema financiero para el blanqueo de capitales o la financiación del terrorismo, por la que se modifica la Directiva (UE) 2019/1937 y se modifica y deroga (*sic*) la Directiva (UE) 2015/849. Paralelamente, se ha aprobado una nueva disposición contenida en el artículo 70 del Reglamento (UE) 2024/1624 del Parlamento Europeo y del Consejo, de 31 de mayo de 2024, relativo a la prevención de la utilización del sistema financiero para el blanqueo de capitales o la financiación del terrorismo. Es del siguiente tenor:

> *"Disposiciones específicas para la comunicación de sospechas por determinadas categorías de entidades obligadas*
> *1. Como excepción a lo dispuesto en el artículo 69, apartado 1, los Estados miembros podrán permitir que las entidades obligadas a que se refiere el artículo 3, punto 3, letras a) y b), transmitan la información a que se refiere el artículo 69, apartado 1, a un organismo autorregulador designado por el Estado miembro.*
> *El organismo autorregulador designado remitirá la información citada en el párrafo primero a la UIF de forma inmediata y sin haberla filtrado previamente.*
> *2. Los notarios, abogados, otros profesionales independientes del Derecho, los auditores, los contables externos y los asesores fiscales serán eximidos de los requisitos establecidos en el artículo 69, apartado 1, en la medida en que dicha exención se refiera a la información que estos reciban de un cliente u obtengan sobre él durante la determinación de la posición jurídica de dicho cliente o el ejercicio de sus funciones de defensa o representación de dicho cliente en un procedimiento judicial o en relación con dicho procedimiento, incluido el asesoramiento sobre la incoación de un procedimiento judicial o la forma de evitarlo, independientemente de si han recibido u obtenido dicha información antes, durante o después de tal procedimiento.*
> *La excepción establecida en el párrafo primero no se aplicará cuando las entidades obligadas mencionadas en este:*
> *a) participen en blanqueo de capitales, sus delitos subyacentes o la financiación del terrorismo;*
> *b) presten asesoramiento jurídico con fines de blanqueo de capitales, sus delitos subyacentes o la financiación del terrorismo, o*
> *c) sepan que el cliente solicita asesoramiento jurídico con fines de blanqueo de capitales, sus delitos subyacentes o la financiación del terrorismo. El conocimiento o la motivación pueden establecerse basándose en elementos de hecho objetivos.*
> *3. Además de las situaciones a que se refiere el apartado 2, párrafo segundo, cuando esté justificado por existir un riesgo mayor de blanqueo de capitales, sus*

---

abogados. Los Estados miembros deben prever medios y procedimientos que permitan garantizar la protección del secreto profesional, la confidencialidad y la privacidad".

delitos subyacentes o la financiación del terrorismo asociados a determinados tipos de operaciones, los Estados miembros podrán decidir que la exención a que se refiere el apartado 2, párrafo primero, no se aplique a esos tipos de operaciones y, en su caso, imponer obligaciones de comunicación adicionales a las entidades obligadas a que se refiere dicho apartado. Los Estados miembros notificarán a la Comisión las decisiones adoptadas conforme al presente apartado. La Comisión comunicará tales decisiones a los demás Estados miembros".

LA CONSIDERACIÓN DEL DELITO CONTRA LA HACIENDA PÚBLICA COMO SUBYACENTE

La inclusión de la cuota defraudada en el caso de los delitos contra la Hacienda Pública entre los bienes procedentes de una actividad delictiva, que en la generalidad de los supuestos —simple omisión— no es de fácil detección y por muchas precauciones que se adopten por el sujeto obligado, a veces resulta literalmente imposible determinar sobre qué ingresos o bienes el cliente ostenta y si estos son perfectamente legítimos y cuales, no. A pesar de lo cual, se sigue considerando el delito contra la hacienda pública como delito antecedente del blanqueo sin distinción alguna[15/16].

EL CONFLICTO ENTRE LA LEGISLACIÓN ANTIBLANQUEO Y LA PROTECCIÓN DE DATOS

El tratamiento de datos de carácter personal, así como los ficheros —automatizados o no— creados para el cumplimiento de las disposiciones de la Ley 10/2010, de 28 de abril, de prevención del blanqueo de capitales

---

15 El considerando 11 de la Cuarta Directiva establece que "*Es importante destacar expresamente que los "delitos fiscales" relacionados con los impuestos directos e indirectos están incluidos en la definición de "actividad delictiva" en sentido amplio con arreglo a la presente Directiva, de conformidad con las Recomendaciones revisadas del GAFI. Dado que en cada Estado miembro se pueden tipificar diferentes delitos fiscales como constitutivos de "actividad delictiva" que lleven aparejadas las sanciones a las que se refiere el artículo 3, punto 4, letra f), de la presente Directiva, las definiciones de delito fiscal en las legislaciones nacionales pueden diferir. Aunque no se pretende la armonización de las definiciones de delito fiscal en la legislación nacional de los Estados miembros, estos deben autorizar, en la mayor medida posible con arreglo a su legislación nacional, el intercambio de información o la prestación de asistencia entre las unidades de inteligencia financiera (UIF) de la UE*".

16 Sobre esta materia es muy recomendable la lectura del voto particular formulado por D. Antonio del Moral García, en la sentencia núm. 974/2012 dictada en el recurso de casación número 2216/11.

y de la financiación del terrorismo, se llevarán a cabo con la finalidad de declarar al Fichero de Titularidades Financieras los datos identificativos de los clientes (o de sus representantes o apoderados, en el caso de clientes personas jurídicas) y de los intervinientes.

Debe tenerse en cuenta que, según el artículo 23 del RGPD y según el artículo 32 de la Ley 10/2010 de Prevención del Blanqueo de Capitales y Financiación del Terrorismo, los derechos previstos en los artículos 15 a 22 del RGPD no son de aplicación a los ficheros y tratamientos de datos de carácter personal creados y gestionados por el Servicio Ejecutivo de la Comisión de Prevención del Blanqueo de Capitales e Infracciones Monetarias para el cumplimiento de las funciones que le otorga dicha Ley.

De particular relevancia debe entenderse, a estos efectos, el intercambio de información entre el SEPBLAC y la Agencia Estatal de Administración Tributaria, plenamente conforme con la previsión contenida en los artículos 94.4 y 95.1.i) de la Ley 58/2003, de 17 de diciembre, General Tributaria.

Si el cliente no remite los documentos actualizados en un periodo razonable de tiempo, los datos serán tratados para renunciar al encargo profesional o cancelar la relación de negocios con el cliente.

LA INSCRIPCIÓN EN EL REGISTRO MERCANTIL

La obligación impuesta la Orden JUS/1256/2019, de 26 de diciembre, sobre la inscripción en el Registro Mercantil de las personas físicas o jurídi cas que de forma empresarial o profesional prestan los servicios descritos en el artículo 2.1.o) de la Ley 10/2010, de 28 de abril, de prevención del blanqueo de capitales y financiación del terrorismo es una nueva obligación para aquellos abogados que se dedican a esas actividades[17].

---

[17] La extensa pormenorización es del siguiente tenor: "… *constituir sociedades u otras personas jurídicas; ejercer funciones de dirección o secretaría de una sociedad, socio de una asociación o funciones similares en relación con otras personas jurídicas o disponer que otra persona ejerza dichas funciones; facilitar un domicilio social o una dirección comercial, postal, administrativa y otros servicios afines a una sociedad, una asociación o cualquier otro instrumento o persona jurídicos; ejercer funciones de fideicomisario en un fideicomiso ("trust") expreso o instrumento jurídico similar o disponer que otra persona ejerza dichas funciones; o ejercer funciones de accionista por cuenta de otra persona, exceptuando las sociedades que coticen en un mercado regulado y estén sujetas a requisitos de información conformes con el derecho comunitario o a normas internacionales equivalentes, o disponer que otra persona ejerza dichas funciones.*

Dicha obligación fue establecida con motivo de la transposición de la Directiva (UE) 2015/849 del Parlamento Europeo y del Consejo, de 20 de mayo de 2015, relativa a la prevención de la utilización del sistema financiero para el blanqueo de capitales y la financiación del terrorismo y por la que se modifica el Reglamento (UE) n.º 648/2012 del Parlamento Europeo y del Consejo, y se derogan la Directiva 2005/60/CE del Parlamento Europeo y del Consejo y la Directiva 2006/70/CE de la Comisión (Cuarta Directiva) de donde resulta necesario impulsar medidas para la puesta en funcionamiento del Registro de prestadores de servicios a sociedades y fideicomisos. En este sentido, el Real Decreto-ley 11/2018, de 31 de agosto, de transposición de directivas en materia de protección de los compromisos por pensiones con los trabajadores, prevención del blanqueo de capitales y requisitos de entrada y residencia de nacionales de países terceros y por el que se modifica la Ley 39/2015, de 1 de octubre, del Procedimiento Administrativo Común de las Administraciones Públicas, contiene en su título II, que se corresponde con el artículo segundo, las modificaciones que corresponden a la Ley 10/2010, de 28 de abril, de prevención del blanqueo de capitales y de la financiación del terrorismo del terrorismo vigente en España[18/19].

Así pues, los abogados que se dediquen, además del ejercicio de su profesión a las actividades comprendidas en la letra o) del artículo 2.1 de la ley quedan sujetos a esta nueva obligación no siendo bastante la incorporación en el respectivo Colegio.

LA EXTENSIÓN DE LAS OBLIGACIONES AL ÁMBITO DE LA FISCALIDAD

Como la cooperación de la Abogacía en la prevención del blanqueo y la financiación del terrorismo estaba, a juicio de la administración, relativa-

---

18 El Consejo General de la Abogacía Española elaboró un completo informe sobre la obligatoriedad de determinados abogados de solicitar y practicar la inscripción en el Registro mercantil. Su texto puede consultarse en https://www.abogacia.es/wp-content/uploads/2020/01/

19 El apartado treinta y tres de dicho Real Decreto-Ley modifica la disposición adicional única de la Ley 10/2010, de 28 de abril, de prevención del blanqueo de capitales y de la financiación del terrorismo, y establece, en los nuevos apartados 2 y 8 de la referida disposición, que el formulario de inscripción en el Registro Mercantil de las personas físicas prestadoras de servicios a sociedades y fideicomisos se aprobará mediante orden de la ministra de Justicia.

mente bien, se pretendió aplicar una regulación comparable para luchar contra el fraude fiscal.

Así, la Directiva 2011/16/UE del Consejo, de 15 de febrero de 2011, relativa a la cooperación administrativa en el ámbito de la fiscalidad y por la que se deroga la Directiva 77/799/CEE, en su versión modificada por la Directiva (UE) 2018/822 del Consejo, de 25 de mayo de 2018, contiene un artículo, el 8 bis ter, apartado 5, que impone al abogado que actúa como intermediario en determinadas operaciones, cuando está exento de la obligación de comunicación de información establecida en el apartado 1 del artículo 8 bis ter de la referida Directiva, en su versión modificada, debido a que está sujeto al secreto profesional, queda obligado a notificar sin demora sus obligaciones de comunicación de información en virtud del apartado 6 de dicho artículo 8 bis ter a cualquier otro intermediario que no sea su cliente. Recurrida esa disposición ante el Tribunal de Justicia de la Unión Europea, en sentencia de 30 de diciembre de 2022[20] se declaró que dicho precepto "*es inválido a la luz del artículo 7 de la Carta de los Derechos Fundamentales de la Unión Europea en la medida en que su aplicación por los Estados miembros tiene como consecuencia imponer al abogado que actúa como intermediario, en el sentido del artículo 3, punto 21, de dicha Directiva, en su versión modificada, cuando está exento de la obligación de comunicación de información establecida en el apartado 1 del artículo 8 bis ter de la referida Directiva, en su versión modificada, debido a que está sujeto al secreto profesional, la obligación de notificar sin demora sus obligaciones de comunicación de información en virtud del apartado 6 de dicho artículo 8 bis ter a cualquier otro intermediario que no sea su cliente*".

La Directiva había sido traspuesta a la legislación nacional mediante el Real Decreto 243/2021, de 6 de abril, por el que se modifica el Reglamento General de las actuaciones y los procedimientos de gestión e inspección tributaria y de desarrollo de las normas comunes de los procedimientos de aplicación de los tributos, aprobado por el Real Decreto 1065/2007, de 27 de julio, en transposición de la Directiva (UE) 2018/822 del Consejo, de 25 de mayo de 2018, que modifica la Directiva 2011/16/UE, por lo que se refiere al intercambio automático y obligatorio de información en el ámbi-

---

20 En el asunto C-694/2020, que resolvía una primera cuestión prejudicial elevada por el Grondwettelijk Hof (Tribunal Constitucional) belga en relación con la compatibilidad del artículo 8 bis ter 5 de la Directiva 2011/16 introducido por la Directiva (UE) 2018/822 (conocida como "DAC 6") con los derechos a la vida privada (arts. 7 CDFUE y 8 CEDH) y a un proceso equitativo (arts. 47 CDFUE y 6 CEDH).

to de la fiscalidad en relación con los mecanismos transfronterizos sujetos a comunicación de información.

Este Decreto introdujo varias disposiciones en el antes citado Reglamento entre la cuales estaba una nueva subsección 5.ª en la sección 2.ª del capítulo V del título II cuyo epígrafe era "*Subsección 5.ª Obligaciones de información de los mecanismos transfronterizos de planificación fiscal*" que contenía un artículo, el 45. "*Obligación de información de determinados mecanismos de planificación fiscal*".

El número 4 de este artículo reza: bajo el epígrafe de "*Obligados a presentar la declaración en concepto de intermediarios*".

> *a) Estarán obligados a presentar la declaración en concepto de intermediarios siempre que concurra alguno de los criterios de conexión a los que se refiere el apartado 6.a) de este artículo:*
> *1.º Toda persona o entidad que diseñe, comercialice, organice, ponga a disposición para su ejecución un mecanismo transfronterizo sujeto a comunicación de información, o que gestione su ejecución.*
> *2.º Toda persona o entidad que conoce o razonablemente cabe suponer que conoce que se ha comprometido a prestar directamente o por medio de otras personas ayuda, asistencia o asesoramiento con respecto al diseño, comercialización, organización, puesta a disposición para su ejecución o gestión de la ejecución de un mecanismo transfronterizo sujeto a comunicación de información.*
> *b) No estarán obligados a presentar la declaración aquellos intermediarios en los que concurran alguna de las siguientes circunstancias:*
> *1.º Aquellos en que la cesión de la información vulnere el régimen jurídico del deber de secreto profesional al que se refiere el apartado 2 de la disposición adicional vigésima tercera de la Ley 58/2003, de 17 de diciembre, General Tributaria, salvo autorización del obligado tributario interesado conforme a lo dispuesto en la citada disposición adicional.*
> *En este caso, el intermediario eximido deberá comunicar dicha circunstancia en un plazo de cinco días contados a partir del día siguiente al nacimiento de la obligación de información a los otros intermediarios que intervengan en el mecanismo y al obligado tributario interesado a través de la comunicación a la que se refiere la disposición adicional vigésima cuarta de la Ley 58/2003, de 17 de diciembre, General Tributaria.*
> *El contenido de la comunicación se ajustará al modelo que se apruebe por Resolución del Departamento de Gestión Tributaria de la Agencia Estatal de Administración Tributaria.*
> *2.º Cuando existiendo varios intermediarios la declaración haya sido presentada por uno de ellos.*
> *El intermediario eximido deberá conservar prueba fehaciente de que la declaración ha sido presentada conforme a las reglas legalmente aplicables por otros intermediarios obligados.*
> *A estos efectos tendrá la consideración de prueba fehaciente la comunicación a la que se refiere el apartado 2 de la disposición adicional vigésima cuarta de la Ley 58/2003, de 17 de diciembre, General Tributaria".*

> *El intermediario que hubiera presentado la declaración deberá comunicarlo a los otros intermediarios que intervengan en el mecanismo en el plazo de cinco días contados a partir del día siguiente a su presentación.*
> *El contenido de la comunicación se ajustará al modelo que se apruebe por Resolución del Departamento de Gestión Tributaria de la Agencia Estatal de Administración Tributaria".*

Después de dos fallidos intentos de la Asociación Española de Asesores Fiscales de obtener la suspensión de la disposición antes referida, el Tribunal Supremo Sala Tercera, por auto de 27 de febrero de 2023 resolvió acoger la nueva (tercera) solicitud patrocinada por la parte recurrente ya que estaba fundada en el cambio de circunstancias acontecido con la sentencia dictada el 30 de diciembre de 2022, del Tribunal de Justicia de la Unión Europea, a la cual se ha hecho ya referencia.

El Auto acoge la medida cautelar solicitada pero sólo en relación con lo dispuesto en el párrafo segundo del art. 45.4.b) del RGAT, en cuanto dispone que "*En este caso, el intermediario eximido deberá comunicar dicha circunstancia en un plazo de cinco días contados a partir del día siguiente al nacimiento de la obligación de información a los otros intermediarios que intervengan en el mecanismo y al obligado tributario interesado a través de la comunicación a la que se refiere la disposición adicional vigésima cuarta de la Ley 58/2003, de 17 de diciembre, General Tributaria". Se decreta de suspensión de su aplicación hasta que recaiga sentencia".*

OTRAS DIFICULTADES CON LA QUE SE ENCUENTRA LA ABOGACÍA

– El número de Abogados que existe en España y la falta de requisitos homologables con otros países europeos para el ingreso a la profesión lo que se traduce en la existencia —forzoso es reconocerlo— de profesionales insuficientemente preparados en estas materias que no se estudian en las facultades de derecho y muy someramente en las Escuelas de Práctica Jurídica y los másteres para el acceso a la profesión.

– La estructura de los despachos y su organización, constituidos en su inmensa mayoría por ejercientes solitarios o agrupados en pequeños núcleos que no permiten cumplir con eficacia con las exigencias que establece la ley.

– La poca sensibilidad de la Abogacía en relación a las normas que se le imponen que se aprecian como algo exótico y extravagante.

– La consideración de las actividades en las que el Abogado se transforma en sujeto obligado que se ven como muy periféricas dentro de la más usual: defensa ante los Juzgados y Tribunales pero que, sin embargo, se realizan por la casi totalidad de los profesionales, aunque de un modo ocasional.

– La distribución geográfica de los Abogados que varía en cuanto a número y a dedicación preferente de manera fundamental entre los que ejercen en las grandes capitales, en la costa mediterránea y en determinados territorios y a todos los demás lo que hace difícil la toma de decisiones de manera conjunta.

– La Abogacía joven y, a veces, inexperta que, sin estar sometida a requisitos de capacitación previa, puede establecerse con total independencia en despachos que pueden ser objeto de utilización por quienes buscan una colaboración letrada o una pantalla.

– La incompleta regulación deontológica que está pendiente de formularse incorporando a la normativa existentes otras disposiciones que deberían complementar y armonizar las reguladoras de la prevención con las normas ordinarias que disciplinan la actuación profesional.

– La intervención repetitiva y redundante de las diversas categorías de sujetos obligados en los temas en que los Abogados quedan sometidos a la normativa preventiva. Bancos e instituciones financieras, agentes inmobiliarios, Notarios, Registradores de la Propiedad y Mercantiles lo que obliga a preguntarse si el Abogado es realmente un *gatekeeper*.

– La notable desproporción entre el esfuerzo que se exige a la Abogacía y el resultado que se obtiene según las estadísticas de las que se dispone.

– La falta de cooperación de las autoridades que no han sido receptivas a facilitar las bases de datos y demás información que poseen para identificar a los sospechosos de blanqueo.

– La aplicación de las penas y los conceptos de coautoría en el Código penal que se traducen en una posible condena al Abogado que, por ejemplo, animado de dolo eventual y sin fin de lucro colabora con el blanqueador con la misma pena que a éste.

– La carencia de normas que regulen el pago de honorarios por parte de personas que no tienen medios lícitos de vida y que se abonan para asumir su defensa en procedimientos penales

– La doble incriminación con el delito contra la Hacienda Pública que, como se ha dicho, transforma en blanqueador a quien realmente no lo es y se transforma en un personaje imposible de detectar.

– La enorme disparidad y el gran número de despachos con muy diferentes grados de cumplimiento de las normas preventivas antiblanqueo puede verse como un efecto negativo de pérdida del cliente o incluso de generación de desconfianza que para un Abogado puede suponer tener que exigir tanta información de relativa sensibilidad a un cliente. El cliente puede llegar a percibir a su letrado no como su defensor sino como un fiscalizador del Estado. Así, un abogado celoso de la ley puede perder clientes por mor de un compañero menos exigente lo que supone una competencia desleal para los Abogados que pretenden ser rigurosos a la hora de aplicar las medidas de diligencia debida, con respecto a otros compañeros que omiten la aplicación de tales medidas. No ocurre lo mismo en otros sujetos obligados en los que se aplican medidas homogéneas (notarios, bancos, etc.) con lo que el cliente sabe que para ser aceptado como cliente, hay que someterse al protocolo establecido.

– La negativa del SEPBLAC a informar a los Abogados del destino dado a las notificaciones efectuadas, de forma que el Abogado desconoce si la comunicación era procedente o no.

– La carencia de un convenio con la Tesorería General de la Seguridad Social similar al Convenio suscrito con dicho por la Asociación Española de Banca, la Confederación Española de Cajas de Ahorro y la Unidad Nacional de Cooperativas, con el objetivo de comprobar la veracidad de los documentos e información que ha facilitado el cliente en el momento de la aceptación del encargo y a lo largo de la relación contractual para que se conozca la naturaleza de su actividad profesional o empresarial con la finalidad de prevenir el blanqueo de capitales.

Sería preciso contar con el consentimiento del cliente para poder realizar la consulta a la Tesorería, consentimiento que debería recabarse al establecerse la relación profesional y de manera expresa y formal. Los datos obtenidos de la Tesorería General de la Seguridad Social serán utilizados exclusivamente a los efectos de la prevención del blanqueo. En consentimiento podría ser revocado en cualquier momento.

– La eliminación de la posibilidad de que los sujetos obligados pertenecientes a una misma categoría pudieran crear sistemas comunes de información, almacenamiento y acceso a la información y documentación recopilada para el cumplimiento de las obligaciones de diligencia debida.

A pesar de todo lo cual, la Abogacía se mantiene firme en el cumplimiento de las obligaciones que se le imponen como sujeto especialmente obligado.

Los problemas de autoría y participación en la criminalidad organizada transnacional y el uso de sus herramientas de investigación para el blanqueo según la Directiva 2018/1673

JAVIER GUSTAVO FERNÁNDEZ TERUELO
Catedrático de Derecho penal de la Universidad de Oviedo
Decano de la Facultad de Derecho de Oviedo
Presidente de la Conferencia de Decanos de Derecho de España

La Directiva (UE) 2018/1673 relativa a la lucha contra el blanqueo de capitales mediante el Derecho penal define una serie de delitos y determina sanciones en el ámbito del blanqueo de capitales con el fin de facilitar la cooperación policial y judicial entre los Estados miembros de la Unión Europea y evitar que los delincuentes se aprovechen de los sistemas judiciales más indulgentes.

El art. 4 referido a la complicidad, inducción, y tentativa determina que los Estados miembros *adoptarán las medidas necesarias para garantizar que la complicidad, la inducción y la tentativa de las conductas de blanqueo sean castigada como delito.*

El progresivo desarrollo del fenómeno de la delincuencia organizada que, casi siempre incluye el blanqueo entre sus actividades delictivas, y qué ha tenido lugar en las últimas décadas ha ido minando poco a poco las posibilidades de intervención frente a los delitos cometidos a su amparo y, de modo particular, frente a comportamientos que incluyen fórmulas de blanqueo de dinero procedente del delito. A la vez, este mismo factor ha contribuido a la conformación del "modelo amable", que durante mucho tiempo ha amparado a este tipo de criminalidad. Más en concreto, la aplicación de los criterios clásicos de imputación y autoría y de los principios (restrictivos) en materia de prueba, construidos sobre la base de un modelo de criminalidad violenta e individual, ha determinado soluciones escasamente satisfactorias, que sólo se han suavizado en algunas ocasiones por el puntual pragmatismo y abstracción de nuestra jurisprudencia respecto a los criterios de prueba e imputación, siendo en otros muchos casos el llamado garantismo penal y procesal un instrumento de defensa ampliamente exprimido por este colectivo.

Aunque la mayor parte del esfuerzo doctrinal de los últimos años se ha centrado en la búsqueda de nuevos mecanismos, fórmulas o criterios de atribución de responsabilidad e imputación a las personas físicas (e incluso a las jurídicas), los principales problemas reales que afronta la intervención penal en el marco de la criminalidad organizada hoy siguen siendo probatorios. Se trata en concreto de dificultades para poder demostrar la participación real del sujeto en el comportamiento delictivo que, aun teniendo diversos orígenes, se derivan principalmente de los métodos y estructuras de ejecución de delito.

Desde la UE, a través de sus directivas, y desde otros organismos, como el Grupo de Acción Financiera Internacional, se han formulado requerimientos que pretenden hacer frente a ese fenómeno recurriendo a cierta objetivización de la responsabilidad penal, cuyo mayor exponente es el reconocimiento de la responsabilidad penal de las personas jurídicas, a la que se refieren los arts. 7 y 8 de la Directiva.

En el sentido expuesto, nos recuerda Schünemann cómo el Derecho penal se ha ido conformando sobre la base de las formas de vida del "solitario social", y propone el concepto de "delitos de organización" para evitar las limitaciones del entendimiento de la acción como acto corporal individual. En concreto, la configuración de la autoría y de la acción como categorías individuales determina múltiples dificultades en este ámbito y así, por ejemplo, no es infrecuente que cada uno de los órganos de ejecución sólo aporte contribuciones individualmente inofensivas respecto al resultado[1]. No faltan sin embargo opiniones como la de Otto para quien el problema no radica tanto en las categorías dogmáticas vigentes, como en el modo —escasamente flexible— en que éstas son interpretadas[2].

El trayecto que debería llevar a la imposición de una pena en este ámbito está en efecto sembrado de obstáculos; se trata básicamente de *dificultades probatorias* en la determinación de los autores de la conducta delictiva, como pero también de aquellas otras derivadas del recurso a instrumentos

---

1 SCHÜNEMANN, B., "Los fundamentos de la responsabilidad penal de los órganos de dirección de las empresas", en *Temas actuales y permanentes del Derecho penal,* pp. 129 y ss.

2 OTTO, H., *Die Haftung für kriminelle Handlungen in Unternehmen,* Jura, 1998, pp. 409 y ss.

de autodefensa frente a la acción de la justicia cada vez más desarrollados. Buena parte de las peculiaridades que hoy día presenta este tipo de criminalidad se concretan en serias ventajas a la hora de afrontar una eventual responsabilidad penal. Las razones de esta privilegiada situación no pueden aislarse en un único factor, sino que se delimitan a través de una amalgama de circunstancias que, unidas entre sí, terminan por favorecer un notable escudo protector. En concreto los principales mecanismos que en la práctica favorecen la obtención del grado de desinhibición necesario para que el actor económico afronte la eventual comisión de una conducta delictiva los podemos estructurar en tres bloques diferenciados: detección y/o prueba del delito, su persecución e imputación.

Uno de los factores que permite al eventual autor de este tipo de conductas enfrentarse al delito son las grandes posibilidades que normalmente ostenta para otorgar a la operación delictiva una *apariencia de licitud.* Ello se puede conseguir a través de diversas vías, destacando por encima de las demás el recurso a *las falsedades contables*, eufemísticamente caracterizados como "alteraciones contables" o "maquillaje contable" que impiden conocer las concretas operaciones mercantiles llevadas a cabo. En efecto, las falsedades en determinados documentos emanados de la sociedad permiten ocultar incluso durante años operaciones irregulares (y muchas veces delictivas, con habitual presencia de operaciones de blanqueo) de las que se derivan graves perjuicios para una pluralidad de sujetos y/o para el interés general; ello contribuye a que sea ésta en general un tipo de delincuencia poco visible[3]. La alteración masiva de los elementos contables de las sociedades son claras manifestaciones de la denomina "moral de frontera" *(Grenzmoral),* esto es en un ámbito de aceptación y tolerancia del ejercicio de determinadas prácticas irregulares reiteradas[4]. La reiteración y tolerancia prolongadas en el tiempo respecto a esas conductas es precisa-

---

3 En palabras de H. CROALL (*White collar crime: criminal justice and criminology*, Hazel Croall Imprint Buckingham, Open University Press, 1992, pp. 56 y ss.) con frecuencia sus autores desarrollan la actividad delictiva desde su propio lugar de trabajo; a lo que añaden R. BOSWORTH-DAVIES-J. SALTMARSH ("Definition and classification of economic crime", en *The regulation and prevention of Economic Crime internationally*, Kogan Page, Londres, 1995, p. 5), quien atraca un banco no tiene argumentos para estar allí, pero el delincuente económico desarrolla la actividad delictiva en su medio natural.

4 Cfr. LÜDERSSEN, K., "Das Strafrecht zwischen Funktionalismus und "Alteuropäischem" Prinzipiendenken oder: Verabschiedung des "alteuropäischen" Strafrechts?", en ZStW, 1995, p. 903; vid. también sobre dicha inaccesibilidad, Schüler Springorum H., Kriminalpolitik für Menschen, 2 Aufl.1994, pp. 177 y ss.

mente uno de los factores que potencia la falta de conciencia del carácter antisocial y delictivo de tales prácticas.

De un modo sumamente destacado, *el propio medio empresarial* en el que se ejecutan estos delitos puede convertirse en un auténtico laberinto por el que muchas veces se escurren las responsabilidades penales, influyendo decisiva y negativamente en el proceso de determinación, prueba e imputación con criterios vigentes de autoría.

A ello aún se añade una normativa societaria, de la que a la postre se harán depender numerosas decisiones penales, extraordinariamente generosa y tolerante (y una interpretación judicial que aún lo es más) con los comportamientos de los que ostentan el control y la gestión de la sociedad.

Otra limitación a la detección estatal del presunto delito se concreta en el hecho de que en ocasiones, *los perjudicados no toman las medidas necesarias para activar el procedimiento penal, en definitiva no actúan en su defensa.* Esa actitud pasiva, no tiene sin embargo su origen principal, en las razones que más frecuentemente motivan a las víctimas de otros delitos, como sería por ejemplo el miedo a represalias por parte del autor. Y así se produce, en primer lugar, cuando el delito en cuestión produce la afectación de un modo *difuso* de alguno de los bienes en cuestión; el daño, que puede ser de grandes proporciones globalmente considerado, está sin embargo difuso o disperso entre múltiples perjudicados. Cada uno de ellos puede sentir que son mayores los inconvenientes que podría generar la persecución penal del hecho, que los perjuicios derivados de soportar el menoscabo limitado que personalmente ha sufrido.

En segundo lugar, existe un grupo numeroso de conductas cuya lesividad, siendo importante, *es escasa o nulamente percibida por la sociedad.* Son conductas recogidas en tipos penales que presentan un importante déficit de comunicabilidad; intereses de difícil comprensión en cuanto a su contenido, y (sólo) aparentemente alejados de los intereses directos que estimulan la preocupación de los ciudadanos. Suele tratarse de comportamientos complejos, no estando la comprensión de la dinámica delictiva al alcance de un número significativo de personas y, precisamente, el blanqueo de dinero destaca entre todos ellos. Esto se produce fundamentalmente cuando el desajuste social, real o aparente, tiene un carácter especialmente técnico que hace que no resulte fácilmente perceptible por la sociedad, lo que determina que la disfunción social no despierte una atención ni malestar generalizado; por ello resulta imprescindible que la fase prelegislativa se mueva en un ámbito experto[5].

---

5 DÍEZ RIPOLLÉS, J.L, *La racionalidad de las leyes penales*, Trotta, 2003, p. 142.

El recurso a determinados instrumentos que fomentan la opacidad implica una escasa o nula exteriorización del comportamiento delictivo y, aunque se llegue a detectar alguna irregularidad, con frecuencia resulta muy difícil determinar si se trata de actuaciones que pueden revestir carácter delictivo. En concreto, según aumenta la cuantía de los capitales gestionados, también se suele incrementar la sofisticación de los sistemas de ejecución empleados y, con ello, las dificultades en el proceso de determinación de responsabilidades penales. Un buen ejemplo de estos sistemas lo constituye la creación de sociedades instrumentales en *paraísos fiscales* o *espacios no transparentes*; se trata de entidades constituidas con distintos objetivos, que van desde el clásico, referido a la reducción o total elusión fiscal, hasta posibilitar la ocultación de operaciones delictivas (sobornos o pago de comisiones, remuneraciones ilícitas, blanqueo de dinero, etc.). Estos espacios —esenciales en las conductas de blanqueo— permiten realizar múltiples operaciones amparadas en el anonimato, debido fundamentalmente a la patente falta de regulación o a su carácter restrictivo.

Pero, al margen de lo expuesto, existen significativas limitaciones dogmáticas de imputación a la hora de atribuir responsabilidades penales a través de los instrumentos jurídicos-penales. Una parte de estas últimas han tratado de ser resueltas, unas veces, a través de la inclusión de instrumentos o mecanismos específicos en el derecho positivo y, otras, mediante la elaboración de nuevas construcciones dogmáticas.

La propia esencia o razón de ser de algunos modelos societarios es el deseo de evitar que el sujeto tenga que responder personalmente (con su propio patrimonio). En cualquier caso, hace ya tiempo se detectó que el elemento clave a los efectos que nos ocupan es el característico modo de gestión y funcionamiento de la empresa basado en la división del trabajo a través del reparto o distribución de competencias (*distribución horizontal*) y simultáneamente la jerarquización entre los distintos puestos o cargos de la empresa (*distribución vertical*).

Por lo que respecta a la *distribución horizontal* de competencias, hoy día en empresas de cierta entidad, el trabajo se organiza en varias áreas adecuadas a las necesidades de la actividad que la misma realiza. Estas áreas, por lo general, suelen ser la *producción* (elaboración de bienes), *comercialización* (venta de los productos o servicios generados), *finanzas* (búsqueda de las fuentes de financiación y de la administración de los recursos económicos) y *personal* (uso eficiente de los recursos humanos). A su vez en cada una de esas áreas se distribuyen competencias entre varias personas. Esta dispersión de tareas suele tener importantes consecuencias a la hora de concretar quién o quiénes han sido los que han determinado o ejecutado conductas delictivas y especialmente, quién tenía atribuida la competencia que se ha omitido. Como antes anticipamos, este ámbito es sin duda el aspecto en el que menos se ha avanzado por la colisión de la mayoría de las posibles soluciones con los principios garantistas del Derecho penal. No han faltado por ello propuestas que pretenden hacer frente a ese fenómeno recurriendo a cierta objetivización de la responsabilidad penal.

Hace ya más de tres décadas y media, la Recomendación [núm. R (88) 18] del Consejo de Europa adoptada por el Comité de Ministros del Consejo de Europa el 20 de octubre de 1988 resaltó la dificultad existente, debida a la estructura a menudo compleja de la administración de una empresa, para identificar los individuos responsables de la comisión del delito. Propuso por ello el reconocimiento de la responsabilidad penal de las personas jurídicas, pero sin excluir la de las personas naturales implicadas en el delito. También recomendó que la empresa sea exonerada de responsabilidad cuando su administración no se ha visto implicada en el delito y ha tomado todas las medidas procedentes para evitarlo.

Precisamente en ese contexto el gran hito en la lucha frente al fenómeno ha sido sin duda el reconocimiento, a través de la Ley Orgánica 5/2010, de 22 de junio, que incorporó a nuestra legislación un modelo de responsabilidad penal de las personas jurídicas —personas jurídico privadas de Derecho civil y mercantil y determinadas personas jurídico públicas—; la ostentación de personalidad jurídica constituye pues un requisito imprescindible para su activación.

A la hora de buscar las razones de la decisión político-legislativa, observamos que en la Exposición de Motivos de la LO 5/2010 no se insiste tanto en la "necesidad" real de proceder al castigo penal de los entes sociales, sino que lo que fundamentalmente motiva esta intervención serían los numerosos "instrumentos jurídicos internacionales que demandan una respuesta penal clara frente a las personas jurídicas" para, a continuación, concretar una serie de "figuras delictivas donde la posible intervención de las mismas "se hace más evidente".

Parece que han sido tres los motivos de fondo sobre los que se sustenta la idea de esta intervención; según el primero de ellos, dado que las sociedades son sujetos que intervienen en el tráfico jurídico y contraen obligaciones, la única forma de evitar los excesos y la lesión para bienes colectivos y de terceros es acudir, al igual que se hace con las personas físicas, a la forma de intimidación más contundente, que no es otra que la constituida por el Derecho penal.

En segundo lugar, la responsabilidad de la propia empresa vendría a plantearse como una solución para atenuar la insatisfacción derivada de la frecuente indeterminación respecto a la persona o personas físicas responsables del delito o de la existencia de cualquier otra razón que impida su condena. En ese sentido, la fórmula propuesta determina la plena compatibilidad entre la responsabilidad penal de las personas jurídicas y la de las personas físicas. En particular, se afirma en la Exposición de Motivos de la Reforma, "que la responsabilidad penal de la persona jurídica podrá declararse con independencia de que se pueda o no individualizar la responsabilidad penal de la persona física (art. 31 ter)". La compatibilidad de responsabilidades se plantea generalmente como una de las principales razones de ser de la reforma; ya que no evita o impide "teóricamente" la persecución del auténtico responsable del delito. En particular, parece que en la reforma subyace la idea de que en aquellos casos en que no resulte posible identificar a los autores del delito, al menos, pueda sancionarse penalmente a la persona jurídica. Si se demuestra que se ha cometido el delito, aunque no se pueda averiguar quién es el autor, o no se le puede condenar penalmente (al no poder dirigir contra el procedimiento penal, por ejemplo por fallecimiento del autor) podrá ser la persona jurídica penalmente condenada[6]. Aun reconociendo como hace el nuevo modelo que ambas responsabilidades son compatibles e independientes, en la práctica muchos procesos terminan únicamente con la condena de la propia sociedad[7].

Ahora bien, el establecimiento de un modelo de responsabilidad de los entes sociales puede contribuir a relajar los esfuerzos por localizar al autor (persona física) del hecho delictivo e imputarle el delito. Un modelo como el discutido ofrece la posibilidad de resolver el conflicto con un sujeto (persona jurídica) culpable y terminar, aunque sea parcialmente, con la sensación de frustración que produce un caso no resuelto. En ese contexto no debe olvidarse la tendencia en el ámbito jurídico extrapenal —cada vez más acusada— de proceder al levantamiento del velo de la persona jurídica *(to lift the veil)*, debido al fracaso del modelo anterior; todo ello para buscar a los sujetos, personas físicas, auténticos responsables de la infracción. Con

---

6 DOPICO GÓMEZ-ALLER, J., "Responsabilidad de personas jurídicas", en *Experto Memento (Reforma Penal 2010), Francis Lefebvre, 2010, p. 22.*

7 Como apunta J.L. DÍEZ RIPOLLÉS (*La responsabilidad penal de las personas jurídicas: Regulación española,* Indret: Revista para el Análisis del Derecho, núm. 1, 2012, 33 p. 3) los problemas de verificación de la responsabilidad individual han de resolverse mejorando los instrumentos para su averiguación.

ese cambio de tendencia precisamente se pretende hacer frente a las actuaciones abusivas de los administradores de una sociedad realizadas mediante la instrumentación fraudulenta de la autonomía patrimonial societaria. Para la represión de estas situaciones, el derecho sanciona a los integrantes de la sociedad, mediante la aplicación de la técnica de origen anglosajón de desentenderse de la personalidad jurídica autónoma de la sociedad *(disregard of legal entity)* y deducir que las consecuencias de los actos jurídicos se extienden a los administradores.

Sin embargo, en mi opinión, sería el tercer factor el que habría de resultar más relevante para justificar la intervención legislativa. En concreto, los objetivos político-criminales aducidos por los valedores de la reforma se apoyan de manera insistente en su presunta eficacia para combatir la delincuencia económica, ejecutada desde ámbitos empresariales. Se trataría de razones de prevención general materializadas en una amenaza que estimularía el cuidado de los titulares de la sociedad (de su capital social) respecto a la designación de personas con capacidad suficiente para ejecutar de modo diligente y sobre todo legal, las funciones de gestión de la sociedad y control del resto del personal de él dependiente. De modo paralelo los socios o accionistas se implicarían en el control de quienes ejercen la gestión de la sociedad, dado que sus excesos repercutirían indirectamente en su inversión. En concreto, al ser las sanciones penales previstas para la empresa de contenido económico (directo o indirecto) su imposición supondría un empobrecimiento del valor de sus acciones o participaciones en la sociedad. Así planteado, y al margen de lo discutible que resulta el recurso al Derecho penal para la obtención de este tipo de objetivos, pudiera parecer que la fórmula tiene sentido.

Por diferentes motivos y entre ellos la escasa aplicación del modelo, el legislador, a través de la reforma del Código penal, operada por la Ley Orgánica 1/2015, de 30 de marzo, decidió incorporar diversas novedades a la regulación, actuando sobre los arts. 31 bis y siguientes y sobre el artículo dedicado a la determinación de la pena (art. 66 bis), todo ello a través de un proceso legislativo que ha sido objeto de severas críticas[8].

---

[8] SÁNZ MORÁN A.: La permanente reforma de la legislación penal, Revista de derecho y proceso penal, núm. 36, 2014, pp. 13-15; destaca como es precisamente esta cuestión una de reformas introducidas *ex novo en el segundo de los Anteproyectos y que, por ello, no han podido ser objeto de consideración en los reiterados Informes, con las consecuencias que de ahí se pueden derivar. Igualmente, se afirma lo siguiente en el Dictamen del Consejo de Estado al Anteproyecto de Ley Orgánica por la que se modifica la Ley Orgánica 10/1995, de 23 de noviembre, del Código Penal [27/6/2013] (DCE 2013): "Se*

Los novedades contenidas en la reforma de 2015 fueron mucho más allá de lo que el preámbulo de la referida noma pretendía dar a entender. Así, se afirma que "*la reforma lleva a cabo una mejora técnica en la regulación de la responsabilidad penal de las personas jurídicas, introducida en nuestro ordenamiento jurídico por la Ley Orgánica 5/2010, de 22 de junio". La novedad más relevante es sin duda la configuración de forma expresa un supuesto de exención de responsabilidad, basado en la existencia de un adecuado programa de prevención de delitos. A la vez se configura un "esqueleto" o requisitos mínimos, que el referido programa o modelo de organización y control deberá cumplir*[9]. Tendría como objetivo "delimitar adecuadamente el contenido del 'debido control', cuyo quebrantamiento permite fundamentar su responsabilidad penal (...). En todo caso, el alcance de las obligaciones que conlleva ese deber de control se condiciona, de modo general, a las dimensiones de la persona jurídica"[10].

---

echa en falta en la Memoria una explicación y un análisis más detallado de las importantes modificaciones previstas en esta materia, pero, sobre todo, el Consejo de Estado no puede dejar de llamar la atención sobre el hecho de que esta importante parte de la reforma proyectada no haya sido informada por el Consejo General del Poder Judicial y el Consejo Fiscal. De ello resulta que la modificación del vigente régimen legal de responsabilidad penal de las personas jurídicas se ha introducido en una versión del Anteproyecto posterior a la que fue sometida a informe de dichos órganos que, en consecuencia, no han podido expresar sus puntos de vista al respecto, lo que resulta claramente criticable. Lo anterior constituye una relevante omisión en el procedimiento que el Consejo de Estado debe reprobar, y que el propio Tribunal Supremo ha censurado recientemente (cierto es que en el contexto del procedimiento de elaboración de un Real Decreto, y en relación con la intervención de este Consejo) en su sentencia de 21 de mayo de 2013".

9 Considera LEÓN ALAPONT J.: Criminal Compliance: Análisis de los arts. 31 Bis 2 a 5 CP y 31 quáter CP, en Revista General de Derecho Penal 31 (2019), p. 36, que el art. 31 bis debería contemplar mayor número de condiciones y requisitos para exonerar de responsabilidad penal a la persona jurídica, proponiendo su reforma al respecto.

10 Dictamen Consejo de Estado 2013: "En la responsabilidad penal de las personas jurídicas, se trata de delimitar el contenido del 'debido control', cuyo quebrantamiento permite fundamentar su responsabilidad penal, para resolver dudas interpretativas al respecto, condicionando el deber de control a las dimensiones de la persona jurídica y extendiendo la responsabilidad penal a las sociedades mercantiles estatales que ejecuten políticas públicas o presten servicios de interés económico general" (...) "como parece sugerir la Memoria, en la ya referida Fase 3 de su Informe sobre evaluación de la implementación en España del Convenio sobre corrupción de agentes públicos extranjeros, el Grupo de Trabajo de la OCDE recomienda a las autoridades españolas una mayor precisión para la aplicación del criterio del 'deber de control', también insiste de forma expresa en la necesidad de que la puesta en práctica de códigos o programas de conducta (o de

El delito de blanqueo de dinero es uno de los incluidos en el catálogo de numerus clausus, que posibilitan la condena de la persona jurídica, cuando estén presentes los requisitos legales previstos para ello. En concreto, su regulación se encuentra en el art. 301 CP, en su versión dolosa (apartados 1 y 2) e imprudente (apartado 3)[11]. A su vez, en el art. 302 CP se determinan las penas a imponer cuando la persona jurídica sea considerada responsable (en concreto todas las recogidas en el apartado 7 del art. 33), entre ellas la disolución (apartado b)).

Por lo general, en este contexto delictivo podemos encontrarnos con dos tipos de sociedades:

i) sociedades instrumentales, interpuestas o fantasma, a veces administradas por testaferros, que tienen como único o principal objetivo ocultar el capital obtenido ilícitamente y blanquearlo. En ocasiones se trata de negocios que cotizan a Hacienda a través del sistema de módulos (con lo que se establecen unos baremos de cotización básicos en función de determinados parámetros fijos); en otras ocasiones carecen de actividad (ausencia de cargos normales de una actividad empresarial). Este tipo de sociedades y según el peso que tenga la actividad ilegal, pueden ser declaradas inimputables (vid. STS 154/2016 y Circular de la Fiscalía General del Estado de 2016).

ii) aquellas otras que ejercitan una actividad esencialmente lícita, pero que son utilizadas (y en ocasiones ellas —sus representantes— se dejan utilizar por terceros) para blanquear dinero procedente del delito. Se corresponderían con los sujetos obligados por la Ley 10/2010, de 28 de abril, de prevención del blanqueo de capitales y de la financiación del terrorismo y cuyo art. 2.2 dispone que tienen tal consideración las personas físicas o jurídicas que desarrollen las actividades mencionadas en el apartado precedente (promotores inmobiliarios y quienes ejerzan profesionalmente actividades de agencia, comisión o intermediación en la compraventa de bienes in-

---

prevención de riesgos corporativos: en inglés, compliance programs) y controles internos por parte de una persona jurídica 'no pueda utilizarse como defensa para evitar la responsabilidad' (páginas 25 y 74 del informe precitado)".

11 Sobre el modelo de responsabilidad penal de las personas jurídicas proyectado sobre el delito de blanqueo de dinero, vid. GONZÁLEZ CUSSAC J. L.: Responsabilidad penal de las personas jurídicas y delito de blanqueo de dinero, V Congreso Sobre Prevención y Represión del Blanqueo de Dinero: Ponencias y conclusiones del congreso sobre las reformas de 2015 e incidencia en la economía y sociedad digital, celebrado en el salón de actos de la EGAP, Santiago de Compostela, en julio de 2017 (coord. por Miguel Abel Souto, Nielson Sánchez Stewart) 2018, pp. 345-350.

muebles, empresas de servicios postales, entidades de crédito, etc.), disponiendo a continuación que, no obstante, cuando las personas físicas actúen en calidad de empleados de una persona jurídica, o le presten servicios permanentes o esporádicos, las obligaciones impuestas recaerán sobre dicha persona jurídica respecto de los servicios prestados.

La Ley 10/2010 tiene por objeto el establecimiento de deberes de prevención del blanqueo de capitales, y en el articulado de la misma encontramos específicas *obligaciones de vigilancia y control* (a las que más adelante me referiré) que tienen por objeto la detección de operaciones sospechosas[12].

Cuando el obligado al cumplimiento de las obligaciones de control es una persona jurídica, es ella la que las ejercerá: a) Directamente, a través de sus administradores o representantes b) Por delegación, mediante la designación de la persona que ejercerá tales funciones. En todo caso, dispone el art. 26.2 que los sujetos obligados designarán como representante ante el Servicio Ejecutivo de la Comisión a una persona que ejerza cargo de administración o dirección de la sociedad. (...). El representante ante el Servicio Ejecutivo de la Comisión será responsable del cumplimiento de las obligaciones de información establecidas en la presente Ley, para lo que tendrá acceso sin limitación alguna a cualquier información obrante en el sujeto obligado.

Trasladando este esquema a la regulación penal contenida en el art. 31 bis distinguimos los dos supuestos previstos en los apartados a) y b):

i) Determinación de la responsabilidad de la empresa en los supuestos en los que son *los propios administradores u otros directivos de rango inferior* quienes han omitido el cumplimiento de las obligaciones de control o incluso han colaborado activamente con las operaciones de blanqueo (supuesto descrito en el apartado a) del art. 31 bis), dando con ello lugar al delito. Para que pueda plantearse la presencia de la responsabilidad penal de la empresa será preciso que el incumplimiento de obligaciones haya tenido como objetivo facilitar voluntariamente el blanqueo y que el mismo se haya producido (art. 301.2 CP) o que la omisión negligente lo haya facilitado (art. 301.3 CP). Deben concurrir, además, los restantes elementos del hecho de conexión del art. 31 bis.1, apartados a y b, lo que en la práctica no presentará por lo general dificultades. En particular, será evidente el

12 NÚÑEZ PAZ M. A.: El tratamiento penal del blanqueo urbanístico en tiempos de crisis económica, Revista Penal 46, julio 2020, p.157 y ss.

beneficio objetivo y potencial para la empresa que se presta a realizar una operación de este tipo.

Sin embargo, en este supuesto podemos encontrarnos con una seria dificultad. Con algunas excepciones (por ejemplo la resistencia a la labor inspectora, calificada como infracción muy grave por el apartado d) del art. 51 de la Ley), los incumplimientos de las obligaciones de control identificados normativamente son comportamientos omisivos (no informar, no comunicar, no colaborar, no aplicar medidas de diligencia debida, no identificar, etc.). La descripción contenida en el apartado a) "delitos cometidos" no parece impedir el castigo de tales comportamientos omisivos; sin embargo, la regulación del art. 31 ter. 2, destinado a determinar las consecuencias de la independencia entre la responsabilidad de la persona jurídica y la de la persona física, cuando concurran determinadas circunstancias en la segunda, dispone lo siguiente: "La concurrencia, en las personas que *materialmente hayan realizado los hechos* (supuesto del apartado a)) o en las que los hubiesen hecho posibles por no haber ejercido el debido control (supuesto del apartado b)), de circunstancias que afecten a la culpabilidad del acusado (...), no excluirá ni modificará la responsabilidad penal de las personas jurídicas, sin perjuicio de lo que se dispone en el artículo siguiente". Tal exigencia parece difícilmente compatible con comportamientos de tipo omisivo.

Sin embargo, un criterio distinto (sin específica motivación al respecto) parece haberse seguido en el Auto del Juzgado Central de Instrucción número 2 (Audiencia Nacional), de 18 de abril de 2018. En él se cita como investigada a la persona jurídica, CaixaBank por presuntamente ayudar a diversas organizaciones de origen asiático a blanquear casi 100 millones de euros entre 2011 y 2015. En concreto, 10 sucursales, situadas en los alrededores del polígono Cobo Calleja, de Fuenlabrada (Madrid) y en la capital habrían participado en el blanqueo de los beneficios ilícitos, y lo habrían hecho "con el conocimiento y colaboración del responsable máximo de cumplimiento normativo de la entidad". El comportamiento que da lugar a que la entidad sea citada como investigada no es el de sus administradores, sino el de algunas de las personas que ostentan la condición de directivos (en este caso los directores de diez sucursales bancarias) y por la de sus empleados, los cuales habrían intervenido —por acción u omisión— facilitando determinadas operaciones de blanqueo.

El criterio aquí defendido no parece sin embargo, haber sido el seguido en la referida resolución, pues se observa que la atribución de responsabilidad en el supuesto del apartado a) se estructura sobre comportamientos omisivos: *"Hemos descrito graves fallos del sistema de control para la prevención del blanqueo de capitales, puestos de manifiesto desde el año 2013 por sus autoridades supervisoras y conocidos por todo el personal directivo de la entidad CAIXABANK, (...). Los hechos descritos representaron defectos severos en los modelos de gestión, vigilancia y supervisión. Todo ello hace necesario llamar a la causa de la persona jurídica de CAIXABANK en condición de investigada por blanqueo de capitales conforme al artículo 302.2 por los hechos propios en los que ha incurrido, conforme con las disposiciones del artículo 31 bis a)"*.

En concreto se atribuye una eventual responsabilidad penal a la entidad, tanto por comportamientos activos como omisivos de sus directivos: *"Las sucursales implicadas hicieron caso omiso al hecho de tratarse de clientes requeridos por Juzgados y Fiscalías, sino que al contrario auxiliaron a los titulares de cuentas en el aprovechamiento de sus ganancias ilícitas, bancarizando el dinero sin indagar sobre su origen, aceptando cualquier papel o justificación que se les presentaba y facilitando su transferencia en importes pequeños que no debían ser comunicados al Banco de España. Los requerimientos judiciales en las Diligencias Previas ya referidas por delitos de criminalidad organizada fueron desatendidos por CAIXABANK, que no activo ninguna comunicación o alarma respecto al cliente en cuestión"*.

Desde un punto de vista subjetivo, el auto atribuye a las personas físicas que conocieron directamente (directores de las sucursales) tanto comportamientos dolosos como imprudentes: *"El juicio de intención que guio la conducta de estos empleados y directivos, bien puedo estar fundado en el conocimiento directo o la aceptación probable de la sospecha de que miembros de dichas organizaciones, clientes de su sucursal, estaban inmersos en actividades ilícitas de fraude del que procedían las ingentes imposiciones en efectivo que realizaban (...) de forma persistente actuaron sin poner ningún control ni barrera al trasiego de remesas de dinero en efectivo y transferencias al exterior, pese a tener conciencia de la anormalidad de esta forma de proceder (...) Asimismo, se expidieron numerosos requerimientos judiciales a las sucursales de CAIXABANK en cuestión, para la averiguación del patrimonio ilícito de clientes investigados, en muchos casos en las organizaciones criminales a las que la presente resolución hace referencia. Sin embargo, las sucursales implicadas hicieron no solo hicieron caso omiso a tales requerimientos, sino que auxiliaron a los titulares de cuentas en el aprovechamiento de sus ganancias ilícitas, bancarizando el dinero sin indagar sobre su origen, aceptando cualquier papel o justificación que se les presentaba y facilitando su transferencia en importes pequeños que no debían ser comunicados al Banco de España"*.

ii) Determinación de la responsabilidad de la persona jurídica *en los supuestos en los que la ejecución de las obligaciones de control corresponde a empleados de la misma* que no han sido controlados adecuadamente por los directivos o administradores de la sociedad (en este último caso siempre que hayan tenido conocimiento de la situación irregular). Estamos por lo tanto ante el supuesto regulado en el apartado b) del art. 31 bis 1. Al igual que en el supuesto anterior, el incumplimiento de obligaciones de control puede haber tenido como objetivo facilitar el blanqueo (blanqueo doloso) (art. 301.2 CP) o que haya sido la omisión negligente lo que lo ha posibilitado (art. 301.3 CP). Como en el caso anterior, no existirán particulares dificultades para apreciar los restantes elementos del hecho de conexión. La clave por tanto va a estar en la determinación de las obligaciones de control cuyo incumplimiento ha dado lugar o favorecido el delito y concretar cuándo podemos calificar dicho incumplimiento como grave, en el sentido expuesto en el apartado anterior.

Como antes se apuntó, a lo largo de la Ley, encontramos específicas *obligaciones de vigilancia y control* que tienen por objeto la detección de operaciones sospechosas. Por ejemplo, en el capítulo III de la Ley (arts. 17 a 33) y, entre ellas por ejemplo, en el art. 3 obligaciones de identificación formal[13], en el art. 4 obligaciones de identificación del titular real[14], en el art. 5 obligación de obtener información sobre el propósito e índole de la relación de negocios[15], en el art. 18, un deber de comunicación[16], en el art. 21 obligaciones específicas de colaboración[17], etc.

---

[13] Artículo 3. Identificación formal. 1. Los sujetos obligados identificarán a cuantas personas físicas o jurídicas pretendan establecer relaciones de negocio o intervenir en cualesquiera operaciones. (...).

[14] Artículo 4. Identificación del titular real. 1. Los sujetos obligados identificarán al titular real y adoptarán medidas adecuadas a fin de comprobar su identidad con carácter previo al establecimiento de relaciones de negocio o a la ejecución de cualesquiera operaciones.

[15] Artículo 5. Propósito e índole de la relación de negocios. Los sujetos obligados obtendrán información sobre el propósito e índole prevista de la relación de negocios. En particular, los sujetos obligados recabarán de sus clientes información a fin de conocer la naturaleza de su actividad profesional o empresarial y adoptarán medidas dirigidas a comprobar razonablemente la veracidad de dicha información.

[16] Artículo 18. Comunicación por indicio. Los sujetos obligados comunicarán, por iniciativa propia, al Servicio Ejecutivo de la Comisión de Prevención del Blanqueo de Capitales e Infracciones Monetarias (en adelante, el Servicio Ejecutivo de la Comisión) cualquier hecho u operación, incluso la mera tentativa, respecto al que, tras el examen especial a que se refiere el artículo precedente, exista indicio o certeza de que está relacionado con el blanqueo de capitales o la financiación del terrorismo (...).

[17] Artículo 21. Colaboración con la Comisión de Prevención del Blanqueo de Capitales e Infracciones Monetarias y con sus órganos de apoyo. 1. Los sujetos obliga-

En el auto del caso Caixabank se afirma expresamente que "los empleados y directivos de las sucursales de CAIXABANK desatendieron sus obligaciones de control sobre el origen de los fondos que se transferían telemáticamente (...)". Se reprocha asimismo el incumplimiento de la propia normativa interna de Caixabank (fundamentalmente adoptada en desarrollo de las obligaciones legales establecidas en la Ley 10/2010): *"Las oficinas reseñadas incumplieron la propia normativa bancada de la entidad CAIXABANK respecto a las obligaciones de diligencia, como el conocimiento del cliente, acreditación del origen de los fondos, seguimiento de la relación de negocio, diligencia reforzada aún más en el caso de corresponsalía transfronteriza (...) El responsable de Cumplimiento Normativo Sr Álvarez manifestó que el sistema de Alertas Informáticas no actuó eficazmente ni generó las alarmas de efectivo que se esperaban (...) El atestado de UCO no 190/2016 ha identificado respecto a las sucursales investigadas en las que operaron las organizaciones CHEQIA, SNEAKE Y EMPERADOR, un incumplimiento grave de sus propias normas anti blanqueo. (...) Se han identificado 483 comunicaciones de empleados de CAIXABANK respecto de las cuales no se ordenó realizar ningún examen especial. (...) Los órganos de prevención del blanqueo de capitales y financiación del terrorismo no operaron con la suficiente separación funcional del departamento o unidad de auditoría interna en la forma que recomienda la guía europea EBA y se recoge en la propia Ley 10/2010, ni estaban dotados de personal ni entrenados para ser eficaces"*.

Determinados incumplimientos de las obligaciones de control descritas se califican por la norma como *infracciones*. En concreto se distinguen tres clases de infracciones: *muy graves, graves y leves* (arts. 50 a 53) y se establecen específicas sanciones para cada una de ellas (arts. 56 a 59). A título de ejemplo, se consideran infracciones *muy graves* (art. 51) a) El incumplimiento del deber de comunicación previsto en el artículo 18, cuando algún directivo o empleado del sujeto obligado hubiera puesto de manifiesto internamente la existencia de indicios o la certeza de que un hecho u operación estaba relacionado con el blanqueo de capitales o la financiación del terrorismo. b) El incumplimiento de la obligación de colaboración establecida en el artículo 21 cuando medie requerimiento escrito de la Comisión de Prevención del Blanqueo de Capitales e Infracciones Monetarias. c) El incumplimiento de la prohibición de revelación establecida en el artículo 24 o del deber de reserva previsto en los artículos 46.2 y 49.2.e). El artículo 52 determina las infracciones *graves*, entre ellas, por ejemplo, el incumpli-

---

dos facilitarán la documentación e información que la Comisión de Prevención del Blanqueo de Capitales e Infracciones Monetarias o sus órganos de apoyo les requieran para el ejercicio de sus competencias. (...).

miento de obligaciones de identificación formal, en los términos del artículo 3. b) El incumplimiento de obligaciones de identificación del titular real, en los términos del artículo 4. c) El incumplimiento de la obligación de obtener información sobre el propósito e índole de la relación de negocios, en los términos del artículo 5. d) El incumplimiento de la obligación de aplicar medidas de seguimiento continuo a la relación de negocios, en los términos del artículo 6. e) El incumplimiento de la obligación de aplicar medidas de diligencia debida a los clientes existentes, en los términos del artículo 7.2 y de la Disposición transitoria séptima. f) El incumplimiento de la obligación de aplicar medidas reforzadas de diligencia debida, en los términos de los artículos 11 a 16. g) El incumplimiento de la obligación de examen especial, en los términos del artículo 17.

De este modo, tendremos todos los elementos para activar el sistema de responsabilidad previsto en el apartado b) del art. 31 bis 1. En concreto, i) obligaciones de control normativamente identificadas, cuyo incumplimiento puede dar lugar a la comisión de un delito de blanqueo ii) La calificación de una parte de ellas como muy graves o graves por la propia normativa, lo que nos permitiría colmar el requisito de la gravedad con más garantías y seguridad jurídica que la que pueda ofrecernos cualquier otra interpretación. iii) Los restantes elementos del hecho de conexión (actuación realizada por cuenta de la persona jurídica, en beneficio directo o indirecto de la misma, en ejercicio de actividades sociales y atendidas las concretas circunstancias del caso).

Este planteamiento requiere sin embargo ulteriores precisiones:

i) En primer lugar, es preciso advertir de la *posible concurrencia de situaciones de bis in ídem.* El artículo 54 (responsabilidad de administradores y directivos) dispone que además de la responsabilidad que corresponda al sujeto obligado aun a título de simple inobservancia, quienes ejerzan en el mismo cargos de administración o dirección, sean unipersonales o colegiados, serán responsables de las infracciones cuando éstas sean imputables a su conducta dolosa o negligente.

Por su parte, el artículo 62 (concurrencia de sanciones y vinculación con el orden penal) dispone, en su apartado 1, *que las infracciones y sanciones establecidas en la presente Ley se entenderán sin perjuicio de las previstas en otras leyes y de las acciones y omisiones tipificadas como delito* y de las penas previstas en el Código Penal y leyes penales especiales, salvo lo establecido en los apartados siguientes. Precisamente, en el apartado 2, se dispone que *no podrán sancionarse con arreglo a esta Ley las conductas que lo hubieran sido penal o administrativamente cuando se aprecie identidad de sujeto, hecho y fundamento jurídico.* Se trata en definitiva de una cláusula general de compatibilidad de ambas sanciones y una excepción relativa a aquellos supuestos en los que pueda producirse la vulneración del principio *ne bis in ídem.*

Lo primero que hay que advertir es que la introducción de esa cláusula se realiza en un momento (Ley 10/2010, de 28 de abril) en el que la responsabilidad penal de las personas jurídicas aún no formaba parte de nuestra legislación penal (Ley 5/2010 de 22 de junio) por lo que, con toda probabilidad, dicha cláusula no fue específicamente pensada para resolver estos supuestos. Pero lo cierto es que, cuando la persona jurídica pueda ser sancionada por incumplimiento grave de una obligación de control (presupuesto base para ambas infracciones), concurriendo además los elementos del hecho de conexión penal, se plantean serias dudas acerca de la posible vulneración del principio, en caso de aplicar las previsiones de ambas normativas.

Constatada la identidad de hecho y sujeto, quedaría analizar si dicha identidad puede extenderse también al fundamento. Y difícilmente la respuesta podría ser negativa, en la medida en que tanto la ley penal, como la administrativa tienen como objetivo esencial la prevención de operaciones de blanqueo mediante la amenaza sancionadora a aquellas sociedades que incumplen (gravemente) las medidas de control legalmente dispuestas para dificultar o impedir obligaciones de blanqueo de dinero u otros activos, posibilitando de este modo que el mismo tenga lugar. En tal caso procederá aplicar la vigente doctrina sobre resolución del conflicto, dando prioridad a la respuesta penal.

Obsérvese que el art. 56 de la Ley 10/2010, de 28 de abril, de prevención del blanqueo de capitales, establece que la sanción por infracciones graves será una multa cuyo importe mínimo es de 150.000 euros. Por su parte, el art. 302 determina que, cuando de acuerdo con lo establecido en el artículo 31 bis sea responsable una persona jurídica (por delito de blanqueo doloso), se le impondrán la pena de multa de dos a cinco años, si el delito cometido por la persona física tiene prevista una pena de prisión de más de cinco años. En la medida en que la cuota diaria, en el caso de las multas imponibles a las personas jurídicas, tendrá un mínimo de 30 y un máximo de 5.000 euros, es teóricamente posible que la pena solicitada y eventualmente impuesta sea muy inferior (30x24x30=21.600 €) a la mínima prevista por la norma administrativa (recordemos, 150.000 €), lo que podría llevar al absurdo de que a la persona jurídica le interese declarar la ineficacia de su propio programa de prevención de delitos.

ii) En segundo lugar, cabe advertir acerca de la existencia, en la regulación de la Ley de 2010, de un *específico* modelo de compliance penal o *programa de prevención* que deben instaurar los sujetos obligados. Su previsión legal determina *que las obligaciones que lo conforman queden integradas dentro de los deberes de control, a los que se refiere el apartado b) del art. 31 bis 1.* Así, los arts. 26 a 33 regulan lo que se rubrica como "Del control interno". El primero de dichos artículos dispone en su primer apartado que los sujetos obligados, con las excepciones que se determinen reglamentariamente, aprobarán por escrito y aplicarán políticas y procedimientos adecuados en materia de diligencia debida, información, conservación de documentos, control interno, evaluación y gestión de riesgos, garantía del cumplimiento de las disposiciones pertinentes y comunicación, con objeto de prevenir e impedir operaciones relacionadas con el blanqueo de capitales o la financiación del terrorismo. Dichas políticas y procedimientos serán comunicados a las sucursales y filiales con participación mayoritaria situadas en terceros países. Por su parte, el apartado 2, determina que los sujetos obligados designarán como representante ante el Servicio Ejecutivo de la Comisión, que será responsable del cumplimiento de las obligaciones de información establecidas en la presente Ley, para lo que tendrá acceso sin limitación alguna a cualquier información obrante en el sujeto obligado. También se dispone que los sujetos obligados constituirán un órgano adecuado de control interno responsable de la aplicación de las políticas y procedimientos citados. En el tercer apartado se establece que los sujetos obligados, con las excepciones que se determinen reglamentariamente, deberán aprobar un manual adecuado de prevención del blanqueo de capitales y de la financiación del terrorismo, que se mantendrá actualizado, con información completa sobre las medidas de control interno a que se refieren los apartados anteriores[18].

A su vez, el incumplimiento de una parte de las obligaciones de conformación del programa preventivo, como parte de las obligaciones de control, puede dar lugar a la presencia de infracciones graves[19], con lo

[18] Otros preceptos regulan aspectos como la formación de empleados (art. 29: Los sujetos obligados adoptarán las medidas oportunas para que sus empleados tengan conocimiento de las exigencias derivadas de esta Ley) o la protección e idoneidad de empleados, directivos y agentes (art. 30: 1. Los sujetos obligados adoptarán las medidas adecuadas para mantener la confidencialidad sobre la identidad de los empleados, directivos o agentes que hayan realizado una comunicación a los órganos de control interno), etc.

[19] Artículo 52. Infracciones graves. 1. Constituirán infracciones graves las siguientes: (...) m) El incumplimiento de la obligación de aprobar por escrito y aplicar políticas y procedimientos adecuados de control interno en los términos de los artículos 26 y 26 bis, incluida la aprobación por escrito y aplicación de una polí-

que nuevamente estarán presentes los elementos (junto con los restantes del hecho de conexión) para determinar la responsabilidad derivada de lo previsto en el apartado b) del art. 31 bis 1.

---

tica expresa de admisión de clientes. n) El incumplimiento de la obligación de comunicar al Servicio Ejecutivo de la Comisión la propuesta de nombramiento del representante del sujeto obligado, o la negativa a atender los reparos u observaciones formulados, en los términos del artículo 26 ter. ñ) El incumplimiento de la obligación de establecer órganos adecuados de control interno, con inclusión, en su caso, de las unidades técnicas, que operen en los términos previstos en el artículo 26 ter. o) El incumplimiento de la obligación de dotar al representante ante el Servicio Ejecutivo de la Comisión y al órgano de control interno de los recursos materiales, humanos y técnicos necesarios para el ejercicio de sus funciones. p) El incumplimiento de la obligación de aprobar y mantener a disposición del Servicio Ejecutivo de la Comisión un manual adecuado y actualizado de prevención del blanqueo de capitales y de la financiación del terrorismo, en los términos del artículo 26.5. q) El incumplimiento de la obligación de examen externo, en los términos del artículo 28. r) El incumplimiento de la obligación de formación de empleados, en los términos del artículo 29. s) El incumplimiento de la obligación de adoptar por parte del sujeto obligado las medidas adecuadas para mantener la confidencialidad sobre la identidad de los empleados, directivos o agentes que hayan realizado una comunicación a los órganos de control interno, en los términos del artículo 30.1. t) El incumplimiento de la obligación de aplicar respecto de las sucursales y filiales con participación mayoritaria situadas en terceros países las medidas previstas en el artículo 31.

Monedas virtuales en la Directiva 2018/843, su tributación y blanqueo

JUAN JOSÉ NIETO MONTERO
Catedrático acr. de Derecho financiero y tributario
Universidad de Santiago de Compostela

INTRODUCCIÓN

El presente trabajo tiene como objetivo el análisis del régimen tributario de las monedas virtuales como instrumento vinculado a la prevención del blanqueo a través de dichos activos.

A nadie escapa que una de las características esenciales de los activos virtuales, tal vez la que más ha contribuido a su proliferación, es la opacidad. Dicha nota ha dificultado tradicionalmente su seguimiento y control, lo que los ha convertido en instrumentos especialmente atractivos para quienes pretendían huir de los diversos mecanismos de control y, por lo tanto, utilizar los activos virtuales al servicio del blanqueo, reintroduciendo a través de ellos en el circuito económico riquezas obtenidas de actividades ilícitas o alegales.

Esta situación derivó en la necesidad de establecer reglas en el ordenamiento jurídico que permitiesen luchar con eficacia frente a los problemas descritos. Así, es a partir de 2018 cuando comienzan a aparecer previsiones normativas en la materia que nos ocupa, fundamentalmente bajo el impulso de la Unión Europea, como veremos, y que fueron secundadas por las normas estatales. No obstante, muchas de estas regulaciones estatales se centraron más en el control de la utilización de criptoactivos y en sus conexiones con el ámbito penal (prevención del blanqueo de capitales) que en otros aspectos como los tributarios, dejando ya una primera consecuencia por demás evidente: la dificultad de encaje de muchas de las actividades relacionadas con tales activos en las previsiones de nuestro sistema tributario.

Para desarrollar este trabajo se realizará en primer lugar una aproximación a la conceptuación y marco jurídico de las monedas virtuales en la normativa de la Unión Europea, para posteriormente centrarnos en el ámbito de su tributación y control en el ordenamiento jurídico español en una doble vertiente: como objeto de actividades económicas y al margen de dichas actividades. Dicha exposición nos permitirá extraer conclusiones sobre la virtualidad del sistema establecido desde el punto de vista del control de los movimientos con estos activos y su eficacia en el ámbito de las medidas de prevención del blanqueo.

LAS MONEDAS VIRTUALES EN LA NORMATIVA EUROPEA: DE LA DIRECTIVA 2018/843 AL REGLAMENTO 2023/1114

Como hemos señalado, fue en 2018, concretamente a través de la denominada Quinta Directiva contra el Blanqueo de Capitales (Directiva 2018/843)[1] cuando la Unión Europea introdujo en sus normas la regulación de las criptomonedas. En esta directiva se parte de la constatación de la existencia de un problema básico por la dificultad de control de las que denominaba monedas virtuales, cuyo anonimato "permite su posible uso indebido con fines delictivos" (considerando 9), especialmente los vinculados con el terrorismo y el blanqueo de capitales (considerando 8).

En esa medida, la Directiva se propone luchar contra el anonimato estableciendo el sometimiento de las actividades en las que intervienen las monedas virtuales en el ámbito de las obligaciones de control previstas en la Directiva 2015/849. En consecuencia, entre los fines de esta norma se contempla que resulta "esencial ampliar el ámbito de aplicación de la Directiva (UE) 2015/849 para incluir en él a los proveedores de servicios de cambio de monedas virtuales por monedas fiduciarias así como a los proveedores de servicios de custodia de monederos electrónicos", añadiendo a continuación que "a los efectos de la lucha contra el blanqueo de capitales y la financiación del terrorismo, las autoridades competentes deben estar facultadas, a través de las entidades obligadas, para vigilar el uso de las monedas virtuales. Dicha vigilancia aportaría un enfoque equilibrado y proporcionado que salvaguarde los avances técnicos y el alto grado de transparencia logrado en el ámbito de la financiación alternativa y el emprendimiento social" (considerando 8).

---

1 Directiva (UE) 2018/843 del Parlamento Europeo y del Consejo, de 30 de mayo de 2018, por la que se modifica la Directiva (UE) 2015/849 relativa a la prevención de la utilización del sistema financiero para el blanqueo de capitales o la financiación del terrorismo, y por la que se modifican las Directivas 2009/138/CE y 2013/36/UE.

En la regulación concreta de la Directiva, se amplía el ámbito de las entidades obligadas por dicha norma a adoptar medidas de diligencia debida y a reportar cualquier actividad sospechosa que pudiese suponer actividades de financiación del terrorismo o de blanqueo de capitales. De este modo, en el artículo 2 de la Directiva 2015/849 pasaron a incluirse también los proveedores de servicios de cambio de monedas virtuales por monedas fiduciarias y los proveedores de servicios de custodia de monederos electrónicos. Por otra parte, el artículo 3 pasa a contemplar, en el apartado 18, una definición de las monedas virtuales, que a su tenor serán una "representación digital de valor no emitida ni garantizada por un banco central ni por una autoridad pública, no necesariamente asociada a una moneda establecida legalmente, que no posee el estatuto jurídico de moneda o dinero, pero aceptada por personas físicas o jurídicas como medio de cambio y que puede transferirse, almacenarse y negociarse por medios electrónicos". Esta noción debe complementarse con la de "proveedor de servicios de custodia de monederos electrónicos", que se conceptúa como "una entidad que presta servicios de salvaguardia de claves criptográficas privadas en nombre de sus clientes, para la tenencia, el almacenamiento y la transferencia de monedas virtuales".

El ordenamiento español, como no podía ser de otro modo, procedió a trasponer la directiva que nos ocupa a través del Real Decreto-Ley 7/2021, de 27 de abril[2]. Esta norma procede a modificar la Ley 10/2010, de 28 de abril, de prevención del blanqueo de capitales y de la financiación del terrorismo, dando entrada en ella a los conceptos de moneda virtual, cambio de moneda virtual por fiduciaria y proveedores de servicios de custodia de monederos electrónicos, creando un registro de tales proveedores y ampliando a estos sujetos las obligaciones propias de la normativa de prevención del blanqueo. Sin embargo, en contra de algunos posicionamientos que así lo reivindicaban, no califica a las monedas virtuales como instrumentos de pago.

En la misma línea, la Ley 11/2021, de 9 de julio, de medidas de prevención y lucha contra el fraude fiscal[3], y con la finalidad de reforzar el control

---

2 Real Decreto-ley 7/2021, de 27 de abril, de transposición de directivas de la Unión Europea en las materias de competencia, prevención del blanqueo de capitales, entidades de crédito, telecomunicaciones, medidas tributarias, prevención y reparación de daños medioambientales, desplazamiento de trabajadores en la prestación de servicios transnacionales y defensa de los consumidores.

3 Ley 11/2021, de 9 de julio, de medidas de prevención y lucha contra el fraude fiscal, de transposición de la Directiva (UE) 2016/1164, del Consejo, de 12 de julio

tributario sobre los posibles hechos imponibles relativos a monedas virtuales, vino a completar la regulación sobre estas creando en el ámbito del IRPF[4] dos obligaciones específicas de información sobre quienes proporcionen servicios relacionados con su negociación y tenencia: una relativa a los saldos que mantienen los titulares de dichas monedas y otra acerca de las operaciones sobre monedas virtuales. Además, amplía el ámbito objetivo de la Disposición Adicional 18ª de la Ley General Tributaria, relativa a las obligaciones de información sobre bienes situados en el extranjero para dar entrada en tal exigencia a la tenencia de monedas virtuales, ya sea como titulares, ya como beneficiarios o autorizados.

Finalmente, cabe reseñar que las obligaciones de información establecidas fueron objeto de desarrollo reglamentario a través del Real Decreto 249/2023, de 4 de abril[5], que introduce en el Reglamento General de las actuaciones y los procedimientos de gestión e inspección tributaria y de desarrollo de las normas comunes de los procedimientos de aplicación de los tributos los artículos 39 *bis* (obligación de informar sobre saldos en monedas virtuales), 39 *ter* (obligación de informar sobre operaciones con monedas virtuales) y 42 *quater* (obligación de informar acerca de monedas virtuales situadas en el extranjero). Evidentemente, el desarrollo de estas medidas de control excede claramente el objeto y la extensión de este tra-

---

de 2016, por la que se establecen normas contra las prácticas de elusión fiscal que inciden directamente en el funcionamiento del mercado interior, de modificación de diversas normas tributarias y en materia de regulación del juego.

4 Apartados 6 y 7 de la DA 13ª de la Ley 35/2006, de 28 de noviembre, del Impuesto sobre la Renta de las Personas Físicas y de modificación parcial de las leyes de los Impuestos sobre Sociedades, sobre la Renta de no Residentes y sobre el Patrimonio (LIRPF).

5 Real Decreto 249/2023, de 4 de abril, por el que se modifican el Reglamento General de Desarrollo de la Ley 58/2003, de 17 de diciembre, General Tributaria, en materia de revisión en vía administrativa, aprobado por el Real Decreto 520/2005, de 13 de mayo; el Reglamento General de Recaudación, aprobado por el Real Decreto 939/2005, de 29 de julio; el Reglamento General de las actuaciones y los procedimientos de gestión e inspección tributaria y de desarrollo de las normas comunes de los procedimientos de aplicación de los tributos, aprobado por el Real Decreto 1065/2007, de 27 de julio; el Reglamento del Impuesto sobre Sucesiones y Donaciones, aprobado por el Real Decreto 1629/1991, de 8 de noviembre; el Reglamento del Impuesto sobre el Valor Añadido, aprobado por el Real Decreto 1624/1992, de 29 de diciembre; el Reglamento del Impuesto sobre la Renta de las Personas Físicas, aprobado por el Real Decreto 439/2007, de 30 de marzo, y el Reglamento del Impuesto sobre Sociedades, aprobado por el Real Decreto 634/2015, de 10 de julio.

bajo, por lo que prescindiremos de profundizar en su contenido, por otra parte ya analizado por la doctrina científica[6]. En este sentido, coincidimos con Calvo Vérgez sobre la dificultad real de control, que entendemos subsistente a pesar de la existencia de las obligaciones de información referidas[7].

Sin embargo, más allá de la efectividad de las medidas contempladas en la Directiva y su trasposición a los ordenamientos nacionales (y en concreto al español), el dinamismo del mercado de activos virtuales, apoyado en los constantes avances tecnológicos, pronto evidenció la insuficiencia de la regulación contemplada en la Directiva 2018/843, ya que su eficacia se limita a los ámbitos de prevención de las actividades delictivas concretas que hemos reseñado.

Es por ello, entre otros motivos, por lo que la Unión Europea dio un paso más en la regulación de los criptoactivos, aprobando en 2023 el denominado Reglamento MiCA[8]. Esta norma establece un marco regulatorio integral para los criptoactivos, de los que las monedas virtuales son simplemente una modalidad. En este sentido cabe señalar que el reglamento amplía el ámbito de su alcance regulatorio, de modo que ya no solo los proveedores de servicios de cambio y los proveedores de monederos electrónicos van a estar obligados a actuar con la diligencia y el control reseñados, sino que se incluyen otros muchos sujetos y actividades, estableciendo

---

6 Cfr. Taboada Villa, J. "Obligaciones de información relativas a monedas virtuales en el ámbito nacional", *Dereito-Revista Xurídica da Universidade de Santiago de Compostela, vol. 32, núm. 1/2023, pág. 37-56;* Martínez Mirás, I. "Las obligaciones de información sobre monedas virtuales tras el RD 249/2023, de 4 de abril", *Revista Jurídica Colex, núm. 31/2023, pág. 28-31;* Harana Suano, E. "Explorando el laberinto fiscal de los activos digitales: el caso de los NFTS", *Crónica Tributaria, núm. 190/2024, pág. 79-101.*

7 En concreto, señala este autor que "tratándose de aquellas transacciones con criptomonedas que se lleven a cabo al margen de los *exchanges* o bien en el caso de saldos de monedas virtuales que se encuentren en *wallets* físicos (*wallets hardware*) será complicado incluir dichas operaciones dentro del ámbito de aplicación de estas obligaciones de declaración, lo que dificultará el desarrollo de toda labor de control efectuada". Calvo Vérgez, J. "Una nueva "vuelta de tuerca" sobre el control de las criptomonedas en el marco de la lucha contra el fraude fiscal", *Quincena Fiscal, num.17/2022 (BIB 2022\3144).*

8 Reglamento (UE) 2023/1114 del Parlamento Europeo y del Consejo, de 31 de mayo de 2023, relativo a los mercados de criptoactivos y por el que se modifican los Reglamentos (UE) nº 1093/2010 y (UE) nº 1095/2010 y las Directivas 2013/36/UE y (UE) 2019/1937.

una serie de requisitos de transparencia y divulgación, así como de registro y supervisión de proveedores de servicios. En concreto, el considerando 16 del propio Reglamento señala expresamente que "cualquier legislación que se adopte en el ámbito de los criptoactivos ha de contribuir igualmente al objetivo de luchar contra el blanqueo de capitales y la financiación del terrorismo. Por esta razón, las entidades que ofrezcan servicios incluidos en el ámbito de aplicación del presente Reglamento también deben cumplir las normas de la Unión aplicables en materia de lucha contra el blanqueo de capitales y la financiación del terrorismo, que integran las normas internacionales".

En definitiva, tras la aprobación del Reglamento MiCA la regulación de las diversas exigencias establecidas por la Directiva 2018/843 relativas a la prevención del terrorismo y del blanqueo de capitales son aplicables no sólo a las monedas virtuales, como se preveía en la Directiva, sino a todos los criptoactivos bajo el amparo del Reglamento[9].

Desde nuestro punto de vista, dada la eficacia del Reglamento, que no precisa transponerse a los ordenamientos nacionales, la ampliación realizada por dicha norma sería suficiente para entender que en el ámbito de las regulaciones nacionales se aplicasen las disposiciones relativas a la prevención del blanqueo y del terrorismo a todos los criptoactivos, sin necesidad de ulteriores previsiones. En consecuencia, consideramos suficiente la aplicación del Reglamento MiCA para entender que todos los criptoactivos bajo su ámbito serían objeto de las obligaciones de información establecidas en la normativa interna, al menos las que se han vinculado en su regulación con los ámbitos reseñados (de modo expreso, la regulación de la DA 18ª LGT, por ejemplo).

Aun así, podrían subsistir dudas sobre si dicha extensión a buena parte de los criptoactivos de las regulaciones referidas a monedas virtuales tiene trascendencia inmediata en el ordenamiento interno, especialmente en ámbitos como el tributario y el penal, en los que la importancia del principio de tipicidad implica en muchas ocasiones vedar las interpretaciones extensivas. En nuestra opinión, a los meros efectos de las obligaciones formales (esencialmente las de información) podría considerarse suficiente amparo la ampliación realizada por la normativa del Reglamento MiCA.

---

9 Debe tenerse presente que algunos criptoactivos quedan fuera del ámbito de aplicación de este Reglamento. Así, por ejemplo, no se aplicará a los criptoactivos no fungibles o a aquellos que se presenten como instrumentos financieros (apartados 3 y 4 del artículo 2 del Reglamento MiCA).

Conclusión evidentemente contraria habría que alcanzar en la eventual tipificación de conductas infractoras o delictivas y, probablemente, también con relación a los posibles hechos imponibles en los que estuviesen presentes tales activos.

En este sentido, en nuestro ordenamiento interno esto se ha concretado en una de las recomendaciones que se contemplan en el Libro Blanco sobre la reforma tributaria, que incluía entre sus propuestas "ampliar en el futuro el ámbito material de las dos nuevas obligaciones de información establecidas por la Ley 11/2021 que, en su reacción actual, limitan sus efectos a las criptomonedas, extendiéndolas a otros criptoactivos —en línea con las propuestas de DAC8 y de Reglamento MiCA-"[10].

De hecho, esta ampliación será una realidad en cuanto se trasponga al ordenamiento español la Directiva (UE) 2023/2226 del Consejo, de 17 de octubre de 2023, por la que se modifica la Directiva 2011/16/UE relativa a la cooperación administrativa en el ámbito de la fiscalidad (DAC8), en la que se introduce un nuevo artículo 8.*bis.quinquies, que extiende el ámbito de esta directiva a los "proveedores de servicios de criptoactivos obligados a comunicar información". Esta norma deberá aplicarse necesariamente a partir de enero de 2026, por lo que en todo caso la extensión de las obligaciones de información a todos los criptoactivos bajo el paraguas de MiCA (a cuya regulación se remite la Directiva) será indiscutible.*

LA TRIBUTACIÓN DE LOS CRIPTOACTIVOS EN ESPAÑA

Una vez analizado el alcance de la normativa europea sobre criptoactivos y los mecanismos de control sobre ellos, nos corresponde aproximarnos al régimen tributario aplicable a tales instrumentos en el ordenamiento jurídico español.

A tal fin entendemos que resulta procedente analizar de modo separado dos grandes aspectos del ámbito tributario, ya que los criptoactivos pueden ser objeto de atención desde dos perspectivas: por una parte, las actividades relacionadas con la intervención en el mercado y que darían lugar a la

---

10 Propuesta número 58. Comité de personas expertas para elaborar el Libro Blanco sobre la reforma tributaria. *Libro Blanco sobre la Reforma Tributaria. Instituto de Estudios Fiscales, Madrid, 2022. Pág. 547.* En el mismo sentido se manifiesta Miras Marín, N. "La importante diferenciación entre criptomonedas y criptoactivos y su incidencia en las obligaciones informativas: un análisis detallado", *Civitas-REDF, núm. 202/2024 (BIB 2024\539).*

existencia de actividades económicas relativas a estos instrumentos y, por otra, las consecuencias tributarias de la mera titularidad y negociación con los activos por particulares.

En efecto, existe todo un conjunto de operaciones relacionadas con estos activos que tienen que ver con su "creación", obtención y su puesta a disposición de otros sujetos, la existencia de servicios de intermediación y cambio, la gestión de las titularidades, etc. Todas estas son, desde una perspectiva conceptual, actuaciones que implican la gestión de factores de producción (medios materiales y humanos) para obtener bienes o servicios e intervenir en el mercado, esto es, se trataría de actividades económicas (empresariales o profesionales).

Entre estas destacan, y serán objeto de nuestra atención, el minado[11], el *stacking*[12], la participación en *airdrops*[13], la intermediación en la compraventa a través de brókeres y *exchanges*[14] o a través de cajeros y máquinas o las denominadas OPIs o ICOs[15].

---

11 Noción definida por la DGT como las operaciones "que permiten crear nuevos bloques de los que se derivan nuevos [criptoactivos] y que son remunerados por el sistema con una cantidad de [criptoactivos]". Resolución de la DGT de 31 de agosto de 2016, V3625-16.

12 Que según la DGT "se caracteriza por el bloqueo de criptoactivos en un monedero electrónico durante un tiempo a través de un contrato inteligente. Cuanto mayor sea la cantidad de criptoactivos bloqueados, mayor será la probabilidad de ser escogido por el sistema para validar los bloques y de ser recompensado, generalmente, con el mismo tipo de criptoactivo". Resolución de la DGT de 26 de julio de 2022, V1766-22.

13 Se trata de operaciones que podrían calificarse como estrategias de marketing, habitualmente adoptadas por *startups* de criptoactivos para promocionar su proyecto y el nuevo token, y que se plasman en la distribución de ese activo a usuarios actuales o potenciales de modo gratuito, a cambio de que estos realicen actividades promocionales sencillas o incluso compartan ciertos datos. En palabras de la DGT, "un "*airdrop*" es una estrategia para dar a conocer un determinado proyecto que consiste en la distribución de nuevos criptoactivos de manera gratuita a usuarios y que, en ocasiones, requiere que éstos participen en determinadas actividades promocionales en internet y redes sociales" (Resolución de la DGT de 11 de abril de 2024, V0648-24).

14 Ambas denominaciones se aplican a las personas que se dedican a la compraventa o intercambio de criptoactivos, percibiendo por sus servicios una comisión.

15 En general, en el ámbito de las monedas virtuales suele usarse la denominación ICO para referirse al proceso en el que las empresas (habitualmente *startups*) o los individuos emiten *tokens* al público para recaudar fondos para sus proyectos a cambio de dinero fiduciario u otros criptoactivos. En resumen, se trata de los servicios de captación de fondos de inversores para la compraventa de criptoactivos y que cuando se refieren a valores negociables en general suelen denominarse ofertas públicas individuales (OPI).

Por otra parte, en cuanto esos activos se integran en el patrimonio de personas y entidades a través de negocios jurídicos, permanecen en dicho patrimonio o salen del mismo a través de cualquier vía admitida en Derecho, se producen consecuencias de tipo económico en sus titulares que son indicativas de capacidad contributiva[16] y, en consecuencia, pueden —e incluso deben— ser objeto de gravamen.

Sin embargo, dada la amplia tipología de criptoactivos y su complejidad, utilizaremos como pauta principal el análisis de los aspectos tributarios relativos a las monedas virtuales, sin perjuicio de que puntualmente se realicen reflexiones sobre otros instrumentos o valores.

Por otra parte, a la hora de realizar el análisis de las distintas posibilidades optaremos por hacer una exposición sistematizada en función de los diversos tributos en presencia, en lugar de un desarrollo por actividades, en la medida en que intentaremos poner de relieve las diferencias tributarias existentes entre actividades similares en cada uno de los impuestos.

Por otra parte, hay que reseñar que el ordenamiento tributario vigente no contiene referencias expresas a los criptoactivos en el ámbito de su tributación[17] (cosa diferente, como hemos visto, con relación a las obligaciones formales de suministro de información). En dicha medida, pues, no existen previsiones específicas para este tipo de activos, por lo que las soluciones a las diferentes situaciones deben venir de la mano de la interpretación de la norma, lo que otorga un papel fundamental, como se verá a lo largo de la exposición, a la doctrina administrativa, esencialmente de la Dirección General de Tributos (DGT)[18].

---

16 Fernández Amor, J.A. "Apuntes sobre el tratamiento tributario de criptoactivos", *Crónica Tributaria,* núm. 191/2024, pág. 22-23.

17 Sin perjuicio de que en algunos modelos de autoliquidaciones, como la del IRPF, se hayan introducido apartados específicos para este tipo de bienes, aun sin estar previstos de modo expreso en la norma reguladora del tributo.

18 Como señala Romero Flor, "aún a pesar de que [...] el uso de las criptomonedas aún no ha sido regulado expresamente ni en España ni en el resto de los Estados miembros de la Unión Europea, sí que es posible utilizarlas (sobre todo los bitcoin) en el tráfico comercial; lo cual no ha impedido a las Administraciones Tributarias el interpretar y calificar jurídicamente las distintas actividades relacionadas con el uso de las criptomonedas de acuerdo con su propia naturaleza y, por consiguiente, determinar la tributación de la mismas en función de que se trate de su adquisición, tenencia y/o transmisión por empresarios y/o particulares". Romero Flor, L.M. "Tributación del bitcoin", *Quincena Fiscal,* núm. 1/2022 (BIB 2022\37).

En efecto, la ausencia de regulación implica que "no existe en la actualidad seguridad jurídica alguna en cuanto a la tributación de las diferentes manifestaciones de riqueza susceptibles de ser generadas. En este sentido, no hay previsión expresa alguna referente a las criptomonedas en ninguna ley o reglamento tributario español, y los pronunciamientos de la Dirección General de Tributos al respecto, aunque existen, son escasos y no siempre coherentes"[19]. Todo ello, en palabras de Merino Jara, pone "de relieve la necesidad de regular estas figuras"[20].

El gravamen de las actividades empresariales relativas a las monedas virtuales

A la hora de referirnos a las actividades económicas relativas a las monedas virtuales debemos afrontar diversos escenarios. Todas las actividades que hemos mencionado y que serían susceptibles de ser calificadas como actividades empresariales o profesionales pueden constituir (o no) hecho imponible del Impuesto sobre Actividades Económicas (IAE), por lo que esta será la primera cuestión a analizar. En segundo término, a través de esas operaciones los sujetos que las realizan pueden obtener rendimientos, que estarán sometidos, en su caso, a los impuestos personales sobre la renta, sea por personas físicas (Impuesto sobre la Renta de las Personas Físicas —IRPF—) o por entidades (Impuesto sobre Sociedades —IS—) o por sujetos no residentes (Impuesto sobre la Renta de los No Residentes —IRNR—). Por otra parte, los propios elementos del patrimonio empresarial, en tanto se trate de actividades desarrolladas por personas físicas son susceptibles de gravamen en el Impuesto sobre el Patrimonio (IP). Por último, en tanto actividades empresariales o profesionales debe analizarse su sujeción al Impuesto sobre el Valor Añadido (IVA). A estas cuatro cuestiones se dedican los siguientes apartados.

La posible sujeción al Impuesto sobre Actividades Económicas de las actividades empresariales relacionadas con las monedas virtuales

A la hora de afrontar el gravamen de las actividades relacionadas con criptoactivos en el IAE debemos partir de la configuración de este tributo local como un impuesto que grava el mero ejercicio en el territorio muni-

---

19 De Miguel Hernando, D; Rodríguez Castillo, M y Taylor, M: "Consideraciones tributarias generales sobre el bitcoin", *Crónica Tributaria,* núm. 171/2019, pág. 194.

20 Merino Jara, I. "El reto jurídico-tributario de regular las criptomonedas", *Nueva Fiscalidad,* núm. 3/2022, pág. 18.

cipal de actividades empresariales, profesionales o artísticas, con independencia de la habitualidad[21], del ejercicio o no en un local determinado, de la existencia de ánimo de lucro o de la generación o no de beneficios (art. 78 del Texto Refundido de la Ley Reguladora de las Haciendas Locales, TRLRHL[22]).

En este sentido, la norma legal dispone que se entiende que existe una actividad económica susceptible de ser gravada "cuando suponga la ordenación por cuenta propia de medios de producción y de recursos humanos o de uno de ambos, con la finalidad de intervenir en la producción o distribución de bienes o servicios" (art. 79 TRLRHL), remitiendo en todo caso su concreción a las tarifas del impuesto[23].

No obstante, lo determinante será la posible calificación como actividad económica en función de las características reseñadas (la ordenación por cuenta propia de los medios de producción y recursos humanos y la finalidad de intervenir en el mercado), de modo que es perfectamente posible que una actividad no especificada en las tarifas sea considerada como sujeta al tributo. De hecho, la misma norma que aprueba las tarifas contiene la instrucción, cuya regla 8ª establece la posible sujeción de actividades no previstas, que "se clasificarán, provisionalmente, en el grupo o epígrafe dedicado a las actividades no clasificadas en otras partes (n.c.o.p.), a las que por su naturaleza se asemejen y tributarán por la cuota correspondiente al referido grupo o epígrafe de que se trate", y si esto último no fuese posible, "se clasificarán, provisionalmente, en el grupo o epígrafe correspondiente a la actividad a la que por su naturaleza más se asemejen y tributarán por la cuota asignada a ésta". Este aspecto es especialmente importante dado que las actividades que contemplan las tarifas no prevén, por el momento de su aprobación, muchas de las posibles realidades actualmente existentes.

Por último, también debe reseñarse en el ámbito de la configuración global del impuesto que la ley ha venido a establecer una reducción importante de su ámbito de aplicación, al proclamar la exención de las personas físicas (en todo caso) y la de los sujetos pasivos del Impuesto sobre Socie-

---

21 En este sentido, "bastaría con un solo acto de realización de una actividad económica para que se produzca el supuesto" de hecho del tributo. Romero Flor, L.M. "Tributación del bitcoin", *ob.cit.*

22 Aprobado por Real Decreto Legislativo 2/2004, de 5 de marzo.

23 Establecidas por el Real Decreto Legislativo 1175/1990, de 28 de septiembre, por el que se aprueban las tarifas y la instrucción del Impuesto sobre Actividades Económicas.

dades, las sociedades civiles y las entidades del artículo 35.4 de la Ley General Tributaria que tengan un importe neto de cifra de negocios inferior a un millón de euros, así como los contribuyentes del IRNR que operen en España mediante establecimiento permanente con idéntico límite cuantitativo (art. 82.1.c) TRLRHL).

Partiendo de estas premisas, debemos plantearnos la posible sujeción al tributo de las actividades de obtención e intercambio de monedas virtuales.

Así, la primera opción que debemos contemplar es la del minado de criptomonedas. Al respecto, resulta evidente que en la minería existe una ordenación por cuenta propia de los factores productivos (humanos y materiales) con la intención de obtener bienes (las monedas virtuales), lo que podría dar claramente lugar a su calificación como actividad económica sometida al impuesto. Además, cabe destacar que resulta absolutamente indiferente en tal conclusión el hecho de que la obtención de las monedas se realice con el simple fin de mantenerlas como inversión o que la finalidad sea negociar con ellas, transmitiéndolas. Debe recordarse que la calificación de actividad económica contempla como una de las eventuales finalidades la producción de bienes o servicios, separada de su distribución. Así, pues, la actividad de minado estará sujeta al impuesto, plenamente en tanto se realice por personas jurídicas o entidades con un importe neto de cifra de negocio superior al millón de euros y en su modalidad exenta en caso de personas físicas y de las entidades que no alcancen dicho importe. Así ha venido a confirmarlo la DGT a través de diversas resoluciones, en las que concluye claramente a favor de la sujeción del minado al IAE y también su inclusión, al tratarse de actividades no previstas en las tarifas de modo expreso, en el epígrafe 831.9 de la sección primera de las Tarifas, "Otros servicios financieros n.c.o.p."[24]

Una segunda actividad a plantear es el denominado *staking*. En este tipo de negocios el inversor se limita a mantener bloqueados los criptoactivos en el monedero electrónico durante un tiempo para obtener una rentabilidad. Al respecto, la DGT no se ha pronunciado sobre su sujeción al IAE, pero ha considerado (a efectos del IRPF) que "no puede concluirse que esta actividad presente una organización mínima para considerar que existe una ordenación por cuenta propia de medios de producción y de recursos humanos o de uno de ambos, con la finalidad de intervenir en

---

24 Véanse las resoluciones de la DGT de 31 de agosto de 2016 (V3625-16); 13 de noviembre de 2017 (V2908-17); y dos de 16 de noviembre de 2021 (V2831-21 y V2843-21).

la producción o distribución de bienes o servicios"[25], por lo que, como veremos, descarta la existencia de rendimientos de actividades económicas y considera que se generan rendimientos del capital mobiliario. En consecuencia, en virtud de la coherencia en la calificación de la actividad, habrá que concluir que se trata de un supuesto de no sujeción al IAE.

En tercer lugar, cabe referirse a los *airdrops*, negocio en el que la DGT llega a conclusiones similares, si bien de modo menos evidente. En efecto, al tratarse de una actividad en la que se produce una cesión de derechos, la interpretación más procedente parte de que la calificación viene dada "por la condición en la que participe el cedente. Así, y siempre que la cesión de los participantes responda a un hecho circunstancial y no sea consecuencia de una relación laboral (o que procediera calificar como tal, por desarrollarse una prestación de servicios retribuidos por cuenta ajena, bajo el ámbito de organización y dirección del empleador) ni del ejercicio profesional o empresarial de una actividad (esto es, que la cesión no sea una consecuencia de su perfil empresarial o profesional)", estaríamos ante un supuesto en el que la renta no se calificaría como procedente de actividad económica, al entender que no se cumplirían los requisitos exigidos para ello por la Ley del IRPF[26].

Esta calificación implicaría, como en el supuesto del *staking*, la no sujeción al IAE. No obstante, cabe considerar, en nuestra opinión, que el criterio del centro directivo no es tan excluyente de dicha calificación como podría parecer en una primera aproximación, puesto que la conclusión a la que llega en los tres supuestos en los que se ha aproximado a los airdrops es que no existe actividad económica porque el cedente no está actuando en el ejercicio de tal tipo de actividad y participa en el negocio de modo circunstancial, pero parece admitir claramente dicha posibilidad, así como la de que la relación de airdrops se enmarque en el contexto más amplio de una relación laboral. Si esto es así, tal y como parece admitir la DGT, sí podría existir un supuesto de actividad económica en el contexto del airdrop y, en dicho caso, también se produciría la sujeción al IAE, lo que en nuestra opinión se debería realizar en el mismo epígrafe reseñado con relación al minado.

---

25 Resolución de la DGT de 26 de julio de 2022 (V1766-22). En el mismo sentido, remitiéndose a la anterior, Resoluciones de la DGT de 12 de marzo y de 11 de abril de 2024 (V0376-24 y V0648-24).

26 Resoluciones de 29 de diciembre de 2020 (V3657-20); de 29 de junio de 2023 (0018-23) y de 11 de abril de 2024 (V0648-24).

Por otra parte, estarían las diversas operaciones de compraventa de monedas virtuales, en las que las calificaciones son también divergentes. Así, en primer lugar, la compraventa de criptoactivos para sí mismo ha sido considerada reiteradamente por la DGT como no constitutiva de actividad económica a efectos tributarios, por lo que no se encontraría sujeta al IAE[27]. Dicha conclusión resulta absolutamente lógica ya que en la compra para el propio sujeto no existe intención de intervenir en el mercado, requisito esencial para considerar la existencia de actividades económicas[28].

Por último, debe señalarse que la conclusión es la contraria en los casos en los que existe intermediación en la compraventa de monedas virtuales, bien de modo directo (brókeres y *exchanges*), bien a través de cajeros o máquinas, o bien la captación de fondos a través de las OPIs. De modo expreso ha señalado la DGT con carácter general que en los supuestos de prestación de "servicios a terceros, bien de compraventa o bien de minado de criptomonedas, si estará sujeto al IAE al constituir una actividad económica"[29].

En todos estos supuestos existe claramente actividad económica en el sentido definitorio del hecho imponible del IAE, si bien no hay coincidencia con relación al epígrafe en el que la actividad debe ser dada de alta. Así, con relación a los brókeres y *exchanges* y para la captación de fondos (OPIs) ha de recurrirse al ya mencionado epígrafe 831.9[30], en el caso de que la intermediación se realice a través de máquinas automáticas de *vending* o cajeros, el epígrafe procedente sería otro de los previstos en las tarifas, en concreto el 969.7 de la sección primera, "Otras máquinas automáticas"[31]. Finalmente, en el arrendamiento de servidores cloud para la realización de actividades relacionadas con

---

27 Así, las Resoluciones de 16 de noviembre de 2021 (V2831-21 y V2843-21) señalan expresamente que "la compraventa de criptomonedas para sí mismo, bien por personas físicas, bien por personas jurídicas o entidades carentes de personalidad jurídica, no constituye actividad económica, ni empresarial ni profesional, de suerte tal que por dicha compraventa no procede tributación alguna por el impuesto". En la misma línea, Resolución de la DGT de 6 de julio de 2021 (V2012-21).

28 Véase Resolución de la DGT de 9 de febrero de 2023 (V0213-23).

29 Así, expresamente las ya citadas resoluciones de 6 de julio de 2021 (V2012-21) y de 16 de noviembre de 2021 (V2831-21 y V2843-21).

30 Resolución de la DGT de 6 de julio de 2021 (V2012-21) para brókeres y *exchanges* y Resolución de la DGT 8 de julio de 2022 (V1657-22) para las operaciones de captación de fondos.

31 Resolución de la DGT de 30 de marzo de 2015 (V1028-15).

la obtención de monedas virtuales la sujeción al impuesto puede realizarse a través de epígrafes diferenciados, ya que si se limita al arrendamiento de los equipos sería aplicable el grupo 859 de la sección primera de las Tarifas, "Alquiler de otros bienes muebles n.c.o.p. (sin personal permanente)", mientras que "si de las estipulaciones de los contratos se desprendiese que la actividad efectivamente realizada se corresponde con una prestación de servicios de conexión a los servidores "cloud" [...]por cuyo servicio los usuarios satisfacen una cuota, dicha actividad se clasificará en el grupo 769 de la sección primera de las Tarifas, "Otros servicios de telecomunicación", debiendo figurar dado de alta el sujeto pasivo, a efectos meramente informativos, en el epígrafe 769.9, "Otros servicios privados de telecomunicación n.c.o.p.""[32].

En conclusión, cabe reseñar que la sujeción al IAE de las actividades con criptoactivos puede resultar clara atendiendo a la configuración de las diversas realidades negociales, si bien cabría desear —*de lege ferenda*— una reformulación de las tarifas del impuesto para dar entrada a las nuevas modalidades de realización de estas actividades y su previsión a través de epígrafes concretos, contribuyendo de ese modo a la seguridad jurídica de los contribuyentes y de los inversores.

La obtención de rendimientos derivados de actividades económicas a través de criptomonedas

Como resulta sabido, los rendimientos obtenidos en el ejercicio de cualesquiera actividades económicas se califican a efectos tributarios como renta, sometiéndose en consecuencia al impuesto correspondiente en función de que el sujeto que manifiesta la capacidad económica sea una persona física o una entidad y sea o no residente en territorio español. De ese modo, el gravamen podrá producirse en el IS (personas jurídicas y entidades residentes), en el IRPF (personas físicas residentes) o en el IRNR (personas físicas, jurídicas y entidades no residentes).

Comenzando por la imposición societaria, el legislador[33] ha optado por someter a gravamen la renta de la entidad determinando esta por remisión a la normativa contable, sobre cuyo resultado simplemente se aplicarán, en los casos en que la ley así lo prevea, ciertos ajustes (art. 10.3 LIS[34]). De

---

32 Resolución de la DGT de 29 de abril de 2019 (V0915-19).

33 Ley 27/2014, de 27 de noviembre, del Impuesto sobre Sociedades (LIS).

34 Art. 10.3: "En el método de estimación directa, la base imponible se calculará, corrigiendo, mediante la aplicación de los preceptos establecidos en esta Ley, el

esta remisión a la normativa contable y sobre todo por el carácter sintético del IS, que no distingue entre las diversas fuentes de renta, se deduce la menor trascendencia que puede tener en este tributo la calificación que se pueda otorgar a las rentas en función de la actividad desarrollada, puesto que todas acabarán integradas en el resultado contable. Eso sí, en determinados casos la calificación que la normativa contable otorgue a los distintos elementos puede tener trascendencia desde la perspectiva de la aplicación de los diversos ajustes extracontables.

En consecuencia, se torna determinante la calificación que conforme a la normativa contable corresponda a las rentas derivadas de las actividades desarrolladas con los criptoactivos. A tal fin, resulta punto de partida obligado la referencia a la calificación otorgada por el Instituto de Contabilidad y Auditoría de Cuentas (ICAC), que en una conocida consulta[35] estableció una diversidad en el tratamiento contable de las operaciones con criptoactivos según estas estuviesen destinadas a formar parte de la actividad ordinaria (en cuyo caso se calificarían como existencias) o a ser utilizadas como inversión o, en su caso, como medio de pago (supuestos en los que tendrían la calificación contable de inmovilizado intangible)[36].

En consecuencia, lo determinante a la hora de la calificación contable no será la actividad económica desarrollada por la entidad, sino la finalidad con la que se tengan los activos. Así, por ejemplo, una entidad que se dedique al minado de monedas virtuales debería calificar como existencias aquellas que obtenga con la intención de transmitirlas a terceros en cuanto parte de su objeto o actividad, pero debería contabilizar como inmovilizado las que reserve como inversión o como posible medio de pago. Las mismas conclusiones serían aplicables a todas las actividades económicas

---

resultado contable determinado de acuerdo con las normas previstas en el Código de Comercio, en las demás leyes relativas a dicha determinación y en las disposiciones que se dicten en desarrollo de las citadas normas".

35 Consulta ICAC nº 4-19, de 31 de diciembre de 2019.

36 En este sentido, Pedreira Menéndez considera que la conceptuación como existencias sería una suerte de recalificación de la correcta definición de las monedas virtuales como intangibles. Así, dice que "atendiendo a la normativa contable en vigor, la calificación más plausible para las monedas digitales es como elemento del inmovilizado intangible, con la particularidad de su "recalificación" a existencias en el caso de que la entidad las tenga como objeto normal de sus negocios". Pedreira Menéndez, J.: "La contabilización y tributación de la moneda virtual (Bitcoin)", en *Tendencias y retos del Derecho Financiero y Tributario.* (García-Herrera Blanco, C. dir). *Instituto de Estudios Fiscales.* Núm. 10. 2018, pág. 142.

relacionadas con monedas virtuales, tal vez con la única excepción de los exchanges, cuya actividad no parece requerir disponer de monedas virtuales como existencias y, en consecuencia, deberían contabilizarlas en todo caso como inmovilizado intangible.

Desde nuestro punto de vista se produce aquí una divergencia difícilmente explicable en el tratamiento que va a dar lugar a diferencias en el ámbito tributario que no se producirían con otro tipo de instrumentos y, sobre todo, con la moneda fiduciaria.

Esta distinta calificación contable tiene importantes consecuencias, ya que habrá que entender que las monedas virtuales calificadas como existencias se contabilizarán por su coste de producción o su valor de adquisición, pero podrán considerarse los posibles deterioros, cuya deducibilidad en el IS debería entenderse admitida en función del art. 13 LIS. No obstante, dado que en algunas resoluciones la DGT, como veremos, ha considerado que las pérdidas de valor en este ámbito en el marco del IRPF se deben conceptuar como pérdidas patrimoniales por la existencia de un crédito no satisfecho por parte del deudor, tal vez debería resultar aplicable en el IS idéntica conclusión y limitar la deducción de los deterioros contabilizados relativos a las existencias en monedas virtuales a los supuestos del art. 13.1 LIS (transcurso de 6 meses desde el vencimiento de la obligación, deudor declarado en concurso o proceso por alzamiento de bienes o que las obligaciones hayan sido reclamadas judicialmente o sean objeto de un litigio judicial o procedimiento arbitral de cuya solución dependa su cobro). Por su parte, en virtud del art. 13.2 LIS nunca serían deducibles las pérdidas por deterioro de las monedas virtuales que formasen parte del inmovilizado intangible de la empresa.

Por el contrario, estos últimos activos sí podrían ser objeto de amortización, si bien en este caso se detecta una importante discrepancia entre el tratamiento contable y el fiscal. En efecto, desde el punto de vista de la normativa mercantil (art. 39.4 del Código de Comercio[37]), la amortización del inmovilizado intangible cuya vida útil no sea estimable de modo fiable se realizará en 10 años (es decir, al 10%), en el ámbito tributario la LIS establece en su art. 12.2 que "el inmovilizado intangible se amortizará atendiendo a su vida útil. Cuando la misma no pueda estimarse de manera

---

[37] Art. 39.4 del Código de comercio: "Los inmovilizados intangibles son activos de vida útil definida. Cuando la vida útil de estos activos no pueda estimarse de manera fiable se amortizarán en un plazo de diez años, salvo que otra disposición legal o reglamentaria establezca un plazo diferente".

fiable, la amortización será deducible con el límite anual máximo de la veinteava parte de su importe". Esta diferencia impondrá la necesaria existencia de ajustes extracontables de signo positivo durante los primeros 10 años en los que los activos permaneciesen en el patrimonio de la empresa, invirtiéndose el signo durante los 10 años siguientes. Además, tal vez sería deseable introducir algún tipo de previsión en el régimen de amortización de los criptoactivos calificados como inmovilizado, en la medida en que las fluctuaciones del mercado y la propia volatilidad de estos activos podrían aconsejar la adaptación de las eventuales pérdidas de valor a la realidad económica del activo de que se trate[38].

Por otra parte, debemos atender también a la tributación de los ingresos que deriven de la realización de operaciones de intermediación (brókeres y *exchanges* o proveedores de servicios de *staking* que establezcan algún tipo de comisión sobre las ganancias obtenidas por los depositarios). Al respecto, la DGT sentó claramente que sólo formarán parte de la base imponible del IS de tales sujetos los ingresos devengados en cada período impositivo derivados de los servicios prestados en concepto de comisión, tanto en las operaciones de compraventa de moneda virtual como en las operaciones de recarga de tarjetas de crédito virtuales[39], si bien limita la afirmación a aquellos supuestos en los que las comisiones son percibidas en moneda fiduciaria. En nuestra opinión, dicha conclusión debería extenderse también a los supuestos en los que la comisión se percibe en criptoactivos, aunque no debemos perder de vista que la calificación contable de las monedas virtuales en este caso también estaría presente, de modo que acabarían por integrarse necesariamente como existencias o como inmovilizado intangible, divergiendo una vez más de la posible situación análoga realizada en moneda fiduciaria.

Por último, también cabría referir una ulterior consecuencia del tratamiento contable de las monedas virtuales. Así, en los casos en los que la entidad se dedique a la intervención en el mercado de tales activos y estos se contabilicen como existencias, los beneficios derivados de su transmisión se integrarán lógicamente en el Importe Neto de la Cifra de Negocios

---

38 En palabras de Fernández Amor, "no parece un elemento apropiado sobre el cual reflejar la corrección de valor por medio de la amortización tradicional, lo que acaba siendo un motivo más para demandar al regulador una delimitación normativa de aspectos valorativos del criptoactivo". Fernández Amor, J.A. "Apuntes sobre el tratamiento tributario de criptoactivos", *ob. cit.*, pág. 46-47.

39 Resolución de la DGT de 8 d julio de 2013 (V2228-13).

(INCN), mientras que las variaciones en tales existencias, aun formando parte de la Cuenta de Pérdidas y Ganancias no se integrarán en el INCN. Por su parte, en los casos en los que proceda la calificación de las monedas virtuales como inmovilizado intangible la eventual ganancia derivada de la transmisión no se integrarán en el INCN, sino que formará parte de los ingresos financieros. Esta diferencia puede tener evidente trascendencia en aquellos supuestos en los que la normativa tributaria tenga en cuenta el INCN como determinante de la aplicación de algún beneficio fiscal o de algún régimen tributario especial, como efectivamente sucede con el Régimen Especial de las Empresas de Reducida Dimensión o con los tipos de gravamen o la tributación mínima[40], además de su incidencia en los límites de ciertas deducciones o reducciones a lo largo del texto de la LIS[41].

Por lo que se refiere al IRPF, debe partirse de su regulación como impuesto analítico, de modo que la forma y medida del gravamen aplicable dependerá de la conceptuación de las rentas de que se trate. En lo que ahora nos ocupa, referido al desarrollo de actividades económicas con monedas virtuales, debe partirse de la propia noción de actividad económica a efectos del impuesto. En concreto, el art. 27 LIRPF introduce una definición de estos rendimientos coincidente con la establecida a efectos del IAE[42], si bien resulta exigible en este punto la nota de la habitualidad, no requerida en aquel tributo, lo cual puede mostrarse como especialmente trascendente si la obtención de rendimientos se produce a través de alguna actividad aislada.

Con esta definición resulta clara la calificación como actividad económica generadora de rendimientos de tal naturaleza en los supuestos de minado, intermediación en las transmisiones (brókeres y *exchanges*) y de

---

40 *Vid. art.* 101, 29 y 30 *bis* de la LIS, respectivamente.

41 Sin ánimo de exhaustividad, cabe citar la incidencia del INCN en la deducción de gastos por atenciones a clientes o proveedores (art. 15.1 LIS), la posible simplificación de la documentación en el caso de las operaciones vinculadas (art. 18.3 LIS), la reducción de dividendos prevista en el art. 21.11 LIS; los límites a la compensación de bases imponibles negativas (art. 26.4 LIS) o a la deducción por inversiones en I+D+i (art. 39.2 LIS).

42 Art. 27.1 LIRPF: "Se considerarán rendimientos íntegros de actividades económicas aquellos que, procediendo del trabajo personal y del capital conjuntamente, o de uno solo de estos factores, supongan por parte del contribuyente la ordenación por cuenta propia de medios de producción y de recursos humanos o de uno de ambos, con la finalidad de intervenir en la producción o distribución de bienes o servicios".

captación de fondos (OPIs[43]). Cierto es que la actividad de minado podría ser concebida como una actividad aislada en el tiempo y, en ese caso, careciendo de la nota de habitualidad, podría no ser calificable como actividad económica a efectos del IRPF. No obstante, en la práctica resulta poco probable el ejercicio de tal actividad de un modo aislado, puesto que supone la realización de importantes inversiones que difícilmente podrían explicar una actividad esporádica.

Sin embargo, con relación a las actividades de *staking* y *airdrops* ya hemos indicado —al analizar su sujeción al IAE— que la DGT ha sostenido que a efectos del IRPF carecen de la consideración de actividades económicas, de modo claro con relación al *staking* y de manera más difusa con relación a los *airdrops*, que podrían ser considerados actividad económica en aquellos casos en los que exista ordenación por cuenta propia de los factores de producción con intención de intervenir en el mercado. Evidentemente, la misma conclusión de ausencia de actividad económica es predicable, sin duda alguna, con relación a la compra de activos para sí mismo.

Una vez delimitados estos aspectos, debemos diferenciar dos grandes escenarios: aquellos en los que existe actividad económica y aquellas otras modalidades negociales en las que no se considera existente tal tipología de actividad.

En primer término, para aquellos casos en los que existe una actividad económica, y con relación a la cuantificación de sus rendimientos en el IRPF debemos tener presentes dos aspectos muy importantes. Por una parte, en el régimen de estimación directa (que sería el aplicable en todos los casos de actividades económicas relacionadas con las monedas virtuales, al no encajar en ninguna de las actividades para las que está prevista la estimación objetiva), la determinación de la renta se realizará (art. 28 LIRPF) según las normas previstas en el IS, sin perjuicio de las especialidades previstas en la propia LIRPF, integrándose la renta en la base imponible

---

43 Sin embargo, cabría realizar una interpretación parcialmente diferente en este supuesto. Así, Fernández Amor señala que en el "apartado de rendimientos del capital por cesión habría que incluir a los conocidos como ICO o *Initial Coin Offering* (realizables por medios propios o a través de plataformas de intercambio). Por este proceso, un sujeto obtiene criptomonedas de un proyecto lanzado por una entidad en la red al aportar, previamente, capital propio. El rendimiento que se produce es la diferencia entre el precio de mercado de la nueva criptomoneda y el de adquisición real que suele ser el de mercado rebajado en un porcentaje de descuento concedido por participar en la financiación del proyecto". Fernández Amor, J.A. "Apuntes sobre el tratamiento tributario de criptoactivos", *ob. cit.*, pág. 39.

general del contribuyente. En consecuencia, se pueden dar por reproducidas buena parte de las afirmaciones realizadas con relación al IS, si bien sí se producirá una importante diferencia entre ambos tributos dada la divergencia de los tipos de gravamen aplicables, haciendo que una eventual actividad desarrollada por personas físicas pueda verse gravada en una cuantía que podría duplicar a la que correspondería si la actividad estuviese sometida al IS.

Por otro lado, entre las normas específicas previstas en la LIRPF a las que nos acabamos de referir adquiere especial trascendencia la contenida en el art. 28.2 LIRPF, que establece que "para la determinación del rendimiento neto de las actividades económicas no se incluirán las ganancias o pérdidas patrimoniales derivadas de los elementos patrimoniales afectos a las mismas", que se deberán cuantificar conforme a la regla propia de las ganancias y pérdidas patrimoniales, es decir, del mismo modo que si el sujeto no realizase actividad económica alguna. Esta norma, que tiene su explicación en la dificultad de escindir en una persona física un patrimonio empresarial distinto del patrimonio personal, implicará que en las actividades que nos ocupan en tanto sean desarrolladas por personas físicas, la transmisión de los activos no dará lugar a un rendimiento de actividad económica (como sí sucederá en el caso de que la actividad sea ejercida por un sujeto pasivo del IS), sino a una ganancia o pérdida patrimonial. Esto supondrá, asimismo, que la renta no se integrará en la base imponible general del IRPF sino en la denominada base imponible del ahorro, sometida a tipos de gravamen más bajos[44].

En este sentido, pues, la calificación de la renta derivada de la transmisión sería idéntica al supuesto en el que el sujeto no desarrollase una actividad económica, procediendo su cuantificación conforme a lo establecido en los art. 33 y siguientes LIRPF.

A tal fin deben diferenciarse dos escenarios posibles: que las monedas virtuales transmitidas lo sean a través de una venta en moneda fiduciaria, en cuyo caso la ganancia o pérdida patrimonial se determinará, fundamentalmente por la diferencia entre el valor de transmisión y el valor de adquisición (art. 34 LIRPF), o bien que hayan sido objeto de permuta con otras monedas

---

44 Expresamente, Resolución de la DGT de 12 de diciembre de 2023 (V3203-23), que señala que "el importe de la ganancia puesta de manifiesto en la venta de las monedas virtuales a cambio de dinero constituye renta del ahorro conforme a lo previsto en el artículo 46. b) de la LIRPF y se integrará en la base imponible del ahorro de acuerdo con el artículo 49 de la misma ley".

virtuales o criptoactivos, en cuyo caso sería aplicable la regla específicamente prevista para las permutas o canjes de valores en el art. 37.1.h) LIRPF, conforme al que habrá que atender a la diferencia entre el valor de adquisición del bien o derecho que se cede y el mayor entre el valor de mercado del bien o derecho entregado y el valor de mercado del bien o derecho que se recibe a cambio[45]. En este punto no debemos perder de vista, como señala Almudí Cid, que "en ocasiones, la cuantificación de dicho rendimiento no resultará sencilla, ante la dificultad de establecer un patrón de cambio fidedigno en relación con una moneda de curso legal o con otras monedas virtuales"[46].

Por otra parte, debemos atender también a la posible incidencia en la determinación de la ganancia o pérdida patrimonial existente de los gastos inherentes a la transmisión o a la adquisición. En efecto, el art. 35.1.b) LIRPF manda adicionar al valor de adquisición "los gastos y tributos inherentes a la adquisición, excluidos los intereses, que hubieran sido satisfechos por el adquirente", mientras que el art. 35.2, con relación al valor de transmisión, dispone que "se deducirán los gastos y tributos a que se refiere la letra b) del apartado 1 en cuanto resulten satisfechos por el transmitente". En ese sentido, debe considerarse que las comisiones que se satisfagan a las casas de cambios o intermediarios en las operaciones con monedas virtuales, siempre que se originen por la realización de las operaciones de adquisición y transmisión y guarden, en consecuencia, relación directa con tales operaciones, si son satisfechas por el adquirente o transmitente, según los casos, serán computables a los efectos que acabamos de reseñar, como por otra parte ha asumido con claridad la DGT[47].

Otra cuestión que debemos tener presente es la propia calificación de las monedas virtuales, puesto que tanto la DGT[48] como la Comisión Nacional del Mercado de Valores parecen coincidir en otorgarles a este tipo de activos la calificación de valores. Es más, según dispone la DGT, "las criptomonedas de un tipo, computables por unidades o fracciones de unidades, tienen su origen en un mismo protocolo informático y todas las del mismo tipo poseen las mismas características, siendo iguales entre sí,

---

45 Así, Resoluciones de la DGT de 18 de abril, de 8 de mayo y de 11 de junio de 2018 (V0999-18, V1604-18 y V1149-18) y de 4 de mayo de 2022 (V0975-22).

46 Almudí Cid, J.M. "La fiscalidad de los criptoactivos", en *Criptoactivos. Retos y desafíos normativos, La Ley*, 2021 (LA LEY 575/2021).

47 Resolución de la DGT de 11 de junio de 2018 (V1604-18).

48 Resoluciones de la DGT de 11 de junio de 2018 (V1604-18), de 4 de mayo, 20 de septiembre y 7 de diciembre de 2022 (V0975-22, V2005-22 y V2520-22).

lo que confiere a las diferentes unidades o fracciones de unidades de la criptomoneda en cuestión la naturaleza de bienes homogéneos"[49], por lo resulta aplicable la norma prevista en el art. 37.2 LIRPF, conforme a la que "cuando existan valores homogéneos se considerará que los transmitidos por el contribuyente son aquéllos que adquirió en primer lugar". Esta disposición viene a marcar la aplicación del determinado método FIFO[50].

Por otra parte, ante la posible existencia de diversidad de criptoactivos, debe tenerse presente que la propia lógica del cálculo de la renta exige el tratamiento separado de cada clase, como por otra parte ha señalado expresamente la DGT[51].

También se torna trascendente la determinación del momento en el que se entiende producida la ganancia o pérdida patrimonial, ya que entre que se cursen las órdenes de compra o venta, la entrega realizada y la percepción de las contraprestaciones puede transcurrir un lapso temporal. En este punto, la DGT ha establecido que "en la venta de monedas virtuales, la alteración patrimonial habrá de entenderse producida en el momento en que se proceda a la entrega de las monedas virtuales por el contribuyente en virtud del contrato de compraventa, con independencia del momento en que se perciba el precio de la venta, debiendo, por tanto, imputarse las ganancia o pérdida patrimonial producida al período impositivo en que se haya realizado dicha entrega"[52].

En todo caso, una peculiaridad que sí debe tenerse en cuenta en el caso de que la transmisión se produzca en una actividad calificable como empresarial o profesional es la aplicación de lo dispuesto en el art. 37.1.n) LIRPF, conforme al que "en las transmisiones de elementos patrimoniales afectos a actividades económicas, se considerará como valor de adquisición el valor contable, sin perjuicio de las especialidades que reglamentariamente puedan establecerse respecto a las amortizaciones que minoren di-

---

49 Resolución de la DGT de 20 de septiembre de 2022 (V2005-22).

50 Debe hacerse notar que la STSJ del País Vasco de 9 de enero de 2025 (ECLI:ES:TSJPV:2025:41) ha venido a enmendar la tradicional interpretación de la administración en el sentido reseñado, considerando que no se podría afirmar que todo caso que existiesen valores homogéneos y poniendo en entredicho la aplicación automática del método FIFO.

51 Resolución de la DGT de 12 de diciembre de 2023 (V3203-23). Explícitamente indica que "debe señalarse que las ganancias o pérdidas patrimoniales deberán calcularse de manera independiente para cada tipo de criptomoneda". En igual sentido, resolución de la DGT de 17 de octubre de 2022 (V2179-22).

52 Resolución de la DGT de 22 de marzo de 2018 (V0808-18).

cho valor". Esta remisión al reglamento se concreta en la deducibilidad de las amortizaciones que hubiesen sido fiscalmente deducibles, sin perjuicio de la amortización mínima[53]. En este sentido, debe recordarse lo reseñado con relación al IS, en la medida en que dependiendo de la calificación que otorguemos a los criptoactivos procederá o no su amortización.

El segundo posible ámbito al que debemos referirnos es el de la no conceptuación como actividad económica de las operaciones analizadas, en los que debemos determinar qué calificación corresponde al rendimiento y, en su caso, qué aspectos resultan relevantes para su cuantificación. Al respecto tal vez sea importante tener presente que la calificación que otorgaremos a las posibles rentas puede variar entre los diversos supuestos, quedando en todo caso excluida la calificación como rendimientos de actividades económicas.

Así, por una parte, en la actividad de *staking*, caracterizada por un bloqueo de activos de cuya magnitud y amplitud temporal deriva su rentabilidad, no resulta extraño en absoluto considerar que la renta obtenida se pueda calificar como rendimiento del capital mobiliario derivado de la cesión a terceros de capitales propios, si bien al ser satisfechos con activos habrá que entender que serán obtenidos en especie[54]. En tanto esta conclusión sea la procedente, la consecuencia será la integración de esta renta en la base imponible del ahorro, sometiéndose a los tipos de gravamen propios de dicha modalidad de renta. Más allá de esta cuestión, el único aspecto que merece atención es la determinación concreta de la cuantía del rendimiento, que debería hacerse conforme a la previsión del art. 43.1 LIRPF, por su valor de mercado en el día de la percepción, pudiendo acudirse al cambio medio en los supuestos de obtención de monedas virtuales a lo largo del día. Eso sí, según la DGT, en tanto las monedas virtuales a esos efectos no son valores negociables, no serán deducibles los gastos de administración y depósito de valores negociables previstos en el art. 26.1 LIRPF[55].

---

53 Art. 40 RIRPF (Real Decreto 439/2007, de 30 de marzo, por el que se aprueba el Reglamento del Impuesto sobre la Renta de las Personas Físicas y se modifica el Reglamento de Planes y Fondos de Pensiones, aprobado por Real Decreto 304/2004, de 20 de febrero).

54 La resolución de la DGT de 26 de julio de 2022 (V1766-22), señala que "descartada, por tanto, la consideración del "staking" como actividad económica, y no constituyendo tampoco un trabajo que derive de una relación laboral o estatutaria, los rendimientos que obtenga el consultante deberán calificarse como rendimientos íntegros del capital mobiliario obtenidos por la cesión a terceros de capitales propios satisfechos en especie".

55 Resolución de la DGT de 26 de julio de 2022 (V1766-22).

Por otra parte, en aquellos supuestos en los que la actividad de *airdrops* no se califique como actividad económica, según ha entendido la DGT[56] la renta obtenida tendrá la calificación de ganancia patrimonial no derivada de una transmisión, por lo que su importe se determinará por su valor de mercado conforme a la regla del art. 37.1.l LIRPF[57] y se integrará en la base imponible general del tributo[58].

Finalmente, en la compraventa de monedas para si mismo, resulta evidente que las rentas no tienen origen empresarial y que, además, en tanto derivan de las propias transmisiones, estaremos ante una ganancia o pérdida patrimonial derivada de la transmisión de elementos patrimoniales, a integrar en la base imponible del ahorro.

Otra cuestión importante con relación a las eventuales ganancias o pérdidas que puedan producirse, ya sea en el ejercicio de actividad económica o fuera de él, es la situación que se genera cuando se produce un robo virtual de criptoactivos, la quiebra de la plataforma que las almacena o —lo que es bastante habitual— una estafa cuyo objeto son las monedas virtuales, a las que Ruiz Garijo equipara también la depreciación de su valor[59]. Resulta en este tipo de supuestos posible la existencia de una pérdida patrimonial, en tanto en la mayoría de los casos nos encontraremos ante créditos no devueltos a su vencimiento. Sin embargo, hemos de concordar con la solución apuntada por la DGT en diversas resoluciones, en el sentido de que "el importe de un crédito no devuelto a su vencimiento no constituye de forma automática una pérdida patrimonial, al mantener el acreedor su derecho de crédito, y sólo cuando ese derecho de crédito resulte judicialmente incobrable será cuando produzca sus efectos en la liquidación del Impuesto sobre la Renta de las Personas Físicas, entendiéndose en ese momento producida la existencia de una pérdida patrimonial"[60].

Al respecto de esta última cuestión, resultará aplicable la previsión del art. 14.2.k) LIRPF, en el sentido de que las pérdidas patrimoniales deriva-

---

56 Resolución de la DGT de 11 de abril de 2024 (V0648-24).

57 Art. 37.1.l) LIRPF: "En las incorporaciones de bienes o derechos que no deriven de una transmisión, se computará como ganancia patrimonial el valor de mercado de aquéllos".

58 Resolución de la DGT de 21 de junio de 2021 (V1948-21).

59 Ruiz Garijo, M. "El desafío de la fiscalidad de las criptomonedas. Las obligaciones de información en el IRPF", *Nueva Fiscalidad,* núm. 3/2021, pág. 25.

60 Resoluciones de la DGT de 25 de junio y 8 de septiembre de 2015 (V1979-15 y 2603-15) y de 30 de junio de 2022 (V1579-22).

das de créditos vencidos y no cobrados podrán imputarse al período impositivo en que se produzca alguna de las circunstancias previstas en la norma (que adquiera eficacia una quita establecida en un acuerdo de refinanciación judicialmente homologable o un acuerdo extrajudicial de pagos o el convenio con los acreedores concursales, que concluya el procedimiento concursal sin que se hubiera satisfecho el crédito o que se cumpla un año desde el inicio del procedimiento judicial distinto a los de concurso que tenga por objeto la ejecución del crédito sin que se haya obtenido el cobro). De modo expreso, la DGT ha indicado que "podrá entenderse producida una pérdida patrimonial (respecto al importe no recuperable del derecho de crédito) cuando concurra alguna de las circunstancias establecidas en la letra k) del artículo 14.2"[61].

Al hilo de estas condiciones, debe tenerse presente que no cualquier tipo de reclamación orientada a la recuperación del crédito es suficiente a los efectos de cumplir las exigencias del art. 14.2.k) LIRPF, de modo que ni la presentación de una denuncia o el recurso a una querella criminal colectiva darían lugar a que por el transcurso del plazo de un año se pudiese entender producida la pérdida patrimonial a efectos del IRPF[62].

Finalmente, en todos estos casos ha de indicarse que al conceptuarse como una pérdida patrimonial que no tiene origen en la transmisión de elementos patrimoniales, deberá integrarse en la base imponible general del IRPF[63] y que la DGT ha limitado la posible consideración de estas pérdidas en el marco del impuesto a los casos en los que el contribuyente tuviese la condición de residente en territorio español en el momento de producirse la circunstancia generadora de la pérdida[64].

Por último, para cerrar el apartado destinado a la obtención de renta derivada de las monedas virtuales, resta por realizar una necesariamente breve referencia a las situaciones en las que la renta se obtenga por un no residente en territorio español. En primer lugar, evidentemente, cualquier tipo de conclusión ha de pasar previamente por la posible existencia y aplicación de un Convenio para evitar la Doble Imposición entre España y el

61 Resolución de la DGT de 28 de abril de 2020 (V1098-20).

62 Respectivamente, Resoluciones de la DGT de 30 de junio de 2022 (V1579-22) y de 28 de abril de 2020 (V1098-20).

63 Resoluciones de la DGT de 25 de junio y 8 de septiembre de 2015 (V1979-15 y 2603-15) y de 17 de abril, 23 de junio y 15 de julio de 2024 (V0780-24, V1148-24 y V1737-24).

64 Resolución de la DGT de 12 de diciembre de 2023 (V3203-23).

Estado de residencia, de modo que no cabe formular una conclusión de tipo previo y general al respecto.

En este contexto, no debemos olvidar que cuando resulte aplicable la normativa española[65], procederá determinar la naturaleza de la renta de acuerdo con la calificación establecida en el marco del IRPF (art. 13.3 TRLIRNR), por lo que en el ámbito que nos ocupa estaremos ante actividades económicas o ante ganancias y pérdidas patrimoniales, como hemos señalado.

En los supuestos en que la actividad relacionada con monedas virtuales pueda calificarse como actividad económica, parece que sólo es posible que se entienda realizada en territorio español cuando el contribuyente cuente en dicho territorio con un establecimiento permanente, localizable donde se encuentren los equipos utilizados en la actividad[66].

En los demás casos, resulta ciertamente difícil resolver los problemas de localización que generan este tipo de activos. En este sentido, con relación a las ganancias patrimoniales derivadas de la transmisión de monedas virtuales, la DGT ha resuelto la cuestión calificando dichas monedas como bienes muebles y aplicando la solución prevista en el TRLIRNR para tales bienes. Así, argumentó que "aun cuando los "bitcoin" están representados por registros informáticos incluidos en una cadena global compartida en una red P2P, la posibilidad, a la que se ha aludido anteriormente, de que las claves que permiten la gestión y disposición de los "bitcoin" por su titular se puedan encontrar almacenadas a través de la página web de un tercero que ofrezca dicho servicio de almacenamiento, permitiría concluir que, a los exclusivos efectos de la aplicación del IRNR, la citada moneda virtual se encuentra situada en territorio español cuando en dicho territorio radique la entidad con la cual se realiza dicho servicio de almacenamiento, ya que el acceso a los "bitcoin" requerirá el acceso a la página web de la entidad y, por tanto, la necesaria participación de esta última"[67].

Esta solución, sin embargo, ha sido fuertemente criticada por la doctrina, ya que no tiene en cuenta ni la verdadera naturaleza jurídica de las monedas virtuales ni ofrece una solución satisfactoria a la vista de la calificación realizada por la jurisprudencia del TJUE[68].

---

65 Real Decreto Legislativo 5/2004, de 5 de marzo, por el que se aprueba el texto refundido de la Ley del Impuesto sobre la Renta de no Residentes (TRLIRN).

66 Almudí Cid, J.M. "La fiscalidad de los criptoactivos", *ob. cit.*

67 Resolución de la DGT de 20 de mayo de 2019 (V1069-19).

68 Vid. Sedeño López, F.J "El control tributario de las criptomonedas: Calificación jurídica, localización geográfica y pseudoanonimato", *Nueva Fiscalidad, núm.*

En resumen, puede apreciarse la enorme complejidad que en el campo de la tributación sobre la renta se presenta en el caso de las obtenidas a través de monedas virtuales, difiriendo las consecuencias tributarias entre los diferentes tributos para situaciones análogas, lo que una vez más contribuye a poner en evidencia la inseguridad jurídica que preside este ámbito.

El gravamen del patrimonio empresarial en las actividades económicas desarrolladas con monedas virtuales

El Impuesto sobre el Patrimonio grava el patrimonio neto de las personas físicas, residentes o no en territorio español, entendiendo por patrimonio "el conjunto de bienes y derechos de contenido económico de que sea titular, con deducción de las cargas y gravámenes que disminuyan su valor, así como de las deudas y obligaciones personales de las que deba responder"[69].

Evidentemente, el gravamen del patrimonio alcanza a las personas físicas con independencia de que desarrollen o no actividades económicas, por lo que las previsiones de la LIP se aplicarán en todo caso a los sujetos que realicen las actividades económicas relativas a monedas virtuales (minado, *staking, airdrops, OPIs, exchanges, brókeres…).*

A efectos del IP el sujeto pasivo deberá declarar todos los bienes y derechos de que sea titular, valorados a la fecha del devengo del tributo (31 de diciembre) de modo separado para cada tipo de bienes. En concreto, con relación a las monedas virtuales la DGT ha establecido que "habrán de declararse junto con el resto de los bienes de titularidad de la persona física, de la misma forma que se haría con un capital en divisas, valorándose en el impuesto a precio de mercado a la fecha del devengo, es decir, a 31 de diciembre de cada año [...], en definitiva, por su valor equivalente en euros a dicha fecha"[70].

De estos pronunciamientos administrativos, aplicables tanto a los sujetos que realicen actividades económicas como a los que no las realicen, se deben poner de manifiesto dos cuestiones a nuestro juicio esenciales.

1/2020, pág. 216-219; *y* Ruiz Garijo, M. "El desafío de la fiscalidad de las criptomonedas. Las obligaciones de información en el IRPF", *ob.cit.*, pág. 26.

69 Art. 1 de la Ley 19/1991, de 6 de junio, del Impuesto sobre el Patrimonio (LIP).

70 Resolución de la DGT de 3 de agosto de 2018 (V2289-18). En idéntico sentido, Resoluciones de la DGT de 1 de febrero y 1 de marzo de 2018 (V0250-18 y V0590-18).

Por una parte, la DGT afirma expresamente que "las criptomonedas son monedas de tipo virtual que permiten compras de bienes y pago de servicios a través de Internet. El Tribunal de Justicia de la Unión Europea ha reconocido su condición de medios de pago", utilizando esta afirmación en la argumentación de la respuesta, lo que le permite realizar la equiparación a un capital en divisas.

Desde nuestro punto de vista, esta equiparación resulta cuando menos dudosa. Es cierto que el TJUE ha calificado a las monedas virtuales como instrumentos de pago, pero no es menos cierto que lo ha realizado en el marco de la imposición indirecta, específicamente en el IVA. De hecho, en el ordenamiento español en el marco de la imposición directa, como hemos visto en la tributación sobre la renta, ha prevalecido más la conceptuación de las monedas virtuales como valores o como bienes intangibles. Evidentemente, la conclusión del sometimiento al IP no varía, aunque podría tener ciertas consecuencias el cambio de calificación en función del criterio de valoración a utilizar.

Y es precisamente con relación a la valoración de donde surge el segundo matiz importante a realizar. En efecto, si no fuese aplicable ninguna regla específica de valoración de las contenidas en la LIP debería optarse por la valoración al valor de mercado en la fecha del devengo (art. 24 LIP), como hace la DGT.

Sin embargo, no debemos perder de vista que es de esencia a los criptoactivos la existencia de una gran fluctuación de su valor en los mercados (en muchos casos, de auténtica volatilidad[71]). Por eso consideramos que la valoración a la fecha del devengo, más allá de las dificultades técnicas de fijación del valor incluso en el marco de un único día que suponen estos activos, no refleja debidamente la valoración a efectos del patrimonio y debería ser posible introducir algún criterio de ponderación como los previstos en la propia LIP para los depósitos en cuenta corriente o de ahorro, a la vista o a plazo (que se valorarán por el mayor valor entre el del día del devengo y el saldo medio del último trimestre del año, art. 12 LIP) o los valores representativos de la cesión a terceros de capitales propios, negociados en mercados organizados (valorados por el saldo medio del último trimestre del año, art. 13 LIP). Somos conscientes de que una propuesta como esta choca con la doctrina establecida por el TJUE en la sentencia

---

71 Anglès Juanpere, B. "La fiscalidad del bitcoin en España", *Crónica Tributaria*, núm. 173/2019, pág. 12.

David Hedqvist[72] en la que claramente establece, con relación al bitcoin, que no tiene naturaleza de cuenta corriente o depósito de fondos ni se puede equiparar a un título representativo de la participación en capital o asimilado[73].

Sin embargo, la DGT ha entendido al respecto que "será preciso un examen de los derechos o facultades que otorga a su titular para poder determinar su calificación a efectos tributarios"[74]. Con base en esto, ha negado rotundamente dicha posibilidad con relación a los *utility tokens*, indicando que "no se corresponden con ninguna de las categorías de valores a las que se refieren los artículos 13 a 16 de la Ley 19/1991, y que, por tanto, deben declararse conforme a lo establecido en el artículo 24 de la misma ley, es decir, por su precio de mercado en la fecha de devengo del impuesto"[75]. Sin embargo, con relación a los *token equity* ha matizado, hasta el punto de entender que "si el "token" lo hubiera creado una persona jurídica como consecuencia de previa aportación de bienes, derechos o fondos a esta última e implicara para su titular la atribución de un derecho a participar proporcionalmente a la aportación en el patrimonio neto de dicha persona jurídica, así como en los resultados económicos que ésta obtenga en el desarrollo de su actividad y en los resultados de la liquidación de la persona jurídica cuando se produzca su extinción, sin que garantice la recuperación de la aportación realizada, quedando, por tanto dicha aportación sometida al riesgo de la actividad desarrollada por la persona jurídica, ni otorgue por sí mismo otro tipo de utilidades, como pudiera ser el derecho a recibir a cambio del "token" bienes o servicios, podría considerarse semejante a un instrumento financiero representativo de la participación en los fondos propios de una entidad. A estos efectos, el que los "tokens" confieran o no a su titular un rol activo en el gobierno de la persona jurídica que los crea, por ejemplo, ejercicio de derecho a voto, sería un elemento adicional, pero no determinante, para la consideración de un "token" como participación en los fondos propios de una entidad"[76]. Esta posición

---

72 STJUE de 22 de octubre de 2015, *David Hedqvist, asunto C-264/14.*

73 En concreto, dispone la sentencia que "al ser la divisa virtual "bitcoin" un medio de pago contractual, por una parte, no es posible considerarla ni una cuenta corriente ni un depósito de fondos, un pago o un giro" y que "consta que la divisa virtual "bitcoin" no es ni un título que confiera un derecho de propiedad sobre personas jurídicas ni un título que tenga una naturaleza comparable".

74 Resolución de la DGT de 31 de marzo de 2021 (V0766-21).

75 Resolución de la DGT de 16 de noviembre de 2021 (V2834-21).

76 Resolución de la DGT de 31 de marzo de 2021 (V0766-21).

de la DGT, en palabras de Ruiz Garijo, "no resuelve el problema principal y añade quizás más sombras que luces"[77].

Cabría considerar que si a efectos de la imposición directa sobre la renta se califican las monedas virtuales como valores tal vez podría preverse la aplicación de un criterio corrector como el previsto para tal tipo de bienes; mientras que si se opta por cambiar el criterio y entender que estamos ante medios de pago equiparables a divisas, la utilización de un criterio de ponderación como el aplicable a los depósitos de dinero podría resolver claramente las distorsiones que la valoración a fecha de devengo supone en un mercado tan fluctuante como el de los criptoactivos.

Por otra parte, se puede suscitar la incidencia de la tenencia de criptoactivos en el marco de la determinación del límite máximo conjunto de las cuotas del IP y del IRPF[78]. Al respecto, la ley dispone que "no se tendrá en cuenta la parte del Impuesto sobre el Patrimonio que corresponda a elementos patrimoniales que, por su naturaleza o destino, no sean susceptibles de producir los rendimientos gravados por la Ley del Impuesto sobre la Renta de las Personas Físicas". Con relación a esta cuestión se ha planteado la posibilidad de que los valores y otros elementos como las monedas virtuales puedan no considerarse a los efectos del cálculo del límite conjunto. En este sentido la jurisprudencia del TS ha clarificado relativamente la cuestión, al entender que de "este artículo se deduce que la inclusión o exclusión deriva de la naturaleza o destino de los bienes, en el momento a que se refiere la liquidación, al margen de que en un momento posterior puedan ser sometidos a operaciones que devenguen rendimientos"[79].

Atendiendo a dicha línea jurisprudencial, la DGT ha concluido que a los efectos que ahora nos ocupan ha de estarse a la naturaleza o destino de cada bien en el momento del devengo del IP, de modo que se excluyan del cómputo los bienes que en tal momento "no produzcan rendimientos gravados por la Ley del Impuesto sobre la Renta de las Personas Físicas, al margen de que en un momento posterior puedan ser sometidos o destinados a operaciones que devenguen rendimientos", siendo la determinación

---

77 Ruiz Garijo, M. "El desafío de la fiscalidad de las criptomonedas. Las obligaciones de información en el IRPF", *ob.cit.*, pág. 27.

78 Art. 31 LIP: "La cuota íntegra de este Impuesto conjuntamente con las cuotas del Impuesto sobre la Renta de las Personas Físicas, no podrá exceder, para los sujetos pasivos sometidos al impuesto por obligación personal, del 60 por 100 de la suma de las bases imponibles de este último".

79 FJ 5° de la STS de 16 de marzo de 2011 (STS 1346/2011-ECLI:ES:TS:2011:1346).

de tales circunstancias una cuestión puramente fáctica que se determinará caso a caso por la Administración gestora del tributo[80].

De este posicionamiento cabría concluir que mientras el sujeto pasivo tenga la titularidad de criptoactivos que no le produzcan renta (como hemos visto, a efectos del impuesto se considerará que la renta se produce, habitualmente, en virtud de la negociación con los activos), tales elementos no computarán en el cálculo del límite conjunto al que nos referimos.

Finalmente, y ya con relación ahora de modo exclusivo con los contribuyentes que realicen actividades económicas relacionadas con monedas virtuales debe tenerse en cuenta la exención contemplada en el art. 4.Ocho LIP, que determina la exención de "los bienes y derechos de las personas físicas necesarios para el desarrollo de su actividad empresarial o profesional, siempre que ésta se ejerza de forma habitual, personal y directa por el sujeto pasivo y constituya su principal fuente de renta". Evidentemente, el requisito de que la actividad constituya la principal fuente de renta será clave en la procedencia de la exención, entendiéndose cumplido este requisito cuando al menos el 50% del importe de la base imponible general del IRPF del contribuyente provenga de rendimientos netos de las actividades económicas de que se trate[81].

La sujeción de las actividades económicas con criptomonedas al Impuesto sobre el Valor Añadido

Finalmente, con relación a la realización de actividades económicas con criptomonedas debemos referirnos a la eventual sujeción de dichas actividades al Impuesto sobre el Valor Añadido, que grava las entregas de bienes o prestaciones de servicios realizadas por empresarios o profesionales en el ejercicio de su actividad.

Al enfrentar la cuestión desde la perspectiva del IVA debemos tener en primer lugar presente que en este ámbito se produce una mutación en la naturaleza de los activos, puesto que, si en la mayor parte de la fiscalidad directa resulta prevalente su concepción como valores o bienes inmateriales,

---

80 Resolución de la DGT de 1 de junio de 2021 (V1685-21).

81 Cfr. art. 3 del Real Decreto 1704/1999, de 5 de noviembre, por el que se determinan los requisitos y condiciones de las actividades empresariales y profesionales y de las participaciones en entidades para la aplicación de las exenciones correspondientes en el Impuesto sobre el Patrimonio.

en el marco del IVA se impone su conceptuación como medios de pago o incluso como divisas[82]. Es por ello que algunos autores han puesto de relieve que "la naturaleza de las criptomonedas en relación a la fiscalidad en España puede variar en función del tributo, ya que, mientras a efectos del IVA se pueden considerar como un medio de pago similar a otras divisas de acuerdo con el pronunciamiento del TJUE; para el resto de tributos prevalecería la consideración de bienes muebles inmateriales según establece el TS"[83], si bien la mayor parte de la doctrina se inclina por entender que estamos ante bienes muebles inmateriales[84].

Esto es así, como se ha indicado, por incidencia de la jurisprudencia del TJUE, que si bien en un primer momento calificó a los bitcoins y demás monedas virtuales como medios de pago[85], posteriormente optó —a efectos del IVA— por su configuración como divisas[86].

Partiendo de estas premisas, procede analizar la eventual sujeción a IVA de las diversas actividades económicas relativas a monedas virtuales, comenzando con el minado. Hemos señalado con relación a esta figura que claramente se entiende como una actividad económica a efectos de la imposición directa, por lo que en resultaría lógico extender dicha conclusión en el ámbito del IVA. Sin embargo, en este tributo hay una exigencia de

---

82 Señala Pedreira Menéndez que la Administración española "parece que no quiere darle el carácter y naturaleza de moneda, pese a que la jurisprudencia comunitaria considera que su encaje más razonable es el de una divisa" Pedreira Menéndez, J. "Las nuevas monedas digitales (bitcoins): problemas en su regulación fiscal", en *Fiscalidad de la Colaboración Social,* 2018 (BIB 2018\12283)*; también* Pedreira Menéndez, J. y Álvarez Pérez, B. "Consideraciones sobre la tributación y la calificación contable de las operaciones con moneda digital (Bitcoins) en las empresas", *Quincena Fiscal,* núm. 3/2018 (BIB 2018\5747).

83 Anglès Juanpere, B. "Tributación y control tributario de las criptomonedas", en VV.AA. (coord. Sánchez-Archidona Hidalgo, G.) *La tributación del comercio electrónico, La Ley,* 2022 (LA LEY 4614/2022).

84 Cfr. García-Torres Fernández, M.J. "Problemas en la tributación de las operaciones con Bitcoins: calificación, prueba, valoración y control de las rentas generadas", en *Tendencias y retos del Derecho Financiero y Tributario* (García-Herrera Blanco, C. dir), Instituto de Estudios Fiscales. Núm. 10. 2018, pág.91.

85 STJUE de 12 de junio de 2014, *Granton Advertising, asunto C-416/12.* Línea seguida por la Resolución de la DGT de 1 de octubre de 2015 (V2846-15).

86 STJUE de 22 de octubre de 2015, *David Hedqvist, asunto C-264/14.*

onerosidad, que a juicio del TJUE debe relacionar directamente la operación con su contraprestación[87].

Con dicha base, la DGT ha entendido, aplicando el concepto derivado de la jurisprudencia del TJUE[88], que "las operaciones de minado [...] son aquellas que permiten crear nuevos bloques de los que se derivan nuevos Bitcoins y que son remunerados por el sistema con una cantidad de Bitcoins. Pues bien, la actividad de minado no conduce a una situación en la que exista una relación entre el proveedor del servicio y el destinatario del mismo y en los que la retribución abonada al prestador del servicio sea el contravalor del servicio prestado en los términos previstos en la jurisprudencia del Tribunal [...], de tal forma que en la actividad de minado no puede identificarse un destinatario o cliente efectivo de la misma, en la medida que los nuevos Bitcoins son automáticamente generados por la red", por lo que no queda más remedio que concluir que por "la falta de una relación directa entre el servicio prestado y la contraprestación recibida en los términos señalados los servicios de minado [...] no estarán sujetos al Impuesto sobre el Valor Añadido"[89].

En contra de dicha posición de la doctrina administrativa, Romero Flor señala que la "dificultad para identificar al tercero receptor del servicio no debe ser argumento suficiente para considerar la actividad como no sujeta, en la medida en que para minar bitcoin se produce una verdadera ordenación de factores productivos con la finalidad de producir bienes con la finalidad de obtener una remuneración a cambio; o dicho en otros

---

87 Así, como recuerda la STJUE de 22 de junio de 2016, *Odvolací finanční ředitelství contra Český rozhlas, asunto C-11/15:* "el Tribunal de Justicia ha declarado en reiteradas ocasiones que el concepto de "prestaciones de servicios realizadas a título oneroso", a efectos del citado artículo 2, punto 1, supone la existencia de un vínculo directo entre el servicio prestado y el contravalor recibido (véanse las sentencias de 5 de febrero de 1981, *Coöperatieve Aardappelenbewaarplaats, 154/80, EU:C:1981:38,* apartado 12; de 8 de marzo de 1988, *Apple and Pear Development Council, 102/86, EU:C:1988:120,* apartado 12; de 3 de marzo de 1994, *Tolsma, C-16/93, EU:C:1994:80,* apartado 13; de 29 de octubre de 2009, *Comisión/Finlandia, C-246/08, EU:C:2009:671,* apartado 45, y de 27 de octubre de 2011, *GFKL Financial Services, C-93/10, EU:C:2011:700,* apartado 19)".

88 Apoyándose de modo especial en la STJUE de 3 de marzo de 1994, *R. J. Tolsma, Asunto C-16/1993.*

89 Resolución de la DGT de 31 de agosto de 2016 (V3625-16). Dicha posición ha sido reiterada, para distintas monedas virtuales, en diversos pronunciamientos del centro directivo, como las resoluciones de la DGT 18 de junio, 9 de julio y 2 de octubre de 2018 (V1748-18, V2034-18 y V2670-18), de 29 de abril de 2019 (V0915-19) y de 6 de mayo de 2020 (V1274-20).

términos, si no se prestase el servicio de minado (validación de los bloques), no se recibirían los bitcoin"[90]. Esto ha llevado a algunos autores, como Villaroig Moya[91], a proponer el establecimiento en este caso de un nuevo supuesto de inversión del sujeto pasivo, que permitiría el gravamen de la operación.

En todo caso, no debe perderse de vista además que la consecuencia última de esta no sujeción a IVA de las operaciones de minado será la no deducibilidad de las cuotas de IVA soportadas en el ejercicio de la actividad, que en muchos casos serán importantes, dado el nivel de inversión que puede implicar este tipo de actividades[92].

En cuanto a la actividad de *staking* deben distinguirse dos posiciones diferentes para resolver la eventual sujeción al IVA: por una parte, la del sujeto que obtiene las monedas virtuales a través de esos servicios y, por otra, la de los prestadores del servicio de *staking*.

Comenzando por la obtención de criptoactivos a través del *staking*, resulta absolutamente coherente considerar que, al igual que en el minado, no existe una actividad sujeta al IVA, especialmente porque como hemos reseñado se entiende que carece de la calificación de actividad económica a efectos de la imposición directa. Sin embargo, la DGT sólo se ha pronunciado sobre dichos servicios en una ocasión con relación al IVA[93] —y con carácter previo a su tratamiento en la imposición directa en la que estableció que no se trataba de una actividad económica—, entendiendo que "la rentabilidad obtenida por el *staking* por los titulares de las criptomonedas que tengan la condición de empresarios o profesionales constituye una operación sujeta pero exenta del Impuesto sobre el Valor Añadido, de conformidad con lo señalado en el artículo 20.Uno.18° de la Ley 37/1992,

---

90 Romero Flor, L.M. "Tributación del bitcoin", *ob. cit.* En igual sentido se manifiesta Sedeño López, J.F. "El bitcoin desde una perspectiva tributaria", *Quincena Fiscal, núm. 22/2019 (BIB 2019\10300).*

91 Villaroig Moya, R.: "Criptomonedas y otras clases de tokens: aspectos tributarios", en Villaroig Moya, R. y Pastor Sempere, C. (coord.), *Blockchain: Aspectos Tecnológicos, Empresariales y Legales, Thomson Reuters Aranzadi, 2018.*

92 Debe tenerse en cuenta que "en la actualidad, el minado de bitcoins no es una actividad que un particular pueda realizar, de forma individual en su domicilio: se requieren verdaderas organizaciones al servicio de la resolución de estos problemas criptográficos (lo que en la práctica se denomina coloquialmente "granjas" de bitcoin)". Sedeño López, J.F. "El bitcoin desde una perspectiva tributaria", *ob. cit.*

93 Resolución de la DGT de 5 de noviembre de 2021 (V2679-21).

dado que dicha rentabilidad es el resultado de la propia cesión de las criptomonedas". En la medida en que se trate de un supuesto de no sujeción o incluso de exención, como hemos señalado con relación al minado, tampoco cabrá la deducibilidad del IVA soportado.

Atendiendo ahora a la otra actividad, la prestación de servicios de *staking* a terceros, la conclusión difiere, en la medida en que la misma resolución de la DGT considera que estas actividades "no participan de esa naturaleza financiera, sino que estas plataformas posibilitan a los titulares de las criptomonedas utilizar sus activos digitales para obtener recompensas del proceso de staking", por lo que debe concluirse que se trata de un servicio sujeto y no exento en el IVA.

Si pensamos en la actividad de *airdrops*, parece igualmente extensible la conclusión de la no sujeción a IVA, en tanto se ha considerado que a efectos del IRPF o del IAE no existe actividad económica, como hemos señalado, sin que por el momento exista pronunciamiento en la doctrina administrativa que permita alcanzar una conclusión diferente.

Por otra parte, habrá que entender que sí existe sujeción al IVA en los supuestos de intermediación o prestación de servicios financieros relacionados con las criptomonedas, si bien en tanto estas se califican como divisas, en virtud del art. 20.Uno.18°.j) LIVA, estarán exentos[94]. Partiendo de esta calificación, la casuística de los servicios existentes permite alcanzar conclusiones diferentes entre los diversos supuestos. Así, los servicios que se podrían calificar como financieros estarán sujetos pero exentos, lo que incluiría los prestados por brókeres y *exchanges*[95], el intercambio de monedas virtuales[96] y la compraventa de monedas virtuales a través de portales de internet, máquinas o cajeros a cambio de una comisión[97]; mientras que los que no puedan calificarse como servicios financieros estarán plenamente sujetos, lo que incluirá servicios como el arrendamiento de servidores

---

94 Ley 37/1992, de 28 de diciembre, del Impuesto sobre el Valor Añadido (LIVA), art. 20.Uno.18°.j): estarán exentas "las operaciones de compra, venta o cambio y servicios análogos que tengan por objeto divisas, billetes de banco y monedas que sean medios legales de pago, a excepción de las monedas y billetes de colección y de las piezas de oro, plata y platino".

95 Resolución de la DGT de 9 de julio de 2018 (V2034-18).

96 Resoluciones de la DGT de 1 de octubre de 2015 (V2846-15) y 31 de agosto de 2016 (V3625-16).

97 Resoluciones de la DGT de 30 de marzo y de 1 de octubre de 2015 (V1028-15, V1029-15 y V2846-15).

cloud para realizar operaciones con monedas virtuales[98], la compraventa de los activos en un mercado "*over the counter*" y la custodia de criptomonedas a través de una plataforma no conectada a Internet que proporciona una mejor seguridad (en tanto asimilada a una caja de seguridad)[99], o los servicios de asesoramiento y gestión en la compraventa de criptomonedas[100].

Por último, teniendo en cuenta la calificación como divisas y medios de pago de las monedas virtuales, se constata la no sujeción al IVA de la compra para si mismo y de su utilización como instrumentos de pago[101].

La tributación de la titularidad y negociación de monedas virtuales fuera del ámbito empresarial

Una vez analizado el régimen aplicable en el marco de las actividades económicas realizadas con monedas virtuales, debemos hacer una aproximación, mucho más breve, a la tributación aplicable al margen de tales actividades. En todo caso, la mayoría de las cuestiones que se podrían tratar en este ámbito nos van a llevar a coincidir con las analizadas en el apartado anterior (gravamen de ganancias patrimoniales por transmisión o permuta en IRPF, sometimiento al IP), por lo que nos vamos a detener exclusivamente en aquellos aspectos que no fueron objeto de atención en el tratamiento previo.

Así, en el ámbito del IRPF cabe reseñar, como ya se ha apuntado, que si las actividades que hemos calificado como económicas se realizan al margen de tal calificación, o incluso aquellas en las que la propia definición de actividad económica deja abierta la puerta a otras consideraciones, la obtención de monedas virtuales a través de las mismas dejaría de ser considerada rendimiento de actividad económica y pasaría a ser calificable como ganancia patrimonial no derivada de la transmisión de elementos patrimoniales y, por lo tanto susceptible de ser encajada en la base imponible general del IRPF[102].

Además, debe añadirse ahora, tampoco habría obstáculo para que en los supuestos en los que se materialice una determinada cantidad de mo-

---

98 Resolución de la DGT de 29 de abril de 2019 (V0915-19).

99 Resolución de la DGT de 5 de noviembre de 2021 (V2679-21).

100 Resolución de la DGT de 8 de julio de 2022 (V1657-22).

101 Resolución de la DGT de 7 de septiembre de 2023 (V2407-23).

102 Almudí Cid, J.M. "La fiscalidad de los criptoactivos", *ob. cit.*

nedas virtuales en el patrimonio de una persona física y que no responda a inversiones o a actividades económicas pueda calificarse como una ganancia patrimonial no justificada, pues como se ha puesto de manifiesto por Cediel, "en el caso de los activos virtuales, las ganancias patrimoniales no justificadas podrían darse con asiduidad ya que su anonimia —o seudonimia— es uno de los rasgos más representativos. Puesto que dicho rasgo impide conocer el origen o fuente de este tipo de patrimonio virtual, en tanto el obligado no pueda aportar dichos datos y no se pueda justificar la ganancia correspondiente, entendemos que será de aplicación el régimen de "Ganancias no justificadas" del artículo 39 de la LIRPF"[103].

Finalmente, en el ámbito del IRPF nos restaría por referirnos a dos cuestiones relativas a los que podríamos denominar regímenes especiales. Así, por una parte, debe destacarse la aparente contradicción en la que ha incurrido la DGT con relación a la naturaleza de las monedas virtuales. En efecto, como hemos señalado, existen diversas resoluciones que consideran que resulta aplicable la calificación como valores en el ámbito de la determinación de las ganancias o pérdidas patrimoniales. Sin embargo, el centro directivo ha establecido que con relación a las monedas virtuales no sería aplicable el gravamen de las ganancias patrimoniales por cambio de residencia (el denominado *exit-tax*) regulado en el art. 95.bis LIRPF, si bien no de un modo tajante. Así, considera que "su titularidad no se encontraría incluida en el ámbito de aplicación del régimen de ganancias patrimoniales por cambio de residencia, al no tener dichas monedas virtuales consideración de acciones o participaciones de cualquier tipo de entidad. Ello sin perjuicio de que en el caso de titularidad de otras monedas virtuales distintas habrá que conocer sus características a efectos de determinar si se encuentran o no incluidas en el ámbito de aplicación de dicho régimen"[104]. En resumen, creemos que la aparente contradicción no es tal, puesto que el gravamen de las ganancias patrimoniales por cambio de residencia se refiere a valores que representen la titularidad sobre entidades (acciones o participaciones), mientras que las monedas virtuales clásicas no presentan dicha condición, aunque si el supuesto se planteara con algún otro criptoactivo que pueda representar la titularidad de participaciones empresariales sí habría que entender aplicable esa imposición de salida[105].

---

[103] Cediel, A. *Tributación 4.0: Los Criptoactivos,* Tirant lo Blanch, 2023 *(TOL9.567.298)*

[104] Resolución de la DGT de 8 de mayo de 2018 (V1149-18).

[105] En este sentido, cfr. Castro de Luna, J.M. "Imposición directa", en *Tributación de las criptomonedas y otros criptoactivos* (dir. Martos García, J.J.), Tirant lo blanch, 2023, (TOL9.770.261).

En segundo lugar, cabe plantearse también la posible incidencia de las rentas obtenidas a monedas virtuales en los supuestos de contribuyentes a los que se aplique el art. 93 LIRPF (régimen fiscal especial aplicable a los trabajadores, profesionales, emprendedores e inversores desplazados a territorio español). En este régimen, como es sabido, se configura como una opción para los contribuyentes desplazados de tributar conforme a la normativa del IRNR por las rentas obtenidas en territorio español durante el período en el que se realice el cambio de residencia y los cinco siguientes, con ciertas especialidades. Por lo tanto, un contribuyente que se encuentre en dicha situación y obtenga rentas derivadas de la transmisión o permuta de monedas virtuales debería poder determinar si tales rentas se entienden obtenidas en territorio español a efectos de someterlas al régimen especial o, por el contrario, no tributarían en territorio español Al respecto, la DGT, con criterio lógico, ha seguido la misma pauta que con relación a los contribuyentes no residentes, entendiendo que sólo estarán sometidas en este régimen las ganancias derivadas de monedas virtuales cuando radique en territorio español la entidad que preste el servicio de salvaguarda de las claves criptográficas privadas que permiten la disposición de las criptomonedas por su titular. A ello debe añadirse, dada la condición de residente del sujeto al que resulta aplicable el régimen del art. 93 LIRPF, que se entenderán obtenidas en territorio español también las rentas cuando el "servicio de salvaguarda de las claves criptográficas privadas no se preste por un tercero", y, en consecuencia, el propio sujeto mantenga la custodia de aquellas[106].

Ya en el ámbito de las transmisiones gratuitas, cabe platearse el eventual gravamen de las adquisiciones de monedas virtuales a través de la herencia u otros títulos sucesorios o de donaciones y negocios jurídicos asimilados. Al respecto, la normativa del Impuesto sobre Sucesiones y Donaciones (ISD)[107] no hace referencia alguna a este tipo de activos. No obstante, resulta evidente que en caso del fallecimiento del titular de monedas virtuales sus herederos asumirán su posición y, en consecuencia, se produciría un hecho imponible del ISD. Por otra parte, también resulta admisible que el titular de tales activos los transmita sin contraprestación a un tercero, en cuyo caso se producirá una donación sujeta al impuesto[108]. Admitido

---

106 Resolución de la DGT de 13 de junio de 2023 (V1662-23).

107 Ley 29/1987, de 18 de diciembre, del Impuesto sobre Sucesiones y Donaciones (LISD).

108 Así lo ha entendido, con toda lógica, la Dirección General de Tributos de Cataluña en su Consulta núm. 181/18, de 2 de julio de 2018.

el gravamen en el ISD, las únicas cuestiones trascendentes vendrían de la mano de aspectos ya tratados en apartados precedentes[109]: la valoración de los activos (en la que serían aplicables las conclusiones expuestas con relación al IP) o la posible aplicación de reducciones en la base imponible por la transmisión de la actividad económica (en la medida en que tuviese derecho a la exención en el IP a la que nos hemos referido)[110].

Por último, cabría plantearse si en aquellos supuestos en los que la transmisión de criptoactivos se produce entre particulares, y por lo tanto fuera del ámbito del IVA, estamos ante una operación sujeta a ITPAJD. Al respecto, como recuerda Montesinos Oltra, podría partirse de dos interpretaciones posibles: la de que se trataría de una operación no sujeta, en virtud del art. 7.5 TRLITPAJD, al ser una operación que estaría sujeta al IVA[111]; o que se trata de una operación sujeta pero exenta, atendiendo al art. 45.I.B).4 de la misma norma[112]. Incluso, señala este autor, cabría entender que se trata de una operación plenamente sujeta, "pues no existen razones del todo convincentes que obliguen a considerar que se trata de una entrega de dinero en pago de bienes o servicios exenta"[113].

---

109 Se menciona este supuesto aquí en la medida en que entendemos que la transmisión por donación de una actividad económica no es un supuesto de ejercicio de la actividad que justificase su tratamiento en el apartado anterior. Evidentemente, la transmisión hereditaria será aún más claramente un supuesto de no ejercicio de una actividad económica.

110 Cfr. art. 20 de la Ley 29/1987, de 18 de diciembre, del Impuesto sobre Sucesiones y Donaciones (LISD) y normas autonómicas concordantes, que establecen y mejoran dicho beneficio fiscal.

111 Real Decreto Legislativo 1/1993, de 24 de septiembre, por el que se aprueba el Texto refundido de la Ley del Impuesto sobre Transmisiones Patrimoniales y Actos Jurídicos Documentados (TRLITPAJD), art. 7.5: "No estarán sujetas al concepto "transmisiones patrimoniales onerosas" regulado en el presente Título las operaciones enumeradas anteriormente cuando, con independencia de la condición del adquirente, los transmitentes sean empresarios o profesionales en el ejercicio de su actividad económica y, en cualquier caso, cuando constituyan entregas de bienes o prestaciones de servicios sujetas al Impuesto sobre el Valor Añadido".

112 Art. 45.I.B).4 TRLITPAJD. Estarán exentas "las entregas de dinero que constituyan el precio de bienes o se verifiquen en pago de servicios personales, de créditos o indemnizaciones. Las actas de entrega de cantidades por las entidades financieras, en ejecución de escrituras de préstamo hipotecario, cuyo impuesto haya sido debidamente liquidado o declarada la exención procedente".

113 Montesinos Oltra, S. "La pragmática incoherencia de la calificación de las criptomonedas a efectos tributarios", *Crónica Tributaria*, núm. 183/2022, pág. 131. En sentido

Con relación a este tributo conviene tener presente, dada la indefinición que acompaña a muchos de estos activos, que si el criptoactivo transmitido fuese susceptible de ser considerado como valor, estaría exento de gravamen en el ITPADJ en virtud del art. 338 de la Ley de los Mercados de Valores y de los Servicios de Inversión[114], excepto en aquellos casos en los que (situación relativamente posible en el ámbito de ciertos tokens no fungibles) a través de la transmisión "se hubiera pretendido eludir el pago de los tributos que habrían gravado la transmisión de los inmuebles propiedad de las entidades a las que representen dichos valores", en los términos del citado precepto, en cuyo caso procedería el gravamen en el impuesto correspondiente.

REFLEXIONES FINALES

Tras el análisis de las diversas medidas establecidas en el ámbito europeo para el control de los criptoactivos y el régimen tributario de las monedas virtuales en el ordenamiento español cabe poner de relieve algunas reflexiones sobre su eficacia.

En primer lugar, la indefinición propia de los diferentes activos, sus características variables y su constante innovación dificultan —y seguirán dificultando— la existencia de instrumentos fiables para su control. Entendemos que resulta especialmente sencillo adaptar las distintas realidades para huir de las normas que —en virtud de la seguridad jurídica— deben concretar su ámbito de aplicación.

Por otra parte, la creación de mecanismos de control y de obligaciones de información sobre los distintos activos no resultará eficiente en tanto no se garanticen debidamente el intercambio de información y la asistencia mutua entre administraciones. En efecto, si un determinado sujeto realiza cualquier actividad con activos con intención de no tributar, de encubrir otro tipo de actividades o de blanquear capitales, le bastará localizar la actividad en un territorio o jurisdicción no cooperativa para que todas las medidas establecidas por la UE y por los diversos estados pierdan totalmente su eficacia. El caso más evidente sería el de un sujeto que realice

---

similar, con relación a los NFT parece pronunciarse Harana Suano, E. "Explorando el laberinto fiscal de los activos digitales: el caso de los NFTs", *ob. cit.*, pág. 91.

114 Ley 6/2023, de 17 de marzo, de los Mercados de Valores y de los Servicios de Inversión.

permutas reiteradas de criptomonedas en *exchanges* situados en este tipo de territorios, cuya eventual ganancia patrimonial —con las inherentes consecuencias de control— no constará a la administración tributaria hasta que realice una permuta por dinero FIAT.

Desde una perspectiva tributaria, es cierto que el ordenamiento permite cubrir, sin forzar en exceso las interpretaciones, prácticamente todas las actividades realizadas con criptomonedas (tal vez incluso con la mayoría de los criptoactivos). Aún así, son realidades nuevas que en muchas ocasiones entran con dificultad en las rigideces propias de la normativa tributaria, marcada por la reserva de ley y las importantes limitaciones a la analogía, por lo que tampoco resulta difícil detectar contradicciones e incluso soluciones poco deseables, como se ha reseñado a lo largo de este trabajo.

En definitiva, si bien todos los instrumentos (tributarios, administrativos y sancionadores) que se han ido desarrollando en los últimos años han mostrado cierta utilidad, entendemos que la propia inercia de la digitalización pone en evidencia que en muchos casos estaremos más ante buenas intenciones que ante auténticas soluciones, quedando realmente el cumplimiento de muchas de tales previsiones en la simple voluntad de los individuos.

REFERENCIAS BIBLIOGRÁFICAS

Almudí Cid, J.M. "La fiscalidad de los criptoactivos", en *Criptoactivos. Retos y desafíos normativos*, La Ley, 2021 (LA LEY 575/2021).

Anglès Juanpere, B. "La fiscalidad del bitcoin en España", *Crónica Tributaria*, núm. 173/2019.

Anglès Juanpere, B. "Tributación y control tributario de las criptomonedas", en VV.AA. (coord. Sánchez-Archidona Hidalgo, G.) *La tributación del comercio electrónico*, La Ley, 2022. (LA LEY 4614/2022).

Calvo Vérgez, J. "Una nueva "vuelta de tuerca" sobre el control de las criptomonedas en el marco de la lucha contra el fraude fiscal", *Quincena Fiscal*, num.17/2022 (BIB 2022\3144).

Castro de Luna, J.M. "Imposición directa", en *Tributación de las criptomonedas y otros criptoactivos* (dir. Martos García, J.J.), Tirant lo blanch, 2023, (*Tol 9770261*).

Cediel, A. *Tributación 4.0: Los Criptoactivos*, Tirant lo Blanch, 2023 *(Tol 9567298)*.

Comité de personas expertas para elaborar el Libro Blanco sobre la reforma tributaria. *Libro Blanco sobre la Reforma Tributaria*. Instituto de Estudios Fiscales, Madrid, 2022.

De Miguel Hernando, D; Rodríguez Castillo, M y Taylor, M: "Consideraciones tributarias generales sobre el bitcoin", *Crónica Tributaria*, núm. 171/2019.

Fernández Amor, J.A. "Apuntes sobre el tratamiento tributario de criptoactivos", *Crónica Tributaria,* núm. 191/2024.

García-Torres Fernández, M.J. "Problemas en la tributación de las operaciones con Bitcoins: calificación, prueba, valoración y control de las rentas generadas", en *Tendencias y retos del Derecho Financiero y Tributario* (García-Herrera Blanco, C. dir), Instituto de Estudios Fiscales. Núm. 10. 2018.

Harana Suano, E. "Explorando el laberinto fiscal de los activos digitales: el caso de los NFTS", *Crónica Tributaria,* núm. 190/2024.

Martínez Mirás, I. "Las obligaciones de información sobre monedas virtuales tras el RD 249/2023, de 4 de abril", *Revista Jurídica Colex,* núm. 31/2023.

Merino Jara, I. "El reto jurídico-tributario de regular las criptomonedas", *Nueva Fiscalidad,* núm. 3/2022.

Miras Marín, N. "La importante diferenciación entre criptomonedas y criptoactivos y su incidencia en las obligaciones informativas: un análisis detallado", Civitas-REDF, núm. 202/2024 (BIB 2024\539).

Montesinos Oltra, S. "La pragmática incoherencia de la calificación de las criptomonedas a efectos tributarios", *Crónica Tributaria,* núm. 183/2022.

Pedreira Menéndez, J. "La contabilización y tributación de la moneda virtual (Bitcoin)", en *Tendencias y retos del Derecho Financiero y Tributario.* (García-Herrera Blanco, C. dir). Instituto de Estudios Fiscales. Núm. 10. 2018.

Pedreira Menéndez, J. "Las nuevas monedas digitales (bitcoins): problemas en su regulación fiscal", en *Fiscalidad de la Colaboración Social,* 2018 (BIB 2018\12283)

Pedreira Menéndez, J. y Álvarez Pérez, B. "Consideraciones sobre la tributación y la calificación contable de las operaciones con moneda digital (Bitcoins) en las empresas", *Quincena Fiscal,* núm. 3/2018 (BIB 2018\5747).

Romero Flor, L.M. "Tributación del bitcoin", *Quincena Fiscal,* núm. 1/2022 (BIB 2022\37).

Ruiz Garijo, M. "El desafío de la fiscalidad de las criptomonedas. Las obligaciones de información en el IRPF", *Nueva Fiscalidad,* núm. 3/2021.

Sedeño López, F.J "El control tributario de las criptomonedas: Calificación jurídica, localización geográfica y pseudoanonimato", *Nueva Fiscalidad,* núm. 1/2020.

Sedeño López, J.F. "El bitcoin desde una perspectiva tributaria", *Quincena Fiscal,* núm. 22/2019 (BIB 2019\10300).

Taboada Villa, J. "Obligaciones de información relativas a monedas virtuales en el ámbito nacional", *Dereito-Revista Xurídica da Universidade de Santiago de Compostela,* vol. 32, núm. 1/2023.

Villaroig Moya, R.: "Criptomonedas y otras clases de tokens: aspectos tributarios", en Villaroig Moya, R. y Pastor Sempere, C. (coord.), *Blockchain: Aspectos Tecnológicos, Empresariales y Legales,* Thomson Reuters Aranzadi, 2018.

Delitos fiscales relacionados con los impuestos directos e indirectos como hechos previos del blanqueo según las recomendaciones del GAFI y la Directiva 2018/1673

JOSÉ MANUEL IGLESIAS CASAIS
Profesor titular acr. de Derecho financiero y tributario
Universidad de Santiago de Compostela

INTRODUCCIÓN

El delito de blanqueo o lavado de dinero (expresión más fiel a sus orígenes por hacer referencia a las lavanderías utilizadas por la mafia para dar entrada al dinero de origen ilícito) surgió precisamente en el ámbito de la lucha contra el tráfico de estupefacientes y otras formas de crimen organizado como una de las respuestas penales con que impedir el aprovechamiento económico del delito por parte de los sujetos penalmente responsables. Y es que, ya se trate de una persona, de una entidad o de un grupo criminal dotado de una organización más o menos compleja, el sujeto criminalmente responsable necesitará volver al redil del ordenamiento jurídico y valerse las posibilidades que éste le ofrece para reintroducir en el tráfico económico (ocultando su origen ilícito, claro está) el producto de su actividad delictiva. Así, el blanqueo o lavado no es más que la búsqueda de vías en el ordenamiento jurídico que permitan encubrir el origen delictivo de tales ganancias, haciéndolas pasar por beneficios originados en negocios o actividades lícitas.

Aunque, como acabamos de señalar, su origen está ligado a la lucha contra el crimen organizado y el narcotráfico, el tipo penal del blanqueo ha ido ampliando progresivamente su radio de alcance y extendiéndose a todo tipo de actividades delictivas en base al interés común de estados, organismos e instituciones internacionales en poner coto a las distorsiones que esta reintroducción de activos lavados puede ocasionar en la economía al comprometer la reputación del sector financiero y falsear las condiciones de mercado. Así, hemos asistido en las últimas décadas a una política internacional coordinada en la que ha jugado un papel principal el Grupo de Acción Financiera Internacional (GAFI) quien, en el año 2012, recomendó la inclusión del delito fiscal entre los posibles delitos subyacentes al blanqueo[1].

En tal decisión no cabe duda de que influyó el contexto internacional de crisis de ingresos fiscales que padecían los Estados a resultas de la crisis de 2007-2008, agravada por el escandaloso montante al que ascendían las cifras del fraude fiscal, que desembocó a la postre en una mayor toma de conciencia de la necesidad de perseguir de los delitos contra la Hacienda Pública[2].

Por su parte, en el ámbito de la Unión Europea, sus instituciones se han mostrado también especialmente beligerantes o combativas ante la posibilidad de que los delincuentes aprovechasen las libertades de circulación garantizadas por el Mercado Interior, especialmente la libertad de establecimiento y la libre circulación de capitales consagradas en los artículos 49 y 63 del TFUE, para dotar de aparente legitimidad al producto económico de sus actividades ilícitas. De ahí que, desde que en 1991 se aprobara la primera Directiva antiblanqueo[3], esta norma se haya ido actualizando hasta en cinco ocasiones para ajustarla a los estándares internacionales en la materia, marcados por el gradual endurecimiento de las recomendaciones del GAFI, que respaldan una actualización o puesta al día de la legislación penal de los Estados para combatir las nuevas técnicas de lavado[4].

---

1 Dicha versión de las Recomendaciones revisadas del GAFI, adoptada el 16 de febrero de 2012 y actualizada periódicamente (última actualización en noviembre de 2023), puede consultarse en https://www.fatf-gafi.org/en/publications/Fatfrecommendations/Fatf-recommendations.html

2 Un verdadero hito a nivel europeo de estas acciones emprendidas a nivel internacional viene representado por la Directiva 2018/822 (DAC6), que impone a los abogados y asesores fiscales la obligación de revelar las operaciones en las que existan indicios de planificación fiscal agresiva; obligación que se une a la ya prevista en el artículo 17 de la Ley 10/2010 de comunicar en el ámbito de la prevención del blanqueo toda "*operación o pauta de comportamiento compleja, inusual o sin un propósito económico o lícito aparente, o que presente indicios de simulación o fraude*".

3 Directiva 91/308/CEE del Consejo, de 10 de junio de 1991, relativa a la prevención de la utilización del sistema financiero para el blanqueo de capitales.

4 Esta primera directiva fue objeto de sucesivas actualizaciones hasta llegar a la Directiva 2018/1673 del Parlamento Europeo y del Consejo, de 23 de octubre de 2018, relativa a la lucha contra el blanqueo de capitales mediante el Derecho penal. Su objetivo declarado consiste en combatir el blanqueo de capitales mediante el Derecho penal, permitiendo una cooperación transfronteriza más rápida y eficaz entre autoridades. Para ello, se busca una definición uniforme en todos los

INCLUSIÓN DEL DELITO FISCAL COMO DELITO PREVIO O ANTECEDENTE EN EL ORDEN PENAL ESPAÑOL

Como señalábamos hace unas líneas, en este proceso expansivo del delito de blanqueo supuso un hito de especial importancia en lo que a los delitos contra la Hacienda Pública se refiere la revisión de sus recomendaciones realizada por el GAFI en 2012, sugiriendo a los Estados la inclusión de los delitos fiscales relacionados con los impuestos directos e indirectos entre los delitos antecedentes o previos al blanqueo; acogida ya en un primer momento por la IV y V Directivas antiblanqueo y presente también en la VI Directiva 2018/1673, de 23 de octubre de 2018.

Ahora bien, debe precisarse al respecto que en nuestro país no fue necesaria ninguna actualización o puesta al día para ajustarse a los nuevos estándares internacionales en la materia, pues esta doble punición de las conductas defraudatorias ya venía siendo defendida por algún autor y contaba con cierto respaldo jurisprudencial con carácter previo a su codificación con la Ley 10/2010, de 28 de abril, de prevención del blanqueo de capitales y de financiación del terrorismo, y la Ley Orgánica 5/2010, de 2 de junio, que modifica el Código Penal. Sin embargo, en contra de lo que a primera vista pudiera pensarse, tal reconocimiento legal expreso del delito contra la Hacienda Pública como ilícito penal potencialmente generador de dinero susceptible de lavado no ha pacificado, como a continuación veremos, el debate jurídico en torno a su posible colisión con los principios y garantías propios del orden penal, muy especialmente con el derecho a no autoinculparse o el principio *non bis in idem*, entre otros.

Situación previa a la Ley 10/2010, de 28 de abril, de prevención del blanqueo de capitales y de financiación del terrorismo

Con carácter previo a la reforma de 2010, la viabilidad de que el producto del delito fiscal fuese considerado como un activo susceptible de ulterior blanqueo incluso por el propio defraudador tributario[5] era una posibilidad

---

Estados miembros de las actividades delictivas que constituyan delitos antecedentes a efectos del blanqueo de capitales.

5 Como señala Vega Gutiérrez, esta postura reconoce "la posibilidad de apreciar un concurso real de delitos cuando, quien lleva a cabo los actos típicos del blanqueo, es quien ha intervenido en el delito previo del que tienen su origen los bienes introducidos ilícitamente en el sistema económico, habida cuenta de que, en este escenario, se estarían afectando bienes jurídicos de distinta naturaleza y, en con-

defendida por una parte minoritaria de la doctrina (en base fundamentalmente a que ambos tipos tutelaban bienes jurídicos diferenciados, por lo que no podía concluirse que el delito fiscal absorbiese la totalidad el desvalor del blanqueo; pero, sobre todo, en que el legislador español no había optado por excluir al delito fiscal de los delitos antecedentes o previos al blanqueo) y que encontró cierto acomodo en la jurisprudencia, con un Tribunal Supremo favorable a apreciar en tales casos un concurso real de delitos, tal y como se plasmó en el Acuerdo del Pleno no jurisdiccional de la Sala 2° del TS 18 de julio de 2006 en el que se declaraba que: *"el artículo 301 del C.P. no excluye, en todo caso, el concurso real con el delito antecedente, dando así cobertura o reconociendo de manera expresa la modalidad de autoblanqueo, es decir el blanqueo de ganancias que tengan su origen en una actividad delictiva cometida por el propio blanqueador"*.

Situación tras la reforma del artículo 301 del Código Penal.

En cualquier caso, con la reforma operada por la LO 5/2010 de 22 de junio, que modificó el tipo del blanqueo, se incluyeron entre las acciones típicas del lavado las de *poseer* o *utilizar* bienes procedentes de actividades delictivas. Esta ampliación del presupuesto de hecho del delito supuso un cambio fundamental respecto de la regulación anterior en la que se contemplaban únicamente conductas indubitadamente proactivas, característica esta que no puede predicarse de la mera posesión o utilización. A partir de este momento, el que "adquiera, posea, utilice, convierta, o transmita bienes, sabiendo que éstos tienen su origen en una actividad delictiva, cometida por él o por cualquiera tercera persona, o realice cualquier otro acto para ocultar o encubrir su origen ilícito, o para ayudar a la persona que haya participado en la infracción o infracciones a eludir las consecuencias legales de sus actos, será castigado con la pena de prisión de seis meses a seis años y multa del tanto al triplo del valor de los bienes" (art. 301.1 CP).

La incorporación de estas dos nuevas acciones supuso la tipificación expresa de la conducta del autoblanqueo, pues con esta nueva redacción

---

secuencia, no estaríamos frente a un caso de autoencubrimiento impune. Desde esta perspectiva, por tanto, sí sería posible el castigo del denominado 'auto-blanqueo'". En Vega Gutiérrez, J.Z.: "Problemas de tipicidad en el delito de blanqueo de capitales: especial referencia al autoblanqueo y a la defraudación tributaria como delito previo", LA LEY Penal, N° 164, Septiembre-Octubre 2023 (LA LEY 10647/2023).

el delito puede ser cometido tanto por quien ha intervenido en el ilícito precedente como por cualquier otro sujeto, refrendando así el legislador la postura manifestada por el Tribunal Supremo en el Acuerdo del 18 de julio de 2006. Además, por si quedasen dudas respecto a si la expresión poseer extendía tal castigo penal también a los contribuyentes que dejasen de ingresar la totalidad o parte de la deuda tributaria, la Ley Orgánica 10/2010, de 28 de abril de Prevención del Blanqueo Capitales y Financiación del Terrorismo (norma que venía a trasponer al Derecho español la Directiva 2005/60/CE o Tercera Directiva —que, a su vez, incorporaba al Derecho de la Unión las Recomendaciones del GAFI tras su revisión en 2003—) despejaba cualquier interrogante que pudiese plantearse al disponer de manera expresa que "se entenderá por bienes procedentes de una actividad delictiva todo tipo de activos cuya adquisición o posesión tenga su origen en un delito, (...), *con inclusión de la cuota defraudada en el caso de los delitos contra la Hacienda Pública*" (art. 1.2. *in fine*)

Así, de acuerdo con lo preceptuado en el artículo 305 del Código Penal, comete delito contra la Hacienda Pública quien elude el pago de tributos, cantidades retenidas o que se hubieran debido retener o ingresos a cuenta, obteniendo indebidamente devoluciones o disfrutando beneficios fiscales de la misma forma, siempre que la cuantía de la cuota defraudada, el importe no ingresado de las retenciones o ingresos a cuenta o de las devoluciones o beneficios fiscales indebidamente obtenidos o disfrutados exceda de ciento veinte mil euros. Pero es que, el sujeto que realice tal conducta, además de exponerse a ser condenado por delito fiscal, se enfrenta también a la probable imputación del consiguiente delito de blanqueo de capitales en su modalidad de autoblanqueo, pues para incurrir en este tipo penal basta desde el año 2010 la mera posesión o utilización de bienes que tengan su origen en un delito previo y sin que sea requisito *sine qua non* que haya recaído sentencia condenatoria por delito fiscal[6].

---

[6] Así lo entienden algunos autores, para quienes, incluso antes de la reforma de 2010, la apreciación de que los bienes tenían su origen en un delito fiscal previo podía realizarse "en la propia sentencia que castiga por blanqueo, sin necesidad de una condena anterior. No obstante, parece que la sustitución del término "delito" por el de "actividad delictiva" ha tenido la finalidad de resolver esa duda interpretativa, de manera que deja aún más claro para la aplicación del blanqueo no es precisa la concurrencia de una sentencia condenatoria anterior por ningún delito concreto, cometido previamente por el propio sujeto o por un tercero. Pero, pese esta interpretación, en el proceso penal por blanqueo, los tribunales sí deberán probar la existencia de una actividad delictiva previa —genérica, no específica— de la cual se originan los bienes objeto de blanqueo, pues en caso contrario no

Ello hace que, tal y como hemos sostenido en otras ocasiones[7], en la práctica, el delito fiscal y el de blanqueo de capitales "hayan pasado a ir de la mano para el defraudador como castigo al que se enfrenta, pues aparentemente ambos tipos penales se consumarían de forma simultánea al poseer el autor del delito fiscal el producto del mismo (esto es, la cuota tributaria o el importe de la devolución o beneficio fiscal indebidamente obtenidos). De esta manera, las penas a las que se enfrentan los autores de un delito contra la Hacienda Pública, dado su probable concurso con el delito de blanqueo, pueden llegar a superar los once años (de ser aplicables los subtipos agravados), aumentando exponencialmente el poder intimidatorio de la vía penal en la lucha contra el fraude fiscal". Así lo entiende también nuestro Tribunal Supremo en su Sentencia 974/2012, de 5 de diciembre de 2012, en la que, confirmando su criterio anterior (reforzado ahora el propio artículo 1.2.c) in fine de la Ley 10/2010 de prevención del blanqueo de capitales, que recoge expresamente a la cuota defraudada como un bien que trae su causa en una actividad delictiva previa, el delito fiscal), declara que, "la intención del legislador, no manifestada, no es establecer *ex novo* que el fraude fiscal es delito previo del blanqueo, sino simplemente despejar las posibles dudas que hay en la doctrina a la hora de interpretar la legislación penal vigente que admite cualquier actividad delictiva como previa al blanqueo"[8].

Sin embargo, pese a tal cambio normativo y a la interpretación auténtica de lo que ha de entenderse por bienes procedentes de una actividad delictiva previa contenida en el artículo 1.2 de la Ley Orgánica 10/2010, de 28 de abril, el concurso real entre el delito fiscal y el de blanqueo sigue sin ser asumido de manera pacífica por nuestra doctrina y jurisprudencia

---

concurriría un elemento del tipo objetivo, indispensable para la tipicidad de la conducta del blanqueo. Ahora bien, insisto, ello puede hacerse directamente en el propio proceso y sentencia que condene por blanqueo". Vega Gutiérrez, J.Z.: "Problemas de tipicidad en el delito de blanqueo de capitales: especial referencia al autoblanqueo y a la defraudación tributaria como delito previo", LA LEY Penal, Nº 164, Septiembre-Octubre 2023 (LA LEY 10647/2023).

7 Iglesias Casais, J.M.: "Sobre la conformidad del castigo por autoblanqueo de las ganancias procedentes del delito fiscal con el principio non bis in idem", en Abel Souto, M., Lorenzo Salgado, J.M. y Sánchez Stewart, N. (coords.): VII Congreso sobre prevención y represión del blanqueo de dinero, Tirant lo Blanch, Valencia, 2020, pp. 83-102.

8 STS 974/2012, de 5 de diciembre, FJº 37.

(que opta por una interpretación restrictiva del tipo[9]) que, como veremos, siguen encontrando más argumentos a favor de la existencia en los casos de autoblanqueo de la cuota defraudada de un concurso de normas. Las eventuales dificultades prácticas que pueden surgir a la hora de identificar en el patrimonio del defraudador los bienes o producto concreto del delito contra la Hacienda Pública, así como lo discutible de su calificación como procedentes de una actividad delictiva previa, principalmente, continúan obstaculizando la consideración del delito fiscal, en su modalidad de incumplimiento de la obligación tributaria principal, como antecedente del delito de blanqueo, evidenciándose así que nos encontramos ante una reforma legal inconclusa[10].

APTITUD DEL DELITO FISCAL PARA GENERAR ACTIVOS SUSCEPTIBLES DE ULTERIOR LAVADO

La deuda tributaria como beneficio económico derivado del delito fiscal

Como hemos tenido ocasión de señalar, aunque se haya optado por no incorporar en la vigente regulación del blanqueo contenida en el artículo 301 del Código Penal una lista cerrada de delitos que pueden ser considerados delitos antecedentes o previos al blanqueo, ello no significa que todos puedan serlo, pues no todos los delitos generan un beneficio o provecho económico para su autor.

Esto es, "no siempre como consecuencia del delito fiscal afloran nuevos bienes al patrimonio del contribuyente, siendo imprescindible, para que proceda la doble punibilidad de estas conductas, acreditar que en el caso

---

9 Como señala Vega Gutiérrez, en la actualidad el castigo del autoblanqueo del defraudador tributario dista de ser automático o inmediato, siendo objeto de una interpretación restrictiva del tipo por los tribunales. Vega Gutiérrez, J.Z.: "Problemas de tipicidad en el delito de blanqueo de capitales: especial referencia al autoblanqueo y a la defraudación tributaria como delito previo", LA LEY Penal, Nº 164, Septiembre-Octubre 2023 (LA LEY 10647/2023).

10 Así lo entiende González Uriel, para quien, para poder acomodar nuestra legislación penal a los estándares internacionales y comunitarios en la materia evitando vulnerar los principios y garantías penales vigentes se impone lo que reproduciendo las palabras de Del Moral García se calificaba como un "ajuste" del artículo 301 del Código Penal. González Uriel, D.: Relaciones entre el delito de blanqueo de dinero y el delito de defraudación tributaria, Aranzadi, Cizur Menor, 2022 (BIB 2022\594).

concreto la defraudación ha generado bienes susceptibles de ser reincorporados al tráfico jurídico con apariencia de legalidad"[11]. Esta relación de causalidad se convierte en un presupuesto de facto que resulta indispensable para poder apreciar tal concurso de delitos: la acreditación en el caso concreto de que la conducta defraudatoria ha generado bienes o sumas de dinero sobre los que el autor haya podido realizar actividades orientadas a su lavado[12].

Así, aunque entendemos que el concurso real de delitos debe apreciarse de forma automática en relación con las conductas típicas consistentes en dejar de ingresar las cuotas retenidas o en la obtención indebida de devoluciones (modalidades en las se produce siempre un incremento patrimonial equivalente a las cuotas efectivamente retenidas o al importe de la devolución indebidamente obtenida)[13], mayores dudas nos sigue gene-

---

11 Iglesias Casais, J.M.: "Sobre la conformidad del castigo por autoblanqueo de las ganancias procedentes del delito fiscal con el principio *non bis in idem*", en Abel Souto, M., Lorenzo Salgado, J.M. y Sánchez Stewart, N. (coords.): VII Congreso sobre prevención y represión del blanqueo de dinero, Tirant lo Blanch, Valencia, 2020, p. 85.

12 En este sentido, como ha señalado el Tribunal Supremo en su sentencia 245/2014, de 24 de marzo de 2014, "en realidad, cuando el delito antecedente, por no generar ganancias, consume toda la antijuridicidad de la acción, no significa que el ordenamiento jurídico cierre el paso al autoblanqueo, sino que éste es físicamente imposible, puesto que si no existen ganancias para blanquear porque la operación antecedente quedó frustrada, difícilmente pueden entrar tales frutos y ganancias del tráfico de drogas en el circuito comercial, sencillamente por ser éstas inexistentes "(FJ 3º).

13 Como señala Campos Navas, "tanto el que retiene cantidades a cuenta de un impuesto que luego no ingresa como el que obtiene devoluciones indebidas o el que obtiene una subvención fraudulentamente, consiguen una ganancia perfectamente cuantificable, identificable y susceptible de ser convenientemente reciclada con alguno de los actos previstos en el art. 301. En tales casos no creo que pueda existir duda alguna de que tales actos serían constitutivos de un delito de blanqueo de capitales. Sería un contrasentido que, admitida como está jurisprudencialmente la posibilidad de que el delito de estafa sea delito antecedente del blanqueo de capitales (...), se rechazara dicha construcción para el delito fiscal; ello supondría hacer de mejor condición al que engaña a la Hacienda Pública para obtener una devolución o subvención indebida, que al que engaña a un particular, y aunque tal discriminación pueda ser coherente con la conciencia fiscal por desgracia todavía vigente, carece de toda base no sólo jurídica, sino incluso ética". Campos Navas, D.: "Lavado de dinero y delito fiscal. Posibilidad de que delito fiscal sea el delito precedente al de blanqueo", Diario La Ley, Nº 6383, Sección Doctrina, 21 de Diciembre de 2005 (LA LEY 5109/2005). Choclán Montalvo, sin embargo,

rando su aplicación a la conducta omisiva consistente en dejar de ingresar la totalidad o parte de la cuota tributaria, a pesar de que el Tribunal Supremo en su Sentencia 974/2012, de 5 de diciembre de 2012 (caso Ballena Blanca), se esforzase en dejar claro que en tales casos la cuota defraudada constituye a todas luces el producto de una actividad delictiva previa y resulta, por ende, blanqueable.

Para justificar tal afirmación argumenta el Alto Tribunal que el dinero, bienes o derechos en cuantía equivalente a la cuota defraudada poseídos por el contribuyente no estarían en el patrimonio del autor del delito *"si no hubiera defraudado a la Hacienda Pública y tiene, por lo tanto, su origen y procedencia en el delito fiscal"*. La ilícita procedencia de tales activos por importe de la cuota defraudada se fundamenta en la existencia de una relación de causalidad cuya verificación en cada caso determina la contaminación de parte del patrimonio del deudor tributario. Así, tales cantidades o bienes se hayan contaminados por cuanto que, "*suprimiendo mentalmente la actividad delictiva —en este caso el delito grave (delito fiscal)— el bien no se encontraría en el patrimonio de un sujeto. En este caso, se puede afirmar que el bien tiene su origen en* aquel *delito"*[14].

---

considera que, en relación con la falta de ingreso de las retenciones practicadas por la empresa no existe tal ganancia perfectamente identificable, pues en su opinión "no hay desplazamiento patrimonial de un tercero a favor del retenedor, sino el incumplimiento de una obligación de ingreso en la Hacienda Pública de una cantidad equivalente a la cuota de retención". Choclán Montalvo, J. A.: La aplicación práctica del delito fiscal: cuestiones y soluciones, Bosch, Barcelona, 2011, p.339.

14 STS 974/2012, de 5 de diciembre, FJº 37. En contra, la postura de quienes sostienen que la cuota que se deja de pagar "no constituye un enriquecimiento, sino un indebido "no empobrecimiento", es decir la no producción del empobrecimiento —pago debido—. Es un ahorro, no un incremento; un *damnum cesans* y no un lucro emergente". Adrada De La Torre, J.: "El delito fiscal como actividad delictiva antecedente al delito de blanqueo de capitales", Noticias Jurídicas, Artículo doctrinales, disponible en línea (http://noticias.juridicas.com/conocimiento/articulos-doctrinales/11427-el-delito-fiscal-como-actividad-delictiva-antecedente-al-delito-de-blanqueo-de-capitales/). Como argumento de refuerzo, señala este autor que "para defender que la cuota tributara no incrementa el patrimonio y debemos considerarlo un ahorro (cuota tributaria ahorrada, no generada): de aceptar la cuota tributaria como posible objeto material del blanqueo de capitales nos veríamos obligados a admitir blanqueo en los siguientes casos: 1) alzamiento de bienes, ya que el deudor se ahorra la deuda que tiene con sus deudores; 2) impago de pensiones durante dos meses consecutivos o cuatro no consecutivos, debido a que el obligado incumplidor se ahorra esas mensualidades; 3) no presta-

Sin embargo, tal posicionamiento basado en la existencia de una conexión causal y la consiguiente contaminación del patrimonio del deudor sigue a día de hoy encontrando una fuerte oposición, pues no son pocas las voces que defienden que el incumplimiento de la obligación tributaria principal no sólo no genera nuevos activos para el sujeto pasivo[15], sino que, como señala GARCÍA BRAÑUELOS, "la ganancia de una actividad lícita no deviene ilícita por la sola circunstancia de que no se tribute por ella, ni siquiera porque se oculte con el fin de evitar el pago del tributo. Ello podrá dar lugar al delito fiscal o incluso, al alzamiento de bienes"[16].

Para estos autores, el ilícito consistente en dejar de pagar la deuda tributaria constituye una conducta omisiva que, como acertadamente señala DEL ROSAL BLASCO, no puede servir como delito subyacente de un delito de blanqueo de capitales "porque no se puede establecer relación causal entre la acción omitida y los bienes ya incorporados al patrimonio del sujeto por virtud de un hecho positivo anterior no constitutivo de delito. Hay que tener en cuenta que los términos tener origen (art. 301.1 CP) o proceder (art. 301.2) remiten a una relación causal inexistente en un delito de omisión, porque la omisión de cumplir con el deber fiscal no puede originar bienes de ninguna especie, aparte de que tampoco genera, por sí misma, un incremento patrimonial, sino una deuda que grava el patrimonio. En tales condiciones, extender a la cuota tributaria defraudada la naturaleza de bien que tiene su origen o que procede de un delito no es sino *analogía in malam partem,* prohibida por la vigencia estricta del principio de legalidad"[17].

---

ción del sustento a un hijo que lo necesita, porque hay un ahorro de ese sustento. La elusión del tributo, el hecho de insolventarse ante el deudor, el impago de la pensión y la no prestación del sustento son "ahorros", pero jamás podremos considerar que hay un incremento patrimonial en estos casos, simplemente porque con estos impagos estamos por definición conservando el patrimonio y no aumentándolo".

15 En esta misma línea puede verse Choclán Montalvo, J. A.: La aplicación práctica del delito fiscal: cuestiones y soluciones, op. cit., pp.337 y ss.; Quintero Olivares, G.: "El delito fiscal y el ámbito material del delito de blanqueo", Actualidad Jurídica Aranzadi, nº 698, 2006, pág. 7; y Luzón Campos, E.: "Blanqueo de cuotas defraudadas y la paradoja McFly", Diario La Ley, nº 7818, Sección Tribuna, 2012.

16 García Brañuelos, J. A.: "El delito fiscal como actividad delictiva previa del delito de blanqueo de capitales", Quincena Fiscal, nº 1/2015, BIB 2014/4492.

17 Del Rosal Blasco, B.: "Delito fiscal y blanqueo de capitales: perspectivas ante la nueva reforma del tipo básico del delito fiscal", Diario La Ley, Nº 7997, Sección Doctrina, 9 de Enero de 2013 (LA LEY 5/2013).

De esta manera, el blanqueo sólo puede recaer sobre bienes que afluyen al patrimonio del defraudador como consecuencia de una actividad delictiva, pero nunca sobre bienes o derechos de los que su autor era titular con anterioridad[18]. Como señala en este sentido CHOCLÁN MONTALVO, "del delito de defraudación tributaria consistente en la falta de pago de un tributo no surgen productos que puedan constituir objeto de un delito de blanqueo (*productum sceleris*). La ganancia legal de una actividad lícita no se convierte en ilícita por la sola circunstancia de que no se tribute por ella, ni siquiera porque se oculte con el fin de evitar el pago del tributo, sin perjuicio de la posible responsabilidad por delito fiscal (agravado por la interposición de personas, en su caso) o, incluso, por delito de alzamiento de bienes, cuando las maniobras de ocultación tienen como finalidad evitar la responsabilidad que en su caso pueda declararse por el delito fiscal"[19].

Ahora bien, como hemos señalado líneas atrás, tales argumentos basados en que el dinero o bienes en importe equivalente a la cuota defraudada se encuentra *ex ante* en el patrimonio del autor del delito chocan de frente con la postura del Tribunal Supremo para quien esta circunstancia "no tiene ninguna importancia a efectos del blanqueo de capitales. Así también en las insolvencias punibles los bienes ya están en el patrimonio del deudor, y ello impide considerar que constituyen bienes que proceden de un delito, idóneos por lo tanto para ser blanqueados. El art. 257 n° 1 CP castiga a quien se alce con sus bienes en perjuicio de sus acreedores, bienes, por lo tanto, expresamente mencionados en el tipo penal y que resultarán contaminados al menos en la cuantía de las deudas que tenga con aquellos. Y también se encuentran los bienes en poder del delincuente (aunque no le pertenezcan) en la apropiación indebida, en la que el sujeto

---

18 Iglesias Casais, J.M.: "Sobre la conformidad del castigo por autoblanqueo de las ganancias procedentes del delito fiscal con el principio non bis in idem", en Abel Souto, M., Lorenzo Salgado, J.M. y Sánchez Stewart, N. (coords.): VII Congreso sobre prevención y represión del blanqueo de dinero, Tirant lo Blanch, Valencia, 2020, p. 87.

19 Choclán Montalvo, J. A.: La aplicación práctica del delito fiscal: cuestiones y soluciones, op. cit., p.340. Según este autor, "un delito que responda en su configuración típica al patrón de los delitos de omisión (como el delito fiscal, así la STS de 10 de octubre de 2001) no puede servir de delito previo de un delito de blanqueo de capitales, pues no puede establecerse relación causal entre la acción omitida (el pago de los tributos) y los bienes ya incorporados al patrimonio del sujeto por virtud de un hecho positivo anterior no constitutivo de delito (verdadera causa de incorporación del bien)". Choclán Montalvo, J. A.: La aplicación práctica del delito fiscal: cuestiones y soluciones, Bosch, Barcelona, 2011, p.339.

activo los ha recibido antes de apropiárselos, y ello no impide considerarlos bienes idóneos para el blanqueo por constituir el objeto del delito”[20].

En nuestra opinión, hay que partir de la base de que no todo delito fiscal puede ser considerado automáticamente antecedente del artículo 301 del Código Penal, debiendo verificarse en cada caso particular que el sujeto pasivo ha experimentado efectivamente un enriquecimiento o incremento patrimonial que trae su causa en el delito contra Hacienda. Tal enriquecimiento o provecho económico derivado del ilícito penal entendemos que sólo se constata en los supuestos de obtención indebida de devoluciones y en los casos de falta de ingreso de las cantidades retenidas, supuestos estos en los que puede probarse la necesaria relación de causalidad entre el delito contra el Fisco y un incremento patrimonial experimentado por el sujeto, pero no así en aquellos casos en los que el delito fiscal se deriva de la mera falta de pago total o parcial, de la insolvencia del obligado tributario o del incumplimiento posterior de los requisitos a los que se condiciona el disfrute de un beneficio fiscal[21]. Debe tenerse presente, además, que en los

---

20 STS 974/2012, de 5 de diciembre, FJº 37. Sin embargo, lejos de pacificar la cuestión la resolución contiene un voto particular del magistrado Del Moral García en el que se insiste en que el delito de defraudación tributaria en su modalidad de elusión del pago de tributos no genera bienes que puedan ser blanqueados. En su opinión, coincidente con la mayor parte de la doctrina a la que acabamos de hacer referencia, “la elusión del pago de tributos no genera un incremento patrimonial. Permite un ahorro, pero no aporta nada al patrimonio”, de manera que una no pérdida es diferente a una ganancia. Sostiene el magistrado en su voto particular que “ganancia y ahorro son realidades diferentes. Quien ahorra, no está ganando, no está obteniendo ningún bien; sencillamente lo está manteniendo”. De manera que “el patrimonio desde el punto de vista económico sigue siendo el mismo. Jurídicamente también: existía una deuda que permanece”.

21 Iglesias Casais, J.M.: “Sobre la conformidad del castigo por autoblanqueo de las ganancias procedentes del delito fiscal con el principio non bis in idem”, en Abel Souto, M., Lorenzo Salgado, J.M. y Sánchez Stewart, N. (coords.): VII Congreso sobre prevención y represión del blanqueo de dinero, Tirant lo Blanch, Valencia, 2020, p. 87. En un sentido similar González Uriel señala que “la controversia no abarca todas las modalidades del delito de defraudación tributaria, puesto que no se discute que es posible apreciar el concurso real entre delito fiscal en su modalidad de obtención indebida de devoluciones o en la de disfrute de beneficios fiscales, al igual que en el fraude de subvenciones, y el ulterior blanqueo. En estos casos nos encontramos con que el patrimonio del defraudador se ve engrosado con las cantidades que ha adquirido del Erario Público, defraudación mediante, por lo que si con posterioridad lleva a cabo actos subsumibles en el delito de blanqueo, no habría obstáculo alguno para predicar la existencia de un concurso real de infracciones. Tampoco se discute la admisibilidad de semejante relación con-

supuestos en los que concluido el periodo voluntario de pago el deudor carezca de activos suficientes para afrontar el mismo, o se encuentre en una situación patrimonial que no le permita solicitar un aplazamiento o fraccionamiento, ya no sólo resulta imposible apreciar beneficio o incremento patrimonial alguno, sino que es muy probable que no se aprecie tampoco la comisión de delito fiscal alguno por no concurrir el necesario elemento subjetivo: esto es, un ánimo específico de ocasionar el perjuicio típico mediante una acción u omisión dolosa directamente encaminada a ello[22].

Identificación del concreto beneficio económico derivado del delito fiscal previo en el patrimonio del sujeto pasivo

Como hemos tenido ocasión de señalar, la admisión en abstracto de la aptitud del delito fiscal para generar a su autor un beneficio o provecho económico equivalente al perjuicio ocasionado al erario público conduce

---

cursal en los supuestos de tramas dedicadas a la obtención de beneficios a través de importaciones y exportaciones comunitarias, mediante el denominado "fraude carrusel" —cuyo estudio desborda el ámbito de nuestro análisis—, en el que un impuesto indirecto como el IVA se articula como medio idóneo para canalizar defraudaciones a gran escala, con cuantiosos beneficios". En González Uriel, D.: Relaciones entre el delito de blanqueo de dinero y el delito de defraudación tributaria, Aranzadi, Cizur Menor, 2022 (BIB 2022\594).

22 Como señala Calvo Vérgez, el delito fiscal exige no sólo que se cause un daño patrimonial a la Hacienda pública por importe superior a 120.000 euros, sino que concurra además "el elemento subjetivo o intencional del engaño (el tipo es defraudar eludiendo —burlando, engañando, esquivando— el pago de tributos); resultado lesivo y engaño que deben atribuirse a una persona en concreto. De este modo la "merma de ingresos a la Hacienda Pública" no puede considerarse como requisito suficiente para considerar consumado el tipo penal de defraudación ya que, junto a este resultado perjudicial para los intereses recaudatorios del Estado, habrá de concurrir el elemento subjetivo característico de toda defraudación, esto es, un ánimo específico de ocasionar el perjuicio típico mediante una acción u omisión dolosa directamente encaminada a ello (Sentencias del TC 120/2005, de 10 de mayo y 129/2008, de 27 de octubre). La mera falta de ingreso de un tributo cae fuera del campo semántico del verbo "defraudar" (Sentencia del TC 129/2008, de 27 de octubre) si no va acompañada del elemento intencional del engaño, so pena de encajar directamente en un tipo penal un comportamiento que no reúne per se los requisitos típicos indispensables para ello, en una clara labor analógica in malam partem prohibida por el artículo 25.1 CE". Calvo Vergez, J.: "En torno a la reciente doctrina del Tribunal Constitucional en materia de delito fiscal", La Ley, 17731/2011.

necesariamente a que con la consumación del delito fiscal la totalidad o parte de los bienes o derechos de los era titular el defraudador "(estuvieran o no gravados por el tributo impagado y con independencia de haber sido generados por el sujeto pasivo con anterioridad al ilícito penal por medios legales) hayan quedado contaminados; y, precisamente por tener ahora la consideración de producto o beneficio económico derivado del delito fiscal, su mera posesión o la realización de actos de disposición sobre los mismos podría ser considerado lavado de dinero procedente de un delito. Ello es tanto como reconocer la posibilidad de que las conductas típicas del artículo 301 del Código Penal puedan recaer sobre bienes de origen en principio lícito cuya presencia en el patrimonio del defraudador no necesitaba hasta el momento de la comisión del delito contra la Hacienda Pública justificación alguna u ocultación por parte del autor, lo que casa mal con la finalidad perseguida por este precepto"[23].

Consciente de la falta de proporcionalidad de tal consecuencia el Tribunal Supremo circunscribe la consideración de producto o beneficio económico derivado del delito contra la Hacienda Pública en su modalidad de falta de ingreso de la cuota tributaria únicamente a una parte del patrimonio del defraudador: la equivalente al importe de la obligación tributaria principal impagada. Y es cierto también que intenta acotar en el tiempo las operaciones que pueden resultar sospechosas de haber recaído sobre activos de origen criminal al señalar que "el momento de contaminación de los bienes integrantes de la cuota tributaria defraudada se produce cuando vencen los plazos administrativos establecidos para declararlos a la Administración tributaria"; es decir, una vez que se consuma el delito fiscal[24].

---

[23] Iglesias Casais, J.M.: "Sobre la conformidad del castigo por autoblanqueo de las ganancias procedentes del delito fiscal con el principio non bis in idem", en Abel Souto, M., Lorenzo Salgado, J.M. y Sánchez Stewart, N. (coords.): VII Congreso sobre prevención y represión del blanqueo de dinero, Tirant lo Blanch, Valencia, 2020, pp. 92-93.

[24] Adviértase, por lo tanto, que los actos de consumo o inversión realizados por el autor sobre los activos o rentas que formen parte de la base liquidable del tributo cuando se ha producido su devengo pero antes del vencimiento del periodo voluntario de pago recaerían sobre activos patrimoniales que todavía no podrían calificarse como de origen delictivo y, por lo tanto, no se considerarían blanqueo. Ello pone de manifiesto según Choclán Montalvo "lo artificioso de la construcción, pues los actos de transformación de la deuda tributaria ya devengada pero aún no exigible no constituyen delito, mientras que sí los posteriores al vencimiento del periodo de declaración voluntaria, por lo que los defraudadores dispondrán de aquél tiempo (hasta el vencimiento) para

Sin embargo, la teórica contaminación patrimonial requiere, si se quiere condenar al sujeto en base al artículo 301 del Código Penal, que durante la investigación se identifiquen razonablemente[25] aquellos bienes que constituyen la cuota tributaria defraudada, pues es evidente que, "si no se puede individualizar la cuota tributaria en su patrimonio, difícilmente se puede realizar la conducta típica del delito de blanqueo, al no existir objeto material"[26]. De esta manera, el preceptivo deslinde de los bienes concretos que han quedado viciados a raíz de la defraudación tributaria de los que siguen considerándose de origen lícito, como señala ÁLVAREZ FEIJOO, "puede significar en la práctica una barrera infranqueable para que los tribunales alcancen los elementos de convicción necesarios que justifiquen una condena por blanqueo de capitales derivados de un delito fiscal"[27].

---

garantizarse la impunidad por delito de blanqueo". Choclán Montalvo, J. A.: "Delito fiscal y blanqueo de capitales", La ley, 7743/2016.

25 Ahora bien, como señala Campos Navas, "dentro de la gran dificultad probatoria que ello encierra, no es menos cierto que la jurisprudencia de nuestro Tribunal Supremo en materia de prueba, con la admisión de la prueba por presunciones, allana los problemas de acreditación de mayor complejidad: el origen criminal de los bienes y el conocimiento de dicho origen criminal". Así, se"podrá establecer la existencia de un delito de blanqueo de capitales procedentes de un delito de defraudación fiscal cuando concurran los siguientes indicios: a) El afloramiento de cantidades de dinero de cierta importancia, respecto del que no se ofrece suficiente justificación. b) La utilización del mismo en operaciones que ofrecen ciertas irregularidades, ajenas a la práctica común en el mercado, tales como manejo de grandes cantidades de efectivo, utilización de testaferros, aperturas de cuentas o depósitos en entidades bancarias ubicadas en país distinto del de residencia de su titular, etc. c) Y, por último, la existencia de algún dato objetivo que relacione a quien dispone de ese dinero con una actividad previa de defraudación fiscal con carácter de delito, de modo que permita afianzar la imprescindible vinculación entre ambos delitos". Campos Navas, D.: "Lavado de dinero y delito fiscal. Posibilidad de que el delito fiscal sea el delito precedente al de blanqueo", La Ley, 5109/2005.

26 Según el Alto Tribunal "el blanqueo de capitales exige la concreción de un objeto específico o una pluralidad de bienes igualmente determinados que proceden de una actividad delictiva, lo que no resulta fácil cuando se trata de dinero, bien éste fungible por excelencia. La posibilidad de que el fraude fiscal constituya delito previo del blanqueo requiere que durante la investigación se pueda identificar razonablemente la parte de los bienes del patrimonio del defraudador que constituyen la cuota tributaria". STS 974/2012, de 5 de diciembre, FJ° 37.

27 Álvarez Feijoo, M.: Delito fiscal y blanqueo de capitales II: jurisprudencia reciente del Tribunal Supremo, Legal Today, disponible en https://www.uria.com/es/publicaciones/articulos-juridicos.html?id=5935&pub=Publicacion&tipo=es.

El propio Tribunal Supremo es plenamente consciente de las dificultades de prueba que conlleva tal interpretación cuando declara que "el problema, no es tanto el origen o la procedencia delictiva de los bienes, cuanto la dificultad de concretarlos e individualizarlos en el patrimonio del contribuyente, por cuanto en principio no sería admisible la teoría de que todo el patrimonio del contribuyente queda contaminado". De esta manera, la necesidad de concretar y especificar las cuotas defraudadas que son objeto de blanqueo, así como las operaciones de lavado, especificando los importes contaminados empleados, se convierte en clave para poder apreciar el concurso de delitos[28]; de ahí que el Alto Tribunal haya intentado aclarar en su sentencia 974/2012, de 5 de diciembre, los casos en los que, en su opinión, resulta posible acreditar de manera segura que la conducta de blanqueo recae sobre bienes que forman parte de la cuota tributaria, reduciéndolos a dos supuestos: a) cuando la acción de blanqueo se realiza sobre la totalidad del patrimonio, o al menos sobre una proporción tan elevada que supere la parte lícita y comprenda una parte del valor de la cuota tributaria impagada; y b) cuando la acción de blanqueo se realiza sobre la totalidad o parte de la base liquidable (previamente identificada) que por su cuantía incluya necesariamente la cuota tributaria.

Ahora bien, sin restar importancia al esfuerzo del Tribunal para fijar criterios que permitan probar por lo menos indiciariamente la comisión de un delito de autoblanqueo sobre el producto del delito fiscal previo, como señala CHOCLÁN MONTALVO, "cuando el patrimonio del obligado tributario excede de la cuota defraudada (...) no hay razón para imputar los actos de transformación realizados a la parte ilícita del patrimonio si es po-

---

28 Así, el Tribunal Supremo en un pronunciamiento posterior (STS 182/2014, de 11 de marzo de 2014) absolvió precisamente por falta de la debida prueba a los recurrentes que habían sido condenados por un delito de blanqueo de capitales derivados de una serie de delitos fiscales previos. La Sala Segunda, al igual que en la Sentencia del caso Ballena Blanca, puso el acento en la necesidad de concreción y especificación sobre las concretas cuotas defraudadas que habrían sido objeto de blanqueo y sobre las concretas operaciones de blanqueo y los importes "contaminados" que se habrían empleado en ellas, para poder estimar una condena lo suficientemente motivada por este delito: *"como indica el recurrente, no se precisa qué cuota tributaria concreta relativa a qué ejercicio fiscal ha sido objeto de blanqueo y de qué modo. No existe concreción factual alguna referida a qué se hizo con las cuotas defraudadas, y si se habla genéricamente de una reinversión en bienes inmuebles, no hay una sola referencia a los concretos inmuebles que fueran adquiridos con tales cuotas, ni en qué cuentas o fondos estaba depositado el dinero que se dice reinvertido. Por todo ello, el motivo ha de ser estimado"*.

sible concretarlos, idealmente, en la parte patrimonial de situación lícita. Por tanto, si una cantidad equivalente a la cuota defraudada permanece en el patrimonio del deudor, sin transformación, los actos de conversión u ocultación de otra parte del patrimonio no pueden imputarse a la cuota defraudada, y resultarán atípicos, salvo que constituyan otra modalidad delictiva"[29].

Debe exigirse, por tanto, un mayor esfuerzo a los Tribunales en orden a fijar criterios jurisprudenciales más claros y que vayan más allá de la simple constatación de la existencia en el patrimonio del deudor de dinero o bienes en cantidad equivalente al importe de la cuota no ingresada al vencimiento del periodo voluntario de pago para poder concluir la existencia de activos contaminados susceptibles de ulterior lavado; pues tales activos, en la medida en que han sido generados con carácter previo de manera lícita, no necesitan de ninguna actividad posterior de lavado dirigida a justificar su presencia en el patrimonio del deudor. No podemos estar de acuerdo con una solución tan genérica para un problema de enorme complejidad y concluir que todo perjuicio económico causado a la Hacienda Pública va acompañado de un afloramiento de activos (equivalente al perjuicio sufrido por el acreedor tributario) experimentado por el defraudador que trae su causa en el delito fiscal previo; así como que, a raíz de la comisión del delito, la totalidad o una parte indeterminada de los bienes y derechos que integran su patrimonio han quedado "contaminados" quedando prohibida su utilización por el defraudador so pena de considerar tales operaciones blanqueo de capitales[30].

---

29 Choclán Montalvo, J. A.: "Delito fiscal y blanqueo de capitales", La Ley, 7743/2016.

30 Porque, incluso en aquellos casos en los que se evidencia una clara voluntad del sujeto de dejar de pagar el tributo, esto es, en aquellos en los que al vencimiento del plazo para el pago el defraudador cuenta con dinero o bienes suficientes para afrontarlo sin necesidad de recurrir a financiación ajena o en disposición de solicitar un aplazamiento o fraccionamiento del pago que le posibilite evitar el incumplimiento de la obligación tributaria; dada la naturaleza pecuniaria de la obligación tributaria, sólo podremos concluir que una parte de sus activos equivalente al importe de la cuota tributaria debió ser destinada al pago del tributo, pero no identificar o individualizar el dinero o los bienes concretos que constituyen la cuota tributaria dentro de un patrimonio en el que existen bienes fungibles. Iglesias Casais, J.M.: "Sobre la conformidad del castigo por autoblanqueo de las ganancias procedentes del delito fiscal con el principio non bis in idem", en Abel Souto, M., Lorenzo Salgado, J.M. y Sánchez Stewart, N. (coords.): VII Congreso sobre prevención y represión del blanqueo de dinero, Tirant lo Blanch, Valencia, 2020, p. 91.

Así las cosas, lo más conveniente sería, en nuestra opinión, la exclusión del delito fiscal consistente en dejar de ingresar la deuda tributaria como antecedente del delito de blanqueo de dinero, limitando la posibilidad de apreciar un concurso real de delitos a los supuestos de obtención indebida de devoluciones y falta de ingreso de cuotas retenidas. Fuera de estos casos, la prueba del empleo de importes contaminados en concretas operaciones de lavado, resultará en ocasiones imposible, dada la inexistencia de una relación de causalidad directa entre los activos patrimoniales y el delito fiscal antecedente[31].

¿CONCURSO REAL O CONCURSO DE NORMAS?

A la vista del posicionamiento de nuestro Tribunal Supremo, nada obsta para apreciar un concurso real de delitos en los supuestos de autoblanqueo, de manera que al defraudador fiscal podrían imponérsele las penas correspondientes a ambos tipos penales al entenderse que se produce la consumación simultánea por el mero hecho de poseer o utilizar el obligado tributario incumplidor bienes o activos por importe equivalente a la cuota tributaria defraudada, las cuotas retenidas y no ingresadas o el importe de la devolución indebidamente obtenida. Dicha posibilidad, sobre todo tras la reforma operada por la L.O. 5/2010, de 22 de junio, no es un imposible jurídico, como reconoció el Tribunal Supremo en la sentencia 1293/2001, de 28 de julio, al señalar que nada obsta a que el autor del delito antecedente se dedique también a "realizar actos de blanqueo de su propia actividad, ya que el art. 301 del Código Penal tanto comprende la realización de actos de ocultamiento o encubrimiento del origen lícito de actividades propias, como de terceras personas que hayan participado en la infracción, para eludir las consecuencias legales de sus actos".

Según tal posicionamiento favorable a la aplicación a estos casos de la regla prevista en el artículo 73 del Código Penal, confirmado posteriormente en las SSTS 260/2006, de 1 de diciembre, 884/2012, de 8 de noviembre y 245/2014, de 24 de marzo (así como en el Acuerdo del Pleno no jurisdiccional de 18 de julio de 2006), "si se produce la coincidencia de

---

31 Iglesias Casais, J.M.: "Sobre la conformidad del castigo por autoblanqueo de las ganancias procedentes del delito fiscal con el principio non bis in idem", en Abel Souto, M., Lorenzo Salgado, J.M. y Sánchez Stewart, N. (coords.): VII Congreso sobre prevención y represión del blanqueo de dinero, Tirant lo Blanch, Valencia, 2020, p. 96.

autores en actividades de generación y blanqueo nos encontramos ante un evidente concurso real y no ante una modalidad de absorción ya que las conductas adquieren relevancia penal y criminológica autónoma y permiten su aplicación conjunta como suma de actividades delictivas de distinto carácter y con bienes jurídicos de distinta carácter como suma de actividades delictivas de distinto carácter y con bienes jurídicos de distinta naturaleza afectados". La imposición de las penas correspondientes a cada uno de los delitos cometidos, "incluso coincidiendo autores y procediendo el dinero objeto del blanqueo del mismo acto de tráfico objeto de sanción", no supone vulneración alguna del principio *non bis in ídem*, pues se trata de dos tipos penales que tutelan bienes jurídicos distintos, sin que el artículo 301 haya optado por excluir de forma expresa de su aplicación al autor del delito (como así ha hecho con la receptación)"[32].

Sin embargo, aun admitiendo que ambos tipos penales recogen conductas con una relevancia penal y criminológica autónoma[33], de realizarse

---

32 STS 245/2014, de 24 de marzo de 2014, FJº 3º. La sanción autónoma del autoblanqueo encuentra su justificación, tal y como defiende el Tribunal Supremo en su sentencia 265/2015, de 29 de abril, en que su fundamento jurídico es distinto al del propio delito antecedente, pues ambos tipos penales tutelan bienes jurídicos diversos. Así, lo que castiga el delito de blanqueo no es "el mero disfrute o aprovechamiento de las ganancias ilícitas, sino que se sanciona el retorno, como procedimiento para que la riqueza de procedencia delictiva sea introducida en el ciclo económico". Por ello, la sanción del delito fiscal no puede abarcar íntegramente el desvalor de las actividades posteriores de blanqueo que sanciona de manera específica el artículo 301 de nuestro Código Penal, cuya finalidad es siempre la de encubrir el origen ilícito y delictivo de los bienes. Como se declara en la sentencia del Tribunal Supremo 279/2013, de 6 de marzo, "el bien jurídico que da autonomía al delito es, desde una visión genérica, el orden socioeconómico, y dentro de este, (...) el interés del Estado en controlar el flujo de capitales procedentes de actividades delictivas ejecutadas a gran escala y que pueden menoscabar el sistema económico, afectando también al buen funcionamiento del mercado y de los mecanismos financieros y bursátiles"; o, desde otro punto de vista, tal y como señala en su sentencia 56/2014, de 6 de febrero, "proteger la correcta formación de patrimonios (...) cuando la formación tiene su basamento en un hecho delictivo y esta concurrencia es conocida, y aprovechada, por el autor".

33 En el delito de blanqueo se tutela el orden económico y la confianza en el mismo, que se se ven comprometidos cuando al sistema financiero acuden recursos que se han generado al margen del ordenamiento jurídico. En cambio, el bien jurídico protegido por el artículo 305 del Código Penal es el aseguramiento de los créditos tributarios de la Hacienda Pública, no sólo por un interés exclusivamente patrimonial o recaudatorio, sino también en atención a los fines constitucionales del tributo y la importancia de su materialización para la realización de los principios

tal interpretación literal de las conductas definidas en ambos tipos penales, el castigo para algunos casos concretos podría parecer desproporcionado en la medida en que un mismo sujeto resultaría sancionado doblemente por una conducta que de manera inescindible viene contenida o va ligada al delito fiscal previo: la mera posesión o utilización. No olvidemos que lo normal en las defraudaciones tributarias será que el sujeto que incumple su obligación tributaria posea el dinero, lo utilice, lo oculte o encubra su origen[34]. Por ello, como señala GONZÁLEZ URIEL siguiendo a DOPICO GÓMEZ-ALLER, la mera posesión no puede reputarse como una lesión o puesta en peligro del bien jurídico tutelado por el blanqueo, ni tampoco el mero uso de los fondos por el defraudador[35].

Consciente de ello, en alguno de sus pronunciamientos (como los contenidos en las SSTS 1637/1999, de 10 de enero de 2000, 440/2012, de 25 de mayo y la 884/2012, de 8 de noviembre) el Tribunal Supremo optó en contra del criterio anteriormente analizado por una interpretación más restrictiva según la cual todo delito en general y de forma más específica los delitos contra la propiedad presuponen una vocación de aprovecha-

---

de justicia tributaria. Conviene tener esto presente y al tiempo no perder de vista que el producto o provecho generado por el fraude fiscal puede también afectar y distorsionar los movimientos financieros en el mercado o la correcta formación de patrimonios (como el que se encuentra detrás de los fraudes organizados del IVA, de los esquemas de planificación fiscal agresiva o el maquillaje contable de los beneficios declarados de las grandes empresas, sin excluir tampoco el derivado de las defraudaciones procedentes de la imposición sobre la renta y el patrimonio de las personas físicas), haciendo a estas conductas merecedoras de una doble punición que abarque todo su desvalor jurídico.

34 Así lo advierte en su voto particular a la STS 974/2012 de 5 de diciembre Del Moral García al señalar que "dada la abierta redacción del art. 301 CP se hace muy complicado imaginar una defraudación tributaria (que exige una cuota superior a 120.000 euros, lo que descarta cualquier interpretación restrictiva basada en el término "capitales") que no venga acompañada de la posesión o utilización o inversión de bienes; de cualesquiera bienes o metálico en la medida en que no es individualizable o identificable dentro de una masa patrimonial lo que debería haberse destinado al pago del tributo defraudado. Sólo mediante una más que laboriosa y bienintencionada restricción del significado de algunos de los verbos típicos del art. 301 podría soslayarse la consecuencia de que todo autor de un delito de defraudación tributaria será a su vez autor de un delito de blanqueo de capitales. Seguramente es inevitable también en relación a otros delitos llegar a esa reinterpretación si se quiere salvaguardar la prohibición del bis in ídem".

35 González Uriel, D.: Relaciones entre el delito de blanqueo de dinero y el delito de defraudación tributaria, Aranzadi, Cizur Menor, 2022 (BIB 2022\594).

miento económico, de manera que, en la medida en que el aprovechamiento forma parte de la estructura del delito antecedente, se encuentra ya penado en éste, no siendo factible su ulterior punición sin vulnerar el principio *non bis in idem*. Así, como declaró en la STS 884/2012, de 8 de noviembre, "resulta indispensable operar con un criterio restrictivo, con el fin de no identificar, siempre y en todo caso, el agotamiento del delito principal con la comisión de un nuevo delito por el hecho de que se adquiera, posea, utilice, convierta o transmita bienes procedentes de esa actividad delictiva que precede en el tiempo". Siguiendo tales tesis, en los supuestos de autoblanqueo nos encontraríamos en realidad ante un concurso de normas[36] en los que, a fin de evitar posibles vulneraciones del principio *non bis in ídem*, deberán aplicarse los criterios recogidos en el artículo 8 del Código Penal.

Esta posicionamiento más conservador se alinea mejor con las tesis mantenidas por gran parte de la doctrina, pues, para muchos autores, el aseguramiento, la utilización o el aprovechamiento de los bienes obtenidos por el delito fiscal "constituyen desde un punto de vista material, una parte del delito cometido y forman con este una unidad que debe ser sancionada conjuntamente, con el delito del que habrían provenido esos bienes. Por ese razonamiento anterior se trata de hechos posteriores copenados, puesto que el sujeto que defrauda primeramente a Hacienda obtiene un beneficio antijurídico o unas ganancias que podemos decir que provienen de la consumación de la conducta típica del delito fiscal del 305 CP, con el delito de blanqueo de capitales, tal y como está configurado actualmente está sancionando un hecho o acción posterior del autor que quiere asegurar, aprovechar o utilizar el beneficio antijurídico obtenido mediante otro hecho"[37].

---

36 Así lo declara en la STS 440/2012, de 25 de mayo en la que, siguiendo este razonamiento declara que se produce "un concurso de normas cuando los bienes objeto del alzamiento son precisamente los obtenidos fraudulentamente a través de la estafa.... En esos casos sí que puede hablarse propiamente de agotamiento del delito. Al castigarse la estafa se contempla también la acción posterior por la que se dispone de lo defraudado en beneficio propio".

37 Adrada De La Torre, J.: "El delito fiscal como actividad delictiva antecedente al delito de blanqueo de capitales", Noticias Jurídicas, Artículos doctrinales, disponible en línea (http://noticias.juridicas.com/conocimiento/articulos-doctrinales/11427-el-delito-fiscal-como-actividad-delictiva-antecedente-al-delito-de-blanqueo-de-capitales/). Un análisis en profundidad en contra de la jurisprudencia que admite la existencia de un concurso real entre ambos delitos, defendiendo que la aplicación del delito de blanqueo debe excluirse por aplica-

Según esta solución[38], más respetuosa en nuestra opinión con los principios sancionadores, la mera posesión o utilización de las cantidades defraudadas al Fisco debe ser sancionada únicamente como delito fiscal porque con la aplicación del artículo 305 del Código Penal quedaría cubierta la totalidad del contenido antijurídico del hecho. Así, en estos casos, el concurso entre delito fiscal y blanqueo de capitales, debe resolverse aplicando la regla 3ª del artículo 8 del Código Penal, según la cual el precepto penal más amplio o complejo absorbe a los que castiguen las infracciones consumidas en aquél[39].

Y en esta línea parecen situarse los últimos pronunciamientos el Tribunal Supremo, de la que da buena muestra la Sentencia 366/2019, de 17 de junio de 2019, que abogan por la necesidad de realizar una interpretación restrictiva del tipo penal del blanqueo de capitales para evitar posibles vulneraciones del principio *non bis in idem*. De esta manera, no basta con que se acredite la realización de los cinco verbos típicos del blanqueo de capitales, sino que se hace necesario verificar adicionalmente en cada caso concreto que tales comportamientos son realizados por el sujeto con la finalidad de ocultar o encubrir el origen ilícito de las ganancias[40].

---

ción del art. 8.3 CP, puede verse en Bacigalupo Zapater, E.: Sobre el concurso de delito fiscal y blanqueo de dinero, Civitas, Pamplona, 2012.

38 Son actos copenados los "realizados (antes o) después del hecho principal, que por sí mismos constituyen un hecho delictivo, pero que se considera que forman una unidad con el hecho principal, de manera que se estima que en la pena del principal ya va incluida la pena del acto posterior". Para un acercamiento a la teoría de los actos copenados y su aplicación al blanqueo de capitales puede verse Barja de Quiroga, J.: "Los actos copenados y el delito de blanqueo de capitales", Revista Aranzadi de Derecho y Proceso Penal, nº 35/2014 (BIB 2014\2717).

39 Iglesias Casais, J.M.: "Sobre la conformidad del castigo por autoblanqueo de las ganancias procedentes del delito fiscal con el principio *non bis in idem*", en Abel Souto, M., Lorenzo Salgado, J.M. y Sánchez Stewart, N. (coords.): VII Congreso sobre prevención y represión del blanqueo de dinero, Tirant lo Blanch, Valencia, 2020, p. 101.En la misma línea se pronuncia González Uriel, para quien "los posibles actos de blanqueo serían posteriores o, a lo sumo, acompañarían al delito fiscal y, por lo tanto, estarían copenados con él" debiendo resolverse el concurso aparente de normas en virtud de la regla 3ª del artículo 8 del Código Penal. González Uriel, D.: Relaciones entre el delito de blanqueo de dinero y el delito de defraudación tributaria, Aranzadi, Cizur Menor, 2022 (BIB 2022\594).

40 Aclara el Tribunal Supremo que el delito de blanqueo exige que todas las conductas descritas en el tipo y relacionadas con los bienes o provecho económico derivado del delito antecedente deben realizarse con la finalidad ocultar o encubrir su origen ilícito o ayudar al autor a eludir las consecuencias legales de sus actos. Así,

Esto es, para poder concluir que la conducta de un sujeto que defrauda a la Hacienda Pública es, además, constitutiva de un delito de blanqueo de capitales debe acreditarse que concurren dos requisitos: a) la idoneidad de los comportamientos imputados para incorporar bienes ilícitos al tráfico económico; y, b) que esa idoneidad debe ser abarcada por la intención del autor, a través de su propósito de rentabilizar en canales financieros seguros las ganancias obtenidas[41].

Esta interpretación restrictiva o reconducción a unos límites más acordes a la finalidad que persigue la tipificación del delito de blanqueo en nuestro ordenamiento jurídico permite en palabras del propio Tribunal Supremo evitar excesos como el que tendría lugar al sancionar la simple tenencia o posesión de los activos contaminados, consecuencia necesaria e inmediata de la realización del delito fiscal, o "la mera utilización del dinero correspondiente a la cuota impagada en un delito fiscal, para gastos ordinarios" o de escasa relevancia económica, sin que concurra una voluntad real de ocultación de los mismos "ni se pretenda obtener un título jurídico aparentemente legal sobre bienes procedentes de una actividad delictiva previa, que es lo que constituye la esencia del comportamiento que se sanciona a través del delito de blanqueo"[42].

En definitiva, sólo será punible el autoblanqueo cuando la conducta del defraudador tributario no se limite "al mero aprovechamiento o disfrute de las ganancias obtenidas en su actividad delictiva" y pueda probarse la realización de comportamientos tendentes a la "ocultación tanto de la procedencia del dinero como de la titularidad efectiva" del mismo[43]; imponiéndose así la necesidad de identificar adicionalmente un hecho o comportamiento posterior y diferenciado en cuanto a su finalidad, necesario para reincorporar con apariencia de legalidad al tráfico jurídico el dinero

---

la acción típica del blanqueo "no consiste en el simple hecho de adquirir, poseer o utilizar los beneficios adquiridos sino, como precisa el tipo, en realizar estos u otros actos cuando tiendan a ocultar o encubrir su origen ilícito". SSTS 362/2017, de 19 de mayo y 583/2017 de 19 Julio de 2017.

41 Son ejemplo de esta línea jurisprudencial las Sentencias del Tribunal Supremo 245/2014, de 24 de marzo de 2014, 809/2014, de 26 de noviembre de 2014 (FJ 2º) y 265/2015, de 29 de abril de 2015. FJ 14º.

42 Aclara en este sentido el Tribunal Supremo que "el blanqueo pretende incorporar esos bienes al tráfico económico legal y la mera adquisición, posesión, utilización, conversión o transmisión constituye un acto neutro que no afecta por sí mismo al bien jurídico protegido". STS 366/2019, de 17 de junio de 2019. FJ 28º.

43 STS 491/2015, de 23 de julio de 2015. FJ 7º.

defraudado. Ello nos lleva irremediablemente a concluir que, dado que a la falta de identidad en el fundamento de ambas sanciones se añade ahora, tal y como se ha configurado jurisprudencialmente la conducta típica del delito de blanqueo de capitales, la ausencia de identidad en cuanto a los hechos o conductas que son objeto de sanción, sancionar por autoblanqueo al autor de un delito fiscal no vulnerará el principio *non bis in idem.*

Modificación por el RDL7/2021 de la intervención temporal de medios de pago para cumplir con el Reglamento 2018/1672, la reclamación administrativa y el procedimiento sancionador

MARÍA TERESA CARBALLEIRA RIVERA
Catedrática de Derecho administrativo
Universidad de Santiago de Compostela

INTRODUCCIÓN

En la actual economía globalizada, el control de los medios de pago para prevenir el blanqueo de capitales se ha convertido en uno de los pilares fundamentales para garantizar la integridad del sistema financiero. Los medios de pago, que incluyen desde el efectivo hasta las transacciones electrónicas, son canales potenciales para legitimar ingresos procedentes de actividades ilícitas si no se implementan controles adecuados.

Los datos constatan que la utilización por las personas físicas de esta técnica de lavado de capitales tiene cierta relevancia en el sistema financiero de un país. En España, los datos suministrados por la Comisión de prevención del blanqueo de capitales ponen de manifiesto que se realizaron más de 340 actas de intervención en frontera en el año 2022 por importe de 15 millones de euros. Ese mismo año se declararon más de 16.000 movimientos de efectivo cuyo importe de más de 1 billón y medio de euros. En cuanto a los movimientos de medios de pago por territorio nacional, las cifras se sitúan en un total de sesenta intervenciones sin declaración frente a las más de 3000 declaradas en el citado año ascendiendo las cuantías a un total de 500 millones de euros en el primer caso y 14 millones en el segundo caso.

Este artículo explora las estrategias y regulaciones vigentes para el control de los medios de pago, destacando la importancia de las técnicas administrativas para mitigar los riesgos. También se detiene en el análisis de la jurisprudencia más relevante en la materia y las garantías de los declarantes en el procedimiento sancionador.

REGULACIÓN EUROPEA SOBRE MOVIMIENTOS DE EFECTIVO

El control de blanqueo de capitales y financiación del terrorismo comenzó realizándose de diversas formas. La primera, como sabemos, incidió sobre el mercado financiero y las entidades bancarias a raíz de la aplicación de las directivas de los años 90.

Ante el temor de que la implementación de estas medidas de control promoviese otras vías de fuga de capital tales como el el transporte de efectivo y efectos negociables, se dictó el Reglamento (CE) nº 1889/2005 del Parlamento Europeo y del Consejo, de 26 de octubre de 2005, relativo a los controles de la entrada o salida de dinero efectivo de la Comunidad.

Esta normativa fue sustituida por el Reglamento (UE) 2018/1672 del Parlamento Europeo y del Consejo de 23 de octubre de 2018, relativo a los controles de la entrada o salida de efectivo de la Unión y que entró en vigor el 3 de junio de 2021. Permitió que los Estados miembros pudiesen aplicar de manera uniforme y efectiva la normativa sin perjuicio de complementarla en sus respectivos ámbitos de soberanía regulando las entradas y salidas de territorio nacional hacia terceros países o la circulación en el mercado interior.

Estas medidas buscan aumentar la transparencia y dificultar el uso del efectivo para actividades ilícitas, contribuyendo a un entorno financiero más seguro y regulado. De hecho la Comisión Europea en su análisis supranacional de riesgos —Bruselas, 24.7.2019 COM (2019) 370 final— apuntó el elevado riesgo que presentan los movimientos de efectivo en fronteras por encima de determinados umbrales[1].

Esencialmente, los objetivos de este Reglamento pueden dividirse en cuatro grandes líneas. La primera, es la declaración obligatoria que se impone a toda persona que entre o salga del espacio de la Unión Europea con €10000 o más en efectivo u otros efectos negociables al portador. A estos efectos entiende por efectivo varias categorías:

– El dinero en metálico, esté en vigor o no siempre que pueda cambiarse en las entidades financieras o bancos nacionales;

---

1 Véase al respecto el documento estadístico sobre controles de efectivo durante el período de 3 de junio de 2021 a 2 de junio de 2022 donde se refleja una cifra de 60 997463 158 euros de movimiento de efectivos y mas de 78.000 controles en frontera. Cash Controls Statistical Data 3 June 2021-2 June 2022 (inclusive) according to Article 18 of Regulation (EU) 2018/1672 on controls on cash entering or leaving the Union.

– Los efectos negociables al portador que no exigen identificación para su cobro o pago tales como cheques al portador, pagarés, órdenes de pago y cheques de viaje;

– Las materias primas utilizadas como depósitos de valor de gran liquidez por su versatilidad para ser usados como medios de transacción, como el oro. Se incluyen las monedas de oro con un contenido de oro del 90 %, como mínimo, y el oro sin acuñar, como lingotes o pepitas, con un contenido de oro del 99,5 %, como mínimo. No se contemplan otras materias primas de gran valor transaccional como los diamantes. Y,

– Algunos tipos de tarjetas de prepago no vinculadas a cuentas bancarias. La Unión Europea fue consciente de que estas formas de pago son "ampliamente utilizados con diversas finalidades legítimas y algunos de ellos presentan además un claro interés social". Aún así, se decidió incluirlas en el concepto de efectivo, ejerciendo un especial control en aquellas que se pueden adquirir sin aplicar los procedimientos de diligencia debida. Ello supuso diseñar nuevos controles tecnológicos en aduana para detectar este tipo de tarjetas prepago, aparentemente menos sospechosas.

Se excluyeron las monedas virtuales por carecer las autoridades aduaneras de competencias para su control e investigación.

La segunda línea está dirigida a reforzar el control al aduanero de manera que tenga poder para verificar e investigar el efectivo transportado incluso cuando la cantidad sea inferior a la legalmente marcada pero hubiese sospechas de actividades ilícitas.

La tercera línea hace referencia al intercambio de información entre los Estados miembros o la Comisión y terceros países con el fin de mejorar la cooperación en la lucha contra el blanqueo de capitales y la financiación del terrorismo a través de los sistemas de información aduanero.

La cuarta y última, quiere dar efectividad a los contenidos del Reglamento, y exige a los Estados miembros diseñar un sistema de sanciones por incumplimiento de las obligaciones de declarar el efectivo o de informar del mismo según el Reglamento.

La variabilidad y acelaración en la creación de nuevos instrumentos incluibles en la categoría de efectivo hizo que se facultase a la Comisión europea para actualizar aquellos aspectos no esenciales del Reglamento con el fin de garantizar su operatividad.

Asimismo, el Reglamento de Ejecución (UE) 2021/776 de la Comisión de 11 de mayo de 2021 por el que se establecen los modelos de determinados formularios, así como las normas técnicas para el intercambio efectivo de información en virtud del Reglamento (UE) 2018/1672 del Parlamento Europeo y del Consejo, relativo a los controles de la entrada o salida de efectivo de la Unión, incorporó los contenidos de los formularios a utilizar en caso de entradas y salida de medios de pago fuera de las fronteras de la Unión Europea.

ADAPTACIÓN DEL ORDENAMIENTO JURÍDICO ESPAÑOL

Como consecuencia de lo anterior, la legislación española tuvo que adaptarse a las nuevas directrices del Reglamento de la Unión Europea que a su vez traía causa en las nuevas reglas impuestas a nivel internacional para todas las unidades de inteligencia financiera con el fin de evitar la desestabilización de los mercados y la economía del sistema europeo.

La primera modificación afectó a la ley 10/2010, de 28 de abril, de prevención del blanqueo de capitales y de la financiación del terrorismo (LPBC) a través del Real decreto ley 7/2021 de 27 de abril, relativo a la transposición de determinadas directivas de la Unión Europea. Así, se dictó la Orden ETD/1217/2022, de 29 de noviembre, por la que se regulan las declaraciones de movimientos de medios de pago en el ámbito de la prevención del blanqueo de capitales y de la financiación del terrorismo. Esta norma establece las obligaciones de declaración para las personas físicas que transporten medios de pago cuando salgan o entren en el territorio nacional. En concreto, especifica los siguientes movimientos de efectivos conforme al artículo 34 LPBC:

– Movimientos hacia o desde Estados que no forman parte de la Unión Europea portados por persona física que superen los €10.000

– Movimientos hacia o desde Estados miembros de la Unión Europea portados por persona física o no acompañados que superen los €10.000

– Movimientos por territorio nacional de medios de pago acompañados o no de persona física que superen los €100.000.

Todos estos movimientos de efectivo deben ser declarado ante las autoridades españolas competentes mediante los modelos S (1 y 2) y E (1 y 2) y se establecen mecanismos para detectar los incumplimientos y sancionar (artículo 35 LPBC). Sendas normativas constituyen hoy el armazón legal en esta materia.

LA POTESTAD ADMINISTRATIVA EN MATERIA DE MOVIMIENTO DE EFECTIVO.

Todos sabemos que la prevención del blanqueo de capitales se puede realizar de diversos modos. Unos interpelan a los sujetos que actúan como actores o intermediarios en las inversiones de capitales procedentes de acciones delictivas. Otros inciden sobre las técnicas y medios de ocultación del capital, ya sea a través de titularidades jurídicas, dinero digital o tarjetas anónimas. Cuando lo que se quiere es controlar e intervenir el movimiento o tráfico físico del capital dentro y fuera de las fronteras nacionales y de la Unión europea, cumple activar la primera de las fórmulas y hacer uso de la imposición de obligaciones administrativas a los ciudadanos vía ordenación normativa así como articular un sistema de agentes de la autoridad encargados de velar por su efectiva observancia. Como corolario, es necesario apelar a los poderes administrativos de limitación y sanción para reprimir aquellas conductas infractoras de la normativa.

En los movimientos de medios de pago, el poder administrativo se diversifica en tres importantes facultades: la potestad de control del cumplimiento de la obligación de declarar el trasvase de efectivo; la potestad de intervención en caso de incumplimiento, que se traduce en la adopción de medidas provisionales de incautación de bienes y comunicación a autoridades competentes; y, por último, la potestad sancionadora, que permite penalizar aquellas infracciones o conductas de acción u omisión que incumplen la normativa.

El núcleo de la potestad administrativa viene explicitado en el artículo 34 LPBC donde se indica que será función de la Administración controlar el movimiento de dinero u otros medios de pago dentro del territorio nacional y en frontera entre la Unión Europea y terceros países y en el artículo 35 LPBC que la habilita para inspeccionar bienes y personas e intervenir medios de pago. A estos efectos habrá de entenderse por movimiento cualquier cambio de lugar o posición que se verifique en el exterior del domicilio del portador de medios de pago. Y en cuanto en los medios de pago habrá de estarse lo dispuesto por el Reglamento europeo, hoy incorporado en el artículo 34. 3 LPBC.

La obligación de declarar el movimiento de medios de pago

El control de los movimientos de medios de pago se regula en el artículo 34, apartados 1 y 2 de la LPBC y afecta a dos supuestos:

A) salida o entrada en territorio nacional de medios de pago por importe igual o superior a €10000 o su contravalor en moneda extranjera, ya sea de terceros países o dentro de la Unión Europea (modelos S o E según el caso).

B) movimientos por territorio nacional de medios de pago por importe igual o superior a €100000 o su contravalor en moneda extranjera (modelo S2)

El tráfico o movimiento de medios de pago se puede realizar directamente por una persona física que actúa por cuenta propia o de terceros o a través de otros medios que no implican acompañamiento de los sujetos tales como envíos postales, envíos por mensajería, equipaje no acompañado o carga de contenedores. En todos los casos existe la obligación de presentar una declaración de movimiento si bien la diferencia se marca en los tiempos de manera que en movimientos con persona física basta con presentar la declaración en cualquier momento previo al transporte mientras que cuando se trata de envío de efectivo no acompañado deberá presentarse la declaración con una antelación de 30 días previos a la fecha del movimiento de medios de pago.

Están obligados a presentar esta declaración todas las personas físicas que realicen los movimientos en territorio nacional o de salida. Se exceptúan aquellos casos en los que la persona física actúe por cuenta de empresas que ejerzan actividades de transporte profesional de medios de pago salvo que se trate de movimientos de entrada y salida de la Unión Europea, en cuyo caso también recae sobre ellos la obligación de declaración.

Si se trata de medios de pago no acompañados por persona física, están obligados a presentar la declaración del movimiento los remitentes o sus representantes legales en el caso de movimientos de salida y los destinatarios o sus representantes legales cuando estemos ante entradas de medios de pago procedentes de terceros países. Cuando los medios de pago sean transportados por menores de edad no acompañados será responsable del cumplimiento de la obligación de declaración quien ejerza la patria potestad, tutela o curatela (artículo 34.5 LPBC).

Presentación de la declaración obligatoria

La declaraciones pueden presentarse de manera presencial o telemática ante las autoridades nacionales para lo cual se utilizarán los modelos o formularios S aprobados por el Ministerio de Asuntos exteriores, si se trata de movimientos dentro del territorio nacional o entre Estados miembro y los modelos E aprobados por la Unión Europea si se trata de movimientos en frontera entre la Unión europea y terceros países.

La presentación presencial puede realizarse ante los servicios de aduanas de las delegaciones especiales, de las delegaciones de la Agencia Tributaria o de las administraciones de aduanas e impuestos especiales integradas en ellas, (servicios de aduanas) según señala el artículo 5.3 de la Orden ETD/1217/2022. En el caso de movimientos por el territorio nacional de medios de pago además podrán presentarse ante las entidades de crédito[2].

Cuando la presentación sea telemática se podrá optar por presentar la declaración en la Sede Electrónica de la Agencia Estatal de la Administración Tributaria utilizando los sistemas de identificación reconocidos normativamente. El contenido de la declaración aparece regulado en el artículo 34.4 LPBC y comprenderá todos aquellos datos que permitan acreditar la trazabilidad del movimiento tales como el emisor, destinatario, cantidad, procedencia, medio de transporte o itinerarios.

Esta declaración responsable válidamente presentada —con firma y fecha— y registrada por la autoridad, acompañará siempre al portador a lo largo de todo el traslado de los medios de pago. En todo caso, como señala el artículo 5.2 de la ETD/1217/2022, se exige un examen de veracidad por las autoridades de modo que "tanto en los supuestos de presentación de la declaración de forma presencial como electrónica, cuando no se haya comprobado la veracidad de los medios de pago acompañados por los Servicios de Aduanas en el momento de la entrada o salida del territorio nacional, la mera declaración no acreditará frente a la Administración o a terceros el movimiento efectivo de los medios de pago".

MEDIDAS DE INTERVENCIÓN POR INCUMPLIMIENTO DE LA OBLIGACIÓN DE DECLARAR

La acción administrativa cuenta con diversas potestades y medios para exigir el cumplimiento de la declaración obligatoria. Para ello y según relata el artículo 35 LPBC, los funcionarios aduaneros y policías estarán facultados para ejercer las funciones de intervención. El poder de intervención se traduce en dos grandes y exorbitantes facultades administrativas como son la de inspección de las personas y bienes, ya sea equipajes,

---

2 No obstante, en el listado de autoridades competentes para aplicar los contenidos del Reglamento europeo se indica que también serán competentes además de las antedichas, la Guardia civil y la policía autonómica.

mercancías, envíos electrónicos o medios de transporte. Y la facultad de incautación del efectivo en caso de incumplimiento de la obligación de declaración previa que opera como medida provisional previa al inicio del procedimiento.

El ejercicio de estas facultades procede cuando se dan alguno de los supuestos contemplados en el artículo 35 de la ley, a saber,

> "a) No presentación de la declaración previa a que se refieren los apartados 1 y 2 del artículo 34 cuando esta sea preceptiva.
> b) No presentación en plazo de la declaración previa a que se refiere el apartado 2 del artículo 34 cuando esta sea preceptiva.
> c) Presentación de la declaración previa a que se refieren los apartados 1 y 2 del artículo 34 con información incorrecta o incompleta. A estos efectos, y sin perjuicio de su aplicación en otros supuestos, en todo caso se considerará información incorrecta o incompleta la falta de veracidad total o parcial de los datos relativos al portador, propietario, remitente, destinatario, procedencia o uso previsto de los medios de pago, así como la variación por exceso o defecto del importe declarado respecto del real en más de un 10 por ciento o de 3.000 euros.
> d) Cuando los medios de pago no se pongan a disposición de las autoridades para su control en los términos previstos en la normativa, cuando el movimiento esté sometido a la obligación de declaración.
> e) Cuando, no obstante haberse declarado o ser el importe del efectivo inferior al umbral que determina la obligación de su declaración, existan, al menos, indicios de que los medios de pago están vinculados a una actividad delictiva".

En definitiva, los supuestos que pueden justificar la inspección y consiguiente incautación de dinero y efectos de pago hacen referencia a dos grandes ámbitos. De una parte, el ámbito formal de la declaración previa preceptiva, esto es, no presentar la declaración, presentarla fuera de plazo o presentarla con datos incorrectos o incompleta. De otra, el ámbito sustantivo del valor no declarado y, en concreto, no ponerlo a disposición de las autoridades o existir una sospecha de procedencia delictiva.

Todos los supuestos contemplados son bastante lógicos salvo el último, que si bien aparece regulado en el Reglamento europeo, es bastante inquietante en su articulación toda vez que estamos ante un ejercicio de autoridad que tiene como fin controlar una actuación puramente administrativa —cumplimiento de la presentación de la declaración de movimientos de medios de pago— cuando superen unas determinadas cuantías, única y exclusivamente. El hecho de que esa facultad de intervención sobre los bienes se haga a pesar de no existir infracción administrativa alguna, ni resolución incumplida en vía de ejecución, ni decomiso preventivo por delito sino por el mero hecho de existir una sospecha no probada basada en indicios no concluyentes de delito[3] y sin supervisión judicial, puede llevar a situaciones de desamparo jurídico para el interesado. De hecho, el legislador europeo es consciente del carácter restrictivo de la medida y aconseja que los tiempos de incautación sea los estrictamente imprescindibles y que la medida esté suficientemente motivada[4]. Debe acreditarse suficientemente que existe una amenaza para la seguridad económica o el sistema financiero y que las cantidades incautadas representan un riesgo para la estabilidad del sistema. Además, como se dijo, el control e intervención administrativas tiene como fin asegurar el cumplimiento de la obligación de declarar no pudiendo extenderse más allá ni vincular la actividad delictiva al caso administrativo ni a la graduación de la sanción[5].

Una vez detectada la infracción administrativa por las autoridades inspectoras, el mecanismo de intervención consiste en la incautación del medio de pago por 30 días extensible a 90 con la salvedad del mínimo vital que está cuantificado en €1000, así como el correspondiente ingreso en las cuentas de la Comisión de prevención del blanqueo de capitales. La incautación, según dispone el artículo 12 de la Orden ETD 1217/2022, se realiza mediante el embolsamiento y precintado en presencia del portador de los medios de pago y, si se trata de movimientos no acompañados, en presencia de su remitente o destinatario. No podrá levantarse el precinto sin que esté presente la persona a la que se le haya intervenido los medios de pago. Una vez incautado, las cuantías se ingresan directamente o por transferencia en

---

3 Nótese que el Reglamento (UE) 2018/1672 especifica en el artículo 2.j los tipos de delitos sobre los que puede fundamentarse la adopción de medidas provisionales de intervención como son los relacionados con narcotráfico, corrupción, delitos fiscales o de organización criminal contemplados en el artículo 3, punto 4, de la Directiva (UE) 2015/849.

4 En concreto señala en el considerando 28 que habida cuenta de la naturaleza de tal intervención temporal y de la incidencia que pueda tener sobre la libertad de circulación y el derecho de propiedad, el tiempo de intervención debe limitarse al mínimo imprescindible para que otras autoridades competentes puedan determinar si hay motivos para una actuación adicional, como por ejemplo una investigación o incautación del efectivo basadas en otros instrumentos jurídicos.

5 Así, a contrario sensu, en sede procedimental y de acuerdo con el artículo 62.3 LPBC, se establece que "en cualquier momento del procedimiento administrativo sancionador en que se estime que los hechos pudieran ser constitutivos de ilícito penal, la Secretaría de la Comisión dará traslado de los mismos al Ministerio Fiscal, solicitándole testimonio sobre las actuaciones practicadas al efecto y acordará la suspensión de aquél hasta que se reciba la comunicación a que se refiere el primer párrafo del apartado siguiente o hasta que recaiga resolución judicial"

las cuentas abiertas a nombre de la Comisión de prevención del blanqueo de capitales e infracciones monetarias (artículo 35. 3LPBC). Estamos ante medidas provisionales previas al inicio del procedimiento sancionador que deberán ser confirmadas en el acuerdo de iniciación conforme a los artículos 56 y 64 LPACAP.

Los derechos del interesado se reducen a interponer reclamación contra la intervención provisional de medios de pago ante la persona titular de la Secretaría de la Comisión de prevención del blanqueo de capitales e infracciones monetarias en el plazo de 15 días hábiles a contar desde la notificación de la intervención (artículo 35. 5 LPBC) con posibilidad de impugnación de la contestación en sede administrativa o judicial, en su caso.

Simultáneamente, se procede al levantamiento del acta de intervención y traslado al Servicio de prevención de blanqueo de capitales, SEPBLAC, y a la secretaria de la Comisión que es la competente para incoar el expediente sancionador. Este acta explicitará la intencionalidad del interesado indicando expresamente si los medios de pago fueron hallados en lugar o situación que mostrase una clara intención de ocultarlos (artículo 35.5 LPBC).

El acta, tal como dispone el artículo 77. 5 de la Ley 39/2015, de 1 de octubre, del procedimiento administrativo común de las Administraciones públicas (LPACAP) es un documento formalizado por los funcionarios antedichos a los que se reconoce la condición de autoridad. Recoge los hechos constatados por aquellos y tiene validez probatoria salvo que se acredite lo contrario. Ello significa que el acta tiene eficacia probatoria de la culpabilidad y de los hechos —su apreciación racional— pero no es absoluta y así se contempla también en el artículo 35 LPBC. Como señala alguna jurisprudencia, el acta "carece de fuerza de convicción privilegiada" que la dote de prevalencia sobre otro medio de prueba.

Asimismo, debe estar redactada de acuerdo con los requisitos legales, entre los que se incluye la objetividad, esto es "sin enjuiciamientos del funcionario". Dice al respecto la STSJ Madrid 8920/2023, de 13 de julio:

> "Otorga eficacia probatoria,aunque no exclusiva ni excluyente, en el procedimiento administrativo sancionador en relación a la apreciación racional de los hechos y de la culpabilidad del administrado, en la medida en que los datos objetivos reflejados en ellas no hayan sido conocidos de referencia por los funcionarios, ni fueran producto de su enjuiciamiento o deducción, sino percibidos real, objetiva y directamente por los funcionarios intervinientes, que no han de ser considerados, en esos casos, como simples particulares sino como servidores públicos actuando objetivamente en el cumplimiento de las funciones de su cargo" (fj cuarto).

EL PROCEDIMIENTO SANCIONADOR POR INCUMPLIMIENTO DEL DEBER DE DECLARAR

Obviamente, el ejercicio de estas potestades limitativas de derechos para el interesado da origen al inicio de un procedimiento administrativo sancionador que debe cumplir con las garantías fijadas por la LPACAP. De acuerdo con ésta, estamos ante un procedimiento de oficio iniciado tras las actuaciones de investigación e inspección de los órganos competentes y la adopción de una medida provisional de las establecidas en el artículo 56 de la ley procedimental. Como señala aquel en su apartado segundo, la intervención de bienes deberá ser confirmada, modificada o levantada en el acuerdo de iniciación del procedimiento, que deberá efectuarse dentro de los quince días siguientes a su adopción, el cual podrá ser objeto del recurso que proceda.

En el presente caso, el artículo 62.1 LPBC establece que la secretaría de la Comisión acordará la constitución de una garantía para hacer frente a las posibles responsabilidades. Esta garantía se entiende constituida con la intervención de los medios de pago sin perjuicio de que la misma pueda ser ampliada o reducida durante la instrucción del procedimiento sancionador. Todo ello sin perjuicio de que tales medidas deban adoptarse dando audiencia al interesado y que la resolución sea susceptible de impugnación separada del procedimiento principal.

La reclamación contra la intervención provisional de medios de pago, caso de que se hubiese interpuesto, se resolverá en el acuerdo de iniciación del procedimiento sancionador según dispone el artículo 61.2 LPBC.

El acuerdo de iniciación del procedimiento sancionador, conforme al artículo 64 de la ley procedimental, deberá contener al menos la identificación de la personas presuntamente responsables, los hechos que motivan la incoación del procedimiento, la identificación del instructor y del órgano competente para la resolución, la indicación del derecho a formular alegaciones y a la audiencia en el procedimiento y de los plazos para su ejercicio, así como las medidas de carácter provisional que se hayan acordado por el órgano competente para iniciar el procedimiento sancionador sin perjuicio de las que se puedan adoptar durante el mismo de conformidad con el artículo 56. Dicho acuerdo deberá ser notificado al interesado (artículo 40.1 LPACAP).

La competencia para resolver y notificar se atribuye al director general del tesoro y política financiera del Ministerio de Asuntos económicos y transformación digital (artículo 61.3 LPBC), quien dispondrá del plazo máximo de 1 año a contar desde la fecha de notificación del acuerdo de incoación, con posibilidad de ampliación de 6 meses adicionales a propuesta motivada de la Secretaría de la comisión. La ausencia de resolución conlleva la caducidad del procedimiento administrativo de acuerdo con el artículo 25.1.b) LPACAP. La resolución del director general pone fin a la vía administrativa.

En cuanto a la tramitación, destacar que el procedimiento administrativo debe cumplir con todas las garantías que establece la LPACAP y en especial prever un trámite de audiencia al interesado salvo que no figure en el procedimiento ni sean tenidos en cuenta en la resolución otros hechos alegaciones o pruebas que las aducidas por el interesado (artículo 82.4 LPACAP) y la apertura de una fase probatoria en caso de que así se solicite y/o se estime por el instructor conforme al artículo 77.3 LPACAP.

Una vez concluida la instrucción del procedimiento, el órgano instructor formulará una propuesta de resolución que deberá ser notificada a los interesados. La propuesta de resolución deberá indicar la puesta de manifiesto del procedimiento y el plazo para formular alegaciones y presentar los documentos e informaciones que se estimen pertinentes (artículo 89.2 LPACAP).

La resolución del procedimiento sancionador obviamente ajustará su contenido a los requisitos establecidos por el artículo 90 LPACAP, tales como la valoración de las pruebas practicadas, los hechos, el sujeto responsable, la infracción y sanción o bien la inexistencia de responsabilidad. También deberá ser notificada al interesado que tendrá la posibilidad de instar su impugnación en sede contencioso-administrativa. En caso contrario, la encargada de la ejecución de la sanción corresponde a la secretaria de la Comisión.

Teniendo en cuenta que la resolución dictada en este procedimiento pone fin a la vía administrativa, podrán adoptarse en la misma medidas cautelares para garantizar su eficacia en tanto no sea ejecutiva o mantener las existentes. Así mismo cabe la posibilidad de que el interesado solicité la suspensión cautelar a la Administración en caso de interposición de recurso judicial (artículo 90.3 LPACAP).

LA SANCIÓN ADMINISTRATIVA

El incumplimiento de la obligación de declarar los movimientos de medios de pago constituye una infracción grave tal como dispone el artículo

52.3 LPBC. Las sanciones previstas aparecen reguladas en el artículo 57.3 LPBC y consistirá obligatoriamente en la imposición de una sanción pecuniaria y una amonestación en los términos que siguen:

> "a) Multa, cuyo importe mínimo será de 600 euros y cuyo importe máximo podrá ascender hasta el 50 por ciento del valor de los medios de pago empleados.
> b) Amonestación pública.
> c) Amonestación privada.
> La sanción prevista en la letra a), que ha de ser obligatoria en todo caso, se impondrá simultáneamente con una de las previstas en las letras b) o c)".

Inicialmente, la cuantía de las sanciones podía abarcar el doble del importe no declarado pero a raíz de una reiterada jurisprudencia nacional y europea, sufrió una modificación por Real Decreto-ley 11/2018, de 31 de agosto, rebajando el importe máximo hasta el 50 por ciento del valor de los medios de pago y eliminando así el carácter penal de la sanción. La sentencia el Tribunal Supremo 1219/2019, de 23 de septiembre, junto con la sentencia del Tribunal de Justicia de la Unión Europea de 16 de julio de 2015 y de 31 de mayo de 2018 y la sentencia del Tribunal europeo de derechos humanos de 30 de junio de 2020, confirmaron la vulneración del principio de proporcionalidad porque de lo que se trata es de castigar el incumplimiento del deber administrativo de declarar, no la actividad fraudulenta. Por lo tanto, se dijo que una multa que supere el doble del importe no declarado era contrario al principio de proporcionalidad al tratarse de infracciones de actividad u omisión de actividad. Esta doctrina fue reiterada también por la sentencia del Tribunal Supremo 2773/2023, de 27 de junio, que anuló la sanción de 153.800 euros impuesta a un ciudadano argentino por una omisión de declaración de una cantidad de 154.750 euros por las razones antedichas. En este mismo sentido, recuerda el Reglamento europeo de 2018 que las sanciones deben ser efectivas, proporcionadas y disuasorias, y no deben ir más allá de lo necesario para fomentar el cumplimiento de la normativa.

En esta misma sentencia se debatieron otras importantes cuestiones jurídicas que merecen destacarse. Se planteó si puede una tribunal fijar una nueva sanción con ocasión de la aplicación de la norma más favorable a lo que se respondió que es posible siempre y cuando no se alteren los términos básicos de la sanción tales como el importe mínimo o los elementos que influyen en la graduación de la sanción. Así, se dijo que "estamos en condiciones de fijar la nueva sanción toda vez que el cambio normativo no afectó a la conducta tipificada ni a las circunstancias atenuantes o agravantes que deberían ponderarse, pues, en lo que aquí interesa, la reforma del artículo 57.3 de la Ley 10/2010, de 28 de abril, introducida por el Real Decreto-ley 11/2018, de 31 de agosto, se limitó a reducir el límite máximo de la sanción que podría imponerse" (f j Tercero).

Otro interrogante versó sobre los aspectos procesales de la revisión de sentencias. En concreto se planteó si puede excepcionarse la revisión de una sentencia contencioso-administrativa basándose en que la cuantía del pleito sancionador es inferior a la fijada para la casación conforme al artículo 86.2.b) LJCA. A la pregunta respondió la STEDH de 30 de junio de 2020 negando tal posibilidad ya que debe existir siempre una vía de revisión de sentencias conforme al artículo 2 del protocolo 7 del Convenio para la protección de derechos humanos y libertades.

Para la graduación de la sanción se estará a lo dispuesto por los principios de culpabilidad, reincidencia, persistencia, intencionalidad o perjuicio causado, entre otros (artículo 59 LPBC). Este mismo artículo contempla en el apartado tercero como agravantes las siguientes circunstancias:

a) La notoria cuantía del movimiento, considerándose en todo caso como tal aquélla que duplique el umbral de declaración.

b) La falta de acreditación del origen lícito de los medios de pago.

c) La incoherencia entre la actividad desarrollada por el interesado y la cuantía del movimiento.

d) La circunstancia de ser hallados los medios de pago en lugar o situación que muestre una clara intención de ocultarlos.

e) Las sanciones firmes en vía administrativa por incumplimiento de la obligación de declaración impuestas al interesado en los últimos cinco años.

f) El grado de intencionalidad en los hechos que concurra en el interesado.

De especial interés es el agravante fundado en el origen de los fondos puesto que no basta con acreditar documentalmente la procedencia sino que ha de probarse que su origen es lícito y que existe un nexo claro e inmediato entre el efectivo y la actividad productora del mismo. En la STSJ de Madrid 13886/2023, de 29 de noviembre, se rechazó un contrato de préstamo privado y el justificante de detracción del banco de la misma cantidad de otro ciudadano como justificante del origen al carecer de eficacia probatoria del nexo. Declara el Tribunal que "el contrato privado de préstamo no tiene efectividad probatoria alguna, ya que se trata de un simple documento privado; y solo se prueba (art. 1227 CC) que un ciudadano húngaro sacó unos días antes 200.000 euros de su banco, pero no que se los prestara al actor; y, lo más importante para qué propósito, ni que esos billetes concretos sean realmente la incautada."(fj quinto).

Esta discrecionalidad en el grado de apreciación de la agravante se aprecia también en el caso de la intencionalidad en los hechos ya que como se pone de manifiesto en otras sentencias, la no declaración es ya una manifestación de intencionalidad y ni tan siquiera el desconocimiento de la obligación redime de esa animosidad: "Respecto del desconocimiento de la obligación de declarar movimientos de efectivo en territorio nacional por importe igual o superior a 100.000 EUR que manifiesta el interesado cabe señalar, tal y como se recoge en el siguiente apartado, que esta circunstancia en ningún caso exime del cumplimiento de la norma ni, en caso de que se produzca un incumplimiento, exime del requisito subjetivo de culpa al infractor".(STSJ de Madrid 1910/2023, de 26 de octubre, fj tercero).

Y lo mismo sucede en el caso de esconder el dinero en lugares no habituales. Como señala la STSJ de Madrid 13886/2023 citada, en su fundamento jurídico quinto, el sujeto tuvo intencionalidad en la comisión de los hechos porque "como aprecia la Administración, no es un lugar idóneo para transportar dinero el hecho de hacerlo en una bolsa de plástico, entre los asientos, y tapada con ropa y otros objetos. No es indispensable ocultar el dinero en dobles fondos, huecos del vehículo, etc., sino que basta con disimularlo de alguna manera para que no sea fácilmente localizable por las autoridades, mimetizándolo con objetos cotidianos".

El artículo 60 LPBC aborda la prescripción de las infracciones graves que estima en cinco años contados desde la fecha en que la infracción hubiera sido cometida. Por lo que atañe a las sanciones, el citado artículo establece que las sanciones que se impongan conforme a esta Ley prescribirán a los dos años en caso de infracciones graves, contados desde la fecha de notificación de la resolución sancionadora. La prescripción se interrumpirá cuando se acuerde administrativa o judicialmente la suspensión de la ejecución de la resolución sancionadora.

CONCLUSIÓN

La actual regulación sembró una justificada limitación a la libertad de circulación de bienes en el espacio europeo e internacional con el fin de luchar contra el blanqueo de capitales. Fijó el umbral de efectivo en una cuantía que según la Unión Europea pueden provocar una amenaza para el sistema financiero y el mercado interior pero que en realidad no tiene tanta carga de desestabilización. Un límite que hoy en día habría que revisar por la servidumbre administrativa y la limitación de movimientos que genera habida cuenta del aumento de los precios y la inflación de los países.

Los retos que plantea el control de la declaración de medios de pago orbitan sobre otras muchas temáticas. En un futuro próximo será necesario avanzar en la materia y realizar importantes cambios en la normativa para ajustar la gestión administrativa a la tecnología facilitando las declaraciones y dando cabida al control de otros medios de pago digitales de mayor relevancia y escaso control. También será importante dar un empuje a la cooperación internacional que permita compartir en tiempo y forma adecuados información relevante para la persecución del blanqueo a través del movimiento de capitales. Y lo mismo puede predicase de las garantías de los interesados que deben quedar suficientemente aseguradas en la normativa dado que estamos ante el ejercicio de potestades de limitación de la propiedad privada y la libertad de circulación de bienes que son igualmente relevantes para conseguir un sistema financiero seguro y estable.

Blanqueo de dinero con tecnología blockchain *y retos para el decomiso y la investigación penal*

FABIO JOFFRE CALASICH
Abogado boliviano
Vocal de la Asociación Iberoamericana de Derecho Penal Económico y de la Empresa

INTRODUCCIÓN

El uso de criptomonedas y la tecnología blockchain en el blanqueo de dinero ha transformado el panorama de la delincuencia financiera, presentando tanto oportunidades para el incremento del blanqueo de dinero. Los informes recientes, incluyendo análisis de criptocriminalidad y los reportes de Chainalysis (2024), Elliptic (2023) destacan las dinámicas en juego y las estrategias necesarias para enfrentar estos desafíos.

POSIBILIDADES DEL BLANQUEO CON TECNOLOGÍA BLOCKCHAIN:

1. **Facilidades Ofrecidas por la Blockchain:**

- o **Descentralización:** La tecnología blockchain, al operar de manera descentralizada, dificulta la supervisión centralizada y permite transacciones anónimas.
- o **Transacciones Globales y Rápidas:** Las criptomonedas permiten mover fondos rápidamente a nivel mundial, sin las restricciones de los sistemas bancarios tradicionales.

2. **Métodos Utilizados:**

- o **Intermediarios y Servicios DeFi:** Los delincuentes utilizan billeteras personales, mezcladores, intercambiadores instantáneos y protocolos DeFi para ocultar el origen de los fondos.
- o **Off-ramping a Fiat:** Los fondos se convierten a moneda fiat a través de intercambios centralizados, servicios P2P, servicios de apuestas y cajeros automáticos de criptomonedas.

- o **Chain Hopping:** Esta técnica consiste en convertir diferentes tipos de criptomonedas en diversas redes blockchain para oscurecer los rastros de transacciones, como se observó con el uso de puentes cross-chain.

3. **Casos Relevantes:**

- o **Uso de Mezcladores:** Tras la sanción y cierre del mezclador Sinbad, grupos criminales como el Grupo Lazarus de Corea del Norte han adoptado mezcladores alternativos como YoMix.
- o **Puentes Cross-chain:** Los hackers norcoreanos han utilizado puentes cross-chain para mover fondos entre diferentes blockchains, dificultando aún más el rastreo.

RETOS PARA LAS AUTORIDADES

1. Rastreabilidad y Anonimato:

- o **Dificultad para Rastrear Fondos:** Aunque las transacciones en blockchain son transparentes, la identificación de usuarios detrás de las direcciones es un desafío significativo.
- o **Criptomonedas Privadas:** Monero y otras criptomonedas centradas en la privacidad complican aún más el rastreo de transacciones ilícitas.

2. **Esfuerzos de Cumplimiento y Regulación:**

- o **Medidas KYC/AML:** Las plataformas de intercambio y los proveedores de servicios financieros están implementando medidas de Conozca a su Cliente (KYC) y Anti-Lavado de Dinero (AML) para identificar y prevenir actividades ilícitas.
- o **Congelación de Activos:** Los emisores de stablecoins como Tether (USDT) y Circle (USDC) tienen la capacidad de congelar fondos asociados con actividades ilícitas, proporcionando una herramienta adicional para las autoridades.

3. **Adaptabilidad de las operaciones de blanqueo:**

- o **Cambio de Estrategias:** Los actores ilícitos adaptan constantemente sus métodos de blanqueo de dinero en respuesta a las acciones regulatorias y las intervenciones de las fuerzas de seguridad.

- **Uso de Nuevos Servicios:** A medida que las plataformas populares son desmanteladas o reguladas, los delincuentes se trasladan a nuevos servicios menos vigilados, como puentes cross-chain y servicios de apuestas.

4. **Concentración de Actividad Ilícita:**

- **Direcciones de Depósito y Servicios:** Aunque la concentración de fondos ilícitos en ciertas direcciones y servicios proporciona puntos focales para la intervención, también presenta un reto debido a la diversificación creciente de estos fondos para evitar la detección.

CONCLUSIÓN

El blanqueo de dinero mediante criptomonedas y protocolos DeFi sigue siendo un desafío complejo y en evolución para las autoridades. Aunque las criptomonedas ofrecen herramientas potentes para el anonimato y la descentralización, las estrategias avanzadas de cumplimiento y rastreo están mejorando. Las autoridades deben continuar adaptándose y desarrollando nuevas estrategias y tecnologías para rastrear y prevenir el uso ilícito de estas plataformas. La colaboración internacional, el desarrollo de herramientas avanzadas de análisis y la implementación de regulaciones efectivas son esenciales para enfrentar estos retos de manera efectiva.

Recursos y capacidades tecnológicas actualizadas exigidas por la Directiva 2018/1673 en la lucha contra el blanqueo, su proporcionalidad y el respeto al derecho a la protección de datos de carácter personal

CARLOS RUIZ MIGUEL
Catedrático de Derecho constitucional
Universidad de Santiago de Compostela

LUCHA CONTRA EL BLANQUEO Y PROTECCIÓN DE DATOS PERSONALES: LA FALTA DE UNA "LEX SPECIALIS" O LA REMISIÓN AL VACÍO DE LA DIRECTIVA 2018/1673

La Directiva 2018/1673 relativa a la lucha contra el blanqueo de capitales mediante el Derecho penal[1] tiene como objeto específico el de introducir nuevos instrumentos en materia policial, procesal y penal contra el blanqueo de capitales. La redacción de la Directiva sigue la estructura habitual en la técnica legislativa comunitaria: la norma se divide así en dos partes, una de "considerandos" y otra con la parte dispositiva, el articulado propiamente dicho. Esta estructura dividiendo el texto entre una primera parte "expositiva" y una segunda parte "dispositiva" se encuentra en dos diferentes modelos: uno internacional y otro nacional.

En el modelo de las organizaciones internacionales, y en especial de las resoluciones de la Asamblea General y del Consejo de Seguridad de Naciones Unidas, las resoluciones se dividen entre una primera parte ("Preámbulo") con una serie de párrafos que se supone que exponen los antecedentes y los motivos de la resolución y una segunda parte ("Parte dispositiva") con párrafos numerados con las declaraciones de mayor valor normativo. Por su parte, en el modelo que existe en buena parte de los ordenamientos na-

---

1 Directiva (UE) 2018/673 del Parlamento y del Consejo de 23 de octubre de 2018 (DO L 284 de 12.11.2018, p. 22).

cionales, como el español, el texto de las leyes se divide en una primera parte conteniendo la "exposición de motivos" y una segunda parte con el "articulado" recogiendo los preceptos auténticamente normativos. En este segundo modelo la "exposición de motivos", como revela su nombre, se dedica a explicar las razones que llevan a introducir la ley que se aprueba. En rigor, en ambos modelos, la primera parte ("Preámbulo" o "Exposición de motivos") no tiene como función introducir normas ni repetir las normas ya contenidas en la segunda parte del texto ni mucho menos anunciar normas que luego no aparecen en la esa segunda parte, puramente normativa.

La legislación europea ha adquirido una serie de vicios que se han agravado con el tiempo. La primera parte, conteniendo los "considerandos", además de algunas referencias a los antecedentes de la norma que se aprueba, ha pasado a incluir también una reproducción del articulado que se introduce en la norma europea, pero escrito con diferente estilo. Y a veces, incluso, además de eso, anuncia una norma que finalmente no es incluida en el articulado.

La Directiva 2018/673 contiene un ejemplo claro del anuncio, en la parte de los "Considerandos", de una norma que luego no aparece en la parte del articulado. Ese anuncio no desarrollado después, se encuentra precisamente en relación con el derecho a la protección de datos personales. El considerando 19 de la Directiva dice:

> *"Para garantizar el éxito de la investigación y el enjuiciamiento de los delitos de blanqueo de capitales, los responsables de investigar o perseguir tales delitos deben tener la posibilidad de utilizar herramientas de investigación eficaces, como las que se utilizan en la lucha contra la delincuencia organizada u otros delitos graves. Por ello debe garantizarse que se dispone de suficiente personal y formación específica, de recursos y de capacidades tecnológicas actualizadas. La utilización de tales herramientas, de conformidad con el Derecho nacional, debe ser selectiva y tener en cuenta el principio de proporcionalidad y la naturaleza y gravedad de los delitos investigados, y respetar el derecho a la protección de los datos de carácter personal".*

De la lectura de este considerando se desprende tres proposiciones:

1) que, en la investigación y el enjuiciamiento de los delitos de blanqueo de capitales, los responsables de investigar o perseguir tales delitos deben tener la posibilidad de utilizar herramientas de investigación eficaces, como las que se utilizan en la lucha contra la delincuencia organizada u otros delitos graves;
2) que debe garantizarse que se dispone de suficiente personal y formación específica, de recursos y de capacidades tecnológicas actualizadas;

3) que la utilización de tales herramientas, de conformidad con el Derecho nacional, debe ser selectiva y tener en cuenta el principio de proporcionalidad y la naturaleza y gravedad de los delitos investigados, y respetar el derecho a la protección de los datos de carácter personal.

De esas tres proposiciones la primera podríamos decir que resulta redundante, pues sólo pide que para investigar y enjuiciar los delitos de blanqueo se puedan usar herramientas "como las que se utilizan en la lucha contra la delincuencia organizada u otros delitos graves", lo que presupone que mientras se tengan herramientas contra la delincuencia organizada (y todos los Estados de la UE las poseen) los Estados deben tener la "posibilidad" de utilizarlas.

El problema se plantea con las otras dos proposiciones porque las mismas no tienen luego traslado al articulado de la Directiva.

Por un lado, aunque el considerando 19 de la Directiva diga que "debe garantizarse" que los Estados miembros de la UE dispongan de "de suficiente personal y formación específica, de recursos y de capacidades tecnológicas actualizadas", la Directiva en su articulado omite toda referencia a este punto. Así pues, nada queda "garantizado".

Por otro lado, el considerando 19 dice que esas "herramientas de investigación eficaces" para la lucha contra el blanqueo deben tener una utilización "selectiva" teniendo en cuenta "el principio de proporcionalidad y la naturaleza y gravedad de los delitos investigados" y además deben "respetar el derecho a la protección de los datos de carácter personal". Ahora bien, esa exigencia de un uso "selectivo" no aparece en el articulado de la Directiva, lo que plantea un importante vacío. En definitiva, la Directiva 2018/1673 en sus Considerandos anuncia una "lex specialis" para el uso de las herramientas contra el blanqueo que pueden afectar al derecho a la protección de datos personales, pero luego ese anuncio no se concreta en nada. Una referencia al vacío.

LUCHA CONTRA LA CRIMINALIDAD Y PROTECCIÓN DE DATOS PERSONALES: LA DIRECTIVA 2016/680 COMO "LEX GENERALIS" EUROPEA

El marco general normativo europeo sobre la protección de datos se halla, principalmente, en tres normas, todas ellas aprobadas el mismo día (27 de abril de 2016) y publicadas en el mismo diario oficial (el de 4 de mayo de 2016). Esas tres normas son el "Reglamento General de Protección de

Datos" 2016/679[2], la Directiva 2016/680[3] y la Directiva 2016/681[4]. Naturalmente, no son las únicas normas comunitarias sobre la materia, pues existen también otras normas, como el Reglamento de 2018[5] que rige sólo para las instituciones comunitarias. Sin embargo, las tres normas antedichas de 2016 ofrecen el marco normativo fundamental para las actuaciones de particulares y Estados miembros de la UE.

Esas tres normas que contienen el Derecho básico europeo sobre protección de datos se diferencian en sus destinatarios. Así, mientras el "Reglamento general" de 2016 es la norma "general" que rige las actividades de los particulares y de las Administraciones cuando apliquen Derecho comunitario, las dos Directivas de 2016 establecen regulaciones específicas para ciertos sectores. Por un lado, la Directiva 2016/680 regula la protección de datos personales tratados por las Administraciones de Justicia e Interior para fines de prevención, detección, investigación y enjuiciamiento de infracciones penales y de ejecución de sanciones penales. Por el otro, la Directiva 2016/681 regula la utilización de datos del registro de nombres de los pasajeros (PNR) para la prevención, detección, investigación y enjuiciamiento de los delitos de terrorismo y de la delincuencia grave por parte de las compañías aéreas y las administraciones competentes del Estado.

Así pues, cuando se trata de protección de datos personales en la investigación y enjuiciamiento de delitos la norma aplicable es la Directiva 2016/680 y no resultan de aplicación ni el "Reglamento general" de 2016 ni la Directiva 2016/681 sobre el registro de pasajeros. Dado que la Directiva 2018/1673 sobre blanqueo, a pesar de lo que dice en sus considerandos no ofrece una "lex specialis" para proveer un marco normativo particular para la protección de datos personales en la lucha contra el blanqueo, la normativa europea aplicable sobre este asunto, por defecto, es la "lex generalis" previamente existente y que es la que se contiene en la Directiva 2016/680. Ello nos lleva a analizar esta Directiva para conocer qué protección se da a los datos personales en las investigaciones sobre blanqueo.

---

2 Reglamento (UE) 2016/679 del Parlamento y del Consejo de 27 de abril de 2016 (DO L 119 de 4.5.2016, p. 1).

3 Directiva (UE) 2016/680 del Parlamento y del Consejo de 27 de abril de 2016 (DO L 119 de 4.5.2016, p. 89).

4 Directiva (UE) 2016/681 del Parlamento y del Consejo de 27 de abril de 2016 (DO L 119 de 4.5.2016, p. 132).

5 Reglamento (UE) 2018/1725 del Parlamento y del Consejo de 23 de octubre de 2018 (DO L 235 de 21.11.2018, p. 39).

Una justificación poco convincente de la necesidad de la actuación comunitaria

La UE justifica su Directiva sobre dos ideas. En primer lugar, la necesidad de que haya una norma general comunitaria que permita alcanzar mejor que las normas nacionales el objetivo pretendido y, en segundo lugar, la necesidad de una regulación uniforme para "garantizar" la "eficacia" de la cooperación policial y judicial.

En primer lugar, la UE justifica la directiva apelando al principio de subsidiariedad, y en el Considerando 93 afirma que:

> *"Dado que los objetivos de la presente Directiva, a saber, proteger los derechos y libertades fundamentales de las personas físicas y, en particular, su derecho a la protección de los datos personales y garantizar el libre intercambio de datos personales por parte de las autoridades competentes en la Unión, no pueden ser alcanzados de manera suficiente por los Estados miembros, sino que, debido a la dimensión o los efectos de la acción, pueden lograrse mejor a escala de la Unión, esta puede adoptar medidas, de acuerdo con el principio de subsidiariedad establecido en el artículo 5 del TUE. De conformidad con el principio de proporcionalidad establecido en el mismo artículo, la presente Directiva no excede de lo necesario para alcanzar dichos objetivos".*

La afirmación es más que discutible si atendemos a cómo la propia directiva dice que se pueden hacer transferencias de datos a Estados no miembros de la UE, sin autorización específica, sobre los cuales la Comisión Europea haya aprobado una "decisión de adecuación" (artículo 36 de la Directiva 2016/680). Así pues, si con una "decisión de adecuación" se pueden autorizar tranferencias de datos a un Estado no miembro, ¿cuál es el problema para que ese mismo modelo se estableciera entre los Estados miembros de la UE?

En segundo lugar, la UE justifica la aprobación de la Directiva en la necesidad de una regulación "uniforme". Según el considerando 7:

> *"Para garantizar la eficacia de la cooperación judicial en materia penal y de la cooperación policial, es esencial asegurar un nivel uniforme y elevado de protección de los datos personales de las personas físicas y facilitar el intercambio de datos personales entre las autoridades competentes de los Estados miembros. A tal efecto, el nivel de protección de los derechos y libertades de las personas físicas en lo que respecta al tratamiento de datos personales por parte de las autoridades competentes para fines de prevención, investigación, detección o enjuiciamiento de infracciones penales o de ejecución de sanciones penales, incluidas la protección y la prevención frente a las amenazas para la seguridad pública, debe ser equivalente en todos los Estados miembros".*

Ocurre que la propia Directiva no establece un "nivel uniforme y elevado de protección de los datos personales" pues autoriza divergencias que, incluso, permiten cuestionar que ese nivel sea "equivalente". La prueba más clara de ello la encontramos en los artículos 13.3 y 15.1 de la Directiva, donde se deja la puerta abierta a que los Estados miembros mantengan regímenes jurídicos completamente diferentes en aspectos sustanciales de la protección de datos.

Al regular la información que debe ponerse a disposición del interesado cuando se llevan a cabo investigaciones policiales o judiciales, el artículo 13.3 de la Directiva 2016/680 dispone que:

> *"Los Estados miembros podrán adoptar medidas legislativas por las que **se retrase, limite u omita** la puesta a disposición del interesado de la información en virtud del apartado 2 siempre y cuando dicha medida constituya una medida necesaria y proporcional en una sociedad democrática, teniendo debidamente en cuenta los derechos fundamentales y los intereses legítimos de la persona física afectada (...)".*

Por su parte, al tratar de las limitaciones al derecho de acceso del interesado a los datos personales, el artículo 15.1 de la Directiva dice que:

> *"Los Estados miembros podrán adoptar medidas legislativas por las que **se restrinja, total o parcialmente**, el derecho de acceso del interesado siempre y cuando dicha restricción parcial o completa constituya una medida necesaria y proporcional en una sociedad democrática, teniendo debidamente en cuenta los derechos fundamentales y los intereses legítimos de la persona física afectada (...)".*

Parece difícilmente discutible que la Directiva permite que en un Estado miembro se restrinja u omita **totalmente** la información o el acceso a los datos personales del interesado, mientras que en otro Estado miembro sólo se "retrase" o "limite" o "restrinja" **parcialmente** esa información o ese acceso.

Por si fuera poco, la Directiva, en su artículo 1.3 legitima la existencia de regímenes jurídicos diferentes para aumentar la protección de los datos personales. El citado artículo dice:

> *"La presente Directiva no impedirá a los Estados miembros ofrecer mayores garantías que las que en ella se establecen para la protección de los derechos y libertades del interesado con respecto al tratamiento de datos personales por parte de las autoridades competentes".*

Establecer la posibilidad de aprobar regímenes tan opuestos para un aspecto central de la protección de datos (como es el derecho de acceso a los datos del interesado y el deber de dar información al interesado) contradice de forma flagrante la justificación de la existencia misma de la Directiva, a saber, que era necesaria una regulación "uniforme" para "garantizar" la "eficacia" de la cooperación policial y judicial.

Una protección insuficiente e inadecuada de los datos personales

Además de ofrecer una justificación poco convincente, la Directiva presenta el problema de que ofrece una protección insuficiente e inadecuada de los datos personales. Ocurre que frente al flujo y registro continuo de datos personales por mor de los avances técnicos que permiten que el número de datos personales que se almacenan aumente como mínimo cada día, los derechos del interesado se condicionan a un ejercicio "espaciado" pero que en ningún momento permiten al interesado estar "al día" de la situación de sus datos personales. Este problema se puede constatar en los artículos 12 y 46.4 de la Directiva.

Cuando la Directiva regula los "derechos del interesado" y trata de la "comunicación y modalidades del ejercicio de los derechos de los interesados" en su artículo 12 establece un régimen que, supuestamente, facilita ese ejercicio. Así, en su apartado primero dice (énfasis mío) que:

> *"Los Estados miembros dispondrán que el responsable tome medidas* ***razonables*** *para* ***facilitar*** *al interesado toda información contemplada en el artículo 13, así como cualquier comunicación contemplada en los artículos 11, 14 a 18 y 31 relativa al tratamiento, en forma concisa, inteligible y de fácil acceso, con un lenguaje claro y sencillo (...)".*

Ahora bien, ese mismo artículo, en su apartado cuarto matiza (énfasis mío) lo que entiende por "facilitar" al interesado "toda información":

> *"Los Estados miembros dispondrán que la información facilitada con arreglo al artículo 13 y cualquier comunicación efectuada y acción realizada en virtud de los artículos 11, 14 a 18 y 31 serán a título* ***gratuito****. Cuando las solicitudes de un interesado sean manifiestamente infundadas o* ***excesivas****, especialmente debido a su carácter repetitivo, el responsable del tratamiento podrá:*
> a) ***cobrar un canon razonable****, teniendo en cuenta los costes administrativos afrontados para facilitar la información o la comunicación o realizar la acción solicitada, o*
> *b)* ***negarse*** *a actuar según lo solicitado".*

Esta regulación ni parece "razonable", visto el estado actual de la técnica, ni parece "facilitar" el acceso a los datos personales. Ocurre que en el estado actual de la técnica se están almacenando y tratando datos personales de las personas de forma continua, precisamente porque las personas están usando ciertas técnicas de forma continuada. Pensemos, por ejemplo, en las aplicaciones de mensajería o de redes sociales. ¿Cómo negar que en estas aplicaciones se están introduciendo datos personales de forma continua? Pues bien, si el almacenamiento y el tratamiento de los datos personales se está haciendo de forma CONTINUA, no parece que se pueda garantizar el derecho de acceso o el deber de información permitiendo que los mismos sólo sean DISCONTINUOS. Ya no es sólo que el derecho de acceso deje de ser "gratuito" y que para ejercerlo se pueda "cobrar un canon" cuando las solicitudes del interesado sean "excesivas", es que la Directiva incluso permite en tales casos "negarse" a proporcionar la información solicitada. Ahora bien, si los almacenamientos y tratamientos son, de hecho, "excesivos" (porque son continuos), pero se consideran "excesivas" las solicitudes del interesado para estar "al día" de sus datos personales, lo que hace la Directiva es consagrar una brecha entre los tratamientos y la protección que, en definitiva, hace que esa supuesta "protección" deje mucho que desear.

LA INCLUSIÓN DE UNA CLÁUSULA CONTROVERTIDA EN LA TRASPOSICIÓN DE LA DIRECTIVA 2016/680 AL DERECHO ESPAÑOL

La Directiva 2016/680 en su artículo 63.1 dispuso que:

> *"Los Estados miembros adoptarán y publicarán, a más tardar el 6 de mayo de 2018, las disposiciones legales, reglamentarias y administrativas necesarias para dar cumplimiento a lo establecido en la presente Directiva. Comunicarán inmediatamente a la Comisión el texto de dichas disposiciones. Aplicarán dichas disposiciones a partir del 6 de mayo de 2018".*

Sin embargo, expirado el plazo de dos años para dar cumplimiento a la misma España no traspuso la Directiva al ordenamiento interno. El incumplimiento de España de la obligación de trasponer la Directiva fue denunciado por la Comisión Europea ante el Tribunal de Justicia, el cual dictó una sentencia, el 25 de febrero de 2021[6], en la que falló que "*el Reino de España ha incumplido las obligaciones que le incumben en virtud del artículo 63 de la Directiva (UE) 2016/680*", además de "*condenar al Reino de España a abonar a la Comisión Europea una suma a tanto alzado de 15 000 000 de euros*" y de condenar al Reino de España, en el caso de que el incumplimiento persista

[6] Sentencia del Tribunal de Justicia (Sala Octava) de 25 de febrero de 2021-Comisión Europea/. Reino de España. (Asunto C-658/19).

en la fecha en que se dictó la sentencia (25 de febrero de 2021), "*a pagar a la Comisión Europea, desde esa fecha y hasta que dicho Estado miembro haya puesto fin al incumplimiento declarado, una multa coercitiva diaria de 89 000 euros*".

Poco después de dictarse esta sentencia, las Cortes Generales aprobaron, el 26 de mayo de 2021, la ley que transformaba la Directiva en Derecho interno, la Ley Orgánica 7/2021[7]. Es sorprendente advertir que en la Exposición de motivos (mal llamada "Preámbulo"[8]) de esta ley se haga referencia a la Directiva transformada... ¡pero no a la sentencia del Tribunal de Justicia de la UE que condenaba a España por no transformarla a tiempo!

Pero el problema no es sólo que la transposición de la Directiva se hiciera muy tarde y sólo después de una dura sentencia del tribunal de justicia de la UE. El problema es que en la transposición se introdujo un artículo, muy grave, que no aparecía en la Directiva. En definitiva, la Ley Orgánica 7/2021 no se limitó a transformar la Directiva 2016/680 en Derecho Español, sino que aprovechó para introducir una cláusula de extraordinaria gravedad, en su artículo 7, sobre un aspecto no tratado en la Directiva. Este artículo introduce un "deber de colaboración" que va mucho más allá del ya existente "deber de denunciar" la comisión de un delito público, aunque la sanción por el incumplimiento de este deber de denunciar sea ridícula[9]. Según el apartado 1 de este artículo 7:

> *"Las Administraciones públicas, así como cualquier persona física o jurídica, proporcionarán a las autoridades judiciales, al Ministerio Fiscal o a la Policía Judicial los datos, informes, antecedentes y justificantes que les soliciten y que sean necesarios para la investigación y enjuiciamiento de infracciones penales o para la ejecución de las penas (...)".*

Pero si ya es muy grave que particulares y administraciones tengan un deber de proporcionar a la Policía o al Ministerio Fiscal (que no forma par-

---

7 Ley Orgánica 7/2021, de 26 de mayo, de protección de datos personales tratados para fines de prevención, detección, investigación y enjuiciamiento de infracciones penales y de ejecución de sanciones penales.

8 El "Preámbulo", propio de las Constituciones o de documentos internacionales solemnes (como la Declaración Universal de los Derechos Humanos) cumple una función muy diferente de la "Exposición de motivos" de una ley.

9 Artículo 259 de la Ley de Enjuiciamiento Criminal: "*El que presenciare la perpetración de cualquier delito público está obligado a ponerlo inmediatamente en conocimiento del Juez de instrucción, de paz, comarcal o municipal o funcionario fiscal más próximo al sitio en que se hallare, bajo la multa de 25 a 250 pesetas*".

te del Poder Judicial) los datos que estos les soliciten sobre otras personas, la gravedad alcanza un grado extremo con lo establecido en el apartado 4 del artículo 7. Según este precepto (énfasis mío):

> *"En los supuestos contemplados en los apartados anteriores,* ***el interesado no será informado de la transmisión de sus datos a las autoridades competentes****, ni de haber facilitado el acceso a los mismos por dichas autoridades de cualquier otra forma, a fin de garantizar la actividad investigadora.*
> *Con el mismo propósito, los sujetos a los que el ordenamiento jurídico imponga un deber específico de colaboración con las autoridades competentes para el cumplimiento de los fines establecidos en el artículo 1,* ***no informarán al interesado de la transmisión de sus datos a dichas autoridades****, ni de haber facilitado el acceso a los mismos por dichas autoridades de cualquier otra forma, en cumplimiento de sus obligaciones específicas".*

Para no dejar lugar a dudas sobre ello la Ley tipifica como infracción "muy grave" no sólo de la negativa a informar a las autoridades, ¡sino de informar al interesado de que se han tratado sus datos personales! El artículo 58.j de la Ley Orgánica es claro (énfasis mío):

> *"Son infracciones graves:*
> *(...)*
> *j) La negativa a proporcionar a las autoridades competentes la información necesaria para la prevención, detección, investigación y enjuiciamiento de infracciones penales, para la ejecución de sanciones penales o para la protección y prevención frente a las amenazas contra la seguridad pública de acuerdo con lo previsto en el artículo 7,* ***así como a informar al interesado cuando se comuniquen sus datos en virtud del deber de colaboración*** *establecido en dicho artículo".*

Por supuesto, en estos casos, parece quedar claro que el artículo 7 constituye una "lex specialis" respecto a lo dispuesto en la "lex generalis" del artículo 24 de la misma ley orgánica sobre la información que el responsable del tratamiento debe o puede poner en conocimiento del interesado. En el supuesto previsto en el artículo 7 queda claro que el responsable no dará información alguna al interesado sobre el tratamiento de sus datos personales.

Esta cláusula, de enorme importancia, aunque aplicable a todas las investigaciones policiales y judiciales, tiene o puede tener una especial incidencia en los asuntos de blanqueo. Pensemos especialmente en el deber impuesto a entidades bancarias o financieras de comunicar datos económicos de una persona a la policía o la Fiscalía. A este respecto, es necesario recordar que la Directiva 2016/680, que no contenía una cláusula como la del artículo 7 de la Ley Orgánica 7/2021, declaró que observaba los derechos fundamentales "*en particular el derecho al respeto de la vida privada y familiar, el derecho a la protección de los datos personales y el derecho a la tutela judicial efectiva y a un juez imparcial*" (considerando 104).

A la luz de la reciente jurisprudencia del Tribunal de Justicia de la UE, y en especial de la sentencia dictada el 22 de noviembre de 2022[10], año y medio después de aprobada esta ley orgánica, hay base sólida para declarar que este artículo 7 de la Ley Orgánica 7/2021 no sólo sería inconstitucional por violar el artículo 18 de la Constitución, sino que sería contrario al Derecho Comunitario, lo que abre la puerta a que un tribunal pueda elevar una cuestión prejudicial sobre el mismo en caso de que una entidad obligada a transmitir información en virtud de ese artículo 7 se lo comunicara al interesado y fuera sancionada por ello, y la entidad sancionada recurra a los tribunales. La sentencia del TJUE no puede ser más clara:

> *"la puesta a disposición de un tercero de datos de carácter personal constituye una injerencia en los derechos fundamentales consagrados en los artículos 7 y 8 de la Carta, cualquiera que sea la utilización posterior de la información puesta a disposición. A este respecto, carece de relevancia que la información relativa a la vida privada de que se trate tenga o no carácter sensible o que los interesados hayan sufrido o no inconvenientes en razón de tal injerencia"*[11].

AGUJEROS NEGROS Y CONTRADICCIONES EN LA PROTECCIÓN DE DATOS PERSONALES

Dejando al margen la cuestión de la cláusula introducida por la Ley Orgánica 7/2021 en su artículo 7, tanto la regulación comunitaria sobre el derecho a la protección de datos personales en las investigaciones policiales y judiciales como su traducción al Derecho Español crean expectativas que, en mi opinión, están muy lejos de cumplirse. Hay cuatro puntos importantes que dejan al descubierto los vacíos y las contradicciones en la regulación de la protección de datos: el deber de informar al intere-

---

10 Sentencia del Tribunal de Justicia (Gran Sala), de 22 de noviembre de 2022 (asuntos acumulados C-37/20 y C-601/20)

11 STJUE (asuntos acumulados C-37/20 y C-601/20), par. 39. Sobre este punto he tratado en Carlos RUIZ MIGUEL, "Adaptación por el Real Decreto-Ley 7/2021 del tratamiento de datos personales a la Directiva 2018/843: una inconstitucionalidad formal y una oportunidad de enmienda de un error conceptual", en Miguel Abel Souto, José Manuel Lorenzo Salgado & Nielson Sánchez Stewart (coords.), *IX Congreso Internacional sobre prevención y represión del blanqueo de dinero,* Tirant lo blanch, Valencia, 2024, p. 197-210 y 595-596 (p. 204).

sado sobre el tratamiento de sus datos, el derecho de acceso, el derecho de rectificación y la comunicación de una violación de la seguridad de los datos.

Deber de informar al interesado sobre el tratamiento de sus datos

El artículo 13.1 de la Directiva (transformado por el artículo 21 de la Ley Orgánica) establece que el responsable del tratamiento de los datos, con carácter general, debe poner a disposición del interesado al menos la siguiente información: a) la identidad y los datos de contacto del responsable del tratamiento; b) en su caso, los datos de contacto del delegado de protección de datos; c) los fines del tratamiento a que se destinen los datos personales; d) el derecho a presentar una reclamación ante la autoridad de control y los datos de contacto de la misma; e) la existencia del derecho a solicitar del responsable del tratamiento el acceso a los datos personales relativos al interesado, y su rectificación o su supresión, o la limitación de su tratamiento. Además, en casos concretos, según el artículo 13.2 de la Directiva el responsable deberá facilitar esta otra información: a) la base jurídica del tratamiento; b) el plazo durante el cual se conservarán los datos personales o, cuando esto no sea posible, los criterios utilizados para determinar ese plazo; c) cuando corresponda, las categorías de destinatarios de los datos personales, en particular en terceros países u organizaciones internacionales; d) cuando sea necesario, más información, en particular cuando los datos personales se hayan recogido sin conocimiento del interesado.

El problema llega cuando la Directiva, en su artículo 13.3 dice que (énfasis mío):

> *"Los Estados miembros podrán adoptar medidas legislativas por las que* ***se retrase, limite u omita la puesta a disposición del interesado de la información*** *en virtud del apartado 2 siempre y cuando dicha medida constituya una medida necesaria y proporcional en una sociedad democrática, teniendo debidamente en cuenta los derechos fundamentales y los intereses legítimos de la persona física afectada, para:*
> *a) evitar que se obstaculicen indagaciones, investigaciones o procedimientos oficiales o judiciales;*
> *b) evitar que se cause perjuicio a la prevención, detección, investigación o enjuiciamiento de infracciones penales o a la ejecución de sanciones penales;*
> *c) proteger la seguridad pública;*
> *d) proteger la seguridad nacional;*
> *e) proteger los derechos y libertades de otras personas".*

Derecho de acceso del interesado a sus datos personales

El artículo 14 de la Directiva (transformado por el artículo 22 de la Ley Orgánica) establece que el interesado tiene derecho a obtener del responsable del tratamiento confirmación de si se están tratando o no datos personales que le conciernen y, en caso de que se confirme el tratamiento, acceso a dichos datos personales y la siguiente información: a) los fines y la base jurídica del tratamiento; b) las categorías de datos personales de que se trate; c) los destinatarios o las categorías de destinatarios a quienes hayan sido comunicados los datos personales, en particular los destinatarios establecidos en terceros países o las organizaciones internacionales; d) cuando sea posible, el plazo contemplado durante el cual se conservarán los datos personales o, de no ser posible, los criterios utilizados para determinar dicho plazo; e) la existencia del derecho a solicitar del responsable del tratamiento la rectificación o supresión de los datos personales relativos al interesado, o la limitación de su tratamiento; f) el derecho a presentar una reclamación ante la autoridad de control y los datos de contacto de la misma; g) la comunicación de los datos personales objeto de tratamiento, así como cualquier información disponible sobre su origen.

Ahora bien, como ocurría con el deber de información, la Directiva deja la puerta abierta para el vaciamiento de ese derecho al disponer que se puede restringir total o parcialmente, el derecho de acceso del interesado siempre y cuando dicha restricción parcial o completa constituya "una medida necesaria y proporcional en una sociedad democrática, teniendo debidamente en cuenta los derechos fundamentales y los intereses legítimos de la persona física afectada", para: a) evitar que se obstaculicen indagaciones, investigaciones o procedimientos oficiales o judiciales; b) evitar que se cause perjuicio a la prevención, detección, investigación o enjuiciamiento de infracciones penales o a la ejecución de sanciones penales; c) proteger la seguridad pública; d) proteger la seguridad nacional; e) proteger los derechos y libertades de otras personas".

Derecho de rectificación de los datos

El artículo 16 de la Directiva (transformado por el artículo 23 de la Ley Orgánica) establece que el interesado tiene derecho a obtener del responsable del tratamiento sin dilación indebida la rectificación de los datos personales que le conciernan cuando tales datos resulten inexactos. Según la Directiva se podrá exigir al responsable del tratamiento suprimir los datos personales sin dilación indebida y se reconocerá el derecho del interesado a obtener del responsable del tratamiento la supresión de los datos personales que le conciernan sin dilación indebida cuando el tratamiento infrinja los principios que rigen ese tratamiento. Además, el responsable del tratamiento debe informar al interesado por escrito de cualquier denegación de rectificación o supresión de los datos personales, o de limitación de su tratamiento, y de las razones de la denegación.

Sin embargo, de nuevo, la Directiva deja la puerta abierta a vaciar este derecho. En el apartado 4 del artículo 16, dice que se puede restringir total o parcialmente, la obligación de proporcionar tal información, siempre y cuando dicha limitación del tratamiento constituya una medida "necesaria y proporcional en una sociedad democrática, teniendo debidamente en cuenta los derechos fundamentales y los intereses legítimos de la persona física afectada", para: a) evitar que se obstaculicen indagaciones, investigaciones o procedimientos oficiales o judiciales; b) evitar que se cause perjuicio a la prevención, detección, investigación o enjuiciamiento de infracciones penales o a la ejecución de sanciones penales; c) proteger la seguridad pública; d) proteger la seguridad nacional; e) proteger los derechos y libertades de otras personas.

Derecho a recibir comunicación de una violación de la seguridad de los datos

El artículo 31 de la Directiva (transformado por el artículo 39 de la Ley Orgánica) prescribe que cuando sea probable que la violación de la seguridad de los datos personales vaya a dar lugar a un alto riesgo para los derechos y libertades de las personas físicas, el responsable del tratamiento comunique al interesado, sin dilación indebida, la violación de la seguridad de los datos personales.

Pero nuevamente la Directiva deja en el aire esta garantía de dos modos. Por un lado, justificando que en ciertos casos no sea necesaria la comunicación al interesado; y, por otro lado, avalando la posibilidad de aplazar, limitar u omitir la comunicación en otros supuestos distintos.

Por un lado, la Directiva justifica que no se necesite comunicar al interesado una violación en la seguridad de sus datos (énfasis mío)

> *"si se cumple alguna de las condiciones siguientes:*
> *a) el responsable del tratamiento ha adoptado medidas de protección técnicas y organizativas apropiadas y dichas medidas se han aplicado a los datos personales afectados por la violación de la seguridad de los datos personales, en particular aquellas que hagan ininteligibles los datos personales para cualquier persona que no esté autorizada a acceder a ellos, como el cifrado;*

> *b) el responsable del tratamiento ha tomado medidas ulteriores que garanticen* ***que ya no sea probable*** *que se materialice el alto riesgo para los derechos y libertades del interesado a que hace referencia el apartado 1;*
> *c)* ***suponga un esfuerzo desproporcionado****. En este supuesto, se optará a cambio por una comunicación pública o una medida semejante mediante la cual se informe a los interesados de manera igualmente efectiva".*

Adviértase que el artículo 31.1.b de la Directiva permite no comunicar al interesado una violación de la seguridad YA PRODUCIDA cuando se tomen medidas que hagan que no sea "probable" esa violación en el futuro, aunque no se haya podido reparar la violación, insisto, efectivamente PRODUCIDA. O dicho de otro modo, la legislación supuestamente protectora del derecho a la protección de datos legitima el ocultamiento de las violaciones en la seguridad de los datos con sólo alegar que se han tomado medidas que hagan que ya no sea "probable" otra violación de la seguridad.

UN CONTROL INEFICAZ

Se podría alegar que la Directiva dispone la obligación de que exista una "autoridad de control" (en España, fundamentalmente, la Agencia de Protección de Datos Personales), pero la propia regulación de la Directiva impide propiamente que "controle".

La "autoridad de control" puede operar a instancia de parte o de oficio. A instancia de parte difícilmente puede operar cuando, como veremos, la Directiva permite ocultar al interesado lo que se hace con sus datos. Pero es que, además, como ya se ha dicho, se puede disuadir al interesado que apela frecuentemente a la autoridad de control cobrando un canon por su actuación (artículo 46.4 de la Directiva).

En cuanto a las acciones de oficio, ciertamente puede la "autoridad de control" "supervisar" la aplicación de la Directiva y "controlar la licitud del tratamiento", pero si la "autoridad de control" determina que se produce el supuesto de hecho que según la Directiva permite restringir los derechos del interesado éste queda, efectivamente, desposeído de esos derechos.

Las denegaciones, limitaciones y ocultamientos que permite la Directiva y que, por tanto, no resultan ilícitos en caso de una supervisión por la "autoridad de control", hacen imposible que el interesado pueda reclamar judicialmente los daños y perjuicios sufridos, pues no pudiendo conocer el daño sufrido en el tratamiento de sus datos difícilmente puede activar su derecho a la tutela judicial efectiva cuyo respeto dice proclamar el considerando 104 de la Directiva.

CONCLUSIÓN

La Directiva 2018/1673 contiene una remisión al vacío al exigir de los Estados miembros que garanticen la posesión de recursos y capacidades tecnológicas actualizadas en la lucha contra el blanqueo. Igualmente, su apelación a que el uso de esas "capacidades" de haga con "proporcionalidad y el respeto al derecho a la protección de datos de carácter personal" resulta una referencia vacía que sólo puede cubrirse acudiendo a lo dispuesto con carácter general para todas las investigaciones policiales y judiciales en una norma previa, la Directiva 2016/680.

La integración normativa de la Directiva 2016/680 en la Directiva 2018/1673 produce resultados poco satisfactorios pues la propia regulación de la Directiva de 2016 contiene numerosas disposiciones que conducen a la desprotección de los datos personales que se dice pretender proteger.

La situación se agrava por la introducción de una cláusula, el artículo 7, en la Ley Orgánica 7/2021, que transforma, muy tarde, la Directiva de 2016 en Derecho Español. Esa cláusula agrava aún más la desprotección e indefensión del interesado ante el tratamiento de sus datos personales en las investigaciones policiales y judiciales.

Estadísticas hasta 2024 sobre aplicación de la normativa administrativa de prevención del blanqueo en el campo internacional

MARÍA MERCEDES TATO RODRÍGUEZ
Profesora titular de Economía cuantitativa
Universidad de Santiago de Compostela

En este trabajo estudiaremos el fenómeno del blanqueo de capitales. Se trata de un problema mundial que está en continua innovación, y pese a la introducción de nuevas leyes y normativas para intentar erradicarlo, como veremos en el análisis realizado, el número de informes de actividad sospechosa crece anualmente. Este fenómeno se puede dar en cualquier ámbito, pero con la innovación tecnológica se ha agravado, y los blanqueadores, que están en continuo desarrollo, encontraron nuevas técnicas para evadir la justicia e incorporar ese dinero ilícito al tránsito legal.

Haremos un análisis del proceso que debe seguir ese dinero ilícito para finalmente introducirse en la economía del país; y citaremos quienes son los distintos organismos nacionales e internacionales que luchar para erradicar el blanqueo y que sujetos contempla cada país que están obligados a reportar información sobre las actividades sospechosas.

El objetivo fundamental del trabajo es la realización de un análisis de los datos que recogen los organismos encargados de la lucha contra este fenómeno en los distintos países estudiados y analizarlos estadísticamente.

INTRODUCCIÓN

El blanqueo de capitales es un delito que ha ido evolucionando a lo largo de la historia, y que preocupa a nivel mundial, ya que se puede dar en cualquier ámbito de la economía, siendo el sector bancario el más recurrente, y que afecta a la integridad y reputación del sistema financiero de los diferentes países.

A finales de 1980 comienza a preocupar este tema, por lo que se crean las primeras organizaciones y surgen directivas para intentar poner fin y penar este delito. Entre las normas que dan lugar en esta época podemos destacar la Declaración hecha por el Comité de Basilea, así como la creación del Grupo de Acción Financiera Internacional (GAFI).

El Comité de Supervisión Bancaria de Basilea (BCBS), también conocido como el Comité de Basilea es una institución creada en 1975 por los presidentes de los bancos centrales de los países pertenecientes al grupo de los diez. El banco de España pertenece a este comité desde 2001.

En la actualidad este grupo lo conforman bancos de 27 países y el Banco Central Europeo. A continuación, se cita el nombre de todos ellos: Alemania, Arabia Saudí, Argentina, Australia, Bélgica, Brasil, Canadá, China, España, Estados Unidos, Francia, Holanda, Hong Kong, India, Indonesia, Italia, Japón, Corea, Luxemburgo, México, Reino Unido, Rusia, Singapur, Sudáfrica, Suecia, Suiza y Turquía. (Banco de España)

Su principal función es la regulación y supervisión de las prácticas bancarias en todo el mundo.

En el año 1988 se aprueba el primer acuerdo del Comité de Basilea, donde se detallan los principios básicos por los que se deber regir las actividades bancarias. Posteriormente se firmaron dos acuerdos más, uno en 2004 y otro en 2010 que complementan este primer acuerdo. (Westreicher & Sevilla Arias, 2018)

El GAFI es una institución con sede en París, que fue creada en 1989 por el G7 (Alemania, Canadá, Estados Unidos, Francia, Italia, Japón y Reino Unido) con el objetivo de analizar y desarrollar una serie de medidas para lidiar el blanqueo de capitales.

Actualmente son miembros del GAFI: Alemania, Arabia Saudí, Argentina, Australia, Austria, Bélgica, Brasil, Canadá, China, Comisión Europea, Consejo de Cooperación del Golfo, Dinamarca, España, Estados Unidos, Finlandia, Francia, Grecia, Hong Kong,

India, Irlanda, Islandia, Israel, Italia, Luxemburgo, Malasia, México, Noruega, Nueva Zelanda, Países Bajos, Portugal, Reino Unido, Singapur, Sudáfrica, Suecia, Suiza y Turquía. (GAFI)

La Federación Rusa también pertenecía a esta institución, pero fue expulsada el 23 de febrero de 2023 por la invasión ilegal a Ucrania.

Esta institución se creó principalmente para luchar contra el blanqueo de capitales ligado al narcotráfico, pero tras el atentado de las torres gemelas en 2001 se decidió ampliar y luchar también contra el terrorismo.

En abril de 1990 se publicaron las 40 recomendaciones que propone esta organización para la lucha contra este delito. (GAFI)

Como el blanqueo de capitales es un fenómeno que afecta a nivel mundial, para poder erradicarlo se debe trabajar conjuntamente, y aunque cada país tiene su legislación, este tema está regulado a nivel europeo por la Directiva 2018/1673 del Parlamento Europeo y del Consejo, de 23 de octubre de 2018, relativa a la lucha contra el blanqueo de capitales mediante el Derecho Penal. Así como por la Directiva 2018/843 del Parlamento Europeo y del Consejo, de 30 de mayo de 2018, en la que se modifica la Directiva 2015/849 sobre la prevención de la utilización del sistema financiero para el blanqueo de capitales y las Directivas 2019/138/CE y 2013/36/UE, que modifican lo relacionado con la financiación del terrorismo. (Parlamento Europeo) y (Parlamento Europeo)

Los objetivos de este trabajo son:

- Exponer que es el blanqueo de capitales y las diferentes fases que se necesitan desarrollar para introducir ese "dinero sucio" en la economía de un país.
- Conocer cuáles son los organismos que se ocupan de prevenir el blanqueo de capitales y los sujetos que están obligados a presentar información, tanto a nivel nacional como internacional.
- Analizar y comparar estadísticamente la información que recogen los organismos de los distintos países.

ORGANISMOS INTERNACIONALES

El siguiente trabajo va dirigido a la comparación de los distintos organismos encargados de la prevención del blanqueo de capitales desde su perspectiva legislativa e institucional.

A continuación, analizaremos para una serie de países cual es el organismo que se encarga de prevenir el blanqueo de capitales y financiación del terrorismo.

> En España, el organismo encargado es el SEPBLAC (Servicio Ejecutivo de la Comisión de Prevención del Blanqueo de Capitales e Infracciones Monetarias). Este organismo fue creado en 1993 para combatir el lavado de dinero y la financiación del terrorismo. Actualmente este organismo es una unidad independiente con autonomía plena. El SEPBLAC tiene como misión asegurarse de que los sujetos obligados cumplen con sus obligaciones de prevención de capitales. (SEPBLAC)

En Francia, el TRACFIN (Tratamiento de Inteligencia y Acción contra circuitos financieros clandestinos). Este organismo fue creado en 1990 y está bajo la autoridad del Ministerio de Economía, Finanzas y Soberanía Industrial y Digital. Su misión se centra en la lucha contra los circuitos financieros clandestinos, el blanqueo de capitales y la financiación del terrorismo. (Wikipedia) y (Ministère de l'economie des finances et de la souveraineté industrielle et numérique)
En Italia, la UIF (Unidad de Inteligencia Financiera) fue creada por el Decreto Legislativo nº21 de 2007 de noviembre de 231 en el Banco de Italia. Este organismo tiene que informar sobre sus actividades al Ministro de Economía y Finanzas. (Banca d'Italia)
En Estados Unidos, se encarga de este acometido el FINCEN (Financial Crimes Enforcement Network o Control de Delitos Financieros). Este organismo fue creado el 25 de abril de 1990 y pertenece al Departamento del Tesoro de Estados Unidos. Su misión es proteger el sistema financiero del uso ilícito, del blanqueo de capitales y promover la seguridad nacional. (Wikipedia) y (Financial Crimes Enforcement Network)

El siguiente trabajo va dirigido a la comparación de los distintos organismos encargados de la prevención del blanqueo de capitales desde su perspectiva legislativa e institucional.

Este trabajo se centra en distintos países tanto europeos como americanos. En este trabajo analizaremos, en primer lugar, los distintos organismos encargados de la prevención del blanqueo de capitales y financiación del terrorismo a través del estudio individual de cada uno de ellos y su posterior comparación, en los campos que hemos considerado más importantes para entender su funcionamiento.

Desde que nacieron los sistemas legislativos el lavado de capitales ha sido un gran problema para todos los Estados, de ello deriva el nacimiento de este tipo de organismos encargados de la lucha y prevención de este problema, que mueve grandes sumas de activos a nivel mundial.

SUJETOS OBLIGADOS

En este apartado vamos a comentar la definición de sujeto obligado y explicar las diferencias que existen entre los países con los sujetos obligados. Como veremos a continuación, cada país tiene una forma distinta de clasificar los sujetos obligados.

De forma breve, un sujeto obligado lo podemos definir como una persona física o jurídica, que por la actividad que realiza, tiene la obligación de remitir información sobre lo que hace.

Podemos definirlo de una forma más técnica, tal como se define en el BOE, Ley 10/2010, de 28 de abril, de prevención del blanqueo de capitales y de la financiación del terrorismo, artículo 2.2., "*Tienen la consideración de sujetos obligados las personas físicas o jurídicas que desarrollen las actividades mencionadas en el apartado precedente. No obstante, cuando las personas físicas actúen en calidad de empleados de una persona jurídica, o le presten servicios permanentes esporádicos, las obligaciones impuestas por esta Ley recaerán sobre dicha persona jurídica respecto de los servicios prestados. Los sujetos obligados quedarán, asimismo, sometidos a las obligaciones establecidas en la presente Ley respecto de las operaciones realizadas a través de agentes u otras personas que actúen como mediadores o intermediarios de aquéllos*". (SEPBLAC) y (Ley 10/2010, de 28 de abril, de prevención del blanqueo de capitales y de la financiación del terrorismo)

En España, podemos encontrar el listado de quién se considera sujeto obligado, en el artículo 2.1. de la Ley 10/2010, del 28 de abril, que cita los siguientes: las entidades de crédito, las entidades aseguradoras autorizadas para operar en el ramo de vida u otros seguros relacionados con inversiones, los corredores de seguros, las empresas de servicios de inversión, las sociedades gestoras de instituciones de inversión colectiva, las entidades gestoras de fondos de pensiones, las sociedades gestoras de entidades capital-riesgo, las sociedades de garantía recíproca, las entidades de dinero electrónico, las entidades de pago, las personas que ejercen actividades de cambio de moneda profesionalmente, los servicios postales, las personal dedicadas a la intermediación en la concesión de préstamos o créditos, los promotores inmobiliarios, los auditores de cuentas, los contables externos, los asesores fiscales, los notarios, los registradores, los abogados y procuradores, las personales que de forma profesional y bajo la normativa prestan servicios por cuenta de terceros, los casinos de juegos, las personas que comercializan los joyas, piedras o metales preciosos, con objetos de arte o antigüedades, las personas que realizan actividades de depósito, custodia o transporte profesional de fondos o medios de pago, loterías, juegos de azar, las personas físicas que realicen movimientos de medios de pago, las personas que comercialicen con bienes profesionalmente, las fundaciones y asociaciones, los gestores de sistemas de pago y los proveedores de servicios de cambio de moneda virtual y de custodia de monederos electrónicos. (Ley 10/2010, de 28 de abril, de prevención del blanqueo de capitales y de la financiación del terrorismo)

En Francia, los sujetos obligados vienen determinados en el artículo L561-2: Personas sujetas a obligaciones en materia de lucha contra el blanqueo de capital y la financiación del terrorismo, del Código Monetario y

Financiero (CMF), modificado por la ordenanza n° 2023-1139, del 6 de diciembre de 2023-artículo 4.

Los sujetos obligados se dividen en dos bloques, los organismos financieros y las profesiones no financieras.

Entre los organismos financieros encontramos los bancos, las entidades de crédito, las entidades de pago, las entidades de dinero electrónico, las compañías de seguros, las sociedades de inversión, los asesores de inversiones financieras y crowdfunding, los intermediarios de participaciones financieras, los intermediarios de transacciones bancarias, las sociedades de gestión de inversiones, los proveedores de servicios digitales, las mutualidades y entidades de previsión, los intermediarios de seguros y los cambiadores de dinero.

Dentro de las profesiones no financieras se encuentran los notarios, los abogados, los comisarios de justicia, los administradores judiciales, los auditores fiscales, las sociedades de domiciliación, las personas que comercien con obras de arte y antigüedades, las personas que se dediquen al comercio de metales preciosos o piedras preciosas, los responsables de casinos, los operadores de juegos de azar y apuestas deportivas o carreras de caballos, los alguaciles, los agentes deportivos y las empresas de ventas voluntarias de muebles en subasta pública. (Ministère de l'europe et des affaires étrangères) y (Parlamento Francés)

En Italia, según el artículo 3 del Decreto Legislativo 21, del 21 de noviembre de 2007, n° 231, los sujetos obligados se estructuran en 5 categorías: intermediarios bancarios y financieros, otros operadores financieros, categoría de profesiones, operadores no financieros y proveedores de servicios de juego.

En la categoría de intermediarios bancarios y financieros nos encontramos los bancos, las oficinas de correos, las entidades de dinero electrónico, las entidades de pago, las sociedades de valores y de gestión de activos (SGR), las sociedades de inversión de capital (tanto fijo (SICAF) como variable (SICAV)), los corredores de bolsa (SIM), los intermediarios inscritos en el registro previsto, las empresas de seguros, los proveedores de microcréditos, los fideicomisos, las sociedades fiduciarias, los intermediarios bancarios y financieros y los asesores financieros.

En la categoría de otros operadores financieros están recogidas las sociedades fiduciarias exentas del art.106, los corredores de crédito, los agentes financieros y las personas que desarrollen profesionalmente la actividad de cambio de divisas.

Dentro de la categoría de profesionales se incluyen los contadores públicos, los asesores laborales, los consultores, las asociaciones comerciales de empresarios y comerciantes, los centros de asistencia fiscal (CAF), lo mecenazgos, los notarios, los abogados, los auditores legales y las sociedades de auditoría.

En la categoría de otros operadores no financieros entran las personas que se dedican al comercio de antigüedades, las que comercializan con obras de arte, los operadores profesionales de oro, los agentes comerciales que realizan actividades de corretaje inmobiliario, las personas que realizan la actividad de custodia y transporte de dinero y valores u objetos de valor, las personas que ejercen actividades de mediación civil, las corporaciones que realicen actividades extrajudiciales de cobro de deudas por cuenta de terceros y los proveedores de servicios relacionados con el uso de moneda virtual.

Por último, en la categoría de proveedores de servicios de juego se encuentran los operadores de juegos de azar y las entidades que gestionan casinos. (Banca d'Italia), (Consiglio dei Ministri) y (Consiglio dei Ministri)

En Estados Unidos, los sujetos que están obligados a presentar los SARs (informes de actividades sospechosas) están regulados por la Ley del Sector Bancario (BSA).

Entre los sujetos obligados se incluyen las instituciones de depósito, las compañías de seguros, las empresas de servicios monetarios (MSB), los agentes de valores/futuros, las compañías financieras o de préstamos, otras instituciones financieras, los casinos y clubes de cartas y los alojamientos.

Los sujetos están obligados a reportar al FINCEN si tienen sospecha de que se trata de una operación sospechosa, y en caso de no hacerlo, podrían los podrían penalizar con una sanción económica. (ICIJ) y (Financial Crimes Enforcement Network)

COMPARACIONES ENTRE LOS INFORMES DE ACTIVIDAD

A continuación, vamos a realizar el análisis de los datos de cada uno de los países que estamos a estudiar.

Como comentamos en el apartado anterior, cada país recoge los datos de forma diferente, por lo que para cada país tendremos unos sujetos obligados distintos, según como ellos lo estipulan.

Además, para tres de los países (España, Francia e Italia) el periodo que analizaremos será desde 2019 a 2023; mientras que, para Estados Unidos el periodo que analizaremos será desde 2019 a 2021, debido a que no disponemos de los datos posteriores.

España

En España, según los datos recogidos por el Servicio Ejecutivo de la Comisión de Prevención del Blanqueo de Capitales e Infracciones Monetarias, todas las comunicaciones de operaciones sospechosas aumentan, pero fundamentalmente provienen de los sujetos obligados financieros, con un peso del 80,43% en el 2023, frente a los sujetos obligados no financieros con un 14,89% para ese mismo año. Con un menor peso porcentual encontramos las comunicaciones de otras UIFs, que representan un 3,46% del total de comunicaciones.

Si analizamos el periodo observamos que el total de las comunicaciones se incrementa, pasando de 7.950 comunicaciones en 2019 a 13.855 comunicaciones en 2023.

Cabe destacar el aumento de las comunicaciones de los sujetos obligados no financieros, que pasaron de 1.041 comunicaciones a 2.063, es decir, aumentaron en el periodo un 98,17%.

En segunda posición se encuentran las comunicaciones de otras UIFs. El Sepblac intercambia información con los distintos organismos de los Estados miembros de la UE, así como de países terceros no miembros de la UE. Durante el periodo, estas comunicaciones aumentaron más de un 90%.

También los sujetos obligados financieros experimentaron un incremento de un 80,21%, que en términos absolutos supone un aumento de 4.960 comunicaciones.

Las alertas generadas por el SEPBLAC fluctúan durante el periodo, aunque en términos relativos aumenta en un 64,27%.

Tabla 1: Origen de las comunicaciones de operaciones sospechosas

	2019	2020	2021	2022	2023	Var. 2019/2013 (%)
Sujetos obligados financieros	6.184	10.553	9.139	10.292	11.144	80,21%

Sujetos obligados no financieros	1.041	1.556	1.522	1.679	2.063	98,17%
Cooperación internacional	251	379	569	570	479	90,84%
Sepblac (alertas generadas)	56	53	63	98	92	64,29%
Otros comunicantes	58	142	166	157	77	32,76%
Total	7.590	12.683	11.459	12.976	13.855	51%

Elaboración propia a partir del SEPBLAC

Durante los 5 años observamos que los bancos y cajas de ahorros realizan más de la mitad de las comunicaciones de operaciones sospechosas del sector financiero, aunque su peso va perdiendo importancia. En 2019 representaba el 76,57% de las comunicaciones, mientras que en 2023 tiene un peso del 54,69%.

Seguido de los bancos y cajas de ahorros encontramos las entidades de pago, con una tendencia alcista, alcanzando un 26,81% del total de las comunicaciones del sector. Las entidades de pago pasan de realizar 741 comunicaciones en 2019 a efectuar 2.798 comunicaciones en 2023.

Tabla 2: Comunicaciones sospechosas, por tipología de sujeto obligado financiero

	2019	2020	2021	2022	2023	Var 2019/2023 (%)
Bancos y cajas de ahorros	4.375	7.289	5.542	5.379	6.095	28,72%
Cooperativas de crédito	214	328	316	628	581	171,50%
Otras entidades de crédito	355	1.633	1.101	878	1.152	224,51%
Aseguradoras de vida e inversión	14	13	16	17	21	50,00%
Corredores de seguros de vida e inversión	1	1	3	3	0	-100,00%
Empresas de servicios de inversión	7	16	19	28	25	257,14%

	2019	2020	2021	2022	2023	Var 2019/2023 (%)
Gestoras de inversión colectiva	4	2	1	2	1	-75,00%
Gestoras de fondos de pensiones	1	1	0	0	0	-100,00%
Gestoras de capital riesgo	1	1	1	1	0	-100,00%
Sociedades de garantía recíproca	4	8	15	37	21	425,00%
Entidades de pago	741	939	1.538	2.759	2.798	277,60%
Establecimientos financieros de crédito	28	20	23	41	26	-7,14%
Entidades de dinero electrónico	69	292	542	398	199	188,41%
Cambio de moneda	4	7	6	15	12	200,00%
Servicio de moneda virtual	0	0	10	103	202	
Otros sujetos obligados	6	3	6	3	11	83,33%
Total	6.184	10.553	9.139	10.292	11.144	80,21%

Elaboración propia a partir del SEPBLAC

En cuanto a las cooperativas de crédito también aumentan a lo largo del periodo, pasando de efectuar 214 comunicaciones en 2019 a 581 en 2023.

Y lo mismo sucede con otras entidades de crédito, tienen una tendencia creciente, llegando a triplicar en 2023 las comunicaciones de 2019.

Aunque su peso en el sector es muy reducido, no llega al 2% en 2023, las entidades de dinero electrónico experimentaron un gran aumento en el periodo, pasando de 69 comunicaciones en 2019 a 199 en 2023. También cabe destacar las fluctuaciones que sufrió.

Las variaciones de los informes de los sujetos obligados financieros comentadas anteriormente las podemos visualizar en el siguiente gráfico.

Gráfico 1: Comunicación por indicio de sujetos obligados financieros

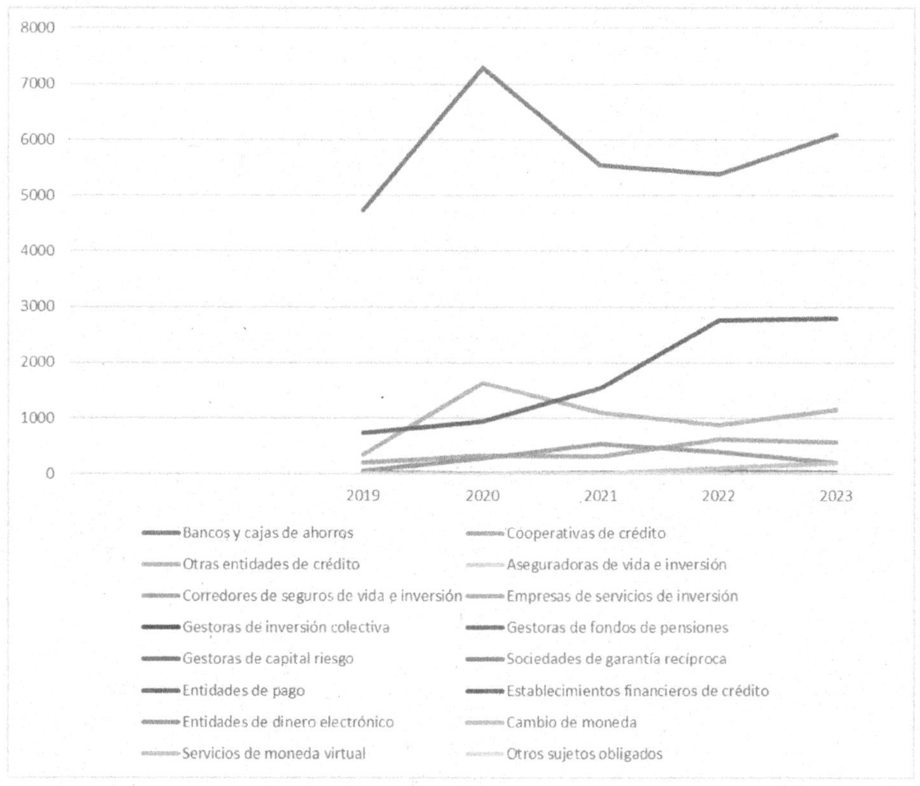

Elaboración propia a partir del SEPBLAC

Dentro de los sujetos obligados no financieros observamos que más de las tres cuartas partes de los informes del total del sector en 2023 los comunican los notarios (un 30,54%), las loterías y asimilados (un 30%) y los registradores (un 21,67%).

Al analizar el periodo observamos que las comunicaciones de estos tres sujetos obligados aumentaron respecto al 2019. Sin embargo, el peso de los notarios en el sector, que es el mayor en 2023, disminuye respecto al de 2019. Pasa de un 49,57% a un 30,54%. En términos absolutos disminuyen en 114 las comunicaciones de dicho sujeto obligado.

Las comunicaciones de las loterías y asimilados tienen una tendencia creciente, pasando de 113 comunicaciones en 2019 a 619 en 2023. En menor medida, esa misma tendencia la siguen los registradores.

Por otra banda, vemos como el transporte de fondos y el crédito no inmobiliario descienden, un 42,22% y un 22,73%, respectivamente.

Aunque su peso en el sector no es muy importante, podemos destacar el importante aumento de las comunicaciones en el comercio de joyas, piedras y materiales precios, pasa de 6 a 80 comunicaciones; y en los juegos de azar, que pasan de 12 a 64 comunicaciones.

Tabla 3: Comunicaciones sospechosas, por tipología de sujeto obligado no financiero

	2019	2020	2021	2022	2023	Var 2019/2023 (%)
Servicios postales	0	0	4	0	1	
Crédito no inmobiliario	44	42	88	59	34	-22,73%
Crédito inmobiliario	1	6	0	0	1	0,00%
Promotores inmobiliarios	44	42	50	69	78	77,27%
Intermediarios inmobiliarios	24	59	50	51	24	0,00%
Auditores de cuentas	5	4	2	2	1	-80,00%
Contables externos	1	0	0	2	1	0,00%
Asesores fiscales	4	26	23	10	12	200,00%
Notarios	516	763	592	563	630	22,09%
Registradores	189	199	238	187	447	136,51%
Abogados	23	33	17	17	29	26,09%
Servicios por cuenta de terceros	1	2	0	2	0	-100,00%
Casinos de juego	8	2	7	9	7	-12,50%
Comercio de joyas, piedras o m. preciosos	6	37	105	116	80	1233,33%
Comercio de objetos de arte o antigüedades	0	4	0	1	5	
Transporte de fondos	45	51	26	34	26	-42,22%
Loterías y asimilados	113	238	275	510	619	447,79%

	2019	2020	2021	2022	2023	Var 2019/2023 (%)
Juegos de azar	12	41	42	43	64	433,33%
Comercio de bienes	2	2	0	0	1	-50,00%
Fundaciones y asociaciones	3	5	3	4	3	0,00%
Total	1.041	1.556	1.522	1.679	2.063	98,17%

Elaboración propia a partir del SEPBLAC

En el siguiente gráfico podemos visualizar la evolución de las comunicaciones reportadas por los sujetos obligados no financieros.

Gráfico 2: Comunicaciones por indicio de sujetos obligados no financieros

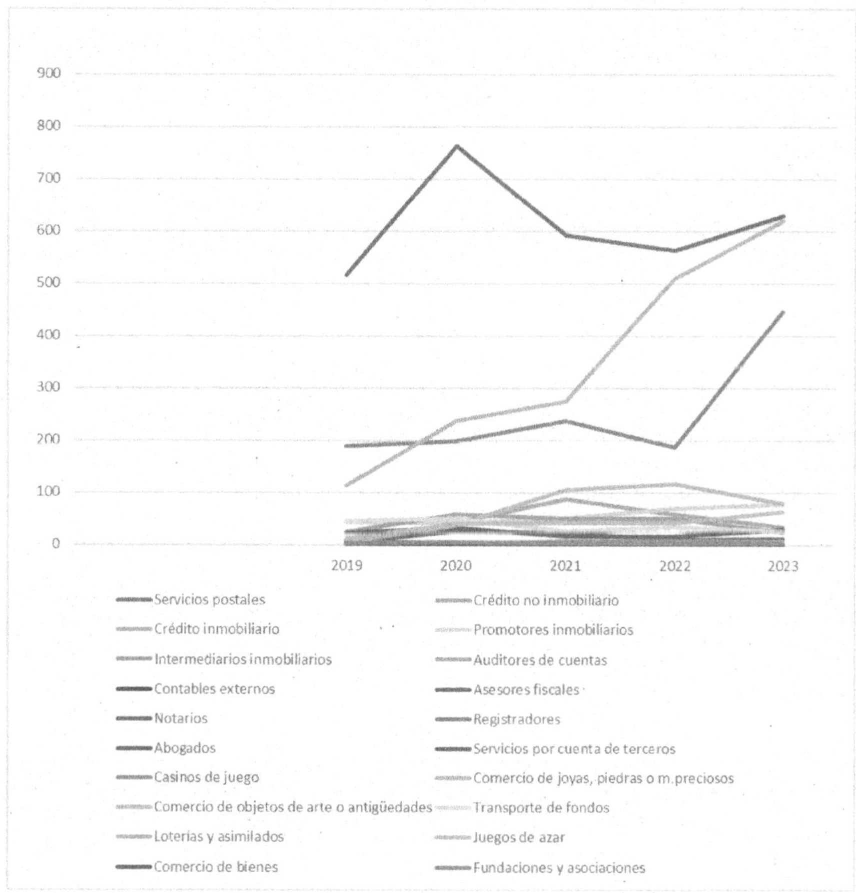

Elaboración propia a partir del SEPBLAC

Tal como comentamos anteriormente el SEPBLAC intercambia información con otros países miembros de la UE y con países terceros no miembros de la UE.

En el cuadro podemos observar que el número de solicitudes de información que recibe el SEPBLAC es mayor que el de las que envía en todos los años el periodo a analizar. Aunque si analizamos el periodo, observamos que el número de solicitudes de información enviadas sufre un gran incremento, mientras que las solicitudes recibidas, se mantienen más o menos estables.

Las comunicaciones por indicio recibidas en el periodo que analizamos aumentan un 90,84% respecto al 2019, y las comunicaciones por indicio enviadas un 60,66%.

Tabla 4: Cooperación internacional del Sepblac

	2019	2020	2021	2022	2023	Var 2029/2023 (%)
Solicitudes de información recibidas	740	769	910	792	742	0,27%
Comunicaciones por indicio recibidas	251	379	569	570	479	90,84%
Solicitudes de información enviadas	202	272	298	320	506	150,50%
Comunicaciones por indicio enviadas	122	57	23	298	196	60,66%

Elaboración propia a partir del SEPBLAC

Si analizamos el origen de las solicitudes de información recibidas observamos que, en el 2023, la mayor parte proceden de las Fuerzas y Cuerpos de Seguridad del Estado (44,37%) y de la cooperación internacional (31,39%), es decir, de otras UIFs.

Tabla 5: Origen de las solicitudes de información recibidas

	2019	2020	2021	2022	2023	Var 2019/2023 (%)
Fuerzas y cuerpos de seguridad del Estado	580	960	1.866	1.145	1.049	80,86%
Agencia Estatal de la Administración Pública	89	128	98	97	76	-14,61%
Cooperación internacional	740	769	910	792	742	0,27%
Actuaciones de medios pago	529	364	401	515	416	-21,36%
Autoridades judiciales y Ministerio Fiscal	23	19	18	27	13	-43,48%
Otros solicitantes	70	65	44	48	68	-2,86%
Total	2.031	2.305	3.337	2.624	2.364	16,40%

Elaboración propia a partir del SEPBLAC

Analizando el periodo observamos que el total de solicitudes recibidas fluctúa, pero a pesar de ello aumenta en un 16,40%.

En las solicitudes de las Fuerzas y Cuerpos de Seguridad del Estado también se produce un importante aumento (un 80,86%), pasa de 580 solicitudes a 1.049; y las solicitudes de la cooperación internacional no sufren un aumento significativo.

Por lo contrario, las solicitudes de las Autoridades Judiciales y Ministerio Fiscal, las actuaciones de medios de pago y la Agencia Estatal de la Administración Pública experimentan un importante descenso.

Gráfico 3: Origen de las solicitudes de información recibidas

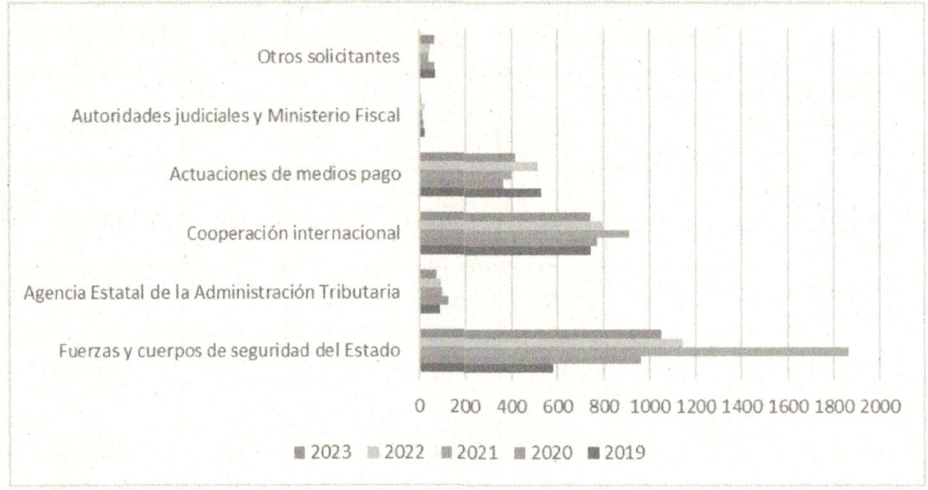

Elaboración propia a partir del SEPBLAC

Francia

En Francia, vamos a analizar los datos a partir de los números de ROS recibidos por las entidades informantes, que en los informes de actividad y análisis anuales comparte TRACFIN.

Las comunicaciones sospechosas reportadas a TRACFIN por parte de los sujetos obligados provienen fundamentalmente de los organismos financieros, en todos los años su peso es más del 95% del total.

Además, si analizamos su evolución a lo largo del periodo observamos que las comunicaciones aumentaron significativamente, pasando de reportar por parte de los organismos financieros 89.116 comunicaciones en 2019 a 173.565 comunicaciones en 2023.

En cuanto a las profesiones no financieras, el peso de sus comunicaciones no supera el 5% en ninguno de los años a analizar, pero si analizamos su evolución a lo largo del periodo vemos que tiene una tendencia creciente, se incrementaron las comunicaciones un 94,17%.

Tabla 6: Origen de las comunicaciones de operaciones sospechosas

	2019	2020	2021	2022	2023	Var 2019/2023 (%)
Organismos financieros	89.116	104.950	152.936	150.859	173.565	94,76%
Profesiones no financieras	4.813	4.299	5.153	7.388	8.814	83,13%
Total	93.929	109.249	158.089	158.247	182.379	94,17%

Elaboración propia a través de (Ministère de l'economie, des finances et de la souveraineté industrielle et numérique, 2021), (Ministère de l'economie des finances et de la souveraineté industrielle et numérique, 2023) y (Ministère de l'economie des finances et de la souveraineté industrielle et numérique, 2024)

Dentro de las comunicaciones sospechosas declaradas por los organismos financieros más del 50% de los informes son realizados por los bancos, entidades de crédito y entidades emisoras.

Con un 31,37% de los informes declarados en 2023 le siguen las entidades de pago.

Y en ese mismo año, pero con un menor porcentaje, efectúan informes las entidades de dinero electrónico, un 6,39% del total de comunicaciones realizadas; y las compañías de seguros un 5,37%.

Tabla 7: Comunicaciones sospechosas declaradas por los organismos financieros

	2019	2020	2021	2022	2023	Var 2019/2023 (%)
Bancos, entidades de crédito y entidades emisoras	56.162	61.250	72.465	82.823	92.038	63,88%
Entidades de pago	21.912	31.271	68.497	52.039	54.453	148,51%
Entidades de dinero electrónico	2.020	3.683	3.116	4.511	11.083	448,66%
Intermediarios de transacciones bancarias	150	29	18	10	14	-90,67 %
Compañías de seguros	4.794	4.564	5.435	7.174	9.318	94,37%

	2019	2020	2021	2022	2023	Var 2019/2023 (%)
Mutuas de seguros e instituciones de previsión	394	424	748	1.498	1.509	282,99%
Intermediarios de seguros	144	105	413	403	613	325,69%
Cambiadores de dinero	1.468	799	837	1.155	1.743	18,73%
Proveedores de servicios de activos digitales	37	87	312	330	1.449	3.816,22%
Sociedades de gestión de inversiones	93	133	155	149	189	103,23%
Sociedades de inversión	151	132	252	292	674	346,36%
Asesores de inversiones financieras	37	85	73	107	90	143,24%
Asesores de inversión en crowfunding	3	12	11	38	11	266,67%
Intermediarios participación financiera	1.751	2.106	604	330	381	-78,24%
Participantes del sistema de liquidación	0	0	0	0	0	
Total	89.116	104.950	152.936	150.859	173.565	94,76%

Elaboración propia a través de (Ministère de l'economie, des finances et de la souveraineté industrielleet numérique, 2021), (Ministère de l'economie des finances et de la souveraineté industrielle et numérique, 2023) y (Ministère de l'economie des finances et de la souveraineté industrielle et numérique, 2024)

Analizando el conjunto del periodo observamos que, aunque la tendencia de los informes de bancos, entidades de crédito y entidades emisoras es creciente, en términos relativos aumenta un 63,88%; su peso sobre el total de comunicaciones declaradas por los organismos financieros va disminuyendo, pasando de un 63,02% en 2019 a un 53,03% en 2023.

Es importante mencionar el gran crecimiento de las entidades de dinero electrónico, que en el periodo a analizar se produce un aumento de 9.063 comunicaciones en términos absolutos.

Las comunicaciones de las entidades de pago también experimentan un aumento considerable, pasando de remitir 21.912 informes en 2019 a efectuar 54.453 informes en 2023.

Cabe destacar el importante aumento de informes de los proveedores de servicios de activos digitales, que en el periodo aumentaron en 1.412 las comunicaciones.

Y, por el contrario, tanto las comunicaciones de los intermediarios de transacciones bancarias, como los intermediarios de participación financiera experimentan una notable caída.

En el siguiente gráfico podemos visualizar la evolución de las comunicaciones de los organismos financieros.

Gráfico 4: ROS recibidos de los organismos financieros

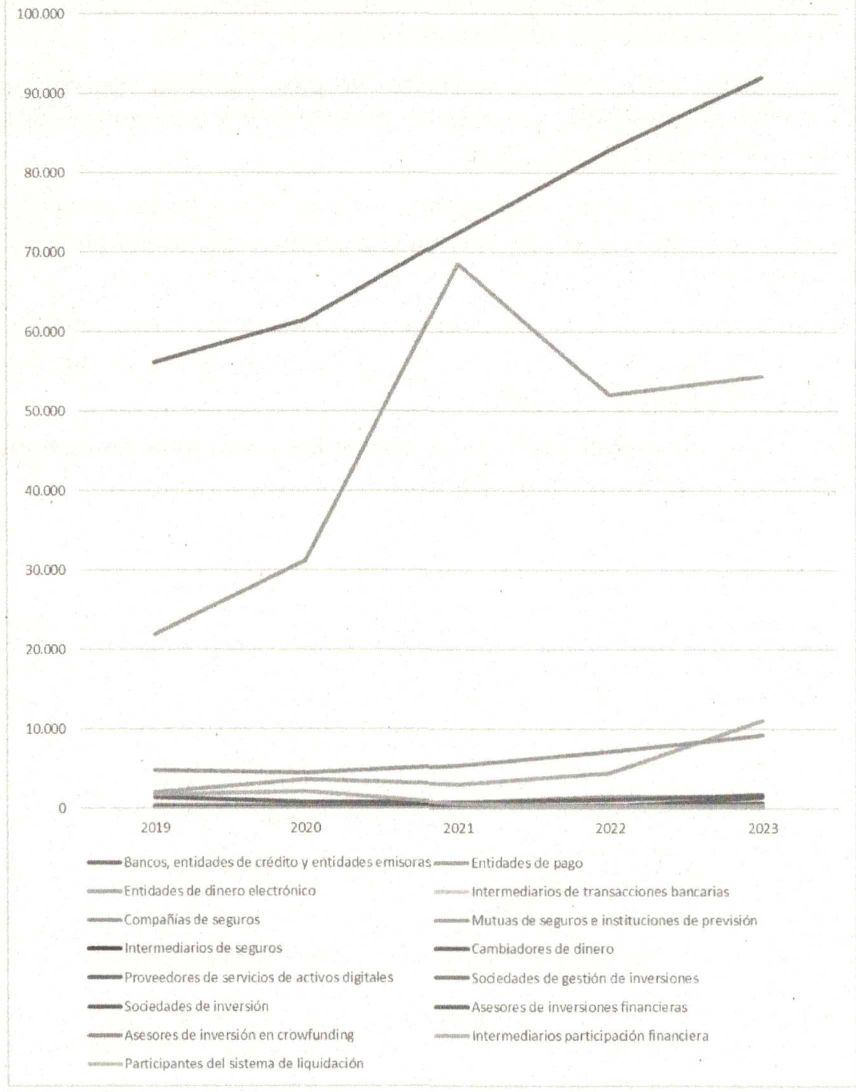

Elaboración propia a través de (Ministère de l'economie, des finances et de la souveraineté industrielleet numérique, 2021), (Ministère de l'economie des finances et de la souveraineté industrielle et numérique, 2023) y (Ministère de l'economie des finances et de la souveraineté industrielle et numérique, 2024)

De las comunicaciones sospechosas declaradas por las profesiones no financieras la mayor parte las realizan los notarios, un 36,78% del total en 2023.

Seguidos de los notarios, los que más comunicaciones reportan son los casinos y clubes de juego, un 24,72% en 2023, y seguidamente se encuentran los operadores de juegos de azar online, con un 18,64%; los expertos contables, con un 8,09%; y los profesionales inmobiliarios, con un 5,73% del total de las comunicaciones.

Tabla 8: Comunicaciones sospechosas declaradas por las profesiones no financieras

	2019	**2020**	**2021**	**2022**	**2023**	**Var 2019/2023 (%)**
Notarios	1.816	1.546	1.837	2.670	3.242	78,52%
Expertos contables	507	516	614	676	713	40,63%
Auditores	96	113	133	105	127	32,29%
Alguaciles	134	65	121	311	248	85,07%%
Profesionales inmobiliarios	376	271	341	440	505	34,31%%
Casinos y clubes de juego	1.339	1.070	1.238	1.918	2.179	62,73%%
Operadores de juegos de azar online	500	667	731	1.164	1.643	228,60%
Sociedades de domiciliación	23	25	105	76	118	413,04%
Comerciantes de bienes	1	0	9	10	17	1.600,00%
Comerciantes de piedras y metales preciosos	8	15	4	3	11	37,50%
Comerciantes e intermediarios de arte y antigüedades	1	7	14	4	3	200,00%
Abogados	12	4	6	11	8	-33,33%
Agentes deportivos	0	0	0	0	0	
Total	4.885	4.368	5.218	7.388	8.814	83,13%

Elaboración propia a través de (Ministère de l'economie, des finances et de la souveraineté industrielleet numérique, 2021), (Ministère de l'economie des finances et de la souveraineté industrielle et numérique, 2023) y (Ministère de l'economie des finances et de la souveraineté industrielle et numérique, 2024)

Si analizamos los datos del periodo observamos, que todas las entidades informantes analizadas anteriormente aumentan sus comunicaciones, excepto los abogados que las disminuyen y de los agentes deportivos no obtenemos ningún informe en los años señalados.

Cabe destacar el importante aumento de los informes por parte de las sociedades de domiciliación, aumentan en 95 las comunicaciones; de los operadores de juegos de azar online, que aumentan en 1.143 los informes; y los comerciantes de bienes, que pasaron de remitir 1 informe en 2019 a remitir 17 en 2023.

Todo lo comentando lo podemos visualizar en el gráfico que mostramos a continuación.

Gráfico 5: ROS recibidos de las profesiones no financieras

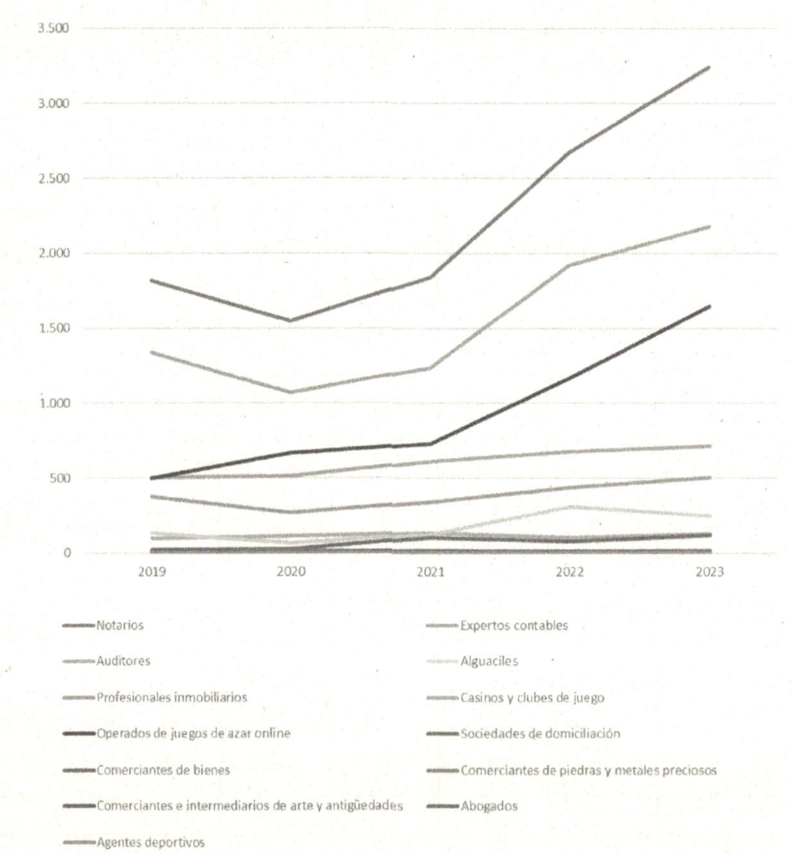

Elaboración propia a través de (Ministère de l'economie, des finances et de la souveraineté industrielleet numérique, 2021), (Ministère de l'economie des finances et de la souveraineté industrielle et numérique, 2023) y (Ministère de l'economie des finances et de la souveraineté industrielle et numérique, 2024)

En la tabla podemos observar como el número de notificaciones recibidas de otras UIFs, 1.671 notificaciones en 2023; es ligeramente superior que el número de notificaciones enviadas a otras UIFs, 846 notificaciones en ese mismo año.

Tabla 9: Cooperación Internacional TRACFIN

	2019	**2020**	**2021**	**2022**	**2023**	**Var 2019/2023 (%)**
Notificaciones recibidas de UIFs extranjeras	1.367	1.514	1.972	1.844	1.671	22,24%
Notificaciones enviadas a UIFs extranjeras	980	701	932	844	846	-13,67%

Elaboración propia a través de (Ministère de l'economie, des finances et de la souveraineté industrielleet numérique, 2021), (Ministère de l'economie des finances et de la souveraineté industrielle et numérique, 2023) y (Ministère de l'economie des finances et de la souveraineté industrielle et numérique, 2024)

Además, si analizamos su evolución en el periodo que estamos a analizar, podemos observar claramente en el gráfico como las notificaciones recibidas de otras UIFs se incrementan durante el periodo, un 22,24%; mientras que las enviadas se reducen en un 13,67%.

Gráfico 6: Evolución notificaciones UIFs

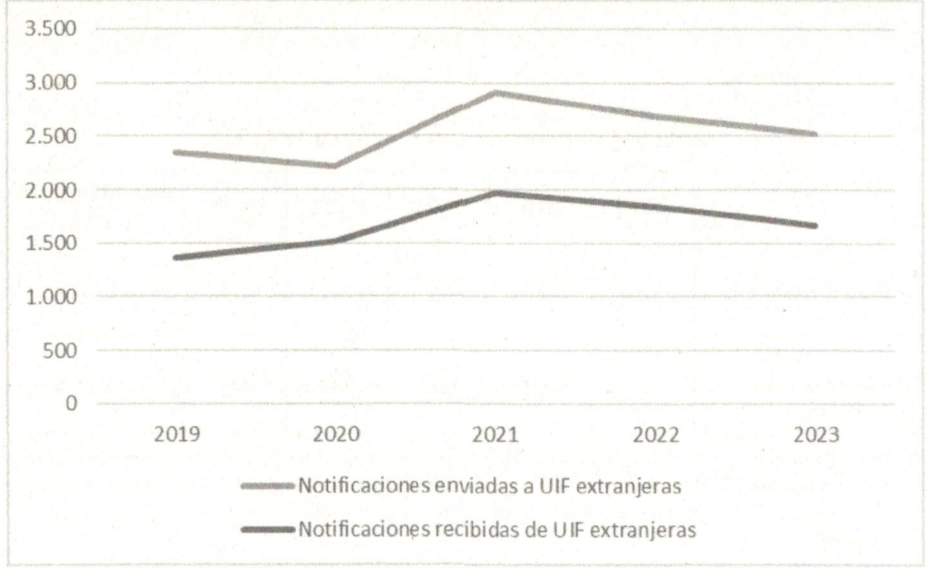

Elaboración propia a través de (Ministère de l'economie, des finances et de la souveraineté industrielleet numérique, 2021), (Ministère de l'economie des finances et de la souveraineté industrielle et numérique, 2023) y (Ministère de l'economie des finances et de la souveraineté industrielle et numérique, 2024)

Italia

En Italia, según los datos que nos proporcionan los informes de la UIF, el mayor número de SOS (operaciones sospechosas) recibidas provienen de los bancos y oficinas de correos, un 54,76% del total las notificaciones en 2023.

Seguidos de estes, se encuentran los intermediarios y otros operadores financieros, con un 29,09% del total para ese mismo año.

En menor medida remiten información los proveedores de servicios de juegos, un 7,99% del total; los profesionales, un 5,38%; y los operadores no financieros, un 2,5%.

Tabla 10: Número de SOS recibidas por tipo de denunciante

	2019	2020	2021	2022	2023	Var 2019/2023 (%)
Bancos y oficinas de correos	68.236	75.852	77.086	89.034	82.374	20,72%
Intermediarios y otros operadores financieros	24.648	26.735	46.618	46.888	43.746	77,48%
Empresa gestora de mercados e instrumentos financieros	11	17	10	6	5	-54,55%
Profesionales	5.074	3.648	5.121	5.667	8.090	59,44%
Operadores no financieros	1.303	1.116	2.902	4.386	3.766	189,03%
Proveedores de servicios de juegos	6.470	5.772	7.659	9.266	12.023	85,83%
Administración Pública	47	47	128	179	414	780,85%
Total SOS recibidas	105.789	113.187	139.524	155.426	150.418	42,19%

Elaboración propia a través de (Banca d'Italia), (Banca d'Italia) y (Banca d'Italia)

Si analizamos la evolución de los denunciantes podemos observar que, bancos y oficinas de correos, pese a ser la entidad con mayor número de informes remitidos, en el periodo aumentan, pero en menor proporción que los intermediarios financieros. En términos relativos, los bancos y oficinas de correos aumentan un 20,72%; mientras que los intermediarios y otros operadores financieros aumentan un 77,48%, un aumento de 19.098 informes.

Los profesionales, los operadores no financieros y los proveedores de servicios de juegos también aumentan el número de informes remitidos en el periodo.

En términos absolutos, los profesionales aumentaron en 3.016 los informes; los operadores no financieros incrementaron en 2.463 informes; y los proveedores de servicios de juegos aumentaron en 5.553 informes.

Aunque su peso es muy reducido, cabe destacar el incremento de informes de la Administración Pública, que en 2019 remitía 47 informes y en 2023 pasó a remitir 414 informes.

Como podemos observar en el gráfico, todos los denunciantes tienen una tendencia alcista, excepto la empresa gestora de mercados e instrumentos financieros, que se reduce.

Gráfico 7: Nº SOS recibidas por tipo de denunciante

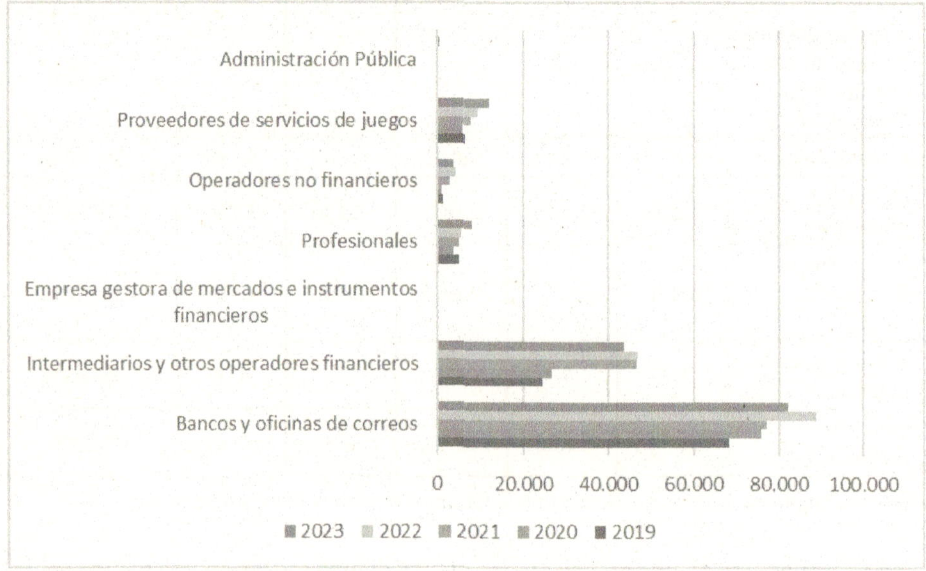

Elaboración propia a través de (Banca d'Italia), (Banca d'Italia) y (Banca d'Italia)

Como comentamos anteriormente, los intermediarios financieros y otros operadores financieros que más informes remiten son los bancos y oficinas de correos.

Seguidos de estos, están las entidades de dinero electrónico, con un 16,67% del total, remitieron 21.025 informes en 2023.

Las entidades de pago también efectúan un importante número de informes, que supone un 12,86% del total para ese mismo año.

Y en menor medida, con 3.086 informes en 2023 se encuentran las compañías de seguros.

Tabla 11: Número de SOS declaradas por los intermediarios financieros y otros operadores financieros

	2019	2020	2021	2022	2023	Var 2019/2023 (%)
Bancos y oficinas de correos	68.236	75.852	77.086	89.034	82.374	20,72%
Entidades de pago	10.399	10.427	20.788	17.418	16.220	55,98%
Entidades de dinero electrónico	9.227	10.840	19.611	22.632	21.025	127,86%
Compañías de seguros	2.745	3.397	3.976	4.184	3.604	31,29%
Intermediarios financ. exentos art.106	959	1.167	1.133	1.248	1.361	41,92%
SGR, SICAV y SICAF	448	368	405	383	443	-1,12%
Sociedades fiduciarias exentas art.106	546	275	255	230	216	-60,44%
Corredores de bolsa	58	34	46	61	64	10,34%
Interm. y otros op. financ. no incluidos en las ant. categorías	266	227	404	732	813	205,64%
Total SOS interm. financieros y otros op. financieros	92.884	102.587	123.704	135.922	126.120	35,78%

Elaboración propia a través de (Banca d'Italia), (Banca d'Italia) y (Banca d'Italia)

Tal y como podemos visualizar en el gráfico todas las entidades denunciantes durante el periodo aumentaron el número de reportes de SOS, excepto las SGR, SICAV y SICAF y las sociedades fiduciarias exentas del artículo 106.

Las entidades de dinero electrónico son las que mayor incremento de informes efectuaron, suponiendo en términos absolutos, un aumento de 11.798 informes.

Los informes remitidos por las entidades de pago y las compañías de seguros también aumentaron en el periodo, un 55,98% y un 31,29%, respectivamente.

Gráfico 8: Nº de SOS declaradas por intermediarios financieros y otros op. financieros

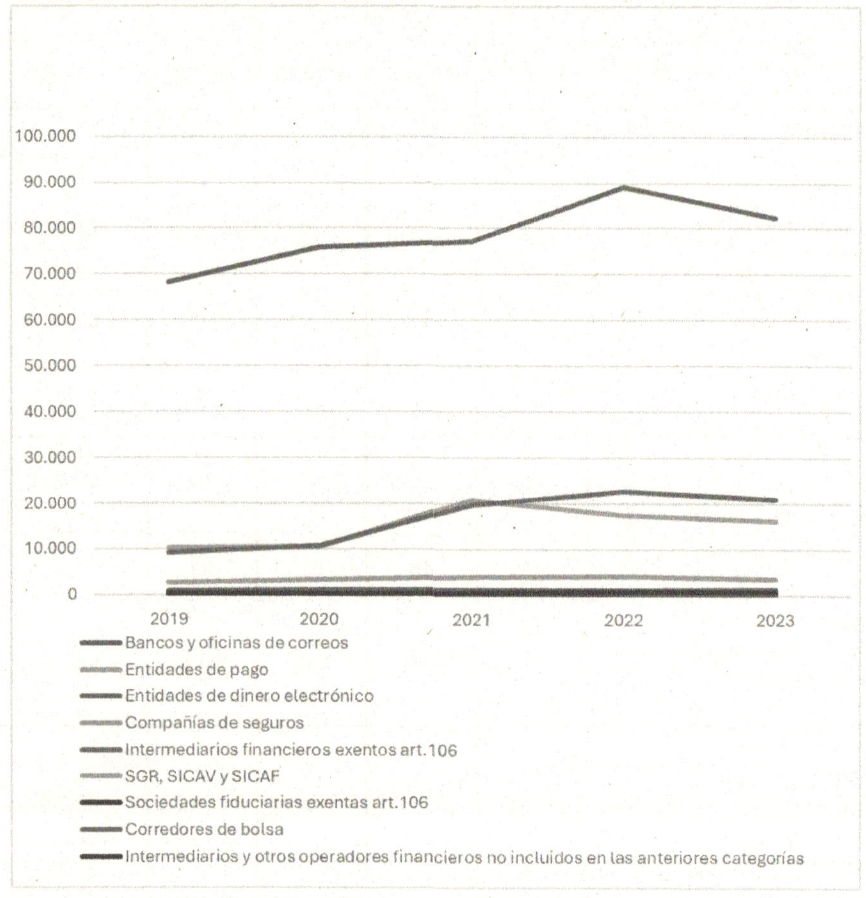

Elaboración propia a través de (Banca d'Italia), (Banca d'Italia) y (Banca d'Italia)

Más del 95% de los informes de SOS declarados en 2023 por los profesionales corresponden a los notarios y el consejo nacional del notario.

Además, si analizamos su evolución, observamos que los informes remitidos aumentan en un 66,76%, pasando de 4.630 informes en 2019 a 7.721 informes en 2023.

El resto de los profesionales tienen un peso mínimo sobre el total, pero todos ellos experimentan incrementos en el periodo, excepto los contadores públicos, expertos contables y asesores legales que disminuyen un 36,70%; y los abogados, que disminuyen un 50,00%.

Podemos resaltar el repunte de informes obtenidos por los estudios asociados, empresas interprofesionales y empresas de abogados, que pasan de remitir 18 informes en 2019 a remitir 42 informes en el 2023; y las sociedades de auditoría y auditores legales, pasan de remitir 30 a 73.

Tabla 12: Número de SOS declaradas por los profesionales

	2019	2020	2021	2022	2023	Var 2019/2023 (%)
Notarios y Consejo Nacional del Notario	4.630	3.329	4.688	5.304	7.721	66,76%
Contadores públicos, expertos contables y asesores legales	327	223	242	166	207	-36,70%
Abogados	48	29	33	23	24	-50,00%
Estudios asociados, empresas interprofesionales y empr. abogados	18	10	41	44	42	133,33%
Sociedades de auditoría y auditores legales	30	35	77	80	73	143,33%
Otras entidades que realizan actividades profesionales	21	22	40	50	23	9,52%
Total SOS profesionales	5.074	3.648	5.121	5.667	8.090	59,44%

Elaboración propia a través de (Banca d'Italia), (Banca d'Italia) y (Banca d'Italia)

Todos los datos comentados anteriormente los podemos visualizar en el siguiente gráfico.

Gráfico 9: Nº de SOS declaradas por los profesionales

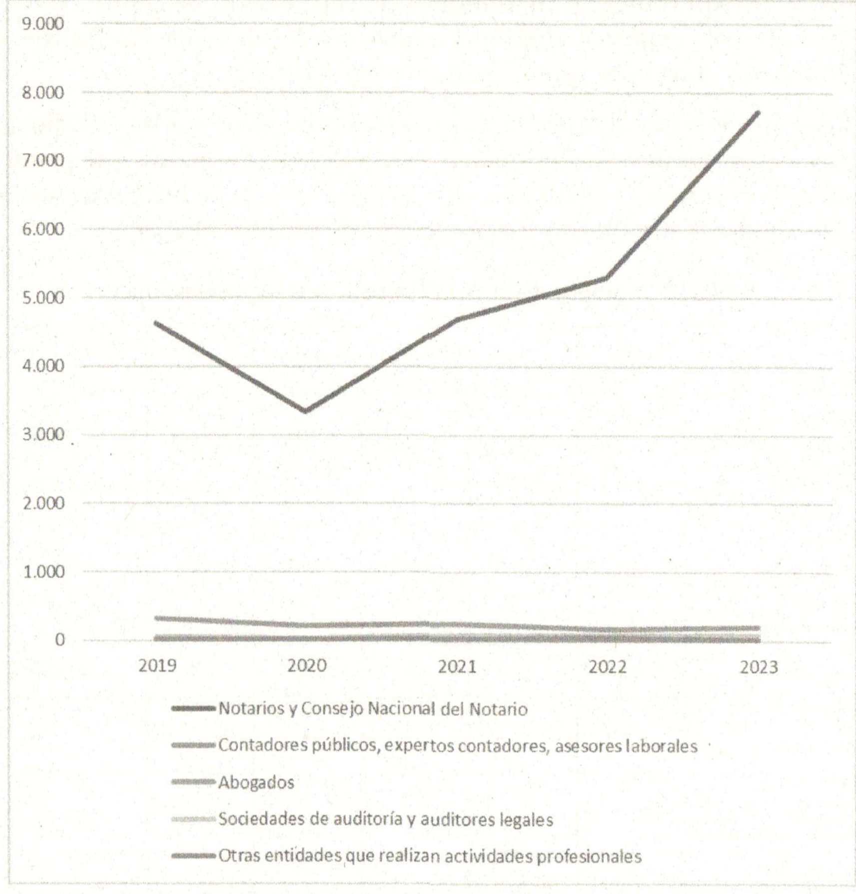

Elaboración propia a través de (Banca d'Italia), (Banca d'Italia) y (Banca d'Italia)

En 2023 los operadores no financieros efectuaron 3.756 informes, de los cuales, un 35,33% pertenecen a las entidades que comercian con oro y objetos preciosos; un 31,44% los efectuaron los operadores de moneda virtual; y un 27,26% fueron declarados por las personas que realizan actividades de custodia y transporte de objetos de valor. El 5,96% restante lo declararon otros operadores no financieros no identificados.

Tabla 13: Número de SOS declaradas por los operadores no financieros

	2019	**2020**	**2021**	**2022**	**2023**	**Var 2019/2023 (%)**
Entidades que comercian con oro y objetos preciosos	536	533	737	1.187	1.327	147,57%
Actividades de custodia y transporte de objetos de valor	686	318	1.630	2.204	1.024	49,27%
Operadores de moneda virtual	20	168	326	826	1.181	5.805,00%
Otros operadores no financieros	61	97	209	169	224	267,21%
Total SOS operadores no financieros	1.303	1.116	2.906	4.386	3.756	188,26%

Elaboración propia a través de (Banca d'Italia), (Banca d'Italia) y (Banca d'Italia)

En el siguiente gráfico podemos observar la evolución de los informes efectuados por los operadores no financieros.

Destacamos la de los operadores de moneda virtual. En 2019 reportó 20 informes, mientras que en 2023 pasó a reportar 1.181 informes.

También cabe destacar el aumento de informes efectuados por parte de las entidades que comercian con oro y objeto preciosos. En términos absolutos aumentaron en 791 los informes remitidos en el periodo.

El número de informes de las actividades de custodia y transporte de objetos de valor fluctúa mucho en el periodo a analizar, pero podemos observar que aumenta un 49,86% entre 2019 y 2023, pasando de reportar 686 informes a comunicar 1.024 informes.

Gráfico 10: Nº de SOS declaradas por los operadores no financieros

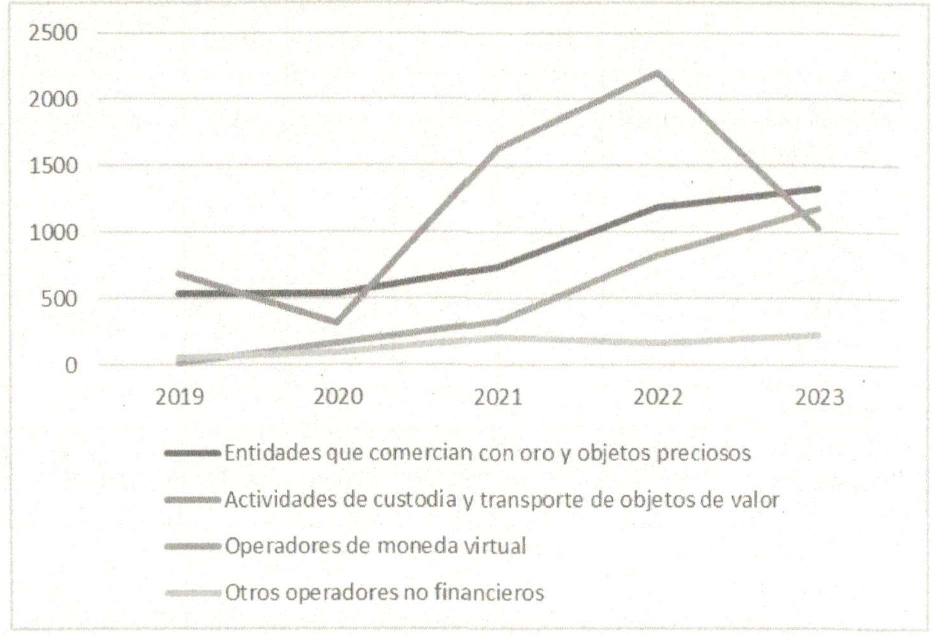

Elaboración propia a través de (Banca d'Italia), (Banca d'Italia) y (Banca d'Italia)

Estados Unidos

En Estados Unidos, según los datos recogidos por el FINCEN, los SARs detectados por los sujetos obligados se van incrementando año tras años.

Observamos en la tabla que entre las instituciones de depósito y las MSB reportan más del 80% de los informes.

Las instituciones de depósito son las que más informes de actividades sospechosas reportan en los 3 años a analizar, aunque su peso sobre el total de informes va disminuyendo a lo largo del tiempo, pasando de reportar un 48,51% del total de informes en 2019 a un 46,48%.

En segunda posición se encuentran las MSB, que en 2021 reportan el 37,06% de los informes, y con un 11,13% se encuentran otras instituciones financieras.

Los casinos y clubes de cartas, las compañías de seguros, los agentes de valores/futuros, las compañías financieras o de préstamos y los alojamientos reportan un número de informes muy inferior a las anteriores comentadas. En ninguno de los años supera el 3% del total de informes.

Tabla 14: Informes de actividades sospechosas recibidos

	2019	2020	2021	Var 2019/2023 (%)
Casinos y clubes de cartas	51.299	39.480	54.937	7,09%
Instituciones de depósito	1.116.400	1.211.345	1.426.741	27,80%
Compañías de seguros	2.697	2.556	2.597	-3,71%
MSB	852.925	917.779	1.137.454	33,36%
Agentes de valores/ futuros	33.222	38.236	58.951	77,45%
Otras instituciones financieras	215.613	266.786	341.554	58,41%
Compañías financieras o de préstamos	25.925	25.275	41.743	61,01%
Alojamientos	3.106	3.054	5.476	76,30%
Total	2.301.187	2.504.511	3.069.453	33,39%

Elaboración propia a través de (Financial Crimes Enforcement Network)

Analizando la evolución de los informes podemos observar que tanto los de las instituciones de depósito como los de las MSB se incrementan, pero el incremento de los de MSB es mayor. Experimentan un aumento del 33,36%, mientras que los de las instituciones de depósito se quedan en el 27,8%.

Los informes de otras instituciones financieras también se incrementan durante el periodo. En términos absolutos el incremento es de 125.941 informes.

Cabe destacar el aumento de informes en los agentes de valores y futuros y en los alojamientos, que experimentaron un aumento del 77,45% y 76,30%, respectivamente.

En términos generales, durante el periodo aumenta la cantidad de informes reportados de todos los sujetos, excepto de las compañías de seguros, que experimenta una disminución del 3,71%.

En el siguiente gráfico podemos visualizar la evolución del número de SARs recibidos para el periodo a analizar.

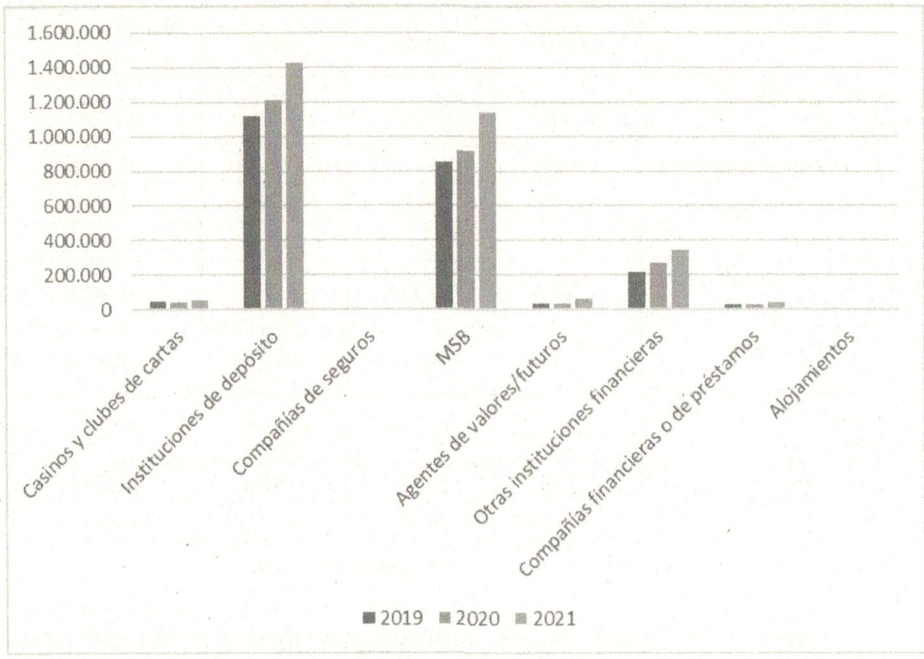

Elaboración propia a través de (Financial Crimes Enforcement Network)

CONCLUSIONES

El blanqueo de capitales es un tema que preocupa a nivel mundial. Pese a existir distintos organismos tanto de ámbito nacional como internacional para lidiar y erradicar este tema, este fenómeno ha ido evolucionando con los años, y actualmente se puede dar en cualquier ámbito de la economía.

Este trabajo trata de hacer ver como se trata de solventar este problema y comparar los datos recogidos por los distintos organismos que estudian este problema en cada país.

Tras analizar los cuatro países escogidos podemos concluir que fundamentalmente los informes de operaciones sospechosas provienen del sector financiero.

En Estados Unidos podemos destacar el aumento de los informes recibidos por parte de los agentes de valores o futuros.

De los otros tres países, cabe destacar el importante crecimiento de las comunicaciones de operaciones sospechosas en las entidades de pago y las entidades de dinero electrónico.

Sorprende el importante volumen de informes recibidos por los proveedores de servicios de activos digitales, destacando el servicio de moneda virtual.

De los organismos no financieros destacamos el incremento de las comunicaciones por parte de los comerciantes de piedras y metales preciosos.

Leyendo entre líneas, podemos ver como las formas más ancestrales de blanquear dinero van perdiendo peso, y a su vez, entran con fuerza, los servicios digitales, como pueden ser los servicios de moneda virtual o los juegos de azar online.

BIBLIOGRAFÍA

Abel Souto, M.: Normativa internacional sobre el blanqueo de dinero y su recepción en el Ordenamiento penal español. Tesis doctoral. Universidad de Santiago de Compostela, enero de 2001.

Abel Souto, M.: El blanqueo de dinero en la normativa internacional. Santiago. Universidad de Santiago de Compostela, 2002.

Abel Souto, M.: El Delito de blanqueo en el Código penal español. Barcelona. Bosch, 2005.

Banca d'Italia. (24 de junio de 2021). *Rapporto annuale per il 2020, n.13-2021.* Obtenido de UIF-Unità di Informazione Finanziaria per l'Italia Website: https://uif.bancaditalia.it/pubblicazioni/rapporto-annuale/2021/Rapporto-UIF-anno-2020.pdf

Banca d'Italia. (24 de junio de 2022). *Rapporto annuale per il 2021, n.14-2022.* Obtenido de UIF-Unità di Informazione Finanziaria per l'Italia Website: https://uif.bancaditalia.it/pubblicazioni/rapporto-annuale/2022/Rapporto-UIF-anno-2021.pdf

Banca d'Italia. (26 de junio de 2024). *Rapporto annuale per il 2023, n.16-2024.* Obtenido de UIF-Unità di Informazione Finanziaria per l'Italia Website: https://uif.bancaditalia.it/pubblicazioni/rapporto-annuale/2024/Rapporto-UIF-anno-2023.pdf

Banca d'Italia. (s.f.). *Chi siamo.* Obtenido de UIF Unità di Informazione Finanziaria per l'Italia Website: https://uif.bancaditalia.it/

Banca d'Italia. (s.f.). *Ordinamento Italiano.* Obtenido de UIF-Unità di Informazione Finanziaria per l'Italia Website: https://uif.bancaditalia.it/sistema-antiriciclaggio/ordinamento-italiano/index.html

Banco de España. (s.f.). *BCBS.* Obtenido de Banco de España Website: https://www.bde.es/wbe/es/areas-actuacion/supervision-entidades-financieras/actividad-internacional-supervision/bcbs/

Consiglio dei Ministri. (21 de noviembre de 2007). *Decreto legislativo 21 novembre 2007, n. 231.* Obtenido de Normattiva-Il portale della legge vigente Website: https://www.normattiva.it/uri-res/N2Ls?urn:nir:stato:decreto.legislativo:2007-11-21;231!vig=

Consiglio dei Ministri. (4 de octubre de 2019). *Decreto legislativo 4 ottobre 2019, n.125.* Obtenido de Normattiva-Il portale della legge vigente Website: https://www.normattiva.it/uri-res/N2Ls?urn:nir:stato:decreto.legislativo:2019-10-04;125

Financial Crimes Enforcement Network. (s.f.). *Mission.* Obtenido de FinCEN Website: https://www.fincen.gov/about/mission

Financial Crimes Enforcement Network. (s.f.). *SAR Filings by Industry.* Obtenido de FinCEN Website: https://www.fincen.gov/reports/sar-stats/sar-filings-industry

Financial Crimes Enforcement Network. (s.f.). *The Bank Secrecy Act.* Obtenido de FinCEN Website: https://www.fincen.gov/resources/statutes-and-regulations/bank-secrecy-act

GAFI. (s.f.). *Historia del GAFI.* Obtenido de FATF-GAFI Website: https://www.fatf-gafi.org/en/the-fatf/history-of-the-fatf.html

GAFI. (s.f.). *Miembros del GAFI.* Obtenido de FATF-GAFI Website: https://www.fatf-gafi.org/en/the-fatf/who-we-are.html

IBM. (s.f.). *¿Qué es la lucha contra el blanqueo de capitales?* Obtenido de IBM Website: https://www.ibm.com/es-es/topics/anti-money-laundering

ICIJ. (20 de septiembre de 2020). *¿Qué son los informes de actividad sospechosa?* Obtenido de 5°ELEMENTO-Laboratorio de Investigación Periodística Website: https://quintoelab.org/project/sar-informe-actividad-sospechosa-fincen-files

Ministère de l›economie des finances et de la souveraineté industrielle et numérique. (12 de mayo de 2023). *LCB-FT: activité des professions déclarantes-Bilan 2022.* Obtenido de Economie Website: https://www.economie.gouv.fr/files/2023-06/TRACFIN_2022_Web_V2.pdf?v=1718727710

Ministère de l›economie des finances et de la souveraineté industrielle et numérique. (11 de abril de 2024). *LCB-FT: activité des professions déclarantes-Bilan 2023.* Obtenido de Economie Website: https://www.economie.gouv.fr/files/2024-05/Tracfin2023_Web_0.pdf?v=1718727710

Ministère de l›economie des finances et de la souveraineté industrielle et numérique. (s.f.). *Les missions de Tracfin.* Obtenido de Economie Website: https://www.economie.gouv.fr/tracfin/missions-tracfin

Ministère de l›economie, des finances et de la souveraineté industrielle et numérique. (28 de diciembre de 2021). *TRACFIN 2020: Operations and Analysis Report.* Obtenido de Economie Website: https://www.economie.gouv.fr/files/2021-12/RA_TRACFIN_2020_VDEF_VANG_0.pdf?v=1718727710

Ministère de l›europe et des affaires étrangères. (s.f.). *Blanqueo de capitales, financiación del terrorismo y corrupción.* Obtenido de Diplomatie Website: https://www.diplomatie.gouv.fr/es/politica-exterior/seguridad-desarme-y-no-proliferacion/blanqueo-de-capitales-financiacion-del-terrorismo-y-corrupcion/

Parlamento Europeo. (23 de octubre de 2018). *Directiva 2018/1673 del parlamento europeo y del consejo, de 23 de octubre de 2018.* Obtenido de EUR-Lex Website: https://eur-lex.europa.eu/legal-content/es/TXT/?uri=uriserv:OJ.L_.2018.284.01.0022.01.ENG

Parlamento Europeo. (30 de mayo de 2018). *Directiva 2018/843 del parlamento europeo y del consejo, 30 de mayo de 2018.* Obtenido de EUR-Lex Website: https://eur-lex.europa.eu/legal-content/es/TXT/?uri=CELEX:32018L0843

Parlamento Europeo y Consejo Europeo. (28 de abril de 2010). *Ley 10/2010, de 28 de abril, de prevención del blanqueo de capitales y de la financiación del terrorismo.* Obtenido de Agencia Estatal Boletín Oficial del Estado: https://www.boe.es/eli/es/l/2010/04/28/10/con

Parlamento Europeo y Consejo Europeo. (27 de abril de 2021). *Real Decreto-ley 7/2021, de 27 de abril.* Obtenido de Agencia Estatal Boletín Oficial del Estado: https://www.boe.es/diario_boe/txt.php?id=BOE-A-2021-6872

Parlamento Francés. (s.f.). *Article L561-2.* Obtenido de Légifrance-Le service public de la diffusion du droit Website: https://www.legifrance.gouv.fr/codes/article_lc/LEGIARTI000048526883

Real Academia Española. (2023). *Blanqueo de capitales.* Obtenido de RAE Website: https://dpej.rae.es/lema/blanqueo-de-capitales

SEPBLAC. (s.f.). *Datos de actividad como Unidad de Inteligencia Financiera.* Obtenido de SEPBLAC Website: https://www.sepblac.es/wp-content/uploads/2024/05/Datos-de-actividad-Unidad-de-Inteligencia-Financiera-2023.pdf

SEPBLAC. (s.f.). *Memoria de Activades 2018-2019.* Obtenido de SEPBLAC Website: https://www.sepblac.es/wp-content/uploads/2020/09/Memoria_Sepblac_2018-2019_2.pdf

SEPBLAC. (s.f.). *Memoria de Actividades 2020-2021.* Obtenido de SEPBLAC Website: https://www.sepblac.es/wp-content/uploads/2022/12/Memoria_Sepblac_2020-2021.pdf

SEPBLAC. (s.f.). *Sobre el Sepblac.* Obtenido de SEPBLAC Website: https://www.sepblac.es/es/sobre-el-sepblac/#:~:text=El%20Servicio%20Ejecutivo%20de%20la%20Comisi%C3%B3n%20de%20Prevenci%C3%B3n,de%20capitales%20y%20de%20la%20financiaci%C3%B3n%20del%20terrorismo.

SEPBLAC. (s.f.). *Sujeto obligado: Definición.* Obtenido de SEPBLAC Website: https://www.sepblac.es/es/sujetos-obligados/definicion/?lang=es

Tato Rodríguez, M.: Estadísticas sobre aplicación de la normativa administrativa en España hasta la Ley de 2010 de prevención del blanqueo. III Congreso sobre Prevención y Represión del Blanqueo de Dinero: Las reformas de 2010 y la justificación de su castigo en la sociedad de la información avanzada. Santiago, julio de 2012.

Tato Rodríguez, M.: Estadísticas sobre aplicación de la normativa administrativa en España hasta la Ley de 2010 de prevención del blanqueo. Ed. Tirant Lo Blanch, Valencia 2013.

Tato Rodríguez, M.: Estadísticas sobre la aplicación de la normativa administrativa de prevención del blanqueo en el campo internacional. Ed. Tirant Lo Blanch, Valencia 2014.

Tato Rodríguez, M.: Estadísticas sobre aplicación de la normativa administrativa en España de la Ley de 2010 de prevención de blanqueo y su reglamento de 2014. Ed. Tirant Lo Blanch, Valencia 2018.

Tato Rodríguez, M.: Estadísticas sobre aplicación de la normativa administrativa de prevención del blanqueo en el campo internacional. Ed. Tirant Lo Blanch, Valencia 2019.

Tato Rodríguez, M: Estadísticas sobre aplicación de la normativa administrativa en España de la Ley de 2010 de Prevención del Blanqueo y su reforma de 2018. Ed. Tirant Lo Blanch, Valencia

Westreicher, G., & Sevilla Arias, A. (7 de Septiembre de 2018). *Comité de Basilea.* Obtenido de Economipedia Website: https://economipedia.com/definiciones/comite-de-basilea.html

Wikipedia. (s.f.). *FinCEN.* Obtenido de Wikipedia Website: https://es.wikipedia.org/wiki/FinCEN

Wikipedia. (s.f.). *TRACFIN.* Obtenido de Wikipedia Website: https://en.wikipedia.org/wiki/Tracfin

Obligaciones incorporadas por el RDL 7/2021 de informar del efectivo no acompañado y transportado en la entrada o salida de la Unión Europea

JOSÉ CAAMAÑO ALEGRE
Profesor contratado doctor de Economía aplicada
Universidad de Santiago de Compostela
Governance and Economics research Network (GEN)

INTRODUCCIÓN

En los textos básicos de Economía, el *efectivo* viene identificándose con las monedas y los billetes o, dicho de otro modo, con el *dinero legal* o dinero signo emitido por un Banco Central que monopoliza su emisión[1]. El efectivo puede estar *i*) en manos de la gente o *ii*) en poder de los bancos y otros intermediarios financieros, que lo toman como base para crear dinero bancario. Es más que probable que, en cualquier país, una parte del efectivo en manos de la gente opere como facilitador del blanqueo de dinero. Debe, sin embargo, advertirse de que la actual normativa antiblanqueo de la UE expande la noción de "efectivo", al incluir también en ella los efectos negociables al portador, las materias primas utilizadas como depósito de valor de gran liquidez y las tarjetas de prepago[2].

La I Directiva europea antiblanqueo, de 1991, no se centraba en los movimientos de efectivo sino en establecer un régimen de obligaciones para el sistema financiero. Su aplicación conllevaba, por tanto, el riesgo de que las organizaciones criminales intentasen eludir los controles del sistema financiero mediante un aumento de los movimientos de efectivo con fines

---

1 *Cfr.*, a modo de ejemplo, Mochón, F., *Economía, Teoría y Política,* McGraw-Hill/ Interamericana de España, Madrid, 2009, p. 346.

2 *Cfr.* art. 2.1.a) del Reglamento 2018/1672/(UE), del Parlamento Europeo y del Consejo, de 23 de octubre, sobre controles de la entrada o salida de efectivo de la Unión y por el que se deroga el Reglamento (CE) n.º 1889/2005. Diario Oficial de la Unión Europea L n.º 284, de 12 de noviembre de 2018.

ilícitos. Para atajar ese riesgo, se complementó la citada Directiva con el Reglamento 1889/2005 de la UE, que introdujo un sistema de controles sobre el efectivo transportado por persona física. La aplicación del Reglamento suscitó entonces el temor de que las organizaciones criminales intentasen eludir los controles del efectivo acompañado mediante un aumento de los movimientos de efectivo no acompañado (envíos postales, carga en contenedores…). Para evitarlo, se introdujeron previsiones específicas para este tipo de efectivo en el nuevo Reglamento comunitario 2018/1672, que derogó el anterior de 2005. En nuestro Derecho interno, las nuevas obligaciones de informar del efectivo no acompañado se incorporaron al Real Decreto Ley (RDL) 7/2021, luego desarrollado por la Orden 1217/2022, del Ministerio de Asuntos Económicos y Transformación Digital.

La elaboración del presente capítulo hubo de enfrentarse a una cierta penuria bibliográfica. La búsqueda en castellano de la expresión "efectivo no acompañado" en el Google Académico no arrojó más que tres trabajos del Dr. Abel Souto en los que se alude de pasada al asunto. La búsqueda en inglés de la expresión "unaccompanied cash" en el campo título en la Web of Science y Scopus arrojó cero documentos. Finalmente se pudo, sin embargo, hacer acopio de algunas aportaciones sobre las que elaborar. El capítulo comienza describiendo el papel del efectivo en el blanqueo de dinero para, a continuación, recorrer pausadamente el camino normativo resumido en el párrafo anterior. A partir de algunos documentos de la Comisión Europea, se ofrecen claves de las opciones básicas de los colegisladores comunitarios. Se caracterizan después y examinan críticamente las principales opciones de la normativa española. El capítulo se cierra con unas reflexiones finales.

EL EFECTIVO COMO FACILITADOR DEL BLANQUEO DE DINERO

En el trabajo académico más relevante que encontré sobre el efectivo desde el punto de vista del blanqueo de dinero, Riccardi y Levi[3] hacen una referencia inexcusable a un informe de Europol de título bien elocuente: "¿Por qué es el efectivo aún el rey?"[4]. Este informe, publicado en 2015, versaba pre-

---

3 Riccardi, M. y Levi, M., "Cash, Crime and Anti-Money Laundering", en King, C.; Walker, C. y Gurulé, J. (eds.), *The Palgrave Handbook of Criminal and Terrorism Financing Law,* Palgrave Macmillan, Cham, Switzerland, 2018, pp. 135-163.

4 Europol (European Union Agency for Law Enforcement Cooperation), "Why is Cash Still King? A Strategic Report on the Use of Cash by Criminal Groups as a

cisamente sobre la utilización del efectivo como facilitador del blanqueo de dinero, de la que los citados autores trazan las coordenadas básicas. En primer lugar, es un hecho cierto que el efectivo en circulación de los países resulta a menudo desproporcionado con respecto a sus demandas reales para transacciones legales, y no parece que ello pueda explicarse únicamente por el papel del efectivo como depósito de valor, sino que responde también a la existencia de transacciones ilegales. Para el caso de España, los datos de efectivo en circulación que proporciona el Banco Central Europeo (ECB, por sus siglas en inglés) resultan, a estos efectos, engañosos. El motivo es que los importes de billetes en circulación atribuidos a nuestro país reflejan, en puridad, la diferencia entre el valor de los billetes puestos en circulación por el Banco de España (BdE) desde la creación del euro y el de los retornados al propio BdE (destruidos por él o en existencias en él). Esa diferencia ha venido cayendo desde la Gran Recesión hasta alcanzar en algunos meses valores negativos (gráfico 1), lo que invita a pensar que deben de haber migrado a España cuantiosas sumas de efectivo procedentes de emisiones de otros bancos centrales nacionales de la Eurozona.

Gráfica 1. Billetes de euro en circulación por país en miles de millones de €: España

Fuente: ECB, https://data.ecb.europa.eu/data/datasets

Facilitator for Money Laundering", European Police Office, The Hague, Netherlands, 2015. Disponible en Internet en el enlace (acceso el 9 de septiembre de 2024): https://www.europol.europa.eu/cms/sites/default/files/documents/europolcik%20%281%29.pdf

Mucho menos engañosa resulta la llamada *ratio de efectivo*, que se calcula como el cociente entre el importe de las retiradas en cajeros automáticos (una proxy del uso de efectivo) y la suma de los pagos totales en puntos de venta (TPV) y de persona a persona (P2P). En la gráfica 2, derecha, se muestran las ratios de España y la Eurozona resultantes del estudio realizado en 2019 sobre las actitudes de pago de los consumidores de la Eurozona (SPACE)[5].

Gráfica 2. Proporción de instrumentos de pago en TPV y P2P en España en el año 2019 (s/número de pagos en el panel izquierdo, s/valor de los pagos en el panel derecho)

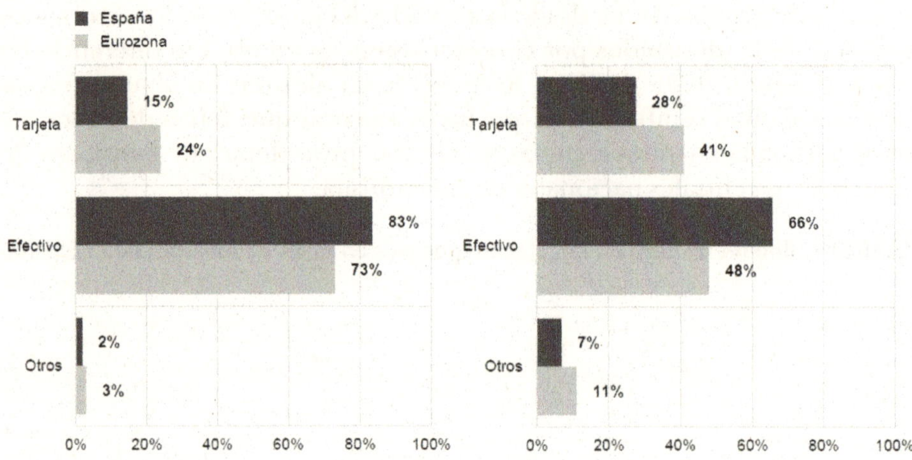

Notas: El estudio distingue tres categorías de pagos. 1) Realizados a través de TPV (Terminal Punto de Venta), que es el lugar en el que se venden y pagan bienes y servicios, como tiendas y restaurantes, así como servicios fuera del hogar. 2) P2P (Person-to-person), que incluye todos los pagos realizados de un particular a otro particular sin intermediarios. 3) Pagos a distancia, que incluye los pagos realizados en línea a través de Internet, los giros postales y telefónicos y el pago de facturas. Para estos pagos, Alemania se excluye del cálculo de las medias de la Eurozona. Tampoco se incluye el valor de los pagos de facturas porque se desconoce la frecuencia con la que se ha pagado la factura y, por lo tanto, el valor de la factura puede referirse a un pago único, semanal, mensual o anual.
Fuente: ECB, *Study on the payment attitudes of consumers in the euro area (SPACE)*, *cit.*, p. 106.

Mientras que en la Eurozona el 73% de los pagos en TPV y P2P se hace en efectivo, en España la proporción es 10 puntos porcentuales más. Y la distancia es aún mayor en la ratio de efectivo, 18 puntos porcentua-

---

5 ECB (European Central Bank), *Study on the payment attitudes of consumers in the euro area (SPACE)*, ECB, Frankfurt am Main, Germany, 2020. Disponible en: https://service.betterregulation.com/document/474371

les más en nuestro país que en la Eurozona. Esas cifras se inscriben, sin embargo, en una tendencia decreciente de la proporción de pagos en efectivo y paulatino aumento de los pagos con tarjeta y mediante aplicaciones móviles. Una tendencia que, además, se ha intensificado durante la pandemia.

En el caso de España, en efecto, la participación de los pagos en efectivo en el número total de pagos en terminales punto de venta y de persona a persona cae del 83% en 2019 al 66% en 2022. En términos de valor, los pagos en efectivo pasan de representar el 66% al 51% del importe total de las dos citadas categorías de pagos. Con todo, los consumidores españoles aún mantienen una preferencia por el efectivo mayor que el consumidor medio de la Eurozona-19. Del número total de pagos en TPV y P2P en 2022, la proporción de pagos en efectivo es seis puntos porcentuales mayor en España que en la Eurozona. Y, del valor total de los pagos en TPV y P2P en ese mismo año, la porción correspondiente a pagos en efectivo en España supera en ocho puntos porcentuales a la de la Eurozona. Nuestra economía presenta, en suma, mayores ratios de efectivo que la Eurozona en su conjunto, y ello la hace más propicia a actividades como las de la economía sumergida, el crimen organizado, la evasión fiscal o el blanqueo de dinero[6].

---

6 *Cfr.*, sobre las asociaciones de la ratio de efectivo con esas actividades, Riccardi, M. y Levi, M., *op. cit.*, p. 141, y la bibliografía allí citada.

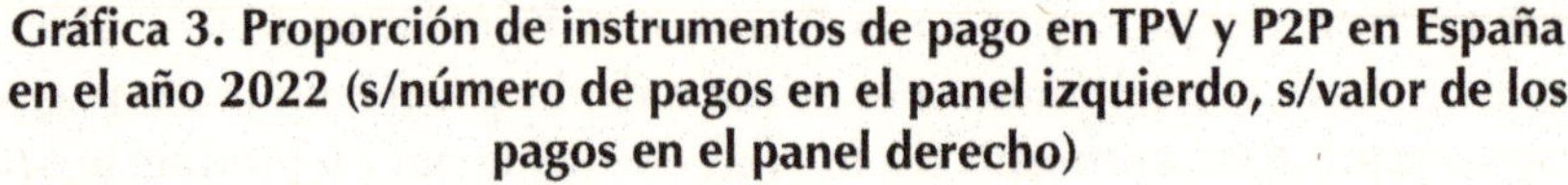

Gráfica 3. Proporción de instrumentos de pago en TPV y P2P en España en el año 2022 (s/número de pagos en el panel izquierdo, s/valor de los pagos en el panel derecho)

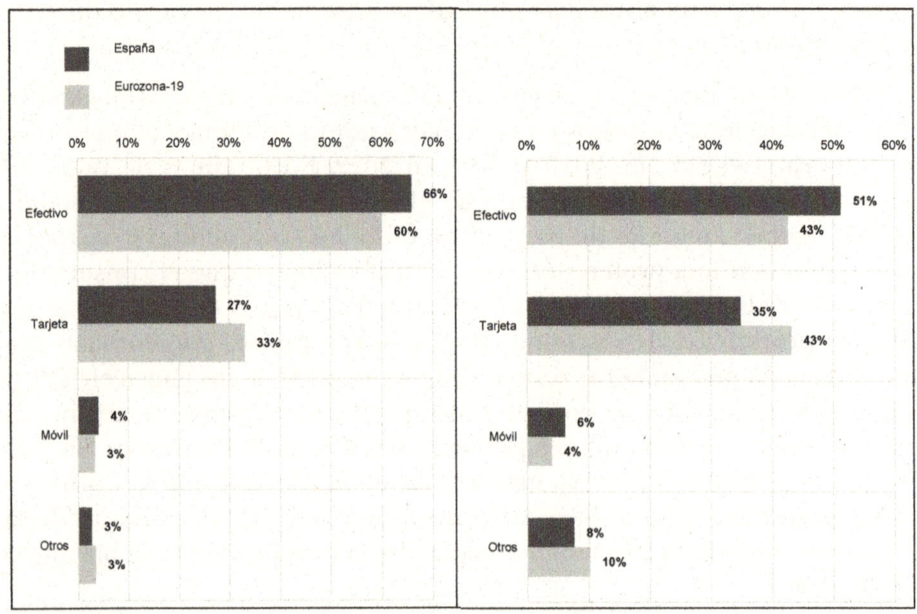

Nota: como el *SPACE-2022* no ofrece una tabla o gráfica conjunta para los pagos en TPV y P2P, se ha partido de los datos de cada una de ambas categorías y se ha calculado su suma ponderada, tomando como ponderaciones los pesos relativos de una y otra categorías en el total de las dos (pesos inferidos de la "Chart 1" del trabajo de Ferrando y Posada que se cita abajo como fuente). Fuente: elaboración propia a partir de los datos estadísticos del *Study on the payment attitudes of consumers in the euro area (SPACE)-2022* (https://www.ecb.europa.eu/stats/ecb_surveys/space/html/index.en.html#sb), y de los ofrecidos por Ferrando, L. y Posada, D., "The use of cash and other means of payment: how is the way we pay changing?", en *Banco de España's Economic Bulletin*, Q1, 2023, Article 01, p. 2.

Riccardi y Levi[7] aportan otros elementos que nos permiten aproximarnos más al papel del efectivo como facilitador del blanqueo de dinero. Señalan que el mercado de la droga es intensivo en efectivo, que los sobornos de la corrupción suelen pagarse en efectivo, y que la extorsión, la explotación sexual y el contrabando de migrantes son generadores de efectivo. Se refieren al contrabando de efectivo "a granel" o *bulk cash smuggling*, es decir, a la transferencia de efectivo en grandes cantidades a través de las fronteras nacionales sin cumplir la obligación de declararlo —una práctica

7 *Op. cit.*

ampliamente utilizada por diversas organizaciones criminales, aunque no siempre con fines de blanqueo[8]—. Y destacan que los negocios y activos intensivos en efectivo se emplean con frecuencia para blanquear dinero sucio. Se entiende, pues, que las sucesivas evaluaciones supranacionales de riesgos de blanqueo de la Unión Europea reserven un lugar destacado al efectivo[9]. Al fin y al cabo, el efectivo se caracteriza por el anonimato, el fácil transporte y la "intrazabilidad", que los delincuentes tratan de aprovechar para desplazarlo a lugares donde predomina la utilización de este tipo de dinero, o donde la supervisión del sistema financiero es débil[10].

EL SISTEMA DE CONTROLES SOBRE EL EFECTIVO TRANSPORTADO POR PERSONA FÍSICA ESTABLECIDO POR EL REGLAMENTO 1889/2005 DE LA UE

La relevancia del efectivo para el blanqueo de dinero, puesta de manifiesto en la sección anterior, llevó en su momento a las instituciones europeas a percibir el riesgo de utilización de movimientos de efectivo para eludir los controles antiblanqueo del sistema financiero. De ahí que tales controles, establecidos por la I Directiva ABD de 1991[11], se complementasen posteriormente con el *sistema de controles de los movimientos de efectivo* previsto en el Reglamento 1889/2005[12], que se aprobó en paralelo a la III

---

8 A propósito de esto, Riccardi, M. y Levi, M., *op. cit.*, p. 143, traen a colación el caso de Cuellar v United States, cuya sentencia condenatoria fue apelada por Cuellar porque entendía que su contrabando de efectivo no respondía al propósito de crear la apariencia de fondos legítimos.

9 *Cfr.* Snijder-Kuipers, B., "Navigating the Anti-Money Laundering Landscape – The Role Companies Play in Protecting the Financial System", en *Journals IBFD – Finance and Capital Markets*, vol. 24, n.º 4, 2023, y las referencias que se hacen en su sección "3. Efectivo".

10 *Cfr.* EC (European Commission), "Report from the Commission to the European Parliament and the Council on the assessment of the risk of money laundering and terrorist financing affecting the internal market and relating to cross-border activities", 27-10-2022 [COM(2022) 554 final], p. 7.

11 Directiva 91/308/CEE del Consejo, de 10 de junio de 1991, relativa a la prevención de la utilización del sistema financiero para el blanqueo de capitales. Diario Oficial de la Unión Europea L n.º 166, de 28 de junio de 1991.

12 Reglamento (CE) 1889/2005, del Parlamento Europeo y del Consejo, de 26 de octubre de 2005, relativo a los controles de la entrada o salida de dinero efectivo de la Comunidad. Diario Oficial de la Unión Europea L n.º 309, de 25 de noviembre de 2005.

Directiva ABD[13]. Se consagró así, en la política antiblanqueo de la UE, una aproximación de *base legal dual* que combinaba Directiva y Reglamento[14]. Esa dualidad de instrumentos normativos se ha vuelto aún más prominente al aprobarse el Reglamento 2024/1624[15] y la Directiva 2024/1640[16], que abren una nueva etapa de primacía en este ámbito de los Reglamentos frente a las tradicionalmente hegemónicas Directivas.

El sistema de controles del Reglamento 1889/2005 era de aplicación a las *personas físicas que entrasen o saliesen de la UE transportando efectivo o efectos al portador*[17]*, por importes iguales o superiores a 10.000 euros.* Su diseño se inspiraba en la Recomendación 32 del GAFI, que requería a los países contar con las siguientes medidas para detectar el transporte físico transfronterizo de moneda e instrumentos negociables:

– un sistema de declaración o revelación;

---

13 Directiva 2005/60/CE del Parlamento Europeo y del Consejo, de 26 de octubre de 2005, relativa a la prevención de la utilización del sistema financiero para el blanqueo de capitales y para la financiación del terrorismo. Diario Oficial de la Unión Europea L n.º 309, de 25 de noviembre de 2005. Cabe destacar que esta Directiva supuso, en cuanto a sus disposiciones no penales, "un cambio definitivo de paradigma hacia una orientación sensible al riesgo o enfoque basado en el riesgo para todos los Estados miembros de la UE" (Borlini, L. S., "EU Anti-Money Laundering Regime: An Assessment within International and National Scenarios", en *Paolo Baffi Centre Research Paper Series,* n.º 125, 2012, p. 26).

14 *Cfr.* Herlin-Karnell, E., "White-collar crime and European financial crises: getting tough on EU market abuse", en *European Law Review,* n.º 4, 2012, pp. 481-494. Luego también publicado en *European Current Law,* nº 10, 2012, pp. ix-xx.

15 Reglamento (UE) 2024/1624, del Parlamento Europeo y del Consejo, de 31 de mayo de 2024, relativo a la prevención de la utilización del sistema financiero para el blanqueo de capitales o la financiación del terrorismo. Diario Oficial de la Unión Europea L, de 19 de junio de 2024.

16 Directiva (UE) 2024/1640 del Parlamento Europeo y del Consejo, de 31 de mayo de 2024, relativa a los mecanismos que deben establecer los Estados miembros a efectos de la prevención de la utilización del sistema financiero para el blanqueo de capitales o la financiación del terrorismo, por la que se modifica la Directiva (UE) 2019/1937 y se modifica y deroga la Directiva (UE) 2015/849. Diario Oficial de la Unión Europea L, de 19 de junio de 2024.

17 En el art. 2 del Reglamento 1889/2005, *cit.,* se precisaba que la categoría de efectos negociables al portador incluía instrumentos monetarios como los cheques de viaje e instrumentos negociables (incluidos cheques, pagarés y órdenes de pago), aun en el caso de que estos últimos fuesen instrumentos incompletos, es decir, firmados pero con omisión del nombre del beneficiario.

– autoridad legal para detener o restringir el efectivo por sospecha o falsedad en la declaración o revelación; y

– sanciones eficaces, proporcionales y disuasivas, y facultades de decomiso.

Así, cualquier persona que entrase o saliese de la UE con efectivo o efectos al portador cuyo importe superase el citado umbral, habría de rellenar y presentar en la aduana (o ante otra autoridad competente) la correspondiente declaración en el punto de control por el que entrase en la Unión o saliese de ella[18]. La declaración debería contener una serie de datos especificados en el propio Reglamento: a) el declarante, a saber, su nombre y apellidos, lugar y fecha de nacimiento y nacionalidad; b) el propietario del dinero efectivo; c) el destinatario del dinero efectivo; d) el importe y la naturaleza del dinero efectivo; e) la procedencia y el uso previsto del dinero efectivo; f) el itinerario de transporte; y g) el modo de transporte[19]. Se dejaba en manos de los Estados miembros la elección de la vía (escrita, verbal o electrónica) de transmisión de la información, aunque salvaguardando los derechos del declarante a optar por una declaración escrita y a obtener, en tal caso, copia compulsada de ella[20]. Los funcionarios de las autoridades competentes estarían facultados a controlar a las personas físicas, sus equipajes y sus medios de transporte[21]. De detectarse omisión, incorrección o "incompletud" de la declaración, podría retenerse el dinero efectivo por decisión administrativa[22]. Se regulaban también aspectos de registro y tratamiento de la información, así como la transmisión de esta entre Estados o, incluso, a la Comisión Europea cuando el efectivo guardase relación con cualquier actividad ilegal nociva para los intereses financieros de la Comunidad[23]. Finalmente, la fijación de sanciones se confiaba a los Estados miembros, aunque exigiéndoles que las sanciones fuesen eficaces, proporcionadas y disuasorias[24].

---

18 *Cfr.* art. 3 del Reglamento 1889/2005, *cit.* La referencia a otras autoridades competentes abarcaba cualesquiera otras autoridades facultadas por los Estados miembros para aplicar el Reglamento, según se aclaraba en el art. 2 del propio Reglamento.

19 *Cfr.* art. 3.2 del Reglamento 1889/2005, *cit.*

20 *Cfr.* art. 3.3 del Reglamento 1889/2005, *cit.*

21 *Cfr.* art. 4.1 del Reglamento 1889/2005, *cit.*

22 *Cfr.* art. 4.2 del Reglamento 1889/2005, *cit.*

23 *Cfr.* arts. 5-7 del Reglamento 1889/2005, *cit.*

24 *Cfr.* art. 9 del Reglamento 1889/2005, *cit.*

Pese al innegable avance que supuso el Reglamento cuyo contenido acaba de resumirse, los especialistas lo consideraron defectivo en algunos puntos. Sveinsdóttir, por ejemplo, criticó que no contuviese previsión alguna sobre los movimientos transfronterizos de efectivo *dentro* de la UE[25]. En el ámbito de su investigación, que era la trata de seres humanos, los informes disponibles sugerían que ello representaba una notable laguna, toda vez que la mayor parte de las ganancias procedentes de la trata que tenía lugar en la UE permanecían en la UE[26]. Labayle y Long, por su parte, cuestionaron que el Reglamento no se refiriese al oro ni a otros objetos preciosos, que en ciertos contextos delictuales pueden hacer las veces del efectivo[27]. En el mismo sentido se pronunció el informe ya citado de Europol, que puso el foco en la adquisición por los delincuentes de *bienes de gran valor* como relojes, obras de arte, vehículos de lujo, metales preciosos y joyas[28]. Tales bienes permiten integrar las ganancias del delito en la economía legal, convirtiendo el efectivo en activos susceptibles de apreciarse, algunos de los cuales son además fácilmente liquidables, movibles y negociables a escala mundial[29]. Otro de los problemas detectados en el informe de Europol y, al año siguiente, en la evaluación de impacto del Reglamento de 2005 que aportó la Comisión Europea[30], fue el contrabando de efectivo en envíos postales y de mercancías. Al no quedar estos movimientos de efectivo no acompañado cubiertos por el Reglamento, solo se exigía respecto a ellos, a lo sumo, una declaración aduanera[31]. Se abría así una brecha

25 *Cfr.* Sveinsdóttir, Þ., "Assessing the effectiveness of the EU AML regime: Detecting and investigating cases of trafficking in human beings", en *New Journal of European Criminal Law*, vol. 9, n.º 4, 2018, p. 477.

26 *Cfr. op. ult. cit.*, p. 478.

27 *Cfr.* Labayle, H. y Long, N., *Overview of European and International Legislation on Terrorist Financing*, Brussels: European Parliament, Directorate General for Internal Policies, Policy Department C – Citizens' Right and Constitutional Affairs, 2009, p. 26.

28 *Cfr.* Europol, "Why is Cash Still King?", *cit.*, p. 36.

29 *Cfr. ibid.*

30 *Cfr.* EC (European Commission), "Impact assessment accompanying the document Proposal for a Regulation of the European Parliament and of the Council on controls on cash entering or leaving the Union and repealing Regulation (EC) No 1889/2005", Commission Staff Working Document, 21-12-2016 [SWD(2016) 470 final].

31 A lo sumo, porque ni siquiera eso se exigiría de negarse que el efectivo sea un "bien", en el sentido que da a esta palabra la legislación aduanera. *Cfr.* EC, "Impact assessment accompanying the document Proposal for a Regulation of the

(cuadro 1) entre el alcance de los datos de esa declaración y el más amplio conjunto de datos que proporcionaba la declaración del efectivo acompañado por persona física.

Cuadro 1. Comparación entre los dos formularios de declaración

Formulario de declaración del efectivo	Formulario de declaración aduanera
Declarante, incluyendo nombre completo, fecha y lugar de nacimiento y nacionalidad	Declarante, incluyendo nombre completo, fecha y lugar de nacimiento y nacionalidad
Propietario del efectivo	No requerido
Destinatario previsto del efectivo	No requerido
Importe y naturaleza del efectivo	Importe y naturaleza del efectivo
Procedencia y uso previsto del efectivo	No requerido
Ruta de transporte	Ruta de transporte
Medio de transporte	Medio de transporte

Fuente: EC, "Impact assessment accompanying the document Proposal for a Regulation of the European Parliament and of the Council on controls on cash entering or leaving the Union and repealing Regulation (EC) No 1889/2005", *cit.*, p. 14.

LA EXTENSIÓN DEL SISTEMA AL EFECTIVO NO ACOMPAÑADO POR PERSONA FÍSICA EN EL REGLAMENTO 2018/1672 DE LA UE

Las fallas del Reglamento de 2005 señaladas en la sección precedente habrían sido, ya de por sí, motivo suficiente para reformarlo. Además, en sus lustros de vigencia se registraron avances en la comprensión de los mecanismos utilizados para el traslado transfronterizo de efectivo de origen ilícito, y dichos avances se tradujeron luego en recomendaciones, normas y "mejores prácticas". Todo ello aconsejó efectuar en el Reglamento modificaciones tan amplias que se prefirió derogarlo y sustituirlo por uno nuevo[32]. En lo que respecta al efectivo no acompañado por persona física, la ya citada evaluación de impacto que aportó la Comisión Europea analizó *cinco opciones de política pública* (cuadro 2). La primera, dejar todo como estaba, resultaría radicalmente ineficaz para afrontar los problemas planteados y ni siquiera permitiría a la UE cumplir sus obligaciones internacionales. La segunda consistía en complementar el sistema de declaración ya

European Parliament and of the Council on controls on cash entering or leaving the Union and repealing Regulation (EC) No 1889/2005", *cit.*, p. 15.

32 *Cfr.* considerando 8 de la exposición de motivos del Reglamento 2018/1672/(UE), *cit.*

existente con otro de revelación (*disclosure system*) para los movimientos de efectivo no acompañado, que permitiría a las autoridades nacionales competentes realizar controles basados en el riesgo y requerir selectivamente información adicional a la de la declaración de aduanas. Esta opción se consideró eficaz y a la vez flexible, percibiéndose como poco costosa y la menos intrusiva para cumplir la norma internacional. Fue la preferida en la evaluación de impacto.

Cuadro 2. Resumen del análisis de impacto de las 5 opciones contempladas de política y selección de la opción preferida

Opción de política	EFICACIA	COSTE/ CARGA	IMPACTO EN DATOS PERSONALES/ DERECHOS FUNDS.	CONCLUSIÓN
A: LÍNEA DE BASE, sin cambio de política).	– –	0	0	– –
B: Sistema de declaración para personas físicas y sistema de revelación para efectivo enviado por correo o carga.	+	0	–	0
C: Sistema obligatorio de declaración para todos los movimientos de efectivo superiores al umbral.	+	–	– –	– –
D: Sistema de declaración para todos los movimientos superiores al umbral salvo exención para las instituciones financieras registradas.	–	– –	–	– – – –
E: Sistema totalmente basado en la revelación, tanto para el efectivo transportado por personas físicas como para el enviado por correo/mercancía.	– –	+	0	–

Fuente: reelaboración de la tabla contenida en EC, "Impact assessment accompanying the document Proposal for a Regulation of the European Parliament and of the Council on controls on cash entering or leaving the Union and repealing Regulation (EC) No 1889/2005", *cit.*, p. 39, incorporando textualmente las opciones.

Las otras tres opciones resultaban, o más desequilibradas (C y E), o manifiestamente desventajosas (D). La generalización del sistema de declaración a todos los movimientos de efectivo superiores al umbral fijado, primaría la eficacia a costa de mayores cargas y más intromisión en los derechos individuales. El sistema totalmente basado en la revelación pecaría de lo contrario, es decir, primaría la minimización de costes y de intromisión en los derechos sobre la eficacia antiblanqueo. La generalización del sistema de declaración a todos los movimientos superiores al umbral pero excepcionando a las instituciones financieras registradas, se valoró negativamente en las tres dimensiones. La eficacia de esta opción se resentiría porque no siempre se podría determinar con rapidez si una compañía es una institución financiera registrada y, por tanto, procede aplicar la exención. Ello supondría además una carga administrativa adicional respecto a la alternativa C, con la que compartiría el considerable impacto en los derechos fundamentales y datos personales. En el cuadro 3, se resumen en lenguaje verbal las principales ventajas de la opción preferida (opción B).

Cuadro 3. Resumen de la opción preferida

Problema	**Cobertura imperfecta de los movimientos transfronterizos de efectivo**
Opción preferida	Opción B: Aplicar el sistema de declaración actual para las personas físicas, pero prever un sistema de revelación para el dinero en efectivo enviado por correo o a portes debidos.
Impactos	Se mantendría la línea de base (evaluada como ampliamente satisfactoria) y se cumpliría la Recomendación 32 del GAFI. Un sistema de revelación de información combina flexibilidad con el poder de exigir una declaración cuando se hallen envíos sospechosos. La información puede utilizarse para futuros análisis de riesgos.
Evaluación de la eficacia en la lucha contra la delincuencia	Las administraciones podrán recopilar más datos que con el Reglamento de 2005 cuando se trate de efectivo enviado por correo o carga. Esto aumentará las posibilidades de investigar el origen del efectivo enviado y, de ese modo, también podrá ser útil a la hora de investigar delitos.

Fuente: transposición de las dos primeras filas de la tabla contenida en EC, "Impact assessment accompanying the document Proposal for a Regulation of the European Parliament and of the Council on controls on cash entering or leaving the Union and repealing Regulation (EC) No 1889/2005", *cit.*, pp. 53-56.

Para esa opción B, la evaluación de impacto llega incluso a ofrecer cuantificaciones de costes para el conjunto de la UE en dos escenarios alternativos, basándose en la siguiente *batería de supuestos*: a) coste laboral de 25 euros/hora; b) el tiempo medio de completar una declaración son 10 minutos y su envío requiere otros 20 minutos; c) el tiempo medio para un control inicial son 3 minutos/expediente y para el seguimiento otros 30 minutos/expediente, mientras que las infracciones requieren 2 horas de seguimiento por expediente; d) los controles serán efectuados por las autoridades competentes en el ejercicio de sus funciones habituales (controles de parcelas); e) tiempo de detección de 3 minutos/paquete; f) seguimiento de 30 minutos/expediente cuando se requiere revelación; g) el 25% de los casos en que se requiere revelación conllevarán 2 horas/expediente de nuevas averiguaciones; y h) cumplimentar la declaración para los operadores supone 30 min/declaración[33]. Como muestra el cuadro 2, el coste total por año estaría entre 312.500 euros y 1.937.500 euros, en función del escenario considerado.

Cuadro 4. Cuantificación de los costes por año de la opción B para toda la UE

	Tiempo de detección	Seguimiento sobre las declaraciones de revelación	Consultas adicionales	Coste total para las autoridades	Coste total para operadores que necesitan completar una declaración	Total general por año
Escenario 1: 10.000 detecciones, revelación requerida en 80% de casos	30.000 min/ 500 horas a 25 €/h = **12.500 €**	8.000 casos * 0,5 h * 25 €/h = **100.000 €**	2.000 casos * 2 h * 25 €/h = **100.000 €**	**212.500 €**	8.000 casos * 0,5 h /declaración * 25 €/h = **100.000 €**	**312.500 €**
Escenario 2: 50.000 detecciones, revelación requerida en 100% de casos	150.000 min/2.500h a 25 €/h = **62.500 €**	50.000 casos * 0,5 h * 25 €/h = **625.000 €**	12.500 casos * 2 h * 25 €/h = **625.000 €**	**1.312.500 €**	50.000 casos * 0,5 h/ declaración * 25 €/h = **625.000 €**	**1.937.500 €**

Fuente: EC, "Impact assessment accompanying the document Proposal for a Regulation of the European Parliament and of the Council on controls on cash entering or leaving the Union and repealing Regulation (EC) No 1889/2005", *cit.*, p. 37.

Finalmente, el nuevo Reglamento 2018/1672 descartó la opción A pero evitó imponer la B, decantándose por dejar un margen de elección a los Estados miembros de la UE. Concretamente, se dispuso que las autoridades competentes de cada Estado miembro tuviesen la *potestad de exigir una declaración informativa* cuando, a través de sus fronteras, *entrase o saliese de la Unión efectivo no acompañado por persona física* por importe igual o superior a 10.000 euros[34]. Los obligados a declarar serían, según el caso, el remi-

---

33 *Cfr.* EC, "Impact assessment accompanying the document Proposal for a Regulation of the European Parliament and of the Council on controls on cash entering or leaving the Union and repealing Regulation (EC) No 1889/2005", *cit.*, p. 36.

34 *Cfr.* art. 4.1 del Reglamento 2018/1672/(UE), *cit.*

tente o el destinatario del efectivo, o su representante[35]. La relativamente indeterminada expresión "podrán exigir... una declaración" cobra pleno sentido a la luz del considerando 18 de la exposición de motivos del Reglamento, que precisaba que la declaración informativa podría exigirse *de forma sistemática o caso por caso*, según los procedimientos nacionales. De aquí podría inferirse que las susodichas opciones B, C y D tienen cabida en el Reglamento.

El *efectivo no acompañado* es el que forma parte de un envío sin portador[36]. A modo de ejemplo, se mencionan los envíos postales, los envíos por mensajería, el equipaje no acompañado y la carga en contenedores[37]. Ha de tenerse en cuenta, además, que el efectivo enviado sin portador puede consistir tanto en dinero en metálico o efectos negociables al portador (ya incluidos en la definición de efectivo del Reglamento de 2005) como en *tarjetas de prepago* o *materias primas utilizadas como depósitos de valor de gran liquidez*[38]. Las primeras son tarjetas no nominativas ni vinculadas a una cuenta bancaria y que, sin embargo, permiten movilizar un valor monetario para realizar pagos o adquirir bienes o servicios, así como para obtener dinero en metálico[39]. Dado que esas tarjetas se pueden utilizar para transferir un valor considerable a través de las fronteras nacionales, es necesario poderles aplicar los controles de efectivo, máxime cuando algunas de ellas pueden adquirirse sin someterse a los procedimientos de diligencia debida respecto al cliente[40]. Las materias primas utilizadas como depósitos de valor de gran liquidez se caracterizan por tener una elevada ratio valor/volumen, ser objeto de negociación en mercados internacionales accesibles con costes de transacción exiguos, y presentarse en su mayoría de forma normalizada[41].

La declaración informativa ha de *contener los siguientes datos* especificados en el propio Reglamento: a) el declarante, a saber, su nombre y apellidos,

35 *Cfr. ibid.*

36 Art. 2.1.i) del Reglamento 2018/1672/(UE), *cit.*

37 *Cfr.* considerando 18 de la exposición de motivos del Reglamento 2018/1672/(UE), *cit.*

38 *Cfr.* art. 2.1.a) del Reglamento 2018/1672/(UE), *cit.*

39 *Cfr.* considerando 16 de la exposición de motivos del Reglamento 2018/1672/(UE), *cit.*

40 *Cfr. ibid.*

41 *Cfr.* art. 2.1.e) y considerando 15 de la exposición de motivos del Reglamento 2018/1672/(UE), *cit.*

datos de contacto, lugar y fecha de nacimiento, nacionalidad y número de su documento identificativo; b) el propietario del efectivo, con unos datos u otros en función de si es persona física o jurídica; c) el remitente del efectivo, diferenciándose de nuevo entre los datos para personas físicas y para personas jurídicas; d) el destinatario actual o previsto del efectivo, con la misma diferenciación entre personas físicas y jurídicas; e) la naturaleza y el importe o valor del efectivo; f) la procedencia económica del efectivo; y g) el uso al que se vaya a destinar el efectivo[42]. Los datos habrán de facilitarse *por escrito o por vía electrónica* a través de un formulario ajustado al modelo establecido por la Comisión Europea, pudiendo el declarante obtener una copia autenticada de su declaración informativa[43].

Para que este marco regulatorio sea eficaz, son de capital importancia 1) las *facultades de control* y 2) los *mecanismos de reacción* ante incumplimientos de las obligaciones de informar del efectivo no acompañado o indicios de vinculación de ese efectivo con actividades delictivas. Respecto a lo primero, se dispone que "las autoridades competentes estarán facultadas para controlar cualquier envío, receptáculo o medio de transporte que pueda contener efectivo no acompañado"[44]. Respecto a lo segundo, el incumplimiento de la obligación de informar del efectivo no acompañado precipita, para empezar, la redacción de una declaración de oficio por las autoridades competentes que contendrá, hasta donde sea posible, todos los datos enumerados con anterioridad[45]. Y si hay indicios de que una suma de efectivo de menos de 10.000 euros, que entra o sale de la UE sin portador, está vinculada a una actividad delictiva, dichas autoridades consignarán esa información indiciaria además de los referidos datos[46]. Se faculta, por otro lado, a las autoridades competentes a intervenir temporalmente el efectivo no acompañado cuando no se haya cumplido la obligación de informar o haya indicios de vinculación a actividades delictivas[47]. La intervención se limitará al tiempo necesario y no excederá de 30 días, pudiendo prorrogarse justificadamente hasta un máximo de 90 días[48]. Por último, se exige a los

---

42 *Cfr.* art. 4.2 del Reglamento 2018/1672/(UE), *cit.*

43 *Cfr.* art. 4.3 del Reglamento 2018/1672/(UE), *cit.*

44 *Cfr.* art. 5.2 del Reglamento 2018/1672/(UE), *cit.*

45 *Cfr.* art. 5.3 del Reglamento 2018/1672/(UE), *cit.*

46 *Cfr.* art. 6.2 del Reglamento 2018/1672/(UE), *cit.*

47 *Cfr.* art. 7.1 del Reglamento 2018/1672/(UE), *cit.*

48 *Cfr.* art. 7.3 del Reglamento 2018/1672/(UE), *cit.*

Estados miembros el establecimiento de sanciones "efectivas, proporcionadas y disuasorias" al incumplimiento de la obligación de informar[49].

Del artículo 8 en adelante, la regulación es *prácticamente la misma tanto para los movimientos de efectivo acompañado como para los de efectivo no acompañado.* Se contemplan aspectos como las campañas de información sobre derechos y obligaciones derivados del propio Reglamento (art. 8), el suministro de información a las Unidades de Inteligencia Financiera (UIF) (art. 9), el intercambio de información entre las autoridades competentes y entre estas y la Comisión (art. 10), el intercambio de información con terceros países (art. 11), el secreto y la confidencialidad profesionales y la seguridad de los datos (art. 12), la protección de datos personales y los períodos de conservación de los datos (art. 13), las sanciones (art. 14), el ejercicio de la delegación por la Comisión Europea (art. 15) y los actos de ejecución que esta ha de adoptar (art. 16). Mención aparte merecen la transmisión de información sobre la aplicación del propio Reglamento (art. 18) y su evaluación quinquenal por la Comisión Europea (art. 19), que vienen a conformar un ciclo potencialmente valioso de retroalimentación y rendición de cuentas. Se contempla, además, que el informe de evaluación quinquenal de la Comisión valore en particular, entre otras cosas, la eficacia del procedimiento de información sobre el efectivo no acompañado y la posible obsolescencia del umbral establecido para él[50].

Contamos ya con dos períodos de *información estadística* sobre los controles de movimientos de efectivo realizados en aplicación del Reglamento, el primero del 3 de junio de 2021 al 2 de junio de 2022[51] y el segundo del 3 de junio de 2022 al 2 de junio de 2023[52]. Centrándonos en el período más reciente, cabe destacar que el efectivo no acompañado repre-

---

[49] *Cfr.* art. 14 del Reglamento 2018/1672/(UE), *cit.*

[50] *Cfr.* art. 19.1.b) y c) del Reglamento 2018/1672/(UE), *cit.*

[51] *Cfr.* EC, "Cash Controls Statistical Data 3 June 2021-2 June 2022 (inclusive) according to Article 18 of Regulation (EU) 2018/1672 on controls on cash entering or leaving the Union", publicado el 25 de noviembre de 2022. Disponible en internet: https://taxation-customs.ec.europa.eu/document/download/dc1fd221-6299-4f32-b0c1-d7695080dd45_en?filename=20221125%20-%20Cash%20Controls%20Statistical%20Data%203%20June%202021%20-2%20June%202022.pdf

[52] *Cfr.* EC, "Cash Controls Statistical Data 3 June 2022-2 June 2023 (inclusive) according to Article 18 of Regulation (EU) 2018/1672 on controls on cash entering or leaving the Union", publicado el 12 de diciembre de 2023. Disponible en internet: https://taxation-customs.ec.europa.eu/system/files/2023-12/20231212%20-%20Cash%20Controls%20Statistical%20Data%203.6.2022-%202.6.2023_0.pdf

sentó el 4,53% de los 126.725 millones de euros de efectivo identificados como entrando o saliendo de la UE (gráfico 4). En términos de número de casos tramitados en las fronteras de la Unión, se registraron 2.588 de efectivo no acompañado frente a 104.479 de efectivo acompañado. En otras palabras, el efectivo no acompañado apenas supuso el 2,42% de los casos tramitados.

Gráifco 4. Cantidad total de efectivo identificada como siendo transportada a través de las fronteras de la Unión (en euros)

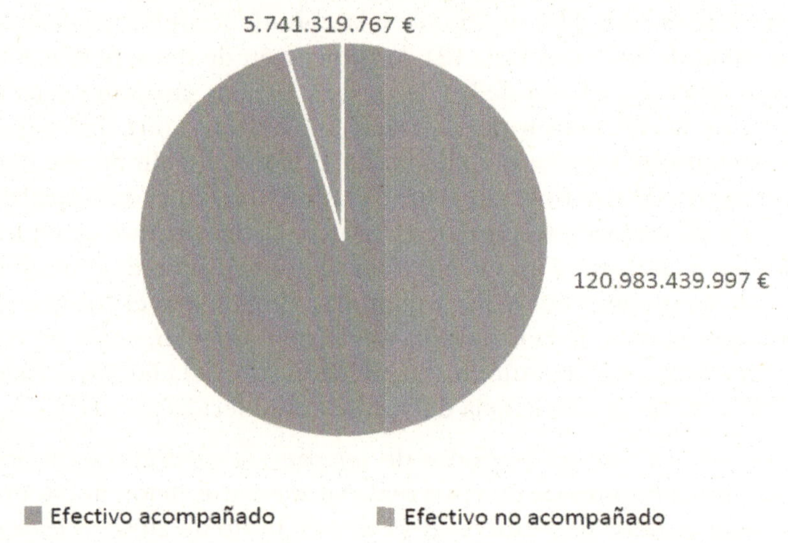

Fuente: EC, "Cash Controls Statistical Data 3 June 2022-2 June 2023…", *cit.*, p. 1.

De los 5.741 millones de euros de efectivo no acompañado que se identificó como cruzando las fronteras de la UE, el 79,27% fue efectivo al salir frente al 20,73% de efectivo entrante (gráfico 5). Ello contrasta abiertamente con las proporciones de salida y entrada de efectivo acompañado por persona física, que fueron 18,9% y 81,1%, respectivamente. *Predominaron pues, amplísimamente, los movimientos de salida en el efectivo no acompañado y los de entrada en el efectivo acompañado.* En cambio, en términos de número de casos tramitados en las fronteras de la Unión relativos a movimientos de efectivo no acompañado, se registraron 1.353 de efectivo entrante frente a 1.235 de efectivo saliente. En otras palabras, los movimientos de efectivo entrante supusieron el 52,28% de los 2.588 casos tramitados de movimientos de efectivo no acompañado.

Gráfico 5. Importe total en € del efectivo no acompañado al entrar y al salir de la UE

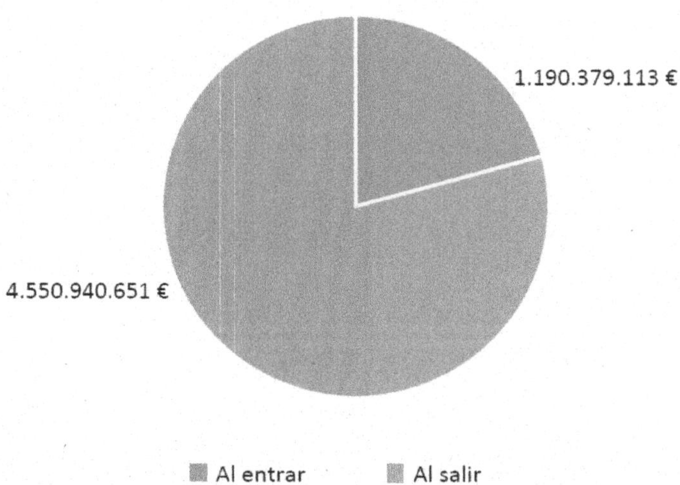

Fuente: EC, "Cash Controls Statistical Data 3 June 2022-2 June 2023...", *cit.*, p. 4.

Un aspecto de especial relevancia para el presente capítulo es la *proporción de los importes asociados a infracciones sobre los importes objeto de revelación* (véase gráfico 6). En los movimientos de salida de la UE, el importe ligado a infracciones apenas equivalió a un 0,001% del importe objeto de declaraciones informativas. En los movimientos de entrada en la UE, el importe ligado a infracciones equivalió a un 0,12% del importe cubierto por las declaraciones informativas. Si comparamos ambas proporciones con las registradas entre los importes ligados a infracciones y los declarados en los movimientos de efectivo acompañado por persona física, concluiremos que unas y otras fueron similares en el efectivo entrante en la UE pero muy diferentes en los movimientos de salida: 0,001% en el efectivo no acompañado frente a 0,436% en el acompañado por persona física. En términos de número de casos tramitados, las proporciones también difirieron en función de que los movimientos fuesen de salida o entrada. Sobre movimientos de salida de efectivo no acompañado, los 4 casos relativos a infracciones equivalieron a un 0,32% de los 1.231 casos de revelaciones sin infracción. Sobre movimientos de entrada, en cambio, la proporción ascendió a un 3,6%. A primera vista, pues, la eficacia de la Unión para detectar infracciones en las salidas de efectivo no acompañado parece más bien testimonial.

Gráfica 6. Importes en euros relativos a revelaciones (sin infracción) e infracciones

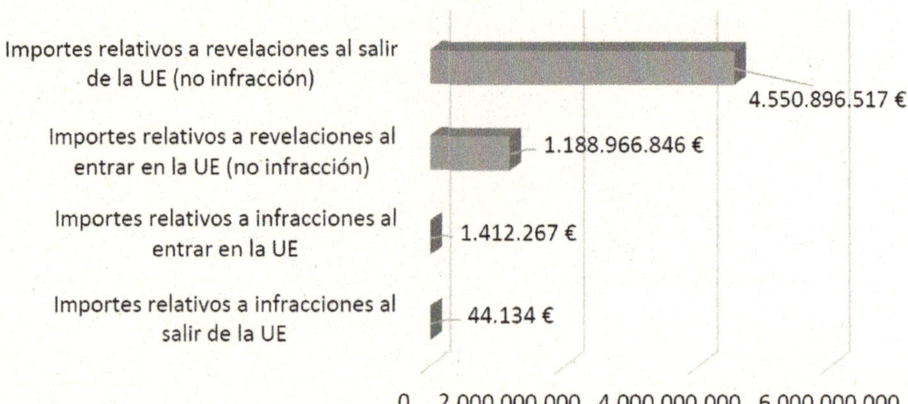

Notas: Los *importes relativos a revelaciones* corresponden a la situación de efectivo no acompañado para el cual el remitente o el destinatario del efectivo, o un representante de estos, ha presentado una declaración informativa a petición de las autoridades competentes. Los *importes relativos a infracciones* corresponden a las siguientes situaciones: 1) declaraciones informativas de oficio ante la ausencia de declaración del obligado, declaraciones informativas incompletas o incorrectas, o incumplimiento del deber de puesta a disposición del efectivo para su control; 2) información obtenida para casos de efectivo por debajo del umbral de 10.000 euros, cuando hay indicios de que el efectivo está relacionado con una actividad delictiva; y 3) declaraciones informativas, cuando haya habido indicios de que el efectivo está relacionado con una actividad delictiva.
Fuente: EC, "Cash Controls Statistical Data 3 June 2022-2 June 2023…", *cit*., pp. 5-6.

Un último aspecto a comentar de la citada información estadística es la *clasificación de los casos tramitados según el tipo de efectivo involucrado*. Del 3 junio de 2022 al 2 de junio de 2023, los billetes estuvieron involucrados en 2.348 casos, las barras de oro en 131, las monedas en 89, las monedas de oro en 71, otros en 38, cheques en 4 y las pepitas de oro en 2. La suma de todos ellos no tiene por qué coincidir con el número total de casos que di con anterioridad, ya que una declaración de efectivo o una declaración informativa de efectivo pueden incluir más de un tipo de efectivo.

INCORPORACIÓN DE LAS OBLIGACIONES DE INFORMAR DEL EFECTIVO NO ACOMPAÑADO POR EL REAL DECRETO-LEY 7/2021 Y SU DESARROLLO EN LA ORDEN 1217/2022, DEL MINISTERIO DE ASUNTOS ECONÓMICOS Y TRANSFORMACIÓN DIGITAL

A la hora de aplicar el nuevo Reglamento, España no partía en absoluto de cero. La evaluación de 2014 del GAFI había ya considerado que nuestro país cumplía los 11 criterios de la susodicha Recomendación 32, por lo que la aplicación de esta se calificó de conforme[53]. La posterior revisión de 2019 reafirmó la calificación[54]. Sin embargo, la Orden 1439/2006, del Ministerio de Economía y Hacienda, no hacía referencia expresa alguna al efectivo no acompañado. Ha habido que esperar al Real Decreto-Ley 7/2021 y a la Orden 1217/2022, del Ministerio de Asuntos Económicos y Transformación Digital, para poder contar con un marco propio de Derecho interno ajustado al Reglamento comunitario de 2018.

Un primer aspecto a destacar de dicho marco jurídico es que, en línea con nuestra tradición para el efectivo acompañado, el deber de declaración del efectivo no acompañado *se extiende a los movimientos intracomunitarios y nacionales*. Se achica así una de las vías de escape apuntadas por la literatura académica y, al menos en lo que respecta a los movimientos intracomunitarios, se nos alinea con países como Bélgica, Francia, Alemania e Italia y se nos aleja de aquellos otros (Austria, Rumanía, Holanda) que limitan la obligación de declarar a los movimientos que entran en la UE o salen de ella[55]. Debe, sin embargo, notarse que la extensión de la obligación de declarar a los movimientos de efectivo no acompañado dentro del territorio español, se realiza subrepticiamente en la citada Orden ministerial. El art. 2.3 de la Orden incluye, en efecto, entre las modalidades de movimientos de medios de pago sometidos a declaración previa, los "movimientos por territorio nacional de medios de pago, *acompañados o no*, previstos en la letra b) del artículo 34.1 de la Ley 10/2010, de 28 de abril". Pero el precepto

---

53 *Cfr.* FATF (Financial Action Task Force), "Anti-money laundering and counter-terrorist financing measures: Spain. Mutual Evaluation Report", FATF/OECD, Paris, 2014, pp.

54 *Cfr.* FATF (Financial Action Task Force), "Anti-money laundering and counter-terrorist financing measures – Spain. 5th Year Follow-Up Assessment Report of Spain", FATF, Paris, 2019, pp. Disponible en: http://www.fatf-gafi.org/publications/mutualevaluations/documents/fuar-spain-2019.html

55 *Cfr.* Riccardi, M. y Levi, M., *op. cit.*, p. 150.

legal invocado, en su redacción por el RDL 7/2021, se refiere únicamente al efectivo acompañado por persona física. Estamos, pues, ante una decisión ministerial que extiende el ámbito de la obligación de declarar más allá de lo previsto en el citado Real Decreto-Ley.

Otro aspecto relevante y con profundas implicaciones operativas es la opción por *exigir de forma sistemática* que se declare el efectivo no acompañado, siempre que su importe sea igual o superior a 10.000 euros (movimientos extra- e intracomunitarios) o a 100.000 euros (movimientos nacionales). La expresión legal de que "cuando se produzca la entrada o salida del territorio nacional... deberá presentarse declaración"[56] no deja, en principio, lugar a dudas en lo que respecta a los movimientos extra- e intracomunitarios. En cuanto a los movimientos nacionales, se ha aludido ya a la calificación "acompañados o no" que el art. 2.3 de la citada Orden aplica a los movimientos por territorio español sujetos a declaración previa. Además, ya la propia exposición de motivos de la Orden "destaca, como novedad, la creación del modelo S-2 para la declaración de (...) los movimientos dentro del territorio nacional no acompañados".

Todo ello *posiciona nuestro marco jurídico en la opción C de las contempladas en la evaluación de impacto de la Comisión Europea*, a saber, un sistema obligatorio de declaración para todos los movimientos de efectivo superiores a determinado umbral (10.000 euros y, en el caso específico de España, también 100.000 euros para movimientos nacionales). Se trata de un sistema que genera gran volumen de información y es pretendidamente eficaz, aunque en la práctica los delincuentes probablemente no declaren y la eficacia real dependerá, por tanto, de los controles[57]. Los costes o cargas administrativas del sistema serán elevados para los individuos y empresas que cumplan la ley, así como para la Administración pública. Y su impacto en los derechos fundamentales a la vida privada y la protección de datos personales no será desdeñable, puesto que la proporción de infracciones que se detecten, probablemente ínfima, se habrá obtenido a costa de tener a una masa de declarantes proporcionando datos personales y detalles sobre sus transacciones[58].

---

[56] Art. 34.2 de la Ley 10/2010, de 28 de abril, en su redacción por el RDL 7/2021, artículo tercero.

[57] *Cfr.* EC, "Impact assessment accompanying the document Proposal for a Regulation of the European Parliament and of the Council on controls on cash entering or leaving the Union and repealing Regulation (EC) No 1889/2005", *cit.*, p. 37.

[58] *Cfr. op. ult. cit.*, p. 38.

Para la declaración de movimientos intracomunitarios y nacionales de efectivo no acompañado se crea el *modelo S-2*, mientras que los movimientos extracomunitarios se han de declarar conforme al modelo aprobado por el Reglamento de Ejecución 2021/776 de la UE[59], que nuestra Orden ministerial denomina *modelo E-2*. De hecho, el modelo S-2 es casi un calco del modelo E-2. Una primera diferencia entre ambos se deriva directamente de los distintos tipos de movimientos de efectivo a que se refieren. Dado que el modelo S-2 se emplea para declarar movimientos intracomunitarios y nacionales, se ha de indicar si los medios de pago están entrando desde un país de la UE, saliendo a un país de la UE o moviéndose dentro del territorio nacional. El modelo E-2, en cambio, está diseñado para declarar movimientos extracomunitarios y, por tanto, lo que se ha de indicar es si el efectivo está entrando en la UE o saliendo de ella. Una segunda diferencia entre ambos modelos es la referencia expresa a la tarjeta prepago en el bloque de datos sobre los medios de pago del modelo S-2, que no figura en el E-2. Una tercera diferencia se encuentra en el bloque de datos relativo al origen o procedencia del efectivo y a su destino o finalidad. Mientras que el modelo S-2 se limita a ejemplificar posibles orígenes o destinos en sus "notas sobre la cumplimentación", el modelo E-2 ofrece listados en los que indicar una o más opciones. Una última diferencia radica en la contemplación, en el modelo S-2, de un formulario estandarizado para las hojas adicionales a presentar si hay más de un propietario o destinatario del efectivo.

Por desgracia, los datos estadísticos periódicos de la Comisión Europea sobre la aplicación de los controles de efectivo no están desagregados por países. Se puede entonces, para obtener datos sobre España, acudir a las Memorias de Información Estadística de la Comisión de Prevención del Blanqueo de Capitales e Infracciones Monetarias. El problema de esta fuente estadística es que se limita al *número e importe totales de las declaraciones por movimientos de efectivo en frontera*, sin distinguir entre efectivo acompañado y no acompañado ni entre movimientos extra- e intracomunitarios. En la última Memoria publicada[60], se representan los datos del período

---

59 *Cfr.* Reglamento de Ejecución (UE) 2021/776, de la Comisión, de 11 de mayo, por el que se establecen los modelos de determinados formularios, así como las normas técnicas para el intercambio efectivo de información en virtud del Reglamento (UE) 2018/1672 del Parlamento Europeo y del Consejo, relativo a los controles de la entrada o salida de efectivo de la Unión. Diario Oficial de la Unión Europea L n.º 167, de 12 de mayo de 2021.

60 *Cfr.* CPBCIM (Comisión de Prevención del Blanqueo de Capitales e Infracciones Monetarias), *Memoria Información Estadística 2018-2022*, Madrid: CPBCIM,

2018-2022 (gráficos 7 y 8). El número de declaraciones por movimientos de efectivo en frontera sufrió una drástica caída en 2020, año central de la pandemia, para luego irse recuperando. El importe global de esas declaraciones también cayó de forma pronunciada en 2020, pero, tras un cierto repunte al año siguiente, se disparó en 2022. No parece que semejante aumento pueda explicarse sólo por las dos novedades que entraron en juego en junio de 2021, esto es, por las declaraciones de efectivo no acompañado y la consideración como efectivo de las materias primas líquidas usadas como depósito de valor.

Gráf. 7. Declaraciones por movimiento de medios de pago en efectivo en frontera por importe superior o igual a 10.000 € (núm. de operaciones)

Gráf. 8. Declaraciones por movimiento de medios de pago en efectivo en frontera por importe superior o igual a 10.000 € (millones €)

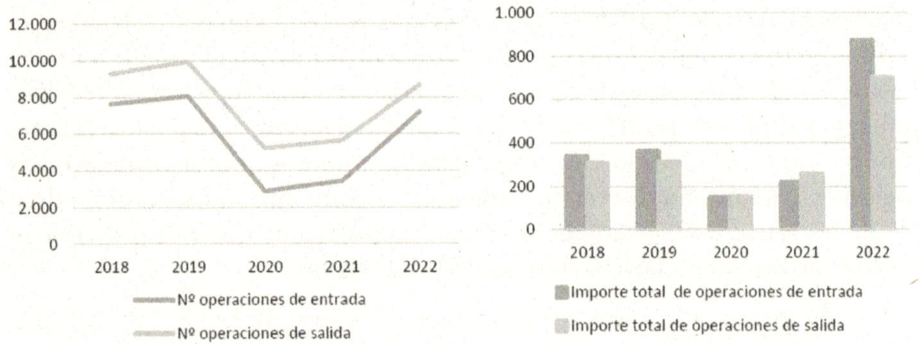

Fuente: CPBCIM, Memoria Información Estadística 2018-2022, *cit.*, p. 22, que toma los datos del Sepblac.

Un aspecto de especial relevancia es el de los *mecanismos de control, intervención provisional y sanciones a los infractores.* En cuanto a los primeros, se faculta a los funcionarios aduaneros y policiales a controlar e inspeccionar las mercancías que puedan contener efectivo no acompañado, así como cualquier sistema de envío y transporte que pueda contener efectivo no acompañado[61]. La referencia a "funcionarios aduaneros y policiales" viene a concretar, en este contexto, la expresión "autoridades competentes" del art. 5.2 del Reglamento 2018/1672/(UE), y puede ponerse en relación

2024. Disponible en: https://www.sepblac.es/wp-content/uploads/2024/03/Memoria-informacion-estadistica-2018-2022.pdf

61 *Cfr.* art. 35.1, §2°, de la Ley 10/2010, de 28 de abril, en su redacción por el RDL 7/2021, artículo tercero.

con la lista de cuatro autoridades competentes facilitada a la UE por el Reino de España: aduanas, Policía Nacional, Guardia Civil y policías autonómicas[62]. La mención expresa a las "mercancías que puedan contener medios de pago no acompañados" apunta directamente a una forma típica de contrabando de efectivo, aunque la facultad de inspeccionarlas puede entenderse ya implícita en la facultad que reconoce el Reglamento comunitario de "controlar cualquier envío, receptáculo o medio de transporte que pueda contener efectivo no acompañado"[63].

En lo que respecta a la intervención provisional del efectivo no acompañado, esta se prevé si se incumplen las obligaciones de informar, existen indicios de vinculación del efectivo a una actividad delictiva o el efectivo no se pone a disposición de las autoridades para su control. Una precisión relevante del Real Decreto-Ley es la de que "en todo caso se considerará información incorrecta o incompleta la falta de veracidad total o parcial de los datos relativos al portador, propietario, remitente, destinatario, procedencia o uso previsto de los medios de pago, así como la variación por exceso o defecto del importe declarado respecto del real en más de un 10 por ciento o de 3.000 euros"[64]. Nótese que, al menos sobre el papel, lo que aquí se pretende es obligar a la Administración a intervenir en tales supuestos y no proporcionar seguridad a los involucrados en el movimiento de efectivo, ya que el precepto deja claro que la existencia de información incorrecta o incompleta puede apreciarse también en otros supuestos.

El régimen de la intervención provisional contenido en el RDL 7/2021 desarrolla el Reglamento europeo en otra serie de extremos. Se dispone que la intervención provisional no alcanzará al *mínimo de supervivencia* que pueda determinarse mediante orden ministerial[65], fijándose finalmente en

---

62 *Cfr.* EC (European Commission), "Lista de autoridades competentes facultadas para aplicar el Reglamento 2018/1672 en los Estados miembros de la UE y en el Reino Unido por lo que respecta a Irlanda del Norte". Disponible en internet: https://taxation-customs.ec.europa.eu/system/files/2023-12/20231207%20-%20List%20of%20competent%20authorities%20empowered%20to%20apply%20Regulation%202018-1672%20in%20EU%20MS%20and%20UK%20in%20respect%20of%20NI.pdf

63 *Cfr.* art. 5.2 del Reglamento 2018/1672/(UE), *cit.*

64 *Cfr.* art. 35.2.c) de la Ley 10/2010, de 28 de abril, en su redacción por el RDL 7/2021, artículo tercero.

65 *Cfr.* art. 35.2 de la Ley 10/2010, de 28 de abril, en su redacción por el RDL 7/2021, artículo tercero.

esta un máximo de 1.000 euros por persona y movimiento[66]. Los medios de pago intervenidos se ingresarán en cuentas abiertas a nombre de la Comisión de Prevención del Blanqueo de Capitales e Infracciones Monetarias (CPBCIM)[67]. La devolución total o parcial del efectivo no acompañado previamente intervenido se hará poniéndolo a disposición de las personas obligadas o responsables de la declaración[68]. En caso de intervención de divisas para las que la CPBCIM no disponga de cuenta en el Banco de España, se procederá a la inmediata conversión al euro tras la intervención y se utilizará el tipo de cambio a esa fecha para cualquier devolución ulterior[69]. En otras palabras, podría decirse que el riesgo cambiario de esa intervención de divisas recaerá en la Administración si, entre la inicial conversión y la devolución, la divisa se deprecia. En cambio, de apreciarse la divisa, será aquel a quien se devuelvan las divisas el que recibirá una suma menor que si se aplicase el cambio vigente a la fecha de devolución. El acta de intervención, que tendrá valor probatorio, se trasladará al Sepblac para su investigación y a la Secretaría de la CPBCIM para la incoación, en su caso, de un procedimiento sancionador[70]. Sin embargo, contra la intervención provisional de efectivo a las personas físicas, los interesados podrán formular reclamación ante la persona titular de la Secretaría de la CPBCIM en el plazo de 15 días hábiles[71].

Los gráficos 9 y 10 permiten aproximarse un poco a la aplicación real de las facultades de intervención provisional del efectivo en España, aunque no hagan posible desagregar el análisis en función del acompañamiento o no por persona física del efectivo afectado. En la situación pre-pandemia, el número de actas de intervención era mucho mayor en los movimientos de salida que en los de entrada, pero en los años 2020-22 las actas sobre entra-

---

66 *Cfr.* art. 12.1 de la Orden 1217/2022, del Ministerio de Asuntos Económicos y Transformación Digital, que dispone que “la autoridad actuante, atendidas las circunstancias del caso, podrá acordar la no intervención de un máximo de 1.000 euros por persona y movimiento en concepto de mínimo de supervivencia”.

67 *Cfr.* art. 35.3 de la Ley 10/2010, de 28 de abril, en su redacción por el RDL 7/2021, artículo tercero.

68 *Cfr.* art. 35.4 de la Ley 10/2010, de 28 de abril, en su redacción por el RDL 7/2021, artículo tercero.

69 *Cfr.* art. 35.4, §2°, de la Ley 10/2010, de 28 de abril, en su redacción por el RDL 7/2021, artículo tercero.

70 *Cfr.* art. 35.5, §1°, de la Ley 10/2010, de 28 de abril, en su redacción por el RDL 7/2021, artículo tercero.

71 *Cfr.* art. 35.5, §2°, de la Ley 10/2010, de 28 de abril, en su redacción por el RDL 7/2021, artículo tercero.

das de efectivo superaron a las levantadas sobre salidas. El número de actas se mantuvo, pese a todo, bastante estable en ese último trienio. Distinta es la evolución de las cuantías intervenidas, que se desploman en los años 2020-21 para luego aumentar un 113% en 2022. Cabe preguntarse si no tendrá ello que ver con la obligación impuesta a la Administración de intervenir el efectivo en los supuestos del art. 35.2.c) de la Ley 10/2010, en su redacción por el RDL 7/2021. Las cuantías confiscadas por sanción experimentaron, en cambio, un continuo descenso debido al cambio en la cuantificación de las sanciones motivado por la STJUE (sala primera) de 31 de mayo de 2018. Dicho cambio, introducido por el RDL 11/2018, de 31 de agosto, redujo la sanción máxima del duplo al 50% del valor del efectivo.

Gráf. 9. Actas de intervención en frontera > 10.000 € (sin declaración). ***Número de actas por infracción.***

Gráf. 10. Actas de intervención en frontera > 10.000€ (sin declaración). ***Millones de euros.***

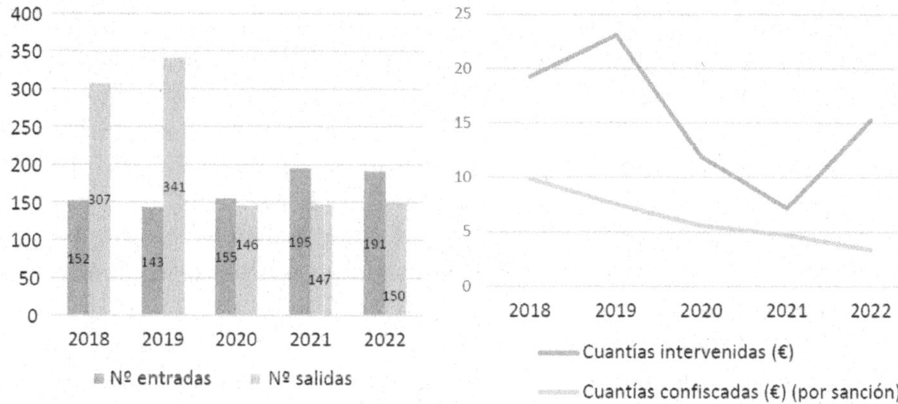

Fuente: CPBCIM, Memoria Información Estadística 2018-2022, *cit.*, p. 23, que toma los datos del Sepblac.

La *Memoria de Información Estadística* de la CPBCIM precisa que se imputan a cada año las cuantías intervenidas en el ejercicio correspondiente, al margen de que la fecha de inicio del expediente administrativo pueda situarse en un ejercicio anterior[72]. Otro tanto cabe decir de las cuantías confiscadas por sanción, que "incluyen aquellas cuya resolución sancionadora fue dictada en ese ejercicio, prescindiendo de la fecha de cobro, del momento del inicio del expediente o de la intervención de la cantidad, lo que con frecuencia ocurre en otros años"[73]. Aun teniendo esto en cuenta,

---

[72] *Cfr.* CPBCIM, *Memoria Información Estadística 2018-2022, cit.*, p. 23.

[73] *Cfr. ibid.*

parece interesante conocer grosso modo las proporciones que representan el efectivo intervenido y el confiscado por sanción con respecto al importe declarado de movimientos de efectivo en frontera. Para ello basta con hacer unos sencillos cálculos, poniendo en relación el gráfico 10 con el gráfico 8 anteriormente examinado. De los cálculos se desprende que *el efectivo intervenido en el último año de la serie equivalió al 1% del efectivo declarado en frontera, mientras que el efectivo confiscado por sanción equivalió a un 0,2% del declarado en frontera.* Un interrogante a plantearse es si tales porcentajes serán igual de bajos en la categoría específica de movimientos de efectivo no acompañado. El análisis para el conjunto de la UE realizado en la sección anterior da pie a pensar que puedan ser incluso más bajos. Nótese, además, que la propia evaluación de impacto de la Comisión Europea recurrió a extrapolar a los movimientos de efectivo no acompañado los porcentajes registrados en los movimientos de efectivo acompañado por persona física[74].

Finalmente, se ha de hacer referencia a las sanciones a los infractores, que constituyen el elemento de cierre del sistema. De hecho, la eficacia en la aplicación del marco antiblanqueo de la UE se puede ver socavada por la ausencia o escasa utilización de poderes sancionadores a nivel nacional, que algunas autoridades competentes atribuyen a la existencia de obstáculos legales que les impiden imponer sanciones[75]. En el ámbito específico de los movimientos de efectivo, no han faltado países en el mundo que, por carecer de sanciones o no ser estas realmente disuasorias, han recibido puntuaciones bajas en los informes de evaluación mutua del grado de cumplimiento de las recomendaciones del GAFI[76]. En el caso de España, sin embargo, el informe de evaluación mutua de 2014 consideró cumplido el criterio 5 de la Recomendación 32[77]. El incumplimiento de la obliga-

---

74 Según los datos que manejaban entonces los evaluadores, el número de infracciones detectadas de la obligación de declarar los movimientos de efectivo acompañado por persona física equivalía a menos de un 10% del número total de declaraciones. *Cfr.* EC, "Impact assessment accompanying the document Proposal for a Regulation of the European Parliament and of the Council on controls on cash entering or leaving the Union and repealing Regulation (EC) No 1889/2005", *cit.*, p. 38.

75 *Cfr.* Petit, C. A., "Anti-money laundering", en Scholten, M. (ed.), *Research Handbook on the Enforcement of EU Law,* Edward Elgar, Cheltenham, UK, 2023, p. 257.

76 *Cfr.* Zolkaflil, S.; Omar, N.; Abdullah, W. N. H.; Nazatul, S. y Mustapha, F. S., "A Review on Compliance Rating: FATF Special Recommendation IX Cross Border Declaration or Disclosure", en *Procedia Economics and Finance,* n.º 31, 2015, p. 547.

77 *Cfr.* FATF, "Anti-money laundering and counter-terrorist financing measures: Spain. Mutual Evaluation Report", *cit.*, p. 150.

ción de declarar el efectivo transportado constituía una infracción grave, cuya sanción máxima se había elevado de la mitad al duplo del efectivo utilizado. Se añadía que, "para garantizar la proporcionalidad, la sanción aplicable por el incumplimiento de la obligación de declaración se determina teniendo en cuenta las circunstancias agravantes, como el modo de ocultación, la cantidad no declarada, la falta de prueba del origen de los fondos, la intencionalidad o la reiteración de la conducta, etc."[78].

Con todo, la mera existencia de esos criterios de modulación no despejaba las dudas sobre la proporcionalidad de la sanción máxima del duplo del efectivo transportado. Así lo subrayó García Moreno a raíz de la STJUE (Sala segunda), de 15 de julio de 2015, que consideró desproporcionada la sanción del 60% del valor del efectivo contemplada en la legislación húngara, por entender que "una sanción que consistiera en una multa de un importe inferior, combinada con una medida de retención del dinero en efectivo no declarado (...), permitiría alcanzar los objetivos perseguidos por el citado Reglamento sin rebasar los límites de lo que resulta necesario al efecto"[79]. Al fin y al cabo, la finalidad de las sanciones a que se refería el artículo 9 del Reglamento n.º 1889/2005 no era castigar eventuales actividades fraudulentas o ilícitas, sino el mero incumplimiento de la obligación de declarar[80]. Finalmente, la ya citada STJUE (sala primera) de 31 de mayo de 2018, relativa a una petición de decisión prejudicial planteada por el Tribunal Superior de Justicia de Madrid, corroboró que los artículos 63 y 65 del Tratado de Funcionamiento de la Unión Europea (TFUE) se oponían a una normativa como la española. Es decir, se oponían a una normativa que establecía que el incumplimiento de la obligación de declarar sumas elevadas de efectivo que cruzasen las fronteras nacionales se sancionaría con una multa de hasta el doble del importe no declarado. Fruto de ello, el RDL 11/2018, de 31 de agosto, redujo la sanción máxima del duplo al 50% del valor del efectivo transportado. Se llega de este modo a la situación actual, en la que la falta de declaración de los medios de pago constituye una infracción grave[81] y lleva aparejada una multa mínima de

---

78 *Cfr. ibid.*

79 *Cfr.* García Moreno, V. A., "La vulneración del principio de proporcionalidad en la tipificación de las sanciones por no declarar medios de pago en efectivo a la entrada o salida de la UE (a propósito de la Sentencia del Tribunal de Justicia de la Unión Europea, de 15 de julio de 2015)", en *Carta Tributaria. Revista de Opinión*, n.º 7, 2015, pp. 47-51.

80 *Cfr. op. ult. cit.*

81 *Cfr.* arts. 52.3.a) y 34.2 de la Ley 10/2010.

600 euros y máxima del 50% del valor del efectivo empleado, junto con una amonestación pública o privada[82]. El régimen sancionador para los movimientos de efectivo no acompañado es, pues, el mismo que para los movimientos de efectivo acompañado por persona física.

REFLEXIONES FINALES

En las últimas décadas, se han aprobado dos Reglamentos comunitarios con el propósito declarado de atajar los riesgos delictivos inherentes a los movimientos de efectivo acompañado por persona física y de efectivo no acompañado. Cuando los primeros alcanzan los 10.000 euros, los portadores deben declararlo a las autoridades competentes del Estado miembro a través del cual entren o salgan de la UE. Cuando son los de efectivo no acompañado los que alcanzan esa cifra, las mismas autoridades competentes *podrán exigir*, de forma sistemática o caso por caso, una declaración informativa. Con esto último, se deja en manos de los Estados miembros la elección entre un sistema de declaración y uno de revelación para los movimientos de efectivo no acompañado.

Hay quien estima que tales previsiones vienen, en conjunto, a conformar algo similar al *modelo de divulgación basado en umbrales*, ya que los deberes de declarar y trasladar luego la información a la UIF no necesariamente se asocian a una sospecha específica de vínculo entre el efectivo transportado y el blanqueo de dinero[83]. Yendo más allá, se ha sostenido que la abstracta consideración de los flujos de efectivo y transacciones financieras como potencialmente delictivos ha llevado a imponer, sobre ellos, un control generalizado que afecta a casi toda la población financieramente activa y resulta, incluso, contradictorio con la actual orientación de la economía[84]. Por más que ese control "puede parecer extremadamente eficaz desde el punto de vista de la consecución de los objetivos de control en ámbitos de la vida cotidiana", se "plantea justificadamente la cuestión de si las medidas

---

82 *Cfr.* art. 57.3 de la Ley 10/2010.

83 Siena, F. A., "The European anti-money laundering framework – At a turning point? The role of financial intelligence units", en *New Journal of European Criminal Law,* vol. 13, n.º 2, 2022, p. 228.

84 Karaliota, N.; Kompatsiari, E.; Lampakis, C. y Kaiafa-Gbandi, M., "The New EU Counter-Terrorism Offences and the Complementary Mechanism of Controlling Terrorist Financing as Challenges for the Rule of Law", en *Brill Research Perspectives in Transnational Crime,* 3(1), 2020, pp. 38 y 44.

adoptadas se sitúan deliberadamente fuera del ámbito del Derecho penal con el fin de eludir las garantías de este último"[85].

Las reservas hacia el régimen comunitario recogidas en el párrafo anterior parecen más pertinentes respecto a la normativa española. *De las opciones compatibles con el Reglamento 2018/1672/(UE), nuestra normativa se decanta por una notablemente intrusiva,* que consiste en *extender el modelo de declaración basado en umbrales a cualesquiera movimientos de efectivo no acompañado.* En el caso de movimientos extra- e intracomunitarios, la extensión se realiza a través del RDL 7/2021, que impone la obligación de declarar cualquier entrada o salida del territorio nacional de efectivo no acompañado por importe igual o superior a 10.000 euros. En el caso de movimientos nacionales, en cambio, la extensión se hace de forma subrepticia en la citada Orden 1217/2022, que somete a declaración previa los movimientos por territorio nacional de medios de pago, *acompañados o no,* previstos en el art. 34.1.b) de la Ley 10/2010, pese a que tal artículo se refiere únicamente al efectivo acompañado por persona física. Hay que admitir, eso sí, que la extensión a los movimientos nacionales se atenúa con la fijación de un umbral diez veces más alto (100.000 euros).

En la práctica, el sistema español se caracteriza por tener a una *ingente masa de declarantes proporcionando datos personales y detalles sobre sus transacciones para, a la postre, detectar una minúscula proporción de infracciones.* Así se desprende de los cálculos realizados a partir de los datos del último año disponible (2022), que evidencian que el efectivo intervenido apenas equivale al 1% del declarado en frontera, y que el efectivo confiscado por sanción se queda en el 0,2% del montante declarado en frontera. Como en tantas otras ocasiones, nuestros reguladores "no se cortan" a la hora de arrojar sobre nosotros cargas burocráticas de forma relativamente indiscriminada, con tal de que la Administración no tenga que afrontar las exigencias y retos de un control más selectivo. Sin embargo, la eficacia en la lucha contra el contrabando de efectivo no acompañado dependerá, a la hora de la verdad, del ejercicio selectivo de las facultades de control e intervención por las autoridades competentes. Y tampoco ha de olvidarse que, ante el refuerzo de los controles de efectivo, los delincuentes pueden recurrir a la fragmentación de operaciones o a otras vías para blanquear dinero, como puedan ser la *dark web,* el empleo de monedas virtuales, el intercambio de drogas por armas u otros activos, o la utilización de sociedades[86].

---

85 *Cfr. op. ult. cit.*, p. 54.

86 *Cfr.* Riccardi, M. y Levi, M., *op. cit.*, p. 154.

DOCUMENTACIÓN Y BIBLIOGRAFÍA CITADAS

Borlini, L. S., "EU Anti-Money Laundering Regime: An Assessment within International and National Scenarios", en *Paolo Baffi Centre Research Paper Series, n.º 125, 2012.*

CPBCIM (Comisión de Prevención del Blanqueo de Capitales e Infracciones Monetarias), *Memoria Información Estadística 2018-2022*, Madrid: CPBCIM, 2024. Disponible en: https://www.sepblac.es/wp-content/uploads/2024/03/Memoria-informacion-estadistica-2018-2022.pdf

EC (European Commission), "Impact assessment accompanying the document Proposal for a Regulation of the European Parliament and of the Council on controls on cash entering or leaving the Union and repealing Regulation (EC) No 1889/2005", Commission Staff Working Document, 21-12-2016 [SWD(2016) 470 final].

EC (European Commission), "Report from the Commission to the European Parliament and the Council on the assessment of the risk of money laundering and terrorist financing affecting the internal market and relating to cross-border activities", 27-10-2022 [COM(2022) 554 final].

EC (European Commission), "Cash Controls Statistical Data 3 June 2021-2 June 2022 (inclusive) according to Article 18 of Regulation (EU) 2018/1672 on controls on cash entering or leaving the Union", publicado el 25 de noviembre de 2022. Disponible en internet: https://taxation-customs.ec.europa.eu/document/download/dc1fd221-6299-4f32-b0c1-d7695080dd45_en?filename=20221125%20-%20Cash%20Controls%20Statistical%20Data%203%20June%202021%20-2%20June%202022.pdf

EC (European Commission), "Cash Controls Statistical Data 3 June 2022-2 June 2023 (inclusive) according to Article 18 of Regulation (EU) 2018/1672 on controls on cash entering or leaving the Union", publicado el 12 de diciembre de 2023. Disponible en internet: https://taxation-customs.ec.europa.eu/system/files/2023-12/20231212%20-%20Cash%20Controls%20Statistical%20Data%203.6.2022-%202.6.2023_0.pdf

EC (European Commission), "Lista de autoridades competentes facultadas para aplicar el Reglamento 2018/1672 en los Estados miembros de la UE y en el Reino Unido por lo que respecta a Irlanda del Norte". Disponible en internet: https://taxation-customs.ec.europa.eu/system/files/2023-12/20231207%20-%20List%20of%20competent%20authorities%20empowered%20to%20apply%20Regulation%202018-1672%20in%20EU%20MS%20and%20UK%20in%20respect%20of%20NI.pdf

ECB (European Central Bank), *Study on the payment attitudes of consumers in the euro area (SPACE)*, ECB, Frankfurt am Main, Germany, 2020. Disponible en el enlace: https://service.betterregulation.com/document/474371

ECB (European Central Bank), *Study on the payment attitudes of consumers in the euro area (SPACE) — 2022*, ECB, Frankfurt am Main, Germany, 2022. Disponible en: https://www.ecb.europa.eu/stats/ecb_surveys/space/shared/pdf/ecb.spacereport202212~783ffdf46e.en.pdf

Europol (European Union Agency for Law Enforcement Cooperation), "Why is Cash Still King? A Strategic Report on the Use of Cash by Criminal Groups as a Facilitator for Money Laundering", European Police Office, The Hague, 2015. Internet: https://www.europol.europa.eu/cms/sites/default/files/documents/europolcik%20%281%29.pdf

FATF (Financial Action Task Force), "Anti-money laundering and counter-terrorist financing measures: Spain. Mutual Evaluation Report", FATF/OECD, Paris, 2014.

FATF (Financial Action Task Force), "Anti-money laundering and counter-terrorist financing measures – Spain. 5th Year Follow-Up Assessment Report of Spain", FATF, Paris, 2019. http://www.fatf-gafi.org/publications/mutualevaluations/documents/fuar-spain-2019.html

Ferrando, L. y Posada, D., "The use of cash and other means of payment: how is the way we pay changing?", en *Bank of Spain Economic Bulletin,* Q1, 2023, Article 01, pp. 1-13.

García Moreno, V. A., "La vulneración del principio de proporcionalidad en la tipificación de las sanciones por no declarar medios de pago en efectivo a la entrada o salida de la UE (a propósito de la Sentencia del Tribunal de Justicia de la Unión Europea, de 15 de julio de 2015)", en *Carta Tributaria. Revista de Opinión,* n.° 7, 2015, pp. 47-51.

Herlin-Karnell, E., "White-collar crime and European financial crises: getting tough on EU market abuse", en *European Law Review,* n.° 4, 2012, pp. 481-494. Luego también publicado en *European Current Law,* n.° 10, 2012, pp. ix-xx.

Karaliota, N.; Kompatsiari, E.; Lampakis, C. y Kaiafa-Gbandi, M., "The New EU Counter-Terrorism Offences and the Complementary Mechanism of Controlling Terrorist Financing as Challenges for the Rule of Law", en *Brill Research Perspectives in Transnational Crime,* vol. 3, n.° 1, 2020, pp. 1-80.

Labayle, H. y Long, N., *Overview of European and International Legislation on Terrorist Financing,* Brussels: European Parliament, Directorate General for Internal Policies, Policy Department C – Citizens' Right and Constitutional Affairs, 2009.

Mochón, F., *Economía, Teoría y Política, McGraw-Hill/Interamericana de España,* Madrid, 2009.

Petit, C. A., "Anti-money laundering", en Scholten, M. (ed.), *Research Handbook on the Enforcement of EU Law,* Edward Elgar, Cheltenham, UK, 2023, pp. 246-264.

Riccardi, M. y Levi, M., "Cash, Crime and Anti-Money Laundering", en King, C.; Walker, C. y Gurulé, J. (eds.), *The Palgrave Handbook of Criminal and Terrorism Financing Law,* Palgrave Macmillan, Cham, Switzerland, 2018, pp. 135-163.

Siena, F. A., "The European anti-money laundering framework – At a turning point? The role of financial intelligence units", en *New Journal of European Criminal Law,* vol. 13, n.° 2, 2022, pp. 216-246.

Snijder-Kuipers, B., "Navigating the Anti-Money Laundering Landscape – The Role Companies Play in Protecting the Financial System", en *Journals IBFD – Finance and Capital Markets,* vol. 24, n.° 4, 2023.

Sveinsdóttir, Þ., "Assessing the effectiveness of the EU AML regime: Detecting and investigating cases of trafficking in human beings", en *New Journal of European Criminal Law,* vol. 9, n.° 4, 2018, pp. 464-485.

Zolkaflil, S.; Omar, N.; Abdullah, W. N. H.; Nazatul, S. y Mustapha, F. S., "A Review on Compliance Rating: FATF Special Recommendation IX Cross Border Declaration or Disclosure", en *Procedia Economics and Finance,* n.° 31, 2015, pp. 535-550.

El delito de lavado de dinero en la República Argentina: respuesta normativa y la garantía de defensa en juicio para la persona jurídica

JUAN MARÍA RODRÍGUEZ ESTÉVEZ[1]

Abogado argentino

Vocal de la Asociación Iberoamericana de Derecho Penal Económico y de la Empresa

INTRODUCCIÓN

Estas líneas tienen por objeto presentar esquemáticamente la regulación normativa del delito de lavado de dinero en la Argentina, su evolución legal y los distintos puntos que han generado mayores debates en su implementación por parte de los tribunales de justicia.

Por otra parte, el tipo legal de lavado de dinero prevé, en la Argentina, una respuesta penal individual para el sujeto que resulte responsable, a la par que regula un esquema de responsabilidad penal corporativa —una suerte de responsabilidad penal vicarial— para la persona jurídica por medio de la cual el delito se ha cometido. Este modelo de imputación penal corporativa genera cierta fricción con el esquema de responsabilidad penal empresaria previsto en la Ley 27.401, que regula la responsabilidad penal de las personas jurídicas en cuyo beneficio o por su intermedio, se cometieron delitos de corrupción pública[2]. Esta última normativa, ha incorporado un esquema de imputación prioritariamente delineado como de hecho propio o defecto de organización.

Esta diferencia de modelos de imputación penal corporativa, como podrá apreciarse, genera de por sí una tensión sobre el modelo específico de aplicación. Me explico. Si bien es cierto que la normativa del delito de lavado de dinero podría configurarse como un supuesto especialmente

---

1 Abogado (UCA). Master en Derecho penal (Universidades Pompeu Fabra y Barcelona). Doctor en Derecho (Universidad Austral). Profesor de Derecho penal empresario y Derecho procesal penal (Universidad Austral).

2 La Ley 27.401, conocida como régimen penal empresario, fue sancionada por el Congreso Nacional de la República Argentina el 8-XI-2017.

regulado por el legislador mediante un modelo particular de imputación; no lo es menos que la Ley 27.401, que instaura todo un marco normativo completo y complejo para la imputación penal de las empresas, resulta posterior a la normativa sobre el delito de lavado de dinero.

Ahora bien, con independencia de aquel debate, aquello que aquí interesa es establecer —en el ámbito del procesal penal— si las regulaciones procesales que establece el sistema del régimen penal empresario —Ley 27.401— pueden ser trasladadas al ámbito específico del delito de lavado de dinero, con la finalidad de utilizar sus regulaciones para asegurar el respecto del debido proceso penal para el ente sometido a proceso. Más concretamente, el aseguramiento de sus garantías constitucionales. Principalmente, me ocuparé del derecho de defensa en juicio de la persona jurídica sometida a proceso penal con motivo de una investigación por el delito de lavado de dinero iniciada en su contra.

En este contexto, se analizará la manera concreta de operar de la garantía de defensa en juicio para las personas jurídicas imputadas por delitos de corrupción, desde una perspectiva interpretativa que postula que las garantías constitucionales de tutela de derechos judiciales, deben ser trasladadas al ámbito de responsabilidad penal corporativa en el tipo penal de lavado de dinero. Ello, con la finalidad de evitar que su modelo de imputación, prioritariamente vicarial —que parece surgir del tenor literal de su regulación legal— no termine por configurar un supuesto de responsabilidad penal objetiva, sin posible defensa en juicio para la empresa acusada de intervención en el delito.

MARCO NORMATIVO

1. El delito de lavado de dinero en la Argentina se encuentra previsto en el Título XIII del Código penal bajo la denominación "delitos contra el orden económico y financiero". El artículo 303 establece:

> 1. Será reprimido con prisión de tres (3) a diez (10) años y multa de dos (2) a diez (10) veces del monto de la operación, el que convirtiere, transfiriere, administrare, vendiere, gravare, adquiriere, disimulare o de cualquier otro modo pusiere en circulación en el mercado, bienes u otros activos provenientes de un ilícito penal, con la consecuencia posible de que el origen de los bienes originarios o los subrogantes adquieran la apariencia de un origen lícito, y siempre que su valor supere la suma de ciento cincuenta (150) Salarios mínimos, vitales y móviles al momento de los hechos, sea en un solo acto o por la reiteración de hechos diversos vinculados entre sí.
> 2. La pena prevista en el inciso 1) será aumentada en un tercio del máximo y en la mitad del mínimo, en los siguientes casos:

> a) Cuando el autor realizare el hecho con habitualidad o como miembro de una asociación o banda formada para la comisión continuada de hechos de esta naturaleza.
> b) Cuando el autor fuera funcionario público que hubiera cometido el hecho en ejercicio u ocasión de sus funciones. En este caso, sufrirá además pena de inhabilitación especial de tres (3) a diez (10) años. La misma pena sufrirá el que hubiere actuado en ejercicio de una profesión u oficio que requieran habilitación especial.
> c) El que recibiere bienes u otros activos provenientes de un ilícito penal, con el fin de hacerlos aplicar en una operación de las previstas en el inciso 1), que les dé la apariencia posible de un origen lícito será reprimido con la pena de prisión de seis (6) meses a tres (3) años.
> d) Si el valor de los bienes no superare la suma indicada en el inciso 1), el autor será reprimido con la pena de multa de cinco (5) a veinte (20) veces del monto de la operación.
> e) Las disposiciones de este artículo regirán aún cuando el ilícito penal precedente hubiera sido cometido fuera del ámbito de aplicación espacial de este Código, en tanto el hecho que lo tipificara también hubiera estado sancionado con pena en el lugar de su comisión.

El sistema del Código penal también regula la responsabilidad penal de las personas jurídicas. El artículo 304 prevé:

> Cuando los hechos delictivos previstos en el artículo precedente hubieren sido realizados en nombre, o con la intervención, o en beneficio de una persona de existencia ideal, se impondrán a la entidad las siguientes sanciones conjunta o alternativamente:
> 1. Multa de dos (2) a diez (10) veces el valor de los bienes objeto del delito.
> 2. Suspensión total o parcial de actividades, que en ningún caso podrá exceder de diez (10) años.
> 3. Suspensión para participar en concursos o licitaciones estatales de obras o servicios públicos o en cualquier otra actividad vinculada con el Estado, que en ningún caso podrá exceder de diez (10) años.
> 4. Cancelación de la personería cuando hubiese sido creada al solo efecto de la comisión del delito, o esos actos constituyan la principal actividad de la entidad.
> 5. Pérdida o suspensión de los beneficios estatales que tuviere.
> 6. Publicación de un extracto de la sentencia condenatoria a costa de la persona jurídica.
>
> Para graduar estas sanciones, los jueces tendrán en cuenta el incumplimiento de reglas y procedimientos internos, la omisión de vigilancia sobre la actividad de los autores y partícipes, la extensión del daño causado, el monto de dinero involucrado en la comisión del delito, el tamaño, la naturaleza y la capacidad económica de la persona jurídica.
> Cuando fuere indispensable mantener la continuidad operativa de la entidad, o de una obra, o de un servicio en particular, no serán aplicables las sanciones previstas por el inciso 2 y el inciso 4.

CONTEXTO POLÍTICO CRIMINAL

El tipo penal en cuestión —artículo 303 del CP— ha sido materia de distintas reformas legales y discusiones judiciales, cuyas principales consideraciones y proyecciones se esquematizan a continuación:

a) La introducción del tipo penal por Ley 25.246 independizó el delito de lavado de dinero del delito de encubrimiento y estableció los deberes de informar a cargo de los sujetos obligados expresamente establecidos por la legislación. En este contexto normativo, se discutió si resultaba exigible —para la configuración del delito de lavado de dinero— la condena por el delito precedente, imponiéndose el criterio por el cual ello no era una exigencia del tipo legal.

A modo de ejemplo, cabe mencionar lo resuelto por el máximo tribunal penal de nuestro país, la Cámara Federal de Casación Penal, la cual estableció que "(...) el legislador ha establecido que el comportamiento de quien pusiere en circulación en el mercado bienes provenientes de un ilícito penal queda abarcada por el significado normativo del tipo penal en cuestión (...) no es necesaria una sentencia condenatoria por un delito anterior, sino que, a los efectos de tener por reunidos los elementos del art. 303 del CP, alcanza con que se pruebe que los activos que se intentaron blanquear tuvieron un origen ilícito"[3].

b) Con posterioridad, la Ley 26.683, vino a regular la posibilidad del llamado delito de autolavado, dando respuesta a las sugerencias de organismos internacionales que venían bregando por la independencia del delito de lavado de dinero de su matriz originaria —tipo penal de encubrimiento—.

En este sentido, es cierto que en el tipo penal que nos ocupa no se requiere que los bienes presuntamente provenientes de un ilícito penal adquieran efectivamente la apariencia de un origen legal, sino que basta con que aquello suceda como "consecuencia posible" de los actos tipificados. No obstante ello, con la finalidad de delimitar la expansión del tipo penal de lavado de dinero, se ha sostenido que la sola adquisición de bienes a nombre propio con dinero proveniente de un ilícito penal, en principio no constituye una actividad susceptible de otorgar a aquel dinero una apariencia posible de licitud, disimulando su procedencia ilegal en los términos previstos en el artículo 303, inc. 1, del Código penal, sino que resulta el mero aprovechamiento del producto de la actividad ilícita precedente y,

---

3 CFCP, Sala IV, 22-IX-2023, "SANTI", voto del Juez Guillermo J. YACOBUCCI.

por consiguiente, no constituye ninguna de las modalidades comisivas del delito de lavado de dinero[4].

c) Finalmente, la Ley 27.739 del 15-III-2024, reguló determinadas circunstancias de importancia, tales como la creación de un Registro Público de Beneficiarios Fiscales en el ámbito de la Administración Federal de Ingresos Públicos —AFIP—. Este punto tiene la principal finalidad político criminal de favorecer la investigación de la trazabilidad del comportamiento delictivo y la canalización de las ganancias del delito, por medio de una seria de reglas legales dirigidas a la identificación de la persona destinataria del beneficio del delito de lavado de activos. En términos dogmáticos, un importante paso hacia la imputación de responsabilidad penal del "autor detrás del autor".

Esta legislación también crea el Registro de Proveedores de Servicios de Activos Virtuales en el ámbito de la Comisión Nacional de Valores, en la inteligencia del conocido impacto que el auge de las *criptomonedas* ha operado en el ámbito de los delitos económicos, empresarios y financieros. Sobre este punto, la Corte de Casación italiana, destacó que la adquisición de *bitcoin* se presta a garantizar un alto grado de anonimato y que las monedas virtuales no pueden quedar excluidas del ámbito de los instrumentos financieros y especulativos. Se estableció que su adquisición puede configurar un mecanismo de autolavado de dinero que tuvo como delito precedente el delito de estafa[5].

d) En otro orden de ideas, es importante mencionar las principales preocupaciones que se han podido evidenciar en la Argentina con motivo de la reciente visita de los organismos internacionales evaluadores —GAFI— en el mes de marzo de 2024, a saber: a) la cantidad de sociedades comerciales inscriptas inactivas; b) la falta de conectividad en el manejo y tratamiento de la información financiera —compartimentos estancos—; c) las escasas sentencias condenatorias que se registran; d) la inexistencia de un dato cierto de la cantidad de personas jurídicas registradas en el país; e) la exclusión de los abogados como sujetos obligados a informar una operación sospechosa —extremo corregido por la Ley 27.739—; f) la disparidad de criterios de mitigación de riesgos en el ámbito registral de personas de existencia ideal en razón del carácter federal de la República Argentina —23 provincias y un distrito federal—.

---

4 CNac.A.PenalEconómico, 29-VIII-2022.

5 Corte de Cassazione, 7-VII-2022, Sentencia 27024.

e) Entre los principales problemas dogmáticos que genera la legislación argentina pueden mencionarse los siguientes: 1) exigencias del tipo subjetivo del delito de lavado de dinero; 2) estándares normativos para la acreditación del delito precedente; 3) comienzo del cómputo del plazo de prescripción; 4) *compliance* penal e investigaciones internas; 5) modelo de imputación de responsabilidad penal de la persona jurídica y; 6) garantía constitucional de defensa en juicio de la empresa sometida a proceso penal en orden al delito de lavado de dinero.

Como ya se adelantó, se aborda a continuación la problemática mencionada en último lugar.

EMPRESA Y DEFENSA EN JUICIO

Con anterioridad a la sanción de la Ley 27.401 se carecía de una regulación procesal diferenciada para la persona de existencia ideal con la consecuente problemática que ello traía aparejado para la implementación operativa de la responsabilidad penal de las personas jurídicas. En este sentido, se ha señalado que el análisis de la cuestión relativa a la responsabilidad de los entes ideales ha sido abordado ampliamente en el ámbito del Derecho penal. En cambio, se verificaba un desigual tratamiento si la problemática se trasladaba al marco del procedimiento, de modo que debería plantearse cómo es posible legitimar pasivamente a la persona jurídica para actuar como imputada en el proceso penal[6].

En este contexto, puede afirmarse que la implementación de la garantía constitucional de la defensa en juicio para la persona jurídica en el ámbito de la Ley 27.401 configura un claro ejemplo de modulación de la garantía para su reconocimiento operativo e integral en el proceso penal. Es decir, una adaptación de la garantía con relación a la persona de existencia ideal, sin que aquella pierda su esencia, alcance y ámbito de protección de derechos.

Veamos a continuación algunas consideraciones generales sobre esta garantía para luego avanzar con el test de modulación implementado por la Ley 27.401 en el ámbito del proceso penal seguido contra el ente. Para ello, también será de gran utilidad dialogar con la legislación italiana, fuente directa del sistema normativo argentino.

---

6 Juan Esteban Cicciaro, *"Legitimación pasiva en la persona jurídica: de la dogmática al proceso penal"*, en Guillermo J. Yacobucci (dir.), Mario H. Laporta y Nicolás D. Rámirez (coords.), *Derecho penal empresario*, Bdef, Buenos Aires, 2010, 807-808.

La defensa en juicio en el sistema procesal penal individual

La garantía judicial de la defensa en juicio se integra con el reconocimiento efectivo de distintos derechos con los que cuenta el imputado para hacer valer en su favor en el marco del proceso penal que se le sigue.

La Constitución Nacional establece que "(…) es inviolable la defensa en juicio de la persona y de los derechos (…)"[7]. Esta garantía asegura la intervención útil del imputado en el proceso. Se ha sostenido que comprende el derecho a comparecer en persona ante el tribunal que le intimará o comunicará con precisión el hecho imputado y le permitirá ejercer posteriormente su defensa material; aunque el imputado esté facultado a abstenerse a declarar, se verificará materialmente que conoce aquello por lo que se lo acusa y se le concederá la oportunidad de ser oído. También se reconoce el derecho a la presencia ininterrumpida del acusado durante todo el debate y hasta la lectura de la sentencia, la oportunidad suficiente para hablar, examinar a peritos y testigos, probar y controlar la prueba del adversario y valorarla. Por último, se incluye el derecho de tener la palabra final para solicitar al tribunal la solución que propone para el caso[8].

Se trata de garantizar el derecho de todo imputado de acceder al proceso penal tan pronto como se le atribuya la comisión de un hecho punible y a designar a un abogado de su confianza o a reclamar la intervención de uno de oficio para efectuar ambos, tanto imputado como abogado, los actos de alegación, prueba e impugnación que estimen necesarios para hacer valer la presunción de inocencia[9].

Como contracara de la acusación, la defensa en juicio implica el despliegue de todos los medios legales al alcance del acusado para acreditar: a) la inexistencia o atipicidad del hecho; b) la falta de participación en él; c)

---

7 Cfr. artículo 18 de la CN.

8 Julio B. J. Maier, *Derecho procesal penal*, Tomo I, Ad-Hoc, Buenos Aires, 2016, 509.

9 Vicente Gimeno Sendra, "El derecho de defensa en España", en Edgardo Alberto Donna (dir.) y Ángela Ester Ledesma (vice dir.ª), *La defensa penal-II, Revista de Derecho procesal penal*, 2010-2, Rubinzal Culzoni Editores, Buenos Aires, 2013, 12. En lo personal prefiero la expresión estado de inocencia que me resulta más amplia y con mayor contenido axiológico que la expresión presunción de inocencia. Esta última parece tener grados, mientras que el estado de inocencia configura un estándar absoluto, vinculado con el principio *pro homine* hasta tanto la sentencia condenatoria no quede firme.

la ausencia de responsabilidad penal; d) la concurrencia de determinadas circunstancias atenuantes de su culpabilidad[10].

Garantizar al imputado el acceso a la investigación ni bien haya tomado conocimiento directo o indirecto de su inicio hace a la esencia propia de esta garantía. Sin un cabal conocimiento de la hipótesis de la acusación, de las pruebas que se han ido incorporando a la investigación o de aquellas que estén por hacerlo, no hay defensa penal útil para el imputado. De hecho, los distintos sistemas procesales reconocen a quien sabe que ha sido señalado como posible implicado en la comisión de un delito el derecho de poder acceder a la investigación en curso.

En efecto, el concepto mismo de imputado es amplio y no se encuentra limitado a una declaración judicial formal que le asigne tal condición o a la producción de un acto o estado procesal alguno, sino que basta con ser la persona a la cual se le atribuye la autoría o participación de un delito[11]. Esta amplitud para entender el concepto de imputado se encuentra ligada con la posibilidad efectiva de hacer valer en su favor las garantías que el sistema procesal le reconoce a toda persona que aparece sindicada como interviniente en la comisión de un delito[12].

A modo de reglamentación de la garantía de defensa en juicio, el artículo 65 del Código Procesal Penal Federal establece una serie de derechos que deben serle asegurados al imputado y puestos en su conocimiento por medio de las autoridades públicas intervinientes en el proceso penal:

> "a) ser informado de las razones de su aprehensión o detención, la autoridad que la ha ordenado, entregándole si la hubiere copia de la orden judicial emitida en su contra, y el de ser conducido ante un juez, sin demora, para que decida sobre la legalidad de aquélla;
> b) pedir que su aprehensión o detención sea comunicada en forma inmediata a un pariente o persona de su confianza, asociación o entidad; si el imputado ejerciere este derecho, se dejará constancia de la producción del aviso y del resultado obtenido; si el aprehendido o detenido fuese extranjero se le informará que puede pedir que su situación sea comunicada al representante diplomático del Estado de su nacionalidad, a quien también se le hará saber, si correspondiere, su interés en ser entrevistado;

---

10 En el derecho español, véase, STS 506/2008, 2-X-2008.

11 El artículo 64 del CPPF establece que "(...) se denomina imputado a la persona a la que se le atribuye la autoría o participación de un delito (...)".

12 A modo de ejemplo, el artículo 72 del CPPN prevé que "(...) los derechos que este Código acuerda al imputado podrá hacerlos valer, hasta la terminación del proceso, cualquier persona que sea detenida o indicada de cualquier forma como partícipe de un hecho delictuoso (...)".

> c) guardar silencio, sin que ello pueda ser valorado como una admisión de los hechos o como indicio de culpabilidad;
> d) ser asistido desde el primer acto del procedimiento por el defensor de su elección o por uno propuesto por una persona de su confianza, o en su defecto, por un defensor público;
> e) entrevistarse con su defensor en forma libre, privada y confidencial, en particular en la oportunidad previa a la realización de cualquier acto que requiera su intervención;
> f) prestar declaración, si así lo deseara y se encuentra detenido, dentro de las SETENTA Y DOS (72) horas de efectivizada la medida;
> g) presentarse ante el representante del MINISTERIO PÚBLICO FISCAL o el juez, para que se le informe y escuche sobre los hechos que se le imputan;
> h) declarar cuantas veces quiera, con la presencia de su defensor, lo que se le hará saber cada vez que manifieste su deseo de hacerlo;
> i) no ser sometido a técnicas o métodos que induzcan o alteren su libre voluntad o a medidas contrarias a su dignidad;
> j) que no se empleen medios que impidan el libre movimiento de su persona en el lugar y durante la realización de un acto procesal, sin perjuicio de las medidas de vigilancia que en casos especiales y a su prudente arbitrio el juez o el representante del MINISTERIO PÚBLICO FISCAL consideren necesarias;
> k) acceder a toda la información disponible desde el momento en que tenga noticia de la existencia del proceso".

Aseguradas estas garantías —que integran la implementación práctica de la defensa en juicio—, se reconoce el derecho del imputado de tener conocimiento concreto de la imputación para que, en la medida que así lo desee, pueda efectuar su descargo de manera personal. Esto es aquello que se ha llamado defensa material del acusado. A diferencia de la defensa técnica —que es llevada adelante por su letrado defensor— cuando se ejerce la defensa material es el propio imputado quien brinda su versión de los hechos y expresa todo aquello que considere útil y pertinente con relación a la teoría del caso que defiende. Esto no es otra cosa que asegurar de manera efectiva el derecho constitucional a ser oído y se entiende como la capacidad concreta y material de poder realizar un descargo en defensa de su posición. En términos adversariales, podríamos decir que implica la posibilidad de plantear al tribunal de manera personal, directa y con la debida inmediatez su teoría del caso y los aspectos relevantes que la fundamentan.

A esa capacidad concreta de ejercer de manera material y personal su defensa, se suma el derecho del imputado a contar con una defensa técnica que le permita tener un abogado defensor que lo asista, asesore y represente en el proceso. Inclusive, en los supuestos en los cuales el imputado no pueda solventar con sus medios económicos el costo económico que implica contar con un letrado defensor de su confianza, el Estado le asignará de oficio un defensor público que lo va a asistir de manera gratuita.

Tal defensa técnica no debe ser entendida como una mera garantía formal. La Corte IDH estableció una serie de estándares normativos para asegurar la garantía del imputado de contar con una defensa penal eficaz, a la par que determinó una serie de situaciones que importarían la nulidad del proceso si el abogado defensor: a) no desplegara una mínima actividad probatoria; b) si hubiera inactividad argumentativa a favor de los intereses del imputado; c) si careciera de conocimiento técnico del proceso penal; d) si no interpusiera los recursos correspondientes en detrimento de los derechos del imputado; e) o los fundara de forma indebida; o bien f) si abandonara de la defensa[13].

La exigencia normativa de contar con una defensa penal eficaz se ve reforzada en el marco de los sistemas procesales acusatorios-adversariales. En dichos sistemas, la fuerte concentración de poder en cabeza del Ministerio Público Fiscal obliga al abogado defensor a multiplicar sus esfuerzos para nivelar un escenario procesal que lo coloca en una desventaja inicial de fuerzas.

La defensa en juicio comprende la posibilidad de ofrecer y aportar prueba, como también de solicitar al tribunal o al fiscal la producción de determinadas diligencias probatorias que el imputado tiene interés de hacer valer en su favor, tales como la declaración de determinados testigos, la realización de informes periciales o la prueba informativa, entre otras. Es interesante señalar que la garantía de defensa en juicio abarca también la posibilidad de ofrecer peritos expertos que intervengan en su representación en las diligencias técnicas que requieren experticias o conocimientos científicos especiales sobre determinadas cuestiones, como la realización de autopsias, informes periciales accidentológicos, informes caligráficos. Mediante la intervención de un profesional idóneo, como perito de parte, se asegura de manera efectiva el derecho de defensa en juicio del imputado.

Tradicionalmente, el primer acto de defensa material era el llamado a prestar declaración indagatoria. Acto procesal que, si bien aún se encuentra vigen-

---

13 Corte IDH, "Ruano Torres y otros vs. El Salvador" (Fondo, Reparaciones y Costas), Serie C No. 303, 5-X-2015. Sobre la tarea del abogado defensor en el proceso penal me ocupé con anterioridad y con mayores detalles en Juan María Rodríguez Estévez, "Ética profesional y defensa penal eficaz", en *Abogacía y Ética en el Siglo XXI,* Fores 2020, en: https://www.estudiojmre.com.ar/p_articulos_detalle.php?id=270 (disponible el 31-I-2021), 138-151 y "Defensa en juicio y control constitucional sobre la actuación profesional de las partes", L.L. 1997-F-376.

te en el sistema procesal penal nacional, suele perder relevancia en el marco de los procesos acusatorios adversariales. Sin embargo, incluso en los procesos con esquemas residuales inquisitivos, se ha reconocido el derecho del imputado a presentarse espontáneamente ante el juez o fiscal para aclarar los hechos que son materia de la imputación y a ofrecer la prueba útil y pertinente para mejorar su situación procesal en cualquier etapa del proceso con independencia de que, con posterioridad, el imputado sea citado formalmente. En este sentido, el artículo 73 del Código Procesal Penal de la Nación establece que "(...) la persona a quien se le imputare la comisión de un delito por el que se está instruyendo causa tiene derecho, aun cuando no hubiere sido indagada, a presentarse al tribunal, personalmente con su abogado defensor, aclarando los hechos e indicando las pruebas que, a su juicio, puedan ser útiles".

En el marco del sistema procesal penal federal, el Código Procesal Penal Federal establece como regla general la libertad de declarar en lugar de la citación judicial obligatoria del imputado. El artículo 70 de aquel ordenamiento establece: "(...) las citaciones al imputado no tendrán por finalidad obtener una declaración sobre el hecho que se le imputa, pero éste tendrá la libertad de declarar cuantas veces quiera (...)". Se aprecia aquí, claramente, el modo en el cual la citación del imputado pierde el centro de la escena y el proceso penal prescinde del carácter central del interrogatorio al imputado sobre el hecho que se investiga. Es evidente que existe una acusación y si el imputado manifiesta su voluntad de declarar se le hace saber formalmente el hecho que se le atribuye y se lo escucha, pero no se lo convoca formalmente para que declare.

Con el aseguramiento efectivo de la garantía judicial de la defensa en juicio se garantiza el principio contradictorio en el proceso penal: frente a la tesis de la acusación, se levanta la antítesis que plantea la defensa. Una defensa penal eficaz también permite poner en crisis la teoría del caso introducida por la acusación, lo cual conlleva el beneficio de contar con un mayor aseguramiento operativo de la imparcialidad judicial.

La defensa en juicio de la persona jurídica: test de modulación de la garantía

Definidos los rasgos fundamentales de la garantía en el ámbito del proceso penal individual, corresponde ahora concretar el test de modulación de la garantía llevado adelante por la Ley 27.401 para determinar si es superado. Es decir, la indagación siguiente buscará establecer si el ámbito de protección de derechos no ha sido fragmentado de manera ilegítima por parte de la ley especial.

Resulta evidente que la persona jurídica —como ente de existencia ideal— no puede comparecer de modo personal a la investigación penal. De allí, la necesidad de asegurar su debida representación en el juicio para garantizar, de modo efectivo, su garantía judicial de defensa en juicio.

Como ya se ha mencionado, para preservar la vigencia efectiva de la defensa en juicio, es esencial asegurar dos cuestiones fundamentales, a saber: a) la notificación a la empresa del proceso penal seguido en su contra; b) la debida representación de la persona jurídica en aquel. Ambas están interconectadas. No puede haber debida representación del ente en el proceso penal sino ha sido fehacientemente anoticiada de su existencia. Por otra parte, esa notificación del proceso tiene por finalidad permitir que, por medio de su representación, la empresa canalice todas las defensas formales y materiales que estime correspondientes para hacer frente a la imputación y salir airosa del proceso penal.

En un interesante precedente de la Corte de Cassazione italiana se destacó la importancia de recurrir al código de procedimiento penal en la materia no reglada por el Decreto 231/2001 en todo aquello que resulte compatible con este. En ese caso, se declaró la nulidad del auto de reenvío a juicio del ente, toda vez que se cerró la etapa de investigación preliminar sin haber invitado al representante de la persona jurídica a comparecer al interrogatorio regulado por el artículo 415 del Código de procedimiento penal[14].

Con relación a la notificación de la existencia del proceso penal, el artículo 12 de la Ley 27.401 establece: "(…) cuando la persona jurídica no se hubiera presentado al proceso, las notificaciones se le cursarán al domicilio legal, que tendrá carácter de domicilio constituido. Sin perjuicio de ello, se le podrán cursar notificaciones a cualquier otro domicilio que se conozca (…)".

Bien es conocido por todos que las personas jurídicas, como las físicas, cuentan con un domicilio. En el caso de las primeras, es evidente que no habitan en aquel, pero esa dirección suele coincidir con el centro principal de su actividad económica. De allí que la ley penal empresaria establece que la empresa imputada de un delito deberá ser notificada a su domicilio legal o en cualquier otro domicilio que se conozca. Se trata, como en

---

14 Véase Cassazione Penale, sez. IV, 4-V-2018 (dep. 11-VII-2018), Nro. 31.641. La sentencia puede consultarse en la *Rivista trimestrale di Diritto penale dell´economia*, Nro. 3-4/2018, Wolters Kluwer, Milano, 2019, 822-836.

el proceso penal individual, de la obligación de hacer saber a la persona jurídica la existencia de una imputación penal en su contra para permitir que se presente en juicio y ejerza los actos judiciales que, por su condición de imputado, le acuerdan los códigos procesales. Ello, con la finalidad de estar en condiciones de desarrollar una defensa penal eficaz. Sin conocimiento de la imputación, no hay posibilidad de defensa material. Sin notificación al imputado, no hay manera de confrontar con la acusación.

Por otra parte, la consecuencia principal que implica la notificación de una imputación penal —tanto individual como corporativa— es el derecho a designar un abogado defensor de confianza o la asignación de un defensor público en caso de que el imputado no designe alguno.

En esta inteligencia, el artículo 13 de la Ley 27.401 establece:

> "(...) la persona jurídica será representada por su representante legal o por cualquier persona con poder especial para el caso, otorgado con las formalidades que correspondan al tipo de entidad de que se trate, debiendo designar en cualquier caso abogado defensor. En caso de no hacerlo se le designará el defensor público que por turno corresponda".

Al momento de modular la garantía, el legislador especial lo ha hecho teniendo en consideración —al igual que en el supuesto de la notificación— las características particulares del sujeto procesal. Ciertamente, al tratarse de una persona de existencia ideal, se prevén dos formas de representación: a) la representación del ente en el proceso; b) la designación de un abogado defensor para la empresa. Es decir, no basta la designación de un representante legal de la persona jurídica, sino que la empresa deberá contar con un abogado defensor. Es la persona jurídica quien designa a su representante y también al abogado defensor.

Se presentan aquí dos niveles diferenciados de representación legal en el proceso que hacen a la defensa en juicio de la persona jurídica. Por un lado, se asegura la defensa material de la empresa mediante la facultad que se le otorga de ser representada por su representante legal o, si lo prefiere, de designar un apoderado para que la represente en el juicio penal. Mientras que, por otra parte, se asegura la defensa técnica de la entidad con el patrocinio un abogado defensor. Sobre este punto, puede apreciarse cómo el legislador ha seguido la lógica del sistema procesal penal individual, al regular tanto el aspecto material como técnico de la defensa en juicio. La modulación de la garantía permite asegurar la defensa material de la persona jurídica en cabeza de su representante ante la imposibilidad material que tiene la empresa —dada la naturaleza de las cosas— de prestar declaración por sí misma.

Es claro que la representación del ente difiere de la defensa técnica. Con otras palabras, el representante legal de la empresa o el apoderado designado para representarla en el proceso penal —por más que reúna la condición de abogado— no podrá intervenir en aquel rol procesal. Ello, puesto que del tenor literal de la ley se desprende que la persona de existencia ideal debe designar, "en cualquier caso", abogado defensor. De este modo se pretende asegurar una amplia intervención de la empresa en el proceso al diferenciarse —de manera clara— los roles procesales. El ente ideal interviene en su defensa material a través de su representante o apoderado especial designado a tales efectos; mientras que, la defensa técnica la lleva adelante a través de su letrado defensor[15].

Conviene mencionar, en este punto, algunos posibles problemas operativos que puede generar la representación legal de la empresa en el proceso penal. Concretamente, la cuestión que se presenta cuando el representante legal resulta, a la vez, imputado a título individual por la comisión del delito que ha dado lugar a la imputación penal para la persona jurídica.

La legislación italiana ha resuelta la cuestión de manera clara y de modo previo a que surjan posibles intereses contrapuestos entre ente y el individuo. El artículo 39 1. del Decreto ley 231/2001 establece que el ente participa en el procedimiento penal con el propio representante legal, salvo que aquel se encuentre imputado del delito del cual depende el ilícito que se le atribuye a la empresa[16]. De este modo, no solo se busca evitar la existencia de intereses contrapuestos que afecten el derecho de defensa en juicio de alguna de las dos partes; sino que también queda establecido que nos encontramos ante dos niveles diversos de imputación de responsabilidad. Circunstancia que se trasluce en la necesidad de diferenciar a los sujetos procesales que cuentan con legitimación pasiva en el proceso: el o los imputados a título personal, por un lado, y, por otra parte, la persona de existencia ideal.

Es evidente que pueden surgir intereses contrapuestos entre el imputado a título individual y la empresa como sujeto penal independiente. En este sentido, cabe señalar que las circunstancias eximentes previstas en el

---

15 En un plano analógico con el proceso penal individual es posible reconducir la cuestión a los supuestos donde las personas jurídicas actúan como parte querellante por medio de su representante legal, junto con el patrocinio letrado pertinente.

16 Artículo 39 1. del Decreto Ley 231/2001, que dispone: *"(…) L´ente partecipa al procedimento penale con il proprio rappresentante legale, salvo che questi sia imputato del reato da cui dipende l´illecito amministrativo (…)"*.

artículo 9 de la Ley 27.401 —cuando no fueron invocadas de modo previo al inicio de una investigación penal en contra de la empresa— conservan su utilidad práctica como estándares normativos de defensa en juicio para la persona jurídica. La empresa podría invocar, por ejemplo, que ha implementado un sistema de control y supervisión adecuado en los términos que exige la legislación —con anterioridad al hecho del proceso—, cuya violación exigió un esfuerzo de los intervinientes en la comisión del delito. Por ende, podría aducir que, si bien se configuró el delito precedente a cargo del directivo de empresa imputado a título individual, la entidad empresaria no pudo evitarlo y la responsabilidad penal queda a cargo, exclusivamente, del directivo involucrado en la maniobra ilegal[17].

A diferencia de la legislación italiana, según puede verse, la ley argentina estable la posibilidad de advertir la presencia de intereses contrapuestos entre imputado a título individual y ente ideal. Enfoque que permite proceder a la separación de las defensas, pero no se trata de una incompatibilidad definida *ex ante* por la ley. Así, el artículo 15 de la Ley 27.401 establece: "(...) si se detectare la existencia de un conflicto de intereses entre la persona jurídica y la persona designada como representante, se intimará a aquella para que lo sustituya". Nuestra ley no refiere, como la italiana, al supuesto en el cual el representante legal de la empresa se encuentra imputado a título personal. Sin embargo, entiendo que el legislador ha tenido en consideración este extremo. Si el representante legal de la empresa resulta también imputado a título personal, una buena práctica profesional sería llevar adelante defensas separadas e independientes, aunque la ley argentina no lo prescriba de manera expresa.

La representación de la empresa en el proceso penal podrá se canalizada por medio de su representante legal, lo cual surgirá del esquema societario que revista la entidad o, bien, se podrá designar un apoderado especial para su representación en el proceso. Este último puede ser un tercero ajeno al ente y por tal motivo, debe contar con un poder especial para ejercer la representación en el juicio, emitido por los órganos y personas que el modelo societario así determine. Se trata, en definitiva, de asegurar una debida acreditación de la voluntad social en el proceso.

Ahora bien, tanto el representante legal como el apoderado especial —en cuanto representantes de la persona jurídica en el proceso penal— deberán designar abogado defensor de confianza. Si no lo hicieran —por

---

17 Véase, en tal sentido, el estándar normativo que surge del apartado b) del artículo 9 de la Ley 27.401.

el motivo que fuere—, al igual que en el sistema procesal penal individual, tal omisión es suplida por el Estado por medio de la defensa pública. Se aprecia aquí como el test de modulación de la garantía resulta también legítimo, en la medida en que la garantía no sufre merma alguna, sino simplemente una adaptación al sujeto colectivo que es su destinatario.

Un ejemplo muy elocuente de implementación de esta modulación aparece en la regulación de los mecanismos de designación del apoderado que no reviste la condición de representante legal del ente, al exigirse que lo sea de conformidad con el tipo de entidad de que se trate. En definitiva, se trata de preservar aquello que los procesalistas llaman "la voluntad de la persona jurídica"[18].

Las restantes disposiciones del artículo 13 de la Ley 27.401 regulan cuestiones que tienen su perfecto correlato en el sistema procesal penal individual, a saber: a) el representante deberá informar el domicilio de la entidad y constituir domicilio procesal en la primera presentación. A partir de entonces, las notificaciones a la persona jurídica se cursarán al domicilio denunciado; b) en cualquier momento del proceso la persona jurídica podrá sustituir a su representante. Si la sustitución tuviere lugar una vez iniciada la audiencia de juicio, deberá ser motivada, y podrá interrumpir el proceso dentro del límite de los plazos procesales correspondientes; c) la sustitución no perjudicará la eficacia de los actos cumplidos por su anterior representante; d) las facultades, número e intervención de los defensores que la asistan se regirán por las disposiciones procesales correspondientes.

Hasta aquí estamos en presencia de una modulación de la garantía de defensa en juicio en total sintonía con los principios generales que la inspiran en nuestro sistema constitucional de Derecho. Esto es, una adaptación de la garantía al nuevo sujeto de Derecho procesal con todo el alcance y contenido esencial de la garantía, sin flexibilización alguna que desnaturalice su razón de ser. Podría concluirse entonces que, sobre este punto, el

---

18 Con anterioridad a la sanción de la Ley 27.401 me ocupé de esta problemática concreta en Juan María Rodríguez Estévez, *Imputación de responsabilidad penal para la empresa*, Bdef, Buenos Aires, 2015, 179, donde expresamente consigné que no deben pasarse por alto los requisitos formales para la designación de un apoderado de la entidad empresaria, quien, a su vez, deberá ser patrocinado por un letrado a los efectos de asegurar, también, la defensa técnica de la corporación. Para todo ello, resultará de utilidad tener en consideración los requisitos legales y judiciales exigidos para la constitución en parte querellante de la sociedad. Extremos formales que pueden ser trasladados a la designación de un representante de la empresa para su actuación en la causa penal.

test de modulación arroja un resultado razonable y proporcional con las características de la empresa como nuevo sujeto del proceso penal.

Una cuestión interesante, con relación a la adaptación de la garantía a la persona de existencia ideal, la encontramos en el artículo 15 de la Ley 27.401 que regula el conflicto de intereses entre el ente y su representante. Establece la norma en cuestión que, "(...) si se detectare la existencia de un conflicto de intereses entre la persona jurídica y la persona designada como representante, se intimará a aquella para que lo sustituya (...)". Se prioriza la efectiva defensa en juicio de la persona jurídica por sobre los intereses personales de su representante legal, quien, incluso, podría revestir la condición de imputado a título personal en orden al delito que ha generado la imputación penal para la empresa.

Desde que la persona jurídica reviste la condición de imputado con relación a los delitos establecidos en la Ley 27.401 —y toda vez que la persona de existencia ideal es un sujeto independiente de sus órganos y representantes— es lógico que el legislador haya tenido especial interés en resguardar la defensa en juicio eficaz del ente al implementar la determinación de intereses contrapuestos aún de oficio por parte del tribunal.

Esta disposición adquiere una gran relevancia en el plano práctico y tiene su correlato dogmático en la medida que refleja un esquema de imputación de responsabilidad penal de la persona ideal como hecho propio —defecto de organización— y no meramente derivado o vicarial. Al preservar al ente de la posible interferencia en su defensa en juicio de un conflicto de intereses con su representante legal, se reconoce a la entidad como un verdadero sujeto procesal, independiente de las personas físicas que lo representan.

A modo de ejemplo, puede mencionarse el conflicto de intereses que puede surgir con relación a la determinación de la ventaja de la cual se ha beneficiado a la empresa, a pesar de haber sido ajena a la maniobra delictiva desplegada por su funcionario. Con relación a la legislación italiana, la Corte de Cassazione ha sostenido que la comisión de un delito presupuesto por parte del autor —persona física—, en razón de un interés prioritariamente propio, no excluye automáticamente la responsabilidad del ente si resulta posible individualizar —aunque mal no sea de manera marginal y concurrente— la configuración de una ventaja en la persona de existencia ideal[19]. En efecto, allí se aclaró que el criterio del interés esgrime una

---

19 Véase Cassazione Penale, sez. VI, 25-IX-2018 (dep. 6-XII-2018), Nro. 54640. La sentenciapuede consultarse en la *Rivista trimestrale di Diritto penale dell´economia*, Nro. 1-2/2019, Wolters Kluwer, Milano, 2019, 514 y siguientes.

valoración teleológica del delito, apreciable de manera "*ex ante*" a su comisión y que se caracteriza por un análisis valorativo marcadamente subjetivo; mientras que el concepto de ventaja tiene una connotación esencialmente objetiva y, como tal, susceptible de valoración "*ex post*". Este supuesto evidencia un posible caso de conflicto de intereses entre la representación de la entidad y la posición procesal del directivo imputado a título personal por su intervención en el delito.

La legislación italiana, podría decirse, ha optado por cortar de raíz el posible riesgo de lesión a la garantía de defensa en juicio del ente. A tales fines, estableció una modulación de la garantía que ha priorizado —de manera expresa— el interés del ente por sobre el interés individual de su representante legal, en los casos en que este se encuentre imputado a título personal por el delito que ha generado la imputación de la entidad. Se ha afirmado que resulta evidente que la voluntad de la norma es prevenir la posible configuración de intereses defensivos contrapuestos entre la empresa y su representante. La incompatibilidad se ha regulado como una presunción *iuris et de iure*[20].

En este esquema normativo, la empresa no tiene otra alternativa que sustituir al propio representante legal y en algún caso se ha admitido la designación de un representante *ad hoc* para el proceso o un procurador *ad litem*. Extremo este que abre la puerta a una serie de complicaciones, cuando el sujeto imputado a título personal reviste la condición de socio mayoritario de la entidad imputada y mediante dicha posición, se encuentra en condiciones materiales de influenciar —en su beneficio— a quien resulte designado representante legal del ente. Como podrá apreciarse, el rol del juez será clave en su tarea de garante del efectivo derecho de defensa de la entidad en un delicado límite entre la defensa en juicio del imputado y la estrategia defensiva de las partes.

Se ha discutido en Italia a partir de qué momento procesal rige esta cláusula de incompatibilidad de representación. Se estableció que dicha incompatibilidad debe regir desde el inicio mismo de la investigación, porque la razón de ser de la disposición surge de la necesidad de evitar situaciones de conflicto de intereses entre representante y ente verificables, principalmente, en la primera y delicada fase de la investigación que es esencial para la tarea de recolección de prueba[21].

---

20 Massimo Ceresa-Gastaldo, *Procedura penale delle societá*, Quinta edizione, G. Giappichelli Editore, Torino, 2023, 84.

21 Cass., "Caporello", sez. VI, 18-VI-2009. En dicho precedente quedó claro que, para el ordenamiento positivo italiano, la sustitución del representante debe ser rea-

En cierto sentido, esta disposición ha generado algún debate en la implementación judicial, toda vez que su rigurosidad —la incompatibilidad opera de pleno derecho— podría dar lugar a situaciones en las cuales, no obstante encontrarse imputado el representante del ente a título personal, no se configura un supuesto de conflicto de intereses. Esta situación suele presentarse cuando se discute la ocurrencia real del hecho imputado o la relevancia penal del comportamiento. Como se ha reseñado, la legislación argentina es más laxa en este punto, al no incorporar una presunción *iuris et de iure*; mientras que la italiana busca preservar cualquier tipo de riesgo posible sobre el particular.

La diferencia de criterios puede explicarse, en cierto punto, con fundamento en que la cláusula de exención de pena en el decreto ley italiano configura una verdadera defensa material del ente sobre el fondo de la imputación una vez iniciado el proceso en su contra[22]. Esta circunstancia torna más operativa la cláusula y permite construir —con anclaje en aquella disposición— una defensa de fondo en el marco del proceso penal iniciado.

En efecto, para el ordenamiento legal italiano, detectada la comisión de un delito por parte de la persona que ha actuado en su representación, la persona jurídica no responde si prueba que: a) el órgano dirigente ha adoptado, de manera previa a la comisión del delito, un modelo de organización y gestión idóneo para prevenir el delito de la especie del que se ha verificado; b) la tarea de vigilancia sobre el funcionamiento (y la observancia de aquel y su debida actualización) ha estado confiada a un órgano del ente dotado de un autónomo poder de iniciativa y control; c) la persona que ha cometido el delito ha eludido de manera fraudulenta el modelo de organización y gestión y; d) no se configuró una omisión o insuficiencia de vigilancia por parte del órgano encargado de la tarea de contralor.

---

lizada por parte de la persona de existencia ideal con la finalidad de evitar cualquier tipo de injerencia judicial en la sustitución de aquel.

22 El artículo 6, inciso 1 del Decreto Ley 231/2000 establece: *"(...). Se il reato è stato commesso dalle persone indicate nell'articolo 5, comma 1, lettera a), l'ente non risponde se prova che: a) l'organo dirigente ha adottato ed efficacemente attuato, prima della commissione del fatto, modelli di organizzazione e di gestione idonei a prevenire reati della specie di quello verificatosi; b) il compito di vigilare sul funzionamento e l'osservanza dei modelli di curare il loro aggiornamento è stato affidato a un organismo dell'ente dotato di autonomi poteri di iniziativa e di controllo; c) le persone hanno commesso il reato eludendo fraudolentemente i modelli di organizzazione e di gestione; d) non vi è stata omessa o insufficiente vigilanza da parte dell'organismo di cui alla lettera"*.

El espíritu de la legislación italiana permite la exención de responsabilidad del ente en el marco del proceso penal de manera clara y categórica; con lo cual, se entiende la exigencia normativa de preservar la independencia de la defensa de la persona jurídica con la finalidad de evitar cualquier tipo de afectación de aquella.

Un supuesto diverso se da en el marco de la defensa técnica del ente y su representante. En tal caso, no existe una prohibición expresa de incompatibilidad por contar con el mismo abogado defensor. Así, se ha sostenido que la asunción de un mismo defensor de más de un imputado con diversas posiciones jurídicas es causal de nulidad solo si resulta un efectivo y concreto perjuicio a la defensa del imputado o cuando la línea defensiva de ambos sujetos resulta —en concreto— incompatible[23].

Como se ha evidenciado, en cierto sentido es más rigurosa la legislación italiana; y en otro es más amplia la argentina. Lo cierto es que de ambas se desprende la intención del legislador de asegurar un derecho de defensa amplio de la empresa en el proceso penal. En suma, ambas legislaciones especiales constituyen una verdadera modulación de la garantía que opera como adaptación de aquella a la naturaleza misma del nuevo sujeto procesal —la empresa— y no incorporan parámetros de flexibilización de la defensa en juicio con la finalidad de limitarla o diluirla.

Analizadas estas cuestiones, no se advierte motivo alguno por el cual estas consideraciones no resulten aplicables a los supuestos de imputación penal corporativa en casos de lavado de dinero. Entiendo que esta conclusión es legítima, Incluso si se —partiera de la concepción por la cual se entiende que el esquema de responsabilidad penal de las personas jurídicas —en el ámbito específico del delito de lavado de dinero— obedece a un esquema vicarial.

CONCLUSIONES

1. La regulación legal del estándar procesal de la persona jurídica, como nuevo sujeto del proceso penal, debe superar el test de modulación de garantías constitucionales, si pretende contar con legitimidad material y, por ende, validación constitucional. Esta tarea debe llevarse adelante, caso por caso, garantía por garantía, con la finalidad de evitar la elaboración de criterios generales y rígidos que tornen inoperante el contenido real y

[23] Cass., "Artigian Legno Prestige Coffins SRL", sez. VI, 22-VI-2021.

pleno de aquellas. Toda definición que se presente como absoluta y abstracta implicaría priorizar un sistema cerrado de protección de derechos que contrasta con la dinámica propia de la evolución constitucional.

2. El test de modulación de garantías constitucionales —pensadas y diagramadas originalmente para la tutela de la persona humana en el proceso penal— permite analizar el modo de trasferencia de aquellas a las personas de existencia ideal reconocidas por la legislación penal como nuevos centros de imputación. Este método de adaptación o compatibilidad implica la negativa de aceptar y legitimar una flexibilización de las garantías constitucionales que termine por imponer un sistema procesal de velocidad diferenciada para la persona de existencia ideal, en contraposición con el sistema amplio de tutela de derechos fundamentales del que goza el imputado individual en el marco del proceso penal.

3. En el plano de la concreción de este método de modulación, como parámetro de análisis y validación constitucional, la garantía del debido proceso legal implica el reconocimiento a la empresa sometida a proceso penal de la posibilidad, concreta y efectiva, de intervenir con utilidad en este y no solamente como una mera entidad destinataria de reproche penal, como consecuencia de la imputación o sanción dirigida contra sus funcionarios o representantes que hubieren intervenido en el hecho materia de juzgamiento.

4. Respecto de la modulación legislativa de la garantía de defensa en juicio, que se propone adaptarla a la protección de los derechos constitucionales de la persona de existencia ideal, se ha constatado el diseño de mecanismos legales —adecuados e idóneos— para lograr tanto su representación en el proceso, como la manera de canalizar su defensa material y técnica, con independencia de aquella que lleve adelante el directivo imputado a título personal, como también el mecanismo de preservar eventuales conflicto de intereses entre ambos. En este ámbito concreto de validación, se ha podido constatar que la regulación legislativa sobre la adaptación de la defensa en juicio a la persona de existencia ideal supera el test de proporcionalidad y se presenta como una modulación adecuada para captar el desempeño y representación procesal de un nuevo sujeto procesal.

5. El sistema axiológico de protección de derechos debe ser entendido como una unidad, y las aparentes contradicciones que puedan emerger deben considerarse como oscilaciones dentro de la propia dinámica de aquel. El *test* de modulación de garantías propuesto en este trabajo tiene como finalidad principal el aporte de una herramienta idónea para tra-

bajar caso por caso con cada una de las garantías constitucionales que se han trasladado del sistema individual de protección de derechos al sistema corporativo. Mediante el test de modulación de garantías se superan los intentos de fragmentación del sistema axiológico de protección de derechos. La fragmentación del sistema normativo deriva en una dualidad que atenta contra la interpretación sistemática, integral e interdependiente del sistema penal, generando un dualismo inaceptable, y por eso debe evitarse.

Las reglas de Derecho positivo vigente como aquellas previstas en los artículos 4 del Código Penal argentino y 16 del Código penal italiano deberían ser reformuladas a fin de evitar una fragmentación intrasistema que atenta contra su unidad. Seguramente, la consecuencia más grave de la implementación de un Derecho penal de segunda velocidad conlleva a un trato procesal diverso que termina por configurar categorías de sujetos procesales diferenciados.

Cuando se acepta una subdivisión de modelos o esquemas diferenciados de Derecho penal se abre la puerta para una retro expansión de la fragmentación del sistema. Es decir, aquello que en un primer momento se presentaba como una flexibilización de garantías que buscaba su legitimación material en una materia excepcional —incluso con buenas intenciones— luego, naturalmente, tiene a expandirse sobre nuevas áreas y sujetos, lo cual deviene —necesaria y lamentablemente— en una nueva fragmentación del sistema normativo penal que resulta contrario a los valores y principios del Estado Constitucional de Derecho.

Jurisprudencia sobre el lavado de dinero en Paraguay

JOSÉ MIGUEL FERNÁNDEZ ZACUR[1]

Abogado paraguayo

Secretario de la Asociación Iberoamericana de Derecho Penal Económico y de la Empresa

LA ESCASEZ JURISPRUDENCIAL PARAGUAYA EN MATERIA DE LAVADO DE DINERO

Como miembro del Grupo de Acción Financiera Internacional para Latinoamérica (**GAFILAT**), la República del Paraguay fue recientemente sometida a la 4° Ronda de Evaluaciones Mutuas, consistente *"(...) en una*

---

1 ABOGADO egresado de la Universidad Católica Nuestra Señora de la Asunción (Asunción-Paraguay) con término medio SOBRESALIENTE. DOCTOR EN DERECHO (SUMMA CUM LAUDE) egresado de la UNP (Paraguay). MAGÍSTER en Derecho Penal Económico Internacional por la Universidad de Granada (Granada-España). MAGÍSTER en Prevención y Represión del Blanqueo de Dinero y Fraude Fiscal por la Universidad de Santiago de Compostela (Santiago de Compostela-España). ESPECIALISTA en Derecho Penal por la Universidad de Belgrano (Buenos Aires-Argentina). POSTGRADUADO en Derecho Penal Económico por la Universidad del Nordeste (Corrientes-Argentina). POSTGRADUADO en Derecho Penal Profundizado por la Universidad de la Cuenca del Plata (Corrientes-Argentina). DIPLOMADO en Compliance por Thompson Reuters Training (Santiago-Chile). DIPLOMADO en Derecho de los e-Sports por la Universidad Complutense de Madrid (Madrid España). EGRESADO de la Escuela en Ciencias Criminales y Dogmática Penal Alemana (CEDPAL) de la Universidad de Göttingen (Gotinga-Alemania), del Curso de Perfeccionamiento en Prevención y Represión del Blanqueo de Dinero, Responsabilidad Criminal de las Personas Jurídicas y Fraude Fiscal de la Universidad de Santiago de Compostela (Santiago de Compostela-España), de la Academia de Destrezas en Litigación Oral de la California Western School of Law (San Diego-USA) y del Curso de Extensión en Derecho Penal Empresarial de la Pontificia Universidad Católica de Rio Grande do Sul (Porto Alegre-Brasil). PROFESOR invitado de Grado y Post Grado en Universidades paraguayas y del exterior. AUTOR de varios libros y artículos en revistas especializadas. MIEMBRO del Consejo Editorial (Área Penal) de la prestigiosa Editorial LA LEY Paraguaya. MIEMBRO de varias sociedades científicas. ASESOR de empresas paraguayas y extranjeras. SECRETARIO de la Asociación Iberoamericana de Derecho Penal Económico y de la Empresa.

revisión de los sistemas y mecanismos que se han creado en cada país miembro para la prevención y el combate del lavado de activos y el financiamiento del terrorismo"[2]. Las evaluaciones se denominan "mutuas" porque los evaluadores son representantes de países que también integran el **GAFILAT**.

Culminado el examen, se emitió el Informe de Evaluación Mutua aprobado durante el XLV Pleno de Representantes del **GAFILAT** reunido del 25 al 29 de julio de 2022 en Quito (Ecuador) y publicado en setiembre de 2022[3]. En cuanto a los estándares generales de efectividad, *"(…) el régimen ALA/CFT de Paraguay mejoró en forma significativa desde su última evaluación.* ***Se cuenta con un marco legal e institucional más sólido para luchar contra el LA/FT y el FPADM.*** *En materia de efectividad, el Paraguay alcanzó un nivel moderado y requiere mejoras considerables en todas las áreas del sistema ALA/CFT,* ***con excepción de lo referente a la investigación, procesamiento y condena de LA, en donde requiere mejoras fundamentales*** *(…)"*[4]. Sobre este último aspecto, dice el Informe: *"(…) En general,* ***se cuenta con un ordenamiento jurídico acorde para el combate del LA;*** *sin embargo,* ***en la práctica el número de investigaciones, procesos y condenas por LA se considera bajo*** *conforme al nivel de las amenazas existentes en el país. Asimismo, las sentencias condenatorias dictadas, en su mayoría, involucran esquemas de lavado simples o poco complejos (…). Sobre la base de los delitos determinantes (…), la tabla (…) demuestra la* ***enorme diferencia que existe entre las investigaciones de LA abiertas por delitos precedentes relacionados con el narcotráfico*** *y el resto de los delitos determinantes, muchos de los cuales no aparecen en la lista por no haber generado ninguna investigación de LA (…). De la información antes provista y por lo establecido durante la visita in situ, no fue posible determinar,* ***fuera de los casos relacionados con el narcotráfico,*** *el grado de priorización que se da para iniciar investigaciones de LA sobre otro tipo de investigaciones (…)"*[5].

De las conclusiones expuestas surge que el Paraguay mantiene una muy discreta tasa de procesos iniciados por lavado de dinero y consecuentemente, un mesurado número de fallos sobre la materia. De hecho y según estadísticas de la Máxima Instancia jurisdiccional paraguaya, entre el año

---

2 Información disponible en: https://www.gafilat.org/index.php/es/gafilat/que-es-gafilat.

3 Informe completo disponible en: https://www.gafilat.org/index.php/es/biblioteca-virtual/gafilat/documentos-de-interes-17/iem-del-gafilat/4332-informe-de-evaluacio-n-mutua-de-paraguay/file.

4 GAFILAT, "Evaluación Mutua de Cuarta Ronda de la República de Paraguay", s/e, Buenos Aires-Argentina, 2022, Pág. 8.

5 GAFILAT, "Evaluación Mutua de Cuarta Ronda de la República de Paraguay", s/e, Buenos Aires-Argentina, 2022, Págs. 7, 73 y 74.

2015 y el año 2023, solo se dictaron 37 sentencias definitivas (en adelante S.D.) sobre lavado de dinero[6]. De estas últimas, no más del 40% (siendo generosos) fue revisado mediante Acuerdos y Sentencias de Tribunales de Apelación y la Corte Suprema de Justicia del Paraguay que ofrezcan conceptos dogmáticos de interés hermenéutico.

A mayor abundamiento, durante 2023 solo ingresaron al Ministerio Público 19 causas por lavado de dinero, en apenas 3 circunscripciones territoriales (Asunción, Alto Paraná y Presidente Hayes)[7].

La ausencia de pronunciamientos bastantes para hablar con propiedad de "jurisprudencia", entendida como *"(...) el modo uniforme y constante en que los Tribunales de Justicia aplican el Derecho (...)"*[8], nos obliga a flexibilizar el concepto empleándolo como sinónimo de "precedente/s". En este ensayo se expondrá una colección de resoluciones, tanto de Alzada como de Primera Instancia, que sin ser precisamente numerosas u homogéneas, ilustran la visión de los órganos jurisdiccionales paraguayos sobre distintos aspectos del lavado de dinero. Esta será la metodología que emplearemos durante la exposición: un tópico relevante sobre la materia y lo que tienen dicho al respecto los estamentos judiciales del Paraguay.

El lavado de dinero se encuentra tipificado en el Art. 196 del Código Penal paraguayo. La última versión de esta norma fue recogida en la Ley N° 6.452/19, que modificó el texto incorporado por la Ley N° 3.440/08, modificatoria a su vez de la redacción original contemplada en la Ley N° 1.160/97.

Si bien en su actual redacción, el Art. 196 del Código Penal paraguayo emplea la nomenclatura "lavado de activos", en este trabajo utilizaremos sinónimos tanto para la acción de lavar (por ejemplo: blanquear, legitimar, naturalizar, reconvertir, reciclar, normalizar, regularizar o reintegrar), como para el objeto material de aquella (por ejemplo: dinero, bienes, capitales, valores, acervo, fondos o recursos). En otras publicaciones explica-

---

6 Información disponible en: www.pj.gov.py › ESTADISTICAS-LAVADO-DE-ACTIVOS.

7 Información disponible en: https://ministeriopublico.gov.py/lavado-de-dinero-y-activos-da-.

8 Luis P. Frescura y Candia, "Introducción a la Ciencia Jurídica", El Foro, Asunción-Paraguay, 1989, Pág. 55.

mos por qué, desde nuestra óptica, el *nomen iuris* "lavado de dinero" es el más adecuado para esta figura[9].

SOBRE EL CONCEPTO DEL LAVADO DE DINERO.

La Máxima Instancia jurisdiccional paraguaya tiene conceptualizado al lavado de dinero del siguiente modo: *"Ahora, dentro de esta definición o tipo penal, debemos extraer el* ***concepto que determinaría la posibilidad de subsumir hechos a este tipo*** *y es así que, por definición, el lavado de dinero es una actividad clandestina. El dinero "sucio" que pasa por las "tintorerías" (...) de capital (...). Es precisamente el complicado proceso de* ***lograr que el dinero surgido de operaciones ilícitas parezca haber sido obtenido lícitamente****, el que involucra negocios ilegales, corrupción de empleados, funcionarios e instituciones, a lo que se denomina "lavado de dinero" (...). Se entiende entonces que el delito de lavado de dinero, lo que en sí necesita para su configuración es: 1. la existencia de un dinero mal habido, injustificado, ilícito, obtenido en forma ilegal o a través de algún crimen o delito y 2. una estrategia de ocultamiento o trasformación de ese mismo dinero.* ***Es esta estrategia de "hacer pasar el dinero ilegal como legal" la que se configura de diversas y variadas formas, tantas como las que la mente criminal pueda imaginar****. Ahora bien, el primer requisito señalado, la existencia de dinero mal habido que necesita ser ocultado o disfrazado para su utilización, es determinante para la configuración del tipo penal, pues al no comprobarse la procedencia ilegal o ilícita del mismo, nos encontramos ante simples modos de negociación o de inversión de capital"*[10]. En otro precedente dejó sentado: *"El término "lavado de dinero" se refiere a las actividades y transacciones financieras que son realizadas* ***con el fin de ocultar el origen verdadero de fondos recibidos****. Dichos fondos son provenientes de actividades ilegales y* ***el objetivo de la misma es darle a ese dinero ilegal, la apariencia de que***

---

[9] José M. Fernández Zacur, "El ilícito precedente al lavado de dinero en el Derecho Penal paraguayo", en la revista jurídica "La Ley" (PY/DOC/23/2019), La Ley Paraguaya S.A., Asunción-Paraguay, 2019; "Money laundering and asset recovery in Paraguay", en "Annals of Criminology", Volume 59, Issue 2, Cambridge University Press, Cambridge-UK, 2022; "El lavado de dinero en las legislaciones paraguaya, brasileña y estadounidense", en la obra conjunta "VIII Congreso internacional sobre prevención y represión del blanqueo de dinero", Tirant Lo Blanch, Valencia-España, 2022.

[10] CORTE SUPREMA DE JUSTICIA-SALA PENAL, Acuerdo y Sentencia N° 204 (bis) del 3 de abril de 2009; disponible en: https://www.csj.gov.py/jurisprudencia/#.

proviene del flujo lógico de alguna actividad legalmente constituida*"*[11]. En Primera Instancia se dijo: *"El lavado de dinero como tal, consiste en un conjunto de acciones típicas encaminadas a* ***mimetizar el objeto proveniente de hechos antijurídicos con el fin de reintroducirlos al mercado financiero con apariencia lícita****"*[12].

SOBRE EL BIEN JURÍDICO PROTEGIDO.

El Art. 196 del Código Penal paraguayo se encuentra sistematizado bajo el Capítulo IV (**HECHOS PUNIBLES CONTRA LA RESTITUCIÓN DE BIENES**), Título II, Libro Segundo del Código Penal paraguayo. Y sobre dicho bien jurídico ponen énfasis los Tribunales paraguayos. *"El tipo legal de lavado de dinero, vigente al momento de la realización de la conducta atribuida al acusado, se encuentra en el Título II, Hechos Punibles contra los Bienes de las Personas, Capítulo IV, Hechos Punibles contra la Restitución de Bienes; en consecuencia,* ***el bien jurídico protegido fue definido por el legislador y esto es muy importante porque sirve para la interpretación sistemática y teleológica de los presupuestos de la tipicidad****. En su tipo legal, el lavado de dinero está orientado a la* ***conducta posterior de una persona respecto a un hecho antijurídico precedente que afecta los bienes de las víctimas, imposibilitando o dificultando su recuperación o restitución*** *y por eso precisamente está vinculado al hecho precedente que fue definido en la ley como un hecho antijurídico y* ***se incorpora al tipo objetivo del lavado de dinero****; concretamente, al objeto material que se define precisamente como un bien que a su vez proviene del* ***hecho antijurídico precedente que forma parte del tipo objetivo de lavado de dinero****"*[13]. En otro fallo: ***"El bien jurídico protegido en este hecho punible es la restitución de bienes*** *(...). Como expresamos anteriormente, el resultado de las conductas descritas es que* ***se impide o dificulta la recuperación de lo obtenido mediante el hecho antijurídico*** *(...), en razón de que se vuelve imposible rastrear cómo fueron utilizados los fondos obtenidos al mezclarse con el patrimonio propio de las condenadas y la transmisión de beneficios a personas cercanas que no*

---

[11] CORTE SUPREMA DE JUSTICIA-SALA PENAL, Acuerdo y Sentencia N° 486 del 2 de julio de 2015; disponible en: https://www.csj.gov.py/jurisprudencia/#.

[12] TRIBUNAL DE SENTENCIA, S.D. N° 469 del 4 de octubre de 2023; disponible en: https://www.pj.gov.py/descargas/2023-SD-N-409-LAV-DE-DIN-LUIZ-HENRIQUE-BOSCATTO-Y-OTROS.pdf.

[13] TRIBUNAL DE SENTENCIA, S.D. N° 515 del 17 de diciembre de 2021; disponible en: https://www.pj.gov.py/descargas/2021-SD-N-515-17_12_2021-RAMON-MARIO-GONZALEZ-DAHER-LAVADO-DE-DINERO.pdf.

participaron del hecho original. En palabras sencillas, ***el lavado de dinero consiste precisamente en dar apariencia lícita a aquello que tiene origen ilícito****"*[14].

No obstante, la Judicatura también reconoce la multiofensividad del blanqueo: ***"El lavado de dinero constituye un hecho pluriofensivo,*** *pues protege bienes jurídicos como la restitución de bienes, la administración de justicia y* ***el orden económico formal****"*[15]. Ciertamente, es un hecho punible con varios objetos de protección: la administración de justicia, el deber de policía o prevención sobre el ilícito determinante, la seguridad interior del Estado, la salud pública en relación al tráfico de drogas, el patrimonio, el mismo bien jurídico protegido por el predicado.

Desde nuestra óptica y más allá de la ubicación que tiene en el Código Penal paraguayo, el lavado de dinero tutela en primera línea al orden económico; particularmente en sus proyecciones sobre la economía formal, la libre competencia y la credibilidad del sistema financiero.

SOBRE EL ILÍCITO PRECEDENTE

El lavado de dinero es un tipo penal "de segundo piso", cuya configuración depende de otro "de primer piso". Gramaticalmente, "lavar" es un verbo (modo infinitivo) transitivo que demanda un complemento directo. Se lava "algo". Y ese "algo" son los objetos derivados de algún ilícito precursor. El injusto penal del cual provienen los activos a legitimar se denomina predicado, previo, precedente, precursor, fuente, base, de conexión, de referencia o determinante (en la Recomendación 3 del **GAFI**). El Art. 196 Inc. 10° *in fine* del Código Penal paraguayo lo llama "hecho antijurídico subyacente". No es necesario entonces que el evento generador de las ganancias indebidas se complete como hecho punible (tipicidad + antijuridicidad + reprochabilidad + punibilidad). Bastará con que la conducta sea típica y antijurídica. Así lo ratifica este fallo: *"El bien objeto del hecho típico, que en el presente caso consiste en dinero en efectivo, debe provenir de un hecho antijurídico (…). Debe observarse, en lo que respecta al hecho precedente, que la norma del Art. 196 del Código Penal, refiriéndose como derecho de fondo,* ***no requiere que la***

---

14 TRIBUNAL DE SENTENCIA, S.D. N° 124 del 30 de abril de 2019; disponible en: https://www.pj.gov.py/descargas/2019-SD-N-124-2019-ANIE-VICTORIA-GIBBONS-DE-GIMENEZ.pdf.

15 TRIBUNAL DE SENTENCIA, S.D. N° 497 del 24 de noviembre de 2021; disponible en: https://www.pj.gov.py/descargas/2021-SD-N-497-15_11_2021-RONY-MAXIMILIANO-ROMAN-LAVADO-DE-DINERO.pdf.

teoría del delito haya sido completada para poder configurar este elemento típico; *es decir, el hecho antijurídico puede resultar incluso irreprochable y no punible, que a los efectos de la tipificación de la presente norma es irrelevante (…)"*[16].

La justicia penal paraguaya no vacila en subrayar la necesidad de que los valores a reintegrar o normalizar tengan proveniencia ilegal. *"Para que esta conducta tenga relevancia según las disposiciones penales de la legislación paraguaya; es decir, si la misma puede configurar (…) el hecho punible de lavado de dinero,* ***los bienes objeto del lavado deben provenir de un hecho antijurídico*** *(…). Con respecto al lavado de dinero previsto en el Art. 196 del C.P. de la República del Paraguay, el tipo requiere que el objeto provenga de un hecho antijurídico; es decir,* ***de un hecho típico que no esté cubierto por una causa de justificación*** *(…)"*[17]. La Corte Suprema de Justicia del Paraguay se pronunció al respecto: *"De esta manera y a pesar de que el tipo conocido como lavado de dinero es un delito autónomo,* ***requiere el señalamiento de la ilicitud de lo que se pretende ocultar o transformar y el necesario nexo entre el delito anterior que produjo el dinero mal habido y los partícipes del lavado de dinero****"*[18].

Como el ilícito precedente está integrado a la redacción del lavado de activos como tipo penal, constituye un elemento objetivo de éste. Más específicamente un elemento normativo, ya que requiere cierto grado de valoración o aprehensión jurídica (no estricta) en la esfera epistémica o intelectual *"(…) del profano (…)"*[19]. Así lo entiende la Corte Suprema de Justicia del Paraguay: *"En la presente causa, el problema radica en la cosa juzgada y en que el tipo legal de lavado de dinero,* ***en su tipo objetivo ya contiene el hecho precedente****, que en este caso y conforme al relato fáctico obrante en el acta de imputación, es el narcotráfico. En ese sentido, cabe mencionar que* ***el hecho punible de lavado de dinero está vinculado necesariamente al hecho precedente*** *(…), por lo que si se desdoblan los juicios estudiándose por un lado el hecho punible de narcotráfico y por otro al autor del lavado, nos encontraremos con el problema de que* ***se***

---

16 TRIBUNAL DE SENTENCIA, S.D. N° 469 del 4 de octubre de 2023; disponible en: https://www.pj.gov.py/descargas/2023-SD-N-409-LAV-DE-DIN-LUIZ-HENRIQUE-BOSCATTO-Y-OTROS.pdf.

17 TRIBUNAL DE APELACIONES EN LO PENAL-TERCERA SALA, Acuerdo y Sentencia N° 20 del 8 de mayo de 2018 (voto del Magistrado CRISTÓBAL SÁNCHEZ); disponible en: https://online.laley.com.py, PY/JUR/134/2018.

18 CORTE SUPREMA DE JUSTICIA-SALA PENAL, Acuerdo y Sentencia N° 204 (bis) del 3 de abril de 2009; disponible en: https://www.csj.gov.py/jurisprudencia/#.

19 Manuel José Arias Eibe, "El error en el Código Penal de 1995", Dykinson, Madrid-España, 2007, Pág. 17.

estaría juzgando dos veces el mismo hecho *y se generaría un problema con la cosa juzgada y la litispendencia (…). En ese sentido (…), el inconveniente en la presente causa reside en la* ***cosa juzgada y en que el tipo legal de lavado de dinero, en su tipo objetivo ya contiene el hecho precedente*** *(…)"*[20].

El reconocimiento de que el injusto previo constituye un elemento objetivo del tipo penal para el lavado de activos, conlleva dos conclusiones importantes: el ilícito precedente debe ser probado (como cualquier otro elemento objetivo del tipo), aunque no es necesario que exista una condena por el mismo como veremos más adelante; y en la forma dolosa del blanqueo, debe ser abarcado por el conocimiento o representación y voluntad del lavador (como cualquier otro elemento objetivo del tipo).

SOBRE EL NEXO ENTRE EL ILÍCITO PRECEDENTE Y LAS GANANCIAS A LAVAR

La Corte Suprema de Justicia del Paraguay formuló detenidas consideraciones sobre este tópico. Es necesario probar que los bienes en proceso de reciclaje provienen de un hecho antijurídico precursor en específico. *"Para* ***acreditar la existencia del delito previo*** *y del conocimiento del origen por parte del lavador, se recurre a la prueba indiciaria (…). Si bien es cierto que desde la perspectiva fenomenológica de la investigación se manifiestan numerosos puntos de conexión entre el dinero negro y el dinero sucio, ello no justifica en modo alguno que, contempladas desde el punto de vista jurídico, ambas categorías sean tratadas de igual forma (…). Por todo ello, no podemos compartir la opinión de aquellos que tratando de analizar la significación penal del fenómeno, definen el blanqueo en función de un "objeto ampliado",* ***resultando para ellos absolutamente indiferente la licitud o ilicitud del origen de los fondos a reconvertir*** *(…). Cobra singular importancia la (…)* ***determinación circunstanciada de los hechos que integran el nexo entre los fondos provenientes del*** [hecho antijurídico subyacente] ***declarado como acreditado y los utilizados para la adquisición de los*** [bienes] ***objeto del pronunciamiento con respecto al lavado de dinero*** *(…).* ***No basta,*** *a mi criterio, con limitarse a afirmar en el punto específico materia del debate o examen,* ***el origen desconocido de activos y que por tanto serían ilícitos****"*[21].

---

20 CORTE SUPREMA DE JUSTICIA-SALA PENAL, A.I. (auto interlocutorio) N° 258 del 6 de abril de 2022; disponible en: https://www.csj.gov.py/jurisprudencia/#.

21 CORTE SUPREMA DE JUSTICIA-SALA PENAL, Acuerdo y Sentencia N° 15 del 7 de febrero de 2024; disponible en: https://www.csj.gov.py/jurisprudencia/#.

En nuestro país, cuya nómina de injustos determinantes es de *numerus clausus* (basada en un enfoque combinado de umbral y de lista), **es necesario probar que el objeto material del lavado proviene de un hecho antijurídico concreto previsto en el catálogo**. Bien se fundamenta en el siguiente fallo: *"Entonces, se tiene que el A Quo* ***ha mencionado*** [y probado en el caso] ***concretamente el hecho punible precedente*** *a fin de subsumir la conducta del acusado dentro del tipo penal de lavado de dinero,* ***cumpliendo así la exigencia normativa del tipo penal"***[22].

SOBRE LA AUTONOMÍA DEL LAVADO DE DINERO

Dice el Art. 196 Inc. 10° del Código Penal paraguayo: *"El lavado de activos será considerado como un hecho punible autónomo,* ***en el sentido de que para su persecución no se requerirá sentencia sobre el hecho antijurídico subyacente"***. La norma despeja cualquier duda. Para el legislador nacional, la innegable autonomía del blanqueo con respecto al injusto de conexión **es de orden procesal y de ningún modo sustancial**. *"Nuestra normativa no exige como requisito la existencia de una condena del hecho antijurídico a través del cual se comete el hecho punible de lavado de dinero, ya que este es considerado como un hecho punible autónomo, de conformidad con el Inc. 10° del Art. 196"*[23].

Vale decir, no es necesario que exista una sentencia condenatoria previa o simultánea por el ilícito precedente como condición para que exista una sentencia condenatoria por la reintegración de sus ganancias, **lo que de ningún modo implica que esta última pueda dictarse sin probar los aspectos fundamentales de aquel**.

Si bien es cierto que puede iniciarse y proseguirse un proceso por blanqueo sin que genere prejudicialidad la ausencia de un pronunciamiento pasado en autoridad de cosa juzgada sobre el injusto de referencia, **no es cierto que pueda condenarse por aquel sin que este último se encuentre suficientemente acreditado en el mismo juicio**. Un fallo de Primera Instancia lo señala con claridad: *"Para la consumación del hecho punible de lavado de dinero, debe probarse que el bien es producto de un hecho antijurídico que precedió a dicho ilícito. Es*

---

22 TRIBUNAL DE APELACIONES EN LO PENAL-CUARTA SALA, Acuerdo y Sentencia N° 60 del 12 de agosto de 2022; disponible en: https://online.laley.com.py, PY/JUR/553/2022.

23 TRIBUNAL DE SENTENCIA, S.D. N° 469 del 4 de octubre de 2023; disponible en: https://www.pj.gov.py/descargas/2023-SD-N-409-LAV-DE-DIN-LUIZ-HENRIQUE-BOSCATTO-Y-OTROS.pdf.

decir, ***es un hecho punible dependiente de otro hecho punible*** *(…).* ***Si bien menciona el Art. 196 que el hecho punible lavado de dinero es autónomo, lo es en cuanto a su proceso de investigación.*** *En el caso que nos ocupa (…), si bien se ha probado en juicio con filmaciones, declaraciones testimoniales de los intervinientes y con la constitución del Juzgado que (…) se ha encontrado grandes cantidades de billetes de origen venezolano (…), no se pudo demostrar cómo ingresó a nuestro país esa cantidad de billetes"*[24].

Desde luego que, a pesar de no constituir una *conditio sine qua non*, bien podría existir una condena por el injusto previo y en tal caso, la misma servirá como prueba del mismo en el juicio por lavado de activos.

SOBRE LAS ACCIONES TÍPICAS

La legislación paraguaya se decanta por los siguientes verbos típicos: "convertir", "ocultar", "disimular" (la procedencia), "frustrar o peligrar" (el conocimiento de la procedencia o ubicación, el hallazgo, comiso, comiso especial o secuestro), "obtener", "transferir", "proporcionar", "guardar" y "utilizar".

Según el Informe de Evaluación Mutua sobre Paraguay publicado en setiembre de 2022[25], de las pocas sentencias condenatorias por lavado de activos entre los años 2015 y 2021, la conducta "convertir" representa un 2% sobre el total de condenas, la conducta "ocultar" el 27%, la conducta "disimular" el 46%, la conducta "frustrar" el 2%, la conducta "peligrar" el 8%, la conducta "obtener" el 4%, la conducta "guardar" el 6% y la conducta "utilizar" el 4%. Sin datos sobre las conductas "transferir" y "proporcionar". Nótese que el verbo "disimular" es de mayor incidencia.

Los Tribunales paraguayos consideran al lavado de activos como un hecho punible "de resultado". *"El* ***resultado típico****, conforme a la segunda alternativa, consiste en* ***disimular la procedencia*** *del objeto"*[26]. *"El hecho punible de lavado de dinero (…)* ***se trata de un hecho punible de resultado*** *a través del cual, se introducen los fondos o activos obtenidos a través de actividades ilícitas,* ***para que estos***

---

24 TRIBUNAL DE SENTENCIA, S.D. N° 19 del 8 de julio de 2021; disponible en: https://www.pj.gov.py/descargas/2021-SD-N-19-2021-BRUNO-JOSE-DA-COSTA-AMARAL.pdf (voto del Magistrado ZEBALLOS).

25 GAFILAT, "Evaluación Mutua de Cuarta Ronda de la República de Paraguay", s/e, Buenos Aires-Argentina, 2022, Pág. 77.

26 TRIBUNAL DE SENTENCIA, S.D. N° 135 del 24 de abril de 2023; disponible en: https://www.pj.gov.py/descargas/2023-SD-N-135-LAV-DE-DIN-RAUL-ANTONIO-FERNANDEZ-LIPPMANN.pdf.

aparezcan como frutos de actividades lícitas y circulen sin inconveniente alguno en el sistema financiero"[27].

SOBRE EL TIPO SUBJETIVO

El lavado de dinero es un hecho punible doloso. Se trata de un "doble dolo" que debe abarcar: 1. El conocimiento sobre el origen ilícito de los activos y la proveniencia de algún hecho antijurídico subyacente concreto (bastará con representarse los aspectos generales del precursor, su gravedad y no necesariamente la relación precisa o circunstanciada de acontecimientos ni la calificación precisa). 2. El conocimiento de las acciones típicas que se emprenden, de su significación y la voluntad de realizarlas.

Ambos factores deben converger en el ámbito subjetivo del lavador, como se reconoce en las siguientes resoluciones: 1. "*En cuanto a la tipicidad subjetiva, se sostiene finalmente que el acusado (…) ha actuado con dolo de primer grado, pues* ***conocía y quería la concurrencia de cada una de las circunstancias que realizan los elementos del tipo objetivo****. Es decir,* ***sabía que el verdadero origen del dinero recibido no era lícito*** *(…). Además,* ***sabía que su conducta permitía disfrazar el origen*** *e hizo incurrir en este error a instituciones públicas y privadas, ya que de otra manera no sería posible ingresar el objeto al sistema bancario*"[28]. 2. "*Es aquí que, con relación a la acusada (…), se configura efectivamente que la misma* ***trata de asegurar el producto de los actos ilícitos disimulando el origen*** *de los bienes producto de un hecho punible. Asimismo, la acusada (…)* ***conoce la procedencia de los bienes*** *que surgen de la ejecución, de la comercialización de sustancias estupefacientes y efectivamente el Tribunal considera que la conducta de la misma (…) se perfecciona con la concurrencia del dolo de primer grado e indudablemente por el* ***conocimiento pleno de la conducta a ejecutar y el deseo a efectivizar***"[29].

Sin mencionarlo expresamente como tal, buena parte de los precedentes nacionales contempla como elemento subjetivo especial: **el fin de en-**

---

[27] TRIBUNAL DE SENTENCIA, S.D. N° 308 del 21 de julio de 2023; disponible en: https://www.pj.gov.py/descargas/2023-SD-N-308-LAV-DE-DIN-WILFRIDO-BAREIRO-VARGAS-Y-OTROS.pdf.

[28] TRIBUNAL DE SENTENCIA, S.D. N° 294 del 1 de setiembre de 2016; disponible en: https://www.pj.gov.py/descargas/2016-SD-N-294-2016-FELIPE-RAMON-DUARTE.pdf.

[29] TRIBUNAL DE SENTENCIA, S.D. N° 382 del 21 de setiembre de 2023; disponible en: https://www.pj.gov.py/descargas/2023-SD-N-382-LAV-DE-DIN-VICTOR-BRITEZ-ARANDA-Y-OTROS.pdf.

sombrecer la procedencia de los bienes a reciclar para presentarlos como inmaculados e infiltrarlos luego al mercado de capital permitido. Si bien se trata de un elemento extra-típico, aparece sobrentendido e incluido en la misma denominación del tipo penal: "lavado". O sea, además de representarse el origen ilegítimo y de conocerse y quererse las acciones típicas, debe apuntarse a la integración maquillada como móvil de aquellas. Así: 1. *"De esta manera, el Tribunal tiene acreditado que la creación y el funcionamiento de ambas empresas estaban pre ordenados a brindar la* ***apariencia de legitimidad al dinero que provenía de las operaciones de ilegales*** *en las que las personas responsables de su constitución se hallaban involucradas (…). Se verifica asimismo el resultado cubierto por el tipo penal, debido a que por medio de los acusados* ***ingresaron al sistema financiero legal grandes cantidades de dinero*** *provenientes de sus operaciones antijurídicas (…). No se puede alegar que desconocían el origen del dinero y que la única manera de justificar el mismo era a través de la constitución de empresas para* ***dar apariencia de legitimidad a dichos recursos económicos****, por lo que operaron con un dolo directo de primer grado"*[30]. 2. *"En lo que respecta al tipo subjetivo, se demostró que la conducta de la acusada (…) consistió en el montaje de empresas de comercio, a través de las cuales se operaba con dinero proveniente del narcotráfico y en consecuencia, fuera de todo margen de duda, fue un comportamiento eminentemente doloso, pues tenía el pleno conocimiento de su conducta ilícita y* ***anheló el resultado, cual es el ingreso del dinero que le devengó el tráfico de drogas al sistema financiero lícito****. Es decir, no solo conocía, sino que también* ***anhelaba el resultado del blanqueamiento de activos*** *y el consecuente beneficio patrimonial indebido"*[31].

La propia Corte Suprema de Justicia del Paraguay dice: *"De esta manera gráfica y simple se concluye que la determinación finalista o causal de cometer un delito, sobre todo en los tipos de delito señalados en esta causa,* ***necesita indefectiblemente la determinación del agente a un fin querido;*** *precisamente,* ***la ocultación de capital ilegítimo o la obtención de este capital ilegítimo; este es el fin deseado*** *(…)"*[32].

---

30 TRIBUNAL DE SENTENCIA, S.D. N° 379 del 11 de noviembre de 2020; disponible en: https://www.pj.gov.py/descargas/2020-SD-N-379-2020-HUGO-ENRIQUE-FANEGO-DUARTE.pdf.

31 TRIBUNAL DE SENTENCIA, S.D. N° 382 del 21 de setiembre de 2023; disponible en: https://www.pj.gov.py/descargas/2023-SD-N-382-LAV-DE-DIN-VICTOR-BRITEZ-ARANDA-Y-OTROS.pdf.

32 CORTE SUPREMA DE JUSTICIA-SALA PENAL, Acuerdo y Sentencia N° 204 (bis) del 3 de abril de 2009; disponible en: https://www.csj.gov.py/jurisprudencia/#.

La existencia de este elemento subjetivo especial nos lleva a concluir que si bien "el primer dolo" (sobre la proveniencia) o "la primera parte del dolo" puede perfeccionarse en forma de dolo eventual (suponer la mera posibilidad de procedencia ilegítima y aceptarla de todas formas), "el segundo dolo" (sobre las acciones típicas) o "la segunda parte del dolo" solo acepta el dolo directo, ya que se identifica con el camuflaje consciente, orientado a la reinserción deliberada.

No encontramos precedentes nacionales sobre el lavado de activos culposo tipificado en el Art. 196 Inc. 5° del Código Penal paraguayo, cuando se desconozca por "negligencia grave" la génesis espuria del objeto blanqueable (a pesar de que la legislación sancionatoria paraguaya no establece categorías o modalidades de culpa ni sus graduaciones). La norma no admite la forma culposa para las técnicas de reconversión que siempre deben ser dolosas (y con dolo directo como tenemos visto).

SOBRE EL AUTOLAVADO

La jurisprudencia paraguaya admite el castigo del autolavado. *"Un objeto proviene del hecho antijurídico cuando se obtiene mediante la intervención de alguien,* ***el propio autor*** *o un tercero, que comete un hecho típico y antijurídico"*[33].

Se denomina "autolavado" a las conductas de legitimación ejecutadas por un sujeto que participó de la conducta anterior generadora de los bienes que se reciclan. Un fallo de Primera Instancia desarrolla el tema con particular detenimiento: *"El así denominado "autolavado" se corresponde con la descripción de la violación de la norma de conducta prescripta y en consecuencia, de darse todos los presupuestos de punibilidad, es punible. Entonces, con relación al así denominado "autolavado",* ***la doctrina y no solo la doctrina, sino la jurisprudencia en muchos países considera que no debería ser punible*** *la persona que realiza las conductas descriptas en el Art. 196 de lavado de dinero, cuando los bienes que se pretenden ocultar o disimular su procedencia provengan de hechos antijurídicos cometidos por ella misma. Vale decir, cuando se trate de bienes que provengan de hechos antijurídicos realizados por el mismo autor,* ***no debería este ser castigado por el tipo legal del lavado de dinero****, porque la conducta de ocultar, disimular el origen o frustrar el comiso, etcétera, ya formaría parte del injusto contenido en el hecho precedente.*

---

33 TRIBUNAL DE SENTENCIA, S.D. N° 294 del 1 de setiembre de 2016; disponible en: https://www.pj.gov.py/descargas/2016-SD-N-294-2016-FELIPE-RAMON-DUARTE.pdf.

Entonces se invoca el principio de consunción para establecer un concurso aparente de hechos punibles y desplazar el lavado de dinero, quedando solo la punibilidad del hecho precedente realizado por el autor (…). Sin embargo (…), el Tribunal considera que ***no existe un impedimento legal para castigar como autor de lavado de dinero al autor del hecho antijurídico precedente*** *(…). Al respecto, una interpretación gramatical da cuenta que esto no está expresamente establecido a diferencia, por ejemplo, del tipo legal de obstrucción al resarcimiento de bienes en donde dice expresamente el texto legal: será castigado el que ayudará* **a otro**. *En consecuencia, si el tipo legal del Art. 196 C.P. hubiera establecido expresamente: un objeto proveniente de un hecho antijurídico* **de otro**, *sí habría una limitación para la punición; sin embargo, al no estar esto descrito, sostenemos que tal limitación no se da. Respecto a la jurisprudencia nacional sobre este tema, es de notar que desde el año 2015 al año 2020* ***se han registrado 45 causas de lavado de dinero cuyas condenas han sido ratificadas por la Sala Penal de la Corte Suprema de Justicia y de estas 45 causas, 44 son de autolavado;*** *así es que hay jurisprudencia de los Tribunales y de la Máxima Instancia judicial, según la cual se castiga el autolavado. Son 44 sentencias en este periodo de tiempo. En cuanto a la interpretación de la modificación del Art. 196 C.P., que ahora lleva el acápite: "lavado de activos", podemos hacer una interpretación histórica porque formamos parte de la comisión que se ha formado para la reforma del Código Penal y hemos participado en la formulación del así llamado: "paquete de leyes" que fueron introducidas o modificadas con miras a la evaluación del* **GAFILAT** *y en lo que respecta a la modificación del tipo legal de lavado de activos, hemos propuesto la* ***limitación de la punición del autolavado en relación exclusivamente al hecho precedente de evasión de impuestos***. *Entonces,* ***históricamente y conforme la voluntad del legislador porque esto fue discutido****, es punible el autolavado con relación a todos los hechos precedentes que conforman el catálogo del Art. 196 C.P. y que no se refieran a la evasión de impuestos como hecho precedente'*[34].

Aunque exceda los límites descriptivos de este trabajo, el sentido de honestidad intelectual me obliga a aclarar ciertas cuestiones sobre el voto trascripto. Es cierto que la gran mayoría de las condenas por lavado de activos en Paraguay son condenas por autolavado. Pero también es cierto que fuera del caso mencionado y de alguno que otro aislado, las defensas no plantearon la atipicidad de dicha figura. Además, ni los Tribunales de Apelación ni la Corte Suprema de Justicia del Paraguay analizaron aún, a propuesta de alguna parte recurrente, los argumentos a favor y en contra del autoblanqueo como tal. Por otra parte, en cuanto a la interpretación "auténtica" que desliza la

---

34 TRIBUNAL DE SENTENCIA, S.D. N° 515 del 17 de diciembre de 2021; disponible en: https://www.pj.gov.py/descargas/2021-SD-N-515-17_12_2021-RAMON-MARIO-GONZALEZ-DAHER-LAVADO-DE-DINERO.pdf.

Jueza ponente como anteproyectista, se olvida que *"(...) la ley no debe concebirse como la voluntad de su autor y que* ***una vez dictada, se independiza del legislador,*** *adquiere autonomía y pasa a vivir su propia vida"*[35]. Respecto a la interpretación gramatical también ensayada, el Art. 196 Inc. 2°.2 del Código Penal paraguayo castiga a quien guarde o utilice (con vocación de reconversión) algún valor proveniente de un hecho antijurídico antecedente, *"(...) habiendo conocido su procedencia en el momento de la obtención (...)"*. Va de suyo que esta frase se refiere a ilícitos de terceros, ya que constituiría un pleonasmo referirse al (obvio) conocimiento del origen en los ilícitos propios.

Es cierto que el Art. 196 Inc. 11° del Código Penal paraguayo, agregado por la Ley N° 6.452/19, excluye la punibilidad de quien *"(...) oculte el objeto proveniente del hecho antijurídico previsto en el Art. 261 del Código Penal (...)"* (evasión de impuestos), cuando *"(...) sea autor de ese hecho (...)"*. Sin embargo, entendemos que este apartado constituye un recurso lingüístico-normativo para reforzar o acentuar la exclusión de la pena por blanqueo para el autor de la propia evasión impositiva, **que de ningún modo permite (por oposición o *contrario sensu* pudiera pensarse) la criminalización del autolavado para cualquier participante de algún otro hecho antijurídico subyacente, sea cual fuese el verbo típico que ejecute**.

En una posición ecléctica se encuentra la siguiente resolución, de la cual se desprende que no se castigaría el autolavado de simple consumo, sin finalidad legitimadora con fines de colocación: *"El Tribunal sostiene que* ***no se trata de un simple autolavado en el sentido de haber gastado el dinero proveniente del hecho antijurídico realizado por el autor*** *(...). Aquí hay una maniobra por la cual se declara falsamente al Banco para lograr precisamente meter al sistema financiero el producto del hecho antijurídico para poder cobrar los cheques; es decir, se corta la cadena causal realizando una nueva manifestación falsa para poder lograr el ingreso al sistema financiero de un bien que a su vez proviene de un hecho antijurídico y por lo tanto, se da la alternativa de "disimular" el origen del bien (...)"*[36].

Sobre los argumentos que tengo contra el autolavado, puede consultarse un artículo de reciente publicación[37].

---

35 Leonardo Uribe Correa, "Introducción al Derecho. Notas de clase. IV parte"; disponible en revista "Facultad de Derecho y Ciencias Políticas", Universidad Pontificia Bolivariana, Medellín-Colombia, 1984, N° 66, Pág. 146.

36 TRIBUNAL DE SENTENCIA, S.D. N° 462 del 30 de octubre de 2023; disponible en: https://www.pj.gov.py/descargas/2023-SD-N-462-GABRIEL-GAONA-AQUINO.pdf.

37 JOSÉ M. FERNÁNDEZ ZACUR, "Es punible el autolavado según la legislación paraguaya? Especial referencia a la evasión de impuestos como ilícito preceden-

SOBRE EL LAVADO DE DINERO PROVENIENTE DEL NARCOTRÁFICO

La Ley N° 1.340/88- **QUE MODIFICA, ADICIONA Y ACTUALIZA LA LEY N° 357/72: QUE REPRIME EL TRÁFICO ILÍCITO DE ESTUPEFACIENTES Y DROGAS PELIGROSAS Y OTROS DELITOS AFINES Y ESTABLECE MEDIDAS DE PREVENCIÓN Y RECUPERACIÓN DE FARMACODEPENDIENTES** tipifica en su Art. 44 una figura que se superpone al lavado de activos "genérico", a fuerza de los verbos típicos "comerciar" con el, "intervenir" en el o "beneficiarse" del producido que genere el tráfico de estupefacientes[38].

La Corte Suprema de Justicia del Paraguay interpreta que el Art. 196 del Código Penal paraguayo no derogó al Art. 44 de la Ley N° 1.340/88 (cuyo marco penal o rango de sanción es mayor) y que por criterio de especialidad, la aplicabilidad de este último es preferible a la del primero. *"En consecuencia, este principio establece la prevalencia de la ley especial sobre la general en caso de contradicción entre ambas, aunque la ley general sea posterior. En el caso traído a estudio, de la lectura de las normas alegadas por el excepcionante, no surge que el legislador, al momento de la redacción de las mismas, haya considerado la posibilidad de derogar (ni implícita ni explícitamente) lo establecido en los Arts. 42 y 44 de la Ley N° 1.340/88. Luego de un análisis literal de las normas contenidas en los Arts. 196 y 239 del C.P. y sus modificatorias, se colige que en ellas no se encuentra ninguna palabra, término o frase que nos conduzca a sostener la idea de que las mismas pretendan dejar sin efecto lo dispuesto en los Arts. 42 y 44 de la Ley N° 1.340/88 respectivamente; por lo que no podemos decir que nos encontramos ante una derogación de naturaleza implícita. Las conductas punibles descriptas en los Arts. 42 y 44 de la Ley 1.340/88 no hacen mención a ninguna circunstancia o descripción que pueda ser contraria a lo dispuesto en los Arts. 196 y 239 del Código Penal, por lo que estos no pueden tener un efecto derogatorio con relación a las normativas atacadas de inconstitucionales. Las prescripciones del Art. 42 de la Ley N° 1.340/88 describen con claridad una conducta punible que se configura en los casos de asociación a los efectos de la perpetración de hechos punibles previstos en la ley especial.* ***Misma situación ocurre en relación al Art. 44 de la Ley N° 1.340/88,***

---

te"; artículo publicado en Gustavo Darío Meirovich y otro, "Ilícitos económicos y evidencia digital", IJ Editores, Buenos Aires-Argentina, 2023, Pág. 109.

38 *"El que a sabiendas comercie, intervenga de alguna manera o se beneficie económicamente, por sí o por interpósita persona, del producto de la comercialización ilícita de las sustancias o materias primas a que se refiere esta ley, será castigado con penitenciaria de cinco a quince años".*

que describe una conducta penalmente sancionable en lo que respecta a los casos de lavado de dinero a los efectos de la perpetración de hechos punibles previstos en la Ley N° 1.340/88*, descripciones que no presentan ningún tipo de contradicción con la realizada por el legislador en los Arts. 196 y 239 del C.P. y sus modificatorias y por tanto, estas últimas normas (ley general) no son derogatorias de las primeras (ley especial); por lo que no puede hablarse de que aquellas tengan la virtualidad de derogar estas últimas. Una norma especial contiene elementos típicos de una norma general y además contiene otros elementos especializantes. En el caso traído a estudio, la norma especial contiene un elemento propio que describe un tipo penal que también se halla descrito en la norma general, pero con un elemento especializante, que se trata de la asociación criminal y del* **lavado de dinero que resulta del tráfico ilícito de estupefacientes** *y drogas peligrosas, que conforme al criterio de especialidad que se aplica en el caso en cuestión, existiendo una norma de carácter general (Código Penal) y otra de carácter especial (Ley N° 1340/88),* ***debe prevalecer esta última****"*[39].

No coincido con el criterio jurisdiccional trascrito. Si bien la Ley N° 1.340/88 es especial, todos los elementos objetivos y subjetivos de su Art. 44 (incluso los especializantes al incluirse el tráfico de drogas y conexos en el catálogo de ilícitos precedentes) se encuentran reformulados en el Art. 196 del Código Penal paraguayo que por tal motivo, aún comprendido en una ley general, deroga a la especial en la materia específica. De hecho, el Art. 323 Inc. 2° del Código Penal paraguayo deroga *"(…) las demás disposiciones legales contrarias a este Código (…)"*. Sin distinguir que se encuentren en leyes generales o especiales. Y donde la ley no distingue, tampoco debemos hacerlo (*ubi lex non distinguit nec nos distinguere debemus*).

SOBRE LAS CUESTIONES PROBATORIAS

La Corte Suprema de Justicia del Paraguay tiene bien claro que el lavado de dinero es un hecho punible cuya comisión no puede simplemente presumirse, **ni aún a falta de una explicación alternativa sobre la existencia de los bienes en cuestión**. Tanto el nexo entre los objetos a normalizar y un hecho antijurídico subyacente concreto del cual provengan, como las acciones típicas, deben probarse más allá de toda duda razonable. Y la carga de la prueba inculpatoria incumbe al Ministerio Público. **No es el sindicado quien debe probar la legalidad de los valores en cuestión, sino la Fisca-**

---

39 CORTE SUPREMA DE JUSTICIA-SALA CONSTITUCIONAL, Acuerdo y Sentencia N° 326 del 26 de mayo de 2023; disponible en: https://www.csj.gov.py/jurisprudencia/#.

lía su ilicitud. *"Con respecto a este párrafo argumentativo de la condena, inconcebiblemente se invierte la carga de la prueba, pretendiendo que la defensa demuestre los "medios lícitos" de una inversión financiera, cuando la misma Constitución Nacional garantiza la presunción de inocencia, que traducida a métodos procesales, define que* ***es el Ministerio Público el que debe determinar que no existe duda sobre la ilicitud de la inversión****. Además, el Estado de Derecho que reina en nuestro país garantiza el libre comercio y la inversión privada, dentro de los límites de la misma legislación; por lo tanto, con mayor responsabilidad el Ministerio Público es el que debería demostrar la ilicitud de la inversión realizada (…). Además, en el contexto de la sentencia se arguye que el acusado (…) no "demostró" la procedencia del dinero que manejaba. Pero es importante recalcar la necesidad de dotar de legalidad el proceso y recordar nuevamente que el acusado (…) estaba ejerciendo su defensa al prestar declaración indagatoria. Ni tan siquiera está obligado a declarar en su contra, sino que simplemente puede abstenerse de hacerlo y lo que diga no puede ser utilizado en su contra, salvo prueba que lo apoye.* ***Que no haya explicado detalladamente el destino del dinero, no puede bajo ningún punto de vista, dentro de un Estado de Derecho, constituir prueba en su contra de un hecho tan grave y complejo como es el lavado de dinero*** *(…). Esto sería no solo un retroceso al sistema inquisitivo, sino el desconocimiento total de los derechos procesales de las personas sometidas a juicio (…). Si bien es cierto que ante la sospecha de la comisión de hechos punibles corresponde realizar una investigación exhaustiva con respecto al entorno del supuesto autor, sobre todo en este tipo de delitos,* ***no es menos cierto que se necesita un estado de certeza absoluta para llegar a una sanción punitiva*** *(…)"*[40].

Tratándose del sector privado, el lavado de dinero no puede investigarse ni condenarse como si fuera un "enriquecimiento ilícito de particulares" paralelo al enriquecimiento ilícito en el sector público. *"El Tribunal se apartó de la pericia realizada por el Ministerio Público (…) que básicamente consistió en tomar los extractos bancarios (…) y* ***estableció una suma de dinero que consideró de origen ilícito porque presumió que no estaba justificada*** *(…). El Tribunal no siguió y no puede seguir esta hipótesis porque se corresponde en primer lugar a una investigación patrimonial requerida para el tipo legal de enriquecimiento ilícito de funcionarios, lo que en el caso de referencia no se da de manera alguna porque el acusado no es funcionario y además, no responde a los presupuestos de tipicidad exigidos por el tipo penal de lavado de dinero"*[41].

---

40 CORTE SUPREMA DE JUSTICIA-SALA PENAL, Acuerdo y Sentencia N° 204 (bis) del 3 de abril de 2009; disponible en: https://www.csj.gov.py/jurisprudencia/#.

41 TRIBUNAL DE SENTENCIA, S.D. N° 276 del 17 de setiembre de 2015; disponible en: https://www.pj.gov.py/descargas/2015-SD-276-2015-TOMAS-ROJAS-CANETE.pdf.

La Máxima Instancia jurisdiccional paraguaya reconoce la utilidad de la prueba indiciaria para acreditar el lavado de activos (sobre todo la condición espuria de los bienes y el conocimiento de aquella por el sindicado), siempre y cuando los indicios revistan los estándares necesarios para diluir el estado de inocencia. *"Para probar el delito de lavado de activos, entre otros varios medios, se recurrió a la prueba indiciaria (...). Para que la hipótesis acusatoria pueda considerarse válida, se precisa: (a) Una* ***pluralidad*** *de confirmaciones (...). (b) Que la hipótesis sea resistente a las contrapruebas. Una sola prueba eficaz basta para desvirtuar una hipótesis basada en indicios (...). (c) Tienen que resultar desvirtuadas todas las hipótesis alternativas. Esto, configurado a partir del principio constitucional de inocencia (...). Para acreditar la existencia del delito previo y del conocimiento del origen por parte del lavador se recurre a la prueba indiciaria (...). Los indicios más determinantes han de consistir: 1. En el incremento inusual del patrimonio o manejo de cantidades de dinero que por elevada cuantía, dinámica de transmisiones y tratarse de efectivo, pongan de manifiesto operaciones extrañas a las prácticas comerciales ordinarias. 2. Inexistencia de negocios lícitos que justifiquen el incremento patrimonial o las transmisiones dinerarias. 3. Constatación de algún vínculo o conexión con actividades de tráfico de estupefacientes o con personas o grupos relacionados con las mismas o habrá que añadir, con otras actividades delictivas"*[42].

La existencia de un solo indicio como por ejemplo, la diferencia entre lo que se tiene y lo que se gana en el sector privado, es insuficiente para reputar maculada o sucia a la diferencia. *"Estos extremos señalados por el Ad Quem como justificativos del dinero mal habido, la simple e incompleta comparación entre ingresos y egresos (...), no podría ser base de prueba del ilícito (...).* ***Es jurídicamente incorrecto determinar que el ingreso, al ser irregular dentro de parámetros incompletos, sea ilegal y además con esto, pretender determinar una conducta delictiva*** *(...)"*[43].

La prueba indiciaria debe alcanzar la misma fuerza de convicción que las pruebas directas, de modo que si la misma no involucra indicios plurales, concordantes, inequívocos y no desvirtuados por otros elementos probatorios, será insuficiente para fundar una condena por lavado de dinero. Así se ha dicho: *"¿La única evidencia que se tiene contra este procesado es de*

---

42 CORTE SUPREMA DE JUSTICIA-SALA PENAL, Acuerdo y Sentencia N° 15 del 7 de febrero de 2024; disponible en: https://www.csj.gov.py/jurisprudencia/#.

43 CORTE SUPREMA DE JUSTICIA-SALA PENAL, Acuerdo y Sentencia N° 204 (bis) del 3 de abril de 2009; disponible en: https://www.csj.gov.py/jurisprudencia/#.

carácter circunstancial? ¿El hecho de ser hijo del acusado ya lo convierte en autor de lavado de dinero? Entendemos del análisis particular y general de las pruebas que con relación al encausado, no existen méritos para señalarlo como autor del hecho punible antes mencionado (…)"[44].

CONCLUSIONES

Las estadísticas jurisprudenciales paraguayas demuestran que no son muchos los procesos penales abiertos por lavado de dinero y que la mayor parte de estos tiene al narcotráfico como ilícito precedente. Aquí debo reparar en el vaso medio lleno y no en el medio vacío. Si el Paraguay no se volvió (aún) una usina generadora de causas por blanqueo, si la mayoría de las existentes tiene al tráfico de estupefacientes o relacionados como injustos de base y si los juicios por los demás ilícitos determinantes no conllevan necesariamente el enjuiciamiento por legitimación de su producido, es porque a pesar de haber cedido a la impronta internacional en la inflación o expansión normativa, todavía está instalado en el "inconsciente colectivo jurisdiccional" que la figura solo aplica a casos graves.

El **criterio de gravedad** que en la práctica mantienen los órganos judiciales del Paraguay (mal que pese al **GAFI**) permite mantener al lavado de dinero cerca de las necesidades que justificaron su tipificación, evitando que se desborde para fagocitar ámbitos que le restan identidad conceptual. En efecto, "*(…) cuanto mayor sea el círculo de delitos de referencia, tanto más se extenderá la represión del blanqueo,* ***pero también sus costes sociales y el peligro de una inflación punitiva que desposea al Derecho Penal de su entendimiento como ultima ratio***"[45].

Por lo demás, de los fallos trascriptos resulta: 1. Que las definiciones sobre lavado de dinero recogidas en los precedentes coinciden en un componente interpretativo que aunque no aparezca explícito en la descripción de las conductas previstas en el Art. 196 del Código Penal paraguayo, condiciona la relevancia penal de los verbos típicos: **la finalidad de introducir objetos maculados al circuito regular de la economía bajo apariencia de**

---

[44] CORTE SUPREMA DE JUSTICIA-SALA PENAL, Acuerdo y Sentencia N° 126 del 24 de febrero de 2021; disponible en: https://www.csj.gov.py/jurisprudencia/#.

[45] MIGUEL ABEL SOUTO, "Normativa internacional sobre el blanqueo de dinero y su recepción en el ordenamiento penal español" (tesis doctoral), USC, Santiago de Compostela-España, 2001, Pág. 219.

licitud. 2. Que se hace hincapié en la recuperación de los bienes afectados por el ilícito de conexión como objeto de tutela, sin desconocer la pluriofensividad del blanqueamiento. 3. Que basta con que el predicado alcance la condición de hecho antijurídico y que el mismo debe ser probado, así como su vínculo con el acervo a regularizar. 4. Que el injusto determinante debe ser concreto y que forma parte del tipo objetivo del lavado de activos. 5. Que el lavado de dinero es autónomo desde que su condena no exige la condena por el hecho antijurídico subyacente, lo que de ningún modo implica que este último no deba probarse en sus aristas fundamentales. 6. Que las conductas típicas deben encaminarse a disfrazar fondos espurios para presentarlos como impolutos en la economía de superficie. Siendo así, todas podrían reconducirse a una sola: "disimular" (la procedencia). 7. Que el lavado de activos es doloso en lo que hace a conocer la genética ilegítima de los recursos a normalizar y a conocer y querer las conductas de legitimación. Sin perjuicio del ya aludido elemento anímico específico y adicional al simple dolo. 8. Que el autolavado es punible, a pesar de las diversas refutaciones dogmáticas e interpretativas. 9. Que el lavado de dinero genérico no derogó al lavado de dinero proveniente del tráfico de estupefacientes y que dado el caso, debe aplicarse este último tipo penal por especialidad. 10. Que en el lavado de dinero no se invierte la carga probatoria. El Ministerio Público debe probar con grado de certeza cada arista del blanqueo, incluyendo que tales bienes provienen de tales injustos previos y los demás elementos objetivos y subjetivos de la figura. La sola falta de justificación de ciertos capitales es insuficiente para concluir la ilegalidad de los mismos, en el sentido que exige la configuración típica. La prueba indiciaria es de utilidad, siempre y cuando siga las directrices necesarias para resultar en la plena convicción sobre la existencia del hecho punible y sus participantes.

La cooperación transfronteriza y la jurisdicción en materia de blanqueo según la Directiva 2018/1673

ISABEL MORÓN PENDÁS
Magistrado de lo contencioso administrativo de Huelva

INTRODUCCIÓN

La persecución y el enjuiciamiento del delito de blanqueo de dinero plantean una singular problemática al implicar, de ordinario, conductas desarrolladas en distintos territorios. El dinero no conoce las fronteras nacionales y los delincuentes aprovechan la facilidad de su traslado, auspiciado por la generalización de las nuevas tecnologías, para ocultar los bienes procedentes de sus actividades delictivas y dificultar su persecución.

El problema de la determinación de la jurisdicción de los tribunales, esto es, la precisión de los supuestos en los que los tribunales de un Estado son competentes para conocer de un concreto delito, en aquellos casos en que aparecen implicados elementos de diversos países, plantea especial interés y complejidad en el delito de blanqueo de dinero.

Son varios los factores que contribuyen a esta especialidad:

a) el carácter trasnacional de este tipo de actividad delictiva[1], consecuencia de la globalización de la economía que provoca que, con alta frecuencia, se impliquen jurisdicciones de diversos estados en el *iter* delictivo. Ferré Olivé destaca que con el blanqueo de dinero se va construyendo el primer ilícito penal económico genuinamente globalizado[2].

b) La globalización de la actividad económica y la expansión de las nuevas tecnologías que facilita la inmediatez de las transacciones no

---

1 El recién estrenado Reglamento (UE) 2024/1624, de 31 de mayo de 2024 relativo a la prevención de la utilización del sistema financiero para el blanqueo de capitales y la financiación del terrorismo destaca en su considerando (4) el hecho de que estos delitos se llevan a cabo con frecuencia en un contexto internacional.

2 Cfr. Feré Olivé, J.C. (2024:161).

presenciales que atraviesan las fronteras, dificultando especialmente la trazabilidad del dinero y favoreciendo extraordinariamente la ocultación de su origen. De este modo se convierte al blanqueo de dinero en un delito de globalización[3] lo que demanda una respuesta internacional[4]. Especial atención merece el empleo de las Tecnologías de la Información y la Comunicación para la comisión del delito de blanqueo en un determinado Estado teniendo, sin embargo, tales tecnologías su base en otro Estado distinto[5].

c) La naturaleza, por esencia compleja, del delito de blanqueo, que no se agota en un solo acto. Las conductas recogidas en el tipo (adquisición, posesión, utilización, ocultación, encubrimiento, conversión, transmisión…) de ordinario no se agotan en un solo acto y, en la mayor parte de los casos, exigen una actividad que se prolonga en el tiempo y se integra de varios actos. Pero, especialmente, esta complejidad se manifiesta en la exigencia de una actividad delictiva previa generadora de los bienes que, en ocasiones, es desarrollada en un punto geográfico distinto de aquel en que se lleva a cabo la ulterior actividad de banqueo[6]. Esto entronca con la idea de GAFI al caracterizar el delito como un *iter* integrado por sucesivas etapas (colocación o prelavado; conversión o ensombrecimiento y, por último, integración o reinversión) compartida por parte de la doctrina[7] e incluso por nuestro Tribunal Supremo[8].

---

3 Cfr. Abel Souto, M. (2022:502).

4 Cfr. Abel Souto, M. (2002:55), vid. también Blanco Cordero, I (2022: 175).

5 A esta preocupación responde el considerando (17) de la directiva 2018/1673: *Dada la movilidad de los autores y de los productos provenientes de las actividades delictivas, así como la complejidad de las investigaciones transfronterizas que resultan necesarias para luchar contra el blanqueo de capitales, todos los Estados miembros deben establecer su jurisdicción, de modo que las autoridades competentes estén facultadas para investigar y perseguir dichas actividades. Por consiguiente, los Estados miembros deben velar por que su jurisdicción englobe las situaciones en las que el delito se cometa por medio de tecnologías de la información y la comunicación desde su territorio, con independencia de que dichas tecnologías tengan o no su base en él.*

6 Vid. Ferré Olivé, J.C. (2024:162) que entiende que al tratarse de muchas piezas que encajan en el mismo puzle, el delito previo, los bienes derivados de aquel, y el posterior blanqueo, pueden realizarse en distintos puntos de la geografía mundial.

7 Cfr. Abel Souto, M. (2002: 29 y ss.).

8 La idea es aceptada por el Tribunal Supremo, entre otras, en sentencia 501/2019 de 24 de octubre (ECLI:ES:TS:2019:3247) (Ponente: Sánchez Melgar, J.).

LA JURISDICCIÓN EN MATERIA DE BLANQUEO DE DINERO SEGÚN LA DIRECTIVA (UE) 2018/1673

En materia de aplicación de la Ley penal en el espacio[9] la regla es el principio de territorialidad, con arreglo al cual la ley penal de un Estado se aplica a todos los hechos cometidos en su territorio con independencia de la nacionalidad de los autores. Por excepción, el principio de extraterritorialidad o de ultraterritorialidad permite la aplicación de la ley penal de un Estado a hechos cometidos en otros territorios, bien sea por razón de la nacionalidad de los autores o de las víctimas, o, por razón de la naturaleza de los bienes jurídicos protegidos, cuando estos se consideran de especial relevancia o interés para el Estado. Ello supone que las autoridades de un Estado puedan investigar y, en su caso, enjuiciar hechos delictivos cometidos en el territorio de otro Estado. Lógicamente, en cuanto esta circunstancia afecta a la soberanía de los Estados, la extensión de la jurisdicción debe limitarse a casos en que exista una justificación para ello, como puede ser el caso de delitos que afecten de modo especial a los intereses del Estado, y, en todo caso, la extensión ha de contemplarse con especial cautela.

La creciente atención que viene suscitando a nivel mundial el delito de blanqueo de dinero que, en las últimas décadas, se ha venido a convertir, junto con otros delitos y conceptos estrella, en uno de los pilares del moderno derecho penal económico[10], no escapa al ámbito de la Unión Europea auspiciado y condicionado por las exigencias del GAFI y de otras instancias internacionales.

Así, por ejemplo, la Convención de Naciones Unidas contra la corrupción, la Convención de Mérida, contempla en su artículo 23 la consideración como delitos determinantes los cometidos tanto dentro como fuera de la jurisdicción del Estado interesado, si bien exigiendo en todo caso la doble incriminación[11].

---

9 Sobre esta cuestión vid. ampliamente MUSCO, E. (2006: 144).

10 Vid. Ferré Olive, J.C. (2024: 24 y 25) que considera que la defraudación tributaria, el blanqueo de dinero y la financiación del terrorismo conforman una auténtica trilogía que responde a la lucha mediante el derecho penal contra los movimientos incontrolados de riqueza. Y muy gráficamente identifica con presente, pasado y futuro estas tres modalidades delictivas, de forma que, en esencia, el blanqueo mira al origen delictivo de los bienes (pasado), el fraude fiscal se ocupa del ejercicio tributario en curso (presente) y la financiación del terrorismo pretende evitar posibles atentados terroristas (futuro).

11 El artículo 23 de la Convención de Mérida dispone (...) *entre los delitos determinantes se incluirán los delitos cometidos tanto dentro como fuera de la jurisdicción del Estado*

Por su parte, el GAFI en la nota interpretativa de la Recomendación 3ª referida al delito de blanqueo de dinero y más en concreto, en su punto 5, contempla asimismo esta extensión a delitos antecedentes cometidos fuera del país de enjuiciamiento en los siguientes términos "*Los delitos previos del blanqueo de capitales deben extenderse a las conductas que tuvieran lugar en otro país, que constituya un delito en ese país y que habría constituido un delito subyacente de haberse cometido en el país. Los países pueden establecer que el único requisito es que la conducta hubiera constituido un delito, de haber ocurrido en el país*". Este último inciso, conforme al cual los bienes podrían proceder de una actividad plenamente lícita en el lugar en que se realiza, y no serlo, sin embargo, en aquel otro país en que se poseen, utilizan, transforman, etc..., permitiría sancionar en el segundo Estado a su titular, caso de ser la actividad determinante constitutiva de delito en este segundo Estado. Cierto que la mayoría de los Estados sancionan, de una u otra forma, las mismas conductas que pueden ser tenidas como actividad precedente, pero no es así en todos los casos. Piénsese sin más en el delito de defraudación tributaria cuando las cuantías de referencia varían en una u otra normativa estatal.

Y, en todo caso, la Recomendación del GAFI exige que el hecho previo esté tipificado como delito, sin que a tal efecto pueda reputarse suficiente la infracción administrativa.

La Directiva penal en materia de blanqueo de dinero en la consideración de la trascendencia del delito para los intereses cruciales de la Unión Europea, la protección de su sistema financiero y del funcionamiento del mercado único, considera capital una clara definición de la jurisdicción e introduce, además, una cláusula que permite la extensión de la jurisdicción de los tribunales de los Estados Miembros.

La jurisdicción en la Directiva (UE) 2018/1673

De esta interesante cuestión se ocupa expresamente el artículo 10 de la Directiva (UE) 2018/1673 del Parlamento Europeo y del Consejo de 23 de octubre de 2018 relativa a la lucha contra el blanqueo de capitales mediante el Derecho penal, bajo la rúbrica *Jurisdicción,* si bien ya en los

---

Parte interesado. No obstante, los delitos cometidos fuera de la jurisdicción de un Estado Parte constituirán delito determinante siempre y cuando el acto correspondiente sea delito con arreglo al derecho interno del Estado en que se haya cometido y constituyese asimismo delito con arreglo al derecho interno del Estado Parte que aplique o ponga en práctica el presente artículo si el delito se hubiese cometido allí.

considerandos contiene una notable referencia a la necesidad de que los Estados definan con claridad su propia jurisdicción[12], dada la movilidad de los autores y los bienes de ilícito origen, y la complejidad de las investigaciones trasfronterizas, así como la posibilidad de que los delitos se cometan mediante el uso de las tecnologías de la información y la comunicación que tengan su base en un Estado distinto.

Por su parte, el Considerando 12 de la Directiva señala que "*resulta oportuno que la investigación y el enjuiciamiento del blanqueo de capitales no se vean obstaculizados por el hecho de que la actividad delictiva se haya cometido en otro Estado miembro o en un tercer país, con sujeción a las condiciones establecidas en la presente Directiva*". Y, en coherencia con ello, el apartado 3.c) del artículo 3° de la Directiva encomienda a los Estados miembros adoptar las medidas necesarias para garantizar que "*los delitos mencionados en los apartados 1 y 2 se extiendan a los bienes provinientes de una conducta que haya tenido lugar en el territorio de otro Estado miembro o en el de un tercer país, cuando dicha conducta hubiera constituido una actividad delictiva en caso de que se hubiera producido en el territorio nacional*". Y sigue diciendo el apartado 4 del mismo artículo 3°: "*En el caso del apartado 3, letra c), del presente artículo, los Estados miembros podrán exigir además que la conducta de que se trate constituya delito con arreglo al Derecho nacional del otro Estado miembro o del tercer país en el que se haya cometido, excepto cuando dicha conducta constituya uno de los delitos mencionados en el artículo 2, punto 1 letras a) a e) y h), según están definidos en el Derecho de la Unión aplicable*[13].

En definitiva, la Directiva exige a los Estados miembros contemplar la incriminación del delito de blanqueo en el propio Estado, cuando la actividad delictiva previa generadora de los bienes, se hubiera cometido en territorio de otro Estado, sea de la UE o de un tercer país. Y, en tales casos, permite (no impone) que se exija que la actividad previa esté también contemplada como delito en el Estado de comisión (doble incriminación), a salvo se trate de una serie de delitos que el legislador europeo considera de tal intensidad, que basta con que encajen en la definición del derecho de la Unión (crimen organizado, terrorismo, trata de personas, explotación

---

12 Vid. considerando (19) de la Directiva (UE) 2018/1673 del Parlamento Europeo y del Consejo de 23 de octubre de 2018 relativa a la lucha contra el blanqueo de capitales mediante el Derecho penal.

13 El artículo 2 punto 1 letras a) a e) y h) refieren a los delitos de participación en organización criminal, terrorismo, trata de seres humanos, explotación sexual, tráfico de drogas y corrupción.

sexual, tráfico de drogas, o corrupción) entre los llamados *eurodelitos*. De este modo, se deja en manos de los Estados miembros la decisión de exigir que la actividad previa de que dimanan los bienes realizada fuera del propio territorio esté tipificada como delito en el lugar de comisión. No se contempla la obligatoriedad de la doble incriminación, aunque parece que ha de ser lo lógico. La no previsión de doble incriminación puede traer consigo consecuencias indeseadas por injustas, al permitir sancionar, por ejemplo, a quien emplea en un Estado un dinero lícitamente obtenido, pues la actividad generadora estaba permitida allí donde se realizó, por más que esté tipificada como delito en el Estado en el que se emplea su producto que, al haber sido obtenido de forma lícita en el lugar donde se obtuvo, pues la conducta generadora no era allí reputada delictiva, no puede ser considerado susceptible de ser blanqueado. Parece lógico entender que en este caso no puede hablarse de actividad delictiva previa, pues ésta no era tal allí donde se produce.

En términos similares se pronuncia la Cuarta Directiva de prevención, aun vigente[14] en el apartado 4 del art. 1 cuando dice se considerará que *hay blanqueo de capitales aun cuando las actividades que hayan generado los bienes que vayan a blanquearse se hayan desarrollado en el territorio de otro Estado miembro o en el de un tercer país.*

La misma idea se recoge en el recién publicado Reglamento UE 2024/1624 del Parlamento europeo y del Consejo de 31 de mayo de 2024 relativo a la prevención de la utilización del sistema financiero para el blanqueo de capitales o la financiación del terrorismo que cuando define en su artículo 2.1.1) el banqueo de capitales por remisión a la Directiva penal señala: *(…) tanto si las actividades que generaron la propiedad sujeta a blanqueo se llevaron a cabo en el territorio de un Estado miembro como en el de un tercer país*

---

14 La Directiva (UE) 2015/849 del Parlamento Europeo y del Consejo, de 20 de mayo de 2015, relativa a la prevención de la utilización del sistema financiero para el blanqueo de capitales o la financiación del terrorismo, y por la que se modifica el Reglamento (UE) N.° 648/2012 del Parlamento Europeo y del Consejo, y se derogan la Directiva 2005/60/CE del Parlamento Europeo y del Consejo y la Directiva 2006/70/CE de la Comisión (Cuarta directiva), queda vigente hasta el 10 de julio de 2027 conforme al artículo 77 de la Directiva (UE) 2024/1640 del Parlamento Europeo y del Consejo, de 31 de mayo de 2024 relativa a los mecanismos que deben establecer los Estados Miembros a efectos de la prevención de la utilización del sistema financiero para el blanqueo de capitales o la financiación del terrorismo, por la que se modifica la Directiva y (UE) 2019/1937 y se modifica y deroga Directiva (UE) 2015/849.

(…)". Reglamento que, si bien según su artículo 90 entró en vigor a los 20 días de su publicación el Diario Oficial de la Unión Europea, establece el mismo complejo mecanismo de aplicación solo a partir del 10 de julio de 2027, que la nueva Directiva de prevención de la misma fecha, generando algo de incertidumbre y con ello inseguridad jurídica[15].

Por su parte el artículo 10 de la Directiva penal se refiere a la *Jurisdicción* para insistir en la necesidad de que los Estados miembros fijen su propia jurisdicción respecto de las conductas definidas como delito de blanqueo de dinero cuando el delito se haya cometido en todo o en parte, en su territorio, y cuando el autor sea nacional de ese Estado. Considera la Directiva la posibilidad de que los Estados miembros decidan ampliar su jurisdicción a los delitos cometidos fuera del propio territorio cuando lo sean por residentes habituales o en beneficio de personas jurídicas establecidas en su territorio. En estos casos el Estado deberá de informar a la Comisión.

Y, atendida la amplitud con la que en la Directiva se admite la fijación de la propia jurisdicción por los Estados miembros, la misma Directiva es consciente de las posibilidades de colisión de jurisdicciones y establece en el punto tercero del artículo 10, una suerte de norma de conflicto, que trata de evitar que un mismo hecho sea perseguido a la vez en varios Estados miembros, siendo su objetivo que se centralice la persecución en uno solo.

A fin de resolver la colisión, la Directiva impone a los Estados miembros, colaborar para decidir cuál de ellos ha de iniciar acciones contra el autor del delito, si bien proporciona una serie de factores, más bien criterios, a tomar en consideración para resolverla. Refiere la Directiva al lugar de comisión, la nacionalidad o lugar de residencia del autor del delito, el país de origen de la víctima, y el territorio en que ha sido hallado el autor. Considero que estos criterios que la Directiva relaciona empleando un imperativo "*Se tendrán en cuenta los siguientes factores*" deberían de ser tomados en consideración por el mismo orden en que aparecen en la Directiva, toda vez que el primero de ellos refiere al criterio más generalizado de atribución del conocimiento de los delitos (el territorio). En cualquier caso, y cuando, pese a todo no fuera posible alcanzar un acuerdo, la Directiva prevé que se dé traslado a Eurojust para resolver la cuestión en los términos previstos en la Decisión marco 2009/948/JAI del Consejo, de 30 de noviembre de 2009 sobre la prevención y resolución de conflictos de ejercicio de jurisdicción en los procesos penales, cuyo objetivo es, precisamente, evitar que una per-

15 *Vid.* los artículos 90 del Reglamento (UE) 2024/1624 y 77 de la Directiva (UE) 2024/1640.

sona sea sometida a procesos penales paralelos en distintos Estados miembros por los mismos hechos[16] con vulneración del principio *non bis in idem.*

En lo expuesto hasta ahora no parecen tener incidencia alguna ni la internacionalidad del delito de blanqueo de dinero ni su carácter complejo antes referidos, pues parece, la normativa comunitaria, a la hora de abordar la cuestión de la jurisdicción, entender que la colisión deriva únicamente de las reglas que cada uno de los Estados miembros pueda establecer al respecto de fijar la propia extensión de su jurisdicción.

Por el contrario, considero que la mayor complejidad que presenta el delito de blanqueo de dinero a la hora de establecer la jurisdicción competente para su investigación y enjuiciamiento, no va a derivar tanto de las concretas reglas atributivas de los Estados, sino que, y en la medida en que en la mayoría de los casos el primer criterio atributivo es el principio de territorialidad, la complejidad vendrá dada por los casos en que estando implicadas varias jurisdicciones en la comisión de este delito de naturaleza compleja, se susciten dudas sobre dónde ha de entenderse cometido el delito. Es evidente y además esta cuestión queda solventada, como se ha visto, en toda la normativa europea, que no ha de atenderse al lugar en que tiene lugar la actividad delictiva antecedente, origen de los bienes que se blanquean, pues no puede marcar la jurisdicción competente para conocer del ulterior delito de blanqueo de dinero y sí solo del delito previo. Los problemas se centran en los casos en que la conducta de blanqueo se integre por varios actos realizados en distintos lugares o, cuando intervienen, como ya anunciaba la Directiva penal[17], las Tecnologías de la Información y la Comunicación con sede en un Estado distinto de aquel en el que se materializan los efectos. Ninguna norma uniformadora se contiene al respecto en la Directiva penal. Cada Estado miembro tendrá las propias normas internas para determinar cuándo un hecho se ha de considerar ejecutado en su territorio y cuándo sus tribunales resultan competentes para su enjuiciamiento, y, si aun así surge la colisión habrá de acudirse a las reglas del art. 10 de la Directiva para resolver el conflicto, incluida, en último término, la intervención de Eurojust para evitar, en todo caso, la inadmisible duplicidad de procesos[18].

---

16 Vid. Considerando 3 y artículo 1 de la Decisión marco 2009/948/JAI del Consejo, de 30 de noviembre de 2009 sobre la prevención y resolución de conflictos de ejercicio de jurisdicción en los procesos penales.

17 Considerando (17) de la directiva 2018/1673 (*vid. nota 5).*

18 Así lo anticipa el considerando 18 de la Directiva (UE) 2018/1673: *En virtud de la Decisión marco 2009/948/JAI del Consejo (1) y de la Decisión 2002/187/JAI del Con-*

A este respecto resultan de interés los criterios y directrices que se recogen en el anexo del informe anual de Eurojust 2003[19] al que remite la Decisión marco 2009/94/JAI[20] y establecen la preferencia por el lugar en que se cometen la mayor parte de los hechos delictivos, y el lugar en que se ocasionó el mayor perjuicio, el lugar en que se halla al presunto autor y las posibilidades de garantizar su entrega, la nacionalidad o lugar de residencia del presunto autor, los intereses importantes de las víctimas, la admisibilidad de las pruebas y eventuales demoras en la tramitación. El anexo del informe advierte de no tomar en consideración la mayor facilidad de recuperación de activos[21].

El estado de la cuestión en el ordenamiento español

Para conocer cuándo pueden los órganos jurisdiccionales españoles investigar y sancionar un delito cometido fuera de nuestras fronteras ha de acudirse al artículo 23 LOPJ. En lo que ahora nos atañe, en la redacción originaria, el apartado 4 del artículo 23 LOPJ recogía el principio de justicia universal en relación a un elenco de delitos (genocidio, tráfico de drogas ...) en cuya virtud tales hechos podían ser perseguidos por los tribunales españoles con independencia de cualquier conexión con nuestro territorio, esto es, con total abstracción del lugar de comisión de delito, la nacionalidad, residencia o lugar en el que fueran hallados los autores o las víctimas del delito, aun incluso cuando no existiera conexión de ninguna clase con España.

Con posterioridad, la Ley Orgánica 1/2009, de 3 de noviembre, complementaria de la Ley de reforma de la legislación procesal para la implantación de la nueva Oficina judicial, por la que se modifica la Ley Orgánica 6/1985, de 1 de julio, del Poder Judicial, introdujo una modificación esencial limitativa del principio de justicia universal absoluto consagrado en relación a aquel elenco de delitos, al precisar ya la exigencia de algún

---

sejo (2), las autoridades competentes de dos o más Estados miembros que tramiten procesos penales paralelos por los mismos hechos que impliquen a la misma persona deben, con la ayuda de Eurojust, entablar consultas directas entre ellas, en particular para garantizar la persecución penal de todos los delitos cubiertos por la presente Directiva.

19 El informe anual de Eurojust 2003 se puede consultar en https://www.eurojust.europa.eu/publication/eurojust-annual-report-2003.

20 El considerando 9 de la decisión marco 2009/948/JAI.

21 Vid. Anexo del informe anual de Eurojust 2003 págs. 61 y ss.

tipo de vínculo con España, bien sea porque el presunto responsable se encontrase en España, por la nacionalidad de la víctima o cualquier otra conexión relevante[22].

Tan trascendental giro se trataba de justificar en el apartado III de la Exposición de Motivos de la Ley Orgánica 1/2009, con una lacónica referencia abstracta que poco viene a explicar o a aclarar las razones para el cambio[23], y, hubiera merecido alguna mayor precisión que el hecho de que la reforma respondiera a un mandato del Congreso, atendida la importancia del tema. Sin embargo, esa más que conveniente exigencia de algún punto de contacto con el Estado que va a perseguir el delito, sea la nacionalidad de los autores o aun de las víctimas, o la afección a los intereses de España, o cualquier otro que justifique la injerencia de un Estado en hechos ocurridos en el territorio de otro Estado, desaparece cuando del delito de blanqueo de capitales se trata.

Resulta especialmente llamativa la previsión contenida en el apartado cuarto del artículo 301 del código penal vigente, desde su redacción originaria, cuando tras definir las conductas constitutivas de blanqueo de dine-

---

22 La reforma añade dos nuevos párrafos al apartado 4 del artículo 23 LOPJ, con la siguiente redacción: *Sin perjuicio de lo que pudieran disponer los tratados y convenios internacionales suscritos por España, para que puedan conocer los Tribunales españoles de los anteriores delitos deberá quedar acreditado que sus presuntos responsables se encuentran en España o que existen víctimas de nacionalidad española, o constatarse algún vínculo de conexión relevante con España y, en todo caso, que en otro país competente o en el seno de un Tribunal internacional no se ha iniciado procedimiento que suponga una investigación y una persecución efectiva, en su caso, de tales hechos punibles. El proceso penal iniciado ante la jurisdicción española se sobreseerá provisionalmente cuando quede constancia del comienzo de otro proceso sobre los hechos denunciados en el país o por el Tribunal a los que se refiere el párrafo anterior.*

23 El apartado III de la Exposición de motivos de la Ley Orgánica 1/2009, de 3 de noviembre, complementaria de la Ley de reforma de la legislación procesal para la implantación de la nueva Oficina judicial, por la que se modifica la Ley Orgánica 6/1985, de 1 de julio, del Poder Judicial, justifica la reforma limitándose a indicar *En cumplimiento del mandato emanado del Congreso de los Diputados, mediante resolución aprobada el día 19 de mayo de 2009 con motivo del Debate del estado de la Nación, se realiza un cambio en el tratamiento de lo que ha venido en llamarse la "jurisdicción universal", a través de la modificación del artículo 23 de la Ley Orgánica del Poder Judicial para, de un lado, incorporar tipos de delitos que no estaban incluidos y cuya persecución viene amparada en los convenios y costumbre del Derecho Internacional, como son los de lesa humanidad y crímenes de guerra. De otro lado, la reforma permite adaptar y clarificar el precepto de acuerdo con el principio de subsidiariedad y la doctrina emanada del Tribunal Constitucional y la jurisprudencia del Tribunal Supremo.*

ro doloso e imprudente en los apartados previos, contiene una cláusula de jurisdicción universal al decir: *El culpable será igualmente castigado aunque el delito de que provinieren los bienes, o los actos penados en los apartados anteriores hubiesen sido cometidos total o parcialmente, en el extranjero.*

Esta disposición ha sido calificada en la doctrina de, cuando menos, discutible ampliación del principio de justicia universal[24]. Y es que no solo refiere a la posibilidad de castigar los delitos de blanqueo cometidos en España cuando los bienes que se blanquean proceden de un delito cometido en el extranjero, sino que se extiende a la posibilidad misma de que el enjuiciamiento alcance a los supuestos en que los actos constitutivos del delito de blanqueo se hubieran cometido en todo o en parte en el extranjero. La redacción del precepto no exige pues, vínculo alguno con España para permitir que sean nuestros tribunales los que enjuicien y sancionen un delito de banqueo de dinero, y todo ello, sin mayor justificación de tan exorbitante extensión de la jurisdicción en la norma penal sustantiva.

El Tribunal Supremo ha llegado a calificar esta previsión *de disposición de claro sabor procesal que ha sido incluida en el código penal con notoria descolocación sistemática.* Sin mostrarse en exceso acorde tampoco con su contenido en cuanto no parece considerar que el bien jurídico protegido en este caso sea merecedor de tal extensión[25].

Ninguna objeción cabe hacer al supuesto de que el delito antecedente se hubiera ejecutado fuera del territorio nacional cuando los hechos constitutivos del delito de blanqueo, que son los que han de ser enjuiciados, se hayan ejecutado en España. No resultaba siquiera necesaria está clausula para permitir que nuestros tribunales ejerzan su jurisdicción para sancionar el delito de blanqueo cometido en territorio español y su inclusión parece estar más orientada a dar satisfacción a las exigencias de las normas de la Unión Europea más arriba referidas y los compromisos asumidos en otros instrumentos internacionales en la misma línea[26].

En lo que respecta a la posibilidad de que el delito antecedente se cometiera fuera de España, la única cuestión problemática es la de si ha de

---

24 Cfr. Díaz-Maroto y Villarejo, J. (2017:166).

25 *Vid.* STS 974/2016, de 23 de diciembre (ECLI:ES:TS:2016:5654) cuando dice *La redacción de este precepto sugiere que el delito de blanqueo se sujeta a un incondicionado criterio de persecución extraterritorial, equiparando la tutela penal del equilibrio del sistema financiero a la que reclaman otros bienes jurídicos de incuestionada validez para la comunidad nacional.*

26 *Vid.* Martin Sagrado, O. (2017: 3)

exigirse o no la doble incriminación del delito antecedente. No se trata de requerir que la actividad de que deriven los bienes contaminados merezca la misma tipificación en ambos Estados. Basta con que la conducta generadora de los bienes sea constitutiva de delito en el lugar en el que se produce, de modo que pueda hablarse de *bienes contaminados* que serán objeto del ulterior delito de blanqueo. Pero, en todo caso, debe de exigirse que la actividad origen de los bienes sea ilícita en lugar en que se realice, y además sea allí constitutiva de delito[27]. No cabe de otra forma el hablar de bienes de origen ilícito y por ende de blanqueo, por más que esa misma conducta sea constitutiva de delito en España si no lo es en el país en que se realiza, pues allí solo puede generar bienes de lícito origen que en modo alguno podrán ser después *blanqueados*. No obstante, como ya se ha dicho al analizar la cuestión en la normativa europea y en las recomendaciones del GAFI, las disposiciones al respecto solo exigen que la actividad sea delictiva en el Estado que ha de enjuiciar el delito de blanqueo, y solo facultativamente podrán los Estados exigir que asimismo lo sea en el lugar de realización de la conducta previa generadora de los bienes que se blanquean[28].

En esta misma línea, Fabián Caparrós considera que *no parece sensato* castigar el blanqueo de bienes cuya procedencia no es delictiva en el país de origen de éstos[29]. En todo caso, ha de estarse con quienes opinan que, pese a que hubiera sido aconsejable una delimitación ya desde el texto de la ley, no resulta necesaria siquiera la aclaración, en el sentido de incluir la exigencia de que la conducta previa sea delictiva en el país en que se realiza, pues, de otro modo no podría hablarse de bienes de ilícita procedencia. En este mismo sentido Martín Sagrado considera que el autor no tendría conciencia de estar realizando un hecho punible[30] y, en realidad, los bienes no llegan a salir del ciclo legal, por lo que los actos posteriores que impliquen a esos bienes, no podrían constituir un delito de blanqueo.

La cuestión espinosa surge en el segundo inciso del precepto, cuando de su lectura resulta que la jurisdicción de los tribunales españoles se puede extender a los hechos constitutivos de blanqueo cometidos *en su totalidad* fuera de nuestro territorio, sin exigir conexión de ninguna clase con España. Y es que, al caso de que los hechos constitutivos del delito de blanqueo se cometieran en parte en España y en parte fuera, es claro que

---

27 Ferré Olivé, J.C. (2024: 166).

28 *Vid.* artículos 3.3.c) y 3.4 de la Directiva 2018/1673.

29 Fabián Caparrós, E. (2012: 472).

30 Martín Sagrado, O. (2017: 4).

sí puede alcanzar la jurisdicción de los tribunales españoles conforme al principio de la ubicuidad[31] que permite perseguir el delito a los tribunales de cualquiera de los territorios en los que se comete alguno de los actos que lo conforman, partiendo de la idea de que el delito se comete en todas y cada una de las jurisdicciones en que se realizan los distintos actos que lo integran.

Al respecto de la exigencia de la doble incriminación muy gráficamente Ferré Olivé[32] considera posibles varios supuestos:

a) Un sujeto blanquea en España el *producto* de una infracción administrativa cometida en el extranjero, o de una conducta que no sea allí constitutiva de delito. En este caso no podría exigirse responsabilidad por delito de blanqueo porque los bienes no proceden de un delito.

b) Un sujeto blanquea en España el *producto* de un delito cometido en el extranjero y en el país de comisión del delito previo no está tipificado el delito de blanqueo. Podrá el sujeto ser igualmente perseguido en España por el delito de blanqueo cometido, pues los bienes proceden de un delito y, además, el delito de blanqueo se comete en España, donde si está previsto como delito.

c) Un sujeto blanquea en España el producto de un delito cometido en el extranjero, que no es punible en España (por ej. un fraude tributario por debajo de la cuantía mínima exigida en España, que sería calificado de infracción administrativa en España pese a ser delito en el país de comisión). Para Ferré Olivé, el caso sería dudoso, pero entiende que según nuestro Ordenamiento los bienes no procederían *de un delito* y no podría sancionarse el blanqueo. En mi opinión el supuesto es más que dudoso, porque los bienes se obtienen indudablemente de la comisión de un delito (cometido en el extranjero donde el acto generador está penado como tal) aun cuando el mismo hecho no esté tipificado en el código penal español. Aun así, considero que la exigencia de interpretación restrictiva de la norma

---

31 Vid. el pleno no jurisdiccional de la Sala Segunda del TS de 3 de febrero de 2005, bien que referido a la distribución de la competencia territorial entre los tribunales internos, acordó *El delito se comete en todas las jurisdicciones en las que se haya realizado algún elemento del tipo. en consecuencia, el juez de cualquiera de ellas que primero haya iniciado las actuaciones procesales, será en principio competente para la instrucción de la causa.*

32 Cfr. Ferré Olivé, J.C. (2024: 167 y 168).

penal, exige que por *actividad delictiva* se entienda únicamente lo que lo es efectivamente en nuestro Ordenamiento.

d) Un sujeto blanquea en España el producto de un delito cometido en el extranjero, que también está tipificado en nuestro código penal. Tal como señala Ferré Olivé, este supuesto es el espacio propio de aplicación de la norma, que exige al tribunal español la tarea de calificar jurídicamente los hechos conforme a la norma extranjera analizando todas las circunstancias del caso concreto para poder concluir probado el origen ilícito de los bienes, entendiendo que ha de acreditarse el carácter típico y antijurídico del hecho así como su punibilidad.

Cuestión totalmente diferente es la pretensión de la posibilidad del enjuiciamiento en España del delito de blanqueo si ninguna conexión existe con el territorio español. Esto es, cuando tanto la actividad antecedente de que derivan los bienes como los actos constitutivos del blanqueo se cometen en su totalidad en el extranjero. Esta nueva modalidad del principio de justicia universal carece de toda justificación en nuestro ordenamiento[33].

Pese a que se ha tratado de justificar esta cláusula expansiva en el hecho de que el blanqueo no es sino parte de la actividad delictiva de las grandes organizaciones criminales, siendo esencial su castigo para limitar su crecimiento y en la necesidad de erradicar esferas de impunidad como los paraísos fiscales[34], no parece, por esencia, que el delito de blanqueo, por más que resulten perniciosos sus efectos para la estabilidad de los mercados o para la economía, pueda ser equiparable a aquellos otros delitos que, por afectar directamente a los intereses del Estado (delitos de traición, rebelión y sedición, contra la corona, falsificación de moneda...) pueden perseguirse cualquiera sea el lugar de su comisión, pues ya existe ese vínculo, o a aquellos otros que, por entrañar ataques a los bienes jurídicos más esenciales constituyen delitos en el derecho penal internacional (genocidio, lesa humanidad, torturas, terrorismo, piratería...) para cuya persecución se exigen desde 2009 determinados condicionantes que, en definitiva, marcan algún punto de conexión con el Estado español diferente del del lugar de comisión.

---

33 Cfr. Ferré Olivé, J.C. (2024: 168).

34 Sobre esta cuestión cfr. Martin Sagrado, O. (2017: 5).

LA COOPERACIÓN TRANSFRONTERIZA EN LA DIRECTIVA (UE) 2018/1673

La Directiva (UE) 2018/1673 del Parlamento Europeo y del Consejo de 23 de octubre de 2018 relativa a la lucha contra el blanqueo de capitales mediante el Derecho penal es, sin duda alguna, la norma punitiva europea más relevante en materia de blanqueo de dinero y financiación del terrorismo, que busca homogeneizar los conceptos y la respuesta penal en Europa ante este gravísimo fenómeno. En su Considerando 1° ya aparece su objetivo principal: "*luchar contra el blanqueo de capitales mediante el Derecho penal, permitiendo una cooperación transfronteriza más eficaz y rápida entre las autoridades competentes*".

La necesidad de la cooperación más allá de las estrictas fronteras de la Unión Europea se explica con claridad meridiana su Considerando 2°: *Las medidas adoptadas únicamente en el ámbito nacional o incluso en el de la Unión, sin tener en cuenta la coordinación ni la cooperación internacionales, tendrían efectos muy limitados. Las medidas adoptadas por la Unión para luchar contra el blanqueo de capitales deben, por tanto, ser compatibles con las que se emprendan en los foros internacionales y deben ser, como mínimo, igual de rigurosas*. En otros términos, la existencia de lagunas en materia de ejecución y los obstáculos en la cooperación entre las autoridades competentes de los distintos Estados miembros lastran cualquier esfuerzo eficaz en estas materias (Considerando 4°).

Se promueve la cooperación entre los distintos Estados no sólo dentro de Europa sino también con terceros países. Todo ello se refleja en materia sustantiva tal como hemos expuesto con anterioridad (delitos antecedentes cometidos en el extranjero), como procesal (cooperación jurisdiccional). Se manifiesta en el Considerando 12° de la directiva que "*resulta oportuno que la investigación y el enjuiciamiento del blanqueo de capitales no se vean obstaculizados por el hecho de que la actividad delictiva se haya cometido en otro Estado miembro o en un tercer país, con sujeción a las condiciones establecidas en la presente Directiva*".

La necesidad de cooperación internacional se encuentra enunciada de forma mucho más explícita y reiterada en la normativa administrativa de prevención, concretamente en el reciente Reglamento (UE) 2024/1620 del Parlamento Europeo y del Consejo de 31 de mayo de 2024 por el que se crea la Autoridad de Lucha contra el Blanqueo de Capitales y la Financiación del Terrorismo. El propio Reglamento refiere a esta nueva Autoridad como la *responsable de contribuir a la aplicación de una normativa armoni-*

zada[35]en lo relativo a la prevención. Con ello se pretende garantizar una eficaz y adecuada supervisión de los sujetos obligados que presentan mayor riesgo, reforzar los enfoques comunes de supervisión del resto de Sujetos obligados y facilitar los análisis conjuntos y la cooperación entre las Unidades de inteligencia financiera[36].

El considerando 9º de la directiva penal insiste en la necesidad de cooperación en forma de asistencia mutua y ágil intercambio de información en los procesos por delito de blanqueo de dinero, no solo entre los Estados miembros de la UE, sino que también se pretende potenciar la cooperación con terceros países[37].

El Reglamento (UE) 2024/1624 del Parlamento Europeo y del Consejo de 31 de mayo, relativo a la prevención de la utilización del sistema financiero para el blanqueo de capitales y la financiación del terrorismo, como norma de aplicación directa frente a las anteriores directivas en la materia, reconoce y fundamenta su misma razón de ser en la necesidad de armonización de las normativas nacionales[38] y destaca la necesidad de coordinación y cooperación, no solo en el ámbito de la Unión europea sino con el resto de Estados, pues, de otro modo, los efectos de las medidas quedarían muy limitados[39].

---

35 Vid. Considerando segundo del Reglamento (UE) 2024/1620 del Parlamento europeo y del Consejo de 31 de Mayo de 2024 por el que se crea la Autorizada de lucha contra el Blanqueo de Capitales y la financiación del Terrorismo y se modifican los Reglamentos (UE) nº. 1093/2010, (UE) nº. 1094/2010 y (UE) nº. 1095/2010.

36 Vid. Considerando tercero del Reglamento (UE) 2024/1620 del Parlamento europeo y del Consejo de 31 de Mayo de 2024 por el que se crea la Autorizada de lucha contra el Blanqueo de Capitales y la financiación del Terrorismo y se modifican los Reglamentos (UE) nº. 1093/2010, (UE) nº. 1094/2010 y (UE) nº. 1095/2010.

37 El Considerando noveno de la Directiva 2018/1673 dispone: *En los procesos penales sobre blanqueo de capitales, los Estados miembros deben prestarse mutuamente asistencia de la forma más amplia posible y garantizar que la información se intercambie de manera eficaz y en el momento oportuno con arreglo al Derecho nacional y al marco jurídico de la Unión vigente. Las diferencias entre las definiciones de los delitos antecedentes en los Derechos nacionales no deben obstaculizar la cooperación internacional en procesos penales relativos al blanqueo de capitales. La cooperación con terceros países debe intensificarse, en particular alentando y apoyando el establecimiento de medidas efectivas y de mecanismos para luchar contra el blanqueo de capitales y velando por una mejor cooperación internacional en este ámbito.*

38 *Vid.* Considerando (2) del Reglamento UE 2024/1624.

39 *Vid.* Considerando (4) del Reglamento UE 2024/1624.

En el ámbito preventivo, el Reglamento dedica en el capítulo de disposiciones finales[40] cuatro preceptos a la cooperación entre las UIF nacionales y la Fiscalía Europea y entre las UIF y la OLAF.

Se impone a las UIF nacionales el deber de transmitir sin demora a la Fiscalía europea, los resultados de sus análisis y la información adicional pertinente ante sospecha de actividades de blanqueo u otras de competencia de la Fiscalía Europea[41], contemplando, además, la posibilidad de intercambio de resultados de análisis estratégicos concluyendo tipologías e indicadores de riesgo relacionados con actividades de blanqueo y otras de competencia de la Fiscalía Europea[42].

En cuanto a los dos preceptos referidos a la relación de cooperación entre la UIF y la OLAF, en realidad poco o nada tiene que ver la información que se contempla con la prevención de los delitos de blanqueo de capitales o de financiación del terrorismo, y es un nuevo ejemplo de la desnaturalización[43] del sistema de prevención ideado para estos delitos, utilizando el rigor del sistema preventivo para fines distintos de aquellos para los que fue creado.

Por lo que hace al ordenamiento español, en materia preventiva administrativa se trata con amplitud la cuestión de la cooperación internacional en el artículo 48 bis de la Ley 10/2010, de 28 de abril, de prevención del blanqueo de capitales y de la financiación del terrorismo. Se impone a las autoridades competentes en la materia de prevención[44] el deber de cooperar en todo lo relativo a las funciones que la ley les atribuye con el resto de las autoridades competentes de la Unión Europea, destacando lo relativo al intercambio

---

40 *Vid.* Artículos 81 a 84 del Reglamento UE 2024/1624.

41 Concretamente, el deber refiere a actividades sospechosas de blanqueo u otras de competencia de la Fiscalía Europea referidas en los artículos 22 y 25 del Reglamento UE 2017/1939 del Consejo de 12 de octubre de 2017 por el que se establece una cooperación reforzada para la creación de la Fiscalía Europea, cuyo artículo 24 regula la forma de proceder para la transmisión de información.

42 *Vid.* apartado tercero el artículo 81 del Reglamento (UE) 2024/2624.

43 Sobre esta misma cuestión, si bien en cuanto a la desnaturalización del sistema preventivo del blanqueo de dinero y de la financiación del terrorismo para ponerlo al servicio del loable fin de la lucha contra la corrupción vid. ampliamente Morón Pendás, I. (2021:349 y ss).

44 El artículo 48 bis.1 de la Ley 10/2010 refiere a la Secretaría de la Comisión, el Servicio Ejecutivo de la Comisión o, en caso de convenio, el Banco de España, la Comisión Nacional del Mercado de Valores y la Dirección General de Seguros y Fondos de Pensiones.

de información en cuyo ámbito habrá de facilitarse a la Autoridad Bancaria Europea la información necesaria para cumplir sus obligaciones en materia de prevención del blanqueo de dinero y de la financiación del terrorismo. Se contempla expresamente el deber de secreto profesional en relación con la información que en esta materia se intercambia y la exigencia de la consecuente responsabilidad a la que refiere el art. 49 de la Ley 10/2010. En todo caso, se limita el uso de la información recibida únicamente a los fines para los que las autoridades cedentes hayan consentido. La cooperación con autoridades de terceros Estados se remite a lo dispuesto en tratados y convenios internacionales, y, en su caso, al principio de reciprocidad así como al sometimiento de las autoridades extranjeras al mismo régimen de secreto profesional que rige para las autoridades nacionales.

Se regula asimismo la posibilidad de que el SEPBLAC acuerde la suspensión de una transacción sospechosa en curso a solicitud de la Unidad de Inteligencia Financiera de otro Estado miembro de la Unión Europea, con la finalidad de que la Unidad requirente proceda a analizar la transacción, confirmar la sospecha y comunicar los resultados del análisis a las autoridades competentes.

BIBLIOGRAFÍA

Abel Souto, M. (2002). "El Blanqueo de dinero en la normativa internacional: especial referencia a los aspectos penales". Ed. Universidade de Santiago de Compostela.

Abel Souto, M. (2021): "La comisión del delito de blanqueo de dinero mediante las nuevas tecnologías y la internacionalización del Derecho penal", en M. Abel Souto, J. M. Lorenzo Salgado y N. Sánchez Stewart coords. VIII Congreso internacional sobre prevención y represión del blanqueo de dinero. Valencia:.Tirant lo Blanch, pp. 501-527.

Blanco Cordero, I. (2015) "El delito de blanqueo de capitales". Aranzadi. Navarra.

Blanco Cordero, I. (2022) "Cooperación jurídica Internacional en materia penal en la Unión Europea contra el blanqueo de capitales y la financiación del terrorismo". Revista jurídica de Castilla y León Nº 57.

Díaz-Maroto y Villarejo, J. (2017) "El lavado de activos o blanqueo de capitales y su regulación en España". Revista Peruana de ciencias Penales. Nº 31.

Fabián Caparrós, E. (2012) "La aplicación territorial del delito de blanqueo de dinero". En AAVV El principio de justicia universal: fundamentos y limites. Tirant lo Blanch. Mexico D.F.

Ferré Olivé, J.C. (2024) "El delito de blanqueo de dinero". Tirant Lo Blanch. Valencia.

Martin Sagrado, O. (2017) "Principio de justicia universal y blanqueo de capitales: dificultades interpretativas derivadas de la deficiente técnica legislativa". Diario La Ley. Nº 8978, Sección Tribuna. Wolters kluwer.

Morón Pendás, I. (2021) "La comisión del delito de blanqueo de dinero mediante las nuevas tecnologías y la internacionalización del Derecho penal", en M. Abel Souto, J. M. Lorenzo Salgado y N. Sánchez Stewart coords., VIII Congreso internacional sobre prevención y represión del blanqueo de dinero.Valencia. Tirant lo Blanch, pp.347-367.

Musco, E. (2006). "Derecho penal. Parte General". Temis. Bogotá.

Jurisprudencia alemana sobre lavado de dinero desde la reforma de 2021

MARÍA EUGENIA ESCOBAR BRAVO
Profesora de Derecho penal económico de la Universidad de Münster
Miembro de la Asociación Iberoamericana de Derecho Penal Económico y de la Empresa

DE LA DELINCUENCIA ORGANIZADA A LA DELINCUENCIA COTIDIANA

Geldwäsche o lavado de dinero[1]: ¿quién no piensa inmediatamente en *capos de la droga y oligarcas*? Sin embargo, desde el 18 de marzo de 2021[2], el § 261 *Strafgesetzbuch* (Código Penal alemán —en adelante: StGB—) ya no se refiere principalmente a la transferencia de beneficios[3] procedentes de la "delincuencia organizada". En su lugar, esta reforma ha llevado a la supresión del catálogo de delitos previos anteriormente previstos, y como consecuencia de ello a la generalización del lavado de dinero y la extensión de su alcance, ya que cualquier objeto producto de un delito penal es ahora adecuado para su configuración. A manera de ejemplo: desde el dinero que se roba de "propina" (*Tellergeld*) o el dinero que se deja generalmente en un

---

1 El presente trabajo hace referencia al tipo penal de *Geldwäsche* (traducido, "*Geld*": dinero, "*wäsche*": lavar); el lavado de dinero (también conocido como lavado de capitales, lavado de activos, blanqueo de dinero o blanqueo de capital) que se encuentra tipificado en el § 261 StGB. Al final del presente trabajo se encuentra un apéndice con la traducción completa del tipo penal de lavado de dinero del § 261 StGB.

2 Entrada en vigor de la Ley para la mejora de la lucha contra el lavado de dinero en el ámbito penal, Boletín Oficial Federal, BGBl. I 2021, 327; Bittmann, *ZWH* 2021, 157; Böhme/Busch, *wistra* 2021, 169; Gazeas, *NJW* 2021, 1041; Gercke/Jahn/Paul, *StV* 2021, 330; El-Ghazi/Marstaller/Zimmermann, *NZWiSt*, 2021, 297; Travers/Michaelis, *NZWiSt* 2021, 125.

3 La determinación específica y correcta del objeto del delito de lavado de dinero es necesaria tanto para la base jurídica del delito (configuración del tipo penal) como para el alcance del decomiso. La transferencia física del producto del delito es a veces fácilmente tangible. Sin embargo, la transferencia del mero valor del producto del delito también constituye delito, a menudo difícil de reconocer. Esto ya se aplica al origen de un delito subyacente y aumenta en los casos en que el producto de varios delitos y/o activos contaminados se mezclan con activos legales.

plato en los aseos públicos de los grandes almacenes, hasta el producto del contrabando de drogas organizado industrialmente. Sin embargo, no solo se contamina el producto de un delito; más bien, cualquier activo derivado de un delito es un objeto *adecuado* para el lavado de dinero. Todo lo que se requiere es una conexión económica entre el producto original del delito y un objeto que ahora representa el valor de dicho producto. Esto plantea una gran cantidad de cuestiones jurídicas, así como circunstancias de hecho relevantes para la investigación de este tipo penal.

LA SOSPECHA INICIAL

La norma penal hasta la reforma del 17 de marzo de 2021

Los requisitos para la presunción de una sospecha inicial de lavado de dinero no están expresamente normalizados por ley. Con respecto a las versiones del § 261 StGB vigentes antes del 18 de marzo de 2021, el Tribunal Constitucional Federal alemán (en alemán: *Bundesverfassungsgericht* —en adelante: BVerfG—) en su consolidada jurisprudencia propagó la necesidad de indicios fácticos suficientes para el delito subyacente conexo y el lavado de dinero[4]. Aunque para ello solo eran relevantes las ganancias procedentes de un determinado círculo (repetidamente ampliado) de delitos del catálogo, el Tribunal Constitucional Federal alemán se mostró satisfecho con la reconocibilidad de la naturaleza de un delito subyacente conexo que solo se esbozaba en términos concretos[5], y con ciertas simplificaciones adicionales en el caso de delitos de grupo[6]. Lo que se requería eran al menos vagas constataciones sobre el momento del delito y los posibles escenarios de delitos de tráfico de drogas o de armas, de fraude en banda o de actividad para una organización terrorista. No bastaban las especulaciones ni las meras conjeturas. Sin embargo, la ampliación del tipo penal básico de lavado de dinero no solo abandona la vinculación del lavado de dinero con el tráfico de drogas, sino también su vinculación con la criminalidad organizada y con ello los requisitos obligatorios y mí-

---

4 BVerfG, Sentencia de 31 de enero de 2020-2 BvR 2992/14 Rn. 40-42, *NJW* 2020, 1351; BVerfG Kammerbeschl de 31 de marzo de 2021-2 BvR 1746/18 Rn. 57, *NJW* 2021, 319.

5 *Münchener Kommentar zum Strafgesetzbuch/Neuheuser*, 4. Auflage 2021, § 261 Rn. 51.

6 *MüKoStGB/Neuheuser*, § 261 Rn. 55 (en referencia al § 129 StGB).

nimos del ámbito constitucional[7]. Sin embargo, se iniciaron innumerables investigaciones simplemente porque era imposible imaginar que los bienes descubiertos se hubieran obtenido legalmente. Dado que la búsqueda de un delito subyacente completamente desconocido rara vez tenía éxito, ya que para que exista acusación se exige que concurran "motivos suficientes" para su planteamiento, tales investigaciones casi siempre terminaban con un sobreseimiento de conformidad con el § 170 (2) StPO (en alemán: *Strafprozessordnung* —Código de Procedimiento Penal—); incluso, si en el transcurso de las investigaciones se descubrían y llevaban ante los tribunales uno o dos delitos más.

La situación jurídica a partir del 18 de marzo de 2021

Es probable que el planteamiento de la reforma en relación con la supresión del catálogo de delitos subyacentes fomente aún más esta práctica laxa, que no hace justicia, ni a la ley, ni a la jurisprudencia del Tribunal Constitucional Federal alemán.

La jurisprudencia del Tribunal Constitucional Federal alemán según el § 261 StGB en su versión derogada, pero no obsoleta

Sería de miopes suponer que la jurisprudencia del Tribunal Constitucional Federal se basa únicamente en la (anterior) restricción de la relevancia del lavado de dinero a los delitos de catálogo, y que ahora es irrelevante con su abolición, de modo que la mera sospecha de origen delictivo es ahora suficiente. Esto supondría una apreciación errónea de la verdadera infracción penal del § 261 StGB. Consiste (independientemente del controvertido bien jurídico protegido[8]: administración de justicia, mercado, protección como el delito subyacente) en la perpetuación y profundización del injusto penal ya causado por el delito subyacente (antecedente)[9]: no hay lavado de dinero sin delito subyacente. Era, es y sigue siendo elemento constitutivo del tipo penal de lavado de dinero (§ 261 StGB).

---

7 Directiva 2005/60/CE, art. 3 (3) en donde "actividad delictiva" se define como "cualquier tipo de participación delictiva en la comisión de un delito grave".

8 *BeckOK StGB/Ruhmannseder*, Ed. 52, StGB § 261 Rn. 7.

9 BVerfG, Sentencia de 31 de enero de 2020-2 BvR 2992/14 Rn. 14, *NJW* 2020, 1351; BVerfG, Sentencia de 3 de marzo 2021-2 BvR 1746/18 Rn. 57, *NJW* 2021, 319.

En esencia, por lo tanto, cualquier disposición penal sobre lavado de dinero requiere (según la versión del diseño legislativo individual) estipulaciones sobre la conexión entre el delito subyacente, el objeto y la actividad de lavado de dinero. La eficacia depende esencialmente de lo detallado que deba ser el conocimiento del delito subyacente como requisito previo para el inicio de las investigaciones y la responsabilidad penal por lavado de dinero. Unos requisitos excesivamente elevados no podrían ser cumplidos por los profesionales, sin ser criticados. Si los obstáculos fueran demasiado débiles, ello no solo plantearía un problema de certidumbre, sino que también conduciría a condenas falsas o a condenas legales de las personas equivocadas. Por consiguiente, no parece exagerado considerar la cuestión del conocimiento del delito subyacente como el problema jurídico esencial del delito general de lavado de dinero del § 261 StGB.

Las consecuencias para la legislación aplicable

Dado que todos los productos del delito son ahora relevantes para el lavado de dinero, el ámbito de aplicación del nuevo § 261 StGB depende aún más que antes de los requisitos de sospecha inicial y certeza de la condena en relación (conexión) con el delito subyacente. Nada puede deducirse de la redacción de la ley a este respecto. Las consideraciones del legislador[10] en el sentido de facilitar la prueba no se han plasmado en la ley. Por lo tanto, las objeciones constitucionales[11] planteadas con razón contra ella son irrelevantes.

Si la jurisprudencia se conformara con la presunción de algún delito precedente no especificado para afirmar una sospecha inicial de lavado de dinero, bastaría con cualquier posesión inadecuada de dinero en efectivo. La prohibición constitucional de ocultación[12] como requisito en la conformación de cada elemento del delito —aquí: delito subyacente— quedaría desvirtuada. Las autoridades investigadoras ya no necesitarían indicios fácticos suficientes de la existencia de un delito subyacente, aunque fueran de algún modo específicos, sino que bastaría con cualquier experiencia delictiva, incluso la imaginación, y de hecho la incapacidad de descartar

---

10 BT-Drs. 19/24180, 2, 12, 28.

11 Ruhmannseder, *BeckOK StGB/StGB* § 261 Rn. 10.2; El-Ghazi/Laustetter, *NZWiSt* 2021, 209, (211).

12 BVerfG, Sentencia del 23 de junio de 2010-2 BVR 2559/08, 105/09; BVerfG 126, 170.

el origen delictivo. A la inversa, unos requisitos poco realistas en cuanto a la existencia de una sospecha inicial de lavado de dinero en su conexión con el delito subyacente hacen predominar la comisión de infracciones penales.

La limitación del decomiso y el tipo penal de lavado de dinero del § 261 StGB

Para realizar una delimitación del decomiso de bienes en virtud del derecho penal, el lavado de dinero ofrece ciertas pistas. Para ello, es posible una comparación porque la Ley de mejora de la lucha penal contra el lavado de dinero (*Gesetz zur Verbesserung der strafrechtlichen Bekämpfung der Geldwäsche*), de 9 de marzo de 2021[13], modificó en el Código Penal no solo el *tipo penal de lavado de dinero* (§ 261 StGB), sino también el *decomiso independiente ampliado* (§ 76a (4) StGB) y, con ello, la orden de decomiso sin condena en la misma ley. De conformidad con el § 76a (4), frase 1, StGB, el único requisito para ello es esencialmente la sospecha. Esto incluye cualquier delito de lavado de dinero de conformidad con el § 261 (1) StGB o § 261 (2) StGB. Aunque aquí también se plantean las cuestiones relativas a la sospecha inicial de lavado de dinero, los requisitos materiales para una condena en virtud del § 261 StGB y para el decomiso en virtud del § 76a (4) StGB difieren significativamente. En consecuencia, incluso una sospecha inicial no confirmada de lavado de dinero, que dé lugar a la conclusión del procedimiento de investigación de conformidad con el § 170 (2) StPO, puede servir de base para el decomiso de los fondos incautados en ausencia de un delito subyacente identificado: aunque el acusado permanece impune, se lo priva de sus bienes.

Las estructuras del *decomiso ampliado* (§ 73a (1) StGB), del *decomiso independiente ampliado* (§ 76a (4) StGB) y del *lavado de dinero* (§ 261 StGB) son similares. En cada caso, llama la atención que el proceso penal vincula hechos actuales con hechos anteriores. En el caso del lavado de dinero, hace referencia a un delito subyacente, normalmente no identificable con precisión, a partir del cual se generaron los ingresos transferidos. Del mismo modo, las disposiciones de la ley sobre el decomiso ampliado del § 73a (1) StGB y del § 76a (4) StGB vinculan la aceptación de bienes maculados (manchados) y, por tanto, decomisables —idealmente, dinero— con un delito previo como origen. Estas dos últimas disposiciones difieren princi-

---

13 BGBl. 2021, 327.

palmente en que solo en el caso del § 73a (1) StGB se exige una condena por el delito en cuestión.

Según la comparación realizada, los requisitos para establecer uno o más delitos subyacentes en virtud del § 261 del StGB deben tener una expectativa de pena significativamente más elevada que para la condena por cualquier origen delictivo de activos de origen desconocido. Por lo tanto, cabe afirmar que la nueva versión del § 261 del StGB sigue sin permitir que la mera condena por el origen delictivo de los activos transferidos sea suficiente[14]. El grado de conocimiento del delito subyacente requerido para una condena por lavado de dinero se sitúa, por lo tanto, entre los polos de la determinación exacta del delito subyacente y la mera condena por el origen de un delito.

La construcción jurídica de las dos disposiciones de decomiso difiere del § 261 StGB al menos en un aspecto clave: la disposición penal para el lavado de dinero contiene el elemento constitutivo del delito subyacente, mientras que el decomiso ampliado en ambas variantes se prevé expresamente para los casos en que se desconoce precisamente el delito de origen (el cual estructuralmente es idéntico al delito subyacente). Los requisitos difícilmente podrían ser más contradictorios: el establecimiento de un delito subyacente es irrelevante aquí.

¿Criterios positivos?

Resulta difícil convertir esta delimitación meramente negativa en una definición positiva, habida cuenta de las posibles variaciones fácticas. La nueva reforma al tipo penal no ha eliminado esta dificultad, que ya existía en las versiones anteriores. También sería sorprendente que por sí sola hubiera desencadenado un aumento adicional de los conocimientos. En principio, la nueva ley no endureció los requisitos de conocimiento de un delito subyacente, ni para la sospecha inicial, ni para la condena, pero tampoco los hizo más fáciles.

Por lo tanto, como en el pasado, no basta con una mera convicción general de origen delictivo, dejando abierta la cuestión de si el objeto puede proceder de un fraude por internet, de la trata de personas, del contrabando de armas, de delitos relacionados con estupefacientes o de robos en serie. Sin embargo, ya no existe un catálogo expreso de delitos y, basándose en

---

14 Ruhmannseder, *BeckOK StGB/StGB* § 261 Rn. 10.2.

el enfoque de todos los delitos, basta con la identificación aproximada de cualquier tipo de delito, aunque sean diferentes. El único requisito previo es, por tanto, el conocimiento de los antecedentes de la persona que tenía activos sospechosos. Si no solo se han demostrado actividades de robo y fraude, sino también extorsión o tráfico ilícito de drogas, una condena por lavado de dinero no fracasará por falta de conocimiento de los delitos subyacentes.

LA RELACIÓN CON EL OCULTAMIENTO DEL ORIGEN

De los instrumentos de derecho penal internacional, se pueden distinguir tres tipos penales básicos característicos del lavado de dinero:

- la **ocultación o encubrimiento de la verdadera condición**, del origen, de su disposición, de los derechos sobre ellos (*tipo penal de encubrimiento*);
- la **conversión o transferencia** de bienes patrimoniales (*property*) de procedencia ilegal con una determinada finalidad (*tipo penal de intención respecto a un determinado propósito*);
- la **adquisición, posesión o uso de los bienes** —a reserva de los principios constitucionales y de los conceptos fundamentales del orden jurídico— (*tipo penal de adquisición o posesión*)[15].

La "ocultación" o "encubrimiento" de la verdadera condición, del origen, de su disposición —como tipo penal de encubrimiento— tiene relación con el ocultar el origen de los bienes a que se refiere el § 261 (1) 1 StGB —quien reciba un objeto en relación con un acto ilícito—; por tanto, el término "resultar de o relacionar" (en alemán, *Herrühren*) es deliberadamente amplio y solo se requiere demostrar la conexión causal entre el objeto y el delito predicado, pero "no es un término claramente definido"[16]. Sin embargo, puede utilizarse para subsumir las cadenas de transferencia, no solo en el caso de la transferencia en el producto original, sino también las transferencias meramente basadas en el valor.

---

[15] Vogel, "Geldwäsche – ein europaweit harmonisierter Straftatbestand?", *ZStW* 109 (1997), p. 345; Ligeti, *Strafrecht und strafrechtliche Zusammenarbeit in der Europäischen Union,* 2005, p. 344.

[16] Fischer, *StGB*: 69. Aufl. 2022, StGB § 261 Rn. 16; aunque se enumera los salarios y la remuneración por el delito subyacente, sus objetos y productos, no se pronuncia sobre el producto del delito ni sobre los medios del delito. *BeckOK StGB/Ruhmannseder StGB* § 261 Rn. 16.

Los delitos subyacentes conexos, los vínculos entre el delito subyacente o previo y el objeto del lavado de dinero

Los delitos subyacentes conexos se refieren a los delitos que den lugar a fondos, bienes o activos de origen ilícito; por tanto, el objeto solo tiene su origen en un delito si él mismo tiene un trasfondo delictivo, ya sea en su totalidad o en parte, directa o indirectamente. Esto requiere investigaciones precisas, especialmente difíciles si también existen fuentes de ingresos legales, ya que no se puede suponer de entrada que todos los bienes del acusado estén contaminados, ni que financie su subsistencia exclusivamente con fuentes legales, de modo que todo lo que quede disponible sea el valor del producto del delito o, a la inversa, que todas las transacciones cotidianas anteriores se hayan financiado con bienes de origen delictivo.

La visión retrospectiva comienza con el producto original del delito. Una vez rastreado, se identifica el objeto del delito de lavado de dinero. La responsabilidad penal de las partes implicadas depende de otras circunstancias, especialmente del ámbito subjetivo del sujeto precedente y quien lava el dinero. Aunque el receptor ni siquiera haya actuado de forma imprudente, rara vez se descarta el tipo penal de lavado de dinero, a saber, solo en las estrechas condiciones del § 73b (1) frase 1 nº 2 lit. b StGB. Entonces (al menos en la mayoría de los casos) también se ha producido una adquisición provisional legal conforme al § 261 (1) frase 2 StGB o al § 73b (1) frase 2 StGB. Sin embargo, el § 261 (1) frase 2 StGB no se aplica desde el principio de la *ocultación* —delitos de ocultación (*Verschleierungstatbestände*)— según el § 261 (1) frase 1 nº 1, 2 StGB, sino solo a los componentes de *adquisición, posesión o uso* de los bienes para uno mismo o para terceros (§ 261 (1) frase 1 nº 3, 4 StGB).

El § 261 (1) StGB *se aplica no solo al objeto o producto original de un delito, sino a cualquier objeto derivado* (*Herrührende*) de un acto ilícito. Aunque todavía no existe una definición fiable del término, en esencia hay acuerdo sobre la suficiencia de una conexión económica[17] con un delito anterior si el objeto representa el valor del producto del delito. La simple equivalencia no es suficiente; también se requiere una conexión reconocible con el delito anterior. No tiene por qué tratarse de una cadena ininterrumpida entre el delito principal y el objeto de lavado de dinero. Más bien basta con cualquiera de las diversas formas de conexión económica.

---

[17] BGH, Sentencia de 18 de febrero de 2009-1 StR 4/09 Rn. 11-15, BGHSt. 53, 205; con una opinión algo más distante, Fischer, *StGB* § 261 Rn. 15.

Si el producto del delito o su valor solo se transfirieron hacia adelante tocando el patrimonio del acusado, se trata de un acto específico de blanqueo de capitales que no afecta al resto del patrimonio. Si era legal antes del delito de blanqueo de capitales, también lo es después. La situación es diferente para la persona que retiene el valor del producto del delito. En este caso, los objetos contaminados pasan a formar parte del patrimonio total.

Si una transacción de drogas dio lugar a un beneficio de 1 millón de euros y el delincuente adquirió con ello un bien, este deriva de la transacción de drogas. En caso de reventa, el delincuente comete un delito de (auto) lavado de dinero (§ 261 (7) StGB). Sin embargo, empíricamente, es a menudo la excepción que el producto de un delito específico se encuentre en un objeto sustitutivo específico (§ 73 (3) StGB). Más bien, es típico el uso del producto del delito para diferentes fines, de modo que partes de su valor se reflejan en varios objetos. Si el producto de 1 millón de euros se utiliza para adquirir un inmueble por valor de 500.000 euros, muebles por valor de más de 150.000 euros, un automóvil deportivo por valor de 300.000 euros y un viaje de lujo por valor de 50.000 euros, todos los artículos adquiridos constituyen objetos de lavado de dinero, incluido el precio de compra del viaje, que, sin embargo, solo supone un riesgo penal para el operador turístico si conocía el origen delictivo de los 50.000 euros que se le pagaron.

El aspecto subjetivo del delito

Deben evitarse las generalizaciones. Los intermediarios en las cadenas de transferencia suelen tener poco conocimiento de su entorno. Por lo tanto, en el caso del § 261 (1) frase 1 nº 2 StGB, no solo es necesario examinar con precisión la intención de frustrar, sino también establecer la intención condicional con respecto a la contaminación, incluido el delito o delitos subyacentes, para todas las variantes del delito. El mero conocimiento de la posesión no es suficiente para los elementos del delito de *ocultación* (*Verbergens*) (nº 1), ni para los de *intercambio, transferencia o movimiento* (*Umtauschs, der Übertragung o Verbringung*) (nº 2), *obtención para uno mismo o para otro* (nº 3) o custodia o utilización para uno mismo o para un tercero. Esto se aplica en general y no solo a las cadenas de transferencia. En cualquier caso, no se puede equiparar fácilmente a un reputado vendedor de coches al que se le encuentran 50.000 euros en efectivo con alguien que —aunque vive en la miseria— de repente tiene mucho dinero de procedencia desconocida.

El reflejo de desvalorización

Para el decomiso del producto del delito, el concepto de origen se encuentra tanto en el § 73b (1) frase 1 nº 2 lit. b StGB, como en el § 76a (4) frase 1 StGB, y a este respecto resume el producto tanto en el original como en el valor. Sin embargo, esto no se aplica en otros aspectos, en particular no al § 73a StGB. A pesar de haberse adoptado del § 261 StGB, no todo lo que deriva del delito subyacente, desde el punto de vista del tipo penal de lavado de dinero, deriva también desde el punto de vista del decomiso. Sin embargo, todo lo que deriva de un delito determinante puede ser decomisado en virtud de una disposición. En consecuencia, se aplica lo siguiente: el objeto del delito de lavado de dinero solo puede ser un objeto que esté sujeto a decomiso sobre la base del delito subyacente, en virtud de al menos una de las disposiciones de los §§ 73-74f StGB.

El insuficiente poder de disposición del eslabón intermediario

La función de un eslabón intermediario no es quedarse con el producto del delito subyacente, sino transmitirlo al eslabón final. Un intermediario de este tipo es sustituible, suele vivir al día y carece de bienes para ejecutar una resolución de decomiso. Sin embargo, esto no responde a la cuestión jurídica —que no es en absoluto específica del lavado de dinero— de si “obtuvo” algo “a través” del delito.

La jurisprudencia distingue entre el *poder de disposición (conjunto) y la posesión meramente transitoria.* Si bien en un principio se inclinó por esta última en un número significativo de constelaciones[18], en los últimos tiempos la ha ido negando cada vez más[19]. En consecuencia, el poder de disposición (conjunto) también debe suponerse para un intermediario que solo maneja temporalmente dinero en efectivo o dinero bancario[20] contaminado de acuerdo con las instrucciones. De este modo, las personas que pueden ser sustituidas se ven confrontadas con demandas de decomiso que pueden ejecutarse contra ellas de conformidad con el § 459 g (5) frase 1 StPO de la Ley de Enjuiciamiento Criminal: “*En*

---

18 BGH, sentencia del 13 de setiembre de 2018-4 *StR* 174/18, *NStZ-RR* 2019, 14.

19 BGH, sentencia del 20 de enero de 2021-5 *StR* 347/20.

20 El dinero bancario, considerado el dinero depositado en forma de diferentes productos bancarios, en otros depósitos a la vista o cuentas corrientes.

los casos a que se refiere el apartado 2, la ejecución no se ejecutará por orden judicial si fuera desproporcionada"; más estricto, a pesar de que no dispongan normalmente de bienes para el resto de sus vidas. Este efecto desocializador contradice los objetivos de resocialización del Código Penal[21]. En consecuencia, esta jurisprudencia debería reducirse, siguiendo una propuesta de Zivanic[22]: en todos los casos de servidumbre solo debe presumirse la posesión transitoria (§ 855 BGB). Sin embargo, lo mismo debe aplicarse también a todas las demás constelaciones en las que alguien no tiene más que una función de transmisión sin poder de decisión, es decir, también cuando se transmite un saldo de cuenta temporal. A falta de poder de disposición real (conjunto), un intermediario no puede ser destinatario del cobro. Antes de la transmisión, es, si acaso, una parte secundaria (§ 438 StPO[23]) que no puede impedir legalmente la ejecución de la resolución de decomiso dirigida contra el obligado principal.

---

21 Bittmann, *NStZ* 2022, 8 (15-17).

22 Zivanic, *NStZ* 2021, 264 (265 y ss.); aceptado por el Tribunal Federal de Justicia (decisión de 13 de enero de 2022-1 *StR* 481/22, apartado 8, *wistra* 2022, 246) para la atribución de la posesión a la persona de atrás, pero rechazado para la restricción de no permitir que el servidor en posesión sea suficiente como (co)poder de disposición (decisión del Tribunal Federal de Justicia de 1 de junio de 2022-1 *StR* 421/21, apartado 29).

23 § 438 StPO. Partes secundarias en el procedimiento penal. (1) 1 Si se ha de adoptar una decisión sobre el decomiso de un objeto, el tribunal ordenará que una persona que no sea el acusado ni parte en el procedimiento de decomiso intervenga en el procedimiento como parte secundaria en lo que respecta al decomiso si parece verosímil que: 1. esta persona posee o tiene derecho al objeto, o 2. esta persona tiene otro derecho sobre el objeto, cuya cancelación podría ordenarse en caso de decomiso de conformidad con el § 75 (2) frases 2 y 3 del Código Penal. 2 Los § 424 (2) a (5) y § 425 StPO se aplicarán *mutatis mutandis* a la orden de participación en el procedimiento.
(2) 1 El tribunal podrá ordenar que la participación no se extienda a la cuestión de la culpabilidad del acusado si 1. el decomiso en el caso del apartado (1) número 1 solo puede considerarse a condición de que el objeto pertenezca o se deba a la persona contra la que se dirige el decomiso, o 2. el objeto también podría ser confiscado definitivamente sin indemnización sobre la base de disposiciones legales ajenas al derecho penal según las circunstancias que puedan justificar la confiscación. 2 Se aplicará en consecuencia el § 424 (4) frase 2.

EL TÉRMINO "*VERMISCHUNG*", O MEZCLA, EN EL ESQUEMA DE LAVADO DE DINERO

La ocurrencia empírica

La mezcla a nivel de la primera transacción

Las cuestiones de *mezcla* no solo se plantean cuando el valor se transmite o transfiere al patrimonio de otra persona, sino ya a nivel del primer receptor del producto del delito. Un pequeño comerciante que vende cantidades por un precio que puede oscilar entre 10 y 50 euros por unidad no guarda por separado el producto de varias transacciones. Si el primer comprador paga con un billete de 50 euros y recibe 30 euros al cambio, el valor del producto del delito, 20 euros, forma parte del billete de 50 euros. ¿Es esto objeto de lavado de dinero? Si el pequeño traficante lo guarda en el bolsillo de su pantalón, que también contiene otros dos billetes de 50 euros, normalmente no está claro cuál de los tres billetes es el que el traficante recibió del comprador de droga. ¿Son los tres billetes objeto de lavado por estar mezclados? ¿O es al revés y no hay ningún objeto de lavado identificable? Además de mezclar dinero en una caja, monedero, bolso, una forma típica de mezcla es cuando se ingresan fondos legales e ilegales en una cuenta. Cada cantidad individual se incluye en el saldo posterior. Si la cuenta está en números rojos, simplemente se ha reducido sin que el propio titular pueda acceder a la suma. Si la cuenta está en el haber, en caso de retirada no está claro si se ha abonado parte del saldo acreedor anterior o, al menos, parte del dinero que se ha cargado.

Mezcla posterior

Si una empresa ha pagado un soborno por un contrato lucrativo, se plantea la cuestión de si debe calificarse como objeto de lavado de dinero todo el importe ingresado o solo el beneficio determinado tras la factura final. También es cuestionable no solo si se contamina el saldo de la cuenta y en qué medida, sino también qué ocurre con lo que se pagó a través de la ella: maquinaria, impuestos, facturas de servicios, salarios.

El problema se plantea a un nivel más cotidiano, al menos para los habitantes que asisten regularmente a un supermercado: cada caja de supermercado contiene una cantidad suficiente de dinero procedente de la droga (posiblemente tras varias paradas intermedias) para su contaminación. Incluso quienes no son conscientes de ello lo sabrían sin cerrar los ojos a la realidad. Entonces, ¿todos los que aceptan cambio obtienen activos contaminados y se convierten así en delincuentes potenciales (de lavado de dinero)?

Mezcla a pesar de la gestión separada

Puede existir una conexión económica incluso en el caso de gestión separada del patrimonio legal y del patrimonio incriminado. Si los gastos cotidianos se sufragan con fondos procedentes de fuentes oscuras, esto conlleva en la misma medida gastos ahorrados en el patrimonio legal. Debido a esta conexión económica, el patrimonio legal se deriva de delitos penales. Si, por el contrario, la subsistencia se financia exclusivamente con adquisiciones legales sin tocar el producto del delito administrado por separado, no hay mezcla. Las transacciones cotidianas no son punibles como lavado de dinero.

La importancia de los resultados y sus límites

En el caso de la administración o gestión conjunta de fondos legales y contaminados (u otros activos), no es posible determinar con exactitud si las transferencias se financiaron con fondos legales o contaminados y —especular— si siguen existiendo o no. No obstante, puede ordenarse y ejecutarse el decomiso sustitutorio del valor del producto del delito (posiblemente bajo el aspecto de gastos ahorrados). Por otra parte, el objeto del lavado de dinero debe establecerse en términos jurídicos y fácticos. El objeto de este último aspecto es a quién puede atribuirse un objeto descubierto (por ejemplo, los objetos de valor de todos los miembros de una familia de cuatro integrantes en una caja de seguridad). La respuesta depende de los hechos del caso. Los criterios relevantes para la decisión no vienen determinados únicamente por el derecho civil, ya que pueden superponerse sentencias de derecho penal material o probatorio.

De especial importancia práctica es la respuesta a la pregunta de en qué circunstancias las mezclas de bienes legales e ilegales desencadenan efectos de contaminación, y en qué medida. Sin embargo, las soluciones generales no son posibles solo por razones de plausibilidad: por un lado, no todos los casos de mezcla deben llevar a que un objeto se convierta en no comerciable; y, por otra parte, la mezcla no debe considerarse una legalización del producto del delito.

La jurisprudencia alemana referente al término "mezcla"

Principio general

El Tribunal Supremo Federal (en alemán, *Bundesgerichtshof* —en adelante: BGH—) formuló el siguiente principio sobre el tema de la mezcla[24]: "Si el dinero bancario procede tanto de ingresos lícitos como de los tipos penales contemplados en el *§ 261 (1) frase 2 StGB (versión derogada)*, se trata de un 'objeto' (*Gegenstand*) que 'procede' (*herrührt*) de delitos subyacentes si la parte procedente de ello no es completamente insignificante desde el punto de vista económico". Esta afirmación puede generalizarse en el sentido de que, a excepción de los elementos delictivos completamente insignificantes, todo el objeto está contaminado en caso de mezcla. Sin comprometerse, el *1 Strafsenat des BGH* (Sala 1ª del Tribunal Supremo Federal) consideró que una proporción del 5,9% no era completamente insignificante en este sentido[25], y ni siquiera descartó una proporción aún menor. La interpretación del origen o tenor literal de la procedencia del objeto "*Herrühren*" se remitió a los antecedentes legislativos, a la bibliografía citada[26] y a una resolución anterior del Tribunal Regional de Karlsruhe (*OLG-Karlsruhe*)[27]. Aunque este término excluye el requisito de identidad objetiva, no dice nada de la proporción cuantitativa necesaria en los casos de mezcla. Al contrario: al menos en el lenguaje corriente, la totalidad del objeto no procede de una fuente determinada si solo una proporción bastante pequeña procede de ella. Según el derecho civil, la copropiedad surge en la proporción de las cuotas de las distintas fuentes con respecto a la mezcla (§§ 947[28], 948[29] BGB). Por lo tanto, también sería concebible

---

24 BGH, Sentencia del 20 de mayo de 2015-1 *StR* 33/15, *NStZ* 2015, 703.

25 Ibídem.

26 Fischer, *StGB* § 261 Rn. 20.

27 OLG-Karlsruhe, Sentencia del 21 de enero de 2005-3 Ws 108/04, *NJW* 2005, 767 (769).

28 § 947 BGB. Unión de bienes muebles. (1) Si los bienes muebles se combinan de tal forma que pasen a formar parte integrante de un único bien, los anteriores propietarios pasarán a ser copropietarios de dicho bien; las participaciones se determinarán en proporción al valor de los bienes en el momento de la combinación.
(2) Si uno de los bienes se considera el bien principal, su propietario adquirirá la propiedad exclusiva.

29 § 948 BGB. Mezcla. (1) Si los objetos muebles están inseparablemente mezclados o mezclados entre sí, se aplicarán en consecuencia las disposiciones del § 947. (2) Se considerará que existe inseparabilidad si la separación de los objetos mezclados o entremezclados implicara costes desproporcionados.

invertir la situación, es decir, que solo unas cuotas legales mínimas (por ejemplo, inferiores al 50%) no impidieran la asunción de la propiedad. En este caso la Sala 5ª del Tribunal Supremo alemán (*5 Strafsenat des BGH*), formuló que los objetos deben considerarse viciados si pueden remontarse al delito principal en el sentido de una conexión causal y no se basan esencialmente en la actuación de terceros[30]. Esto también deja margen para diferentes interpretaciones. Si el legislador quería lograr la contaminación total y, por tanto, la incapacidad general producida por mezcla, esto no se expresa específicamente en la ley.

Enfoques de diferenciación en la Sentencia del Tribunal Supremo alemán (BGH) de 10 de noviembre de 2021 (2 *StR* 185/20)

La 2ª Sala del Tribunal Supremo alemán (*2 Strafsenat des BGH*)[31] tuvo que pronunciarse sobre el alcance de una resolución de decomiso y examinó incidentalmente la existencia del objeto de lavado de dinero. Al hacerlo, repitió la fórmula según la cual bastaba con una cuota económicamente no del todo insignificante[32] y que no debía aplicarse sin más a la resolución de decomiso[33]. Sin embargo, problematizó el hecho de que el decomiso superara el valor de la cuota inicialmente incriminada y lo justificó porque solo el desvalijamiento y el decomiso consecuentes de los beneficios generados por las actividades ilegales, como motor de la delincuencia organizada en particular, podían dar en el núcleo de esta delincuencia y combatirla eficazmente[34].

Sin embargo, llama la atención cómo en la decisión se cambia en este pasaje el término "objeto" (*Gegenstand*) por el de "beneficio" (*Gewinn*) sin más explicaciones, pese a que el mismo tribunal afirmó que el valor del objeto excede el producto, y, además, el término "producto" se refiere al producto bruto, es decir, si no se tienen en cuenta los gastos, no se pueden obtener los beneficios. Por tanto, este cambio tácito expresa —con cautela— que la manipulación tiene su causa en un delito penal y que, por lo tanto, al menos necesita una explicación si ha de superar el valor del pro-

---

30 BGH, Sentencia del 15 de agosto de 2018-5 *StR* 100/18, *NZWiSt* 2019, 148 (150).

31 BGH, Sentencia del 10 de noviembre de 2021-2 *StR* 185/20, *wistra* 2022, 247.

32 BGH, Sentencia del 10 de noviembre de 2021-2 *StR* 185/20, *wistra* 2022, 247.

33 Ibídem.

34 BT-Drs. 12/989, p. 26; BGH, Sentencia del 10 de noviembre de 2021-2 *StR* 185/20, *wistra* 2022, 247.

ducto generado por el delito de lavado de dinero a través del § 261 StGB y, posteriormente, también en virtud del derecho del decomiso.

Los siguientes pasajes contienen consideraciones que no tienen por objeto limitar el decomiso al "beneficio", sino atenuar las consecuencias. En primer lugar, el término "usado" excluye del decomiso los cambios de valor y se centra uniformemente en el valor en el momento de la infracción[35]. Cualquier otra dificultad excesiva podría contrarrestarse teniendo en cuenta la pena accesoria al dictar sentencia o aplicando la regla de proporcionalidad (§ 74f (1) StGB)[36]. Al tratarse de un caso antiguo sobre el que tuvo que pronunciarse la 2ª Sala (*2 Strafsenat des BGH*), estas consideraciones no son inadecuadas. Sin embargo, no se aplican a la nueva versión, porque en el caso del decomiso, que ahora tiene prioridad como producto del delito, ya no se impone una pena accesoria.

Evolución jurídica

Las coordenadas han cambiado desde que se aprobó la versión original del tipo penal de lavado de dinero del § 261 StGB, hace más de 30 años.

La reforma del decomiso y la jurisprudencia sobre recuperación de activos a partir del 1 de julio de 2017

Los cambios que se refieren al decomiso se iniciaron en el curso de la nueva "Ley para la reforma de recuperación de activos penal" (*Gesetz zur Reform der strafrechtlichen Vermögensabschöpfung*), que entró en vigor el 1 de julio de 2017, con la cual el legislador alemán actualizó el régimen de decomiso tanto en su vertiente sustantiva como procesal[37]. Con el § 73 (1) frase 2 StGB (versión derogada), se eliminó el "sepulturero del decomiso" —"*Totengräber des Verfalls*"— que existía hasta entonces, a saber, su exclusión si el perjudicado tenía derecho a una indemnización. En consecuencia, la situación jurídica existente hasta el 30 de junio de 2017 no excluía una colisión entre el decomiso del producto del delito subyacente y el decomiso de un objeto de lavado de dinero.

---

35 BGH, Sentencia del 10 de noviembre de 2021-2 *StR* 185/20, *wistra* 2022, 247.

36 Ibídem.

37 BGBl. 2017, 872.

Sin embargo, ambas se referían únicamente, y siempre, a resoluciones de decomiso en favor de la tesorería judicial. Con el cambio de la antigua ayuda a la recuperación (§ 111b (5) StPO, versión derogada) a los procedimientos de compensación a las víctimas (§ 459h et. Seq. StPO), el producto de los delitos con víctimas individuales (en términos de objetos de valor) ahora también se confisca y, en el caso de lavado de dinero posterior, compite con el decomiso tras un delito penal de conformidad con el § 261 StGB. Hasta la modificación del § 261 StGB, con efectos a partir del 18 de marzo de 2021, la jurisprudencia no sacaba en gran medida ninguna conclusión de ello, sino que, de conformidad con la ley derogada en 2017, solo consideraba posible el decomiso a través del § 261 (7) StGB (derogado), del § 74 (2) StGB (posiblemente en conjunción con el § 74a del StGB) en términos de propiedad, o de conformidad con el § 74c StGB, en términos de valor.

La sustitución del § 261 StGB por una disposición totalmente nueva

Otro cambio respecto a las coordenadas del delito de lavado de dinero desde su creación en 1992 deriva de la modificación del sistema del propio § 261 StGB. Hasta el 17 de marzo de 2021, solo el producto del catálogo de delitos expresamente enumerados en el § 261 StGB era relevante para el lavado de dinero, pero ahora se aplica el denominado "enfoque de todos los delitos", con el resultado de que el producto de cualquier delito puede desencadenar un delito subsiguiente del § 261 StGB. Desde el 18 de marzo de 2021, por tanto, es extremadamente probable que el dinero en efectivo o los billetes recibidos procedan de cualquier delito a través de una cadena (específicamente desconocida) de eslabones intermedios.

Esto convierte el arma afilada contra la delincuencia organizada en un peligro para el público en general: si la tasa de corrupción es inferior al 5,9%, existe el riesgo de consecuencias imprevisibles; cuanto más se generalice el enfoque "cualquier hecho criminal" (*any criminal offence*) o bien "cualquier actividad criminal" (*any other criminal activity*)[38], menos dinero sin marcar u otros activos "limpios" estarían en circulación, lo que provocaría una incapacidad generalizada para circular. Todos los activos podrían ser confiscados penalmente a cualquiera mediante la confiscación

---

[38] Directiva 2005/60/CE, Actividad delictiva, art. 3 (3), donde "actividad delictiva" se define como "cualquier tipo de participación delictiva en la comisión de un delito grave".

de terceros. El obstáculo de los elementos subjetivos del delito sería fácil de superar, ya que el mero conocimiento e incluso la negligencia leve propia (§ 73b (1) frase 1 n° 2 b StGB) o de terceros (§ 73b (1) frase 2 StGB) excluirían el efecto de legalización. Una criminalización tan amplia de las acciones cotidianas no puede ser bienintencionada y sería contraria a principios constitucionales del derecho penal.

El reajuste tras la modificación del tipo penal de lavado de dinero del § 261 StGB de 2021

En cualquier caso, en opinión del Tribunal Supremo Federal (BGH), la nueva versión del § 261 (10) StGB también tiene consecuencias[39]. Sin embargo, no debe perderse de vista el objetivo esencial de estabilización del derecho de inutilizar para la circulación los objetos contaminados. Más bien, la persecución penal consecuente, por un lado, y la evitación de efectos secundarios contraproducentes, por el otro, requieren de una relación equilibrada. En esencia, no solo es comprensible desde el punto de vista de política criminal, sino sencillamente resulta legítimo atribuir carácter de lavado de dinero a constelaciones mixtas —pero sin desencadenar una contaminación pandémica autoprogramada y desproporcionada—.

Precisiones de la jurisprudencia sobre el término "mezcla"

La finalidad de precisar el término "mezcla" (*Vermischung*), es decir, impedir la infiltración de bienes ilícitos en el ciclo económico legal, también limita su alcance. Si se asume con la 1ª Sala del Tribunal Supremo Federal (*1 Strafsenat des BGH*), que una tasa de *mezcla* del 5,9% no es del todo insignificante, esto quiere decir inicialmente que todo el saldo de la cuenta está infectado con una transferencia fraudulenta de este importe. Una cuestión completamente distinta es si se trata de una contaminación definitiva (como ocurre, al menos en principio, con el producto del delito original)[40] o si los acontecimientos posteriores pueden tener un efecto descontaminante sobre esta clasificación.

---

39 BGH, Sentencia del 10 de noviembre de 2021-2 *StR* 185/20, *wistra* 2022, 247.

40 Ruhmannseder, *Beck StGB/StGB* § 261 Rn. 16, por la aceptación de sustitutos de descontaminación.

Mezcla y finalidad del § 261 StGB

Si el producto del delito por valor de 5.000 euros se transfirió a una cuenta de crédito valorada aproximadamente en 50.000 euros, se cumple la finalidad legal del § 261 StGB si el efecto de contaminación que se ha producido finaliza con la salida de activos por el importe que se utilizó en un principio. En consecuencia, una transferencia de, por ejemplo, 6.000 euros constituye lavado de dinero, pero al mismo tiempo exime de la infección al saldo restante: ahora vuelve a contar como patrimonio legal. Por lo tanto, en el caso de varias entradas de dinero procedente de fuentes oscuras en distintos momentos, es necesario llevar a cabo un examen preciso y complejo de las transacciones dinerarias y de los fines perseguidos en cada caso. Se aplica, pues, el principio de la duda.

El ejemplo de la transferencia de 6.000 euros constituye un delito de lavado de dinero en su conjunto, pero solo se refiere a los delitos punibles de lavado por el valor del producto original del delito, en la medida del proceso de lavado. Por consiguiente, 6.000 euros son pertinentes para este delito. Sin embargo, en términos de condena, el acusado solo es responsable del importe de la pérdida relevante de 5.000 euros. Esta solución no solo se aplica cuando se mezcla dinero. Si un padre hubiera obtenido otros 2.000 euros de una serie de pequeñas estafas, además de sus ahorros legales de 3.000 euros, y con estos 5.000 euros hubiera regalado a su hijo una bicicleta de carreras para que comenzara su entrenamiento, se trataría en conjunto de un delito de lavado de dinero. Sin embargo, desde el punto de vista penal, tanto el padre como el hijo solo son responsables por 2.000 euros. En este caso, sin embargo, la descontaminación solo se produce en relación con el decomiso.

Conclusiones en la práctica

La distinción entre los elementos del delito y la obligación de pagar una sanción se basa, en la jurisprudencia, en su visión de la contaminación total[41]; pero en la secuencia temporal permite resultados que se acercan a los expuestos por la doctrina de la contaminación parcial o la "solución fraccionada" propuesta para el § 76a (4) StGB[42]. La jurisprudencia del Tribunal Supremo Federal (BGH) sobre el término "mezcla"

---

41 Ruhmannseder, *BeckOK StGB/StGB* § 261 Rn. 18.

42 El-Ghazi/Marstaller/Zimmermann, *NZWiSt* 2021, 297 (300).

aparece así bajo una nueva luz. Es cuestionable que siga siendo necesario un límite de mínimos, al menos para las transacciones monetarias (en efectivo o en cuentas), porque la restricción de la responsabilidad penal al núcleo punible ya se consigue de otras maneras. Sin embargo, conserva su importancia en los casos en que el producto del delito se materializa en un objeto de mayor valor. Por ejemplo, si un vehículo de motor se compró por 50.000 euros, y solo 500 euros proceden de infracciones penales, existen efectivamente razones de proporcionalidad en favor de no considerar ese vehículo como tal un objeto apto para el lavado de dinero. En el caso de un delito subyacente desconocido, es probable que el principal efecto sea la admisibilidad de una especie de contraprueba por parte de la persona implicada.

La reducción del hecho punible a la medida del producto del delito generado a partir del delito subyacente también permite una solución plausible en caso de que el producto del delito no se haya transmitido realmente a través de un activo intermedio, sino que se haya transferido después de la transferencia. El efecto descontaminante de los activos restantes se produce, a más tardar, cuando el producto del delito se transfiere de nuevo. Si se permite a la persona que actúa como intermedio retener una comisión, la "descontaminación" solo se produce en su totalidad cuando el valor de la comisión también se retira de la cuenta.

El § 261 StGB no distingue si alguien vive del delito o si obtiene ingresos adicionales a través de este. En el primer caso, el intento de aislar totalmente el patrimonio es un esfuerzo perfectamente legítimo. La situación es muy diferente en el caso de delincuentes ocasionales, o incluso tras un mero y frívolo lavado de dinero. Sería sin duda desproporcionado tratar todo el patrimonio de los delincuentes ocasionales como no apto para la venta a través del § 261 StGB. Con el objetivo de que el resultado sea adecuado y cumpla con el principio general de igualdad (art. 3 apartado 1 GG), y con ello se alinee a los demás aspectos requeridos en el ámbito constitucional, requiere, por tanto, *de lege lata*, la renuncia global al decomiso total de bienes a través del § 261 StGB, es decir, también en el caso de delincuentes profesionales y bandas criminales como de organizaciones: una consecuencia irreflexiva de la versión actual del § 261 StGB respecto a la supresión del catálogo de delitos —y la ampliación excesiva a *all crimes*— prueba la improvisación y obliga a una revisión desde el punto de vista constitucional.

Posible reajuste legislativo

El legislador es libre de seguir expandiendo y ampliando la incapacidad de procedimientos y ampliarla además posiblemente a todos los bienes. Los casos especialmente graves cometidos en grupo con arreglo al § 261 (5), frase 2 StGB podrían ofrecer puntos de partida. Sin embargo, también se requieren ciertos límites a este respecto (por ejemplo, para los bienes protegidos), aunque los principios de la decisión del Tribunal Constitucional Federal alemán (BVerfG) sobre la inconstitucionalidad de la antigua pena relativa a la propiedad con consecuencias jurídicas, difícilmente pueden transferirse de uno en uno al nivel de infracción. Podría considerarse una combinación de elementos del delito y una disposición que permita la prueba, como la contenida en el derecho a recuperación de activos (*Abschöpfungsrecht*) —en el sentido del derecho penal, la recuperación de activos implica la ejecución de una medida destinada a confiscar los beneficios pecuniarios obtenidos a través de un delito penal—. Las medidas previstas en el § 73a (1) StGB y § 76a (4) StGB, por una parte, y § 437 StPO, por otra, permitirían al tribunal de primera instancia determinar (por ejemplo, sobre la base del estilo de vida, como la falta de fuentes legales conocidas de ingresos) que el acusado no ha financiado (en gran medida) su subsistencia con fuentes legales (en un período que debe especificarse). Esto podría vincularse a la ficción de que todos sus activos (no exentos de quiebra) consistían en objetos de lavado de dinero.

LA NECESARIA LIMITACIÓN DEL HECHO PRECEDENTE Y LA PUNIBILIDAD DEL AUTOLAVADO

El autolavado, el estado de la cuestión y la jurisprudencia más reciente tras la Sentencia del BGH del 8 de diciembre de 2022 (2 StR 395/22)

Los hechos que se manifiestan en la sentencia se refieren al acusado B[43]., que estaba en contacto con un grupo de autores que permanecían desconocidos y que cometían delitos de fraude comercial según el *modus operandi* relacionado a "*Love scam*", conocido en castellano como "estafa romántica"[44]. Los autores se ponían en contacto con personas despreveni-

---

[43] BGH, Sentencia del del 8 de diciembre de 2022-BGH-2 *StR* 395/22.

[44] Este tipo de estafas consisten en fingir que existen intenciones románticas con la víctima, ganándose de este modo su afecto y después utilizar esta buena

das, bajo un seudónimo, a través de portales de citas y las involucraban en una falsa relación amorosa para inducirlas finalmente a pagar dinero bajo falsos pretextos. B. ya había sido condenado por el Tribunal de Distrito de Stuttgart (*Amstgericht-Stuttgart*), el 17 de agosto de 2018, a una pena de prisión en suspenso de dos años por fraude comercial y en banda en dos casos. En el período comprendido entre octubre 2019 y agosto de 2020, el acusado I abrió varias cuentas en diversos bancos en consulta con B., quien a su vez lo transmitió a sus cómplices. A continuación, estos últimos indujeron a las respectivas víctimas, en 44 casos, a transferir sumas de dinero de entre cuatro y cinco cifras —en total, unos 224.000 euros— a las distintas cuentas de I., fingiendo urgencias médicas o económicas y haciendo otras afirmaciones sobre hechos falsos.

El acusado B. coordinaba la entrada de fondos a cambio de una comisión del 5%, no solo en relación con las cuentas del I., sino también en relación con otras transferencias a cuentas de terceros desconocidos. Los patrocinadores informaban a B. cuándo se recibirían los fondos, en qué cuentas y a quién debían remitirse en cada caso: mediante transferencias o retiros en efectivo.

En consecuencia, dio instrucciones a la demandada I. para que le remitiera los fondos recibidos por ella, menos una comisión acordada del 5%, para su transferencia a los avalistas. Ambos acusados consideraron que el dinero que recibieron y remitieron procedía de delitos de fraude comercial tipo "*Love scam* o estafas románticas". A través de los delitos, pretendían obtener una fuente de ingresos de cierta duración y alcance.

El Tribunal Regional calificó los hechos así probados como lavado de dinero "comercial", de conformidad con el § 261 (1) frase 1, frase 2 n° 4 a (4) StGB en la versión vigente aplicable desde el 3 de enero de 2018 hasta el 18 de marzo de 2021. El § 261 (5) StGB, en su versión modificada a partir del 18 de marzo de 2021, abre el mismo abanico de penas y, por tanto, no es una ley más benigna en el sentido del § 2, apartado 3 StGB, y basó su decisión de decomiso en el § 73, apartado 1, § 73c, frase 1 StGB[45].

Esta sentencia pone de manifiesto los desafíos que presentan las investigaciones sobre lavado de dinero que, en última instancia, son inherentes a la estructura especial de la norma jurídica. La decisión es ejemplar tenien-

---

voluntad para que la víctima le envíe dinero al estafador, bajo pretextos falsos, para cometer fraude con la víctima.

45 BGH, Sentencia del del 8 de diciembre de 2022-BGH-2 *StR* 395/22.

do en cuenta el problema de interfaz de la posible participación en delito subyacente y la propia responsabilidad penal del delito conexo, los requisitos adicionales de la responsabilidad penal por el autolavado de dinero y la valoración de varios flujos de dinero en el marco del derecho de la competencia, que, sin embargo, solo se transfieren más allá a través de un acto.

Una sentencia, una decisión, pero tres características particulares de las constelaciones típicas de lavado de dinero[46] y su tramitación procesal:

> (I) En un primer punto, se trata de la aclaración judicial de los hechos y las dificultades asociadas con la delimitación de las esferas de injusto —complicidad o participación— en el delito determinante, frente a la posterior realización propia del injusto a través del delito subsiguiente.
> (II) Un segundo punto se refiere a la cuestión subsiguiente de si existe realmente el denominado autolavado de dinero, y en qué medida, puesto que el legislador solo considera punible si el autor del delito en cuestión, además de su participación en el delito determinante, intenta ocultar aún más el patrimonio mediante un delito posterior.
> (III) Y, a continuación, debe responderse a la cuestión específica del derecho de la competencia acerca de hasta qué punto varios flujos de dinero pueden fundirse en delitos individuales[47].

Los argumentos para la delimitación entre participación en el delito determinante y responsabilidad penal por el lavado de dinero

La 2ª Sala del BGH (*2 Strafsenat des BGH*) establece en la presente decisión que el Tribunal Regional (*Landgericht*, LG) debería haber discutido si el acusado I. era pasible de ser procesado como cómplice o por complicidad —posiblemente en banda— por fraude.

Ello se debe, entre otras cosas, a que la acusada I. no se limitó a recibir instrucciones, sino que participó de forma constructiva al hacer sugerencias sobre cómo y a qué cuentas podían transferirse mejor los fondos, y también convenció a su primo en Suecia para que facilitara más cuentas a la banda. Según la decisión, el Tribunal Regional (LG) no cumplió con este deber de conocimiento (deber cognitivo de conocimiento). En base a los hechos comunicados a la Sala, la acusada I. es una persona de cierta proximidad con los hechos del delito anterior y al mismo tiempo reenvió flujos de dinero. La Sala de lo Penal se centró en las actividades de lavado

---

46 Herzog/El-Ghazi, *Kommentar zum Geldwäschegesetz*, 5. Aufl. 2023, § 261 StGB, Rn. 202.

47 BGH, Sentencia del 8 de diciembre de 2022-BGH-2 *StR* 395/22.

de dinero sin profundizar, sin embargo, si existen vínculos fácticos concretos con el delito precedente.

En caso de condena por lavado de dinero, también debe hablarse del delito subyacente. A este respecto, deben incluirse en los motivos las circunstancias esenciales del delito subyacente. Esto se refiere, por un lado, a la fundamentación sobre por qué el bien procede de un delito subyacente ilícito y, por el otro, al grado de conocimiento de estigmatización[48]. Sin embargo, las consideraciones relativas al delito subyacente también deben basarse en otro punto.

Se plantea entonces el posible presupuesto de que el autor esté implicado en el delito subyacente pero esto no puede aclararse de forma concluyente. Sin embargo, también es seguro que se ha cometido un delito de lavado de dinero; se trata en sentido estricto de un caso de la denominada pospendencia y la relación de escala[49]. A diferencia de la llamada determinación o condena alternativa —el análisis a partir de los medios de prueba ofrecidos (a) puede determinar con certeza la realización de un tipo delictivo, o (b) las situaciones de hecho conducen a la impunidad del sujeto, pues se impone el principio *in dubio pro reo*—. En los casos en que el Tribunal está seguro de la ocurrencia de determinado delito, pero tiene dudas sobre un hecho previo que está vinculado al delito probado, se refiere a la llamada pospendencia o prependencia, que abarca el caso en el que se ha cometido el delito de blanqueo de capitales. La disputa doctrinal respecto a la pospendencia[50] abarca el caso en que el segundo delito tiene relevancia típica; es decir se ha establecido con certeza una situación de hecho realizada por el infractor (autor) —la posterior[51]— y hay incertidumbre sobre la participación con respecto a la constelación fáctica precedente —en este caso el delito subyacente—[52]. Según la jurisprudencia del Tribunal Supremo Federal (BGH), en los casos de pospendencia se puede dictar una sen-

---

48 BGH Sentencia del 15 de agosto de 2018-5 *StR* 100/18, *NZWiSt* 2019, 148.

49 Pospendencia y prependencia, según la opinión predominante, deben distinguirse de la determinación de la elección. Se habla de pospendencia si, en el caso de dos hechos, solo el hecho anterior permanece incierto en términos fácticos, mientras que el segundo hecho, posterior, es cierto. Se habla de lo contrario, es decir, el hecho anterior es cierto, mientras que el posterior es incierto.

50 La disputa doctrinal en la pospendencia no se refiere a los casos en que el segundo delito tiene relevancia al efecto de concursos.

51 Rönnau/Staathoff, *JuS* 2023, 537, 541.

52 Ídem, 542.

tencia condenatoria por el delito que se ha establecido con certeza[53]. No se trata de una condena ambigua, sino simplemente de una pospendencia, que es una excepción reconocida al principio *in dubio pro reo.*

Sin embargo, todo esto presupone que la Sala Penal del Tribunal Supremo Federal (*Strafsenat des BGH*) haga tales consideraciones como parte de los fundamentos de la sentencia y discuta coherentemente hasta qué punto, además de establecer la posición legal, existe no obstante la cadena de acusaciones y el autor del delito puede ser acusado al menos de imprudencia en el marco de la acusación.

¿El autolavado en caso de aplazamiento?

La siguiente cuestión que se desprende del punto anterior es hasta qué punto se puede considerar una condena por autolavado en estos casos. En principio, el legislador alemán solo ve un ámbito de aplicación limitado para el autolavado, de conformidad con el:

> Decomiso. § 261 (7) StGB
> *"Toda persona que pueda ser procesada por participación en el delito subyacente solo será castigada de conformidad con los apartados (1) a (6) si comercializa el objeto y oculta su origen ilícito".*

Es decir, puede ser considerado delito con arreglo a los apartados (1) a (6) del § 261 StGB, si comercializa el objeto lavado y oculta su origen. Incluso antes de la modificación del § 261 StGB, la responsabilidad penal por el autolavado de dinero fue objeto de numerosas críticas[54], pero, no obstante, el legislador alemán, se atuvo a sus valoraciones anteriores del § 261 (9) StGB (versión derogada) e incluyó esta ocultación de conexiones en el "nuevo" apartado (7) del § 261 StGB. Sin embargo, anteriormente, la jurisprudencia del Tribunal Supremo Federal (BGH) no tenía dudas sobre la constitucionalidad de la disposición[55] y la aplicaba de forma coherente.

El autolavado de dinero descrito en el § 261 (7) StGB es un nuevo proceso temporal y fácticamente limitado en comparación con el delito (preliminar) ilícito mencionado en el apartado 1 y, por lo tanto, es un delito

---

53 BGH, Sentencia del 28 de febrero de 2023-2 *StR* 377/22, *NStZ* 2023, 487.

54 Bergmann, *NZWiSt* 2014, 448; Schröder/Bergmann, *Selbstgeldwäsche*; Teixeira, *NStZ* 2018, 634; Limitación de la punibilidad del autolavado (§ 261 apartado 9, 2 y 3 StGB), Neuheuser, *NZWiSt* 2016, 265.

55 BGH, Sentencia del 27 de noviembre de 2018-5 *StR* 234/18, *NZWiSt* 2019, 182.

procesal independiente. Lo decisivo es que el autor del denominado delito de autolavado oculte además el origen fraudulento del objeto de lavado en cuestión mediante un acto ulterior. La norma anteriormente entendía como finalidad intencionada la de dar a un objeto del delito la apariencia de un origen (legal) diferente al comercializado o, al menos, ocultar su verdadero origen[56].

En el debate jurisprudencial, la punibilidad del autolavado se discutió a través del par de conceptos de prohibición de doble incriminación y el principio de culpabilidad[57]. Si se trata de dos hechos vitales distintos, las objeciones al autolavado no se aplican[58] y es posible una doble punición contraria al Estado de Derecho[59]. Sin embargo, al tratarse de un caso de punición por múltiples delitos, ello implica necesariamente que la participación en el delito subyacente sea cierta[60]. No obstante, hay que distinguir los casos en que la participación del delito subyacente es dudosa. El legislador reconoció en una fase temprana que la vía a través de la determinación de la pospendencia también está abierta para estos casos[61]. Sin embargo, para parte de la doctrina, el principio *in dubio pro reo* también debería aplicarse en estos casos[62]. Esto se basa en la naturaleza del § 261 (7) StGB como motivo personal de exclusión de la pena[63]. Si el acusado de lavado de dinero no estaba implicado en el delito subyacente de forma excluyente, es punible desde la perspectiva del apartado (7), en caso de duda, debido al delito subyacente, y, por lo tanto, está cubierto por el motivo de exclusión de la pena del § 261 (7) StGB.

El principio *in dubio pro reo* es un aspecto indispensable de la aplicación constitucional del Derecho penal. Como norma de decisión jurídica sustantiva, en caso de conocimiento incierto debe asumirse la opción más favorable para el acusado, siempre que existan indicios fácticos de ello[64].

---

56 Ibídem.

57 Ibídem.

58 Ibídem.

59 Ibídem.

60 BGH, Sentencia del 18 de agosto de 2023-5 *StR* 177/23, *NStZ* 2024, 90.

61 BT-Drs. 13/8651, 10; en igual sentido *NK-StGB/Altenhain,* 6ª edición 2023, § 261, n. 112.

62 Herzog/El-Ghazi, *Kommentar zum Geldwäschegesetz,* 5. Aufl. 2023, § 261 StGB, n. 202.

63 Ibídem; Joeck/Jäger/Randt/Bülte, *Steuerstrafrecht,* 9. Aufl. 2023, § 261 StGB Rn. 216.

64 BVerfG, Sentencia del 17 de julio de 2007-2 BvR 496/07, *NStZ*-RR 2007, 381; BGH, Sentencia del 12 de octubre de 2011-2 *StR* 202/11, *NStZ*-RR 2012, 18; Huber, *JuS* 2015, 596; Rönnau/Staathoff, *JuS* 2023, 537, 541.

Sin embargo, el concepto jurídico de pospendencia es una excepción reconocida a esta regla de decisión y está sujeta a contornos claros que permiten esta excepción a la regla de decisión *in dubio pro reo*. Además, el factor de conexón es diferente. El principio de duda en el carácter de concepto jurídico de posposición es la palanca para decidir cómo proceder en el caso de una determinada responsabilidad penal con respecto al delito posterior, si también existe la duda sobre la igualmente posible participación en el delito anterior. Con ello "termina" el efecto conmutativo de esta palanca o el ámbito de aplicación de esta regla de decisión y se queda con la probada criminalidad posterior. En este sentido, ya no hay cuestiones de duda que requieran una regla de decisión.

Además, la disposición del § 261 (7) StGB debe entenderse principalmente como una norma concurrente[65] y, por lo tanto, se refiere de nuevo a la interfaz entre el delito posterior (co)sancionado y su propio contenido ilícito[66]. No existe un contenido ilícito separado expresado en la punibilidad no determinable del delito subyacente. Solo existe responsabilidad penal por lavado de dinero. Por este motivo, ya no se aplican las restricciones del § 261 (7) StGB con respecto al objeto "maculado o manchado" que puede ser parte del tipo penal del lavado de dinero § 261 (1) StGB[67].

La 2ª Sala del Tribunal Supremo Federal (BGH) también deja en claro que habría sido necesario un examen fáctico en referencia a los acusados del delito subyacente Esto habría mostrado a la Sala Penal hasta qué punto los acusados estaban implicados en el delito subyacente —o probablemente no— y qué consecuencias jurídicas tenía esto para la posterior responsabilidad penal por (auto)blanqueo de capitales.

Unidad de hechos con varios ingresos

La Sala Penal del Tribunal Supremo Federal (BGH), siguiendo su jurisprudencia anterior[68], critica al Tribunal Regional (LG) por no haber considerado que varias transferencias de perjudicados se recibieron en un mismo día en una cuenta del acusado O. y fueron transferidas por este al

65 BGH, Sentencia del 18 de febrero de 2009-1 *StR* 4/09, *NStZ* 2009, 328.

66 De forma profunda presenta el déficit de la norma el BGH, Sentencia del 18 de agosto de 2023-5 *StR* 177/23, *NStZ* 2024, 90; en igual sentido, Bülte, en Joecks/Jäger/Randt/Bülte, *Steuerstrafrecht*, 9. Aufl. 2023, § 261 StGB n. 216.

67 Cuestionable sería también la punibilidad según § 261 (2) StGB.

68 BGH, Sentencia del 15 de agosto de 2018-5 *StR* 100/18, *NZWiSt* 2018, 148, 151.

coacusado B. en efectivo o por transferencia bancaria en una única transacción. A este respecto, el Tribunal Regional (LG) debería haber considerado si, en vista de la coincidencia en el tiempo, en algunos casos podría haberse presumido que el delito era una única unidad de hechos en lugar de considerar múltiples hechos.

Sin embargo, el Senado deja abiertas las normas taxativas. Sobre la base de su jurisprudencia anterior —a la que la Sala Penal también se remite expresamente—, pueden derivarse las siguientes consideraciones.

Varios actos de lavado de dinero no se combinan en un solo delito simplemente porque los objetos individuales del delito se deriven de un delito determinante específico. El delito de lavado de dinero es una disposición penal independiente y no una forma especial de participación en el delito subyacente, por lo que la cuestión de la unidad o multiplicidad de actos debe valorarse por separado en cada caso. Si un autor obtiene sumas de dinero (en efectivo o a través de giros bancarios) en varias ocasiones, por lo general existe una multiplicidad de delitos. En cambio, los actos posteriores de utilización mediante órdenes de transferencia del autor, punibles por la ley, de las mencionadas anteriormente —ya sea como transferencia bancaria o retiros en efectivo—, pueden constituir, por lo general, una unidad de acción.

Esta unidad de acción puede suponerse, en general, si las acciones del autor que vulneran el interés jurídico se presentan como una unidad desde un "punto de vista natural", lo que puede suponerse si existe una estrecha conexión espacial y temporal, y todo el delito se presenta como un acto unificado desde un punto de vista natural. Esto permite entonces concluir si estos actos delictivos están respaldados por una intención uniforme, que establece la conexión con la unidad del delito.

Conclusión

Esta decisión ha abordado un aspecto importante de la relación entre los delitos subyacentes y la responsabilidad penal por lavado de dinero. Idealmente, esto podría haberse complementado con consideraciones sobre la pospendencia, lo que habría disuelto la relación con el autolavado de dinero y sensibilizado a la ahora responsable Oficina Federal de Lucha contra la Delincuencia Financiera (*Bundesfinanzministerium*-BBF), la Oficina Central de Investigación de Transacciones Financieras (*Zentralstelle für Finanztransaktionsuntersuchungen*-FIU) y la Oficina Central de Ejecución de Sanciones (*Zentrallstelle für Sanktionensdurchsetzung*-ZFG).

APÉNDICE NORMATIVO

Traducción § 261 StGB

(1) Quien reciba un objeto resultante de un acto ilícito,

1. oculte,
2. intercambie, transfiera, traslade con la intención de frustrar su descubrimiento, su confiscación o el rastreo de su origen,
3. lo obtenga para sí o para un tercero, o
4. lo conserve o utilice para sí o para un tercero si conocía su origen en el momento de obtenerlo,

será castigado con una pena privativa de libertad no superior a cinco años o multa. En los casos de la frase 1 números 3 y 4, no se aplicará con respecto a un objeto que un tercero haya obtenido previamente sin cometer por ello un acto ilícito. La persona que acepta unos honorarios por su trabajo como abogado defensor actúa intencionalmente en los casos de la frase 1 números 3 y 4, solo si tenía conocimiento cierto del origen de los honorarios en el momento de aceptarlos.

(2) También se castigará a toda persona que oculte o disimule hechos que puedan ser significativos para la localización, confiscación o determinación del origen de un objeto de conformidad con el apartado (1).

(3) La tentativa es punible.

(4) Toda persona que cometa un delito en virtud del apartado (1) o del apartado (2), como persona obligada en virtud del artículo 2 de la Ley de Blanqueo de capitales podrá ser condenada a una pena de prisión de tres meses a cinco años.

(5) En casos especialmente graves, la pena será de seis meses a diez años de prisión. Por regla general, se considerará que existe un caso especialmente grave si el delincuente actúa con fines comerciales o como miembro de una banda que se ha unido para cometer el blanqueo de capitales de forma continuada.

(6) Toda persona que, en los casos de los apartados (1) y (2), no reconozca imprudentemente que se trata de un objeto tal como se define en el apartado (1), podrá ser condenada a una pena privativa de libertad no superior de dos años o a una sanción económica. La frase 1 no se aplicará en los casos del apartado (1) frase 1 números 3 y 4 a un abogado defensor que acepte honorarios por su trabajo.

(7) Una persona responsable de la participación en el delito subyacente solo será castigada en virtud a los apartados (1) a (6) si pone en circulación el objeto ocultando su origen ilícito.

(8) No será sancionado según los apartados 1 a 6, quien:

1. denuncie voluntariamente la infracción de la autoridad competente o disponga voluntariamente que se realice dicha denuncia, salvo que la infracción ya hubiera sido descubierta total o parcialmente en ese momento y el infractor lo supiera o pudiera razonablemente esperarlo, y
2. en los casos del apartado (1) o del apartado (2), provoca la incautación del objeto en las condiciones especificadas en el número 1.

(9) Un objeto en el sentido del apartado (1) se considera equivalente a los objetos resultantes de un acto cometido en el extranjero si el acto fuera un acto lícito según el derecho penal alemán y

1. es punible en el lugar de la infracción, o
2. es punible en virtud de una de las siguientes disposiciones y convenios de la Unión Europea:
   a) artículo 2 o artículo 3 del Convenio de 26 de mayo de 1997, elaborado sobre la base de la letra c) del apartado (2) del artículo K.3 del Tratado de la Unión

Europea, relativo a la lucha contra la corrupción en la que estén implicados funcionarios de la Comunidades Europeas o de los Estados miembro de la Unión Europea (*Gaceta de Derecho Federal* 2002, II, pp. 2727, 2729),

b) artículo 1 de la Decisión marco 2002/946/JAI del Consejo, de 28 de noviembre de 2002, destinada a reforzar el marco penal para la represión de la ayuda a la entrada, circulación y estancia irregulares (DO L 328 de 5 de diciembre de 2002, p. 1),

c) artículo 1 o artículo 3 de la Decisión marco 2003/568 JAI del Consejo, de 22 de julio de 2003, relativa a la lucha contra la corrupción en el sector privado (DO L 192 de 31 de julio de 2003, p. 54),

d) artículo 2 o artículo 3 de la Decisión marco 2004/757/JAI del Consejo, de 25 de octubre de 2004, relativa al establecimiento de disposiciones mínimas de los elementos constitutivos de delitos y las penas aplicables en el ámbito del tráfico ilícito de drogas (DO L 335 de 11 de noviembre de 2004, p. 8), modificada en último lugar por la Directiva Delegada (UE) 2019/369 de la Comisión (DO L 66 de 7 de marzo de 2019, p. 3),

e) artículo 2, letra a), de la Decisión marco 2008/841/JAI del Consejo, de 24 de octubre de 2008, relativa a la lucha contra la delincuencia organizada (DO L 300 de 11 de noviembre de 2008, p. 42),

f) artículo 2 o artículo 3 de la Directiva 2011/36/UE del Parlamento Europeo y del Consejo, de 5 de abril de 2011, relativa a la prevención y la lucha contra la trata de seres humanos, y a la protección de sus víctimas, y por la que se sustituye la Decisión marco 2002/629/JAI del Consejo (DO L 101 de 15 de abril de 2011, p. 1),

g) artículos 3 a 8 de la Directiva 2011/93/UE del Parlamento Europeo y del Consejo de 13 de diciembre de 2011, relativa a la lucha contra abusos sexuales, explotación sexual de los niños y pornografía infantil, y por la que se sustituye la Decisión marco 2004/68/JAI del Consejo (DO L 335 de 17 de diciembre de 2011, p. 1; L 18 de 21 de enero de 2021, p. 7); o

h) artículos 4 a 9, apartados 1 y 2, letra b), o artículos 10 a 14 de la Directiva (UE) 2017/541 del Parlamento Europeo y del Consejo, de 15 de marzo de 2017, sobre la lucha contra el terrorismo y por la que se sustituye la Decisión marco 2002/475/JAI del Consejo y se modifica la Decisión marco 2005/671/JAI del Consejo (DO L 88 de 31 de marzo de 2017, p. 6).

(10) Los objetos a que refiere la infracción pueden ser confiscados. Se aplicará el § 74 a StGB. Los §§ 73 a 73 e StGB e no se verán afectados y tendrán prioridad sobre el decomiso previsto en el § 74 (2) StGB, también en relación con los §§ 74 a y 74 c StGB.

§ 73 Decomiso del producto del delito a autores y partícipes

(1) Si el autor o el partícipe han obtenido algo mediante o para un acto ilícito, el tribunal ordenará su decomiso.

(2) Si el autor o el partícipe se han beneficiado del producto del delito, el tribunal ordenará también su decomiso.

(3) El tribunal también podrá ordenar el decomiso de los bienes adquiridos por el delincuente o participante

1. enajenando los bienes obtenidos o como compensación por su destrucción, daño o incautación, o
2. sobre la base de un derecho adquirido.

§ 73b Decomiso del producto del delito a terceros

(1) Una orden de confiscación conforme a las secciones 73 y 73a se dirigirá contra otra persona que no sea autor o partícipe si

1. Ha obtenido algo a través del delito y el autor o participante ha actuado en su nombre,
2. la cosa obtenida
    a) le fue transferida gratuitamente o sin justificación legal o
    b) se le transfirió y reconoció o debería haber reconocido que la propiedad era el resultado de un acto ilícito, o
3. la propiedad obtenida le fue transferida
    a) en calidad de heredero, o
    b) como beneficiario de una porción forzosa o legatario.

Los números 2 y 3 de la frase 1 no se aplicarán si el bien adquirido se transmitió previamente a un tercero que no reconoció o no debería haber reconocido que el bien adquirido procedía de un acto ilícito, a cambio de un pago y con justificación legal.
(2) Si la otra parte obtiene, en las condiciones del apartado (1) frase 1 número 2 o número 3, un objeto correspondiente al valor de lo obtenido o beneficios derivados de ello, el tribunal ordenará también su confiscación.
(3) En las condiciones del apartado (1) frase 1 número 2 o número 3, el tribunal también podrá ordenar el decomiso de lo adquirido

1. mediante la venta del objeto adquirido o como compensación por su destrucción, daño o incautación, o
2. sobre la base de un derecho adquirido.

§ 73c Decomiso del valor del producto del delito

Si el decomiso de un objeto no es posible debido a la naturaleza de los bienes obtenidos o por otro motivo, o si se renuncia al decomiso de un objeto sustitutivo de conformidad con el § 73, apartado 3, o el § 73 ter, apartado 3, el tribunal ordenará el decomiso de una suma de dinero correspondiente al valor de los bienes obtenidos. El tribunal también dictará dicha orden además del decomiso de un objeto si su valor es inferior al valor del objeto obtenido inicialmente.

§ 74 Decomiso de productos, instrumentos y objetos del delito a autores y partícipes

(1) Los objetos producidos por un delito doloso (productos del delito) o utilizados o destinados a su comisión o preparación (instrumentos) podrán ser decomisados.
(2) Los objetos a los que se refiere un delito (objetos del delito) serán objeto de decomiso de conformidad con disposiciones especiales.
(3) El decomiso sólo será admisible si los objetos pertenecen o se deben al infractor o partícipe en el momento de la decisión. Esto también se aplicará al decomiso prescrito o autorizado por una disposición especial por encima del apartado 1.

§ Artículo 76a Decomiso independiente

(1) Si ninguna persona concreta puede ser procesada o condenada por el delito, el tribunal ordenará el decomiso o la destrucción de forma independiente si se cumplen por lo demás las condiciones en las que se prescribe la medida. Si se autoriza, el tribunal podrá ordenar de forma independiente el decomiso en las condiciones de la frase 1. No se ordenará el decomiso en ausencia de solicitud, autorización o petición de pena o si ya se ha adoptado una decisión jurídicamente vinculante al respecto.
(2) Bajo las condiciones de los §§ 73, 73b y 73c, la orden independiente del decomiso del producto del delito y el decomiso independiente del valor del producto del delito serán

admisibles aunque haya prescrito la acción penal por el delito. En las condiciones de los §§ 74b y 74d, lo mismo se aplicará a la orden independiente del decomiso de las garantías, el decomiso de la realización del contenido y la inutilización.
(3) El apartado (1) también se aplicará si el tribunal se abstiene de imponer una pena o si se suspende el procedimiento de conformidad con una disposición que lo permita a discreción del ministerio fiscal o del tribunal o de mutuo acuerdo entre ambos.
(4) Un objeto incautado por sospecha de un delito contemplado en la frase 3 y los beneficios derivados del mismo también se confiscarán independientemente si el objeto procede de un acto ilícito y la persona afectada por la incautación no puede ser procesada o condenada por el delito subyacente. Si se ordena el decomiso de un objeto, la propiedad del objeto o del derecho pasará al Estado cuando la decisión sea firme; se aplicará en consecuencia el artículo 75 (3). Los delitos en el sentido de la frase 1 son:

1. los delitos tipificados en la presente Ley:
   a) preparación de un delito violento grave que ponga en peligro al Estado conforme al artículo 89a y financiación del terrorismo conforme al artículo 89c (1) a (4),
   b) formación de organizaciones delictivas conforme al artículo 129 (1) y formación de organizaciones terroristas conforme al artículo 129a (1), (2), (4), (5), en cada caso también en relación con el artículo 129b (1),
   c) proxenetismo según el artículo 181a, apartado 1, también en relación con el apartado 3,
   d) distribución, adquisición y posesión de contenidos de pornografía infantil en los casos del artículo 184b (2)
   e) la comisión comercial y en banda de trata de seres humanos, prostitución forzada y trabajos forzados con arreglo a los artículos 232 a 232b, así como la explotación laboral en banda y la explotación que implique privación de libertad con arreglo a los artículos 233 y 233a,
   f) blanqueo de capitales de conformidad con los apartados 1 y 2 del artículo 261,
2. del Código Fiscal:
   a) evasión fiscal en las condiciones especificadas en la sección 370(3)(5),
   b) contrabando comercial, violento y de bandas, de conformidad con la sección 373,
   c) evasión fiscal en el caso de la sección 374(2),
3. de la Ley de Asilo:
   a) inducción a presentar una solicitud de asilo abusiva de conformidad con la sección 84(3),
   b) inducción comercial y relacionada con bandas para presentar una solicitud de asilo abusiva de conformidad con la sección 84a,
4. de la Ley de Residencia:
   a) contrabando de extranjeros con arreglo al artículo 96, apartado 2,
   b) el contrabando con consecuencias mortales, así como el contrabando comercial y el relacionado con bandas, según el artículo 97,
5. de la Ley de Comercio Exterior y Pagos:
   Delitos intencionados según los artículos 17 y 18,
6. de la Ley de estupefacientes:
   a) Delitos en virtud de una disposición contemplada en el artículo 29 (3) frase 2 número 1 en las condiciones especificadas en el mismo,
   b) Delitos contemplados en las secciones 29a, 30 (1) números 1, 2 y 4 y en las secciones 30a y 30b,

6a. de la Ley sobre el Cannabis destinado al consumo:
   a) Infracciones en virtud de una disposición contemplada en el artículo 34 (3) frase 2 número 1 o número 4 en las condiciones especificadas en el mismo,

b) las infracciones contempladas en el apartado 4 del artículo 34,

6b. de la Ley sobre Cannabis Medicinal:

a) Infracciones en virtud de una disposición contemplada en el artículo 25 (4) frase 2 número 1 o número 4 en las condiciones especificadas en el mismo,

b) Delitos contemplados en la sección 25 (5),

7. de la Ley de Control de Armas de Guerra:

a) Delitos tipificados en los apartados 1 a 3 del artículo 19 y en los apartados 1 y 2 del artículo 20 y en los apartados 1 a 3 del artículo 20a, en cada caso también en relación con el artículo 21,

b) Delitos tipificados en la sección 22a (1) a (3),

8. de la Ley de Armas:

a) Delitos tipificados en el artículo 51 (1) a (3),

b) Delitos tipificados en la sección 52 (1)(1) y (2)(c) y (d) y (5) y (6).

Sentencias comentadas en el presente artículo

1. Jurisprudencia del *Bundesverfassungsgericht* (BVerfG)

BVerfG Kammerbeschl de 31 de enero de 2020-2 BvR 2992/14 Rn. 14, *NJW* 2020, 1351; BVerfG Kammerbeschl de 3 de marzo 2021-2 BvR 1746/18 Rn. 57, *NJW* 2021, 319.

BVerfG Kammerbeschl de 31 de enero de 2020-2 BvR 2992/14 Rn. 40-42, *NJW* 2020, 1351; BVerfG Kammerbeschl de 31 de marzo de 2021-2 BvR 1746/18 Rn. 57, *NJW* 2021, 319.

BVerfG Sentencia del 17 de julio de 2007-2 BvR 496/07, *NStZ-RR* 2007, 381.

BVerfG Sentencia del 23 de junio de 2010-2 BVR 2559/08, 105/09; BVerfG 126, 170.

2. Jurisprudencia del *Bundesgerichtshof* (BGH)

BGH, Sentencia del 18 de agosto de 2023-5 StR 177/23, *NStZ* 2024, 90.

BGH, Sentencia del 28 de febrero de 2023-2 StR 377/22, *NStZ* 2023, 487.

BGH, Sentencia del del 8 de diciembre de 2022-BGH-2 StR 395/22.

BGH, Sentencia del 10 de noviembre de 2021-2 *StR* 185/20, *wistra* 2022, 247.

BGH, Sentencia del 20 de enero de 2021-5 *StR* 347/20.

BGH, Sentencia del 27 de noviembre de 2018-5 *StR* 234/18, NZWiSt 2019, 182.

BGH, Sentencia del 13 de setiembre de 2018-4 *StR* 174/18, *NStZ-RR* 2019, 14.

BGH, Sentencia del 15 de agosto de 2018-5 *StR* 100/18, NZWiSt 2019, 148 (150).

BGH, Sentencia del 20 de mayo de 2015-1 *StR* 33/15, *NStZ* 2015, 703.

BGH, Sentencia del 12 de octubre de 2011-2 *StR* 202/11, *NStZ-RR* 2012, 18

BGH, Sentencia de 18 de febrero de 2009-1 *StR* 4/09 Rn. 11-15, BGHSt. 53, 205.

3. Jurisprudencia del *Oberlandesgericht* (OLG)

OLG-Karlsruhe, Sentencia del 21 de enero de 2005-3 Ws 108/04, *NJW* 2005, 767 (769).

BIBLIOGRAFÍA

Bergmann, Marcus, "Materiell-rechtliche und verfahrensrechtliche Überlegungen zur Strafbarkeit der Selbstgeldwäsche", *NZWiSt* 2014, 448-454.

Bittmann, Folker, "82 Millionen Straftäter – Zur Neuregelung des Straftatbestandes der Geldwäsche", *ZWH* 2021, 157.

– "Die Änderungen im formellen Recht der Vermögensabschöpfung aufgrund des 'Gesetz zur Fortentwicklung der Strafprozessordnung'", *NStZ* 2022, 8-17.

Böhme/Busch, "Das Gesetz zur Verbesserung der strafrechtlichen Bekämpfung der Geldwäsche: Richtlinien Umsetzung und Neuausrichtung von § 261 StGB", *wistra* 2021, 169.

Bülte, en Joecks/Jäger/Randt/Bülte, *Steuerstrafrecht*, 9. Aufl. 2023, Beck Verlag, § 261 StGB n. 216.

El-Ghazi, Mohamad/Marstaller, Marie-Lena/Zimmermann, Till, "Die erweiterte selbständige Einziehung gem. § 76 a Abs. 4 StGB nach der Reform des Geldwäschestrafrechts", *NZWiSt*, 2021, 297-304.

Fischer, Thomas, *Strafgesetzbuch: StGB, § 261*, 69. Auflage, Verlag C.H. Beck, 2022.

Gazeas, Nikolaos, "Das neue Geldwäsche-Strafrecht: Weitreichende Folgen für die Praxis", *NJW* 2021, 1041.

Gercke, Björn/Jahn, Matthias/Paul, Theresa, "Sorgenkind außer Kontrolle: Paradigmenwechsel der Geldwäsche-'Bekämpfung' mit der Neufassung des § 261 StGB", *StV* 2021, 330.

Herzog, Felix/El-Ghazi, Mohamed, *Kommentar zum Geldwäschegesetz*, 5. Aufl. 2023, § 261 StGB, n. 202.

Huber, Michael, "Grundwissen-Strafprozessrecht: *In dubio pro reo*", *JuS* 2015, 596.

Ligeti, Katalin, *Strafrecht und strafrechtliche Zusammenarbeit in der Europäischen Union*, 2005, p. 344.

Neuheuser, Holger, "Geldwäsche; Verschleierung unrechtmäßig erlangter Vermögenswerte", *MüKoStGB/*, 4. Auflage, 2021, § 261 Rn. 55 (en referencia al § 129 StGB).

Neuheuser, Stephan, "Die begrenzte Straflosigkeit der Selbstgeldwäsche (§ 261 Abs. 9 S. 2 und 3 StGB)", *NZWiSt* 2016, 265.

Rönnau, Thomas/Staathoff, Jonas, "Der Umgang mit tatsächlichen Zweifeln", *JuS* 2023, 537, 541.

Ruhmannseder, Felix, en Heintschel-Heinegg, *BeckOK StGB*, Ed. 52, 2011, StGB § 261.

Schröder, Christian/Bergmann, Marcus, *Warum die Selbstgeldwäsche Straffrei bleiben muss*, Berliner Wissenschafs-Verlag, 2013.

Teixeira, Adriano, "Die Strafbarkeit der Selbstgeldwäsche", *NStZ* 2018, 634-639.

Travers/Michaelis, "Der neue § 261 StGB – die deutsche Umsetzung der EU-Richtlinie über die strafrechtliche Bekämpfung der Geldwäsche", *NZWiSt* 2021, 125.

Vogel, Joachim, "Geldwäsche – ein europaweit harmonisierter Straftatbestand?", *ZStW* 109 (1997), p. 345.

Zivanic, Aleksandar, "Etwas erlangt (§ 73 Abs. 1 StGB) in Fällen nur vorübergehender Verfügungsgewalt", *NStZ* 2021, 264-267.

Jurisprudencia italiana reciente sobre el delito de blanqueo de dinero

EMANUELE FISICARO
Abogado italiano
Presidente del Centro Europeo de Estudios sobre Prevención y Represión del Blanqueo de Dinero

INTRODUCCIÓN

La lucha contra el blanqueo de dinero en Italia se basa principalmente en el artículo 648 bis del Código Penal italiano, que tipifica el delito de blanqueo de capitales. A lo largo de los años, la legislación y la jurisprudencia italiana han evolucionado significativamente para fortalecer las medidas contra el lavado de dinero y garantizar la integridad del sistema financiero.

El artículo 648 bis del Código Penal italiano establece: „Salvo en caso de complicidad en el delito, quien sustituya o transfiera dinero, bienes u otros beneficios derivados de un delito no culposo, o realice otras operaciones con relación a ellos, con el fin de obstaculizar la identificación de su origen delictivo, se castiga con pena privativa de libertad de cuatro a doce años y multa de hasta 25.000 euros."

Este artículo se centra en dos acciones principales: la reposición o transferencia de activos ilícitos y la realización de operaciones que encubran su origen delictivo.

EVOLUCIÓN LEGISLATIVA

La legislación italiana se ha ido fortaleciendo progresivamente mediante la incorporación de directivas europeas y la implementación de medidas nacionales. En particular, el sistema regulatorio en Italia se rige por:

1. el Decreto Legislativo 231/2007. Este decreto implementa la Tercera Directiva de la UE sobre la prevención de la utilización del sistema financiero con fines de blanqueo de capitales y financiación del terrorismo. Establece obligaciones específicas para las instituciones

financieras y otras entidades obligadas a tomar medidas de debida diligencia y reportar transacciones sospechosas.

2. del Decreto Legislativo 90/2017. Este decreto adapta la Cuarta Directiva de la UE y fortalece el marco legislativo aumentando las obligaciones de diligencia debida y alineando la legislación italiana con los estándares internacionales del GAFI (Grupo de Acción Financiera Internacional).

3. del Decreto Legislativo 125/2019. Este decreto transpone la Quinta Directiva de la UE, ampliando aún más el alcance de las medidas preventivas y mejorando la cooperación internacional.

En la lucha contra el blanqueo de dinero, la jurisprudencia italiana ha desempeñado un papel crucial en la interpretación y aplicación de las leyes contra el blanqueo de capitales de origen ilícito. En particular:

- Sección del Tribunal de Casación 2ª**, sentencia** n. 43912 de 2022. Cobrar cheques bancarios resultantes de origen ilícito, reteniendo luego el 5% de la suma ya pagada, porcentaje que representa la compensación por lavar el dinero resultante del delito de que cometió al cobrar los dos cheques, como resultado de la sentencia irrevocable por el citado delito, integra el blanqueo de capitales a que se refiere el artículo 648bis del Código Penal.
- Tribunal de Casación, Sección 2ª**, sentencia**, n. 29346, de 6 de julio de 2023. Poner la cuenta corriente a disposición del autor del delito determinante, para dificultar la identificación del origen delictivo del dinero, constituye delito de blanqueo de capitales en los términos del artículo 648bis del Código Penal.
- Sección del Tribunal de Casación 2ª**, sentencia** n. 20748, de 5 de abril de 2024. El representante legal de una organización sin fines de lucro que se apropia "sin justificación" de una transferencia relativa al producto de una apropiación indebida en perjuicio de una persona física, constituye lavado de dinero si en la actividad posterior realiza una "retirada y dispersión", como por ejemplo perder la pista de las sumas confiscadas.

CONCLUSIÓN

Italia ha desarrollado un marco legal sólido y una jurisprudencia activa para combatir el lavado de dinero. La combinación de legislación específica, directivas europeas y colaboración entre autoridades ha fortalecido significativamente las capacidades del país para prevenir y sancionar el lavado de dinero, protegiendo así la integridad del sistema financiero.

B) Sección penal

Las reformas penales sobre el blanqueo de dinero introducidas en España por la Ley orgánica 6/2021, de 28 de abril, y su aplicación jurisprudencial hasta 2024[1]

MIGUEL ABEL SOUTO
Presidente de la Asociación Iberoamericana de Derecho Penal Económico y de la Empresa
Catedrático de Derecho penal
Universidad de Santiago de Compostela
Relator de la sección penal

Esta aportación versa sobre la última reforma expansiva[2] en materia de blanqueo de dinero y su aplicación jurisprudencial. Concretamente, la LO 6/2021, de 28 de abril[3], agrava la pena a los sujetos obligados por la normativa de prevención si blanquean en el ejercicio de su actividad profesional, agravante de "carácter obligatorio"[4] para los países de la Unión, exigida

---

1 Contribución integrada en el proyecto RTI2018-6H-093931-B-100 (AEI/FEDER, UE), financiado por la Agencia Estatal de Investigación (Ministerio de Ciencia, Innovación y Universidades), Programa operativo FEDER 2014-2020 "Una manera de hacer Europa": Blanqueo de dinero, mundo digital, reformas de 2021 y la posibilidad de un Derecho penal europeo. Constituye la reelaboración y ampliación de la ponencia que presenté el 5 de julio de 2024 en el X congreso internacional sobre prevención y represión del blanqueo de dinero y IV congreso de la Asociación Iberoamericana de Derecho Penal Económico y de la Empresa: El blanqueo en la Unión Europea, su incidencia en el mundo digital y la internacionalización del Derecho penal.

2 *Vid.*, en resumen, Abel Souto, M., "La reforma penal sobre el blanqueo de 2021 y su aplicación hasta 2024", en Libro homenaje al profesor Martínez-Buján Pérez, Tirant lo Blanch, Valencia, 2024, pp. 1-8.

3 *Vid. Ley orgánica 6/2021, de 28 de abril, complementaria de la Ley 6/2021, de 28 de abril, por la que se modifica la Ley 20/2011, de 21 de julio, del Registro Civil, de modificación de la Ley orgánica 6/1985, de 1 de julio, del Poder Judicial y de modificación de la Ley orgánica 10/1995, de 23 de noviembre, del Código penal,* en *BOE,* n. 102, 29 de abril de 2021, pp. 50883-50886.

4 Martínez-Buján Pérez, C., Derecho penal económico y de la empresa. Parte especial, Tirant lo Blanch, Valencia, 2023, p. 733.

por la Directiva 2018/1673, de 23 de octubre[5], sobre la lucha contra el blanqueo mediante el Derecho penal, pero la LO 6/2021 también incrementa el castigo del blanqueo, "en función del delito del que proviene la ganancia"[6], ampliando "notablemente"[7] el elenco de agravaciones, cuando los bienes procedan de la trata de seres humanos, los delitos contra los ciudadanos extranjeros, los relativos a la prostitución y a la explotación sexual, la corrupción de menores y en los negocios, agravaciones de "carácter potestativo"[8], que no resultaban obligatorias según la Directiva 2018/1673, la cual también se ocupa de la responsabilidad de las personas jurídicas[9].

Muy poco antes en Europa, en el marco de una sucesión normativa sin precedentes, en aquel momento, que atenta contra la seguridad jurídica, la Directiva 2018/843, de 30 de mayo[10], o V Directiva contra el blanqueo, con "amplios considerandos"[11], que modifica la IV Directiva de 2015, aparte de incorporar novedades en materia de proveedores de servicios tanto

---

5 *Vid. Directiva (UE) 2018/1673 del Parlamento Europeo y del Consejo, de 23 de octubre de 2018, relativa a la lucha contra el blanqueo de capitales mediante el Derecho penal,* en *Diario Oficial de la Unión Europea,* L 284, 12 de noviembre de 2018, pp. 22-30.

6 Lascuraín Sánchez, J.A., "El blanqueo de capitales", en Mata Barranco, N.J. de la/ Dopico Gómez-Aller, J./Lascuraín Sánchez, J.A./Nieto Martín, A., Derecho penal económico y de la empresa, 2ª ed., Dykinson, Madrid, 2024, p. 617.

7 *Ibidem.*

8 Martínez-Buján Pérez, C., Derecho penal económico y de la empresa. Parte especial, *cit.,* p. 732.

9 *Vid.* ABEL SOUTO, M., "Algunas discordancias legislativas sobre la responsabilidad criminal de las personas jurídicas en el Código penal español", en *Revista General de Derecho Penal,* n. 35, 2021, pp. 1-62; del mismo autor, "*Money laundering, artificial intelligence, criminal responsibility of legal persons and corporate crimen*", ponencia pronunciada en Pekín el 13 de abril de 2024, en *Consilium Iuridicum,* n. 1 (9), pp. 69-109; Matallín Evangelio, A., "Estándares de eficacia de los programas de cumplimiento: análisis integrado de condiciones y requisitos (artículo 31 bis CP)", en *Revista de Derecho Penal y Criminología,* n. 31, 2024, pp. 91-122.

10 *Vid.* Abel Souto, M., "Blanqueo de dinero, responsabilidad criminal de las personas jurídicas y directivas de 2018", en Sanz Hermida, A.M. (dir.), La justicia penal del siglo XXI ante el desafío del blanqueo de dinero. *21st century criminal justice facing the challenge of money laundering,* Tirant lo Blanch, Valencia, 2021, pp. 1-32. Existe una versión inglesa de este artículo bajo el título "*Money laundering, criminal responsibility of legal persons and 2018 directives*", en pp. 301-334 y en *Journal of Applied Business & Economics,* n. 22, 2020, pp. 205-222.

11 Lorenzo Salgado, J.M., "El blanqueo de dinero procedente de los delitos descritos en los artículos 368 a 372 del CP y las nuevas tendencias de financiación del terrorismo advertidas por las Directivas de 2018", en Abel Souto, M./Lorenzo Salgado,

de cambio de moneda virtual en moneda fiduciaria como de custodia de monederos electrónicos[12], insistió en la necesidad de "adoptar medidas destinadas a garantizar una mayor transparencia de las transacciones financieras, de las sociedades y otras entidades jurídicas, así como de los fideicomisos (del tipo "trust") e instrumentos jurídicos de estructura o funciones análogas"[13]. Esta Directiva 2018/843 también se traspuso a Derecho interno español mediante el Real decreto-ley 7/2021, de 27 de abril, que incorpora como nuevos sujetos obligados a los prestadores de servicios de cambio de moneda virtual por la de curso legal y a los proveedores de servicios de custodia de monederos electrónicos, crea un nuevo modelo de identificación de la titularidad real con un registro único en el ministerio de justicia, adapta el fichero de titularidades financieras y el tratamiento de datos personales a la V Directiva, establece nuevas obligaciones de informar del efectivo no acompañado y declarar en transportado en la entrada o salida de la Unión Europea por los que realicen actividades de transporte profesional de fondos o medios de pago, y modifica la intervención temporal de medios de pago[14].

Luego la Unión Europea incrementó sus atentados contra la seguridad jurídica con la aprobación, el 31 de mayo de 2023, de dos reglamentos, el 1113[15], sobre información de las transferencias de fondos y criptoactivos,

---

J.M./Sánchez Stewart, N. (coords.), VII congreso sobre prevención y represión del blanqueo de dinero, Tirant lo Blanch, Valencia, 2020, p. 459.

12 *Vid.* González Quinzán, Y., "La actuación normativa del Grupo de Acción Financiera Internacional frente al criptoblanqueo", en *Revista de Estudios Jurídicos y Criminológicos,* n. 10, 2024, pp. 217-264; Navarro Cardoso, F., "Criptomonedas (en especial, bitcóin) y blanqueo de dinero", en *Revista Electrónica de Ciencia Penal y Criminología,* n. 21-14, 2019, pp. 1-45.

13 *Directiva (UE) 2018/843 del Parlamento Europeo y del Consejo, de 30 de mayo de 2018, por la que se modifica la Directiva (UE) 2015/849 relativa a la prevención de la utilización del sistema financiero para el blanqueo de capitales o la financiación del terrorismo, y por la que se modifican las Directivas 2009/138/CE y 2013/36/UE,* en *Diario Oficial de la Unión Europea,* L 156, 19 de junio de 2018, considerando 2.

14 *Vid. Real decreto-ley 7/2021, de 27 de abril, de transposición de directivas de la Unión Europea en las materias de competencia, prevención del blanqueo de capitales, entidades de crédito, telecomunicaciones, medidas tributarias, prevención y reparación de daños medioambientales, desplazamiento de trabajadores en la prestación de servicios transnacionales y defensa de los consumidores,* en *BOE,* n. 101, 28 de abril de 2021, apartado III, pp. 49752-49754, y art. 3, pp. 49788-49803.

15 *Vid. Reglamento (UE) 2023/1113 del Parlamento Europeo y del Consejo, de 31 de mayo de 2023, relativo a la información que acompaña a las transferencias de fondos y de determi-*

que también abarca los activos virtuales y sus proveedores, y el 1114[16] en torno a los mercados de criptoactivos. Justo un año después persistió en la permanente reforma al aprobar, el 31 de mayo de 2024, una nueva directiva contra el blanqueo, la 1640[17], y otros dos reglamentos, el 1620[18], que crea la autoridad europea en materia de lucha contra el blanqueo, y el 1624[19], relativo a la prevención del sistema financiero para el blanqueo, con normas directamente aplicables[20].

Las reformas de 2023 y 2024 representan el resultado de "un ambicioso paquete de propuestas legislativas"[21] presentadas por la Comisión el 20 de julio de 2021 en las que destaca la utilización del reglamento como técnica principal para conseguir la armonización, reduciendo la capacidad decisoria de los estados y la divergencia entre sus legislaciones, con desplazamiento de la interpretación desde los organismos jurisdiccionales

---

nados criptoactivos y por el que se modifica la Directiva (UE) 2015/849, en Diario Oficial de la Unión Europea, L 150, 9 de junio de 2023.

16 *Vid. Reglamento (UE) 2023/1114 del Parlamento Europeo y del Consejo, de 31 de mayo de 2023, relativo a los mercados de criptoactivos y por el que se modifican los Reglamentos (UE) nº 1093/2010 y (UE) nº 1095/2010 y las Directivas 2013/36/UE y (UE) 2019/1937, en Diario Oficial de la Unión Europea,* L 150, 9 de junio de 2023.

17 *Vid. Diretiva (UE) 2024/1640 del Parlamento Europeo y del Consejo, de 31 de mayo de 2024, relativa a los mecanismos que deben establecer los Estados miembros a efectos de la prevención de la utilización del sistema financiero para el blanqueo de capitales o la financiación del terrorismo, por la que se modifica la Directiva y (sic) (UE) 2019/1937 y se modifica y deroga la Directiva UE 2015/849, en Diario Oficial de la Unión Europea,* L, 19 de junio de 2024, pp. 1-94.

18 *Vid. Reglamento (UE) 2024/1620 del Parlamento Europeo y del Consejo, de 31 de mayo de 2024, por el que se crea la Autoridad de Lucha contra el Blanqueo de Capitales y la Financiación del Terrorismo y se modifican los Reglamentos (UE) n. 1093/2010, (UE) n. 1094/2010 y (UE) n. 1095/2010,* en *Diario Oficial de la Unión Europea,* L, 19 de junio de 2024, pp. 1-90.

19 *Vid. Reglamento (UE) 2024/1624 del Parlamento Europeo y del Consejo, de 31 de mayo de 2024, relativo a la prevención de la utilización del sistema financiero para el blanqueo de capitales o la fnanciación del terrorismo,* en *Diario Oficial de la Unión Europea,* L, 19 de junio de 2024, pp. 1-111.

20 *Cfr.* Ferré Olivé, J.C., "El protagonismo del GAFI en la configuración de la normativa internacional del blanqueo y en la Directiva 2018/1673", en Abel Souto, M./ Lorenzo Salgado, J.M./Sánchez Stewart, N. (coords.), *X congreso internacional sobre prevención y represión del blanqueo de dinero,* Tirant lo Blanch, Valencia, 2025, p. 492.

21 Comisión Europea, "Lucha contra los delitos financieros: la Comisión revisa las normas contra el blanqueo de capitales y la financiación del terrorismo", Bruselas, 20 de julio de 2021, p. 1.

de cada país al Tribunal de Justicia de la Unión Europea[22]: un reglamento que crea la nueva autoridad de la Unión Europea en materia de lucha contra el blanqueo[23], el cual también "ayudará a las unidades de información financiera a mejorar su capacidad analítica sobre los flujos y a convertir la inteligencia financiera en una fuente clave para las fuerzas de seguridad"[24], creación que institucionalmente constituye "la medida armonizadora más relevante"[25]; otro reglamento contra el blanqueo con normas directamente aplicables y "una regulación más amplia, pues se refiere a los criptoactivos en general"[26], que destaca por las medidas de diligencia con el cliente y se complementa con el Reglamento 2023/1114 o MiCA[27]; una sexta Directiva que sustituirá, el 10 de julio de 2027[28], la Directiva 2015/849 vigente o cuarta Directiva, ya modificada por la quinta, y una revisión del Reglamento 2015/847 sobre transferencias de fondos para rastrear las de criptoactivos. Hasta ahora únicamente algunos proveedores de servicios de criptoactivos se incluían en la normativa de prevención comunitaria contra el blanqueo, pero la reforma abarcará todo el sector criptográfico, obligará a cualquier proveedor de servicios a aplicar la diligencia debida a sus clientes, se garantizará la plena trazabilidad de las transferencias con criptoactivos, como el *bitcoin,* se permitirá prevenir y detectar su uso para el blanqueo y se prohibirán los monederos anónimos de activos criptográficos[29]. El Reglamento 2023/1113 sobre información de las transferencias de fondos y criptoactivos derogará, el 30 de diciembre de 2024, el Reglamento 2015/847, que únicamente se aplica a las transferencias de fondos,

---

22 *Cfr.* Codina García-Andrade, X., "Los servicios relacionados con criptoactivos ante el nuevo paquete europeo de medidas de prevención del blanqueo de capitales", en *Revista de Derecho Bancario y Bursátil,* 2022, pp. 5 y 14.

23 Sobre sus orígenes *vid. Propuesta de Reglamento del Parlamento Europeo y del Consejo por el que se crea la autoridad de lucha contra el blanqueo de capitales y la financiación del terrorismo y se modifican los Reglamentos (UE), nº 1093/2010, (UE) nº 1094/2010 y (UE) nº 1095/2010, COM (2021)* 421 final, 20 de julio de 2021, pp. 1-126.

24 Comisión Europea, "Lucha contra los delitos financieros...", *cit.,* p. 2.

25 Codina García-Andrade, X., *op. cit.,* p. 5.

26 González Quinzán, Y., "El ciberblanqueo como paradigma de la cibercriminalidad: la operatividad de las criptomonedas para el delito", en Abel Souto, M./Lorenzo Salgado, J.M./Sánchez Stewart, N. (coords.), IX congreso sobre prevención y represión del blanqueo de dinero, Tirant lo Blanch, Valencia, 2024, p. 529.

27 *Ibidem.*

28 *Cfr.* art. 77 de la Directiva 2024/1640, de 31 de mayo, que señala esa fecha para la derogación de la Directiva 2015/849.

29 Comisión Europea, "Lucha contra los delitos financieros...", *cit.,* p. 2.

y abarcará también las de activos virtuales, Reglamento 2023/1113 que además modifica la Directiva 2015/849, la cual simplemente alcanzaba a los proveedores de servicios tanto de custodia de monederos electrónicos como de cambio de monedas virtuales por fiduciarias, y que incluirá todas las categorías de proveedores de servicios con criptoactivos[30].

No obstante, el supervisor europeo de protección de datos denunció que el paquete de propuestas legislativas de la Comisión necesitaba "un nivel mayor de detalles y aclaraciones"[31] para garantizar el cumplimiento de los principios necesidad, proporcionalidad y seguridad jurídica[32].

Respecto a la propuesta relativa a la nueva autoridad central contra el blanqueo, surge ante los "muchos agujeros"[33] que dejaban las autoridades nacionales en la batalla transnacional y ningún supervisor quería "meterse en la taifa del vecino"[34]. Así, el 29 de junio de 2022 el Consejo acordó su posición sobre la propuesta de la Comisión[35] y añadió competencias a la autoridad para que supervisase directamente a determinadas "entidades financieras y de crédito, entre ellas a los proveedores de servicios de criptoactivos en caso de que se consideren un riesgo"[36], aunque también se pretende otorgarle poderes para emitir directrices cuestionables por afectar, según el artículo 290 TFEU, a "elementos esenciales" de la regulación[37]. España ofreció la madrileña Torre de Cristal para la sede de la nueva autoridad, que contará con una plantilla de 250 personas y un presupuesto inicial de 45'6 millones de euros, propuesta avalada

---

30 *Cfr.* considerandos 3 y 59.

31 Supervisor Europeo De Protección De Datos, *Resumen del dictamen del supervisor europeo de protección de datos sobre el paquete de propuestas legislativas sobre la lucha contra el blanqueo de capitales y la financiación del terrorismo (LBC/LFT), en Diario Oficial de la Unión Europea,* C 524, 29 de diciembre de 2021, pp. 1-6.

32 *Ibidem.*

33 "Europa quiere una autoridad central contra el lavado de dinero", en https://www.worldcomplianceassociation, p. 1 (noviembre de 2024).

34 *Ibidem.*

35 *Vid. Proposal for a Regulation of the European Paliament and of the Council establishing the autorithy for anti-money laundering and countering the financing of terrorism and amending Regulations, (EU) nº 1093/2010, (EU) 1094/2010, (EU) 1095/2010,* 2021/0240 (COD), 29 de junio de 2022, pp. 1-192.

36 Consejo Europeo, "Nueva autoridad de la UE para la lucha contra el blanqueo de capitales: el Consejo acuerda su posición de negociación", 29 de junio de 2022, en https://www.consiliumeuropa.ue, p. 2 (noviembre de 2024).

37 *Cfr.* Codina García-Andrade, X., *op. cit.,* p. 5 y nota 17.

por el protagonismo español en la lucha contra el blanqueo[38] y en la ausencia de una institución europea en nuestro país, pese a ser la cuarta economía de la Unión[39], pero que fracasó ante la propuesta alemana, pues finalmente la autoridad "tendrá su sede en Fráncfort del Meno"[40]. España fue criticada por no apoyar la capitalidad madrileña, que obtuvo 16 votos, aunque el aval español no habría sido suficiente para la candidatura hispana, no obstante, podía bloquear la propuesta alemana, que logró 28 votos, la mínima mayoría necesaria conseguida gracias al apoyo español, seguramente a cambio de la presidencia del Banco Europeo de Inversiones para la antigua ministra de Economía Dª Nadia María Calviño Santamaría. Mucho peor le fue a la propuesta italiana de la capital en Roma, ya que únicamente obtuvo 4 votos.

De manera que la LO 6/2021, de 28 de abril, da otra vuelta de tuerca a la sanción del blanqueo de dinero dentro del criticable proceso de la expansión de su castigo[41]. A modo de ejemplo de "la regulación cada vez más expansiva"[42] se puede señalar lo ocurrido con los hechos previos: la LO 1/1988, de 24 de marzo, tipificó por primera vez el delito de blanqueo circunscrito exclusivamente al narcotráfico, tras la perturbadora reforma de 23 de diciembre de 1992, con los "problemas

---

38 Sobre el SEPBLAC y su máxima calificación internacional *vid.* Lorenzo Salgado, J.M., "El blanqueo de dinero procedente…", *cit.*, pp. 460 y 461, nota 63. *Vid.* también FATF, *Consolidatet assessment ratings*, en http://www.fatf-gafi.org (febrero de 2021). En torno a la eficacia del sistema español de lucha contra el blanqueo *vid.* Abel Souto, M., "*FATF's most compliant countries. Spain's technical compliance and effectiveness: lessons for least compliant jurisdictions*", en *De Legibus*, 2022, pp. 241-266.

39 *Cfr.* Ayuso, S., "Madrid presenta en Bruselas su plan para convertirse en la capital europea contra el blanqueo de dinero", en *El País*, 31 de mayo de 2023.

40 Reglamento 2024/1620, de 31 de mayo, art. 4.

41 *Vid.* Abel Souto, M., La expansión penal del blanqueo de dinero, Centro Mejicano de Estudios en lo Penal Tributario, Méjico, 2016; del mismo autor, "*The expansion of the punishment for money laundering*", *18th World Congress of Criminology*, 15 a 19 de diciembre de 2016, Nueva Delhi, pp. 1-7; del mismo autor, "*Admission of guilt in economic crimes, money laundering and criminal responsibility of legal persons*", *ponencia pronunciada en Ekaterimburgo*, el 13 de febrero de 2020, *XVII international research to practice conference Kovalyov readings. Legal reconciliation: compromise or concession?*, *Advances in Social Science, Education and Humanities Research*, n. 420, 2020, pp. 14-18.

42 Ferré Olivé, J.C., Tratado de los delitos contra la hacienda pública y contra la seguridad social, Tirant lo Blanch, Valencia, 2018, p. 357.

interpretativos"[43] de una duplicada regulación, el Código penal de 23 de noviembre de 1995 amplió las infracciones antecedentes a los delitos graves[44], poco después la LO 15/2003, de 25 de noviembre, expandió los hechos previos a cualquier delito[45], modificación "aberrante"[46]; luego la reforma de 22 de junio de 2010 creó nuevos tipos agravados cuando los bienes procedan de algunos delitos contra la Administración pública, los relativos a la ordenación del territorio o el urbanismo[47], la LO 1/2015, de 30 de marzo, además de llevar a cabo una "profunda revisión"[48] del decomiso[49], expandió el campo de los hechos previos del blanqueo a las antiguas faltas[50], convertidas mayoritariamente en delitos leves, y por último, de momento, la LO 6/2021, de 28 de abril, transforma los anteriores tipos básicos en agravados cuando los bienes tengan su origen en la trata de seres humanos, la prostitución y explotación sexual, la corrupción de menores y en los negocios, los delitos contra los ciudadanos extranjeros y cuando los obligados por la nor-

---

43 Lorenzo Salgado, J.M., "El proyecto de Código penal de 1992 y los delitos relativos a drogas: una valoración crítica", en Drogodependencias, I Introducción, Universidad de Santiago de Compostela, 1994, p. 105, nota 38.

44 *Vid.* Abel Souto, M., Normativa internacional sobre el blanqueo de dinero y su recepción en el Ordenamiento penal español, B de F, Montevideo/Buenos Aires, 2020, pp. 268-276.

45 *Cfr.* Mata Barranco, N.J. de la, Derecho penal europeo y legislación española, Tirant lo Blanch, Valencia, 2015, pp. 127-130.

46 Martínez-Buján Pérez, C., Derecho penal económico y de la empresa. Parte especial, *cit.*, p. 714.

47 *Cfr.* Blanco Cordero, I., El delito de blanqueo de capitales, 4ª ed., Thomson Reuters/Aranzadi, Cizur Menor, 2015, pp. 363-365.

48 Lorenzo Salgado, J.M., "Directiva 2014/42/UE sobre el embargo y el decomiso de los instrumentos y del producto del delito y la extensión al blanqueo en 2015 del comiso ampliado, previsto inicialmente para la criminalidad organizada transnacional", en Abel Souto, M./Sánchez Stewart, N. (coords.), VI congreso internacional sobre prevención y represión del blanqueo de dinero, Tirant lo Blanch, Valencia, 2019, p. 584.

49 Sobre esta materia en la Directiva de aspectos penales *vid.* Fernández Teruelo, J.G., "La viabilidad reclamada por la Directiva 2018/1673 de nuevas normas comunes sobre el decomiso", en Abel Souto, M./Lorenzo Salgado, J.M./Sánchez Stewart, N., IX congreso..., *cit.*, pp. 35-53, 577 y 578.

50 *Vid.* Abel Souto, M., "La expansión, operada por la Ley orgánica 1/2015, de los hechos previos del delito de blanqueo a las antiguas faltas", en Abel Souto, M./Sánchez Stewart, N. (coords.), V congreso sobre prevención y represión del blanqueo de dinero, Tirant lo Blanch, Valencia, 2018, pp. 157-187.

mativa de prevención blanqueen en el ejercicio de su profesión. Todas estas reformas constituyen "una evidente manifestación del criticable fenómeno de la expansión del Derecho penal"[51], que en el campo del blanqueo alcanza una dimensión "extraordinaria"[52].

Más en concreto, ya la LO 5/2010, en el inciso inicial que contiene el art. 301.1, respecto al requisito relativo al conocimiento de que los bienes tengan su origen "en un delito", cambió estas palabras por la "imprecisa"[53] fórmula "en una actividad delictiva", locución a la cual se atribuyó un afán expansivo y, en principio, mayor amplitud que al anterior sustantivo "delito"[54], pues parecía permitir la inclusión de las faltas en los hechos previos del blanqueo, lo que supondría "una enorme ampliación del ámbito de este delito"[55] rechazable categóricamente, ya que el control económico y social que implicaría el castigo del blanqueo sería "más que excesivo"[56], por lo que se había dicho que "no hay que prever que la modificación tenga más trascendencia que la nominalista"[57] y que el cambio carecía de "relevancia"[58]. En efecto, aun cuando los nuevos términos "actividad delictiva" constituyesen una perturbadora mención que podía abrir la caja de

---

51 Martínez-Buján Pérez, C., Derecho penal económico y de la empresa. Parte especial, *cit.*, p. 700.

52 Dopico Gómez-Aller, J., "El blanqueo del producto de la violación empresarial de derechos humanos. Prohibición y Criminalización", en *Eunomía. Revista en Cultura de la Legalidad*, n. 27, noviembre de 2024, p. 46.

53 Díaz y García Conlledo, M., "El castigo del autoblanqueo en la reforma penal de 2010. La autoría y la participación en el delito de blanqueo de capitales", en Abel Souto, M./Sánchez Stewart, N. (coords.), III congreso sobre prevención y represión del blanqueo de dinero, Tirant lo Blanch, Valencia, 2013, pp. 282 y 288.

54 *Cfr.* Fernández Teruelo, J.G., "El nuevo modelo de reacción penal frente al blanqueo de capitales", en *Diario La Ley*, n. 7657, 2011, p. 6; del mismo autor, "Blanqueo de capitales", en Ortiz de Urbina Gimeno, I. (coord.), Memento experto Francis Lefebvre. Reforma penal. Ley orgánica 5/2010, Ediciones Francis Lefebvre, Madrid, 2010, pp. 318, 319 y 324, marginales 2934, 2936 y 2968.

55 Muñoz Conde, F., Derecho penal. Parte especial, 18ª ed., Tirant lo Blanch, Valencia, 2010, p. 557.

56 Moreno Alcázar, M.A., "Receptación y blanqueo de capitales", en Boix Reig, J. (dir.), Derecho penal. Parte especial. Volumen II, Iustel, Madrid, 2012, p. 689.

57 Corcoy Bidasolo, M., "Crisis de las garantías constitucionales a partir de las reformas penales y de su interpretación por los tribunales", en Mir Puig, S./Corcoy Bidasolo, M. (dirs.), Constitución y sistema penal, Marcial Pons, Madrid, 2012, p. 168.

58 Faraldo Cabana, P., "Antes y después de la tipificación expresa del autoblanqueo de capitales", en *Estudios Penales y Criminológicos*, n. XXXIV, 2014, p. 54.

Pandora de la que saldrían todos los males de la expansión del blanqueo, las faltas, antes de la reforma operada por la LO 1/2015, debían excluirse de los hechos previos sobre la base de una interpretación literal, histórica[59] y sistemática[60]. También se vulneraría en caso contrario la consideración del Derecho penal como *ultima ratio*[61] al invertirse paradójicamente las relaciones del Derecho penal con el administrativo[62], discrepancia entre la legislación preventiva y represiva[63] que generaría una "disfuncionalidad"[64], pondría en peligro la seguridad jurídica y quebrantaría el principio de intervención mínima. Por último, debía descartarse la inclusión de las faltas en los hechos previos del delito de blanqueo porque vulnera el principio

---

59 *Cfr.* Lorenzo Salgado, J.M., "El tipo agravado de blanqueo cuando los bienes tengan su origen en el tráfico de drogas", en Abel Souto, M./Sánchez Stewart, N. (coords.), III congreso..., *cit.*, pp. 228 y 229, nota 15.

60 *Vid.* Abel Souto, M., "La expansión penal del blanqueo de dinero operada por la Ley orgánica 5/2010, de 22 de junio", en *La Ley Penal*, n. 79, 2011, pp. 12 y 13; del mismo autor, "La reforma penal, de 22 de junio de 2010, en materia de blanqueo de dinero", en Abel Souto, M./Sánchez Stewart, N. (coords.), II congreso sobre prevención y represión del blanqueo de dinero, Tirant lo Blanch, Valencia, 2011, pp. 72 y 73 y bibliografía allí citada.

61 *Vid.* Manacorda, S., "*La réglementation du blanchiment de capitaux en droit international: les coordonnées du système*", en *Revue de Science Criminelle et de Droit Pénal Comparé*, n. 2, 1999, p. 258.

62 *Cfr.* Lorenzo Salgado, J.M., "Prólogo", en Abel Souto, M., El blanqueo de dinero en la normativa internacional: especial referencia a los aspectos penales, Universidad de Santiago de Compostela, 2002, p. 18.

63 Sobre la tortuosa relación del Derecho penal y el administrativo en sede de blanqueo *vid.* Abel Souto, M., El blanqueo de dinero en la normativa internacional, *cit.*, pp. 241 y 242; del mismo autor, "Década y media de vertiginosa política criminal en la normativa penal española contra el blanqueo", en *La Ley Penal*, n. 20, 2005, pp. 24 y 25; del mismo autor, El delito de blanqueo en el Código penal español, Bosch, Barcelona, 2005, pp. 240-246; del mismo autor, "Conductas típicas de blanqueo en el Ordenamiento penal español", en Abel Souto, M./Sánchez Stewart, N. (coords.), I congreso de prevención y represión del blanqueo de dinero, Tirant lo Blanch, Valencia, 2009, p. 203; Aránguez Sánchez, C., El delito de blanqueo de capitales, Marcial Pons, Madrid/Barcelona, 2000, p. 191; Fabián Caparrós, E.A., El delito de blanqueo de capitales, Colex, Madrid, 1998, p. 387; Gómez Iniesta, D.J., en Arroyo Zapatero, L. y otros (dirs.), Comentarios al Código penal, Iustel, Madrid, 2007, p. 667; Palma Herrera, J.M., Los delitos de blanqueo de capitales, Edersa, Madrid, 2000, p. 335.

64 Carpio Delgado, J. del, "Principales aspectos de la reforma del delito de blanqueo. Especial referencia a la reforma del art. 301.1 del Código penal", en *Revista Penal*, n. 28, 2011, p. 16.

de proporcionalidad, limita la eficacia de la norma[65] e incrementa los costes sociales[66] de forma intolerable. Sin embargo, la LO 1/2015 convirtió la mayoría de las faltas en delitos leves, de manera que el euro procedente de una anterior falta de estafa, ahora delito leve según el art. 249, constituye objeto material susceptible de blanqueo. Con todo, debe descartarse aquí el castigo del blanqueo en virtud del principio de insignificancia.

Por lo que hace a las agravaciones del castigo del blanqueo, la primera que existió, junto a la desaparecida referente a la habitualidad, desde 1988, fue para las "personas que pertenecieren a una organización" dedicada al blanqueo[67], que el Código penal de 1995 mantiene, el cual también crea dos tipos agravados, uno para los jefes, administradores y encargados de esas organizaciones y otro para el blanqueo procedente del tráfico de drogas constitutivo de delito grave, que la LO 15/2003 expande al narcotráfico de drogas "blandas" dando "un salto desde la nada al todo"[68].

Respecto a los tipos agravados[69] introducidos por la LO 5/2010, se ubican sistemáticamente de forma incorrecta, en la medida en que se sitúan en el art. 301.1 y alcanzan al 301.2[70], carecen de fundamento político criminal y adolecen de una pésima redacción, pues el legislador, crípticamente, sin ofrecer ninguna pista que vincule las agravaciones a un elemento corruptor, público o urbanístico[71], usa una dicción "peculiar"[72] que rompe la estructura del tipo.

---

65 *Cfr.* Flick, G.M., "*Le risposte nazionali al riciclaggio di capitali. La situazione in Italia*", en *Rivista Italiana di Diritto e Procedura Penale,* n. 4, 1992, p. 1293.

66 *Cfr.* Flick, G.M., "*La repressione del riciclaggio ed il controllo della intermediazione finanziaria. Problemi attuali e prospettive*", en *Rivista Italiana di Diritto e Procedura Penale,* n. 4, 1990, 1264.

67 *Vid.* Abel Souto, M., "Blanqueo de dinero, criminalidad organizada y responsabilidad penal de las personas jurídicas", en Demetrio Crespo, E. (dir.), Derecho penal económico y teoría del delito, Tirant lo Blanch, Valencia, 2020, pp. 539-568.

68 Lorenzo Salgado, J.M., en "El blanqueo de dinero procedente...", *cit.*, p. 440.

69 *Vid.* Abel Souto, M., "La expansión penal del blanqueo de dinero operada...", *cit.*, pp. 27-31; del mismo autor, "La reforma penal, de 22 de junio...", *cit.*, pp. 98-105; Ferré Olivé, J.C., "El nuevo tipo agravado de blanqueo cuando los bienes tengan su origen en delitos relativos a la corrupción", en Abel Souto, M./Sánchez Stewart, N., III congreso..., *cit.*, pp. 389-391; Núñez Paz, M.A., "El tipo agravado de blanqueo de dinero procedente de delitos urbanísticos", en Abel Souto, M./ Sánchez Stewart, N., III congreso..., *cit.*, pp. 267-279.

70 *Cfr.* Lorenzo Salgado, J.M., "El tipo agravado...", *cit.*, p. 235.

71 *Cfr.* Núñez Paz, M.A., "El tipo agravado...", *cit.*, p. 274.

72 Lorenzo Salgado, J.M., "El tipo agravado...", *cit.*, p. 226, nota 9.

Sorprendentemente la LO 1/2015 transforma el capítulo X del título XIX en una disposición común a los capítulos anteriores que castiga con la pena inferior en uno o dos grados la provocación, conspiración y proposición, con lo que el art. 445, que antes contemplaba la corrupción en las transacciones comerciales internacionales, se translada al art. 286 ter, de manera que el legislador de 2015, amén de dejarnos una muestra más de su desidia y torpeza al duplicar la pena "de prisión de prisión de 3 a 6 años", inconscientemente elimina este delito de los hechos previos del tipo agravado y genera otra —salvo que se interprete que la remisión "carece de sentido"[73] por no referirse a descripciones delictivas— "llamativa e irracional manifestación del carácter expansivo del Derecho penal"[74] al saltar desde la atipicidad a la agravación en los actos preparatorios de los delitos contra la Administración pública, mientras que la provocación, conspiración o proposición para el narcotráfico supone la aplicación del tipo básico de blanqueo y los actos preparatorios de los delitos urbanísticos implican la atipicidad: "una regulación que adolece de falta de uniformidad y está plagada de inconsistencias"[75].

La LO 6/2021 dispone que "se impondrá la pena en su mitad superior cuando los bienes tengan su origen en alguno de los delitos comprendidos en… la sección 4ª del capítulo XI, del título XIII"[76], es decir, los delitos de corrupción en los negocios previstos en los arts. 286 bis, 286 ter y 286 quáter del Código penal, con lo que se recupera la desaparecida agravante relativa a la corrupción en las transacciones comerciales internacionales como hecho previo, "tras la pausa parcialmente despenalizadora generada por un descuido del legislador de 2015"[77], pero se deja pasar la oportunidad de eliminar la referencia al capítulo X del título XIX, que antes la albergaba y desde 2015 constituye una perturbadora remisión, como se acaba de ver, que debe ser derogada. Esta agravación del blanqueo de dinero procedente de la corrupción en los negocios va más allá de lo exigido por los compromisos internacionales cuando, "desde la *ultima ratio* e inter-

---

73 Muñoz Conde, F., Derecho penal. Parte especial, 25ª ed., Tirant lo Blanch, Valencia, 2023, p. 573.

74 Lorenzo Salgado, J.M., "El blanqueo de dinero procedente…", *cit.*, p. 448.

75 Lorenzo Salgado, J.M., "El blanqueo de dinero procedente…", *cit.*, p. 450.

76 Art. 301.1 del Código penal, último párrafo.

77 Ferré Olivé, J.C., El delito de blanqueo de dinero, Tirant lo Blanch, Valencia, 2024, p. 249.

vención mínima, el esfuerzo debería llevarse al ámbito del *compliance*"[78]. En el marco aplicativo la sentencia del Tribunal Supremo de 11 de enero de 2024 absolvió al directivo que ocultó a su empresa la recepción de una comisión ilegal, porque en ese momento no existía delito de corrupción entre particulares[79], que se creó después, y más tarde la LO 6/2021 da otro salto hasta la agravación.

La reforma de 28 de abril de 2021 también incorpora como nuevos tipos agravados el blanqueo de bienes procedentes de "los delitos comprendidos en el título VII bis", esto es, la trata de seres humanos del art. 177 bis, agravación calificada de "error"[80] y que la doctrina descartaba[81], que se pretenden ampliar a los trabajos o servicios forzosos y a su uso[82] en otro salto de la nada al todo, así como el blanqueo de dinero derivado de los delitos previstos en "el capítulo V del título VIII", o sea, los delitos relativos a la prostitución y a la explotación sexual y a la corrupción de menores, recogidos en los arts. 187 a 190 del Texto punitivo. En este sentido la sentencia del Tribunal Supremo de 6 de julio de 2023 confirmó la condena por blanqueo de la correo que sacó del territorio nacional, mediante frecuentes viajes a Nigeria, el dinero obtenido de la explotación sexual[83], pero la sentencia del Tribunal Supremo de 9 de marzo de 2022 absolvió de autoblanqueo al que ordenó en ocasiones a las víctimas de la prostitución coactiva ingresar el dinero de su actividad por transferencia a Rumanía en una cuenta propia, de su madre o pareja, proxeneta que fue condenado ya por explotación de la prostitución[84].

Igualmente se añade como nuevo tipo agravado el blanqueo de bienes con origen en los delitos comprendidos en "el título XV bis", a saber, los delitos contra los derechos de los ciudadanos extranjeros del art. 318 bis.

Sin embargo, el dinero procedente de estos delitos no representa una cifra muy alta en comparación con el derivado de otras formas de corrup-

---

78 Gómez Iniesta, D.J., "El nuevo tipo agravado de blanqueo de dinero procedente de la corrupción en los negocios", en Abel Souto, M./Lorenzo Salgado, J.M./ Sánchez Stewart, N., IX congreso..., *cit.*, p. 433.

79 *Vid.* STS n. 10/2024, JUR\2024\26491, en www.westlaw.es (noviembre de 2024).

80 Lorenzo Salgado, J.M., "El blanqueo de dinero procedente...", *cit.*, p. 455.

81 *Cfr.* Ferré Olivé, J.C., El delito de blanqueo..., *cit.*, p. 250.

82 *Vid.* Anteproyecto de Ley orgánica integral contra la trata y la explotación de seres humanos, arts. 177 ter y quater; Memoria del análisis de impacto normativo del anteproyecto, abril de 2024, pp. 1-68.

83 *Vid.* STS n. 955/2023, RJ\2023\3599, en www.westlaw.es (noviembre de 2024).

84 *Vid.* STS n. 212/2022, RJ\2022\1776, en www.westlaw.es (noviembre de 2024).

ción[85], los delitos contra la ordenación del territorio, el fraude fiscal o el narcotráfico, ni genera tanta preocupación, ni se castiga con frecuencia su blanqueo[86].

Ninguna de estas agravaciones resultaba obligatoria para el legislador español, como reconoce el propio preámbulo de la reforma al incluirlas "dentro de las agravantes de carácter potestativo para los Estados miembros"[87], pues la Directiva 2018/1673 simplemente dispone que los países de la Unión, respecto al blanqueo, "podrán prever" como agravantes que los bienes "provengan de uno de los delitos a que se refiere el artículo 2, punto 1, letras a) a e) y h)"[88], en las que se mencionan la trata de seres humanos y el tráfico ilícito de migrantes (c), la explotación sexual (d) y diferentes tipos de corrupción (h). El preámbulo de la LO 6/2021 presume de coherencia, ya que afirma, con cacofonía incluida, que "la reforma, de forma consistente" considera estas sanciones "más eficaces, proporcionadas y disuasorias en aquellos supuestos en los que el delito previo sea de tal gravedad"; sin embargo, brilla por su ausencia la coherencia político criminal, de la que me ocuparé a continuación, sistemática, pues se persiste en la incorrecta ubicación de tipos agravados en el art. 301.1 que alcanzan al 301.2, y hasta léxica, dado que la referencia a los delitos previos "de tal gravedad" apunta a una entidad especial, muy grande, mayor que la gravedad ordinaria, pero contradictoriamente gran parte de los hechos antecedentes que dan lugar a los tipos agravados ni siquiera pasan de ser delitos menos graves, como los recogidos en los arts. 177 bis, apartado octavo, 187, 188.1, párrafo primero, 188.4, inciso inicial, 189.1, 189.4, 189.5, 189.6, 286 bis, 318 bis apartado primero y 318 bis apartado segundo.

Además, el desacierto político-criminal que pesaba sobre el tipo agravado de blanqueo de dinero procedente del narcotráfico[89] debe predicarse, con

---

85 *Vid.* Matallín Evangelio, A., "Significado y relevancia de los delitos relacionados con la corrupción en el Ordenamiento jurídico español", en *Revista Aranzadi de Derecho y Proceso Penal,* n. 73, 2024, pp. 65-98.

86 *Cfr.* Núñez Paz, M.A., "Tipos agravados de blanqueo de dinero procedente de la trata, prostitución y explotación sexual, delitos contra los ciudadanos extranjeros y corrupción de menores", en Abel Souto, M./Lorenzo Salgado, J.M./Sánchez Stewart, N., IX congreso..., *cit.*, pp. 393, 400 y 402.

87 Párrafo final del preámbulo.

88 Letra b) del art. 6.2.

89 *Vid.* Abel Souto, M., El delito de blanqueo en el Código penal español, *cit.*, pp. 279-287 y bibliografía allí citada; del mismo autor, "*Drugs criminal policies in the global era and money laundering*", en *Sixth session of the international forum on crime*

mayor razón, de los posteriores tipos cualificados, incorporados por la LO 5/2010, cuando los bienes tengan su origen en algunos delitos contra la Administración pública y los urbanísticos, de introducción muy poco oportuna en plena disminución de la corrupción urbanística debido a la crisis del sector inmobiliario[90], y de los nuevos tipos agravados que se incorporan por la LO 6/2021, cuando los bienes procedan de los delitos contra los ciudadanos extranjeros, la trata de seres humanos, la prostitución y explotación sexual o la corrupción de menores y en los negocios, ya que no puede presumirse que las sumas blanqueadas procedentes de estas infracciones superen las derivadas de otros delitos. Tampoco se justifican dichos tipos agravados en atención a los bienes jurídicos protegidos[91], pues nos encontramos ante los mismos valores tutelados mediante el tipo básico[92], porque la Administración de Justicia tiene interés en sancionar cualquier delito[93] y el orden socioeconómico[94] no resulta más lesionado por el blanqueo de dinero procedente de estos delitos[95]. Lo que realmente determina un mayor contenido de injusto es el valor de

---

and criminal law in the global era, Beijing, 2014, pp. 80-91; del mismo autor, "Política criminal sobre drogas en la era global y blanqueo de dinero", en *Revista Cuatrimestral Europea sobre Prevención y Represión del Blanqueo de Dinero,* n. 2/3, 2014, pp. 7-17; Lorenzo Salgado, J.M., "El tipo agravado...", *cit.*, pp. 230 y 232; Núñez Paz, M.A., "El tipo agravado...", *cit.*, pp. 272 y 273.

90 *Cfr.* Abel Souto, M., "*Anti-corruption strategy in the global era and money laundering*", en *Fifth Session of the International Forum on Crime and Criminal Law in the Global Era, Beijing,* 2013, p. 3; del mismo autor, "Volumen mundial del blanqueo de dinero, evolución del delito en España y jurisprudencia reciente sobre las últimas modificaciones del Código penal", en *Revista General de Derecho Penal,* n. 20, 2013, p. 47.

91 *Cfr.* Berdugo Gómez De La Torre, I./Fabián Caparrós, E.A., "La "emancipación" del delito de blanqueo de capitales en el Derecho penal español", en *Diario La Ley,* n. 7535, 2010, p. 13.

92 *Cfr.* Núñez Paz, M.A., "El tipo agravado...", *cit.*, p. 276.

93 *Vid.* Passas, N., "*Financial controls and counter-proliferation of weapons of mass destruction*", en *Case Western Reserve Journal of International Law,* vol. 44, n. 3, 2012, pp. 747-763.

94 *Vid.* Ene, C.-M./Uzlău, M.-C./Cristea, D.-G., "*The economic impact of financial abuse, financial crime and money laundering*", en *Hyperion International Journal of Econophysks & New Economy,* vol. 5, n. 1, 2012, pp. 147-157.

95 Sobre el blanqueo como delito pluriofensivo que vulnera tanto la Administración de Justicia, en su función de averiguación, persecución y castigo de los delitos, como el orden socioeconómico, concretado en el tráfico financiero y económico legal, en el interés de la comunidad en preservar la licitud los bienes que son objeto de la circulación mercantil *vid.* Abel Souto, M., El delito de blanqueo en el Código penal español, *cit.*, pp. 21-89.

lo blanqueado, dato que no se tiene en cuenta[96] al incrementar la prisión, y sobre él debería operarse para agravar la pena[97], sobre la "magnitud"[98] de la "cantidad efectivamente blanqueada"[99] y no en la irrelevante naturaleza del delito previo[100], dado que el fundamento de la agravación radicaría en el mayor caudal de bienes ilícitos[101] puestos en circulación. En este sentido, entre las agravantes facultativas que los Estados miembros podían introducir, la Directiva 2018/1673 contempla "que el valor de los bienes objeto de blanqueo sea considerable"[102]; no obstante, el legislador español de 2021 despreció esta coherente agravación, pese a su evidente eficacia, manifiesta proporcionalidad e indudable carácter intimidatorio.

También desde el punto de vista técnico es inaceptable agravar las penas en el blanqueo por el origen de los bienes, habida cuenta de que desposeeríamos de autonomía[103] a este tipo penal para atender al delito base. Igualmente, si el Código penal de 1995 pretendía una sanción especial del blanqueo vinculado al narcotráfico y una decepcionante aplicación jurisprudencial, a pesar de la ampliación de los hechos previos, sigue centrándose casi exclusivamente en el tráfico de drogas[104], el 94% de las sentencias hasta 2024[105], a lo que se añaden dos tipos cualificados en 2010 y otras cinco nuevas agravaciones en 2021, resulta que el tipo básico casi nunca se aplicaría, se reduce su "ámbito de operatividad"[106], lo cual transforma la regla en "excepción"[107]. Finalmente, el fundamento de la cualificación no

---

96 *Cfr.* Díaz y García Conlledo, M., "El castigo del autoblanqueo…", *cit.*, p. 286.

97 *Cfr.* Palma Herrera, J.M., Los delitos del blanqueo de capitales, *cit.*, pp. 787 y 788.

98 Díaz y García Conlledo, M., "Blanqueo de bienes", en Luzón Peña, D.-M. (dir.), Enciclopedia penal básica, Comares, Granada, 2002, p. 209.

99 Lorenzo Salgado, J.M., "El tipo agravado…", *cit.*, p. 231.

100 *Cfr.* Aránguez Sánchez, C., El delito de blanqueo de capitales, *cit.*, p. 316.

101 *Cfr.* Vidales Rodríguez, C., Los delitos de receptación y legitimación de capitales en el Código penal de 1995, Tirant lo Blanch, Valencia, 1997, p. 142.

102 Letra a) del art. 6.2.

103 *Cfr.* Lorenzo Salgado, J.M., "El tipo agravado…", *cit.*, p. 232.

104 *Vid.* Abel Souto, M., "Conductas típicas…", *cit.*, pp. 244 y 245; Moreno Alcázar, M.A., "Receptación y blanqueo…", *cit.*, p. 687.

105 *Cfr.* Núñez Paz, M.A., "Una reflexión sobre las penas y las circunstancias agravantes de la Directiva 2018/1673 sobre lucha contra el blanqueo mediante el Derecho penal", en Abel Souto, M./Lorenzo Salgado, J.M./Sánchez Stewart, N., X congreso…, *cit.*, pp. 400 y 401.

106 Martínez-Buján Pérez, C., Derecho penal económico y de la empresa. Parte especial, *cit.*, p. 731.

107 Lorenzo Salgado, J.M., "El tipo agravado…", *cit.*, p. 227.

subyace en el mayor reproche[108], ni en la presión internacional, puesto que ningún instrumento supraestatal obliga a agravar la pena del blanqueo en estos casos[109].

Sin embargo sí resultaba ineludible para el legislador español introducir el tipo agravado que se incorpora en el segundo párrafo del art. 302.1, y es el que motiva la reforma, pues esta circunstancia agravante se encuentra, junto con la comisión en el marco de una organización delictiva ya contemplada en nuestro ordenamiento, en la Directiva 2018/1673 entre las circunstancia que "con carácter obligatorio"[110] "deben"[111] tipificarse en virtud del art. 6.1, a cuyo tenor "los Estados miembros adoptarán las medidas necesarias para garantizar" que "se consideren como agravantes" del blanqueo, por lo que la LO 6/2021 establece la imposición de "la pena en su mitad superior"[112] para los sujetos obligados por la normativa de prevención del blanqueo cuando "cometan cualquiera de las conductas descritas en el artículo 301 en el ejercicio de su actividad profesional", cualificación que se basa "en la especial condición del sujeto activo del delito"[113].

Efectivamente, aun cuando la legislación penal española sea bastante más expansiva que la Directiva 2018/1673 sobre lucha contra el blanqueo mediante el Derecho penal y no precisase muchos cambios[114] para cumplir

---

108 *Cfr.* Palma Herrera, J.M., Los delitos de blanqueo de capitales, *cit.*, p. 785.

109 *Cfr.* Lorenzo Salgado, J.M., "El tipo agravado...", *cit.*, p. 235, nota 33; Núñez Paz, M.A., "El tipo agravado...", *cit.*, p. 277.

110 Vidales Rodríguez, C., *"Condotte integranti il delitto di riciclaggio. Osservazioni sulla Direttiva (UE) 2018/1673 del Parlamento europeo e del Consiglio, 23 ottobre 2018, relativa alla lotta al riciclaggio di capitali attraverso il diritto penale"*, en www.criminaljusticenetwork.eu/it (noviembre de 2024), III.2, e).

111 Carpio Delgado, J. del, "Hacia la pancriminalización del blanqueo de capitales en la Unión Europea. Un análisis crítico de la Directiva (UE) 2018/1673 relativa a la lucha contra el blanqueo de capitales mediante el Derecho penal", en *Revista Penal*, n. 44, 2019, p. 37.

112 Según la interpretación literal y sistemática la agravación no solo alcanza a la prisión si no también a la multa proporcional, a diferencia de lo dispuesto en el primer párrafo del art. 302.1 para los tipos agravados por pertenencia, jefatura, administración o encargo de organizaciones dedicadas al blanqueo.

113 Martínez-Buján Pérez, C., Derecho penal económico y de la empresa. Parte especial, *cit.*, p. 733.

114 *Cfr.* Vidales Rodríguez, C., "Los principios de legalidad y proporcionalidad en la Directiva 2018/1973, del Parlamento Europeo y del Consejo, de 23 de octubre de 2018", en Abel Souto, M./Lorenzo Salgado, J.M./Sánchez Stewart, N., X congreso..., *cit.*, p. 468.

con las exigencias comunitarias[115], sí era necesaria una reforma del Código penal "a más tardar el 3 de diciembre de 2020"[116], plazo incumplido por el legislador pese a haber sido advertido con tiempo por LORENZO SALGADO: el art. 303 "tendrá que ser modificado"[117] debido al mandato, establecido en la letra b) del art. 6.1 de la Directiva 2018/1673, de considerar circunstancia agravante "que el autor sea una entidad obligada en el sentido del art. 2 de la Directiva (UE) 2015/849, y haya cometido el delito en el ejercicio de su actividad profesional", art. 2 que no solo incluye a las entidades financieras y de crédito, sino también a un extenso catálogo de personas físicas y jurídicas, cuando actúen profesionalmente, que amplió la Directiva 2018/843[118] y fue trasladado a Derecho interno español por el Real decreto-ley 7/2021, de 27 de abril, el cual modificó, en el apartado 1 del art. 2 de la Ley 10/2010 sobre prevención del blanqueo, las letras b), h), k), l), m) y r) y añadió la z), referida a los proveedores de servicios de cambio de moneda virtual por moneda fiduciaria y de custodia de monederos electrónicos[119], con lo que el legislador agota todas las letras del abecedario en el amplísimo catálogo, amén de reformar el apartado 4 del

---

115 *Vid.* Matallín Evangelio, A., "¿Qué ha cambiado en el concepto de blanqueo con la Directiva 2018/1673, de 23 de octubre, relativa a la lucha contra el blanqueo de capitales mediante el Derecho penal?", en León Alapont, J. (dir.), Temas clave de Derecho penal. Presente y futuro de la política criminal en España, Bosch Editor, Barcelona, 2021, pp. 447-494; de la misma autora, "La exigencia de un daño adicional en el delito de autoblanqueo de capitales", en *Teoría y Derecho,* n. 35, 2023, pp. 245-266.

116 Art. 13.1, párrafo primero.

117 Lorenzo Salgado, J.M., "El blanqueo de dinero procedente...", *cit.,* p. 465.

118 *Vid.* art. 1.1.

119 *Vid.* Abel Souto, M., "El nuevo tipo agravado de blanqueo en el ejercicio profesional de los obligados por la normativa de prevención, incorporado por la Ley orgánica 6/2021, y los proveedores de servicios de cambio de moneda virtual y de custodia de monederos electrónicos", en Gómez Martín, V./Bolea Bardon, C./Gallego Soler, J.-I./Hortal Ibarra, J.C./Joshi Jubert, U. (dirs.), Un modelo integral de Derecho penal. Libro homenaje a la profesora Mirentxu Corcoy Bidasolo, BOE, Madrid, *2022,* pp. 975-988, también en *Revista Penal México,* nº 20, 2022, pp. 17-25; del mismo autor, "Análisis de la incidencia en el mundo digital de la COVID-19 y blanqueo de dinero", en Abel Souto, M./Lorenzo Salgado, J.M./Sánchez Stewart, N., IX congreso..., *cit.,* pp. 273-322 y 609-613; Gómez Iniesta, D.J., "Proveedores de servicios de cambio de moneda virtual y de custodia de monederos electrónicos y tipos agravados de blanqueo de la LO 6/2021 y la Directiva 2018/1673", en Abel Souto, M./Lorenzo Salgado, J.M./Sánchez Stewart, N., X congreso..., *cit.,* pp. 403-428.

art. 2, artículo en el que se recogen los sujetos obligados por la normativa de prevención a los que se puede aplicar esta nueva agravante. De manera que, en un evidente atentado contra la seguridad jurídica, el Real decreto-ley 7/2021 amplía el catálogo de sujetos obligados el día 29 de abril[120] y al día siguiente la Ley orgánica 6/2021 los convierte en sujetos activos de un nuevo tipo agravado, pues "entró en vigor el 30 de abril de 2021"[121].

Concretamente la Ley 10/2010 desde su primera redacción considera sujetos obligados a las entidades de crédito (a)[122]; las entidades aseguradoras autorizadas para operar en el ramo de vida, a las que el Real decreto-ley 7/2021 añade los seguros relacionados con inversiones, y los corredores de seguros en los de vida e inversiones (b); las empresas de servicios de inversión (c); las sociedades gestoras de instituciones de inversión colectiva y las sociedades de inversión cuya gestión no esté encomendada a una sociedad gestora (d); las entidades gestoras de fondos de pensiones (e); las sociedades gestoras de entidades de capital-riesgo cuya gestión no esté encomendada a una sociedad gestora (f); las sociedades de garantía recíproca (g); las entidades de pago, a las que se agregaron en 2011 las entidades de dinero electrónico[123] y en 2021 las personas físicas y jurídicas de los arts. 14 y 15 del Real decreto-ley 19/2018, de 23 de noviembre, de servicios de pago y otras medidas urgentes en materia financiera (h); los que cambien moneda profesionalmente (i); los servicios postales respecto a los giros o transferencias (j); "las personas dedicadas profesionalmente a la intermediación en la concesión de préstamos o créditos" y las que, sin autorización como establecimientos financieros de crédito, desarrollen profesionalmente actividades recogidas en la DA primera de la Ley 3/1994, de 14 de abril, remisión que el Real decreto-ley 7/2021 cambia por las previstas en el art. 6.1 de la Ley 5/2015, de 27 de abril, de fomento de la financiación empresarial, y la concesión de préstamos según la Ley 5/2019, de 15 de marzo, reguladora de los contratos de crédito inmobiliario, aunque en una evidente muestra de desidia legislativa el Real decreto-ley 7/2021 repite al final del párrafo los mismos sujetos obligados que aparecen al principio, aquí entrecomillados (k); los promotores inmobiliarios y quienes ejerzan profesionalmente actividades de agencia, comisión o intermediación en

---

120 *Cfr.* disposición final octava.

121 Núñez Paz, M.A., "Tipos agravados...", *cit.*, p. 392.

122 *Vid. Ley 10/2010, de 28 de abril, de prevención del blanqueo de capitales y de la financiación del terrorismo, BOE*, n. 103, 29 de abril de 2010, pp. 37458-37499.

123 *Vid. Ley 21/2011, de 26 de julio, de dinero electrónico, BOE*, n. 179, disposición final octava.

la compraventa de bienes inmuebles, a los que el Real decreto-ley 7/2021 adiciona los arrendamientos de inmuebles anuales de al menos 120.000 euros y los mensuales iguales o superiores a 10.000 euros (l); los auditores de cuentas, contables externos y asesores fiscales, que el Real decreto-ley 7/2021 amplía a "cualquier otra persona que se comprometa a prestar de manera directa o a través de otras personas relacionadas, ayuda material, asistencia o asesoramiento en cuestiones fiscales como actividad empresarial o profesional principal" (m), sorprendente redacción que convierte un mero compromiso en una profesión; los notarios y registradores (n); los abogados, procuradores y profesionales independientes, pero únicamente cuando participen por cuenta de clientes en la compraventa de inmuebles o entidades comerciales, la gestión de fondos, valores u otros activos, la apertura o gestión de cuentas, la creación, funcionamiento o gestión de empresas, fideicomisos, sociedades o estructuras análogas, o cuando actúen por cuenta de clientes en operaciones financieras o inmobiliarias (ñ); los que profesionalmente presten "a" (o "por cuenta de" según el Real decreto-ley 11/2018)[124] terceros servicios de constitución de sociedades o personas jurídicas, dirección o secretaría de una sociedad, que el Real decreto-ley 11/2018 cambia por funciones de secretarios no consejeros de consejo de administración o de asesoría externa, facilitar domicilio social o dirección, funciones de socio, fideicomisario, que en 2018 se sustituye por fiduciario, o accionista por cuenta de otra persona, salvo las sociedades que coticen en un mercado regulado, que el Real decreto-ley 11/2018 circunscribe a la Unión Europea, y que estén sujetas a requisitos de información conformes con el Derecho comunitario, que en 2018 se cambia por el de la Unión y las normas que garanticen la adecuada transparencia de la información sobre la propiedad, o disponer que otra persona ejerza dichas funciones (o); los casinos (p); los comerciantes profesionales de joyas, piedras o metales preciosos (q); las personas que comercien profesionalmente con objetos de arte o antigüedades, a los que el Real decreto-ley 7/2021 añade los intermediarios y los que almacenen, comercien con ellos o intermedien en puertos francos (r); los que ejerzan profesionalmente las actividades del art. 1 de la Ley 43/2007, de 13 de diciembre, de protección de los consumidores en la contratación de bienes con oferta de restitución

---

[124] *Vid. Real decreto-ley 11/2018, de 31 de agosto, de transposición de directivas en materia de protección de los compromisos por pensiones con los trabajadores, prevención del blanqueo de capitales y requisitos de entrada y residencia de nacionales de países terceros y por el que se modifica la Ley 39/2015, de 1 de octubre, del Procedimiento Administrativo Común de las Administraciones Públicas, BOE*, n. 214, art. 2.2.

del precio (s); los depositantes, custodios o transportistas profesionales de fondos o medios de pago (t); las personas responsables de la gestión, explotación y comercialización de loterías u otros juegos de azar, a las que el Real decreto-ley 11/2018 adiciona la matización de presenciales o por medios electrónicos, informáticos, telemáticos e interactivos, aunque solo respecto de las operaciones de pago de premios en las loterías, apuestas mutuas deportivo-benéficas, concursos, bingos y máquinas recreativas tipo "B", limitación que antes se aplicaba a todos los casos (u); los que realicen movimientos de medios de pago (v); los que comercien profesionalmente con bienes (w); las fundaciones y asociaciones (x); los gestores tanto de sistemas de pago, compensación y liquidación de valores o productos financieros derivados como de tarjetas de crédito o débito emitidas por otras entidades (y); y los proveedores de servicios de cambio de moneda virtual por moneda fiduciaria y de custodia de monederos electrónicos, sujetos obligados introducidos por el Real decreto-ley 7/2021 (z).

El preámbulo de la LO 6/2021, de 28 de abril, se vanagloria de llevar a cabo "una mejora técnica"[125] con la introducción de este tipo agravado para los obligados por la normativa de prevención cuando blanqueen en el ejercicio de su actividad profesional, mas la técnica legislativa, de nuevo, brilla por su ausencia, pues al tratarse de una agravación profesional debería haberse ubicado en el art. 303 del Código penal, como con acierto se había propuesto doctrinalmente, y no entre los tipos agravados para las organizaciones del art. 302.1. Además, el asistemático legislador de 2021 desaprovecha la reforma al no eliminar del art. 303 las aberrantes menciones a los facultativos, trabajadores sociales, docentes o educadores[126], carentes de sentido[127] en el blanqueo y que proceden de los delitos relativos al narcotráfico, "lo cual explica, pero no justifica, la sorprendente referencia"[128].

También el nuevo tipo cualificado refuerza la interpretación de que el blanqueo imprudente constituye un delito común, pues el párrafo segundo del artículo 302.1 del Código penal agrava la pena cuando se cometa

---

125 LO 6/2021, penúltimo párrafo del preámbulo.

126 *Cfr.* Lorenzo Salgado, J.M., "El blanqueo de dinero procedente...", *cit.*, p. 465, nota 73.

127 *Cfr.* Zaragoza Aguado, J., "Artículo 303", en Gómez Tomillo, M. (dir.), Comentarios prácticos al Código penal. Tomo III. Delitos contra el patrimonio y socioeconómicos. Artículos 234-318 bis, Thomson Reuters/Aranzadi, Cizur Menor, 2015, p. 711.

128 Lorenzo Salgado, J.M., "El blanqueo de dinero procedente...", *cit.*, p. 447.

"cualquiera de las conductas descritas en el artículo 301" por los sujetos obligados según la normativa de prevención[129]. Las sentencias sobre blanqueo imprudente son muy frecuentes, tanto que al día siguiente de la reforma de 28 de abril de 2021 el Tribunal Supremo confirmó la condena del que adquirió un vehículo para un tercero con dinero ajeno "omitiendo todo deber de comprobar su origen, siendo consciente de la alta probabilidad de su procedencia delictiva"[130]. Conforme a la jurisprudencia mayoritaria[131] la sentencia del Tribunal Supremo de 8 de marzo de 2023 afirma que "no se trata de un delito especial"[132] y la sentencia de 7 de marzo de 2024 absuelve al que facilitó sus datos para abrir una cuenta en la que recibir dinero de una estafa al no ser punible la participación culposa en la actividad fraudulenta[133], sentencia que no debe confudirse con la 222, del mismo día, que absuelve por la recepción en una cuenta de 2.100 euros y su transferencia posterior al no constar el conocimiento de su origen delictivo[134].

Finalmente, proliferan las nuevas "mulas", captadas por los blanqueadores a través de la red y que actúan en ella. Únicamente se les pide proporcionar los datos bancarios y remitir el dinero a otra cuenta facilitada por el blanqueador a cambio de una comisión, ofertas laborables que se han incrementado durante la pandemia de la COVID-19[135], que suelen acabar en una condena por estafa y hasta se ha condenado por blanqueo impru-

---

129 *Cfr.* Lorenzo Salgado, J.M., "Blanqueo imprudente y tipo agravado por la condición de obligado del sujeto activo del delito", en Abel Souto, M./Lorenzo Salgado, J.M./Sánchez Stewart, N., IX congreso..., *cit.*, pp. 514 y 515.

130 STS n. 363/2021, de 29 de abril, RJ\2021\2282, en www.westlaw.es (noviembre de 2024).

131 *Vid.* Abel Souto, M., "Jurisprudencia penal española hasta 2018 sobre el blanqueo de dinero y sus reformas recientes", en Abel Souto, M./Sánchez Stewart, N., VI congreso..., *cit.*, p. 290 y notas 413 a 418, con referencias jurisprudenciales.

132 STS n. 158/2023, RJ\2023\1671, en www.westlaw.es (noviembre de 2024).

133 *Cfr.* STS n. 224/2024, RJ\2024\88009, en www.westlaw.es (noviembre de 2024).

134 *Cfr.* STS n. 222/2024, de 7 de marzo, RJ\2024\88010, en www.westlaw.es (noviembre de 2024).

135 *Cfr.* Abel Souto, M., "*Money laundering, COVID-19 and new technologies*", en Arlacchi, P./Sidoti, F. (eds.), *Financial crime, money laundering and asset recovery. Global trends, theoretical issues and case studies, International Forum on Crime and Criminal Law,* Alma, Craiova, 2021, p. 24; del mismo autor, "COVID-19 y comisión del delito de blanqueo de dinero mediante las nuevas tecnologías", en *Revista Electrónica de Ciencia Penal y Criminología,* 24-28, 2022, pp. 20 y 21.

dente como solución *deus ex machina*[136], a modo de "cuestionable"[137] tipo de recogida[138], castigado con una pena desproporcionada, con el mismo límite mínimo de la prisión e idéntica multa que el tipo doloso[139], "algo que no resiste el más somero examen crítico"[140].

Este recurso *ἀπὸ μηχανῆς θεός*, tan frecuente en el teatro griego de Eurípides, introduce con una grúa a una divinidad en la escena para resolver ilógicamente un problema en contra de la coherencia interna del sistema. Pero ya Aristóteles criticó en su Poética estas soluciones que no tienen en cuenta "lo necesario o lo verosímil"[141], pues se prescinde de las exigencias subjetivas[142] y se trasladan funciones policiales a los ciudadanos sobre la base de unos deberes de cuidado que no se describen[143], deberes que únicamente se señalan en la normativa de prevención, como un "mecanismo de investigación parapolicial encubierto y gratuito"[144], para empresarios y profesionales, con una obligación de denuncia "cada vez más amplia"[145].

---

136 *Cfr.* González Uriel, D., "Cibermulas y Criptomonedas", en *Revista Aranzadi Doctrinal,* n. 6, 2023, pp. 3, 5 y 7-14.

137 Matallín Evangelio, A., "El "autoblanqueo" de capitales", en *Revista General de Derecho Penal,* n. 20, 2013, p. 40.

138 *Cfr.* Abel Souto, M., "Jurisprudencia penal reciente sobre el blanqueo de dinero, volumen del fenómeno y evolución del delio en España", en Abel Souto, M./ Sánchez Stewart, N. (coords.), IV congreso internacional sobre prevención y represión del blanqueo de dinero, Tirant lo Blanch, Valencia, 2014, p. 139 y notas 22 a 24; Arzt, G./Weber, U./Heinrich, B./Hilgendorf, E., *Strafrecht, Besonderer Teil: Lehrbuch, 3. Auflage, Gieseking, Bielefeld,* 2014, § 29, "*Geldwäsche,* § 261", marginales 5, 8 y 31.

139 *Cfr.* Lorenzo Salgado, J.M., "Estructura del principio de proporcionalidad penal y su aplicación en la Unión Europea", en Abel Souto, M./Lorenzo Salgado, J.M./ Sánchez Stewart, N., X congreso..., *cit.*, pp. 536, 537 y nota 53.

140 Martínez-Buján Pérez, C., Derecho penal económico y de la empresa. Parte general, Tirant lo Blanch, Valencia, 2022, p. 224.

141 Aristóteles, La Poética, edición trilingüe por Valentín García Yebra, Gredos, Madrid, 1974, 3ª ed., XV, 1454a, 34, pp. 178 y 183.

142 *Cfr.* Abel Souto, M., "Análisis de la incidencia en el mundo digital...", *cit.*, p. 319.

143 *Cfr.* González Uriel, D., *op. cit.*, pp. 12 y 13.

144 Ferré Olivé, J.C., "El protagonismo del GAFI...", *cit.*, p. 489.

145 Martínez-Buján Pérez, C., Derecho penal económico y de la empresa. Parte especial, *cit.*, p. 729.

Some criminological aspects of money laundering in Italy

FRANCESCO SIDOTI
Professor Emeritus of Criminology at the University of L'Aquila
Member of the International Forum on Crime and Criminal Law in the Global Era
NICOLA FERRIGNI
Associate Professor of Sociology at the University of Tuscia. DIKE Department
MARIATERESA GAMMONE
Associate Professor of Sociology at the University of L'Aquila.
PIERLUIGI GRANATA
Colonel (Ret.) of the Guardia di Finanza

1. The criminological aspects of money laundering in Italy are addressed here through a conceptual and historical framework, beginning with the initial national perception of the institutional dangers posed by great economic illegality toward the end of the 19th century and continuing to the present day. During this century and a half, the international situation has been highly relevant, as have the country's political relationships. Therefore, this analysis pays particular attention to geopolitical factors.

International collaboration has pushed for partial harmonization of anti-money laundering efforts, resulting in the ongoing expansion of related legislation[1]. Many criminological aspects of money laundering in Italy must necessarily be placed in a global context, even if the profile of strong collaboration is rare or ambiguous just in this transnational context. In contrast, many institutional observers have publicly denounced the deficiencies of constructive partnership.

---

1 Abel Souto, M., "La expansión operada por la Ley Orgánica 1/2015 de los hechos previos del delito de blanqueo a las antiguas faltas", in Abel Souto, M. (dir.), *V Congreso internacional sobre prevención y represión del blanqueo de dinero,* Tirant Lo Blanch, Valencia, 2018; Abel Souto, M., "La expansión mundial del blanqueo de dinero y las reformas penales españolas de 2015, con anotaciones relativas a los ordenamientos jurídicos de Bolivia, Alemania, Ecuador, Estados Unidos, Méjico y Perú", *I congreso de la Asociación Iberoamericana de Derecho Penal Económico y de la Empresa,* Santa Cruz de la Sierra, Bolivia, 2017.

During the COVID-19 pandemic, an underground war took place worldwide, and many experts were busy discrediting the vaccines produced by other nations[2]. This asymmetric vaccine war symbolizes all the useless and dangerous wars that humans have lost in the bloodiest and most dramatic part of their history. Humanity has been more engaged in wars than in building pacific cooperation[3].

In the past, money laundering sparked intense political confrontation in Italy. Today, the problem still exists, but the economic and institutional actors have constructed nearly impenetrable barriers to protect themselves from infiltration. These barriers have come at a high cost —economically, institutionally, and in terms of human lives lost— and have stirred controversy even within the anti-mafia community, which contains diverse perspectives. From this standpoint, the Italian experience is unique and, in many ways, instructive because the country has taken the challenge of international collaboration very seriously, despite the associated national and internal costs[4].

2. To thoroughly explore the criminological aspects of money laundering in Italy, it is essential not only to revisit the history of criminology[5], starting from Lombroso[6], but also to consider the country's history. Italian scholars' approach to economic illegality has long included a reflection

---

2 Abel Souto, M., "Money laundering, COVID-19 and new technologies", in Arlacchi, P./Sidoti, F. (eds.), *Financial Crime, Money Laundering and Asset Recovery: Global Trends, Theoretical Issues and Case Studies*, Alma, Craiova, 2021, pp. 24-48; Gammone, M., *Organizations, Covid-19, and the War of Drugs*, in Hasan Arslan, A. A. (ed.), *An Interdisciplinary Approach to the Management of Organizations*, E-BWN, Bialystok, 2021, pp. 67-69; Robinson, W. I., *Global Civil War: Capitalism Post Pandemic*, Kairòs, Barcelona, 2022.

3 Money laundering issues must be placed in an international context that can be interpreted in diametrically opposed terms, see Ziegler, J., *Le capitalisme expliqué à ma petite-fille (en espérant qu'elle en verra la fin)*, Seuil, Paris, 2018; Applebaum, A., *Autocracy Inc.: The Dictators Who Want to Run the World*, Allen Lane, London, 2024.

4 Dalla Chiesa, N. (ed.), *Mafia globale. Le organizzazioni criminali nel mondo*, Milano, Laurana, 2017.

5 Sidoti, F., "La Scuola italiana di criminologia fra Ottocento e Novecento", in D'Arcangeli, M./Sanzo, A. (a cura di), *Le "scienze umane" in Italia tra Otto e Novecento*, FrancoAngeli, Milano, 2017, p. 75-88; Gammone, M., Corruption in classical European criminology, 1876-1914, in AA. VV., *The Fifth Session of the International Forum on Crime and Criminal Law in the Global Era*, Beijing International Forum, Beijing, 2013.

6 Knepper, P./Ystehede, P.J. (eds.), *The Cesare Lombroso Handbook*, Routledge, London, 2013, pp. 295-305.

on money laundering. For some observers, this specialization was more advanced than in other nations and has been preserved since Italy's return to democracy.

According to Nobel Prize winner James M. Buchanan, Italian economists between the 19th and 20th centuries, including the well-known Vilfredo Pareto, best anticipated public choice theory[7]. In the Italian approach, the market economy should also be understood in the light of power relations at the institutional level. The first reflection on using money from illegal activities in a legal context is part of this culture, which begins in the nineteenth century and continues in the critical analysis of fascism.

Shortly after the Italian national unification in 1870, several banking frauds occurred at the end of the 19th century. These frauds attracted the attention of the Italian school of criminology, which was initially characterized by a biological slant but later incorporated the criticisms of the left (which instead gave great causal relevance to economy). Furthermore, the Italian school of criminology began to pay great attention to economic factors and crimes committed by the ruling class.

Lombroso frequently used the term "white-glove criminals", anticipating Sutherland's concept of "white-collar crime" by many years. Lombroso died in 1909 after harshly critiquing international scandals, such as the Panama Canal scandal of 1892 (hundreds of thousands of savers were utterly ruined, having lost their money, invested in stocks, bonds, and shares of the Panama Canal Company). Many of Lombroso's followers became anti-fascists and specialized in criticizing economic and financial embezzlement.

Before focusing on economic illegality, Italian thinkers, from Marsilio da Padova to Machiavelli and Paolo Sarpi to Cesare Beccaria, had long reflected on the political foundations of legality. In the late 19th century, these various cultural strands merged, giving rise to an original perspective within the broader Western discourse on the free market and the capitalist system. Italy has been at the forefront of analyzing some criminological

---

7 Buchanan, J., "Italian Economic Theorists", in Hamowy, R., (ed.). *The Encyclopedia of Libertarianism*, Sage, Thousand Oaks, 2008, pp. 258-60. For further clarification, Sraffa, P., "Maffeo Pantaleoni", *The Economic Journal*, 34, 1924, pp. 648-53; for the general framework, Schumpeter, J., *History of Economic Analysis*, Allen & Unwin, London, 1954. For a lengthy discussion of this specific Italian particularity, Sidoti, F., Granata, P., (eds.), *Economic Intelligence and National Security: An Unknown Italian Glory*, Padova, Linea, 2022; Sidoti, F., "Access to information, Economic Intelligence, Sanctions and War, *Academia Paulista de Direito*, São Paulo, 2024, pp. 289-311.

issues even due to the more unfortunate aspects of its history, including political fragmentation, abundance of conspiracies, and various local traditions of organized crime[8].

3. The Sicilian mafia has a long local past that went global when it arrived in the United States, discovering a land of opportunity[9]. The Sicilian mafia, characterized by the private use of violence for social and power control[10], gained a specific entrepreneurial spirit in the United States, specializing in alcohol trafficking during the Prohibition Era and later in drug trafficking, particularly after the Vietnam War and with the emergence of a new youth problem in the 1960s throughout the West[11].

In the 1920s and 1930s, the mobster Al Capone was dubbed "Public Enemy No. 1" in America. He had a great legal team of experts, and federal authorities were unable to put him in jail on charges related to his multiple and brutal acts of criminality. He was sentenced in 1931 solely on twenty-two counts of tax evasion. He was sentenced to eleven years. The case was highly publicized worldwide because, for the first time, a mobster was convicted for income irregularities and unpaid taxes.

On May 11, 1936, Lucky Luciano (who is considered the father of organized American crime, where Italian, Jewish, and Irish gangs pooled their resources to turn crime into a cooperative business) was sentenced to 30 to 50 years in state prison for many allegations, including inconsistencies in his federal income tax records. The United States also has an intense history of policing economic crime.

In his fight against the mafia, Judge Giovanni Falcone repeatedly pointed out that all investigations should remind the principle "follow the money", a phrase he quoted directly in English, inspired by American anti-

---

8 Sidoti, F., *Foreword: Our Side of the Coin,* in Granata, P./Sidoti, F., (eds.), *Economic Intelligence and National Security: An Unknown Italian Glory,* op. cit., pp. 7-20.

9 On this aspect, see Sidoti, F., *Il crimine all'italiana. Una tradizione realista, garantista, mite,* Guerini, Milano, 2012.

10 Gambetta D., *The Sicilian Mafia: The Business of Private Protection,* Harvard University Press, Harvard, 1993.

11 Sidoti, F. "Italy: A Clean-up after the Cold War", *Government and Opposition,* vol. 28, n.1, 1993, pp. 105-114; Arlacchi, P., *Mafia Business: The Mafia Ethic and the Spirit of Capitalism, Verso, London, 1986;* Sidoti, F., "Palermo and Moscow. A Mafia Stereotype", *Naugai Družtvo,* 27(2), 2015, pp. 125-148.

mafia strategies[12]. The particular attention paid to economic factors was a characteristic of Giovanni Falcone's collaborators, among whom Boris Giuliano was particularly noteworthy.

The Italian magistrate Giovanni Melillo, National Anti-Mafia and Anti-Terrorism Prosecutor since 4 May 2022, wrote on the subject: "The investigations had led Boris Giuliano to discern, before anyone else, the role played by Cosa Nostra in international drug trafficking and to pursue with determination and foresight the paths of international cooperation, first and foremost with the American agencies that were investigating the importation of morphine base from Sicily that was flooding the streets of New York.

To understand Boris Giuliano's innovative significance, it would suffice to recall the modernity of his report of May 7, 1979: *Investigations on illicit activities conducted by organized crime in Italy and the U.S.A., with payments through banking operations*"[13].

Some major financial scandals, such as Banco Ambrosiano and, above all, the earlier Banca Privata Italiana, revealed the significance of drug money and money laundering. The dangerous presence of the mafia in the financial system was crystal clear. The decades-old lessons of criminology applied to economics had not been forgotten[14]. From the early years of drug money, the international implications were also evident. In the seventies, Sicilian mafia financier Michele Sindona acquired a controlling stake in Franklin National Bank, formerly the 20th largest bank in the United States. This gave him an invaluable money laundering facility to support the Sicilian mafia. He used the bank's power criminally to transfer funds, trade in foreign currencies, and produce letters of credit. He profited from significant support from the Republican Party and the Nixon administra-

---

12 Naim M., *Illicit: How Smugglers, Traffickers, and Copycats are Hijacking the Global Economy*, Anchor, New York, 2006. The idea of considering rational crime as an activity dominated by the laws of supply and demand, with the assumption that illegality has some hidden functional utility, is genuinely American; for the reconstruction of this cultural tendency, from Daniel Bell to Robert Merton, see Sidoti F., *Criminologia e investigazione*, Giuffrè, Milano, 2006, pp. 374-378.

13 *Accertamenti su attività illecite condotte dal crimine organizzato in Italia e negli U.S.A., con pagamenti attraverso operazioni bancarie*, quoted in Melillo, G., "Intervento alla cerimonia di commemorazione di Boris Giuliano. Scuola della Polizia di Stato", *Diritto e società*, 24 July, 2024.

14 Sidoti F., Lombroso, criminologo socialista, in Gammone M. (a cura di), *Scienze dell'investigazione*, Colacchi, L'Aquila, 2008, pp. 553-583.

tion to become the largest stockholder in Franklin National Bank. He was prepared to build a substantial financial empire in the U.S., but on October 8, 1974, the bank collapsed under mysterious circumstances. At the time, it was the largest bank failure in the country's history. It was precisely in relation to this financial collapse that the lawyer Giorgio Ambrosoli was murdered in Milan just ten days before Boris Giuliano, at the hands of a mafia killer hired in New York by Sindona himself.

For the first time, the investigations into Cosa Nostra (the name of the most relevant organization in the mafia system at the time) were projected towards the economic system, which, in Sicily, was already infiltrated by Mafiosi[15]. A request for information on a laundering operation of 300,000 dollars of the time was probably fatal to Giuliano. He was killed, but his teaching bore immediate fruit. From Commissioner Giuliano's investigation, Judge Giovanni Falcone drew a fundamental lesson for investigations into drug trafficking between Sicily and the United States: it was necessary to proceed by accumulating data of an economic, banking, and fiscal nature, on a strictly documented basis, to be able to provide incontrovertible evidence in trials. In addition, teamwork and information sharing were highly recommended. This approach would have been successful not only on a procedural level but also on a strictly investigative level[16]. Judge Giovanni Falcone and Boris Giuliano were assassinated, but they left the anti-mafia culture with valuable methodological guidelines on money laundering, which persist today[17].

While Americans may have lost the war on drugs, they won a more significant battle against the Sicilian mafia in the U.S., known as the *Pizza Connection* case. This victory was achieved thanks to strong collaboration with Italian law enforcement institutions. Above all, Judge Giovanni Falcone's investigation into the Pizza Connection —the most successful anti-mafia investigation in the post-World War II period— was permitted by great collaboration between loyal Italians and Americans. The old realm of the Sicilian mafia, made famous by Mario Puzo and Francis Ford Coppola in

---

15 Sidoti, F., *La cultura dell'investigazione,* Koynè, Roma, 2002, pp.187-204.

16 Ferrigni N./Spalletta M., "Le strategie comunicative del Califfato", in AA.VV., *Il terrore che voleva farsi Stato. Storie sull'Isis,* Eurilink, Roma, 2015, pp. 135-169. The lessons of the Italian experience in the fight against the mafia have also proved very useful in subsequent areas, such as the spread of terrorism through advanced means of communication. Global criminal networks use peculiarly communication for money laundering.

17 Granata P., *Riciclaggio,* in Martucci P., *Gli altri crimini,* Key, Frosinone, 2016.

Sicily and the United States, is now over. Many Americans who worked with Judge Falcone in the Pizza Connection investigation reaped vast celebrity. Rudolph Giuliani was mayor of New York on September 11. Louis J. Freeh became a very influential FBI Director for years[18].

Money laundering gains have been indicated as the origin of highly successful business stories, even in regions far removed from Sicily. In the early years of the global spread of drug use, trafficking profits were even greater than they are today, resulting in vast amounts of money that needed to be laundered. Suddenly, a new wealth was created outside the circuits of old Italian capitalism. It was so enormous that it found warm accomplices and collaborators who challenged the state structures, not only economic but also political. In those years, there was a serious alternative to democratic institutions. A possible solution could have involved a compromise, accepting billions into the legal economy and using them for national development. Instead, the line of head-on collisions was supported and continued for decades (until now) with massive costs[19].

4. In Italy, decades of anti-mafia fight are characterized by enormous costs (economic, institutional, and human lives lost) and ongoing controversy about the results[20].This experience in combatting money laundering can be better appreciated when compared to the German and Albanian cases.

It is easily evident that money laundering activities tend to concentrate in countries with permissive legislation and weak enforcement. Mismanagement can happen intentionally, unintentionally, or due to a combination of both factors. Reports suggest that the world capital of money laundering is London, where 40 percent of related financial transactions are said to occur[21]. Before arriving in London or specific tax havens, drug trafficking

---

18 In Freeh, L. J., *My FBI. Bringing Down the Mafia, Investigating Bill Clinton, and Fighting the War on Terror,* St. Martin's, New York, 2005, Giovanni Falcone is the second most quoted name, after President Clinton.

19 Sidoti F., The Italian Secret Services, in Jäger, T., Daun A. (Hrsg), *Geheimdienste in Europa,* Verlag für Sozialwissenschaften, Springer, Wiesbaden, 2009.

20 La Torre, F., *L'antimafia tradita. Riti e maschere di una rivoluzione mancata,* Zolfo, Milano; 2021; Bolzoni, A. (a cura di), *Imperi criminali. I beni confiscati e il fallimento dello Stato,* Melampo, Milano, 2018; Gammone, M./Sidoti, F., "Corruzione ed educazione alla legalità. Tra Ramadan e Qiandongnan", *Sicurezza e scienze sociali,* anno IV, pp. 63-78, 2016.

21 Viener, K., "Nearly 40% of dirty money is laundered in London and UK crown dependencies", *The Guardian,* 14 May 2024. Andrew Mitchell, the UK's deputy foreign

activities take place in countries where this crime can be carried out most profitably.

Each country faces different situations. Some of the most notorious cases of bank money laundering have occurred in Europe, including Germany, independently of the mafias. Deutsche Bank has faced a series of serious criminal and civil charges in the United States and the United Kingdom[22].

The mafias have long invested vast amounts of money in Germany. The repentant Gaspare Mutolo said he was instructed to invest the proceeds of drug trafficking in Germany as early as the 1980s. While Italy was discussing the Rognoni-La Torre law (which introduced the crime of mafia-style association into the penal code), the Cosa Nostra bosses felt safe in Germany: "Calm reigns there", Mutolo said.

Similarly, in 1998, the 'Ndrangheta's repentant Rocco Mammoliti made related statements. "The problem is that German laws remain flawed, and seizing mafia assets is difficult. Investing dirty money in Germany is still very profitable for the mafia".

In August 2007, the Duisburg massacre (six men belonging to a criminal clan were shot dead near the Duisburg train station in Germany by members of a rival criminal clan) highlighted that the mafia had long since extended its significant presence in Germany.

In various journalistic articles and especially in two successful volumes[23], from 2008 and 2018, Petra Remski has repeatedly drawn attention to the

---

secretary, has said: "On the issue of dirty money, it is important to recognise that Britain has a dog in the fight. According to some estimates, 40% of money laundering around the world —this is money often stolen from Africa and Africans by corrupt businessmen, bent politicians and war lords and so on— 40% of that money comes through London and overseas territories and crown dependencies".

22 Enrich, D., *Dark Towers: Deutsche Bank, Donald Trump, and an Epic Trail of Destruction*, New York, Harper Collins, 2020.

23 Reski, P., *Mafia. Von Paten, Pizzerien und falschen Priestern,* Droemer Knaur, München 2008; Reski, P., *Mafia. 100 Seiten,* Reclam Verlag, Ditzingen, 2018. "Many German newspapers have described Germany as a 'paradise' for recyclers". This observation is by Emanuele Fisicaro and is quoted in Manti F., *Prodotto interno lordo,* Algama, Milano, 2020, p. 49. See also Fisicaro E., "Prevención y lucha contra el lavado de dinero, el papel de Europa y los desafíos del cumplimiento entre estados", in Abel Souto, M./Lorenzo Salgado, J.M./Sánchez Stewart, N. (coords.) *VII congreso sobre prevención y represión del blanqueo de dinero,* Valencia, Tirant lo Blanch, 2022; Fisicaro E., "PNRR e contrasto alla criminalità organizzata: carcere ai prestanome", *AML&FINTECH,* n. 1, 2024.

extent to which Germany has become a playground for the mafias. In her view, it is a serious shortcoming that the crime of "mafia membership" does not yet exist in Germany, as it does in Italy. Money laundering played a special role in her analyses, revealing names that led to several court battles and heated debates over the adequacy of the laws in force at the time.

Even today, mafia bosses in some areas of Germany operate almost undisturbed; this is the thesis of a recently published book in Germany, written by an expert capable of conducting a thorough comparative analysis. Underestimation, short-sightedness, and selfish interests have allowed mafias to spread like a cancer in Europe's largest economy. Germany's Financial Intelligence Unit, the authority responsible for investigating money laundering, received 100,000 reports between 2020 and 2022, few of which were thoroughly examined due to a lack of resources (a surprising explanation given Germany's overall economic strength)[24].

Many still believe that money laundering should be "teleologically limited"[25]. German legislation continues to be lacking, and seizing mafia assets is very difficult (while in Italy, the opposite problem is present). Investing dirty money in Germany continues to be very profitable for the mafias. Therefore, the issues related to money laundering constitute a severe and unsolved problem.

Albania is a young democracy that arrived in the West after the collapse of communism[26]; therefore, it is slowly developing social and institutional antibodies against organized crime. This is unsurprising given the difficulties of other more ancient democracies like the United Kingdom or Switzerland. The market for violence and illicit activities has encountered a growing demand for criminal opportunities, as clearly demonstrated by the case of the Moroccan mafia. Despite the efforts of sincere democrats, many criminal groups have suddenly played a huge international role. In many places of Europe, notably Holland, security structures were unprepared and became a haven for gangsters who must evolve or die[27]. Due to the

---

24 Mattioli, S., *Germafia: Wie die Mafia Deutschland übernimmt. Ein Erfahrungsbericht*, Westend, Frankfurt, 2024.

25 Vogel, J., "Geldwäsche – eine europaweit harmonisierter Straftatbestand?", *Zeitschrift für die Gesamte Strafrechtswissenschaft*, n. 2, 335-356, 1997, p. 356.

26 Gammone, M., "Centro e periferias nas sociedades europeias", in *Sociologia. Revista da Associação Portuguesa de Sociologia*, n. 17, outubro 2018.

27 Varese, F., *Mafia Life: Love, Death and Money at the Heart of Organised Crime*, Profile Books, London, 2017; P. Granata, *Criminalità non convenzionale*, in P. Martucci,

enormous profits resulting from a prominent place in the drug trade and dealing, the topic of money laundering has abruptly become of absolute prominence in Albania. It has been discussed many times, particularly by the numerous anti-mafia intellectuals. The country has experienced extraordinary economic development, especially in urban planning. Tirana is one of the cities that has undergone the most remarkable urban renewal in Europe, with results often hailed for their elegance and significance. Some critics, however, argue that money laundering is not sufficiently hindered and is part of the country's astonishing development[28].

Senior US government officials, such as Ambassador Donald Lu, have frequently made stirring statements on money laundering and other issues of organized crime in Albania[29]. On March 21, 2024, Top Channel interviewed Assistant Secretary of State Todd D. Robinson, asking about the new criminal threats he was observing in Albania after his first staying in the country between 2004 and 2006. The interviewer reminded that the U.S. International Narcotics Control Strategy Report of 2023 said Albania is a source of cannabis and a key transit country for organized crime groups moving narcotics to European markets, and that some Albanian individuals are often labeled as drug barons or *the Escobar of the Balkans.* Robinson replied: "I would say the Albanian transnational organized criminals are active all over the world. They have found other large criminal networks with which they can work. And they are actively trying to undermine our country's justice systems. They are corrupting our institutions, and they are gaining immense profits from their criminal activity".

5. Many Italian observers claim that technical and legislative tools against money laundering are more developed in Italy than elsewhere. However, according to some[30], these intrusive techniques and laws offer little protection to suspects and employ methods more suited to a police state

---

Crimini non convenzionali, Frosinone, Key Editore, 2016

28 Townsend, M., "Kings of cocaine: how the Albanian mafia seized control of the UK drugs trade", *The Guardian,* 13 Janvier, 2019; Lucas, J., *Albanian Mafia Wars: The Rise of Europe's Deadliest Narcos,* Aberfeldy, London, 2020.

29 Quoted by Arsovska J., *Western Balkans: organized crime, political corruption and oligarchs,* in Allum, F./Gilmour, S., *Handbook of Organised Crime and Politics,* Edward Elgar, Cheltenham, 2019, p. 94.

30 On the basis of suspicion and information, rather than a judgment, some administrative and judicial authorities in Italy have particularly incisive powers to seize assets. According to the *Osservatorio dell'Unione Camere Penali* on preventive and patrimonial measures, this constitutes a severe punishment without any conviction,

than a liberal one. An example of these intrusive techniques is the massive and invasive use of investigative wiretaps, which are later published in full in newspapers and can also affect personal aspects of the private lives of those under inquiry. To combat the mafia, the investigations have access to all national databases—criminal, land registry, fiscal, and health systems, including credit cards.

A case illustrating this complex criminological situation occurred in March 2024, when an investigation was launched into alleged abusive access to the National Anti-Mafia Prosecutor's Office databases to obtain confidential information on many political and public figures[31]. All Italian institutions are required to inform the Financial Intelligence Unit (UIF, which reports to the Bank of Italy) of economic movements that could reasonably be suspected of being the result of money laundering or illicit financing (for example, financing terrorist groups or other illegal activities). These Suspicious transaction reports (SOS) concern any transaction or behavior inconsistent with the customer's economic and financial profile and that may be considered abnormal.

The Italian investigative system requires banks, financial and real estate intermediaries, stockbrokers, notaries, post offices, and asset management companies to report any suspicious money movements that may be linked to money laundering, terrorist financing, or other criminal activities. Therefore, SOS may come from all economic sectors, both public and private. These reports are then stored in databases accessible to magistrates or judicial police officers (in particular, the National Anti-Mafia Directorate, PNAA, who can use them to formulate crime hypotheses or gather investigative material. From the Bank of Italy, the SOS are transmitted to the police forces, including the PNNA, who coordinates investigations throughout Italy into organized crime.

This system of reporting suspicious transactions has grown like an equatorial forest. Many public and private entities prefer to avoid any suspicion of illigal involvement, so they prefer to err on the side of caution and file many reports, thus avoiding any subsequent potential liability. In 1991, there were only 36 SOS; by 2023, that number had grown to 150,418.

---

due to the significantly damaging nature of such actions. See Ferrajoli L., *Giustizia e politica. Crisi e rifondazione del garantismo penale,* Laterza, Bari, 2024.

31 Cavallaro, R./Bolloli, B., *Il verminaio. L'inchiesta sui dossier dell'Antimafia,* prefazione di T. Cerno, Baldini+Castoldi, Milano, 2024.

6. The Italian scandal regarding SOS is significant for several reasons. First, because it occurred within the 'sacred temple' of the PNAA, the Super Prosecutor's Office created by Judge Giovanni Falcone. The scandal revealed an extraordinary heterogenesis of purposes: even a structure created with the best intentions can sometimes turn into its opposite. Moreover, the scandal shows that not only key political figures were monitored, but also ordinary citizens, for the private purposes of the investigators. What happened in Italy, therefore, sheds light on potential institutional deviations, using the pretext of controlling money laundering and reinforcing legality. It serves as a warning bell for Europe. The number of money laundering cases registered at Eurojust has steadily increased since 2016. Today, money laundering remains among the top three types of crime Eurojust handles annually.

The EU aims to significantly increase the security and transparency of financial transactions involving member states and other countries. In this multilevel control effort, Eurojust, the Financial Action Task Force (FATF), and the European Anti-Money Laundering Authority (AMLA) stand out[32]. A new European authority will become operational in January 2025, with over 400 staff members. The AMLA aims to prevent money laundering and terrorism financing by enhancing supervision and improving cooperation. It will directly oversee all European financial institutions at risk of money laundering or terrorist financing. Germany submitted its application to host the AMLA on 8 November 2023 and has worked with remarkable determination to have the new headquarters. The fundamental issue, as the Italian experience teaches, is that financial data acquisition inevitably involves information from various economic and institutional areas in any investigation. Therefore, through money laundering analyses, EU authorities can access all national databases and essential details of each country[33].

The issue of money laundering can become a "lock pick" to open the safe of a nation's most significant secrets. Some in Europe have understood this point very well; it is unclear how many have also realized the potential for misuse under the guise of combating money laundering. The Italian

---

[32] Ferrigni N., "La sicurezza come metodo, il metodo nella sicurezza", in Forgione, A./Massucci, R./Ferrigni, N., (a cura di), *Per una cultura della sicurezza condivisa. Trattato di sicurezza pubblica,* FrancoAngeli, Milano, 2020, pp. 39-54

[33] Abel Souto, M., "El blanqueo de dinero como innovador instrumento de control económico y social", *Revista Cuatrimestral Europea sobre Prevención y Represión del Blanqueo de Dinero,* no. 1, 2014, 11-65.

experience—once again—has been at the forefront of a serious criminological problem, both for better and for worse.

7. No European state has acted against the mafias with determination and perseverance comparable to Italy. The assets confiscated from organized crime are estimated at around 35 billion euros—a treasure that public authorities have not always been able to manage. The asset seizures have multiplied primarily through money laundering allegations, but the subsequent inadequacy of many governmental and judicial agencies has emerged[34].

Furthermore, while the old Sicilian mafia has been hit hard (all its bosses have been imprisoned and the political connections have been destroyed), the country is today infested by new mafias, powerful and non-indigenous, which come from close and distant countries, from Albania to Nigeria, from Georgia to Latin America[35]. In some respects, other Italian and foreign criminal organizations have replaced the old Sicilian mafia. Along with the criminological aspects, there are many others of a political, sociological, and historical nature rooted in the international context[36].

In conclusion, we need to strengthen our knowledge of the logic of internal drug consumption and the routes of international drug trafficking, understanding to what extent it will be genuinely possible to counter integrated criminal networks that make use of institutional protection for the

---

34 There have been so many critical issues in the Italian fight against the mafia that observers have often preferred to resort to the novel because reality has surpassed routine criminological imagination; see Pilato, F., *Il magistrato ipocrita. La prima inchiesta giornalistica di Carlo Lozzi, tra mafia, massoneria, magistratura e poteri occulti*, Panda, Andalo, 2023; Lucio, L., *La notte dell'Antimafia. Una storia italiana di potere, corruzione e giustizia negata*, preface by Enrico Bellavia, Aliberti, Reggio Emilia, 2024.

35 Di Nicola, A./Musumeci, G., *Cosa loro, cosa nostra: come le mafie straniere sono diventate un pezzo d'Italia*, Utet libri, Milano, 2021.

36 Some "repentants" of predatory finance have lengthily described various unpleasant aspects of the general situation; Bernstein, J., *Secrecy World: Inside the Panama Papers, Illicit Money Networks, and the Global Elite*, Picador, London, 2018; Obermaier B./Obermaier F., *The Panama Papers: Breaking the Story of How the Rich and Powerful Hide Their Money*, One World, London, 2017; Perkins, J., *Confessions of an Economic Hit Man*, Ebury, London, 2005; Perkins, J., *The Secret History of the American Empire: The Truth About Economic Hit Men, Jackals, and How to Change the World*, Penguin, London, 2007. For a recent critical analysis of the general framework regarding money laundering, Napoleoni L., *Technocapitalism. The Rise of the New Robber Barons and the Fight for the Common Good*, Seven Stories Press, London, 2024

concealment and speculative reinvestment of immense profits. There are enormous financial flows upstream and downstream of drug trafficking. Without a global perspective, victory in the war on drugs is impossible. In a new approach, the very definition of a crime should be taken into new consideration, as has been underlined for a long time from a theoretical point of view[37]. There is a need for a decisive change in international cooperation because local victories or the mere seizure of drug shipments are of little use, the loss of which often represents a cost that has already been budgeted for and sometimes even secretly negotiated.

Observing the criminological aspects of money laundering in Italy demonstrates that the international dimension has been decisive and is still of primary importance[38], including national egoism and misperception of the interests[39]. Miguel Abel Souto is the Western author who has best captured the new spirit of the times, reasoning in light of the most solid categories of criminological and penal culture[40]. As he has explained on multiple occasions, money laundering, like COVID-19, has taught the world that global phenomena require global responses; isolated state initiatives are doomed to failure[41]. Since his early work on money laundering, Souto has highlighted a great problem: the funds managed by illegal organizations can "influence the macroeconomic parameters of a nation. Transnational criminal organizations, so called because of their transnational nature, earn even more than the GNP of several developed countries from drug trafficking alone"[42]. No person is an island, and neither are nations. Therefore, never ask for whom the bell tolls. It tolls for each of them.

---

37 Vold, G. B., *Theoretical Criminology*, Oxford University Press, Oxford, 1991.

38 Ferrigni N., "Ripensare la sicurezza", in Ferrigni, N. (a cura di), *Insecuritas e sistema-mondo. Problemi globali, prospettive locali*, Morlacchi, Perugia, 2018, pp. 7-8.

39 Abel Souto, M. *La expansión penal del blanqueo de dinero*, Centro Mejicano de Estudios en lo Penal Tributario, Méjico, 2016, pp. 1-183.

40 Gammone, M./Granata, P./Sidoti, F., "Riciclaggio e sistema penale in Miguel Abel Souto", in Abel Souto, M./Lorenzo Salgado, J.M./Sánchez Stewart, N. (coords.) *VIII congreso sobre prevención y represión del blanqueo de dinero*, op. cit., pp. 529-542.

41 Abel Souto, M., *Teoría de la pena y límites al Ius Puniendi desde el Estado democrático*, Dilex, Madrid, 2006; Abel Souto, M., *La pena de localización permanente*, Comares, Granada, 2008.

42 Abel Souto, M. *Normativa internacional sobre el blanqueo de dinero y su recepción en el ordenamiento penal español*, doctoral dissertation, USC, Santiago de Compostela, 2001, p.42; Abel Souto, M., *Normativa internacional sobre el blanqueo de dinero y su recepción en el Ordenamiento penal español*, Editorial B de f, Buenos Aires, 2020.

Blanqueo de capitales en Portugal

JOSÉ DE FARIA COSTA
Catedrático de Derecho penal de la Universidad de Coimbra
Presidente del Centro de Estudios Avanzados en Derecho Francisco Suárez

INTROITO

Hace 30 años, concretamente en 1992, me encontraba en Madrid reflexionando sobre el blanqueo de capitales y sus repercusiones jurídico-penales. Un debate doctrinal, aunque ya entonces intenso, versaba esencialmente sobre la percepción empírico-criminológica de la fenomenología del "reciclaje" o "limpieza" del "dinero sucio" obtenido a través de determinadas actividades delictivas —sobre todo el tráfico *ilícito de drogas*— y el análisis de las principales líneas de política criminal que podrían movilizarse para *prevenir* y *reprimir* esta práctica.

En otras palabras: las principales preocupaciones giraban en torno a la descripción y comprensión precisas de los mecanismos y formas em que se manifiesta el blanqueo de capitales en el contexto de la globalización y la delincuencia económica organizada —nociones que se enriquecieron discursivamente a la luz del entonces incipiente paradigma teórico de la denominada "sociedad del riesgo"— y a la decisión político-criminal de fondo sobre si el Derecho penal debe intervenir en este ámbito y en qué medida.

En ese momento, ante las zonas de opacidad o falta de transparencia generadas por la exasperación de la idea de la libre circulación de bienes y riquezas —zonas muy favorables a una cierta "cultura de la corrupción"—, la gran dificultad era detectar y comprender las intrincadas y sinuosas técnicas de blanqueo utilizadas en los distintos circuitos financieros, así como valorar, a la luz de los conocimientos empíricos disponibles y de las exigencias normativas de idoneidad de los instrumentos jurídicos y de la *ultima ratio, la* capacidad de actuación del ordenamiento jurídico penal.

Con la superación de estas cuestiones —por lo menos en lo que se refiere a lo essencial— se han creado las condiciones para una verdadeira discusión hermenéutica y dogmática —jurídicamente situada en marcos normativos de Derecho positivo— del delito de blanqueo de capitales. Y eso es precisamente a lo que volvemos hoy. A señalar algunas características del actual modelo de lucha contra el blanqueo de capitales (em particular, a lo que se refiere el derecho portugés).

PRIMEROS AFLORAMIENTOS LEGISLATIVOS

Permítanme empezar recordando que, en Portugal, la criminalización del fenómeno que nos ocupa fue introducida inicialmente por una ley de 1993, que tipificaba como delito —en cumplimiento de la Convención de las Naciones Unidas contra el Tráfico Ilícito de Estupefacientes y Sustancias Psicotrópicas— el blanqueo de capitales relacionado con las ventajas derivadas precisamente de esta actividad.

No es que el tráfico ilícito de drogas se hubiera convertido en un reto menos urgente. Pero pronto se hizo evidente que el fenómeno del blanqueo de capitales abarcaba una realidad multidimensional, con un espectro mucho más amplio, y estaba relacionado con nuevos segmentos de delincuencia altamente organizada.

Fue sobre esta base que, en 2004, la definición de lavado de dinero fue incorporada al Código Penal (art. 368-A), con un régimen que ahora abarca las ventajas resultantes de los delitos de proxenetismo, abuso sexual de niños o menores dependientes, extorsión, tráfico de armas, tráfico de órganos o tejidos humanos, tráfico de especies protegidas, fraude fiscal, tráfico de influencias, corrupción, entre otros, incluyendo una cláusula de extensión legal basada en el marco penal del delito base.

Y esto ya era una derivación de lo que hoy se conoce como "colaboración recompensada": la posibilidad de una atenuación especial de la pena para el agente que colabore/ayude concretamente en la obtención de pruebas decisivas para la identificación o captura de los responsables de la comisión de los ilícitos típicos de los que proceden las ventajas.

Así pues, en el contexto del *Derecho penal propiamente dicho,* no se ha producido en los últimos años ningún cambio estructural en el modelo básico que el legislador portugués decidió favorecer en materia *de represión del* blanqueo de capitales.

En realidad, los cambios sólo han consistido en ampliar la lista de delitos básicos o el alcance de la pena, concretamente con la disposición, introducida en 2020, que castiga a quien, sin ser autor del hecho típico ilícito del que proceden las ventajas, las adquiera, posea o utilice, con conocimiento, en el momento de la adquisición o en el momento inicial de la posesión o utilización, de esa capacidad.

EVOLUCIÓN Y DESAFÍOS ACTUALES

Sin embargo, esto no quiere decir que no existan indicios de cambio en aspectos laterales o colindantes que de alguna manera están vinculados al tratamiento jurídico y penal del blanqueo de capitales. Ello es evidente ante un vértigo social que tiende a convertir la lucha contra *la corrupción en una* bandera de purificación moral de la comunidad, en una unilateralización del clamor por castigar a los "poderosos" a cualquier precio.

Baste mencionar la reanudación del debate parlamentario em torno de la tipificación del delito de enriquecimiento ilícito de políticos y altos cargos públicos. En este sentido, ya tuvimos ocasión de manifestarnos (en términos críticos) en una anotación a la sentencia del Tribunal Constitucional que declaró inconstitucional el decreto de la Asamblea de la República que introducía el nuevo delito, entre otras buenas razones porque no era posible identificar ningún auténtico bien jurídico merecedor y necesitado de la especial protección que sólo el derecho penal es capaz de ofrecer.

De hecho, debemos, tambien, recordar que, en términos de pérdida de patrimonio a favor del Estado (tras una condena por la comisión de un delito), el blanqueo de capitales ya está vinculado a una especie de enriquecimiento ilícito. Al fin y al cabo, se presume que la diferencia entre el valor del patrimonio del acusado y el valor de sus ingresos lícitos es una ventaja de la actividad delictiva.

4.

Quizás el único cambio importante que se percibe claramente en Portugal en el sistema jurídico de lucha contra el blanqueo de capitales sea en el ámbito de la *prevención.*

De hecho, el corsé represivo adoptado en 2004 necesitó ser acompañado poco después, en 2008, por un brazo preventivo que ya revelaba la orientación político-criminal que configuraría todo el desarrollo más reciente del enfoque legislativo, muy influido por los compromisos adquiridos en el ámbito europeo: la conexión instrumental entre la lucha contra el blanqueo de capitales y la lucha contra *la financiación del terrorismo.*

Esto implicaba la necesidad de traer a colación otro importante ámbito generador de normas jurídicas, que va de la mano del propio Derecho penal: el *Derecho de mero orden social.*

Por lo que a nosotros respecta, no es difícil reconocer la existencia de una diferencia genuinamente cualitativa (y no meramente cuantitativa) entre el Derecho penal en sentido estricto y el Derecho de "mero orden social". Sin embargo, no nos cabe duda de que este último sector del *multiverso jurídico* también integra normativamente la disciplina del Derecho penal en su sentido más amplio, entendida —como hemos sostenido— como a "nueva ciencia del Derecho penal total".

Con ello queremos decir que, en relación con las grandes preocupaciones de nuestro tiempo, las posibilidades de intervención del Derecho penal (propiamente dicho) no pueden entenderse plenamente si no se contrastan con las posibilidades de intervención del Derecho de mero orden social.

Entre otras cosas porque, de este modo, con un planteamiento tan holístico, se gana mucho en la comprensión de que el Derecho penal en sentido estricto es el auténtico fundamento de la *retribución,* y que la prevención debe circunscribirse al ámbito del mero Derecho de orden social.

Un ejemplo especialmente gráfico de lo que acabamos de decir lo tenemos, si no lo vemos, precisamente en el escenario del blanqueo de capitales.

En efecto, en materia de prevención del blanqueo de capitales mal habidos, la legislación de 2008 impuso una serie de obligaciones generales y específicas a las organizaciones financieras y no financieras enumeradas en ella: deberes de identificación, diligencia, rechazo, conservación, examen, comunicación, abstención, colaboración, secreto, control y formación.

Estas obligaciones legales estaban de alguna manera intencionadamente vinculadas a una lógica de mayor vigilancia sobre las *operaciones sospechosas.* En otras palabras: un seguimiento y un cuidado más intensos sobre las operaciones o los operadores financieros que indicaban un *riesgo fundado de* implicación en un circuito de "saneamiento" de las ventajas obtenidas de la comisión de delitos.

El legislador convirtió la violación de estos deberes de cooperación en una infracción administrativa, con la imposición de multas muy elevadas a las personas y empresas responsables, a lo que se añadió una norma que sanciona la negligencia, sin embargo de la reducción de los límites mínimo y máximo de la multa.

Este régimen fue finalmente reforzado por una nueva ley en 2017, siempre en el marco de una lectura que vincula empíricamente la lucha contra el blanqueo de capitales y la lucha contra la financiación del terrorismo, esta vez con énfasis en una clara intensificación de los deberes de las entidades que desarrollan actividades inmobiliarias.

De hecho, todas las obligaciones de identificación, diligencia, conservación, comunicación y formación establecidas en este marco culminan en la imposición de un deber de control muy amplio que obliga a los agentes económicos del sector inmobiliario a gestionar eficazmente los riesgos de blanqueo de capitales y financiación del terrorismo, con la adopción de prácticas adecuadas para reconocerlos, evaluarlos y mitigarlos.

CONTRIBUCIONES JURISPRUDENCIALES

Por otra parte, tanto los tribunales nacionales como los europeos están haciendo hincapié en la creciente tendencia a reforzar los mecanismos de lucha contra el blanqueo de capitales, garantizando al mismo tiempo los derechos procesales de los acusados.

En Portugal, la legislación se ha adaptado para incluir una gama más amplia de delitos subyacentes y reforzar las obligaciones preventivas de las entidades financieras y no financieras.

A escala europea, las decisiones del TJUE y del TEDH reflejan una preocupación constante por armonizar las normas y la eficacia de las medidas contra el blanqueo de capitales, garantizando al mismo tiempo el respeto de los derechos fundamentales.

A ejemplo:

1. **Sentencia del Tribunal Supremo de Justicia (TSJ) de 21 de diciembre de 2022**: abordó la cuestión de las pruebas obtenidas mediante acuerdos de culpabilidad en casos de blanqueo de capitales, reafirmando la necesidad de un equilibrio entre los derechos del acusado y la eficacia de la investigación penal.
2. **Sentencia del Tribunal Constitucional de 14 de febrero de 2023**: examinó la constitucionalidad de las disposiciones legales que permiten la inversión de la carga de la prueba en los casos de blanqueo de capitales, manteniendo la validez de estas disposiciones desde la perspectiva de la proporcionalidad y la necesidad en la lucha contra la delincuencia organizada.

3. **Sentencia del Tribunal de Apelación de Lisboa de 3 de mayo de 2023**: discutió la aplicación práctica de las medidas preventivas previstas en la Ley 83/2017, especialmente en el sector inmobiliario, destacando la responsabilidad de las entidades obligadas en la identificación y comunicación de operaciones sospechosas.
4. **Tribunal Europeo de Derechos Humanos (TEDH)-Caso Beuze contra Bélgica, 9 de noviembre de 2022**: el TEDH se pronunció sobre la compatibilidad de los procedimientos nacionales contra el blanqueo de capitales con los derechos procesales garantizados por el artículo 6 del Convenio Europeo de Derechos Humanos. Este caso reforzó la necesidad de garantizar la equidad procesal, incluso en investigaciones complejas de blanqueo de capitales.
5. **Tribunal de Justicia de la Unión Europea (TJUE)-Asunto C-366/20, 18 de enero de 2023**: El TJUE interpretó la Directiva (UE) 2015/849 relativa a la prevención de la utilización del sistema financiero para el blanqueo de capitales y para la financiación del terrorismo. El tribunal aclaró el alcance de las obligaciones de diligencia debida de las instituciones financieras, haciendo hincapié en la necesidad de un seguimiento estricto de las transacciones sospechosas y una estrecha cooperación con las autoridades de investigación.
6. **Tribunal de Justicia de la Unión Europea (TJUE)-Asunto C-665/21, 16 de marzo de 2024**: Esta sentencia abordó la cuestión de la proporcionalidad de las sanciones administrativas impuestas a las instituciones financieras que incumplieron sus obligaciones de notificación de transacciones sospechosas. El TJUE reafirmó que las sanciones deben ser efectivas, proporcionadas y disuasorias, de conformidad con el Derecho de la UE.

CONSIDERACIONES FINALES

El problema de legitimación es grave y no tardará en plantearse: con semejante modelo de progresiva ampliación de las exigencias de colaboración de los particulares, incluso en la fase previa al hecho penalmente relevante, ¿no está el Estado delegando en el tejido empresarial de los más diversos sectores de la actividad económica su función político-criminal más fundamental, que es precisamente la de asumir la tarea de impedir que se cometan delitos? ¿Cómo puede justificarse esta renuncia?

Dicho de otro modo: ¿esta transferencia de competencias y funciones no esconde o encubre una privatización ilegal de la tarea de prevención de la delincuencia? A nosotros nos lo parece. Y con todos los peligros en cascada que tal rotación del sistema conlleva.

Por ejemplo: El deber (impuesto a todas las entidades) de comunicar mensualmente las operaciones sospechosas —definidas en función de determinados importes o por determinadas formas de pago— al Departamento Central de Investigación y Actuación Penal de la Fiscalía General del Estado y a la Unidad de Información Financiera de la Política Judicial, ¿no contribuye a crear un clima de sospecha generalizada (persecución) que sólo libera a la comunidad organizada como Estado de la carga de encontrar *justa causa* —a través de la investigación de indicios de blanqueo de capitales y financiación del terrorismo— para inmiscuirse en la esfera de autonomía del particular? ¿Existe un deber de solidaridad entre los particulares y el Estado que permita una exigencia de colaboración cuyo incumplimiento se sancione con una multa?

Sabemos que este problema parece ser transversal al Derecho penal contemporáneo. Aquí el legislador democráticamente legitimado tiene y tendrá un importante papel que desempeñar. Sin embargo, este no ha sido el caso en Portugal.

En primer lugar, se plantea el dilema de si reforzar institucionalmente e invertir materialmente en los medios de prevención e investigación del delito ya existentes, o si ceder a la tentación de hacer recaer sobre los particulares las tareas básicas de un Estado que prefiere mantenerse atado a los pilares del Derecho *penal liberal*, ya sea a través de la mencionada colaboración con premios o de mecanismos tecnocráticos de autorregulación de las empresas, en la línea del llamado *riesgo de gobernanza, como los* programas de *compliance penal.*

En nuestra opinión, el legislador debe liberarse del dilema y sin reservas. Ayer era demasiado tarde: hay que reforzar e invertir en los medios de prevención e investigación criminal.

Una reflexión sobre las penas y las circunstancias agravantes de la Directiva 2018/1673 sobre lucha contra el blanqueo mediante el Derecho penal[1]

MIGUEL ÁNGEL NÚÑEZ PAZ
Catedrático de Derecho penal
Universidad de Huelva

En las últimas décadas, Europa se ha visto inmersa en una desmedida sucesión normativa que, como hemos señalo en trabajos anteriores[2], atenta incluso contra la seguridad jurídica y cuyas fórmulas de lucha contra el blanqueo de dinero se han venido estructurando sobre dos vías: la administrativa, más frecuente y de carácter esencialmente preventivo/administrativo, y la penal, tradicionalmente menos homogénea, y de ámbito represivo/penal.

No obstante, a pesar de esta dualidad, el fin nuclear de ambas es idéntico, "pues en el fondo subyace el objetivo de proteger íntegramente el sistema financiero y económico"[3].

---

1 Estudio integrado en el Proyecto PID2021-126422OB-I00 (AEI/FEDER, UE), financiado por la Agencia Estatal de Investigación (Ministerio de Ciencia e Innovación) y la Unión Europea: Blanqueo de dinero, mundo digital, reformas de 2021 y la posibilidad de un Derecho penal europeo.

2 Vid. Núñez Paz, El tratamiento penal del blanqueo urbanístico en tiempos de crisis económica, Revista penal, Núm. 46, 2020, pp. 157-168; el mismo, Relaciones entre lavado de activos y delitos relativos al urbanismo. Orígenes de la perspectiva española, año 5, núm. 9 (julio-diciembre 2021), Rev. CAP Jurídica Central, Quito, pp. 77 y ss.; el mismo, en un estudio más completo sobre el tema en Reforma legislativa, intensificación punitiva y cualificaciones del blanqueo. Al hilo de los tipos agravados de blanqueo de dinero procedente de la trata, prostitución y explotación sexual, delitos contra los ciudadanos extranjeros y corrupción de menores, en Revista General de Derecho penal/nº40/noviembre 2023.

3 En este sentido, Abel Souto, M., El nuevo tipo agravado de blanqueo en el ejercicio profesional de los obligados por la normativa de prevención, incorporado al código penal español por la Ley orgánica 6/2021, y los proveedores de servicios

Las últimas y más relevantes referencias europeas en ambos ámbitos, vienen ofrecidas por: -la Directiva 2018/843, de 30 de mayo (V Directiva contra el blanqueo) que modifica la IV Directiva de 2015). Esta Directiva de 2018, con sus novedades expansivas, fue transpuesta a Derecho interno español mediante el Real Decreto Ley 7/2021, de 27 de abril.

Pero esencialmente trascendente en la órbita penal resultó la promulgación de la Directiva (UE) 2018/1673, del Parlamento Europeo y del Consejo, de 23 de octubre de 2018 relativa a la lucha contra el blanqueo de dinero mediante el Derecho penal (la, por algunos como yo, llamada VI Directiva, aunque otros autores entienden que, al ser esta la única que aborda en exclusiva aspectos penales, la sexta debía considerarse a la normativa comunitaria de 2023, que continúa la senda preventivo-administrativa.

Tras todos los anteriores intentos de coordinación, parecía una tarea imposible hacer confluir las grandes divergencias entre las normativas estatales en materia de represión del blanqueo de dinero. Sin embargo, y aunque no sea especialmente favorable a concederle muchos méritos (como también iremos viendo), es cierto que, en algún modo, a través de esta norma secundaria y de las correlativas transposiciones en cada Estado de la UE, ha habido un esfuerzo en adecuar los tipos penales de blanqueo conforme al marco de mínimos, estructurado en la norma comunitaria.

Es decir, consiguen coordinarse en cierta medida cuestiones relevantes como la penológica, las conductas típicas, la responsabilidad penal de las personas jurídicas o, especialmente, incrementar la cooperación entre los distintos Estados miembros. Ante las sucesivas normas en el ámbito de la prevención, el único precedente de esta índole hasta entonces en el ámbito penal era la Decisión Marco del Consejo de 2001, que no parecía muy operativa en orden a luchar contra el blanqueo, pues no atendía a lo que el fenómeno supone por su relevancia tecnológica y transnacional.

TRANSPOSICIÓN DE LOS TIPOS AGRAVADOS DE BLANQUEO

Estando ya recogidas gran parte de las previsiones de dicha Directiva en la regulación del delito de blanqueo de nuestro Código Penal, la reforma supuso básicamente incluir nuevas y extensas agravantes para el delito, a través de dos artículos:

---

de cambio de moneda virtual y de custodia de monederos electrónicos, en *Revista Penal México*, año 2022, nº 20, pp. 17-26.
https://revistaciencias.inacipe.gob.mx/index.php/01/article/view/523

1. El art. 301.1 CP, sobre el que más adelante reflexionaremos con mayor detenimiento, prevé un mayor castigo para el autor del blanqueo cuando los bienes objeto de este procedan de la comisión de alguno de los delitos enumerados en el tercer párrafo del precepto, con la reforma de 2021, se han incrementado aún más los delitos previos que determinan la aplicación de tipos agravados, extendiéndose también ahora, en tales supuestos, las penas contempladas para el tipo básico hasta su mitad superior, es decir, de 3 años y 3 meses a 6 años de prisión y multa del duplo al triplo del valor de los bienes.

Este marco penológico ya se hubiera podido imponer antes de esta reforma, cuando los bienes ilícitos que se pretendían introducir en el tráfico legal hubieran tenido su origen en alguno de los delitos ya entonces comprendidos en el capítulo I del título XVI: delitos contra la ordenación del territorio; o bien en el título XIX, capítulos V: cohecho, VI: tráfico de influencias, VII: malversación, VIII: fraudes y exacciones ilegales y IX: negociaciones y actividades prohibidas a los funcionarios públicos y de los abusos en el ejercicio de su función.

Sin embargo, mediante la reforma de 2021 ese reproche punitivo se amplió también para el caso de que se tratase de alguno de los delitos del título VII bis: trata de seres humanos; del capítulo V del título VIII: prostitución, explotación sexual y corrupción de menores: de la sección 4.ª del capítulo XI del título XIII: corrupción en los negocios y del título XV bis: delitos contra los derechos de los ciudadanos extranjeros.

Incorporándose así, de modo sucesivo y permanente, nuevas figuras delictivas al catálogo de delitos primarios ya contemplados en el Art. 301.1 del Código Penal que daban lugar a agravación, aunque se utilizara anteriormente un menor límite mínimo.

2. En cuanto al Art. 302, La reforma afecta al sujeto activo del delito que sea sujeto obligado por la normativa de prevención del blanqueo de dinero y financiación del terrorismo. La LO 6/2021 de 28 de abril agrava la pena a los sujetos obligados por la normativa de prevención si blanquean en el ejercicio de su actividad profesional.

Sin embargo, la misma LO incrementa también el castigo del blanqueo cuando los bienes procedan, como acabamos de ver, de supuestos de corrupción, trata de seres humanos, delitos contra los ciudadanos extranjeros, relativos a la prostitución y a la explotación sexual, corrupción de menores y en los negocios, aunque se trate de agravaciones que no resultaran obligatorias según la (VI) Directiva 2018/1673. Si bien esta sí que se ocupó, por cierto, de la responsabilidad de las personas jurídicas (Transpuesta al Art. 302.2 CP).

La realidad es que, desde Europa, simplemente se dispuso que, en relación a las agravaciones del blanqueo, los países de la Unión "podrían prever" como agravantes, las referidas a los bienes que "provengan de uno de los delitos a que se refiere el artículo 2, punto 1, letras a), e) y h)". Por tanto, la Directiva, tenía por objeto la voluntad de establecer normas mínimas relativas a la definición de los delitos y las sanciones del blanqueo de dinero.

Se excluyó expresamente de su ámbito de aplicación el blanqueo referido a bienes provenientes de delitos que afecten a los intereses financieros de la Unión, que se halla sujeto a las normas específicas establecidas en la Directiva (UE) 2017/1371.

Su finalidad respondía, así pues, a tipificar el delito el blanqueo de dinero cuando se hubiera cometido intencionadamente y a sabiendas de que los bienes provenían de una actividad delictiva.

En definitiva, parece que la LO 6/2021, de 28 de abril, generó otro ajuste excesivo a la sanción del blanqueo de dinero, dentro del censurable y censurado proceso de extensión de su castigo y de ampliación del catálogo de delitos previos que suponen la aplicación de tipos agravados.

Por supuesto, ese esfuerzo normativo no puede hallarse exento de otras críticas, que ahora valoraremos, tanto desde el punto de vista técnico como también del sistemático.

Y es que, además, la solución no concuerda con la consideración manifestada en la propia motivación de la LO, que señalaba que la transposición de la directiva implicaría "una mínima intervención normativa".

Hasta la Reforma de la LO 5/2010 existía una serie de tipos agravados:

– en primera instancia, por la procedencia de los bienes, cuando estos derivaban de un delito de narcotráfico

– y, en segundo lugar, cuando provenían de delitos cometidos por organizaciones criminales que se dedicaban específicamente al blanqueo de dinero.

Estos tipos se incrementaron con las Reformas posteriores, y esa línea de ampliación se ha confirmado con la LO 6/2021 que transforma nuevamente diversos supuestos básicos en agravados.

Es cierto que el legislador ha intentado, desde hace ya bastante tiempo, una estrategia para dificultar las vías de blanqueo de dinero en determinados ámbitos que se han revelado especialmente proclives a la ocultación de operaciones económicas ilícitas y especialmente dañinas para las instituciones y para la confianza de los ciudadanos en ellas, y ello parece razonable.

Pero resulta claro que la gravedad de los vínculos entre el blanqueo y los delitos precedentes no puede por sí sola volver a justificar una y otra vez el agravamiento específico del castigo.

Por medio de la LO 6/2021 se establecen nuevos delitos previos cuya concurrencia supone la aplicación de tipos agravados con sus correspondientes penas de prisión y de multa, incrementadas. La reforma parece entender que dichas sanciones resultarían más eficaces y tendrían un mayor efecto intimidatorio en los supuestos en los que el delito previo sea de tal gravedad.

Sin embargo, pienso, con otros colegas[4], que la técnica legislativa consistente en este sistema amplísimo de numerus clausus respecto de los delitos previos, puede no solo llegar a ser ineficaz, sino hasta prostituir el sentido de la tipificación. Y todavía más si la tendencia en futuras reformas es la de continuar ampliándose.

Desde el punto de vista técnico, vengo manteniendo hace tiempo que resulta insostenible la agravación de las penas en base al blanqueo por el origen de los bienes, habida cuenta de que desposeeremos de autonomía a este tipo penal para atender al delito base.

Es evidente que la enorme amplitud del listado de delitos que permiten acudir al tipo agravado hace que el ámbito de aplicación del tipo básico se siga reduciendo considerablemente a favor de aquel; dado que, con excepción del tráfico de drogas y de precursores, que ya integraban el tipo agravado (en la redacción anterior a la entrada en vigor de la reforma de 2010), son los delitos precedentes, añadidos en las últimas reformas del tipo agravado, los que de ordinario generan bienes ilícitos que blanquear.

Es decir, la atención que hay que prestar a los delitos previos, ya que determinan si procede aplicar el tipo básico o cualificado, puede desnatu-

---

4 León Alapont, J., Una reforma más del delito de blanqueo de dinero en España: La Ley Orgánica 6/2021, de 28 de abril, en Abel Souto/Lorenzo Salgado/Sánchez Stewart coords., *VIII Congreso internacional sobre prevención y represión del blanqueo de dinero,* Tirant lo Blanch, Valencia, 2022, pp. 867-873; en el mismo sentido, González Quinzán, Y., Transposición de la Directiva (UE) 2018/1673 y reforma de los tipos penales de blanqueo en España, *Cartapacio de Derecho,* Vol. 42, Revista Electrónica de la Facultad de Derecho, Universidad Nacional del Centro de la Provincia de Buenos Aires, 2022, p.20.

ralizar la esencia misma de una agravación, convirtiéndose más bien ésta en la regla general y el tipo básico, lamentablemente, en residual.

Por cierto, la regulación actual resulta cada vez más incompatible con la idea originaria del Código Penal vigente que pretendía tipificar y sancionar "especialmente" el blanqueo de dinero "procedente del narcotráfico", pues a este se han ido añadiendo cada vez más y más tipos cualificados que hacen que el ámbito de aplicación del tipo básico se diluya frente a la expansión de la agravación dejando un referente, que se presentaba como cardinal, apenas empleado.

Además, conviene recordar que, si estamos hablando de cualificaciones del delito blanqueo, parece que lo que realmente puede determinar el mayor contenido de injusto es el valor de lo blanqueado y, por tanto, sobre él debería operarse para agravar la pena. El fundamento de la agravación radicaría en el mayor volumen de bienes ilícitos puestos en circulación, por tanto, el tipo cualificado habría de centrarse en dichas características del objeto material, es decir, en la importancia de la cantidad blanqueada, y nunca en la naturaleza del delito previo. Atendiendo al valor de los activos, en el fondo, es como se conseguiría combatir realmente la mayor introducción de bienes de origen delictivo en el tráfico legal.

La incriminación del blanqueo ha quedado en gran parte privada de contenido material independiente y sólo ha pasado a ser un refuerzo del bien jurídico ya protegido mediante el delito del que deriva el dinero a blanquear. Y si tratáramos de buscar justificación al tipo agravado en atención a los bienes jurídicos protegidos, no podremos encontrar valores tutelados diferentes a los que se defienden mediante el tipo básico, ya que, convendrán conmigo y con buena parte de la doctrina, que el orden socioeconómico no va a resultar más lesionado por el blanqueo de dinero que proceda de estos delitos[5].

En mi opinión, el defecto sustancial radica en el propio fundamento de las cualificaciones, que no subyace, como dijimos, en el mayor reproche (no sería per se más culpable el que convierte bienes vinculados al urbanis-

---

[5] Así lo precisaban a tenor de la reforma de 2010, Berdugo Gómez de La Torre/ Fabián Caparrós, La "emancipación" del delito de blanqueo de capitales en el Derecho penal español, en Núñez Paz (Ed.), Un Derecho penal comprometido, LH a Gerardo Landrove Díaz, Tirant lo Blanch, Valencia, 2011, pp.117 y ss.; en el mismo sentido, Núñez Paz, El tipo agravado de blanqueo procedente de delitos urbanísticos, cit., pp. 327 y ss.

mo, la corrupción o a la trata, por ejemplo, que los que blanquean dinero derivado de otros delitos graves, como el asesinato).

Igual que el fundamento de las agravaciones no subyace tampoco en la presión internacional, puesto que, en el entramado normativo que citábamos al comienzo, ningún instrumento supraestatal obligaba, al menos originariamente, a agravar la pena del blanqueo en todos estos casos.

No parece, por tanto, que esta fórmula legislativa recurrente haya demostrado ser la mejor forma de resolver una de las materias más problemáticas en la regulación de nuestro Código.

Más bien creo que resulta una equivocación que el legislador haya decidido continuar ampliando este dilatado y difuso párrafo tercero al art. 301.1, agravando el castigo de quienes legalizan bienes derivados de multiplicidad de delitos, del mismo modo que ya se hizo —por cierto— con motivo de la redacción original del Código Penal en 1995 respecto del tráfico de drogas y sus subsiguientes ampliaciones.

Así pues, el legislador adopta una medida incoherente e injusta:

Incoherente, confusa, ya que no tiene sentido que se haya presumido de fortalecer la autonomía del delito de blanqueo de dinero con algunas medidas y, al mismo tiempo, se esté permanentemente avanzando hacia nuevas posibilidades para el castigo en la infracción determinante.

Y es injusta, porque el legislador vuelve a acudir a referencias sobre la supuesta obligatoriedad europea o a la alarma social, olvidando que existe un importante catálogo de delitos que protegen bienes jurídicos de extraordinaria importancia y que, sin embargo, no disfrutan de protección adicional[6].

Además, y por si hubiera duda, para los tipos cualificados introducidos, existe además una dramática presunción de que las sumas blanqueadas procedentes de cualquiera de estas infracciones previas prevalecen ante las derivadas de otros delitos, no incluidos allí, resultando una hipótesis difícilmente admisible desde el punto de vista político criminal.

Tampoco hay que olvidar el propio afán regulatorio mostrado por el legislador español, no exigido a nivel comunitario, como mencionaba anteriormente.

---

6 Vid. Núñez Paz, El tipo agravado de blanqueo procedente de delitos urbanísticos, cit., pp. 328 y ss.

Lo cierto es que las agravaciones de los tipos básicos se determinan fundamentalmente por comportar tales supuestos un mayor contenido de injusto o daño.

Ahora bien, atendiendo a los delitos antecedentes, la mayor parte son delitos menos graves y de ellos no resultan bienes o cuantías excesivamente elevadas para su posterior blanqueo[7].

Conviene recordar en este sentido que se podría haber aprovechado la posibilidad que la permitía la VI Directiva para que cada Estado miembro regulase como agravante el hecho de que el valor de los bienes, como hemos resaltado algunos autores desde hace largo tiempo[8], objeto de blanqueo fuese considerable; sin duda, el legislador debió valorar tal cosa a la hora de aumentar el reproche penal.

Por tanto, como se ha reiterado por un importante sector doctrinal, en el que me incluyo, se ha desperdiciado de forma incomprensible ese escenario a la hora de regular los analizados tipos cualificados de blanqueo, ello "pese a su eficacia, proporcionalidad y carácter intimidatorio[9].

También me gustaría expresar mi opinión sobre la falta de legitimidad del incremento de punición penal (en este u otros ámbitos), conforme al carácter de ultima ratio del derecho penal, cuando no se ha llevado a cabo en tantos años un esfuerzo solvente para implementar elementos sólidos de prevención.

Tampoco quiero obviar que, respecto de los delitos que generan el blanqueo, muchos —entre el resto de las modalidades agravadas— no han venido representando una cifra exageradamente alta si se compara con el blanqueo procedente de diversas formas de corrupción, ordenación del territorio u, obviamente, fraude fiscal o narcotráfico, incluso si el análisis fuera realizado en términos jurisprudenciales (recordemos que el 94% de

---

7 Abel Souto, M., Tres décadas de expansión en el castigo del blanqueo de dinero, en Abel Souto/Brage Cendán/Guinarte Cabada/Martínez-Buján Pérez/Vázquez-Portomeñe Seijas coords, *Estudios penales en homenaje al profesor José Manuel Lorenzo Salgado,* Tirant lo Blanch, Valencia, 2021, pp. 27-39.

8 Por todos, Vidales Rodríguez, C., quien lo señalaba ya en su Tesis doctoral, hace más de dos décadas (Los delitos de receptación y legitimación de capitales en el Código Penal de 1995, Tirant lo Blanch, 1997).

9 Vid., por todos, Abel Souto, La comisión del delito de blanqueo de dinero…, cit., pp. 501 y ss. En el mismo sentido, Vid. Núñez Paz, El tipo agravado de blanqueo procedente de delitos urbanísticos, cit., pp. 328 y ss.

las sentencias sobre las agravaciones del blanqueo hasta 2024 siguen vinculándose al narcotráfico).

A partir de todos estos argumentos, resulta aún más curioso que, hasta la Ley Orgánica 6/2021, de 28 de abril, se hayan seguido incluyendo más figuras en este párrafo tercero del art. 301.1, en el que, con similar técnica, se agravan aún más las consecuencias penales.

En definitiva, la regulación agravatoria introducida en el art. 301 desde 2010 hasta 2021, resulta, como se deduce de todo lo desarrollado, tanto técnica como político-criminalmente desafortunada.

Proveedores de servicios de cambio de moneda virtual y de custodia de monederos electrónicos y tipos agravados de blanqueo de la LO 6/2021 y la Directiva 2018/1673

DIEGO JOSÉ GÓMEZ INIESTA
Profesor titular de Derecho penal
Facultad de Derecho de Albacete, Universidad de Castilla-La Mancha

INTRODUCCIÓN

La lucha contra el blanqueo de dinero constituye una prioridad tanto a nivel internacional como nacional debido a su significativo impacto en el sistema económico-financiero[1]. En respuesta a esta amenaza, las legislaciones de numerosos países, incluida España, se actualizan sin cesar para reforzar sus marcos normativos y optimizar la efectividad de las normas preventivas y sancionadoras[2]. La necesidad de adaptar la regulación a los cambios actuales de manera rápida y eficaz frente a operaciones de blanqueo muy complejas en el ámbito de las nuevas tecnologías resulta imprescindible, apareciendo como ineludible la adecuación de la regulación a los nuevos tiempos en la búsqueda por mitigar, en lo posible, el riesgo que presentan las fuentes anónimas y todo lo relacionado con la irreversibilidad de las operaciones y la complejidad tecnológica[3].

---

1 Por todos, Bongani Sibindi, A. y Gaviyau, W., "Global Anti-Money Laundering and Combating Terrorism Financing Regulatory Framework: A Critique", en *Journal of Risk and Financial Management,* 16 (7), 2023 (disponible en: https://doi.org/10.3390/jrfm16070313); y, Unger, M. *et al.*, "The amounts and the effects of money laundering", en *Report for the Ministry of Finance,* febrero 2006, *passim.*

2 González Quinzán, Y., "Normativa internacional sobre el blanqueo: más allá de las directivas de la Unión Europea", en *Cadernos de Dereitto Actual,* núm. 22, 2023, pp. 421 y ss.

3 Vid. GAFILAT-Spanish-Virtual Assets-Red Flag Indicators.pdf.coredownload.inline.pdf (fatf-gafi.org). En la doctrina, Abel Souto, M., "Money Laundering, Cybercrime and Criminal Responsibility of Legal Persons", en Liu, Y., Tian, M., Shao, Y.

En este contexto, la Ley Orgánica 6/2021, de 28 de abril[4], representa una paso decisivo en la modernización del Código penal, al llevar a cabo una serie de modificaciones importantes en el tratamiento penal del blanqueo, en línea con las directrices establecidas por la Unión Europea, en particular de las emanadas de la Directiva (UE) 2018/1673[5] y las reformas subsecuentes aprobadas en junio de 2024[6], con las que se trata de abarcar, entre otros aspectos, el entorno criptográfico, ampliándolo a todos los proveedores de servicios virtuales y sometiéndoles a la normativa preventiva, de forma primordial, en lo relativo a la diligencia debida, trazabilidad de la operativa, etc. A partir de ello, no solo se busca crear un entorno regulador

---

(eds.), *Cybercrimes and Financial Crimes in the Global Era*, Springer, Singapore, 2022 (DOI: https://doi.org/10.1007/978-981-19-3189-5_16lecciones).

4 Ley Orgánica 6/2021, de 28 de abril, complementaria de la Ley 6/2021, de 28 de abril, por la que se modifica la Ley 20/2011, de 21 de julio, del Registro Civil, de modificación de la Ley Orgánica 6/1985, de 1 de julio, del Poder Judicial y de modificación de la Ley Orgánica 10/1995, de 23 de noviembre, del Código penal (disponible en: https://www.boe.es/eli/es/lo/2021/04/28/6).

5 Directiva (UE) 2018/1673 del Parlamento Europeo y del Consejo, de 23 de octubre de 2018, relativa a la lucha contra el blanqueo de capitales mediante el Derecho penal (disponible en: https://www.boe.es/doue/2018/284/L00022-00030.pdf). Vid., entre otros, Lorenzo Salgado, M., "El blanqueo de dinero procedente de los delitos descritos en los artículos 368 a 372 del CP y las nuevas tendencias de financiación del terrorismo advertidas por las Directivas de 2018", en Abel Souto/Lorenzo Salgado/Sánchez Stewart (coords.), *VII Congreso sobre prevención y represión del blanqueo de dinero, Tirant lo Blanch, Valencia, 2020,* p. 465; Sanz Hermida, A.M., "The fight against money laundering through criminal Law in the European Union", en *Journal of Applied Business and Economics,* vol. *22, núm.* 3, pp. 77 y ss. (DOI: https://doi.org/10.33423/jabe.v22i3.2857); y, Matallín Evangelio, "¿Qué ha cambiado en el concepto de blanqueo con la Directiva 2018/1673, de 23 de octubre, relativa a la lucha contra el blnaqueo de capitales mediante el Derecho penal?", en León Alapont (dir.), *Temas clave de Derecho penal. Presente y futuro de la política criminal en España,* Bosch Editor, 2021, pp. 447 y ss.

6 Directiva (UE) 2024/1640, de 31 de mayo, relativa a los mecanismos que deben establecer los Estados miembros a efectos de la prevención de la utilización del sistema financiero para el blanqueo de capitales o la financiación del terrorismo, que deroga la actual Directiva (UE) 2015/849; Reglamento (UE) 2024/1620, de 31 de mayo, por el que se crea la Autoridad de Lucha contra el Blanqueo de Capitales y la Financiación del Terrorismo; y, Reglamento (UE) 2024/1624 del Parlamento Europeo y del Consejo, de 31 de mayo de 2024, relativo a la prevención de la utilización del sistema financiero para el blanqueo de capitales o la financiación del terrorismo, que conforman el actual marco jurídico europeo al que se someten los sujetos obligados en la prevención del blanqueo y la financiación terrorista.

adecuado, sino también dar una respuesta penal armonizada, coordinada y efectiva a la amenaza del blanqueo de dinero. En concreto, la Directiva (UE) 2018/1673, bajo la rúbrica "Circunstancias Agravantes", establece como circunstancia vinculante en su artículo 6 que: "1. Los Estados miembros adoptarán las medidas necesarias para garantizar que, en relación con las conductas a que se refieren el artículo 3, apartados 1 y 5 [delito de blanqueo de capitales] y el artículo 4 [complicidad, inducción, tentativa], se consideren como agravantes las circunstancias siguientes: [...] b) que el autor sea una entidad obligada en el sentido del artículo 2 de la Directiva (UE) 2015/849, y haya cometido el delito en el ejercicio de su actividad profesional"[7].

De acuerdo con los principios establecidos a nivel europeo, la modificación del código penal en 2021 endurece las sanciones cuando los bienes provienen de la trata de seres humanos, la prostitución y la explotación sexual, los delitos contra ciudadanos extranjeros, la corrupción de menores y la corrupción en los negocios, que se incorporan a los tipos agravados que se crearon a través de la LO 5/2010, de 22 de junio (cuando los bienes procedan de algunos delitos contra la Administración Pública y los relativos a la ordenación del territorio o el urbanismo)[8] y, añadido a ello, una agravación en el artículo 302.1 CP, segundo párrafo, por el que "también se impondrá la pena en su mitad superior a quienes, siendo sujetos obligados conforme a la normativa de prevención del blanqueo de capitales y de la financiación del terrorismo, realicen cualquiera de las conductas descritas en el artículo 301 en el ejercicio de su actividad profesional", esto es, aquellos que están encargados de prevenir que su actividad financiera,

---

7 En la Propuesta de Directiva del del Parlamento Europeo y del Consejo sobre la lucha contra el blanqueo de capitales mediante el Derecho Penal, Bruselas, 21.12.2016 COM (2016) 826 final, Procedimiento 2016/0414 (COD) ("la Propuesta de Directiva"), la redacción del artículo 6 era más compleja: "b) que el autor del delito tenga una relación contractual y una responsabilidad frente a una entidad obligada o sea una entidad obligada a tenor de lo dispuesto en el artículo 2 de la Directiva 2015/849/UE y haya cometido el delito en el ejercicio de sus actividades profesionales" (disponible en: https://eur-lex.europa.eu/legal-content/ES/TXT/PDF/?uri=CELEX:52016PC0826).

8 Vid. Blanco Cordero, I., *El delito de blanqueo de capitales*, 4ª ed., Cizur Menor/ Thomson Reuters/Aranzadi), 2015, pp. 363 y ss.; Palma Herrera, Los delitos de blanqueo de capitales, Edersa, 2000, p. 785; y, Núñez Paz, M. A., "El tipo agravado de blanqueo de dinero procedente de delitos urbanísticos". en Abel Souto/Sánchez Stewart (coord.), *III Congreso sobre prevención y represión del blanqueo de dinero*, Tirant lo Blanch, 2012, pp. 267-279, 393 y 394.

empresarial o profesional se vincule a operaciones de blanqueo[9], lo que afecta de primera mano a la desarrollada por las plataformas de cambio de moneda virtual y los proveedores de monederos electrónicos, sumándose a la comisión en el marco de una organización delictiva, aumentando las penas, una vez más, en un afán expansionista de la política criminal en la lucha contra la delincuencia[10].

LAS PLATAFORMAS DE CAMBIO DE MONEDA Y LOS PROVEEDORES DE MONEDEROS ELECTRÓNICOS COMO SUJETOS OBLIGADOS

En la normativa europea

Debe recordarse que la Directiva (UE) 2015/849, a la que se refiere el artículo 6.1.b) de la Directiva penal, fue modificada por la Directiva (UE) 2018/843 del Parlamento Europeo y del Consejo, de 30 de mayo de 2018 (V Directiva)[11], para ocuparse por vez primera del riesgo asociado a los

---

9 Ampliamente, Abel Souto, M., "El nuevo tipo agravado de blanqueo en el ejercicio profesional de los obligados por la normativa de prevención, incorporado por la Ley orgánica 6/2021, y los proveedores de servicios de cambio de moneda virtual y de custodia de monederos electrónicos", en Gómez Martín/Bolea Bardon/Gallego Soler/Hortal Ibarra/Joshi Jubert (dirs.), *Un modelo integral de Derecho penal. Libro homenaje a la profesora Mirentxu Corcoy Bidasolo,* Madrid (BOE), 2022, pp. 975-988, también en *Revista Penal México,* nº 20, 2022, pp. 17-25.

10 Cfr. Silva Sánchez, J.M., "Expansión del Derecho penal y blanqueo de capitales", en Abel Souto, M./Sánchez Stewart, N. (coords.), en *II Congreso sobre prevención y represión del blanqueo de dinero,* Valencia, Tirant lo Blanch, 2011, pp. 131 y ss.; Lorenzo Salgado, "El blanqueo de dinero…", cit., p. 440; Terradillos Basoco, J.M., *Lecciones y materiales para el estudio del Derecho Penal, Vol. IV. Derecho penal. Parte especial (Derecho penal económico),* en Iustel, 2012, p. 164; Ferré Olivé, *Tratado de los delitos contra la hacienda pública y contra la seguridad social,* Tirant lo Blanch, 2018, p. 357; Abel Souto, M., "La expansión penal del blanqueo de dinero operada por la Ley orgánica 5/2010, de 22 de junio", en *La Ley Penal. Revista de Derecho Penal, Procesal y Penitenciario,* núm. 79, febrero de 2011, pp. 5-32; y Muñoz Conde, F., "El delito de blanqueo de capitales y el derecho penal del enemigo", en *III Congreso,* cit., p. 376. Y no solo en nuestro país; vid. Abel Souto, M., "La expansión iberoamericana del blanqueo de dinero", en *Revista Criminalia, Academia Mexicana de Ciencias Penales,* agosto 2019, pp. 77 y ss.

11 Por extenso, Abel Souto, M., "Blanqueo de dinero, responsabilidad criminal de las personas jurídicas y directivas de 2018", en Sanz Hermida, A.M. (dir.), *La justicia penal del siglo XXI ante el desafío del blanqueo de dinero. 21st century criminal justice*

criptoactivos, entre otros factores, y al "anonimato" ligado a las redes que proporciona el entorno virtual, que dificulta la identificación de las personas que pudieran estar vinculadas a casos de blanqueo[12]. Pese a que de los considerandos de la Directiva, parecía desprenderse que la intención del legislador europeo era comprender todo ese contexto, se limitó a dar una definición de moneda virtual, asimilándolas a un "medio de cambio", que no como medio de pago[13], con el fin de distinguirlas de otras formas de pago existentes, por ejemplo, el dinero electrónico[14], y siguiendo un

---

facing the challenge of money laundering, Valencia (Tirant lo Blanch), 2021, pp. 41-75. Vid. también, Covolo, V., "The EU Response to Criminal Misuse of Cryptocurrencies: The Young, already Outdated 5th Anti-Money Laundering Directive", en *European Journal of Crime, Criminal Law and Criminal Justice* 28, 3, 2020, pp. 217-251 (DOI: https://doi.org/10.1163/15718174-bja10003); y, Haffke, L., Fromberger, M. y Zimmermann, P., "Cryptocurrencies and anti-money laundering: the shortcomings of the fifth AML Directive (EU) and how to address them", en *Journal of Banking Regulation*, Palgrave Macmillan, vol. 21 (2), junio 2020, pp. 125-138 (DOI: https://doi.org/10.1057/s41261-019-00101-4).

12 Vid., Ilijevski, I., Ilik, G., y Babanoski, K., "Cryptocurrency Abuse for the Purposes of Money Laundering and Terrorism Financing: Policies and Practical Aspects in the European Union and North Macedonia", en *European Scientific Journal*, 2023, pp. 23 y ss. (DOI: https://doi.org/10.19044/esipreprint.3.2023.p23); Ferreira, A. y Sandner, P., "EU search for regulatory answers to crypto assets and their place in the financial markets' infrastructure", en *Computer Law & Security Review*, núm. 43, 2021,105632 (DOI: https://doi.org/10.1016/j.clsr.2021.105632); y, Wronka, C., "Cyber-laundering": the change of money laundering in the digital age", en *Journal of Money Laundering Control*, Vol. 25, núm. 2, 2022, pp. 330-344 (DOI: https://doi.org/10.1108/JMLC-04-2021-0035).

13 Tal y como decía la propuesta de Directiva al definirlas como la "representación digital de valor no emitida por un banco central ni por una autoridad pública ni necesariamente asociada a una moneda fiduciaria, pero aceptada por personas físicas o jurídicas como medio de pago y que puede transferirse, almacenarse o negociarse por medios electrónicos" (disponible en: https://eur-lex.europa.eu/legal-content/es/ALL/?uri=CELEX:52016PC0450). Vid. Bezhovski, Z., Davcev, L. y Mitreva, M., "Current adoption state of cryptocurrencies as an electronic payment method", en *Management Research and Practice*, vol. 13, núm. 1, marzo 2021, pp. 44 y ss.

14 Con el que presentaba grandes similitudes, como se advierte de su definición en el artículo 2, punto 2, de la Directiva 2009/110/CE del Parlamento Europeo y del Consejo de 16 de septiembre de 2009, sobre el acceso a la actividad de las entidades de dinero electrónico y su ejercicio, así como sobre la supervisión prudencial de dichas entidades, por la que se modifican las Directivas 2005/60/CE y 2006/48/CE y se deroga la Directiva 2000/46/CE: "dinero electrónico": todo valor monetario almacenado por medios electrónicos o magnéticos que representa un crédito sobre

enfoque clásico de extender el círculo de sujetos obligados, esto es, personas físicas y jurídicas a las que se les impone especiales deberes de cuidado para prevenir el blanqueo y la financiación del terrorismo, por la normativa preventiva contra el blanqueo en razón de la actividad profesional o empresarial desarrollada, incorporó dos nuevas categorías: por un lado, las plataformas de servicio de cambio de moneda virtual por moneda declarada de curso legal y viceversa, al entender que si el objetivo del delincuente es dar apariencia de legalidad a los bienes ilícitos, reintegrándolos al circuito económico bajo la forma de moneda de curso legal, propiedades u otros activos, al finalizar el proceso de blanqueo, en el caso de las criptomonedas se requiere el uso de una empresa de cambio para tal fin; de otro, los proveedores de servicios de custodia de monederos electrónicos de monedas virtuales, que ofrecen a sus usuarios una plataforma donde se resguardan las claves criptográficas en nombre de los mismos, así como el mantenimiento, almacenaje y transferencia de fondos almacenados[15], que se agregarían a las categorías ya existentes y que pueden agruparse en cinco grandes sectores: ámbito financiero, jurídico, comercial, inmobiliario y del juego, lo que les convierte en custodios del flujo de activos virtuales y protectores de la seguridad financiera y económica debido a su proximidad al bien jurídico protegido[16].

En consecuencia, su responsabilidad surge del diseño legal, y a partir de ese momento se les aplica diversas obligaciones de control, supervisión, prevención y cooperación con las autoridades, dada la naturaleza de las actividades "peligrosas" que desarrollan los sujetos obligados, existiendo, por tanto, la necesidad de una intervención administrativa, más allá del ámbito penal[17], para el cumplimiento de esos objetivos, venciendo las barreras

---

el emisor, se emite al recibo de fondos con el propósito de efectuar operaciones de pago, según se define en el artículo 4, punto 5, de la Directiva 2007/64/CE, y que es aceptado por una persona física o jurídica distinta del emisor de dinero electrónico. Al respecto, Gómez Iniesta, D.J., "El uso de las monedas virtuales y el dinero electrónico en el delito de blanqueo y la directiva 843/2018", en Abel Souto/Lorenzo Salgado/Sánchez Stewart (coord.), *VIII Congreso internacional sobre prevención y represión del blanqueo de dinero,* Valencia, 2021, pp. 696 y ss.

15 Pérez López, X., "Las criptomonedas: consideraciones generales y empleo de las criptomonedas como instrumento del blanqueo de capitales en la Unión Europea y en España", en *Revista de derecho penal y criminología,* núm. 18, julio 2017, pp. 141-187.

16 Gómez Iniesta, D.J., "El uso...", cit., pp. 698 y ss.

17 Gómez Iniesta, D.J., en Arroyo Zapatero, L./Berdugo Gómez de la Torre, I./Ferré Olivé, J.C./García Rivas, N./Serrano Piedecasas, J.R./Terradillos Basoco, J.M.

para la persecución mediante medidas restrictivas que afectan a su operativa diaria, tales como la recopilación de información sobre la relación comercial, el origen de los fondos, la supervisión de operaciones específicas mediante la evaluación de riesgos, el análisis de datos para identificar actividades sospechosas, y la obligación de mantener registros, y sumado a ello el deber de informar y cooperar con las autoridades cuando sea requerido[18]. De manera más precisa, al considerar las inherentes eficiencias que ofrece la distribución digital, en contraposición al dinero en efectivo, el cual carece del registro de transacciones característico de los sistemas electrónicos, resulta imperativo incorporar otras herramientas fundamentadas en el control tecnológico y las restricciones propias del ámbito de intercambio de moneda virtual por activos de curso legal y de custodia de claves[19].

Con celeridad, el legislador europeo advirtió que las medidas eran imprescindibles, aunque insuficientes, pese a la ampliación del catálogo de sujetos obligados, dado que no resolvía de manera integral el desafío del anonimato de otras muchas transacciones con activos virtuales[20]; es decir, la normativa solo abarcaba el momento en que el entorno físico se enlazaba con el digital, y viceversa, pero no contemplaba los intercambios virtuales. En efecto, una parte significativa del entorno permanecía en el anonimato cuando los usuarios ejecutaban transacciones sin la intervención de esos proveedores, porque las

---

(dirs.), *Comentarios al Código penal*, Madrid, Iustel, 2007, p. 667; sobre el vínculo entre el régimen administrativo preventivo y el delito de blanqueo, vid. Nuotio, K., "Money laundering and terrorist financing as preventive criminalizations", en *Peking University Law Journal*, 2023, vo. 11, pp. 40 y ss.; y, Varela Castro, L., "Problemas de legitimidad del delito de blanqueo", *en Nuevas y antiguas cuestiones interpretativas del delito de blanqueo de capitales, Diario la Ley*, nº. 8339, Sección Dictamen, 24 de Junio de 2014, Año XXXV., pág. 2.

18 Buttigieg, C.P., Efthymiopoulos, C., Attard, A. and Cuyle, S., "Anti-money laundering regulation of crypto assets in Europe's smallest member state", en *Law and Financial Markets Review*, 13(4), 2019, pp. 211-227; Alhajeri, R. y Alhshem, A., "Using Artificial Intelligence to Combat Money Laundering", en *Intelligent Information Management*, 15, 2023,v pp. 297 y ss. (DOI: 10.4236/iim.2023.154014).

19 Vid. Gómez Iniesta, D.J., "El uso...", cit., p. 701; y, QUEST, L. et al., "The risk and the benefits of using ai to detect crime", en *Technology and analytics, Harvard Business Review*, Agosto 2018 (disponible en: https://hbr.org/2018/08/the-risks-and-benefits-of-using-ai-to-detect-crime).

20 Asi, De Sanctis, F.M., "Technology-enhanced methods of money laundering: internet as criminal means", 2019 (DOI: 10.1007/978-3-030-18330-1). Demetis, D.S., "Fighting money laundering with technology: a case study of Bank X in the UK", en *Decision support systems*, 105, 2018, 2018, pp. 96-107.

criptomonedas no requieren de modo imprescindible su conversión en monedas de curso oficial, ya que pueden ser utilizadas para la adquisición de bienes y servicios sin la intermediación de un proveedor de monederos electrónicos[21]. No obstante, sería fundamental delinear el concepto de criptoactivo, diferenciándolo del de moneda virtual, con el fin de incorporar a una amplia gama de entidades que no estaban sujetas a la V Directiva.

Asimismo, otro aspecto esencial era no tanto la calificación formal del sujeto obligado, sino más bien en la ejecución profesional de una actividad que, precisamente, debería erigirlo en sujeto obligado. Es por ello por lo que, siguiendo la estela marcada por GAFI[22], se revisó la anterior perspectiva completándola con el Reglamento (UE) 2023/1114, considerando que lo importante era la definición de criptoactivo y centrarse no tanto en la descripción formal del sujeto obligado, sino en la ejecución de una actividad profesional o empresarial por parte de los proveedores de servicios para englobar un conjunto más amplio de actividades, así como el Reglamento (UE) 2023/1113, que establece un marco regulatorio para la administración del intercambio de criptoactivos con el propósito de asegurar que no se utilicen de forma ilícita, como para evadir sanciones o financiar actividades terroristas. De igual forma, con el fin de cumplir con la normativa internacional sobre la transferencia de dichos activos y garantizar su rastreo, se impone a los proveedores de servicios la obligación de recopilar y, cuando sea pertinente, comunicar a las autoridades toda la información relacionada con los emisores y receptores de cualquier transacción de estos activos que se efectúe con independencia de su valor[23]. En esta mis-

---

21 Schmidt, A., "Virtual assets: compelling a new anti-money laundering and counter-terrorism financing regulatory model", en *International Journal of Law and Information Technology*, 2022 (DOI: https://doi.org/10.1093/ijlit/eaac001).

22 Nanyun, N.M. y Nasiri, A., "Role of FATF on financial systems of countries: successes and challenges", en *Journal of Money Laundering Control*, vol. 24, núm. 2, 2021, pp. 234-245 (DOI: https://doi.org/10.1108/JMLC-06-2020-0070).

23 Reglamento (UE) 2023/1114 del Parlamento Europeo y del Consejo, de 31 de mayo de 2023, relativo a los mercados de criptoactivos y por el que se modifican los Reglamentos (UE) n.º 1093/2010 y (UE) n.o 1095/2010 y las Directivas 2013/36/UE y (UE) 2019/1937 (DO L 150 de 9.6.2023, pp. 40-205) (disponible en: https://eur-lex.europa.eu/legal-content/ES/TXT/HTML/?uri=CELEX:32023R1114). Reglamento (UE) 2023/1113 del Parlamento Europeo y del Consejo, de 31 de mayo de 2023, relativo a la información que acompaña a las transferencias de fondos y de determinados criptoactivos y por el que se modifica la Directiva (UE) 2015/849 (DO L 150 de 9.6.2023, pp. 1-39) (disponible en: https://eur-lex.europa.eu/legal-content/ES/TXT/HTML/?uri=CELEX:32023R1113).

ma línea, la reciente Directiva 2024/1640[24], en la que los proveedores de servicios de criptoactivos (VASPs) son mencionados con detalle, establece varios requisitos y obligaciones para ellos, con el fin de que operen de manera segura y sean efectivos en la prevención del blanqueo, para lo que se les ordena contar con el correspondiente registro en la jurisdicción en la que operan y la aplicación de medidas de diligencia debida en cuanto a la identificación y verificación de clientes, monitorizar las transacciones y reportar cualquier actividad sospechosa[25].

En la normativa española

El Real Decreto-Ley 7/2021[26] traspuso a nuestro ordenamiento jurídico, entre varias, la V Directiva, modificando en el apartado 1 del artículo 2 de la Ley 10/2010, las letras b), h), k), l), m), y r), y añadiendo la z), que fue la que integró una nueva categoría de sujetos obligados, referida a las plataformas de cambio de moneda virtual y los proveedores de servicios de cus-

---

24 Directiva (UE) 2024/1640 del Parlamento Europeo y del Consejo, de 31 de mayo de 2024, relativa a los mecanismos que deben establecer los Estados miembros a efectos de la prevención de la utilización del sistema financiero para el blanqueo de capitales o la financiación del terrorismo, por la que se modifica la Directiva y (UE) 2019/1937 y se modifica y deroga la Directiva (UE) 2015/849.

25 Vid. Chitimira, H. y Munedzi, "Overview international best practices on customer due diligence and related anti-money laundering measures", en *Journal of Money Laundering Control*, vol. 26, núm. 7, 2023, pp. 55 y ss. (DOI: https://doi.org/10.1108/JMLC-07-2022-0102); y, Andrew, "The Wolfsberg Principles-an analysis", en *Journal of Money Laundering Control*, (7-3), 2004, *passim.*

26 Vid. Real decreto-ley 7/2021, de 27 de abril, de transposición de directivas de la Unión Europea en las materias de competencia, prevención del blanqueo de capitales, entidades de crédito, telecomunicaciones, medidas tributarias, prevención y reparación de daños medioambientales, desplazamiento de trabajadores en la prestación de servicios transnacionales y defensa de los consumidores (BOE, núm. 101, 28 abril 2021), que integró también como sujetos obligados a quienes ejerzan profesionalmente actividades de agencia, comisión o intermediación en arrendamientos de bienes inmuebles que impliquen una transacción por una renta total anual igual o superior a 120.000 euros o una renta mensual igual o superior a 10.000 euros; y cualquier persona que se comprometa a prestar, de manera directa o a través de otras personas relacionadas, ayuda material, asistencia o asesoramiento en cuestiones fiscales como actividad empresarial o profesional principal. De forma amplia, Abel Souto, M., "Los nuevos tipos agravados de blanqueo introducidos en España por la Ley Orgánica 6/2021, de 28 de abril", en *Revista CAP Jurídica Central* 5(9), julio-diciembre 2021, pp. 73 y 74.

todia de monederos electrónicos. Al respecto, el legislador español perdió una oportunidad para atender los últimos informes y guías informativas de GAFI en la materia, limitándose a ser un fiel seguidor de la V Directiva al proceder a la modificación de la Ley 10/2010, tanto en lo relativo al concepto de moneda virtual o "representación digital de valor no emitida ni garantizada por un banco central o autoridad pública, no necesariamente asociada a una moneda legalmente establecida y que no posee estatuto jurídico de moneda o dinero, pero que es aceptada como medio de cambio y puede ser transferida, almacenada o negociada electrónicamente", como en el concepto de cambio de moneda virtual por fiduciaria, al decir "la compra y venta de monedas virtuales mediante la entrega o recepción de euros o cualquier otra moneda extranjera de curso legal o dinero electrónico aceptado como medio de pago en el país en el que ha sido emitido", así como el de proveedores de servicios de custodia de monederos electrónicos o "personas físicas o entidades que prestan servicios de salvaguardia o custodia de claves criptográficas privadas en nombre de sus clientes para la tenencia, el almacenamiento o la transferencia de monedas virtuales"[27]. Por supuesto, la regulación del intercambio de moneda de curso legal por otra criptomoneda y viceversa constituye una medida esencial, pero, al igual que ocurrió con la Directiva que traspuso, está desactualizada al no contemplar el concepto de activo virtual como "representación digital de valor que puede ser negociado o transferido digitalmente y que puede utilizarse como medio de pago o de inversión"[28], y haber ido más allá de los mínimos exigidos por la V Directiva para alcanzar también, por ejemplo, a las ICOs, es decir, las ofertas públicas de activos criptográficos o *tokens* con fines de captación de recursos, tampoco estaban cubiertas por dicha directiva, aun cuando son utilizadas para financiar nuevos proyectos mediante la emisión y venta anticipada a inversores, poniendo en circulación una parte de los *tokens* a cambio de dinero fiduciario o, con mayor frecuencia, criptomonedas, con el propósito de atraer la financiación, empleando la técnica de los registros descentralizados; a los *tokens* de utilidad, que permiten el acceso a un producto, o de inversión, que habilitan la propiedad, o a tener en cuenta que junto a los monederos electrónicos, que son aquellos que sirven para alojar las claves del usuario y custodiar sus fondos, también

---

27 Gómez Iniesta, D.J., "El uso...", cit., p. 702 y ss.

28 FAFT, *International standards on combating money laundering and the financing of terrorism & proliferation*, noviembre 2023 (Disponible en: https://www.fatf-gafi.org/content/dam/fatf-gafi/recommendations/FATF%20Recommendations%202012.pdf.coredownload.inline.pdf).

existen las billeteras frías, que consisten en programas de *hardware* o *software* que autorizan al cliente almacenar sus claves públicas y privadas fuera de línea, por lo que estos intercambios quedan al margen de la normativa[29], con evidentes consecuencias en la configuración del tipo agravado.

EL TIPO AGRAVADO REFERIDO A LA CONDICIÓN DEL SUJETO ACTIVO COMO SUJETO OBLIGADO

La LO 6/2021, de 28 de abril, modificó el último párrafo del apartado 1 del artículo 301, que dice: "También se impondrá la pena en su mitad superior cuando los bienes tengan su origen en alguno de los delitos comprendidos en el título VII bis, el capítulo V del título VIII, la sección 4.ª del capítulo XI del título XIII, el título XV bis, el capítulo I del título XVI o los capítulos V, VI, VII, VIII, IX y X del título XIX". De forma sucinta, y con relación a esta agravación, llama la atención que se incida en una incorrecta técnica legislativa, porque, como bien subraya Abel Souto, se aborda con una especial forma de redacción por la que se delimitan los tipos penales agravados recurriendo a la enunciación de artículos o capítulos y títulos del Código, donde ubican los comportamientos que se quieren agravar, produciendo quiebras en el estructura típica, incluso de un defecto sistemático en el hecho de la incorrecta ubicación de los tipos agravados, al situarlos en el artículo 301.1 CP y, en consecuencia, alcanzando al 301.2 CP[30].

En esta ocasión, como en otras, la reforma del blanqueo responde a la necesaria adaptación a la Directiva (UE) 2018/1673[31], cuando establece como agravación obligatoria[32], la circunstancia referida al sujeto activo del blanqueo aludiendo a la condición del sujeto como "obligado"; por lo que

---

29 Gómez Iniesta, D.J., "El uso...", cit., p. 679.

30 Abel Souto, M., "El blanqueo de dinero como innovador instrumento de control económico y social", en Revista penal México, núm. 5, septiembre 2013-febrero 2014, p. 120; Id., en *Revista electrónica de Ciencia penal y Criminología*, 2012, núm. 14-14, p. 40; Id., "Los nuevos tipos agravados...", cit., p. 70.

31 En el Dictamen de la Comisión a la Proposición de Ley Orgánica y en Preámbulo de la LO 6/2021 se señala como único motivo de la reforma la necesaria transposición de esta Directiva (disponible en: https://www.congreso.es/public_oficiales/L14/CONG/BOCG/B/BOCG-14-B-153-3.PDF).

32 Vid. Del Carpio Delgado, J., "Hacia la pancriminalización del blanqueo de capitales en la Unión Europea. Un análisis crítico de la Directiva (UE) 2018/1673 relativa a la lucha contra el blanqueo de capitales mediante el Derecho penal", en *Revista penal*, núm. 44, 2019, p. 37.

aquí interesa, se introdujo en el apartado 1 del artículo 302 un segundo párrafo, por el que *"también se impondrá la pena en su mitad superior a quienes, siendo sujetos obligados conforme a la normativa de prevención del blanqueo de capitales y de la financiación del terrorismo, cometan cualquiera de las conductas descritas en el artículo 301 en el ejercicio de su actividad profesional"*, esto es, referida a la comisión de conductas del artículo 301 CP por parte de persona o empresa que efectúa las actividades descritas en el artículo 2.1 de la Ley 10/2010, de 28 de abril, de prevención del blanqueo de capitales y de la financiación del terrorismo, en ejercicio de su actividad profesional[33].

De manera general, se observa con asombro, como pone de relieve Gómez Uriel, que se haya empleado una única Ley para modificar disposiciones legales dispares (como la del Registro y la LOPJ), desatendiendo el hecho de que las reformas en el ámbito penal, al incidir sobre bienes jurídicos tutelados por las normas, exigen un tratamiento autónomo y no deberían vincularse a otras normativas con las que no comparten principios rectores ni objetivos fundamentales[34], o que no se contemplara la agravación en el artículo 303 CP, que se refiere a la actividad profesional del autor, eliminando aquellas referencias que se hacen a los facultativos, educadores o trabajadores sociales. Dicho esto, en otro lugar ya tuve ocasión de afirmar que la incorporación por parte de la ley penal de circunstancias agravantes que se refieren a conductas delictivas concretas, centrándose en una serie de delitos previos, no tiene justificación desde el punto de vista del bien jurídico, produciendo un efecto contraproducente, ya que pierde la ansiada autonomía. Esto demuestra el desconocimiento en la creación de dichas circunstancias, porque cuando toma la decisión incriminadora deben añadirse elementos al tipo básico que revelen el incremento de desvalor de la mano de criterios objetivos, referidos a la peligrosidad del hecho o agregando elementos temporales, espaciales o medios empleados para su comisión o a la especial condición del sujeto activo, con el fin de no vulnerar el principio *non bis in idem*. En este sentido, cuando la circunstancia va referida a la condición del sujeto activo del blanqueo se configura como un

---

33 Abel Souto, M., "COVID y comisión del delito de blanqueo de dinero mediante las nuevas tecnologías", en *Revista electrónica de ciencia penal y criminología*, núm. 24, 2022, p. 23; *id.*, "El nuevo tipo agravado…", cit., en pp. 975 y ss.; también en *Revista Penal México*, nº 20, 2022, pp. 17-25.

34 González Uriel, D., "La reforma del delito de blanqueo de dinero llevada a cabo por la LO 6/2021", en *Actualidad, Asociación profesional de la magistratura*, 15 junio 2021 (disponible en: https://magistratura.es/la-reforma-del-delito-de-blanqueo-de-dinero-llevada-a-cabo-por-la-lo-62021_por-daniel-gonzalez-uriel/).

delito especial, aludiendo a la condición del sujeto como "sujeto obligado", como concepto normativo que comprende a las personas físicas o jurídicas que se señalan en los párrafos a) al z) del artículo 2.1 de la Ley 10/2010, así como su Reglamento; es decir, a la cualificación por razón del autor, en la que se detalla un amplio catálogo de personas físicas y empresas (financieras o no), que se ven sometidas a una extensa e intensa regulación anti-blanqueo administrativa y sancionadora en caso de incumplimiento. Sin duda, en la normativa penal hay un interés por prever una agravación en la que se tiene en cuenta dicha cualidad, siendo esencial que entre la actividad desarrollada por el sujeto obligado y la conducta de blanqueo se beneficie de su condición o a un tercero, que justifica la pena en su mitad superior[35], que en el caso del delito doloso de blanqueo supone castigar con pena de tres años y tres meses a seis años, además de una multa del duplo al triplo del valor de los bienes y la posibilidad de imponer una inhabilitación especial y consecuencias accesorias[36].

Ahora sí, se trata de una mejora descriptiva del tipo, en sintonía con las previstas en la Directiva penal, con la que se está respetando la creación de una circunstancia que justifica el incremento en el reproche penal, dada la importancia del bien jurídico protegido, en el mayor desvalor de acción, cuando se trata de acciones que se llevan a cabo por profesionales en el ejercicio de su actividad profesional o empresarial[37], y que responde a la especial condición, circunstancias o cualidad del sujeto activo, referida a aquellos que ejercen una concreta actividad consistente en cambio de moneda de curso legal por criptomoneda y viceversa, o proveer un monedero electrónico, o más ampliamente, de provisión de servicios virtuales, junto a las agencias de la propiedad inmobiliaria, joyerías, concesionarios de automóviles respecto a la compraventa del bien o su financiación, etc., que por su naturaleza facilita la comisión del delito de blanqueo, en atención

---

35 Gómez Iniesta, D.J., "El nuevo tipo agravado de blanqueo de dinero procedente de la corrupción en los negocios", en Abel Souto/Lorenzo Salgado/Sánchez Stewart (coord.), *IX Congreso sobre Prevención y Represión del Blanqueo de dinero*, ed. Tirant lo Blanch, 2024, p. 429.

36 Abel Souto, M., "El nuevo tipo agravado...", cit., p. 120; Id., "Los nuevos tipos agravados...", cit., p. 75.

37 Vid. Vidales Rodríguez, C., "Condutas constitutivas del delito de blanqueo. Comentario a la Directiva (UE) 2018/1673 del Parlamento europeo y del Consejo, de 23 de octubre de 2018, relativa a la lucha contra el blanqueo de capitales mediante el Derecho penal", en *Revista peruana de ciencias penales*, núm. 34, 2020, pp. 353 y 354.

al contenido de la antijuricidad de la acción al estar en contacto directo con el dinero procedente de una actividad delictiva previa, y a los que les corresponde el cumplimiento de las obligaciones previstas en sus capítulos II, III y IV, relativos a medidas de diligencia debida, obligaciones de información y control interno, respectivamente. En estos casos, se entiende que el comportamiento previo no encierra todo el contenido de injusto, al tratarse de una conducta que añade desvalor al hecho; por lo anterior, se exige que se cumplan con todos los elementos previstos en el tipo básico al que se añade otro elemento, más específico, que al darse llevarán consigo la aplicación de la agravación, y que de no concurrir correspondería la aplicación del tipo básico.

LOS PROVEEDORES DE SERVICIOS DE CAMBIO DE MONEDA VIRTUAL POR MONEDA FIDUCIARIA Y DE CUSTODIA DE MONEDEROS ELECTRÓNICOS COMO PERSONAS JURÍDICAS

El párrafo relativo a la cualidad del sujeto activo del delito, como se decía más arriba, debe entenderse a la vista del Real Decreto-ley 7/2021, que incorpora a "los proveedores de servicios de cambio de moneda virtual por moneda fiduciaria y de custodia de monederos electrónicos", que pasan a ser considerados entidades financieras, debiéndose destacar que en muchos casos adoptan la forma de personas jurídicas[38]. Si esto es así, no se puede ignorar que su artículo 2.2 establece que "Tienen la consideración de sujetos obligados las personas físicas o jurídicas que desarrollen las actividades mencionadas en el apartado precedente. No obstante, cuando las personas físicas actúen en calidad de empleados de una persona jurídica, o le presten servicios permanentes o esporádicos, las obligaciones impuestas por esta Ley recaerán sobre dicha persona jurídica respecto de los servicios prestados. Los sujetos obligados quedarán, asimismo, sometidos a las obligaciones establecidas en la presente Ley respecto de las operaciones realizadas a través de agentes u otras personas que actúen como mediadores o intermediarios de aquéllos", por lo que aunque sujetos obligados pueden ser tanto personas físicas como jurídicas, las obligaciones impuestas recaen

---

38 Vid. Blanco Cordero, *El delito de blanqueo de capitales*, 2015, p. 873 ss. Fernández Teruelo, J.G., "El nuevo modelo de reacción penal frente al blanqueo de capitales (los nuevos tipos de blanqueo, la ampliación del comiso y la integración del blanqueo en el modelo de responsabilidad penal de las empresas)", en *Diario La Ley*, núm. 7657, 2011, p. 10.

sobre la persona jurídica cuando las personas físicas actúen como empleados o presten servicios a dicha persona jurídica, ya sea de manera permanente o esporádica[39].

Aunque el artículo 8 de la Directiva 2018/1673 solo exige que los Estados miembros garanticen que las personas jurídicas responsables de blanqueo sean castigadas con "sanciones efectivas, proporcionales y disuasorias", bajo esta perspectiva no es preciso que las personas jurídicas sean responsables penalmente, y como quiera que la circunstancia agravante se refiere a la categoría de "sujeto obligado", que pueden ser tanto personas físicas como jurídicas y que en la práctica serán estas las que ejecutarán el blanqueo, como subrayan Requejo/González, un modo de entender la reciente agravante de manera que posibilite aumentar la sanción establecida cuando el obligado sea una empresa, consiste en considerar como punto de partida la señalada en el primer apartado del artículo 302.1 CP, que alude a la pertenencia del sujeto activo en una organización criminal; empero, de manera expresa se hace referencia a las penas privativas de libertad y a "personas", en un sentido que solo puede comprenderse en relación con seres humanos. Desde una visión sistemática, podría cuestionarse si dichos aspectos —pena de prisión y persona física—, deben seguirse al aplicar la reciente agravante por la condición de sujeto obligado. De ser el caso, la consecuencia sería la inviabilidad de incrementar la sanción a la empresa, ya que no es un ser humano, ni la sanción aplicable puede ser privativa de libertad. Este razonamiento, considerando lo planteado respecto a la noción de sujeto obligado, dejaría sin efecto alguno la reciente agravante. Quizás por este motivo, se optó por omitir toda referencia a la pena de prisión y a las "personas", posibilitando la lectura de que, cuando el sujeto obligado sea una persona jurídica se aplicará, incrementando en su tramo superior la sanción prevista en el artículo 302.2 del Código Penal para las personas jurídicas[40].

Junto a esto, para la aplicación del tipo agravado contemplado en el artículo 302.1 CP a la persona jurídica, será indispensable constatar la concurrencia de los requisitos previstos en el artículo 31 bis CP para la imputación de responsabilidad penal a la persona jurídica, puesto que exige un acto delictivo perpetrado por una persona física en beneficio de la misma.

---

39 Vid. Requejo, M.T. y González, L., "El nuevo tipo agravado del delito de blanqueo de capitales tras la Ley Orgánica 6/2021: la concurrencia en el sujeto activo de la condición de sujeto obligado", en *Diario La Ley*, núm. 9857, 25 mayo 2021, pp. 3 y ss.

40 *Ibidem.*

Cabe añadir, y para colmar los elementos típicos del tipo agravado, que el artículo 302.1 CP requiere que la conducta típica haya sido ejecutada "en el ejercicio de su actividad profesional" por el sujeto obligado, en atención a lo cual es crucial definir el significado exacto que debe otorgarse a esta condición, en especial, en los escenarios donde el obligado sea una persona jurídica y salta a la vista que no se refiere de manera amplia a cualquier actividad que conforma el objetivo empresarial, sino que debe estar relacionada específicamente con las actividades ligadas con la prevención del blanqueo de dinero a la que están sometidos los obligados del artículo 2.1 de la Ley 10/2010, esto es, no será suficiente con operar dentro del ámbito de actividad de la persona jurídica que actúe como sujeto obligado; además, las personas físicas deberán desempeñar sus funciones y cumplir con sus obligaciones específicas en lo relativo a la prevención del blanqueo y la financiación del terrorismo[41]. Asimismo, en el caso de una entidad jurídica como sujeto obligado, la conducta típica deberá haber sido llevada a cabo forzosamente por individuos que actúen como empleados, directivos o representantes de dicha entidad; en concreto, se trata de sujetos que pueden efectuar las conductas en el ámbito de las obligaciones específicas que establece la Ley 10/2010, tanto por sus representantes legales o por aquellos que toman decisiones en nombre o por cuenta de la persona jurídica o en su beneficio directo o indirecto, o tengan funciones de organización y control, actuando de manera individual o como integrantes de un órgano colegiado, de manera que podrán imputarse a la persona jurídica (sujeto obligado) los delitos de blanqueo de capitales cometidos por individuos que, bajo la autoridad de los sujetos previamente mencionados, lleven a cabo el ilícito en el marco de actividades corporativas y en nombre o en beneficio, ya sea directo o indirecto, del sujeto obligado. Estos hechos se atribuirán cuando se hayan producido como consecuencia de un grave incumplimiento de las obligaciones de supervisión, control y vigilancia de dichas actividades, es decir, cuando los subordinados actúen en el desempeño de sus funciones en nombre y para el beneficio, tanto directo como indirecto, del sujeto obligado, y aquí un lugar esencial lo ocupan los programas de cumplimiento y la gestión del riesgo para la determinación de la respon-

---

41 Vid. Lascuraín Sánchez, J.A., "Blanqueo de capitales", en De la Mata Barranco/Dopico Gómez-Aller/Lascuraín Sánchez/Nieto Martín, A. (auts.), *Derecho penal económico y de la empresa*, 2018, pp. 513 y 514.

sabilidad de las personas jurídicas[42]; entre otros, miembros del órgano de control interno, el representante ante el SEPBLAC, empleados, directivos o agentes que deben comunicar información relevante sobre incumplimientos de la Ley ejecutados en el seno del sujeto obligado, atendidas las circunstancias concretas del caso[43].

COMPATIBILIDAD ENTRE LA CIRCUNSTANCIA AGRAVANTE Y EL TIPO IMPRUDENTE DE BLANQUEO

La circunstancia agravante objeto de estudio se refiere a todos los comportamientos del artículo 301 CP, extendiéndose también a la imprudencia grave de su párrafo 3, castigada con la pena de prisión de seis meses

---

42 Por todos, González Cussac, J.L., "El modelo español de responsabilidad penal de las personas jurídicas", en Gómez Colomer/Barona Vilar/Calderón Cuadrado, *El Derecho procesal español del siglo XX a golpe de tango. Liber amicorum, en homenaje y para celebrar el LXX cumpleaños del profesor Montero Aroca,* Tirant lo Blanch, Valencia, 2012, pp. 1033 y ss. Sobre su naturaleza, vid. Abel Souto, M., "Las reformas penales de 2015 sobre el blanqueo de dinero", en *RECPC,* 2017, pp. 19-31 (disponible en: http://criminet.ugr.es/recpc/19/recpc19-31.pdf); y, Dopico Gómez-Aller, J., "Presupuestos básicos de la responsabilidad penal del *compliance officer* tras la reforma de 2015", en Frago Amada, J.A., *Actualidad compliance,* Thomson Reuters/Aranzadi, Cizur Menor, 2018, pp. 215 y ss. Para un análisis de la implementación del enfoque basado en riesgos en las regulaciones nacionales y cómo afecta a la frecuencia de reportes de transacciones sospechosas, vid. Chodnicka-Jaworska, P., "Anti-money laundering regulations in Europe. Comparative analysis", mayo 2015, pp. 12 y ss. (SSRN: https://ssrn.com/abstract=2854089 o http://dx.doi.org/10.2139/ssrn.2854089); y, Núñez Paz, M.A., "La responsabilidad criminal y la gestión del riesgo mediante programas de cumplimiento en relación con la Directiva de 2015", en Abel Souto/Sánchez Stewart (coords.), *V Congreso sobre prevención y represión del blanqueo de dinero,* 2018, pp. 359 y ss.

43 A los que se refieren los artículos 26 y 28 del RD 2017/2008, 15 de febrero; Requejo, M.T. y González, L., cit. Sobre la relación entre los programas de cumplimiento y la prevención del blanqueo, vid. Vidales Rodríguez, C., "Blanqueo, responsabilidad de las personas jurídicas y programas de cumplimiento", Gómez Colomer, J.L. (dir.), Madrid Boquín (coord.), *Tratado sobre compliance Penal. Responsabilidad penal de las personas jurídicas y modelos de organización y gestión,* Tirant lo Blanch, 2019, p. 435; Teichmann, F.M. y Sergi, B.S., *Compliance in multinational corporations: business risks in bribery, money laundering, terrorism financing and sanctions,* Emerald Publishing Limited, 2018, pp. 105 y ss.; Abel Souto, M., "Blanqueo de dinero...", cit., pp. 41-75; y, Pozo Torres, J.F., "*Compliance y posición de garante: imputación de hechos delictivos al compliance officer*", *en Foro, Nueva Época,* vol. 23, núm. 1 (2020), pp. 130 y ss.

a dos años de prisión y multa del tanto al triplo[44], siendo aplicable a la omisión de la diligencia por parte de un hombre cuidadoso, y se plantea otra cuestión relativa a cómo se va armonizar esta circunstancia con el delito imprudente de blanqueo de una persona física que puede generar responsabilidad criminal en una persona jurídica, sabiendo que, asimismo, en la práctica son las personas jurídicas las más susceptibles de efectuar un blanqueo imprudente[45].

En lo que se refiere al sujeto activo del blanqueo imprudente, con carácter general, la jurisprudencia del TS en materia de imprudencia grave se ha caracterizado por un análisis detallado y casuístico, estableciendo criterios claros y diferenciados para valorar la gravedad de la imprudencia en distintos contextos, en lo fundamental, en el ámbito laboral, médico y de la circulación vial, y en la más reciente pone su énfasis en la valoración contextual de la imprudencia, considerando no solo la conducta en sí misma, sino también las circunstancias específicas del caso, como el contexto social, pero también el ámbito profesional del infractor, así como el nivel de riesgo generado[46]. De manera específica, en una vacilante e inicial jurisprudencia consideró que el artículo 301.3 CP tiene características que pueden parecer propias de un delito especial[47], sin embargo, en diversas ocasiones se ha estimado que el blanqueo de dinero por imprudencia constituye un delito de carácter común[48], en su mayoría relacionadas con

---

44 Sobre el cuestionamiento de la previsión del delito imprudente de blanqueo, vid. Muñoz Cuesta, J., "Blanqueo de capitales imprudente: una figura más que discutible. Comentario a STS, Sala 2a, de 14 septiembre 2005", en *Repertorio de jurisprudencia Aranzadi*, núm. 7, 2005, p. 21780; Ferré Olivé, J. C. "La imprudencia en los delitos de blanqueo de capitales y financiación del terrorismo", en *Revista General de Derecho Penal*. 2020, no 33, p. 9; y, Fabián Caparrós, E.A., "Consideraciones dogmáticas y político-criminales sobre el blanqueo imprudente de capitales", en *Revista General de Derecho Penal*, núm. 16, 2011, p. 27.

45 Vid. Calderón Tello, L.F., *El delito de blanqueo de capitales: problemas en torno a la imprudencia y receptación*, Cizur Menor, Aranzadi, 2016, p. 219; y, Abel Souto, M., "Money Laundering, Criminal Respnsability of Legal Persons and 2018 Directives", en *Journal of Applied Business and Economics*, vol. 22(8) 2020, pp. 212 y 213.

46 Por todas, SSTS 145/2018, 13 de marzo y 246/2019, 20 de junio.

47 Bermejo, M.g./Agustina Sanllehí, J.R., "El delito de blanqueo de capitales", en Silva Sánchez, J.M. (dir.), *El nuevo Código penal. Comentarios a la reforma*, Madrid, *La Ley*, pp. 453 y 461. Sobre la financiación imprudente, vid. Abel Souto, M., "Las reformas penales...", cit., p. 34.

48 Entre otras, SSTS 857/2012, 9 de noviembre, 120/2013, 20 de febrero, 749/2015, 13 de noviembre, 283/2016, 28 de marzo, y 830/2016, 3 de noviembre. Vid. Blan-

el *phishing* y la actividad de los "muleros"[49], lo que facilita su aplicación amplia a cualquier individuo que, mediante su conducta negligente, facilite el blanqueo, lo que integra no solo a los sujetos obligados por la legislación preventiva, sino también a cualquier persona, independientemente de su profesión o función, cuya falta de diligencia básica y necesaria para detectar la procedencia ilícita del bien observando las cautelas propias de su actividad o decidió actuar al margen o no observando los deberes de cuidado exigibles produciendo el mismo efecto, después de valorar las circunstancias del caso[50]. Por ende, no se puede configurar su modalidad imprudente como delito especial, porque parece que no lo ha querido así el legislador[51], dado que los tipos dolosos a los que alude el delito imprudente son de naturaleza común, o si lo contrastamos con el artículo 576.4 CP, que explícitamente se dirige a los sujetos encargados de colaborar con la autoridad en la prevención de actos relacionados con la financiación

---

co Cordero, I. *El delito de blanqueo de capitales. Cizur Menor (Navarra): Aranzadi, 2012,* p. 756. Ramírez Martín, G., "El delito de blanqueo de capitales imprudente. Una propuesta de reducción del tipo desde la Parte General", en Valiente Ivañez/ Ramírez Martín (dir.), *Un modelo integral de Derecho penal. Libro homenaje a la profesora Mirentxu Corcoy Bidasolo,* BOE, Madrid, 2022, pp. 1354 y ss.; y, Calderón Tello, L.F., "El delito...", cit., p. 197; Bermejo, M.G./Agustina SanllehÍ, J.R., "El delito de blanqueo de capitales", en Silva Sánchez, J.M. (dir.), *El nuevo Código penal. Comentarios a la reforma,* Madrid, La Ley, pp. 453 y 461.

49 Vid. STS 749/2015, 13 de noviembre. También en SSTS 830/2016, 3 de noviembre; 749/2015, 13 de noviembre; 506/2015, 27 de julio, entre otras. Ampliamente, Calderón Tello, L.F., *La punibilidad del comportamiento del mulero o phisher-mule en derecho penal español: análisis de la sentencia del Tribunal Supremo 834/2012 de 25 de octubre*), Tesis Doctoral, Universidad Complutense, Madrid, 2017, pp. 520 y ss.; Id., "La punibilidad del comportamiento del mulero o phisher-mule en derecho penal español: análisis de la sentencia del tribunal supremo 834/2012 de 25 de octubre", en *Revista Penal México, 10*(18), 7-25 (disponible en: https://revistaciencias.inacipe.gob.mx/index.php/01/article/view/377); y, Vidales Rodríguez, C., *Los delitos de receptación y legitimación de capitales en el Código penal de 1995,* Tirant lo Blanch, 1997, p. 129.

50 Vid. Fabián Caparrós, E. A. Algunas observaciones sobre el blanqueo imprudente de capitales (aspectos doctrinales y jurisprudenciales), en *Iustitia.* 2010, núm. 8, p. 84; Id., "Consideraciones dogmáticas y político-criminales sobre el blanqueo imprudente de capitales", en *Revista General de Derecho Penal,* núm. 16, 2011, p. 9; y, Martínez-Buján Perez, *Derecho penal económico y de la empresa. Parte especial,* 2019, p. 614 y 615.

51 Cfr. Gonzalez Quinzán, Y., "La comisión imprudente del blanqueo", en *Revista penal México,* núm 21, julio-diciembre 2022, pp. 197 y 198.

terrorista[52], en el blanqueo imprudente no se distingue ni determina quién es el sujeto activo en el delito de blanqueo por imprudencia grave, por lo que a falta de diferenciación expresa no parece congruente configurar la modalidad imprudente como delito especial[53]. Además, el Tribunal Supremo en su sentencia 412/2014, 20 de mayo, subraya que la imprudencia no reside en la manera en que se lleva a cabo la acción, sino en el desconocimiento acerca de la naturaleza ilícita de los bienes recibidos, de tal forma que, teniendo la obligación y la capacidad de conocer su origen delictivo, se actúe sobre ellos. Bien es cierto que el desconocimiento sobre el origen delictivo del bien por el hecho de que el sujeto activo no actualizó la norma de cuidado[54], se plasma de manera diferente según sea sujeto activo común, en donde será preciso que en la situación específica se proyectó sobre el bien que se blanquea, o se refiera a un sujeto obligado como destinatario natural de la norma penal, es decir, profesionales y empresarios que, debido a la naturaleza de su actividad, forman parte de los ámbitos jurídicos y económicos que comúnmente son utilizados por los responsables del blanqueo de capitales para ocultar sus beneficios ilícitos; por ejemplo, ser una plataforma de cambio de moneda o un proveedor de billeteras electrónicas, porque en su aplicación práctica se identifica en lo básico con los deberes recogidos en la normativa administradora sancionadora y de manera usual con el incumplimiento grave del deber de cuidado en las operaciones en que intervienen[55].

---

52 Vid. González Cussac, J.L., "Financiación del terrorismo", en Abel Souto/Sánchez Stewart (coords.), *III Congreso,* cit., pp. 381 y 382; Peláez Ruiz-Fornells, A.F., "Blanqueo de capitales y financiación del terrorismo, dos delitos relacionados", en *La ley penal: revista de derecho penal, procesal y penitenciario,* 2021, núm. 148, p. 9; Fabián Caparrós, E.A., "Consideraciones dogmáticas…", cit., pp. 1-33; y, Abel Souto, M., "Las reformas penales…", cit., p. 34.

53 González Quinzán, Y., "La comisión…", cit., p. 198.

54 Cfr. STS 506/2015, 27 de julio. Blanco Cordero, *El delito de blanqueo de capitales,* 2015 p. 886.

55 Como explica la STS 158/2023, 8 de marzo de 2023: "la imprudencia grave, cuando de sujetos obligados se trata conforme a la normativa extrapenal, deberá venir conformada, como elementos de particular relevancia en la valoración, por los estándares normativos, más exigentes, que les resultan impuestos; mientras que cuando, como aquí, las conductas enjuiciadas se atribuyan a quienes no mantienen con respecto a las operaciones financieras realizadas una especial relación de vigilancia y/o control, únicamente podrá identificarse la existencia de imprudencia grave en aquellos supuestos en los que se advierta una completa y grosera omisión de cualquier clase de precauciones elementales con relación al origen de los mencionados fondos"

En consecuencia, y para la aplicación del régimen sancionador del capítulo VIII a los sujetos obligados, y dado que coinciden la acción del blanqueo doloso con la típica del imprudente, se podría tomar como punto de referencia la clasificación de las infracciones que menciona la Ley 10/2010 en el artículo 50, cuando distingue entre muy graves, graves y leves, pero este criterio no serviría para cumplir con el fin de la norma penal, necesitando que concurra un grado grave de imprudencia en el sentido descrito, esto es, que el sujeto activo podía haberse dado cuenta con facilidad que el bien procedía de una actividad delictiva de haber obrado con la diligencia debida. Y es que la gravedad de la imprudencia debe ser evaluada desde una perspectiva objetiva, considerando la magnitud de la infracción del deber de cuidado y el nivel de riesgo que la conducta del imputado representa para el bien jurídico protegido por la norma penal. Pero también subjetiva, puesto que, cuanto mayor sea la capacidad de prever o conocer el peligro, mayor será la exigencia del deber de cuidado y más grave será la vulneración; por ejemplo, en el caso de una plataforma de cambio la falta de diligencia en la verificación y monitoreo de las transacciones financieras puede llevar a una condena por blanqueo imprudente si se demuestra que la conducta negligente facilitó la ocultación y encubrimiento de bienes delictivos, porque la falta de verificación es un factor determinante que puede facilitar el delito. Más en concreto, la imprudencia exige la existencia de una actividad delictiva subyacente que genera dinero objeto de blanqueo y que el sujeto desconozca dicho origen delictivo, cuando existe el deber de neutralizar el riesgo que afecta al bien jurídico protegido, debido a un descuido grave de los deberes de cuidado exigibles, y desde el punto de vista subjetivo, referido al grado de conocimiento o previsibilidad del peligro, atendiendo a las circunstancias del caso, cuando el autor estaba en posición de predecir un riesgo relevante para el bien jurídico protegido y se pruebe que de haber mantenido una diligencia estándar, podría haberse constatado el origen delictivo de los bienes[56], contribuyendo con su actuar al blanqueo del dinero delictivo[57].

---

56 Cfr. Silva Sánchez, "Expansión...", cit., pp. 131-139, conclusiones en pp. 213-214; Vidales Rodriguez, C., "Blanqueo...", cit., pp. 426-430, 434-436.

57 Silva Pacheco, J., "El delito de blanqueo imprudente", en *El Notario del Siglo XXI*, revista 45, opinión (disponible en: https://www.elnotario.es/hemeroteca/revista-45/320-el-delito-d%E2%80%A6queo-imprudente-0-910293782977661?tmpl=component&print=1&page=); Fabián Caparrós, E.A., "Consideraciones dogmáticas y político-criminales sobre el blanqueo imprudente de capitales", en *Revista General de Derecho Penal*, núm. 16, noviembre de 2011, consultable en www.iustel.com, pp. 1-33; y, Moreno Carrasco, F., "El blanqueo de capitales. Claves para la interpretación del delito en la legislación española. Apuntes sobre el ámbito depor-

Junto a lo señalado con anterioridad, debido a su ambigüedad e indeterminación, es difícil distinguir cuando se está ante un caso del artículo 301.3 CP, o bien un supuesto atípico[58]. Es por ello por lo que es preciso delimitar con claridad de qué infracciones de la normativa de prevención, de los artículos 3 a 43 de la Ley 10/2010, se puede deducir el deber objetivo de cuidado para los sujetos obligados en ejercicio de sus funciones y que podrían integrar un supuesto de blanqueo imprudente con el fin de evitar una aplicación automática y amplia de la norma penal, sabiendo que en la mayoría de los casos serán meros incumplimientos constitutivos de infracción administrativa sin relevancia penal. En este sentido, las obligaciones administrativas cuyo incumplimiento debe estar ligado a una representación del origen delictivo y no a la de cualquier otro deber derivado de la normativa preventiva; de forma principal, el deber de investigar y comprobar la actividad del cliente, como el propósito y naturaleza de la relación de negocios para la detección del origen de los bienes y la comunicación a las autoridades cuando se detecte la procedencia delictiva[59]. Por ejemplo, el artículo 25 se refiere a la conservación de documentos por un período de diez años o cuando el artículo 29 estable la obligación de examen externo o el artículo 39 se refiere a la obligación de disponer de medidas oportunas, en particular programas de formación orientados a la detección de operaciones de blanqueo[60], no son idóneas para vincular su incumplimiento al conocimiento del origen delictivo del dinero que se emplea en una operación concreta[61]; sin embargo, hay otras en las que sí es posible advertir esa idoneidad, ese vínculo entre el incumplimiento administrativo y la relación con el origen delictivo, relacionados con la diligencia debida, como

---

tivo como escenario propicio para el blanqueo de capitales", en *Revista Aranzadi de derecho de deporte y entretenimiento*, 2017, núm. 54, p. 84.

58 En la STS 286/2015, 19 de mayo, se dice que establece que "En cuanto al delito de blanqueo por imprudencia..., participa de la crítica general a la distinción por su 'ambigüedad e inespecificidad', y por contradecir el criterio de 'taxatividad' de los tipos penales", al no permitir distinguir entre la imprudencia grave y la que no lo es".

59 Cfr. Basel Committee on Banking Supervision, *Sound management of risks related to money laundering and financing of terrorism*, Guía, rev. julio 2020 (disponible en: https://www.bis.org/bcbs/publ/d405.pdf).

60 En detalle, Sieber, U., "Programas de compliance en el Derecho penal de la empresa", en Nieto Martín/Arroyo Zapatero (eds.), *El derecho penal económico en la era compliance*, 2013, p. 111; Ragués I Vallés, *Whistleblowing. Una aproximación desde el Derecho penal*, Marcial Pons, 2013, p. 19; y, Ferré Olivé, J.C., "Compliance anticorrupción. The Anti-Bribery compliance", en *Revista Penal México*, núm. 22, enero-junio 2023, p. 71.

61 Por todos, Zaragoza Aguado, J. A. El delito de blanqueo de capitales, en Camacho Vizcaíno, A. (dir.), *Tratado de Derecho Penal Económico*, Valencia, Tirant lo Blanch, 2019, p. 1294.

el seguimiento continuo de la relación de negocios, en donde de manera expresa se señala que el sujeto obligado debe garantizar el conocimiento no solo del cliente, sino también el origen de los fondos (artículo 6) o en el artículo 14 cuando se alude a que el sujeto obligado, en relación con las personas de responsabilidad pública, deben adoptar medidas para determinar el origen de su patrimonio y de los fondos, como también aquellos que se vinculan al deber de informar, o, conforme al artículo 17, los sujetos obligados deben examinar con especial atención toda operación susceptible de vinculación con el blanqueo de capitales o la financiación del terrorismo. Si, tras practicar dicho examen especial, detectan cualquier indicio o certeza deberán comunicarlo al SEPBLAC según lo previsto en el artículo 18, así como la abstención de la ejecución, autorizar o facilitar operaciones destinadas al blanqueo, lo cual se deriva de lo establecido en el artículo 19.1, cuando se refiere a la disposición de indicios o certeza de que el hecho investigado guarda relación con el blanqueo de capitales o la financiación del terrorismo o cuando ocurra una evidente falta de congruencia con la naturaleza, el volumen de actividad o el historial operativo de los clientes, siempre que en un análisis exhaustivo no se encuentre una justificación económica, profesional o comercial que respalde la realización de dichas operaciones[62].

A MODO DE CONCLUSIÓN

Con relación a esta reforma, creo conveniente poner de relieve, en primer lugar, que se debería haber aprovechado la oportunidad de la misma, para contemplar como tipo cualificado uno que se centre en la cuantía, en la magnitud o importancia de la cantidad blanqueada, cuando el dinero involucrado en una operación de blanqueo excediera de un determinado límite, ya sea en un acto o en una reiteración de operaciones, reveladora de un mayor contenido de injusto[63], en cuyo caso sí estaría justificada la agra-

---

62 Vid. Silva Sánchez, J.M., “Mandato de determinación e imprudencia”, en *InDret Penal*, núm. 2, 2012, p. 2; y, González, E., “El delito de blanqueo imprudente: noción y problemática”, en *CMS law, tax*, febrero 2022 y jurisprudencia allí cit. (disponible en: https://cms.law/es/esp/publication/el-delito-de-blanqueo-imprudente-nocion-y-problematica).

63 Así, Vidales Rodríguez, C., “Los delitos de receptación...”, *cit.*, p. 142; Núñez Paz, M.A., “Relaciones entre lavado de actvios y delitos relativos al urbanismo. Orígenes de la perspectiva española”, en *Revista CAP Jurídica Central*, núm 5(9), julio-diciembre 2021, p. 83; Gómez Inesta, D.J., “El nuevo tipo agravado...”, cit., p. 430 y bibliogr. allí cit.

vación de las penas del blanqueo. Empero, esta no ha sido la voluntad de nuestro legislador que en su decisión incriminadora optó por agravar las penas con relación a las características del sujeto activo, al otorgar mayor reproche a la condición de sujeto obligado por la normativa de prevención del blanqueo y financiación del terrorismo, cuyo fundamento reside en considerar más culpable al que tiene obligaciones de controlar la operativa de su cliente, que pudiera estar vinculado a un acto de blanqueo, para de esta forma respetar la autonomía del delito de blanqueo.

En tal caso, los supuestos que preferiblemente se ajustan con mayor precisión al delito de blanqueo de capitales por imprudencia son aquellos realizados por individuos a quienes, conforme a la normativa, se les ha impuesto la obligación de verificar el origen de los bienes o de abstenerse de realizar operaciones con ellos, exigiéndoles un alto estándar de diligencia y cuya omisión puede resultar en responsabilidad penal, con la advertencia de que en la mayoría de los supuestos por muy graves que sean no tendrán relevancia penal, debido al carácter preventivo de la Ley cuando describe formas de incumplimiento alejadas de la posible lesión del bien jurídico, y que solo podrán ser constitutivas de delito cuando el sujeto obligado ejecute algunas de las acciones descritas en los párrafos 1 y 2 del artículo 301 CP y, por añadidura, se pruebe que el autor debería haber conocido la procedencia delictiva del bien, en conexión con algún incumplimiento de aquellas obligaciones que se vinculan a la evaluación del riesgo. Más aún, como quiera que en la mayoría de las ocasiones el sujeto infractor será una persona jurídica, para atribuir la responsabilidad penal a la persona jurídica obligada, habría de distinguirse entre aquellos que tienen poder y representación por el art. 31.1 bis CP, letra a), cuando por su comportamiento puede derivar la responsabilidad por la comisión imprudente de blanqueo y aquellos que recoge la letra b), es decir, los sometidos a su autoridad, cuando pueden efectuado el blanqueo imprudente por incumplimiento grave de los deberes de vigilancia y control de los superiores, en cuyo supuesto, habría un delito imprudente de blanqueo materializado por el subordinado y la transferencia a la persona jurídica "por culpa in vigilando de los superiores corporativos"[64]. El problema es que esto entra en contradicción con lo previsto en el artículo 2.2 de la Ley 10/2010, como acertadamente mantienen Requejo y González, cuando dispone que, en di-

---

[64] Vid. González Cussac, J.L., "Responsabilidad penal de las personas jurídicas y delito de blanqueo de dinero", en Abel Souto, M./Sánchez Stewart, N., (Coords.), *V Congreso sobre prevención y represión del blanqueo de dinero*, Tirant lo Blanch, Valencia, 2018, pp. 345-350, p. 345.

cho supuesto, las responsabilidades impuestas por la normativa de prevención continuarán siendo exigibles a la persona jurídica en relación con los servicios ofrecidos, atribuyendo la responsabilidad a la persona jurídica, como sujeto obligado, cuando sean las personas físicas que actúen como empleados de la persona jurídica, con lo que las personas físicas integrantes en una persona jurídica obligada parece que nunca podrán ser los destinatarios de esta agravación, de acuerdo con los criterios de atribución de la responsabilidad por el artículo 31 bis CP[65].

Teniendo en cuenta lo anterior, no está de más recordar que el bien jurídico protegido por la norma penal se conecta con la salvaguarda del orden económico y financiero, en el sentido de la confianza en el sistema financiero y la integridad del mercado económico, ya que el blanqueo afecta a la protección del sistema financiero, comprometiendo la competencia, y estabilidad y transparencia de las instituciones financieras cuando se integra el dinero ilícito en la economía formal[66]. Junto a ello, se acentúa el carácter pluriofensivo, reconociendo que también se protege la Administración de justicia[67]. Si se enlaza lo expuesto con lo previsto en el artículo 1.1 de la Ley 10/2010, que hace referencia a "la protección de la integridad del sistema financiero y de otros sectores de la actividad económica", y se considera que la vulneración de la normativa de prevención respecto al deber de diligencia puede ocasionar la comisión imprudente del delito de blanqueo, además de intensificar la sanción correspondiente, resulta complicado justificar la responsabilidad de un mismo sujeto obligado como autor de un delito de blanqueo imprudente y, a la vez, aplicar la agravante del artículo 302.1 CP, último párrafo. Esto suscita dudas sobre el principio de legalidad y tipicidad recogido en el artículo 25.1 CE, donde se reconoce el principio de *non bis in idem*, ya que hay una completa identidad en cuanto al hecho y al sujeto, y la base del deber objetivo en el tipo

---

65 Requejo, M.T. y González, I., cit.

66 Detalladamente, Bustos Rubio, M., "A vueltas con el bien jurídico en el delito de blanqueo de capitales", 2022, pp. 313 y ss., cuando se refiere al orden socioeconómico en el que se enmarca la competencia legal en el mercado (pp. 319-320), (disponible en: https://open.icm.edu.pl/server/api/core/bitstreams/8e2bc99f-8d34-45a7-b151-bc74edde0cc8/content).

67 Vid. Abel Souto, M., *El delito de blanqueo en el Código penal español*, 2005, p. 87 ss.; Id., "COVID-19 y comisión del delito de blanqueo de dinero mediante las nuevas tecnologías", en *Revista electrónica de Ciencia Penal y Criminología*, 2022, núm. 24-28, p. 6 y bibliogr. allí cit. Faraldo Cabana, P., "Aspectos básicos del delito de blanqueo de bienes en el Código penal de 1995", en *Estudios penales y criminológicos*, núm. 21, 1998, p. 128; Bermejo, M.G., Prevención y castigo del blanqueo de capitales. Un análisis jurídico-económico, Marcial Pons, 2015, *passim*).

imprudente y en la agravante es, en esencia, la misma[68]. La consecuencia es clara: el supuesto de agravación se aplicará de forma automática en los casos de delito de blanqueo de capitales imprudente, cuando se trate de un sujeto obligado, de modo que todo delito de esta naturaleza siempre conllevará una pena más severa, y como ocurre con los tipos que agravan la pena cuando los bienes proceden de algunos delitos que conllevan su aplicación[69], deja sin contenido el tipo básico en favor del delito imprudente de blanqueo más la agravación por la condición de sujeto obligado. Es más, desde la proporcionalidad de la sanción, el castigo del blanqueo por imprudencia, al no establecer una distinción entre los tipos básicos y agravados, posibilita sancionar en el caso concreto de forma más grave la conducta negligente que la dolosa[70].

En fin, el blanqueo imprudente no deja de ser un refuerzo punitivo del cumplimiento de las normas administrativas de cuidado[71] y ahora con la previsión de un tipo agravado, respondiendo al cumplimiento de la normativa europea, sirve para robustecer aún más los deberes de diligencia que obliga al conocimiento sobre el origen del bien en las operaciones económicas; sin embargo, en su relación con el delito de blanqueo de capitales imprudente conlleva problemas desde el principio de legalidad, que obligará desde la interpretación y en su aplicación práctica a reajustes[72], siendo un reflejo más de la propia evolución de la criminalización del blanqueo con un exceso de penalización que entra en conflicto con los principios del Derecho penal[73].

---

68 Requejo, M.T. y González, I., cit.

69 Así, González Quinzán, Y., ob cit., p. 200.

70 Cfr. Lorenzo Salgado, J.M., "El tipo agravado de blanqueo cuando los bienes tengan su origen en el delito de tráfico de drogas", en Abel Souto/Sánchez Stewart (coord.), Congreso sobre prevención y represión del blanqueo de dinero (3° Santiago de Compostela", 2013, pp. 241 y 242, notas 50 y 53.

71 Cfr. Gómez Iniesta, *El delito de blanqueo de capitales en Derecho español*, 1996, p. 60. Blanco Cordero, *El delito de blanqueo de capitales*, 2015; p. 886.

72 Silva Sánchez, J.M., "Expansión...", cit., p. 131.

73 Cfr. Manjón-Cabeza Olmeda, A., "Prevención y sanción del blanqueo de capitales", en Fernández Steinko, A. (ed.), *Delincuencia, finanzas y globalización*, Madrid, Centro de Investigaciones Sociológicas, 2013, p. 375; Terradillos Basoco, J.M., "El Derecho penal económico español: de la pujanza económica a la depresión", en Velásquez Velásquez/Posada Maya/Cadavid Quintero/Molina López/Sotomayor Acosta (coords.), *Derecho penal y crítica al poder punitivo del Estado. Libro homenaje al profesor Nodier Agudelo Betanour*, t. I, Bogotá, Ibáñez, 2013, p. 320; Korejo, M.S., Rajamanickam, R. y Said, M.H., "The concept of money laundering: a quest for legal definition", en *Journal of Money Laundering Control*, Vol. 24 No. 4, 2021, pp. 726 y ss. (DOI: https://doi.org/10.1108/JMLC-05-2020-0045).

Análisis cuantitativo hasta 2024 del volumen y evolución del delito de blanqueo en España y en Europa

CARMEN LÓPEZ ANDIÓN
Profesora titular de Economía cuantitativa
Centro de investigación interuniversitario ECOBAS
Universidad de Santiago de Compostela

INTRODUCCIÓN

El blanqueo de dinero es un problema internacional y un fenómeno complejo que tiene efectos no deseables a nivel económico y social. Puede causar un daño financiero considerable, distorsiones en la competencia y perjuicios a quienes respetan las reglas. En un contexto como el actual en el que los delincuentes están adaptando constantemente sus métodos operativos, es una de las actividades delictivas más difíciles de investigar y atajar.

La Comisión europea considera la lucha contra el blanqueo de dinero una prioridad estratégica, y reconoce desde hace tiempo la necesidad de disponer de información estadística relacionada con las actuaciones de los diferentes agentes implicados en dicha lucha, de cara a una evaluación rigurosa de la eficacia de las políticas llevadas a cabo. Para ello, ha ido ampliando progresivamente en sucesivas Directivas el tipo de información estadística exigible a los países miembros de la Unión Europea (UE).

La Directiva UE 2015/849 exigió a los diferentes estados el mantenimiento de unas estadísticas exhaustivas en aquellos asuntos relacionados con el blanqueo de capitales y la financiación del terrorismo, para que estos pudiesen garantizar que estaban en condiciones de evaluar la eficacia de sus sistemas de lucha contra estas amenazas. Esta exigencia iba acompañada de una descripción detallada en su artículo 44 de la información a recopilar, entre la que se encontraba el número de asuntos investigados, las personas procesadas y condenadas, y el valor de los bienes inmovilizados, incautados y confiscados. Los estados miembros deberían remitir a la Comisión los datos y publicar un estado consolidado de esas estadísticas.

La Directiva UE 2018/843 en su artículo 44 añadió más obligaciones de recogida de datos, entre otras las relativas a los recursos humanos asignados, al número de actuaciones llevadas a cabo por las autoridades de supervisión y a las medidas sancionadoras impuestas por estas. Incluyó además el compromiso incumplido de que la Comisión publicaría en su sitio web un informe anual en el que se resumirían y explicarían las estadísticas remitidas por los estados.

Por último, la Directiva (UE) 2024/1640 del Parlamento Europeo y del Consejo, de 31 de mayo de 2024 considera no solo que los Estados miembros deben mantener estadísticas al respecto sino también que deben mejorar su calidad. Con vistas a aumentar la calidad y la coherencia de los datos, la Comisión y la Autoridad de Lucha contra el Blanqueo de Capitales y la Financiación del Terrorismo (ALBC) deben hacer un seguimiento de la evolución de la lucha contra estos delitos y publicar análisis periódicos. Además, en su artículo 9 extiende sus exigencias en materia estadística a la recogida de nuevos datos sobre, entre otros, el número de solicitudes de acceso a la información de los registros centrales sobre titularidad real o el número de búsquedas de registros de cuentas bancarias. Esta Directiva establece además que como muy tarde en 2030 y posteriormente cada dos años, la Comisión publicará un informe en el que se resumirán y explicarán las estadísticas y lo publicará en su sitio web. Es de esperar, por tanto, que a partir de ese momento se pueda disponer de información que permita una detallada comparación entre los países europeos. Estos tratan de adaptarse a estas exigencias, y a pesar de las deficiencias de los datos suministrados por algunos de ellos, de su escasa comparabilidad en algunos casos, debido a los diferentes criterios de contabilización utilizados por estos y de algunos retrasos en la disponibilidad de la información, podemos afirmar que se observan mejoras progresivas en esta materia.

En las páginas que siguen se comentan diferentes indicadores relacionados con el blanqueo de dinero. A continuación, se realiza un análisis comparado de la evolución de los delitos registrados en los países europeos en los últimos años; y en último lugar se aborda la evolución de los resultados de las actuaciones policiales y judiciales en los cuatro principales países de la UE.

INDICADORES RELACIONADOS CON EL BLANQUEO DE DINERO

El primer indicador que comentaremos es el *Anti-Money Laundering Index* (en adelante Índice AML), elaborado anualmente por el Instituto de Basilea sobre la Gobernanza a partir de 2012. Dado que solo se incluyen aquellos países con suficientes datos para calcular una medida fiable, la relación de estos puede cambiar de unos años a otros. La última información disponible corresponde al año 2023 y se recoge parcialmente en la Tabla 1.

Este índice mide el riesgo de un país en temas de blanqueo de dinero y de financiación del terrorismo. Se trata de una medida resultado de la agregación ponderada de 18 indicadores[1] que valoran la calidad de la lucha contra el blanqueo y la financiación de terrorismo, el riesgo de corrupción y de soborno, la regulación y transparencia financiera, la transparencia y responsabilidad pública, y el riesgo político y jurídico. La puntuación recibida por cada estado oscila entre 0 y 10 dependiendo del nivel de riesgo. La Comisión Europea recomienda el índice en su metodología para identificar a terceros países de alto riesgo.

El índice nos da una imagen general del nivel del riesgo y de la vulnerabilidad de un país, pero no debe considerarse como una medición cuantitativa real de la actividad de blanqueo[2] como ocurre en algunas ocasiones. Los países con mayor nivel de riesgo son en general países pobres. En promedio este índice está relacionado inversamente con el PIB per capita[3].

---

1 Véase https://index.baselgovernance.org/methodology (junio 2024) para un resumen de la metodología utilizada en la elaboración de este índice.

2 Véase Basel Institute on Governance, *Basel AML Index 2020 Report,* disponible en https://baselgovernance.org/sites/default/files/2020-07/basel_aml_index_2020_web.pdf (junio 2021), p. 2.

3 Véase López Andión, C., "Análisis estadístico hasta 2021 del volumen y evolución del delito de blanqueo en España y en Europa", en Abel Souto, M.; Lorenzo Salgado, JM.; Sánchez Stewart, N. (coordinadores): VIII Congreso Internacional sobre prevención y represión del blanqueo de dinero. Tirant lo Blanc, Valencia, 2021, pp. 729-730.

Tabla 1. Índice AML 2023

Ranking	País	Puntuación	Ranking	País	Puntuación
1	Haití	8,25	122	Macedonia del Nor.	4,26
2	Chad	8,14	123	Eslovaquia	4,22
3	Myanmar	8,13	124	Países Bajos	4,15
4	Rep. Democ. Congo	8,10	125	Bélgica	4,13
5	Rep. Congo	7,91	127	Austria	4,10
6	Mozambique	7,88	128	Portugal	4,08
7	Gabón	7,73	130	Suiza	4,05
8	Guinea-Bissau	7,69	131	Irlanda	4,01
9	Venezuela	7,63	132	Letonia	4,00
10	Laos	7,44	134	ESPAÑA	3,96
65	Bielorrusia	5,33	135	Rep. Checa	3,82
75	Bulgaria	5,16	136	Grecia	3,70
78	Ucrania	5,08	139	Luxemburgo	3,67
86	Hungría	4,94	140	Reino Unido	3,66
90	Rumania	4,90	141	Francia	3,58
93	Albania	4,75	142	Eslovenia	3,57
97	Serbia	4,74	143	San Marino	3,51
102	Georgia	4,69	144	Lituania	3,47
104	Chipre	4,67	146	Noruega	3,45
105	Croacia	4,66	147	Dinamarca	3,36
107	Malta	4,65	148	Suecia	3,20
108	Moldavia	4,59	149	Andorra	3,09
110	Liechtenstein	4,58	150	Estonia	3,00
111	Italia	4,56	151	Finlandia	2,96
116	Polonia	4,46	152	Islandia	2,87
120	Alemania	4,29			

Fuente: Instituto de Basilea para la Gobernanza

Los países de Europa se mantienen bien posicionados en 2023. Solo tres de ellos obtienen una puntuación superior a 5 y todos los de la UE obtienen puntuaciones inferiores a la media (5,31). Los estados europeos más vulnerables son Bielorrusia, Bulgaria y Ucrania seguidos a corta distancia en puntuación por Hungría y Rumanía. España se encuentra entre los 16 países europeos de menor riesgo. Entre estos sobresalen como tales

Dinamarca, Suecia, Andorra, Estonia, Finlandia e Islandia, todos ellos con puntuaciones inferiores a 3,4. No debemos olvidar que los países europeos, especialmente los de la Unión, adoptan medidas similares en esta materia y siguen las recomendaciones del GAFI, si bien la eficacia en su aplicación puede explicar las pequeñas disparidades en la calificación recibida.

A nivel europeo, las principales actividades ilegales —el narcotráfico, la prostitución y el contrabando de tabaco y alcohol— fueron estimadas para el período 2007-2010. En conjunto representaban el 0,44% del PIB de la UE, si bien las estimaciones realizadas para los diferentes países en otros períodos arrojaban porcentajes dispares, que oscilaban entre el 1% para Italia y el 0,1% de Alemania o Finlandia[4].

El GAFI ha mostrado su preocupación por el hecho de que no se preste debida atención a los aspectos financieros de determinadas actividades delictivas, y en sus publicaciones para ayudar a los países a combatir el blanqueo de activos relacionados con ellas cita estudios que han abordado una cuantificación de lo que esos delitos suponen. Aunque no existen datos para Europa, a nivel mundial el comercio ilegal de vida silvestre estaría valorado entre 7.000 y 23.000 millones de dólares al año o bien "en una cifra que representa alrededor de un cuarto de las ganancias generadas por el comercio legal de vida silvestre"[5]. Dentro de los delitos ambientales[6], los delitos forestales —como el desmonte y la tala ilegales— generarían aproximadamente entre 51.000 y 152.000 millones de dólares al año; la minería ilegal —con el oro y los diamantes extraídos ilegalmente en cabeza— generaría entre 12.000 y 48.000 millones de dólares anuales; y el tráfico ilegal de residuos, aproximadamente entre 10.000 y 12.000 millones. Por otra parte, en lo relativo al delito de la trata de seres humanos el GAFI

---

[4] La recopilación de las fuentes de información, así como las cifras relativas a España, Alemania, Reino Unido, Francia, Italia, Holanda, Bélgica, Irlanda, Portugal, Suecia, Finlandia y Luxemburgo se pueden consultar en López Andión, C., "Análisis del volumen y evolución del delito de blanqueo en Europa", en Abel Souto, M.; Sánchez Stewart, N. (Coords), VI Congreso internacional sobre prevención y represión del blanqueo de dinero, Tirant lo Blanch, Valencia, 2019, pp. 211-213.

[5] Véase FATF (2020), *Money Laundering and the Illegal Wildlife Trade,* FATF, Paris, France, disponible en www.fatf-gafi.org/publications/methodandtrends/documents/money-laundering-illegal-wildlife-trade.html (junio 2024) p. 13.

[6] Véase FATF (2021), Money Laundering from Environmental Crimes, FATF, París, Francia, disponible en https://www.fatf-gafi.org/content/fatf-gafi/en/publications/Environmentalcrime/Money-laundering-from-environmental-crime.htm (junio 2024), pp. 13-14.

se basa en las estimaciones de la OIT publicadas en 2014 que valoraban los ingresos totales obtenidos por esta actividad delictiva en unos 150.200 millones de dólares, de los cuales 99.000 millones corresponderían a la explotación sexual forzosa y 51.200 millones a la explotación laboral forzosa, lo que convierte a este delito en uno de los generadores más importantes de ingresos delictivos en el mundo[7].

Por otra parte, los trabajos que se ocupan de la estimación del volumen de blanqueo de dinero a nivel mundial o de determinadas áreas geográficas son relativamente escasos, difieren tanto en la metodología utilizada y el ámbito temporal contemplado como en los resultados alcanzados[8] y son a menudo criticados por inexactos y engañosos. En el caso de Europa, el último del que tenemos conocimiento estima el dinero blanqueado anualmente a través de las transacciones comerciales internacionales[9]. Los resultados obtenidos varían en función de la base de datos utilizada para el comercio internacional, y no proporcionan una cifra concreta sino un intervalo en el que se movería el montante de dinero blanqueado ligado al comercio. En Europa se blanquearían anualmente en el período 2005-2015 entre 933,8 y 1.411,4 miles de millones de dólares (entre el 9 y el 13% del comercio internacional de los países de la UE). Estas estimaciones se obtienen a partir de los datos del Fondo Monetario Internacional. Cuando se utiliza la base de datos Comtrade de la ONU, el dinero blanqueado oscilaría entre los 1.192 y los 1.802 miles de millones de dólares al año, lo que supondría entre el 11 y el 17% del comercio. En los diferentes países estos porcentajes varían ligeramente y en algunos pueden llegar al 20%.

---

7 Véase FATF-APG (2018), Financial Flows from Human Trafficking, FATF, Paris, France, disponible en https://www.fatf-gafi.org/content/fatf-gafi/en/publications/Methodsandtrends/Human-trafficking.html, (junio 2024) pp. 15-16.

8 Un resumen de los diferentes estudios que incorporan estimaciones relativas a países europeos puede consultarse en López Andión, C., ""Análisis estadístico hasta 2021… *op. cit.,* pp. 732-739. Para una revisión bibliográfica en lo relativo a la magnitud del dinero blanqueado véase Tiwari, M.; Gepp, A.; Kumar, K., "A review of money laundering literature: the state of research in key areas", *Pacific Accounting Review, 2020,* Vol. 32, No. 2, pp. 271-303, https://doi.org/10.1108/PAR-06-2019-0065. Para una revision bibliográfica sobre el blanqueo de dinero basado en el comercio internacional véase Tiwari, M.; Ferrill, J.; Douglas, M.C.A., "Trade-based money laundering: a systematic literature review", *Journal of Accounting Literature, 2024,* Vol. 47, No. 5, pp. 1-26, https://doi.org/10.1108/JAL-11-2022-0111.

9 Véase Saenz, M.; Lewer, J.J., "Estimates of Trade Based Money Laundering within the European Union", *Applied Economics, 2022,* Vol. 55, No. 51, pp. 5991-6003, https://doi.org/10.1080/00036846.2022.2141444

EVOLUCIÓN DEL DELITO DE BLANQUEO EN LA UNIÓN EUROPEA: ANÁLISIS COMPARATIVO

Para este análisis se recurre a los datos que publica Eurostat sobre diferentes tipos de delitos a partir de la información que proporcionan los cuerpos policiales de los distintos países. La tipología contemplada se basa en la Clasificación Internacional de Delitos con Fines Estadísticos, ICCS por sus siglas en inglés, elaborada por la Oficina de Naciones Unidas contra la Droga y el Delito (UNODC). Dicha clasificación está basada en conceptos, definiciones y principios convenidos internacionalmente, con el fin de mejorar la coherencia y comparabilidad a nivel mundial de las estadísticas sobre el delito, además de mejorar la capacidad de análisis tanto a nivel nacional como internacional.

Los datos disponibles (Tabla 2) abarcan el período 2016-2022 y a todos los países de la UE con la excepción de Chipre y Luxemburgo, que no proporcionan información sobre delitos de blanqueo de dinero. La principal conclusión que se puede extraer de los mismos es que en este período el número de delitos conocidos de blanqueo ha crecido de forma espectacular, sobre todo en los últimos años (Gráfico 1) dado que los casi 60.000 delitos de 2022 multiplican por 2,7 los conocidos en 2016. El aumento ha tenido lugar en la mayoría de los países. La excepción la constituyen Italia, Rumanía, Chequia y Estonia, países que en 2022 registraron una menor actividad delictiva que en 2016.

Tabla 2. Delitos de blanqueo de dinero en los países de la Unión Europea

	2016	2017	2018	2019	2020	2021	2022
Bélgica	882	905	1 354	2 375	6 093	6 417	4 089
Bulgaria	31	45	38	31	48	44	41
Chequia	1 180	933	780	626	556	564	691
Dinamarca	4	113	105	258	1 184	2 557	5 903
Alemania	11 541	10 015	8 652	9 764	8 942	14 785	22 614
Estonia	68	41	101	190	21	18	20
Irlanda				254	624	833	545
Grecia	26	29	26	36	38	80	123
España	262	260	272	295	310	343	411
Francia	1 113	1 222	1 516	1 712	2 102	2 712	2 893
Croacia	58	6	26	41	21	52	79
Italia	1 805	1 941	1 959	2 218	2 097	1 687	1 561

	2016	2017	2018	2019	2020	2021	2022
Letonia	120	123	196	335	415	422	463
Lituania	32	21	55	52	83	42	38
Hungría	51	87	241	188	301	351	533
Malta	77	58	33	36	107	180	130
Países Bajos	610	700	901	1 380	1 945	2 480	1 535
Austria	562	622	666	430	527	742	755
Polonia	338	371	479	1 290	649	849	1 055
Portugal	18	25	31	36	47	51	49
Rumanía	954	636	438	642	240	260	323
Eslovenia	51			59	69	59	93
Eslovaquia	116	117	111	62	77	83	126
Finlandia	370	473	426	452	594	700	926
Suecia	1 971	3 137	6 787	6 773	9 303	10 534	14 958
TOTAL	22 240	21 880	25 193	29 535	36 393	46 845	59 954

Fuente: Eurostat. No hay datos disponibles de Luxemburgo y Chipre

Gráfico 1. Delitos de blanqueo de dinero. Unión Europea

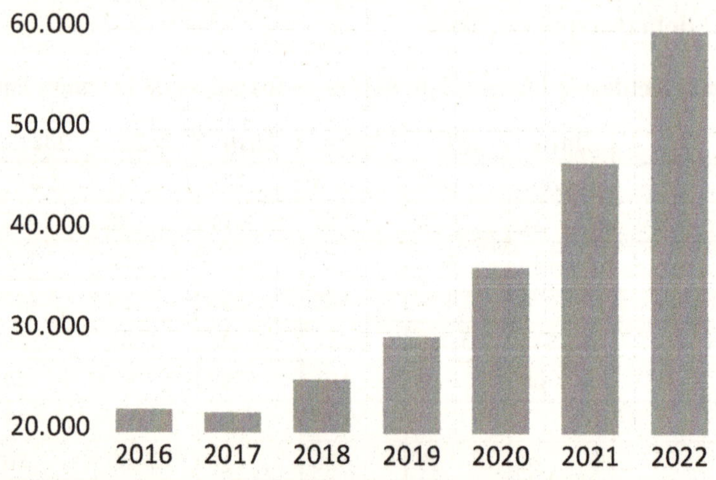

Fuente: Eurostat. No hay datos disponibles de Luxemburgo y Chipre

Las cifras de la Tabla 2 varían enormemente, reflejando los diferentes tamaños de los países. Por ello, a efectos de comparación entre estos, resulta más útil prestar atención al número de delitos con relación a la población. De ahora en adelante utilizaremos en nuestro análisis el número de delitos conocidos por cada 100.000 habitantes (Tabla 3).

Con estas cifras se detecta la misma evolución creciente y las mismas excepciones al realizar la comparación entre el principio y el final del período, pero también existen diferencias notables entre países. En este sentido, es importante destacar el crecimiento experimentado por Dinamarca, que ha pasado de registrar 0,07 delitos por 100.000 habitantes en 2016 a 100,5 en 2022. Otra mención especial merece el caso de Suecia, que en todos estos años ha estado al frente del ranking de países por este concepto, alcanzando en 2022 la cifra de 143 delitos. Curiosamente estos dos estados se encuentran en el grupo con menor vulnerabilidad al blanqueo según el índice AML. Los demás registran tasas delictivas muy inferiores a las antes mencionadas. Tan solo Bélgica sobrepasa los 50 delitos por 100.000 habitantes en los años 2020 y 2021.

La mejor forma de reflejar las diferencias con relación a la población es la media anual de delitos recogida el Gráfico 2, en el que se aprecia que Suecia es, con diferencia, el país con un mayor número de delitos en relación con su población, seguido a considerable distancia de Bélgica y Dinamarca. Los últimos lugares están ocupados por España, Bulgaria, Grecia y Portugal, países con menos de un delito de blanqueo al año por cada 100 mil habitantes.

Tabla 3. Blanqueo de dinero. Delitos por cada 100.000 habitantes. Unión Europea

	2016	2017	2018	2019	2020	2021	2022
Bélgica	7,80	7,97	11,88	20,73	**52,88**	**55,54**	35,20
Bulgaria	0,43	0,63	0,54	0,44	0,69	0,64	0,60
Chequia	11,18	8,82	7,35	5,88	5,20	5,37	6,57
Dinamarca	0,07	1,97	1,82	4,44	20,33	43,78	**100,50**
Alemania	14,04	12,14	10,45	11,76	10,75	17,78	27,17
Estonia	5,17	3,12	7,66	14,34	1,58	1,35	1,50
Irlanda				5,18	12,57	16,64	10,77
Grecia	0,24	0,27	0,24	0,34	0,35	0,75	1,18
España	0,56	0,56	0,58	0,63	0,65	0,72	0,87
Francia	1,67	1,83	2,27	2,55	3,12	4,01	4,26

	2016	2017	2018	2019	2020	2021	2022
Croacia	1,38	0,14	0,63	1,01	0,52	1,29	2,05
Italia	2,98	3,20	3,24	3,71	3,52	2,85	2,64
Letonia	6,09	6,31	10,13	17,45	21,75	22,29	24,68
Lituania	1,11	0,74	1,96	1,86	2,97	1,50	1,35
Hungría	0,52	0,89	2,46	1,92	3,08	3,61	5,50
Malta	17,10	12,60	6,94	7,29	20,79	34,88	24,95
Países Bajos	3,59	4,10	5,24	7,99	11,17	14,19	8,73
Austria	6,46	7,09	7,55	4,85	5,92	8,31	8,41
Polonia	0,89	0,98	1,26	3,40	1,71	2,24	2,80
Portugal	0,17	0,24	0,30	0,35	0,46	0,50	0,47
Rumanía	4,83	3,24	2,24	3,31	1,24	1,35	1,70
Eslovenia	2,47			2,84	3,29	2,80	4,41
Eslovaquia	2,14	2,15	2,04	1,14	1,41	1,52	2,32
Finlandia	6,74	8,59	7,73	8,19	10,75	12,65	16,69
Suecia	20,01	31,39	**67,06**	**66,21**	**90,08**	**101,49**	**143,11**

Fuente: Eurostat. No hay datos disponibles de Luxemburgo y Chipre

Gráfico 2. Delitos de blanqueo por cada 100 000 habitantes UE. Media anual del período 2016-2022

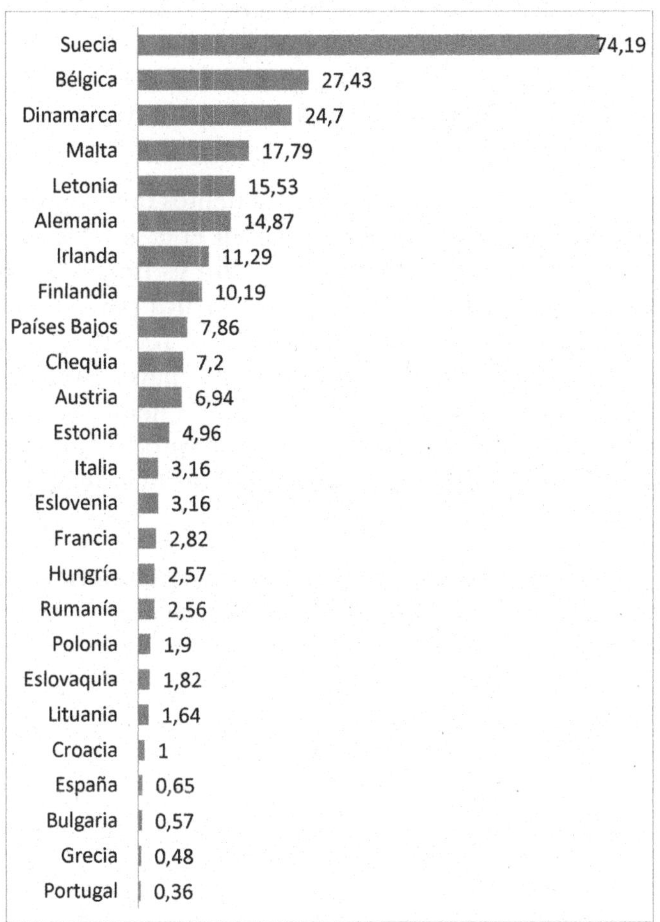

Fuente: Eurostat y elaboración propia

EL DELITO DE BLANQUEO DE DINERO Y SU RELACIÓN CON OTROS DELITOS PREVIOS

Dado que las actividades de blanqueo son consecuencia de la comisión de numerosos delitos previos resulta de interés analizar la relación que estos mantienen con el de blanqueo en los países de la Unión Europea durante el período de referencia. Para ello tendremos en cuenta aquellos que aparecen con frecuencia citados como delitos precedentes, y que están recogidos en la clasificación ICCS antes mencionada. Se trata de los delitos de fraude, corrupción, actos ilícitos relacionados con drogas o precursores sujetos a fiscalización, actos contra sistemas informáticos y participación en organización criminal, todos ellos en número por cada 100.000 habitantes. Para completar el análisis hemos incorporado también el índice AML y el PIB per capita. Los resultados se muestran en la Tabla 4 y en el Gráfico 3, en el que la mayoría de las variables aparecen en logaritmos para evitar problemas de escala.

Existe una correlación positiva entre los delitos de blanqueo conocidos y los restantes delitos contemplados, pero en el caso de la pertenencia a organización criminal el grado de correlación es muy bajo (0,034) y no resulta estadísticamente significativo[10]. En aquellos países o períodos con mayor actividad delictiva de fraude también se registran más delitos de blanqueo (correlac.=0,716). Por otra parte un mayor número de delitos de narcotráfico va asociado al crecimiento de los delitos de blanqueo (correlac.=0,668). Esto también ocurre con la corrupción (correlac.=0,666) y en menor medida con los delitos de actos contra sistemas informáticos (correlac.=0,446).

Tabla 4. Blanqueo de dinero y otros delitos y variables. UE 2016-2002: matriz de correlaciones

	BLANQUEO	AIDROGAS	FRAUDE	CORRUPCION	ACSI	CRORG	AML	PIB_PC
BLANQUEO	1,000							
AIDROGAS	**0,668** (0,000)	1,000						
FRAUDE	**0,716** (0,000)	0,769 (0,000)	1,000					
CORRUPCION	**0,666** (0,000)	0,723 (0,000)	0,837 (0,000)	1,000				
ACSI	**0,446** (0,000)	0,495 (0,000)	0,501 (0,000)	0,462 (0,000)	1,000			
CRORG	**0,034** (0,700)	0,313 (0,000)	0,122 (0,143)	-0,157 (0,059)	-0,034 (0,699)	1,000		

10 En casos como este (Gráfico 3E), la recta de regresión suele ser prácticamente horizontal.

	BLANQUEO	AIDROGAS	FRAUDE	CORRUPCION	ACSI	CRORG	AML	PIB_PC
AML	**-0,178** (0,024)	-0,245 (0,001)	-0,234 (0,002)	-0,314 (0,000)	0,035 (0,670)	0,237 (0,006)	1,000	
PIB_PC	**0,431** (0,000)	0,638 (0,000)	0,347 (0,000)	0,217 (0,003)	0,338 (0,000)	0,485 (0,000)	0,101 (0,179)	1,000

Fuente: Eurostat, Instituto de Basilea y elaboración propia. Entre paréntesis figuran los p-valores de los estadísticos ***t*** utilizados para contrastar la hipótesis nula de que el correspondiente coeficiente de correlación es cero.
Nota:
BLANQUEO- Delitos de blanqueo de dinero por cada 100.000 habitantes
AIDROGAS- Delitos de actos ilícitos relacionados con drogas o precursores sujetos a fiscalización por cada 100.000 habitantes
FRAUDE- Delitos de fraude por cada 100.000 habitantes
CORRUPCION- Delitos de corrupción por cada 100.000 habitantes
ACSI- Delitos de actos contra sistemas informáticos por cada 100.000 habitantes
CRORG- Delitos de participación en organización criminal por cada 100.000 habitantes
AML- Anti-Money Laundering Index
PIB_PC- Producto Interior Bruto per capita

Además del grado de vinculación de los delitos de blanqueo con los precedentes, también se ha analizado el nivel de asociación entre aquel y la medida del riesgo de blanqueo representada por el índice AML (Gráfico 3F) y por último con el PIB per capita (Gráfico 3G). Los resultados muestran una baja pero significativa correlación negativa con el índice AML, es decir, que una menor calificación de riesgo va unida a una mayor detección de los delitos de blanqueo, lo que puede estar indicando en cierto modo una mayor eficacia en la persecución del delito en los países menos vulnerables a operaciones de blanqueo, sin descartar muchos otros factores que puedan explicar esta circunstancia. La correlación con el PIB per capita es positiva y significativa, lo que permite concluir que en general los países y períodos de mayor renta también registran un mayor número de delitos de blanqueo con relación a su población.

Gráfico 3. Blanqueo de dinero frente a otros delitos y variables. UE 2016-2002

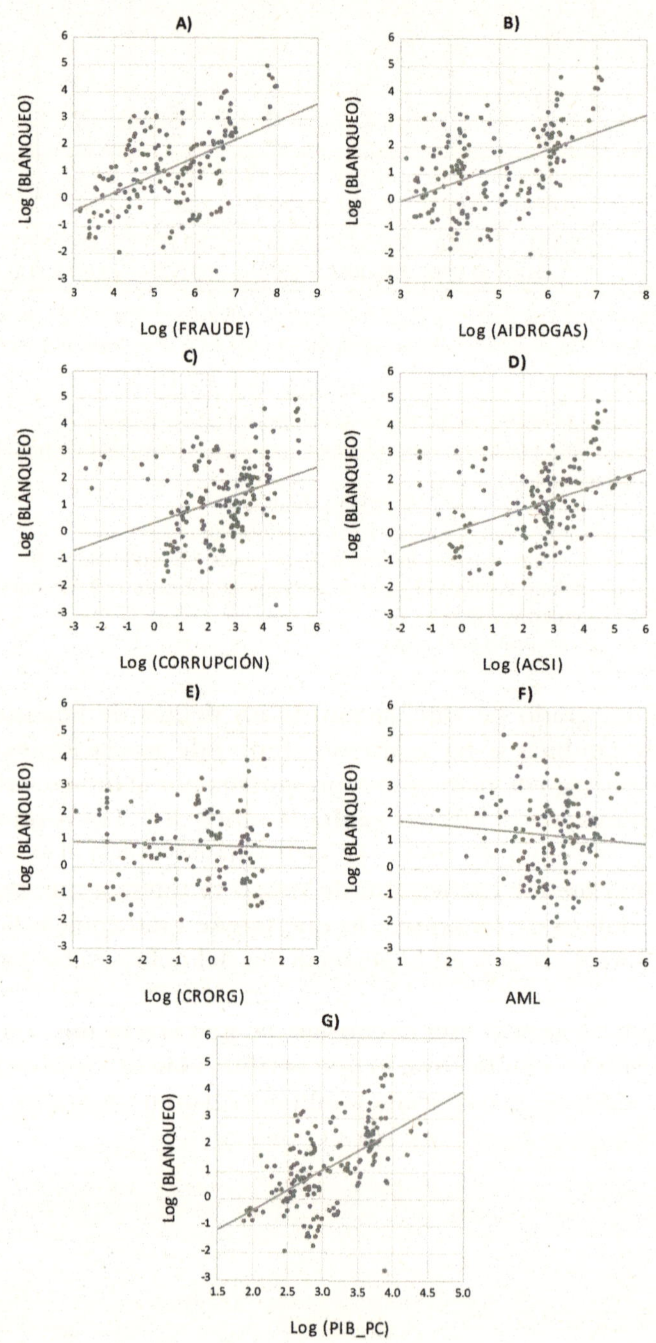

Fuente: Eurostat, Instituto de Basilea y elaboración propia. Nota: véase la de la Tabla 4

EL DELITO DE BLANQUEO DE DINERO EN LOS PRINCIPALES PAÍSES DE LA UE

A continuación, se analiza la evolución reciente del delito en los cuatro principales países de la Unión Europea sobre la base de las actuaciones policiales y judiciales.

Alemania

Alemania es el principal país de la UE, la cuarta economía del mundo y uno de los centros financieros más grandes de Europa. Cuenta desde 2016 con el mayor número de entidades de crédito y sucursales extranjeras de la Unión Europea. Constituye un territorio de gran atractivo para los delincuentes organizados y para el blanqueo de dinero debido al tamaño de su economía, a sus avanzadas instituciones financieras y a los fuertes vínculos internacionales[11]. Según el GAFI, los principales riesgos a los que se enfrenta este país en materia de blanqueo proceden del buen funcionamiento de su economía, de la utilización intensiva de efectivo y del blanqueo a través del sector inmobiliario[12]. Aunque no se puede saber con precisión el alcance del blanqueo en el sector inmobiliario, según algunas fuentes[13] podría ascender a 5.000 millones de euros al año. Para enfrentar estos riesgos, en los últimos años Alemania ha implementado importantes reformas para fortalecer su sistema y combatir más eficazmente tanto el blanqueo de dinero como la financiación del terrorismo

Las cifras relativas a delitos conocidos son muy elevadas, como corresponde a un país de su tamaño. Han alcanzado su máximo nivel en 2023 (32.573 casos) como resultado de un crecimiento muy importante desde

---

11 Véase United States Department of State, Bureau for International Narcotics and Law Enforcement Affairs, *International narcotics control strategy report, volume II, Money laundering and financial crimes,* March 2016, disponible en https://www.state.gov/documents/organization/253983.pdf (junio de 2018), p. 115.

12 Véase FATF (2022), *Anti-money laundering and counter-terrorist financing measures – Germany, Fourth Round Mutual Evaluation Report,* FATF, Paris. http://www.fatf-gafi.org/publications/mutualevaluations/documents/mer-germany-2022.html (junio 2024) p. 7.

13 Véase Cf. Deloitte (2019): *Wirksame Geldwäscheprävention im Immobiliensektor.* Im Fokus von Aufsicht und Öffentlichkeit, disponible en https://www2.deloitte.com/de/de/pages/risk/articles/geldwaeschepraevention-im-immobiliensektor.html (junio 2024)

2020 (Gráfico 4). Si tenemos en cuenta estos valores con relación a la población nos encontramos con una media anual de 14,87 delitos por cada 100.000 habitantes en el período 2016-2022 (Gráfico 2), lo que la sitúa en sexto lugar en el ranking de países con mayor número de delitos conocidos de blanqueo de dinero de la Unión Europea. El porcentaje de esclarecimientos es muy elevado y supera o ronda el 90% en todos los años del período analizado.

En las investigaciones llevadas a cabo sobre los grupos del crimen organizado en 2022, se han identificado un total de 245 actividades de blanqueo en el 31,8% de las 203 investigaciones[14]. Además, de las mismas se deduce que la inversión realizada para blanquear fondos tiene como destino fundamentalmente, en los casos en los que se conoce, las criptomonedas (450 millones de €) y el sector inmobiliario (256 millones de €)[15]. Si tenemos en cuenta las investigaciones del período 2013-2022, se concluye que el porcentaje de las relacionadas con el blanqueo es en media del 37,5%, y supera el 40% en el trienio 2019-2021.

Gráfico 4. Delitos de blanqueo. Alemania

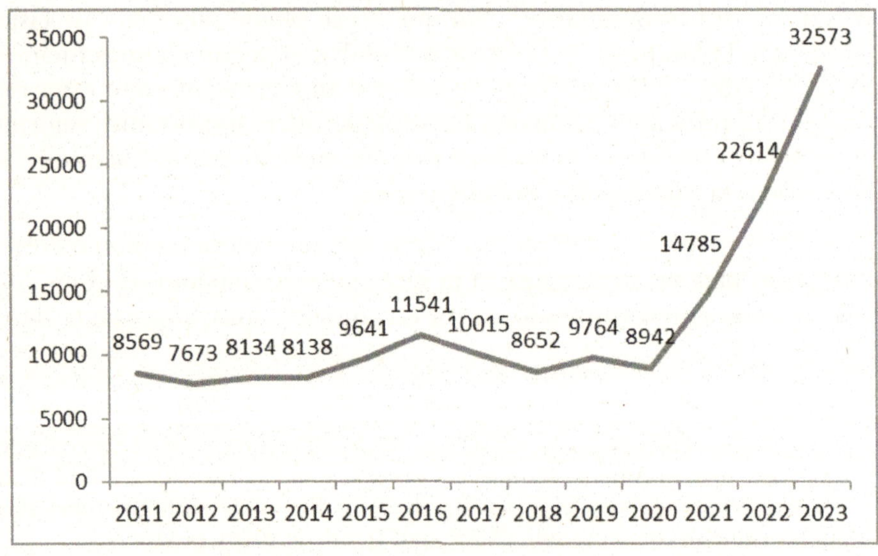

Fuente: Bundeskriminalamt, *Police Crime Statistics* (varios años)

14 Véase Bundeskriminalamt, *Organized crime.National Situation Report* (2022), disponible en https://www.bka.de/EN/CurrentInformation/AnnualReports/OrganisedCrime/organisedcrime_node.html (junio 2024), p. 17.

15 Véase Bundeskriminalamt…*op. cit.*, p. 19.

En línea con la cantidad de delitos conocidos los datos relativos al número de personas detenidas muestran igualmente un aumento espectacular a partir de 2021 (Gráfico 5), suponiendo los perseguidos en 2023 casi 29.000 personas, un 44% más que en 2022.

Gráfico 5. Personas perseguidas por blanqueo de dinero en Alemania

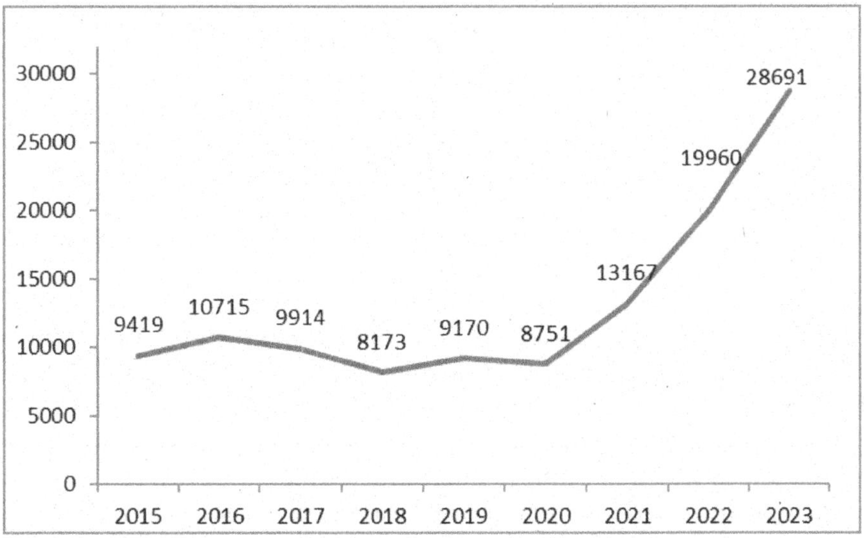

Fuente: Bundeskriminalamt, *Police Crime Statitics* (varios años)

Por otra parte, en 2023 (Tabla 5) las fiscalías alemanas concluyeron más de 136.000 investigaciones —un 41% más que en el año anterior— lo que confirma la tendencia al alza experimentada en años previos. Esta misma tendencia se observa en los procesos finalizados en los tribunales, que han crecido en 2023 un 54% sobre los finalizados en el año anterior, alcanzando la cifra de 2.514. Esto indica que solo una pequeña parte de los casos pasan de la investigación al procesamiento. En opinión del GAFI el número de procesamientos es bajo, considerando que Alemania es un importante centro financiero y económico. Por otra parte, tanto el número de personas procesadas como el de condenadas ha continuado creciendo en 2022, pero lo ha hecho de forma más contenida que en el año anterior. En el período 2016-2022 han sido procesadas un total de 8.173 personas, lo que supone una media anual de 1.167. En el mismo período, las condenadas ascendieron a 6.366, en promedio 909 al año. En conjunto la tasa de condenas sobre procesamientos es alta (78%).

Tabla 5. Delito de blanqueo en Alemania

	2016	2017	2018	2019	2020	2021	2022	2023
Investigaciones concluidas por las fiscalías			37584	40612	37773	57128	96468	136650
Procesos finalizados en los tribunales locales		640	649	723	888	1213	1632	2514
Personas procesadas	1045	955	940	955	1072	1476	1730	
Personas condenadas	854	763	687	712	829	1146	1375	

Fuente: Federal Statistical Office. Wiesbaden 2024 y Statistisches Bundesamt: Rechtspflege. Strafverfolgung (varios años)

En Alemania las penas por delitos de blanqueo de dinero van desde una multa hasta una pena de prisión de entre 3 meses y 15 años en el caso de delitos graves. Sin embargo, la mayoría de las penas en los casos de lavado de dinero son bastante bajas. La mayoría de las condenas terminan en una multa o una pena de prisión de menos de un año[16]. La multa máxima impuesta a personas físicas en el periodo 2016-2020 ha sido de 40.500 euros. En dicho período el 78% de las condenas terminaron con una multa y el 14,6% con una pena de prisión de menos de un año. Los porcentajes correspondientes a condenas mayores son mucho más bajos: penas de entre uno y dos años para el 5,6% de los condenados, de entre dos y cinco años para el 1,6%, y de cinco a diez años para tan solo un 0,1% del total. Según el GAFI, aunque Alemania impone una amplia gama de sanciones contra las personas físicas, no se ha podido demostrar plenamente que las correspondientes al blanqueo sean efectivas, proporcionales y disuasorias.

Por último, en lo relativo a la población penada por este delito es preciso comentar que a 31 de marzo de 2023 el número de personas que cumplían condena de prisión por alguna de las modalidades de blanqueo de dinero ascendía a tan solo 36. Adicionalmente 9 cumplían su pena en régimen abierto. A dicha fecha no se encontraba ninguna persona en prisión preventiva acusada de blanqueo[17].

---

16 Véase FATF (2022), Anti-money laundering….–Germany,…*op. cit.*, p. 85

17 Véase Statistischer Bericht-Strafvollzug 2023, disponible en https://www.destatis.de/DE/Themen/Staat/Justiz-Rechtspflege/Publikationen/Downloads-Strafverfolgung-Strafvollzug/statistischer-bericht-strafvollzug-2100410237005.html (julio 2024)

Francia

Francia es la segunda economía en importancia de la Unión Europea. Es un país atractivo para el blanqueo de dinero y cuenta con un marco sólido y sofisticado para la lucha contra esta amenaza, que es eficaz en aspectos tales como los ámbitos de aplicación de la ley, el decomiso y la cooperación internacional. Los principales perfiles de riesgo identificados son los asociados al fraude fiscal, el tráfico de drogas y la estafa. Las autoridades priorizan la persecución de casos de blanqueo de dinero de alto nivel. Tras los ataques terroristas de 2015, Francia ha considerado de especial prioridad el fortalecimiento de las normas europeas contra el blanqueo y ha desempeñado un papel destacado en la adopción de la 5ª Directiva por el Consejo y el Parlamento Europeo.

En su Informe de evaluación mutua de 2011, el GAFI señalaba la escasez de datos como una de las deficiencias del sistema. Argumentaba que, debido a la falta de estadísticas y la dificultad a la hora de interpretar los datos disponibles, no podía medir con certeza la efectividad en la lucha contra el blanqueo. Consideraba deficientes las estadísticas recopiladas sobre el número de investigaciones y enjuiciamientos, criticaba la ausencia de las relativas a incautaciones y decomisos, y afirmaba en definitiva que las autoridades francesas deberían considerar la posibilidad de recopilar información cuantitativa de forma más sistemática y generalizada[18]. Sin embargo, en su informe de 2022, a pesar de considerar algunas estadísticas como incompletas, a veces desiguales y difíciles de comparar[19], constata un mejor acceso a los datos, sobre todo a partir de 2019.

Todos los indicadores muestran en los últimos años un crecimiento de las actividades realizadas para combatir este delito, aumento que no se ha podido mantener en 2023 para algunos de ellos.

Los datos de Eurostat para el período 2016-2022 respecto a los delitos conocidos indican un claro y sostenido crecimiento, que ha conducido en 2022 al registro de 2.893 delitos de blanqueo. La información recogida en

---

18 Véase GAFI, *Rapport d'évaluation mutuelle. Lutte contre le blanchiment de capitaux et le financement du terrorisme, 2011, disponible en* https://www.fatf-gafi.org/publications/?hf=10&b=0&q=MER%2520France&s=desc(fatf_releasedate) (junio 2024) p. 10.

19 FATF (2022), Anti-money laundering and counter-terrorist financing measures – France, Fourth Round Mutual Evaluation Report, FATF, Paris, disponible en http://www.fatf-gafi.org/publications/mutualevaluations/documents/mer-france-2022.html (junio 2024) p. 79.

el Gráfico 2 muestra una media de 2,82 delitos por cada 100.000 habitantes al año, por debajo de la mediana de los países europeos.

Gráfico 6. Delitos de blanqueo de dinero. Francia

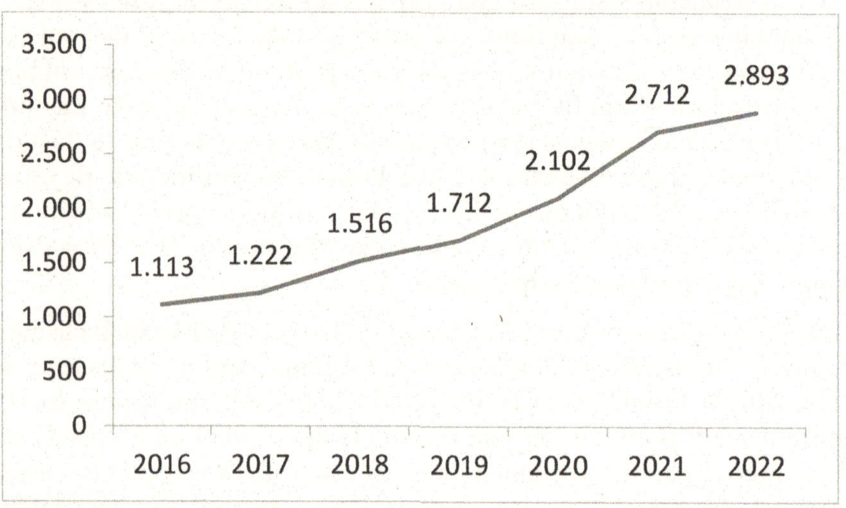

Fuente: Eurostat

Teniendo en cuenta la información facilitada por el Ministerio de Justicia francés, el número de asuntos en materia de blanqueo enviados a la Fiscalía (Gráfico 7) aumenta de forma sostenida desde 2013 a 2022, especialmente en los años 2021 y 2022 con un crecimiento anual del 35% y del 20% respectivamente. Sin embargo, los 1479 asuntos enviados en 2023 suponen un freno a este ascenso. Las personas implicadas en estos casos también siguen esa tendencia creciente, que sí se mantiene en 2023 (Tabla 6) con 2.742 afectados de los que 655 son personas jurídicas. Las personas implicadas en las decisiones de procesamiento (Gráfico 8) han evolucionado siguiendo la misma pauta observada en las otras variables aquí mencionadas, aunque su tendencia alcista se ha visto truncada en 2020, y en menor medida en 2023, con una caída del 7% respecto al año anterior.

Gráfico 7. Asuntos enviados a la Fiscalía. Francia

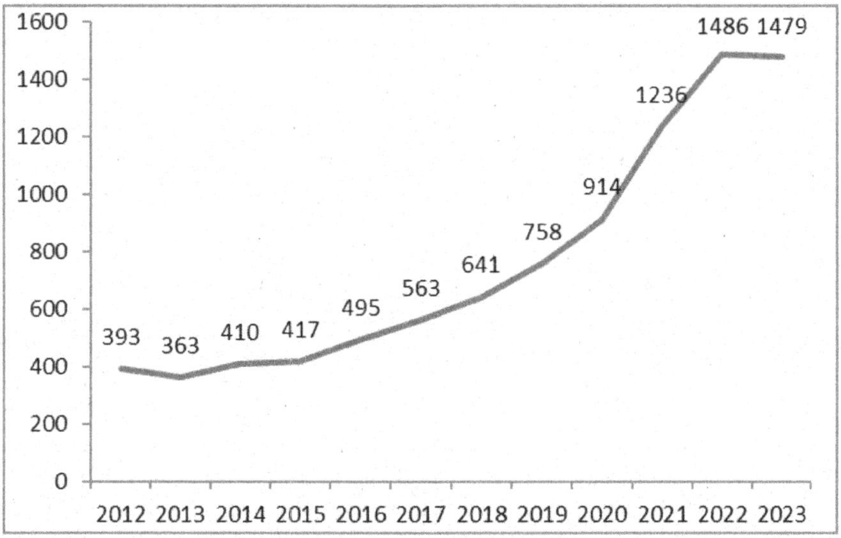

Fuente: Ministère de la Justice, *Les statistiques et chiffres clés du ministère, Activité des juridictions*

Tabla 6. Personas implicadas en los asuntos enviados a la Fiscalía. Francia

	Total	Per. físicas	Per. jurídicas
2012	1105	931	174
2013	1058	793	265
2014	1387	1069	318
2015	1132	865	267
2016	1343	1063	280
2017	1457	1220	237
2018	1581	1328	253
2019	1799	1484	315
2020	1842	1623	219
2021	2375	2082	293
2022	2570	2239	331
2023	2742	2087	655

Fuente: Ministère de la Justice, *Les statistiques et chiffres clés du ministère, Activité des juridictions*

Gráfico 8. Personas implicadas en las decisiones de procesamiento. Francia

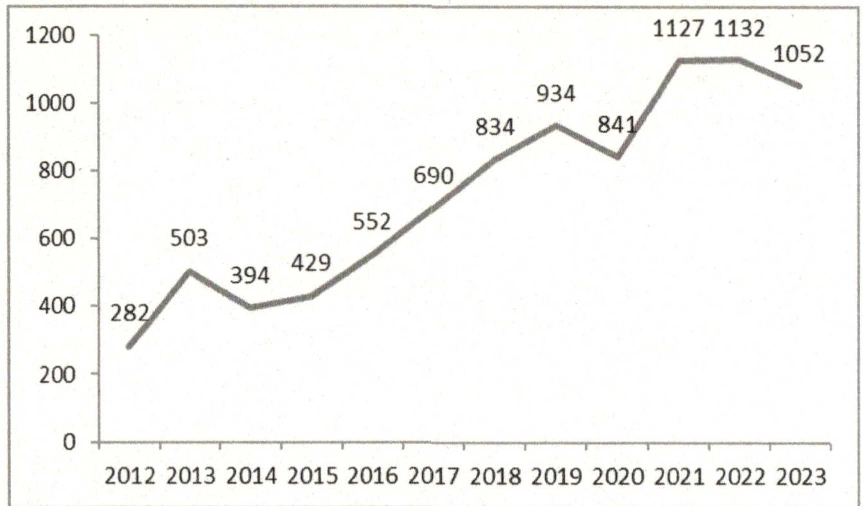

Fuente: Ministère de la Justice, *Les statistiques et chiffres clés du ministère, Activité des juridictions*

Por otra parte, en el Informe de evaluación mutua del GAFI[20] se proporcionan cifras de procesados y condenados por blanqueo al igual que las penas y multas impuestas. Así, el número de personas procesadas oscilaría entre las 1.330 de 2016 y las 2.005 de 2019 (Tabla 7) y supondría una media de 1.720 personas al año. El número de condenados se movería entre los 1.019 de 2016 y los 1.505 de 2019, lo que conduce a 1.313 de media anual, 28 si hacemos referencia a personas jurídicas. Por tanto, la inmensa mayoría de las condenas corresponde a personas físicas. Además, el 97% de esas condenas se producen en la Francia metropolitana.

Tabla 7. Número de personas procesadas y condenadas por blanqueo de dinero. Francia

	2016	2017	2018	2019	2020
Personas procesadas	1330	1826	1735	2005	1707
Personas condenadas:					
Total	1037	1418	1330	1546	1232
Personas físicas	1019	1379	1304	1506	1215
Personas jurídicas	18	39	26	40	17

Fuente: FATF (2022), *Anti-money laundering and counter-terrorist financing measures-France, Fourth Round Mutual Evaluation Report*

20 Véase FATF (2022), *Anti-money laundering….– France,…op. cit.*, pp. 80 y 95-96.

Según el organismo antes citado, las sanciones impuestas suelen ser eficaces, proporcionadas y disuasorias. Los tribunales aplican todo el espectro de sanciones y dictan sentencias severas en los casos más complejos. Las estadísticas indican que el 55% de las personas son condenadas a penas de prisión con una duración media de 30 meses. Si se analiza con más detalle la duración de dichas penas de prisión (Gráfico 9) se concluye que alrededor de la cuarta parte de estas son inferiores a un año, que casi la mitad oscilan entre uno y tres años y que los casos con penas que exceden de cinco años representan una considerable proporción (15%), lo que confirma la naturaleza disuasoria de las penas impuestas por blanqueo en los tribunales franceses.

Gráfico 9: Duración de las penas de prisión firmes por blanqueo de dinero. Francia (2016-2020)

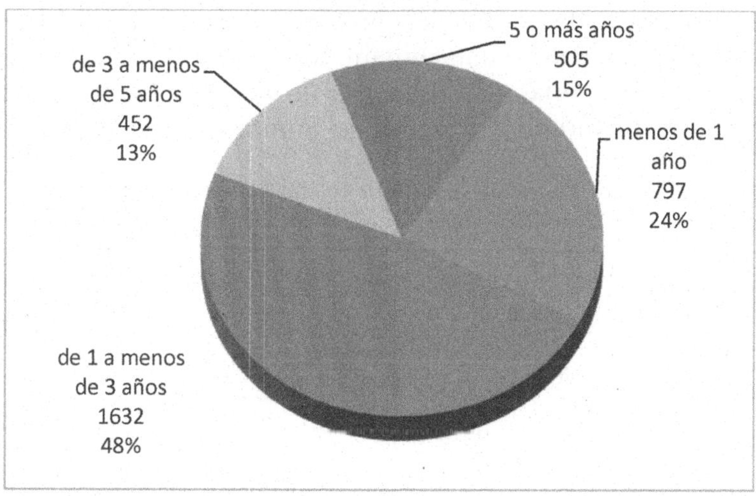

Fuente: FATF (2022), *Anti-money laundering and counter-terrorist financing measures-France, Fourth Round Mutual Evaluation Report*. Los datos se refieren a la Francia metropolitana

Por lo que respecta a las 28 personas jurídicas que, de media, han sido condenadas anualmente en este período, se debe mencionar que el 88% de ellas han sido sancionadas con multas de una cuantía promedio de 24 millones de euros, siendo la sanción mediana de 112.250 euros.

Según las estadísticas presentadas, el valor total de los decomisos penales entre 2016 y 2020 asciende a 594.563.389 euros, es decir, unos 119 millones de euros al año de media, lo que representa un resultado relativamente bueno a juicio del GAFI. Los distintos casos analizados por el equipo de evaluación indican que las autoridades judiciales confiscan todo tipo de bienes: cuentas bancarias, dinero en efectivo, pólizas de seguro de vida, instrumentos financieros, bienes inmuebles y activos empresariales.

Italia

Italia es la tercera economía de la zona euro y la octava economía del mundo. Según el GAFI, cuenta con un régimen de lucha contra el blanqueo maduro y sofisticado, y con un marco jurídico e institucional bien desarrollado[21], pero se enfrenta a una cantidad particularmente alta de ingresos ilegales, la mayoría de los cuales se generan a nivel nacional y según estimaciones disponibles pueden oscilar entre el 1,7% y el 12% de su PIB. Los principales delitos que originan estos ingresos son la evasión de impuestos (75% del total de ingresos), el narcotráfico y los préstamos ilegales (15%) y otros delitos como corrupción, fraude, falsificación, delitos ambientales, robo, contrabando, extorsión y juegos de azar ilegales (10%). Por lo tanto, se enfrenta a un riesgo significativo de blanqueo de dinero. Además, gran parte de estos delitos presentan una fuerte vinculación con los grupos nacionales del crimen organizado, que explotan la ubicación estratégica del país en rutas marítimas concurridas para facilitar los vínculos con organizaciones criminales de todo el mundo.

Gráfico 10. Blanqueo de dinero en Italia. Número de delitos

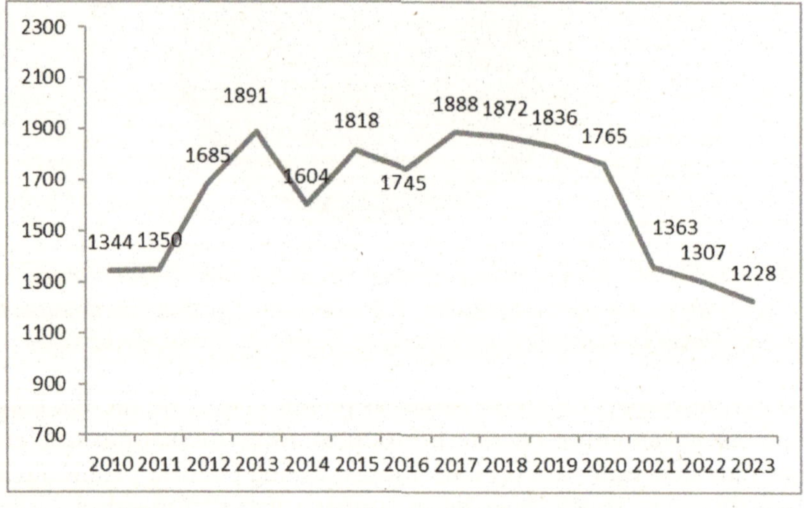

Fuente: Ministero dell'Interno, *Annuario delle Statistiche Ufficiali dell'Amministrazione dell'Interno* (varios años)

21 Véase FATF (2016), *Anti-money laundering and counter-terrorist financing measures-Italy*, Fourth Round Mutual Evaluation Report, FATF, Paris en www.fatf-gafi.org/publications/mutualevaluations/documents/mer-italy-2016.html (junio 2024), p. 6.

A diferencia de la mayoría de los países de la Unión Europea, los delitos de blanqueo registrados en las estadísticas experimentan una caída continuada en los últimos años (Grafico 10). Esta caída, que comienza en 2018, se acentúa en el año 2021, en el que los delitos conocidos —1.363— retroceden un 23% con relación a los del año anterior. Las cifras de delitos de los dos últimos años son las más bajas desde 2010. Con todo, en el período 2016-2022 la media anual de delitos por cada 100.000 habitantes del país (Grafico 2) se situaba según Eurostat en 3,16, la mediana de los países de la UE, al mismo nivel de Estonia y ligeramente superior a la de Francia.

Por otra parte, tanto en los casos investigados por la policía judicial y la Guardia di Finanza como en los de las personas denunciadas y detenidas (Tabla 8) los datos correspondientes a 2021 son los más altos de los últimos años. Los 1.217 casos investigados suponen un crecimiento del 26,5% con respecto a 2020. Estas investigaciones han conducido a la denuncia de 3.391 personas y a la detención de 472[22].

Tabla 8. La lucha contra el blanqueo en Italia

	casos investigados por la policía judicial	personas denunciadas	personas detenidas	incautación de bienes (millones de euros)
2010	477	1131	145	367
2011	449	1057	118	147.4
2012	651	1308	114	140.4
2013	619	1352	167	46.3
2014	729	1483	131	230.5
2015	852	1510	128	58.7
2016	1037	2566	158	514.4
2017	972	1780	159	435

[22] Los datos difieren sustancialmente en función de la fuente utilizada. Según se desprende de los anuarios estadísticos del *Ministero dell'Interno, las cifras de denunciados/detenidos por blanqueo ("informes relacionados con personas denunciadas y arrestadas o detenidas por la policía") son muy superiores a las de la Tabla 8. Según esta fuente, representaban en 2021 algo más de 5.300 personas, 4.160 en 2022 y 4.321 en 2023. Las discrepancias pueden provenir de que estos últimos datos corresponderían a operaciones en las que participan todos los cuerpos policiales y no solamente la Guardia di Finanza. Además, según las fuentes consultadas, cabe la posibilidad de contabilizar, en los datos de los anuarios estadísticos, a un presunto infractor más de una vez si ha sido denunciado en más de una ocasión a lo largo del año o si ha repetido la comisión del delito en dicho año.*

2018	1060	2450	324	468,5
2019	958	2351	253	838
2020	962	2300	253	526
2021	1217	3391	472	1200

Fuente: Ministero dell'Economia e delle Finanze, *Relazione al Ministro dell'economia e delle finanze del Comitato di sicurezza finanziaria. Valutazione delle attività di prevenzione del riciclaggio e del finanziamento del terrorismo* (varios años) y *Relazione al Parlamento sullo stato dell'azione di prevenzione del riciclaggio e del finanziamento del terrorismo, elaborata dal Comitato di sicurezza finanziaria* (2020 y 2021)

Es importante destacar también los 1.200 millones de € incautados en 2021, que constituyen una cifra un 128% superior a la del año anterior.

Finalmente, según la información no actualizada que se ha podido conseguir, los condenados con sentencia irrevocable en 2017 por delitos en materia de blanqueo fueron 2.004 personas. En los años anteriores se habían alcanzado cifras relativamente similares, que permiten afirmar que el promedio anual de condenados en el período 2010-2017 asciende a 2.067 personas[23].

España

España es la cuarta economía de la UE y está expuesta a un elevado riesgo de blanqueo, dada su condición de punto de tránsito del narcotráfico internacional y de centro logístico para los grupos extranjeros del crimen organizado que operan en el país. Según la evaluación del GAFI, España tiene un sistema de supervisión de las medidas antiblanqueo relativamente fuerte gracias a la utilización de suficientes recursos para la supervisión, a un enfoque bien desarrollado basado en el riesgo, al establecimiento de sanciones adecuadas por el incumplimiento de las obligaciones en esta materia y al enfoque cooperativo utilizado con los sujetos obligados[24]. También es considerado como un país que "identifica, evalúa y comprende de manera proactiva sus vulnerabilidades en

[23] La información disponible se puede consultar en https://esploradati.istat.it/databrowser/#/it/dw/categories/IT1,Z0840JUS,1.0/JUS_CRIMINAL

[24] Véase Véase Basel Institute on Governance, *Basel AML Index 2020 Report, disponible en* https://baselgovernance.org/sites/default/files/2020-07/basel_aml_index_2020_web.pdf (junio 2021) p. 26.

materia de blanqueo de dinero y trabaja para mitigar los riesgos"[25]. Según un análisis reciente, las principales amenazas a las que se enfrenta España en materia de blanqueo de dinero son el crimen organizado, el tráfico de drogas y los delitos económicos y financieros asociados a fraude y corrupción. "A pesar de que los grupos de crimen organizado con actividad en España han disminuido, la interconexión entre diferentes organizaciones internacionales ha crecido, de la misma manera que lo ha hecho la combinación de diferentes delitos subyacentes asociados a fraudes, tráfico de drogas o trata de seres humanos"[26]. Además, los fraudes en los que se hace uso de operativa digital son los que representan la mayor amenaza en la actualidad.

En general, los diferentes indicadores relacionados con la persecución del delito siguen una evolución similar a la de los grandes países europeos. En 2022 se han iniciado, según el CITCO y en el marco de la lucha contra el crimen organizado, 1.358 investigaciones sobre blanqueo de dinero (Gráfico 11), lo que ha supuesto un crecimiento del 64% con respecto al año anterior y la cifra más elevada desde que existen estadísticas. Las investigaciones activas al final de cada año son más numerosas y tienen el mismo comportamiento creciente, lo que da idea de su complejidad. Como consecuencia de esto casi 14.000 personas y 192 grupos organizados han sido objeto de investigación por actividades directa o indirectamente vinculadas con blanqueo en 2022, cifras inferiores a las de 2021. Desde que existe información, la mayor parte de estas personas y grupos han sido investigadas por blanqueo no como actividad principal sino como actividad vinculada a otros delitos.

---

25 Véase United States Department of State, Bureau of International Narcotics and Law Enforcement Affairs. *International Narcotics Control Strategy Report Volume II Money Laundering* March 2023, disponible en https://www.state.gov/international-narcotics-control-strategy-reports/ (julio 2024) p. 174.

26 Véase *Análisis Nacional de Riesgos. Adenda 2024. Versión pública, disponible en* https://www.tesoro.es/sites/default/files/publicaciones/Resumen%20p%C3%BAblico%20de%20la%20Adenda%20del%20An%C3%A1lisis%20Nacional%20de%20Riesgos%202024.pdf, p. 87

Gráfico 11. Investigaciones por delito de blanqueo. España

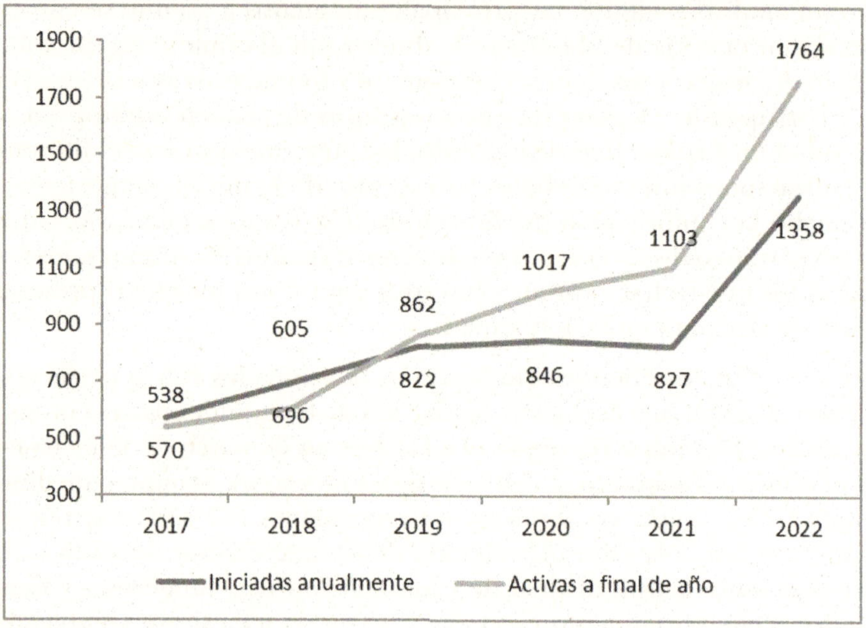

Fuente: CITCO. Datos tomados de Comisión de Prevención del Blanqueo de Capitales e Infracciones Monetarias: *Memoria de Información Estadística 2018-2022* (Anexo).

La evolución de los delitos conocidos de blanqueo de dinero ha continuado en 2023 con la tendencia creciente de la serie histórica. Así, los 516 delitos conocidos en este año han supuesto un importante incremento con relación a años anteriores, y constituyen la mayor cifra registrada hasta el momento (Gráfico 12). A pesar de este comportamiento, el número de delitos con relación a la población (Gráfico 2) es de los más bajos de la Unión Europea, dado que la media anual del período 2016-2022 es de 0,65 delitos por cada 100.000 habitantes. Solo tres países —Bulgaria, Grecia y Portugal— presentan tasas inferiores a la de España. Al contrario que en el caso de los delitos, el número de personas detenidas e investigadas ha seguido una trayectoria irregular, con valores especialmente altos en los años 2014 y 2018. De las 803 detenciones efectuadas en 2014 se ha pasado a 502 en 2020 y 642 en 2023.

Gráfico 12. Persecución del delito de blanqueo de dinero. España

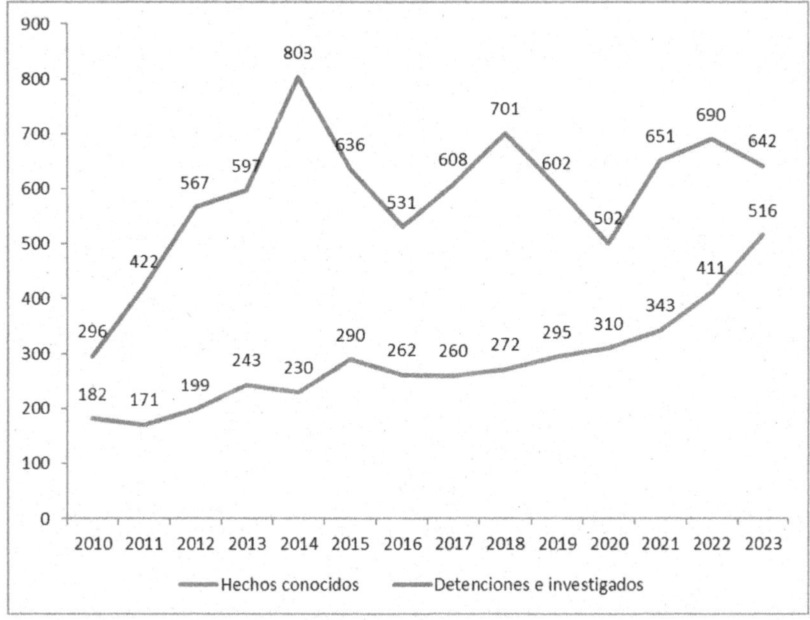

Fuente: Portal Estadístico de Criminalidad

En el período 2010-2022 se han dictado en España 929 sentencias judiciales relativas a delitos de blanqueo de dinero[27] (Gráfico 13), lo que supone una media de 71 al año. Las condenatorias han supuesto el 68% del total. El número de sentencias dictadas en 2022 ha sido inferior al de 2021, año en el que se alcanzó el número máximo tanto de sentencias totales como de condenatorias.

[27] Como se indica en la propia estadística del CGPJ, la información solo analiza "las Sentencias en Primera o Única Instancia, sujetas, por tanto, a los eventuales recursos que contra las mismas pudieran interponerse y a la modificación, en su caso, de sus respectivos fallos en un período de tiempo posterior".

Gráfico 13. Sentencias judiciales relativas al delito de blanqueo de dinero. España

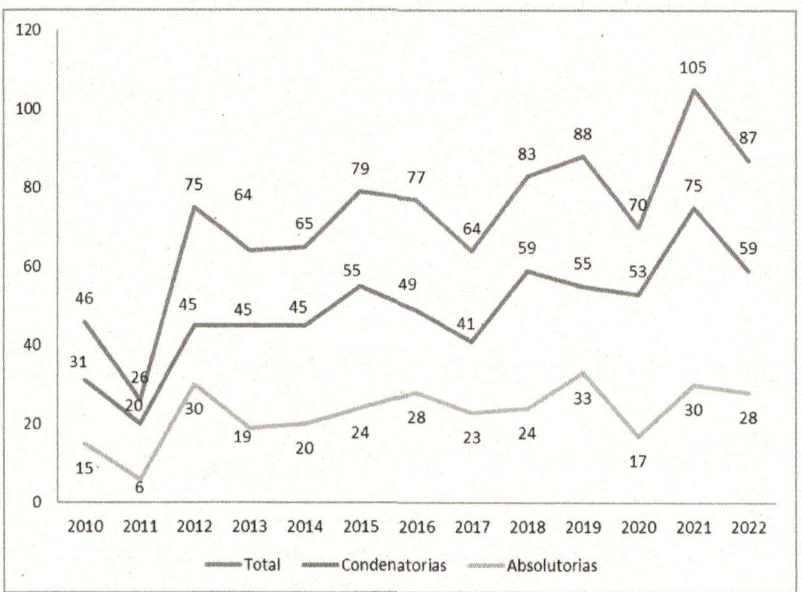

Fuente: Sección de Estadística Judicial del CGPJ

En este período de tiempo han sido enjuiciadas en España 3.689 personas, de las cuales aproximadamente el 60% han recibido condenas por blanqueo de dinero. El número de las condenadas (Gráfico 14), al igual que el de las procesadas, ha caído en los últimos años respecto al bienio 2018-2019, en el cual se alcanzaron los registros más altos. Con la excepción de 2019, los condenados por blanqueo para terceros han superado siempre a los condenados por autoblanqueo. En el último año disponible 115 personas han recibido condena por el primer tipo frente a las 60 condenadas por el segundo.

Gráfico 14. Personas condenadas por delito de blanqueo de dinero. España

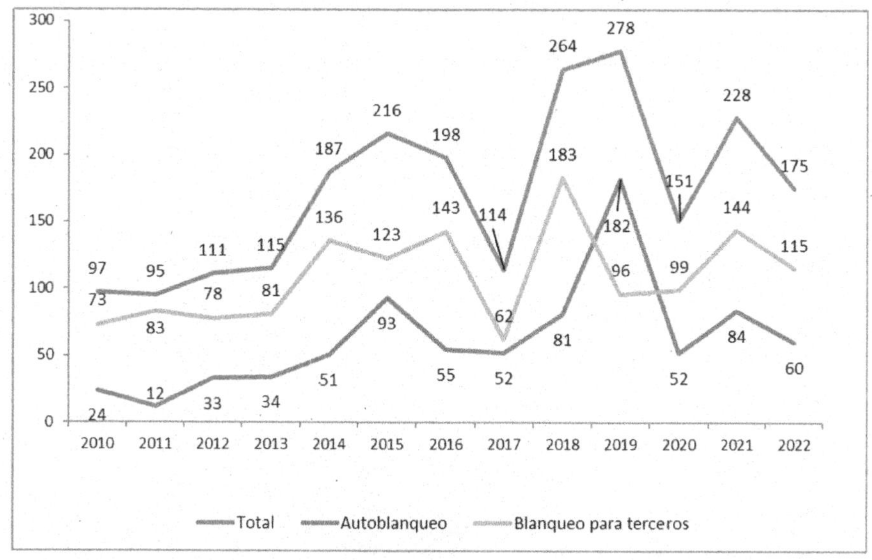

Fuente: Sección de Estadística Judicial del CGPJ

Por lo que se refiere a los delitos precedentes asociados a condenas, el que ha ocupado tradicionalmente el primer lugar es el tráfico de drogas, que está presente en el período 2017-2022 en el 26% de las condenas en las que se hace referencia a un delito previo. Le siguen en importancia la estafa (16%), la asociación ilícita (14%), la falsedad documental (11%) y los delitos fiscales (8%). En las condenas de 2022 los más habituales, además del narcotráfico, han sido la falsedad documental y los delitos fiscales.

La distribución de la duración de las condenas y la cuantía de las multas cambia de unos años a otros en el período contemplado (2017-2022). En cuanto a la duración de las condenas (Gráfico 15), es importante señalar que el 32% de las mismas no superan los 6 meses, más de la mitad no llegan al año y el 79% son inferiores a dos años. En este período solo 4 personas han sido condenadas a penas de entre 6 y 9 años, ninguna de ellas en los tres últimos años considerados.

En lo relativo a las multas impuestas (Gráfico 16), en el 17% de los casos no superan los 10.000 €, porcentaje que se eleva al 48% en las inferiores a 100.000 €. Las multas más elevadas, las que superan los 10 millones de euros, solo suponen un 3% del total.

Gráfico 15. Distribución de los condenados según la duración de las condenas. España, 2017-2022

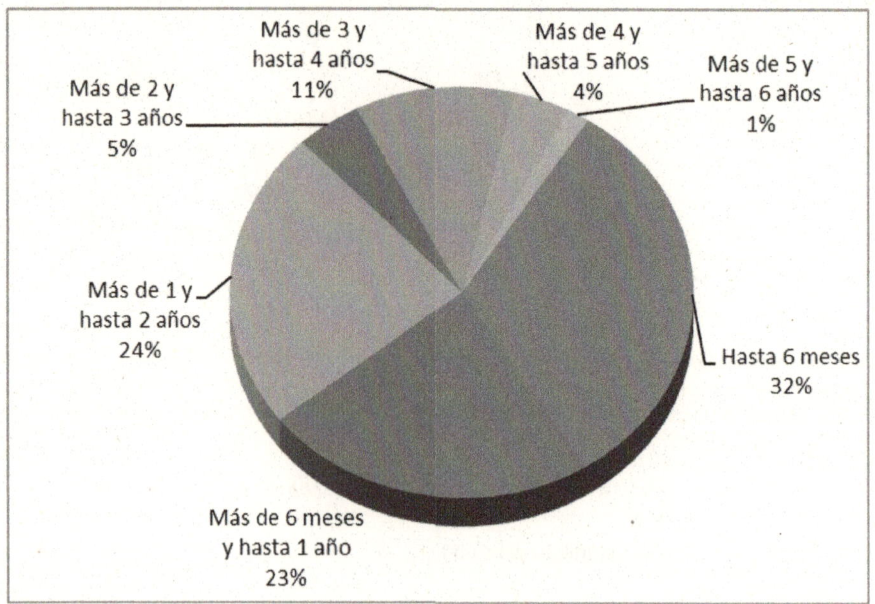

Fuente: Elaboración propia a partir de los datos tomados de la *Memoria de Información Estadística 2015-2019 y 2018-2022* (Anexo) de la Comisión de Prevención del Blanqueo de Capitales e Infracciones Monetarias.

Gráfico 16. Distribución de los condenados según la cuantía de las multas. España, 2017-2022

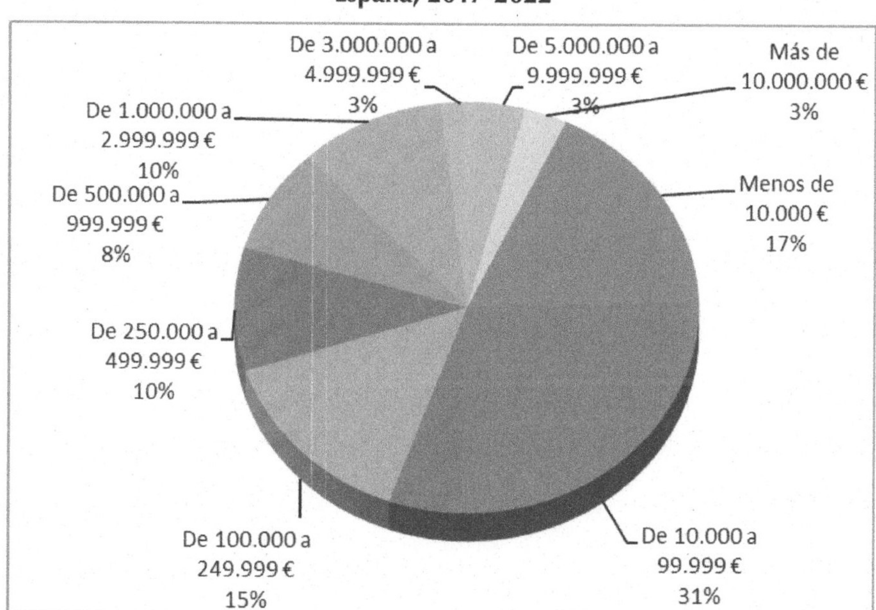

Fuente: Elaboración propia a partir de los datos tomados de la *Memoria de Información Estadística 2015-2019 y 2018-2022* (Anexo) de la Comisión de Prevención del Blanqueo de Capitales e Infracciones Monetarias.

A 31 de diciembre de 2022 se encontraban recluidas en centros penitenciarios españoles 70 personas[28] por delitos de blanqueo de dinero, 62 de las cuales cumplían condena por este como delito principal y 8 se hallaban en prisión preventiva. Estas cifras son ligeramente inferiores a las de años previos y consecuencia lógica del alto porcentaje que suponen las condenas a penas de prisión inferiores a dos años.

---

28 La información relativa a la población reclusa por blanqueo de dinero no se publica, pero ha sido facilitada para este trabajo por la Secretaría General de Instituciones Penitenciarias del Ministerio del Interior.

Los principios de legalidad y proporcionalidad en la Directiva 2018/1673, del Parlamento Europeo y del Consejo, de 23 de octubre de 2018, relativa a la lucha contra el blanqueo de capitales mediante el Derecho penal[1]

CATY VIDALES RODRÍGUEZ
Catedrática de Derecho penal
Universidad de Valencia

INTRODUCCIÓN

La Directiva 2018/1673, del Parlamento Europeo y del Consejo, de 23 de octubre de 2018, relativa a la lucha contra el blanqueo de capitales mediante el Derecho penal, en su primer Considerando reconoce que el blanqueo de capitales, junto a la financiación del terrorismo y la delincuencia organizada, supone un grave problema que perjudican la integridad, la estabilidad y la reputación del sector financiero, llegando a ser una amenaza para el mercado interior y la seguridad interior de la Unión. Ante esta grave situación, el propósito que se persigue no es otro que posibilitar una cooperación transfronteriza más eficaz y rápida. Se admite, asimismo, que la actual tipificación del blanqueo carece de la suficiente coherencia y provoca lagunas en materia de ejecución y obstáculos en la cooperación que son, precisamente, los que se pretenden remover.

Las importantes diferencias que existen entre todos los Estados Miembros a la hora de sancionar las conductas constitutivas de blanqueo y establecer las consecuencias penales que pueden derivar de su realización, constituyen uno de los principales escollos a los que ha debido hacérsele frente. Obviamente, esta falta de armonización resta eficacia a la persecu-

---

1 Este trabajo se enmarca dentro del Proyecto I + D, titulado "Ganancias ilícitas y sistema de Justicia Penal: una perspectiva global" (PID2022-138796NA-I00) del Plan Estatal de Investigación Científica del Ministerio de Ciencia e Innovación, liderado por el profesor José León Alapont.

ción y castigo de tales conductas. Tiene, además, una clara incidencia negativa en la cooperación judicial y policial transfronteriza y afecta, asimismo, al intercambio de información. De ahí que el principal objetivo de la Directiva sea unificar el tratamiento jurídico penal de estas conductas para incrementar la eficacia frente a estos comportamientos. Y ello se hace, por un lado, definiendo los comportamientos típicos; y, por otro, armonizando la respuesta penal que debe darse. De ahí la conveniencia de examinar estas previsiones y hacerlo, tal y como el título anuncia, desde la perspectiva de los principios de legalidad y proporcionalidad.

Así, pues, es preciso comenzar señalando que el artículo 49.1 de la Carta de los Derechos Fundamentarles de la Unión Europea reconoce los principios de legalidad y proporcionalidad de los delitos y las penas. En efecto, en el primer apartado, en referencia al principio de legalidad, establece que "nadie podrá ser condenado por una acción o una omisión que, en el momento en que haya sido cometida, no constituya una infracción según el Derecho interno o el Derecho internacional. Del mismo modo, no podrá imponerse una pena más grave que la aplicable en el momento en que la infracción haya sido cometida. Si con posterioridad a esta infracción la ley dispone una pena más leve, deberá aplicarse esta". Por su parte, el apartado tercero del referido precepto establece que "la intensidad de las penas no deberá ser desproporcionada en relación con la infracción".

El Considerando veintiuno de la Directiva contiene una mención expresa al respeto entre otros, de estos principios que, según se indica, "abarcan asimismo los requisitos de precisión, claridad y previsibilidad en el Derecho penal". En consecuencia, se afirma que la Directiva debe aplicarse de conformidad a los mismos y se alude también al Convenio Europeo para la Protección de los Derechos Humanos y de las Libertades Fundamentales[2], el Pacto Internacional de Derechos Civiles y Políticos[3], así como a otras obligaciones establecidas por el Derecho Internacional en materia de derechos humanos. A pesar de esta referencia única, y con el fin de lograr

---

2 El apartado primero del artículo 7 dispone que *nadie podrá ser condenado por una acción o una omisión que, en el momento en que haya sido cometida, no constituya una infracción según el derecho nacional o internacional. Igualmente no podrá ser impuesta una pena más grave que la aplicable en el momento en que la infracción haya sido cometida.*

3 El artículo 15.1 establece que *nadie será condenado por actos u omisiones que en el momento de cometerse no fueran delictivos según el derecho nacional o internacional. Tampoco se impondrá pena más grave que la aplicable en el momento de la comisión del delito. Si con posterioridad a la comisión del delito la ley dispone la imposición de una pena más leve, el delincuente se beneficiará de ello.*

una mayor claridad expositiva, en lo que sigue se abordará su estudio por separado; si bien es preciso advertir que, en ocasiones, aparecen imbricados algunos aspectos.

EL PRINCIPIO DE LEGALIDAD

La importancia que a este principio se le reconoce no debe extrañar si se toma en consideración que es el principal límite al *ius puniendi*, por lo que, en acertada expresión de VIVES ANTÓN, puede calificarse de "principio de principios"[4]. Los textos internacionales que lo consagran se refieren, junto a la irretroactividad de la ley penal —incluso, reconociendo la retroactividad en lo favorable[5]— a la exigencia de una ley previa que describa taxativamente la conducta prohibida o, en su caso, ordenada y las consecuencias que pueden derivar de su inobservancia. Pero, como entre tantos otros pusiera de manifiesto FERRAJOLI[6], no basta con cumplir la mera legalidad, sino que se requiere de la estricta legalidad. De otro modo se estaría vulnerando lo que BELING denominara el "significado esencial" del principio de legalidad[7].

De ahí, la referencia a los requisitos de precisión, claridad y previsibilidad en el Derecho Penal a las que se refiere la Directiva. Exigencias que, por otra parte, ha venido requiriendo el Tribunal Europeo de Derechos Humanos. En efecto, a decir del referido Tribunal, el requisito de certeza de la ley se cumple cuando el justiciable puede saber qué actos y omisiones desencadenan la responsabilidad penal y la pena que le será impuesta partiendo, para ello, de la redacción de la disposición pertinente y, en caso de ser necesario, con la ayuda de la interpretación que sea objeto por parte de los tribunales; sin descartar que, en determinados supuestos, haya de

---

4 Vives Antón, T. S., "Principios penales y dogmática penal", en *Estudios sobre el Código penal de 1995*. Parte General. Consejo General del Poder Judicial. Madrid, 1996, p. 40.

5 Art. 15.1 d*el Pacto Internacional de Derechos Civiles y Políticos.*

6 Ferrajoli, L., *Derecho y razón. Teoría del garantismo penal.* Ed. Trotta (3ª Ed.). Madrid, 1998, p. 380.

7 Beling, E., "Il significato del principio nulla poena sine lege poenali nella determinazione dei concetti fondamentali di diritto penale", en *Giustizia Penale.* Vol XXXVII. Roma, 1931; p. 320.

recabarse asesoramiento legal para evaluar, atendidas las circunstancias del caso, las consecuencias de una acción determinada[8].

Además, considera que todo precepto penal, por muy precisa que haya sido la fórmula legislativa empleada, siempre va a requerir de un complemento interpretativo, tanto para despejar los interrogantes que su redacción pudiera suscitar, como para ir adaptándolo a la realidad en la que la norma va a ser aplicada. Pues bien, esto sentado, el control del rigor de la interpretación judicial se efectúa a través de dos criterios específicos: la accesibilidad y la previsibilidad. Únicamente en el caso de concurrir ambos caracteres se cumplen los requisitos cualitativos exigidos a la ley, sólo entonces puede hablarse de ley en sentido material[9].

Así las cosas, son dos las cuestiones a abordar. En primer lugar, si la Directiva cumple con las exigencias derivadas del principio de legalidad y, en segundo lugar, si dichos requisitos son respetados en la legislación nacional.

Comenzando con el primero de los temas propuestos, se hace preciso recordar que la Directiva es una fuente normativa de carácter comunitario y, por ello, contiene unas normas mínimas que cada país debe adaptar a las características de su ordenamiento. En consecuencia, a la hora de incriminar conductas no le es exigible el mismo grado de certeza que al legislador nacional. Siendo esto cierto, no lo es menos que, en la actualidad, las Directivas han descendido a tal grado de detalle que, en muchos casos, ha provocado que los legisladores nacionales se limiten a hacer una transposición literal del texto comunitario. Con independencia del juicio que merezca ese abandono de su naturaleza originaria que, desde luego, formaría parte de otro debate[10], no puede desconocerse que esta técnica puede generar importantes problemas interpretativos de los que, precisamente, el delito de blanqueo constituye una buena muestra.

---

8 SSTEDH *Cantoni c. Francia,* de 15 de noviembre de 1996, y *Kafkaris c. Chipre,* de 12 de febrero de 2008.

9 Pueden citarse, a modo de ejemplo las SSTEDH *The Sunday Times c. Reino Unido,* de 26 de abril de 1979; *Kokkinakis c. Grecia,* de 25 de mayo de 1993; *S. W. c. Reino Unido,* de 22 de noviembre de 1995; *Cantoni c. Francia,* de 15 de noviembre de 1996; *Coëme y otros c. Bélgica,* de 22 de junio de 2000; *Pessino c. Francia,* de 10 de octubre de 2006; y, más recientemente, *Huhtamäki c. Finlandia,* de 6 de marzo de 2012.

10 Sobre esta cuestión puede verse Pérez del Valle, C., "Derecho penal europeo, principio de legalidad y principio de proporcionalidad", *InDret. Revista para el análisis del Derecho,* 2008; pp. 14 y 15.

Antes de llegar a esta conclusión que, en esta sede, pudiera parecer precipitada, se impone ver los comportamientos que el artículo 3.1 de la Directiva obliga a incriminar. Se tres conductas distintas:

a) la conversión o la transmisión de bienes, a sabiendas de que dichos bienes provienen de una actividad delictiva, con el propósito de ocultar o encubrir el origen ilícito de los bienes o de ayudar a personas que estén implicadas en dicha actividad a eludir las consecuencias legales de su acto;

b) la ocultación o el encubrimiento de la verdadera naturaleza, origen, ubicación, disposición, movimiento o derechos sobre los bienes o la propiedad de los mismo, a sabiendas de que dichos bienes provienen de una actividad delictiva; y

c) la adquisición, posesión o utilización de bienes, a sabiendas, en el momento de la recepción, de que dichos bienes provienen de una actividad delictiva.

Como puede verse, la descripción de los comportamientos penalmente relevantes no difiere considerablemente de la adoptada por la Convención de Naciones Unidas contra el tráfico ilícito de estupefacientes y sustancias psicotrópicas (Viena, 1988) que, como se recordará, es el primer texto normativo internacional que prevé la incriminación de estas conductas. Si bien es cierto que la coincidencia no es plena por cuanto que los actos que recoge el apartado c) ahora pasan a ser de obligada tipificación, mientras que en el primer texto se contenía una cláusula de salvaguarda, conscientes de los problemas que podría plantear su inclusión[11]. Además, la Directiva faculta a los Estados para que puedan castigar la modalidad imprudente de comisión y obliga a tipificar la cuestionada figura del autoblanqueo.

Así configurado el tipo penal, la conducta castigada aparece claramente definida, si bien no creo pueda negarse el parentesco que guarda con el

---

[11] Al respecto, puede verse, entre otros Abel Souto, M., "La expansión penal del blanqueo de dinero operada por la Ley Orgánica 5/2010, de 22 de junio", *La ley penal: revista de derecho penal, procesal y penitenciario,* nº 79, 2011; pp. 13 y ss.; Del Carpio Delgado, J., "La posesión y utilización como nuevas conductas en el delito de blanqueo de capitales", *Revista General de Derecho Penal,* 15 (2011), pp. 9 y ss.; Vidales Rodríguez, C., "La posesión y utilización de bienes como actos de blanqueo en la legislación penal española", *Direitto e Desenvolvimento.* Vol. 3, nº 6, 2012; pp. 45 y ss.; y Matallín Evangelio, A., "La posesión y utilización de los bienes como formas de blanqueo: excesos punitivos y criterios de corrección", en *Compliance y prevención de delitos de corrupción.* Ed. Tirant lo Blanch. Valencia, 2018; pp. 193 y ss.

más tradicional delito de encubrimiento. Se produce, en consecuencia, un evidente solapamiento que, sin duda, empaña, como tendremos ocasión de ver, la certeza en la aplicación de la ley. No es este, sin embargo, el único supuesto de colisión, por cuanto que, a la vista está, no aparecen claramente delimitados los actos que tienen encaje en los apartados a) y b) del citado precepto, como ha evidenciado la práctica forense. Eso sí, con carácter previo al análisis de ambos supuestos, debe hacerse una breve referencia a la regulación actual de este delito.

Como se recordará, la reforma operada por la Ley Orgánica 5/2010, de 22 de junio, incorporó la mayor parte de las novedades que introdujo la Directiva. Esta es la razón que explica que la modificación operada por medio de la Ley Orgánica 6/2021, de 28 de abril, se limitara a incluir dos supuestos de agravación. El primero en atención al origen de los bienes y, el segundo, en relación a los sujetos intervinientes[12].

Dejando un lado la modalidad imprudente recogida en el apartado tercero del artículo 301, la conducta típica se describe en los dos primeros apartados del precepto mencionado. Así, en el primero de ellos se castiga la adquisición, posesión, utilización, conversión o transmisión de bienes, cuando se conozca la procedencia delictiva de los bienes, o cuando se realice cualquier otro acto para ocultar o encubrir dicho origen, o para ayudar a la persona que haya participado en la infracción o infracciones a eludir las consecuencias legales de sus actos.

A la vista de tan atormentada fórmula legislativa —que se separa de la que se adopta en los textos normativos internacionales[13]— no deben extrañar las dudas exegéticas que se plantean. Y ya el hecho de que el precepto admita interpretaciones alternativas supone un importante menoscabo del

---

12 La Ley Orgánica 6/2021, de 28 de abril, introdujo los delitos de trata de seres humanos, prostitución y explotación sexual y corrupción de menores, corrupción en los negocios y contra los derechos de los ciudadanos extranjeros junto a los supuestos que dan lugar a la imposición de la pena en su mitad superior. Asimismo, se añadió un segundo párrafo al artículo 302.1 que prevé idéntica consecuencia de tratarse de sujetos obligados por la normativa de prevención del blanqueo de capitales y de la financiación del terrorismo.

13 Así es por cuanto que la adquisición, posesión o utilización de los bienes de origen delictivo sólo debiera incriminarse cuando el sujeto tenga conocimiento de su ilícita procedencia en el momento de recibirlos. Y, además, los únicos actos típicos en el primer apartado son la conversión o la transmisión de bienes sin que se haga alusión a esos "otros actos" que con idéntica finalidad se incluyen en el art. 301.1.

principio de taxatividad. Más evidente es, sin duda, la afección que supone al referido principio la referencia a la realización de "cualquier otro acto"; fórmula abierta que, como ha reconocido el propio Tribunal Supremo en la sentencia 56/2014, de 6 de febrero, "esta última expresión necesita ser interpretada para evitar que la excesiva generalización de su contenido suponga una vulneración del principio de legalidad, por falta de determinación de la conducta típica".

No menores son las objeciones que plantea determinar si el ánimo encubridor exigido va referido únicamente a la realización de esos otros actos a los que se alude o, por el contrario, se requiere en relación con todos los verbos típicos. Se trata de una cuestión ampliamente discutida que, lógicamente, condiciona el ámbito de aplicación del mencionado precepto[14]. Ambas posiciones han sido mantenidas por el Tribunal Supremo[15], si bien

---

14 Mantienen que la finalidad de ocultar o encubrir el origen es un requisito común a todas las conductas constitutivas de blanqueo, entre otros, del Carpio Delgado, J., *El delito de blanqueo de bienes en el nuevo* Código penal. Ed. Tirant lo Blanch. Valencia, 1997; p. 167; Faraldo Cabana, P., "Antes y después de la tipificación expresa del autoblanqueo de capitales", *Estudios Penales y Criminológicos*. Vol. XXXIV, 2014; pp. 65 y ss.; Fabián Caparrós, E., *El delito de blanqueo de capitales*. Ed. Colex. Madrid, 1998; pp. 360 y ss. Por el contrario, consideran que la naturaleza pluriofensiva de este delito obliga a diferenciar, por un lado, la adquisición, conversión o transmisión de bienes con conocimiento de su ilícito origen y, por otro, la realización de esos otros actos que persiguen una finalidad claramente encubridora. Al respecto, puede verse, Gómez Iniesta, D. J., *El delito de blanqueo de capitales en Derecho español*. Ed. Cedecs. Barcelona, 1996, pp. 51 y ss.; Vidales Rodríguez, C., *Los delitos de receptación y legitimación de capitales en el Código penal de 1995*. Ed. Tirant lo Blanch. Valencia, 1997, pp. 91 y ss.; Aránguez Sánchez, C., *El delito de blanqueo de capitales*. Ed. Marcial Pons. Barcelona, 2000, pp. 223 y ss.; Abel Souto, M., *El delito de blanqueo en el Código penal español*. Ed. Bosch. Barcelona, 2005; pp. 94 y ss.; del mismo, "Conductas típicas de blanqueo en el Ordenamiento penal español", en *I Congreso de prevención y represión del blanqueo de dinero*. (Coord. M. Abel Souto y N. Sánchez Stewart). Ed. Tirant lo Blanch. Valencia, 2009, pp. 187; del mismo, "Volumen mundial del blanqueo de dinero, evolución del delito en España y jurisprudencia reciente sobre las últimas modificaciones del Código penal", *Revista General de Derecho Penal* 20, 2013; p. 32. Blanco Cordero, I., *El delito de blanqueo de capitales*. Ed. Thomson Reuters-Aranzadi. 4ª Ed. Pamplona, 2015; pp. 603 y ss.

15 Así, las sentencias del Tribunal Supremo 1113/2004, de 9 de octubre, 266/2005, de 1 de marzo, o 483/2007, de 4 de junio y, en fechas más cercanas, las 279/2013, de 6 de marzo y 644/2018, de 13 de diciembre, aunque afirman que este apartado primero del artículo 301 contempla tres conductas distintas —a) adquirir, convertir o transmitir bienes sabiendo que tienen una procedencia delictiva, b) realizar actos que procuren ocultar o encubrir este origen y c) realizar actos para

es preciso reconocer que la última de las interpretaciones es la que se viene sosteniendo desde la conocida sentencia del Tribunal Supremo 265/2015, de 29 de abril, concluyendo que todo acto de blanqueo ha de perseguir la finalidad de ocultar o encubrir el origen de los bienes ilícitamente obtenidos o de ayudar a los responsables del delito a eludir las consecuencias legales de su actuar; objetivo que es el que dota de relevancia penal a la conducta.

Con independencia de que esta postura puede generar importantes disfunciones[16], lo cierto es que se hace preciso reconocer que tal exégesis no pretende sino recortar el ámbito de un precepto que, a la vista de su dicción literal, puede propiciar la inclusión de comportamientos que difícilmente justificarían la intervención penal. Ahora bien, no puede obviarse que este afán restrictivo ha provocado que a comportamientos idénticos se le dispense un tratamiento muy dispar. En efecto, la sentencia del Tribunal Supremo 554/2019, de 13 de noviembre, considera constitutivo de delito el hecho de que los sujetos, de nacionalidad rumana, enviaran dinero procedente de delitos relativos a la prostitución a personas de su entorno familiar residentes en su país. En cambio, la STS 212/2022, de 9 de marzo, estima que hacer transferencias de dinero a nombre de familiares que también residían en Rumanía, no puede considerarse blanqueo porque no se constata la finalidad de ocultar o encubrir que el tipo precisa.

Idénticas divergencias se observan en relación con las transferencias a cuentas bancarias propias. Así, mientras que la Sentencia del Tribunal Supremo 849/2016, de 10 de noviembre, condenó a un sujeto que realizó ingresos en efectivo en cuentas bancarias que figuraban a su nombre o al de su esposa, la más reciente sentencia de ese mismo Tribunal 106/2022,

---

ayudar a quien ha realizado el delito base a eludir las consecuencias legales que de él derivan— permiten concluir que para la relevancia penal de la adquisición, conversión o transmisión de bienes basta ese conocimiento, sin que se precise ulteriores elementos subjetivos. En cambio, las sentencias de ese mismo tribunal 366/2019, de 17 de julio; 554/2019, de 13 de noviembre o 667/2020, de 9 de diciembre exigen que todo acto de blanqueo persiga ocultar o encubrir el origen ilícito o auxiliar al responsable de la infracción de la que los bienes derivan.

16 Al respecto, piénsese que la exigencia de tal ánimo dificulta su delimitación respecto del delito de encubrimiento, así como de las conductas que se alojan en el segundo apartado del artículo 301. Y, lógicamente, imposibilita la modalidad imprudente de comisión por cuanto que no puede actuarse con dicha finalidad cuando no se conocía el origen delictivo de los bienes, pero debería haberse sospechado.

de 9 de febrero, considera que el traspaso entre cuentas tiende "a esconder el producto del delito y a asegurar su disfrute (...), pero no implica el encubrimiento de su origen ilícito ni su desvinculación de la actividad delictiva de la que procedían, ni la integración en el sistema económico legal con apariencia de haber sido adquiridos de forma lícita", razón por la que considera inapreciable un delito de blanqueo.

Este requisito de integración en el sistema económico legal debería servir para delimitar el delito de blanqueo del de encubrimiento pero, lamentablemente, tampoco se trata de una exigencia obligada. Antes, al contrario, la sentencia del Tribunal Supremo 723/2017, de 7 de noviembre, condenó por un delito de blanqueo a un sujeto que se limitó a facilitar una caja fuerte para que un amigo depositara en ella 70.000 € procedente de la venta de drogas a pequeña escala a la que se dedicaba. Por el contrario, la sentencia del Tribunal Supremo 162/2022, de 23 de febrero, tras reconocer que ambas infracciones responden a una "estructura uniforme" aprecia una clara homogeneidad; existiendo, entre ambas figuras una relación de género a especie[17]. Este entendimiento le llevó a absolver del delito de blanqueo y a castigar como encubridora a la madre que ocultó 74.000 € procedente del tráfico de drogas al que se dedicaba su hijo, sin que pudiera serle de aplicación la excusa absolutoria de parentesco por entender que se trata de un auxilio complementario. A la vista de las distintas consecuencias penales que comporta una u otra calificación —de seis meses a seis años, en caso de blanqueo y de seis meses a tres años, en el de encubrimiento— es de lamentar que dos conductas plenamente coincidentes reciban una respuesta penal muy distinta y, lo que es más preocupante, que se impida conocer las concretas consecuencias de han de derivar de la realización del comportamiento típico.

Ahora bien, tal y como se anunciara, el blanqueo así entendido no sólo confluye con el encubrimiento, sino que también se encabalga con la conducta descrita en el segundo apartado del art. 301 que, ahora sí, reproduce fielmente, salvo una diferencia de matiz[18], la descripción contenida en el apartado b) del artículo 3.1 de la Directiva. Según lo allí dispuesto, habrá

---

17 Como así lo han mantenido las sentencias del Tribunal Supremo 16/2009, de 27 de enero, 644/2018, de 13 de diciembre o 553/2019, de 12 de noviembre.

18 La Directiva se refiere a bienes que provengan de una actividad delictiva. Sin embargo, el art. 301.2 menciona los bienes que *proceden de alguno de los delitos expresados en el aparatado anterior o de un acto de participación en ellos* lo que, a la vista está, vuelve a pecar de indeterminación.

de merecer las mismas penas la ocultación o encubrimiento de la verdadera naturaleza, origen, ubicación, destino, movimiento o derechos sobre los bienes o propiedad de los mismos. Vemos, pues, que tampoco nos encontramos ante un ejemplo de una fórmula legislativa taxativa y precisa. Lo único que parece incuestionable es que la conducta típica gira en torno a los verbos de ocultar o encubrir. Ahora bien, no se trata ya de esconder los bienes que proceden de una actividad delictiva, sino de determinadas características de los mismos, conductas que podrían encajar sin excesiva dificultad en el apartado primero y más teniendo en cuenta la referencia abierta a la realización de *cualquier otro acto* para ocultar o encubrir el origen ilícito del bien o para favorecer la elusión de las consecuencias legales del autor del delito del que los bienes proceden. De ahí que la sentencia del Tribunal Supremo 668/2005, de 27 de mayo, haya reconocido que "entre las conductas descritas en el núm. 1 del art. 301 y las contenidas en el núm. 2 pueden tener lugar solapamientos".

En cuanto a la conducta típica, se ha mantenido que en este apartado se recoge la verdadera descripción del delito de blanqueo o, en palabras de Lascuraín Sánchez, es donde se encuentra la "definición más o menos canónica del blanqueo"[19]. De ahí que se haya mantenido que las conductas descritas en el apartado primero no constituirían sino formas imperfectas de ejecución[20]. En este sentido afirma Abel Souto que el artículo 301.1 "acoge tentativas específicas de favorecimiento real cuya comisión en grado de consumación se castiga en el artículo 301.2"[21]. Así parece haberlo entendido el Tribunal Supremo en la ya citada sentencia 56/2014, de 6 de febrero, al considerar que el primer apartado se estructura como un delito de mera actividad que requiere que las operaciones que allí se refieren recaigan directamente sobre los bienes de procedencia ilícita y delictiva. Mientras que el párrafo segundo del artículo 301 contiene una segunda modalidad, configurada como delito de resultado que, en consecuencia, admite formas imperfectas de ejecución[22].

---

19 Lascuraín Sánchez, J. A., "Blanqueo de capitales", en de la Mata Barranco, N. J., Dopico Gómez-Aller, J., Lascuraín Sánchez, J. A., y Nieto Martín, A., *Derecho penal económico y de la empresa.* Ed. Dykinson. Madrid, 2018; p. 503.

20 Díez Ripollés, J. L., "El blanqueo de capitales procedente del tráfico de drogas", *Actualidad Penal,* nº 32, 1994 p. 604; Palomo del Arco, A., "Receptación y conductas afines", en *Estudios sobre el Código penal de 1995 (Parte Especial).* Consejo General del Poder Judicial. Madrid, 1996, p. 450.

21 Abel Souto, M., *El delito…,* ob. cit., p. 127.

22 Si bien es cierto que, en este caso, tampoco se trata de un criterio firmemente mantenido. Así es por cuanto que la STS785/2017, de 30 de noviembre, admite la tentativa

En otras ocasiones, sin embargo, se ha defendido que estamos ante la segunda etapa del proceso legitimador —la que se conoce como fase de ocultación o transformación— o, en palabras del Tribunal Supremo, la "receptación del blanqueo por la conducta no recae sobre los bienes procedentes del previo delito, sino sobre los que ya han sido objeto de alguno de los actos de blanqueo descritos con anterioridad, lo que exige que tales bienes hayan experimentado ya alguna transformación", como se afirma en la sentencia del Tribunal Supremo 644/2018, de 13 de diciembre.

Lo hasta aquí expuesto constituye un claro ejemplo de cómo una técnica legislativa poco depurada origina divergencias jurisprudenciales que, además de suponer una aplicación de la ley desigual, hace imprevisible la respuesta penal ante la realización de determinados comportamientos. La causa, como digo, debe verse en el escaso celo observado a la hora de incriminar las conductas que merecen un reproche penal y en el forzado maridaje entre la tutela del orden socioeconómico y los intereses de la Administración de Justicia. A ello se le une el bienintencionado propósito de recortar el ámbito de aplicación de un precepto que corre el serio riesgo de castigar conductas muy alejadas de la afección a tales bienes. En definitiva, con esos criterios restrictivos se trata de evitar, cuestión de la que paso a ocuparme, que la pena resulte desproporcionada.

EL PRINCIPIO DE PROPORCIONALIDAD

Prácticamente la misma importancia que al principio de legalidad se le reconoce al principio de proporcionalidad. De hecho, como se recordará, en la Carta de los Derechos Fundamentales de la Unión Europea se alude a ambos conjuntamente. Respecto de este, la Directiva señala en el Considerando veintidós que el objetivo que persigue no es otro que "someter al blanqueo de capitales en todos los Estados miembros a sanciones penales efectivas, proporcionadas y disuasorias".

Para la consecución de tal fin, el artículo 5 del referido texto obliga a los Estados miembros a adoptar las medidas necesarias para castigar el blanqueo con penas efectivas, proporcionadas y disuasorias. Y con el propósito de unificar las consecuencias que han de derivar de su realización, en el apartado segundo del mencionado precepto se estima que la pena privativa de libertad ha de tener una duración máxima que no sea inferior

---

también respecto de la modalidad de blanqueo recogida en el artículo 301.1.

a cuatro años pudiendo imponerse, además, otras medidas adicionales. Esta pena privativa de libertad debe agravarse, según dispone el artículo 6 cuando el delito se cometa en el marco de una organización criminal, o en el caso de que quien lo realice sea uno de los sujetos obligados por la normativa de prevención del blanqueo de capitales y de la financiación del terrorismo y el delito haya tenido lugar en el ejercicio de su actividad profesional. A estas dos circunstancias se le suma la potestad de incrementar la respuesta penal cuando el valor de los bienes sea considerable o cuando estos procedan de determinados delitos[23].

Estas mismas características, esto es efectividad, proporcionalidad y efectos disuasorios, deben tener también las sanciones aplicables a las personas jurídicas. Entre estas ha de incluirse la pena de multa, tenga o no carácter penal, pero pueden adoptarse otras sanciones entre las que se cita, a modo de ejemplo, la inhabilitación para obtener beneficios o ayudas públicas, la exclusión temporal o permanente del acceso a la financiación pública, incluidas las licitaciones, subvenciones y concesiones, la inhabilitación temporal o definitiva para ejercer actividades mercantiles, la intervención judicial, la disolución o la clausura temporal o definitiva de los establecimientos que se hayan utilizado para cometer el delito, según dispone el artículo 8 de la Directiva.

Vemos, pues, que no sólo se describe con un detalle, tal vez impropio de una Directiva, las conductas que deben incriminarse, sino que se reduce considerablemente la libertad del legislador penal de elegir las sanciones que considere más adecuadas.

Atendidas las graves consecuencias que derivan del blanqueo, puestas de manifiesto, como ha quedado dicho, en el primer Considerando de la Directiva, es incuestionable la necesidad de la intervención penal. Incluso, la duración mínima de la pena privativa de libertad que se establece puede resultar proporcionada ante la magnitud de los efectos negativos de este fenómeno. Lo que ya no parece tan fuera de duda es si respeta el juicio de proporcionalidad respecto de los delitos que generan dichos bienes. En efecto, la Directiva obliga a la tipificación del blanqueo de bienes procedentes de la comisión de alguna de las manifestaciones más graves de la delincuencia[24],

---

23 En concreto el precepto se refiere a participación en organizaciones o grupos criminales, terrorismo, trata de seres humanos y tráfico ilícito de migrantes, explotación sexual, tráfico de drogas y corrupción.

24 Expresamente se menciona la participación en una organización o grupo criminal, terrorismo, trata de seres humanos y tráfico ilícito de migrantes, explotación sexual, tráfico ilícito de estupefacientes y sustancias psicotrópicas, tráfico ilícito de

pero también en caso de una actividad delictiva que "lleve aparejada una pena privativa de libertad o una medida de seguridad privativa de libertad de una duración máxima superior a un año o, en aquellos Estados miembros en cuyo sistema jurídico exista un umbral mínimo para los delitos, cualquier delito que lleve aparejada una pena privativa de libertado o una medida de seguridad privativa de libertad de duración mínima superior a seis meses", en atención a lo dispuesto en el artículo 2.1 de dicho texto. En consecuencia, a pesar de que el blanqueo es un delito de referencia, la pena puede ser muy superior a la que corresponda a la infracción de la que los bienes proceden quebrando, de este modo, la regla de que no puede excederse la pena que corresponda al delito encubierto o favorecido.

Idéntica situación se reproduce en nuestro país. Como es sabido, el delito de blanqueo comporta una pena privativa de libertad de entre seis meses y seis años, a la que hay que sumar una multa del tanto al triple del valor de los bienes involucrados. Pues bien, la primera quiebra del principio de proporcionalidad se observa ya en relación con algunos de los comportamientos tipificados. En concreto, la posesión y utilización de bienes que, al no tener por qué suponer enmascaramiento alguno, no creo pueda equipararse con aquellas otras conductas que persiguen un distanciamiento entre el bien y su origen delictivo.

No es este, sin embargo, el único supuesto que suscita dudas. En efecto, los dos primeros apartados del artículo 301 que, como se recordará, describen las modalidades de blanqueo dolosas, tienen prevista idéntica pena. Esta parificación merece un juicio crítico, ya se mantenga que el apartado primero constituye una tentativa del auténtico delito de blanqueo, ya se considere que dicho apartado segundo requiere la previa realización de los comportamientos descritos en el primero y, por tanto, constituye la segunda fase del proceso legitimador. Parece claro que, con independencia de la interpretación que se acoja, ambos supuestos tienen una significación muy distinta que, por ello, debería tener su reflejo en una respuesta penal diferenciada.

Idéntica objeción puede hacerse en relación con la modalidad imprudente de comisión, cuya incriminación genera serios problemas que, desde luego,

armas, tráfico ilícito de bienes robados y otros bienes, corrupción, fraude, falsificación de moneda, falsificación y piratería de productos, delitos contra el medio ambiente, homicidio, lesiones graves, secuestro, detención ilegal y toma de rehenes, robo o hurto, contrabando, delitos fiscales, extorsión, falsificación, piratería, uso indebido de información privilegiada y manipulación de mercados y, por último, ciberdelincuencia.

no le han pasado inadvertidos al Tribunal Supremo que, como reconoce en la sentencia 412/2014, de 20 de mayo, "el blanqueo por imprudencia no deja de presentar dificultades dogmáticas, por cuanto el blanqueo de capitales es delito esencialmente doloso que incorpora incluso el elemento subjetivo del injusto consistente en conocer la ilícita procedencia de los bienes y la intención de coadyuvar a su ocultación o transformación, y porque la distinción entre culpa grave, en este caso punible, y leve, no punible, participa de la crítica general a la distinción por su 'ambigüedad e inespecificidad', y por contradecir el criterio de 'taxatividad' de los tipos penales". Pero es que, además de las dudas acerca de su conveniencia, no puede dejar de denunciarse que la pena pecuniaria es idéntica a la señalada para los delitos dolosos.

Asimismo, puede resultar afectado este principio en relación con los supuestos de autoblanqueo. En efecto, estos casos también suscitan interrogantes por cuanto que a la pena impuesta por el delito principal que, en la mayor parte de los casos conllevará una multa por cuotas o proporcional, debe sumársele el decomiso de los bienes, incluso, de todos aquellos cuyo origen lícito no pueda acreditarse, en atención a lo dispuesto en los artículos 127 bis y 127 quinquies del Código Penal. Añadir a estas consecuencias la sanciones que comporta el blanqueo que, en muchos casos, no suponen más que el agotamiento del delito previo[25], puede resultar desproporcionado.

Una nueva afección al principio de proporcionalidad puede advertirse si se comparan las penas del blanqueo con las previstas para el encubrimiento[26]. A nivel teórico es fácil justificar esta diferencia de trato atendiendo a la afección que este supone para el llamado orden socioeconómico. Una vez más, sin embargo, la práctica forense se encarga de enturbiar este razonamiento.

No me refiero ahora al confuso deslinde entre encubrimiento y blanqueo al que ya se ha aludido, sino al hecho de que, de justificarse la mayor severidad del castigo en el carácter pluriofensivo del blanqueo, debiera requerirse una mínima entidad de la conducta realizada para que el orden socioeconómico pudiera resentirse. En este sentido, la Sentencia del Tribunal Supremo

---

25 Como admite la sentencia del Tribunal Supremo 884/2012, de 8 de noviembre, entraña no pocas dificultades establecer una distinción entre aquellos actos que integran la fase de agotamiento del delito de aquellos otros que, por el contrario, constituyen un delito distinto al suponer una nueva ofensa al bien jurídico.

26 El artículo 451 tiene prevista una pena de prisión de seis meses a tres años para todas las modalidades de favorecimiento, mientras que, como se recordará, el delito de blanqueo debe sancionarse con una pena privativa de libertad entre seis meses y seis años.

884/2012, de 8 de noviembre, descarta la responsabilidad penal a título de blanqueo en todos los supuestos en los que la relevancia económica de los bienes implicados sea escasa, remitiéndose así al principio de insignificancia. Este criterio, que no se considera definitivo, debe complementarse con la idoneidad del comportamiento para incorporar bienes ilícitos al tráfico económico y, además, con la intención del autor y su propósito de rentabilizar las ganancias en canales financieros seguros. Por tanto, deberá acreditarse, en opinión de la Sala, la voluntad de activar un proceso de integración o reconversión de los bienes. Entendimiento que, sin duda, contrasta con el mantenido en la STS 677/2019, de 23 de enero, en la que se condena por delito de blanqueo a un Guardia Civil que aceptó un total de quince pequeñas entregas de dinero de un narcotraficante, la mayor por un importe de 2.900 € y que, en total, sumaban 22.040 €, conducta por la que se le impuso una pena de un año, siete meses y quince días de prisión, además de la pena que le correspondió por considerarlo cooperador necesario en el tráfico de drogas. Más llamativa es la STS 149/2017, de 9 de marzo, que castiga la realización de tres transferencias, dos de ellas por un importe de 1250 € y la última de 500 €; lo que hace un total de 3000 € con una pena de cuatro años de privación de libertad porque el sujeto integraba una organización criminal dedicada a cometer robos. Con independencia de la gravedad de los otros delitos cometidos, lo cierto es que, en estos casos, atendiendo a la cuantía de los bienes involucrados, se hace difícil justificar el merecimiento de un reproche penal tan severo.

No puede finalizarse el tratamiento de esta cuestión sin hacer una referencia, por escueta que esta sea, a la responsabilidad penal de las personas jurídicas.

Como es sabido, artículo 302.2 tiene prevista una pena de multa que habrá de fijarse en atención a la pena privativa de libertad que pueda corresponder a la persona física. Su duración será de dos a cinco años, si el delito cometido por la persona física tiene prevista una pena de prisión de más de cinco años. Y, de no ser así, una multa de seis meses a dos años. Eso sígnica que, salvo la modalidad imprudente de comisión y los actos preparatorios que castiga el artículo 304, habrá de imponerse entre dos y cinco años. Atendiendo a los márgenes establece el artículo 50.4 del Código penal —respecto de los que se ha dicho que son bajos y que pueden resultar contradictorios con la mayor capacidad económica que se le supone a la persona jurídica respecto de la física[27]— tenemos que, en el primer caso

---

[27] De la Cuesta Arzamendi, J. L., "Penas para las personas jurídicas en el Código Penal español", en *Tratado sobre Compliance penal.* Gómez Colomer, J. L. (Dir.) y

(multa de dos a cinco años), la multa oscilará entre 21.600 y 9.000.000 euros; y, en el segundo (multa de seis meses a dos años), la cuantía mínima será de 5.400 euros, pudiendo llegar hasta los 21.600 euros.

A la vista de las referidas cantidades, es inevitable efectuar una comparación con las sanciones que fija la Ley 10/2010, de 28 de abril, de prevención del blanqueo de capitales y de la financiación del terrorismo. Para el caso de que estas merezcan la calificación de muy graves, el artículo 56 obliga a imponer una multa, cuyo mínimo será de 150.000 euros y el importe máximo ascenderá a la mayor de las siguientes cantidades: a) el 10 por ciento del volumen de negocios anual total del sujeto obligado; b) el duplo del contenido económico de la operación; c) el quíntuplo del importe de los beneficios derivados de la infracción, cuando dichos beneficios puedan determinarse; y d) 10.000.000 euros. Vemos, pues, que la sanción administrativa supera en todo caso la cuantía de la pena. Incluso, la sanción que el artículo 58 prevé para las infracciones leves —multa de hasta 60.000 euros— rebasa ampliamente el límite mínimo de la pena de multa; lo que, desde luego, contradice el principio del que venimos tratando.

Y no mejor parado sale el aludido principio si se comparan estas penas con las previstas para las personas físicas. Como ha puesto de manifiesto ABEL SOUTO, el hecho de que en este caso la pena se establezca por cuotas origina una notable desproporción respecto de la pena que puede corresponder a la persona física que viene cifrada en atención al valor de los bienes[28], con independencia del número de intervinientes en el hecho, por lo que la cantidad total impuesta puede ser muy superior al valor de los bienes. Pero es que, además, lo que tampoco deja de ser disfuncional, la sanción de la persona jurídica, en todo caso, merece la calificación de pena grave, mientras que la multa prevista para las personas físicas se considera menos grave, en atención a lo dispuesto en el apartado 3.j) del artículo 33. Y, como ha puesto de manifiesto GONZÁLEZ CUSSAC, la calificación atendiendo a la gravedad repercute en materia de prescripción y en la cancelación de antecedentes penales[29].

Madrid Boquín, C. M., Ed. Tirant lo Blanch. Valencia, 2019; p. 81.

28 Abel Souto, M., "Errores, incoherencias y muestras de desidia legislativa en las penas aplicables a las personas jurídicas", en *Contra la política criminal de tolerancia cero. Libro-Homenaje al Prof. Dr. Ignacio Muñagorri Laguía.* Ed. Thomson Reuters. Aranzadi. Cizur Menor, 2021; p. 723.

29 González Cussac, J. L., *Responsabilidad penal de las personas jurídicas y programas de cumplimiento.* Ed. Tirant lo Blanch. Valencia, 2020; p. 241.

Tal vez para paliar estos agravios comparativos y con el fin de no imponer penas desproporcionadas, el artículo 31 ter del Código penal dispone que estas sanciones han de modularse cuando se imponga también una multa a la persona física como consecuencia de los mismos hechos[30]. Al respecto se ha criticado, no sin razón, que se atienda únicamente al importe final y se obvien otros factores como el número de cuotas o la progresión de los múltiplos, en caso de tratarse de multas proporcionales[31]. En cualquier caso, la aplicación de este criterio hizo que el Tribunal Supremo en la sentencia 583/2017, de 19 de julio, redujera las penas correspondientes, incluso por debajo de los límites legalmente establecidos, al imponer la pena mínima a pesar de que los bienes involucrados procedían del narcotráfico, lo que debió dar lugar a una penalidad agravada. Los factores que se tuvieron en cuenta son que se obraba en beneficio de la empresa, que el legislador al fijar la multa proporcional en relación con las personas físicas lo hace con independencia del número de partícipes y, finalmente, que también se condenó a la persona jurídica a pesar de titularidad en todo o buena parte de las personas condenadas. En atención a estas circunstancias, se redujeron todas las cuantías, en algún caso con rebajas significativas —de 39 a 13 millones para el principal responsable— y, en el caso de las dos personas jurídicas implicadas, se optó por la pena mínima de dos años con una cuota diaria de 100 €, lo que suma 72.000 euros; cifra, como se ve, muy alejada de la que correspondió a algunas personas físicas y ello, como ha quedado dicho, a pesar de la mayor capacidad económica de los entes que asume el apartado cuarto del artículo 50 del Código penal.

Por otro lado, conviene recordar que la pena pecuniaria puede verse acompañada de alguna o algunas de las penas previstas en los apartados

---

30 Sobre los problemas exegéticos que plantea esta previsión, puede verse de la Mata Barranco, N. J., y Hernández Díaz, L., "Los problemas de congruencia en la concreción y aplicación de las sanciones previstas para las personas jurídicas", en *Responsabilidad penal de las personas jurídicas.* Ed. Thomson Reuters Aranzadi. Cizur Menor, 2013; p. 227 y ss.; Faraldo Cabana, P., "La obligatoria modulación de las multas penales impuestas a la persona jurídica y a la persona física", *La Ley penal: revista de derecho penal, procesal y penitenciario.* N° 115, 2015 y, más recientemente, González Cussac, J. L., "Acumulación y compatibilidad de la responsabilidad penal de personas físicas y jurídicas (Art. 31 ter)", en *Estudios penales en homenaje al Profesor José Manuel Lorenzo Salgado.* Ed. Tirant lo Blanch. Valencia, 2021; pp. 677 y ss.

31 Sobre esta cuestión, puede verse Díez Ripollés, J. L., "Las penas de las personas jurídicas y su determinación legal y judicial: regulación española", *Jueces para la democracia,* n° 73, 2012; p. 59 y 60; más recientemente, en idéntico sentido, de la Cuesta Arzamendi, J. L., "Penas...", ob. cit.; p. 82.

b) a g) del artículo 33.7[32]. Se confiere, de este modo, un amplio arbitrio judicial fundado, probablemente, en posibilitar la respuesta más adecuada a cada caso concreto. Ahora bien, esto unido al hecho de que no existan unas normas claras de determinación de la pena provoca, y ello enlaza con lo que veíamos al principio, que sea imposible saber con un mínimo de certeza cuáles son las consecuencias que han de derivar de la realización de los comportamientos tipificados.

CONCLUSIÓN

Son muchos los textos que aluden a los principios de legalidad y proporcionalidad. La importancia que se le reconoce no puede extrañar si se toma en consideración que constituyen el principal límite al poder de castigar estatal. La Directiva 2018/1673, del Parlamento Europeo y del Consejo, de 23 de octubre de 2018, relativa a la lucha contra el blanqueo de capitales mediante el Derecho penal, como hemos tenido ocasión de ver, alude expresamente a ellos, reconociendo que abarca los requisitos de precisión, claridad y previsibilidad, lo que obliga a aplicar las previsiones que allí se contienen conforme a ellos.

Sin embargo, como también ha sido puesto de manifiesto, la regulación actual del delito de blanqueo se separa del concepto que se acoge en todos los textos normativos internacionales, y no coincide con el que se maneja en la Ley 10/2010, de 28 de abril, de prevención del blanqueo de capitales y la financiación del terrorismo. Con el fin de restringir el desmesurado ámbito de aplicación que la formulación típica propicia, se han manejado distintos criterios que, aunque tratan de garantizar una respuesta penal proporcionada, ha ocasionado una aplicación desigual de la ley. En efecto, como se ha podido constatar, a supuestos de hecho muy similares se la ha dispensado un tratamiento penal distinto. Este proceder evidencia la ausencia de un concepto claro de blanqueo y, en consecuencia, hace imprevisible la respuesta penal.

Puesto que el origen debe verse en la defectuosa técnica legislativa empleada, la solución pasa por una reforma del artículo 301 que, en contra de las modificaciones que ha experimentado hasta ahora, no se centre en ampliar

---

32 Un detenido análisis sobre el contenido de las misma, puede verse en Tugui, F. D., *Las penas previstas para las personas jurídicas y su integración en el sistema penal. Un estudio teórico-práctico sobre el contenido y aplicación del sistema de penas diseñado para las personas jurídicas*. Ed. Colex. La Coruña, 2022.

los contornos del tipo penal y en agravar las consecuencias de la realización de los comportamientos prohibidos, sino en definir con precisión la conducta merecedora de reproche penal y aparejarle unas consecuencias proporcionadas a la gravedad de los daños que ocasiona este fenómeno. Sólo así los aludidos principios dejaran de ser una mera proclamación, sólo así podrá hablarse, en palabras del Tribunal Europeo de Derechos Humanos, de ley en sentido material.

BIBLIOGRAFÍA

Abel Souto, Miguel, *El delito de blanqueo en el Código penal español.* Ed. Bosch. Barcelona, 2005.

- "Conductas típicas de blanqueo en el Ordenamiento penal español", en *I Congreso de prevención y represión del blanqueo de dinero.* (Abel Souto, M. y Sánchez Stewart, N., Coords.). Ed. Tirant lo Blanch. Valencia, 2009; pp. 175-247.
- "La expansión penal del blanqueo de dinero operada por la Ley Orgánica 5/2010, de 22 de junio", *La ley penal: revista de derecho penal, procesal y penitenciario,* nº 79, 2011.
- "Volumen mundial del blanqueo de dinero, evolución del delito en España y jurisprudencia reciente sobre las últimas modificaciones del Código penal", *Revista General de Derecho Penal* 20, 2013.
- "Errores, incoherencias y muestras de desidia legislativa en las penas aplicables a las personas jurídicas", en *Contra la política criminal de tolerancia cero. Libro-Homenaje al Prof. Dr. Ignacio Muñagorri Laguía.* Ed. Thomson Reuters. Aranzadi. Cizur Menor, 2021; pp. 719-730.

Aránguez Sánchez, Carlos, *El delito de blanqueo de capitales.* Ed. Marcial Pons. Barcelona, 2000.

Beling, Ernst Ludwig, "Il significato del principio nulla poena sine lege poenali nella determinazione dei concetti fondamentali di diritto penale", *Giustizia Penale.* Vol XXXVII. Roma, 1931.

Blanco Cordero, Isidoro., *El delito de blanqueo de capitales.* Ed. Thomson Reuters-Aranzadi. 4ª Ed. Pamplona, 2015.

Del Carpio Delgado, Juana, *El delito de blanqueo de bienes en el nuevo* Código penal. Ed. Tirant lo Blanch. Valencia, 1997.

- "La posesión y utilización como nuevas conductas en el delito de blanqueo de capitales", *Revista General de Derecho Penal,* 15 (2011).

De La Cuesta Arzamendi, José Luis, "Penas para las personas jurídicas en el Código Penal español", en *Tratado sobre Compliance penal.* Gómez Colomer, J. L. (Dir.) y Madrid Boquín, C. M. (Coord.), Ed. Tirant lo Blanch. Valencia, 2019; pp. 67-99.

De La Mata Barranco, Norberto Javier, y Hernández Díaz, Leyre, "Los problemas de congruencia en la concreción y aplicación de las sanciones previstas para las personas jurídicas", en *Responsabilidad penal de las personas jurídicas.* Ed. Thomson Reuters Aranzadi. Cizur Menor, 2013; pp. 227-248.

Díez Ripollés, José Luis, "El blanqueo de capitales procedente del tráfico de drogas", *Actualidad Penal*, nº 32, 1994.

– "Las penas de las personas jurídicas y su determinación legal y judicial: regulación española", *Jueces para la democracia*, nº 73, 2012; pp. 49-64.

Fabián Caparrós, Eduardo Ángel, *El delito de blanqueo de capitales*. Ed. Colex. Madrid, 1998.

Faraldo Cabana, Patricia, "Antes y después de la tipificación expresa del autoblanqueo de capitales", *Estudios Penales y Criminológicos*. Vol. XXXIV, 2014; pp. 41-79.

– "La obligatoria modulación de las multas penales impuestas a la persona jurídica y a la persona física", *La Ley penal: revista de derecho penal, procesal y penitenciario*. Nº 115, 2015.

Ferrajoli, Luigi, *Derecho y razón. Teoría del garantismo penal*. Ed. Trotta (3ª Ed.). Madrid, 1998.

Gómez Iniesta, Diego José, *El delito de blanqueo de capitales en Derecho español*. Ed. Cedecs. Barcelona, 1996.

González Cussac, José Luis, *Responsabilidad penal de las personas jurídicas y programas de cumplimiento*. Ed. Tirant lo Blanch. Valencia, 2020.

– "Acumulación y compatibilidad de la responsabilidad penal de personas físicas y jurídicas (Art. 31 ter)", en *Estudios penales en homenaje al Profesor José Manuel Lorenzo Salgado*. Ed. Tirant lo Blanch. Valencia, 2021; pp. 677 y ss.

Lascuraín Sánchez, Juan Antonio, "Blanqueo de capitales", en De La Mata Barranco, Norberto Javier, Dopico Gómez-Aller, Jacobo, Lascuraín Sánchez, Juan Antonio, y Nieto Martín, Adán, *Derecho penal económico y de la empresa*. Ed. Dykinson. Madrid, 2018.

Matallín Evangelio, Ángela, "La posesión y utilización de los bienes como formas de blanqueo: excesos punitivos y criterios de corrección", en *Compliance y prevención de delitos de corrupción*. Ed. Tirant lo Blanch. Valencia, 2018; pp. 193-224.

Palomo Del Arco, Andrés, "Receptación y conductas afines", en *Estudios sobre el Código penal de 1995 (Parte Especial)*. Consejo General del Poder Judicial. Madrid, 1996.

Pérez Del Valle, Carlos, "Derecho penal europeo, principio de legalidad y principio de proporcionalidad", en *InDret. Revista para el análisis del Derecho,* 2008; pp. 1-24.

Tugui, Florin David, *Las penas previstas para las personas jurídicas y su integración en el sistema penal. Un estudio teórico-práctico sobre el contenido y aplicación del sistema de penas diseñado para las personas jurídicas*. Ed. Colex. La Coruña, 2022.

Vidales Rodríguez, Caty, *Los delitos de receptación y legitimación de capitales en el Código penal de 1995*. Ed. Tirant lo Blanch. Valencia, 1997.

– "La posesión y utilización de bienes como actos de blanqueo en la legislación penal española", *Direitto e Desenvolvimento*. Vol. 3, nº 6, 2012; pp. 45-64.

– "Conductas constitutivas de blanqueo. Comentario a la Directiva 2018/1673, de 23 de octubre, relativa a la lucha contra el blanqueo de capitales mediante el Derecho penal", *Criminal Justice Network*; 2019.

– "Autoblanqueo: criterios restrictivos y efectos perversos", *Revista de Derecho y proceso penal*, nº 67, 2022; pp. 93-116.

Vives Antón, Tomás Salvador, "Principios penales y dogmática penal", en *Estudios sobre el Código penal de 1995*. Parte General. Consejo General del Poder Judicial. Madrid, 1996, pp. 37-72.

El protagonismo del GAFI en la configuración de la normativa internacional del blanqueo y en la Directiva 2018/1673

JUAN CARLOS FERRÉ OLIVÉ
Catedrático de Derecho penal
Universidad de Huelva

EL GAFI

El Grupo de Acción Financiera Internacional (GAFI o FATF, Financial Action Task Force on Money Laundering) es el organismo internacional con mayor influencia en materia de blanqueo de dinero, pues realiza estudios que se plasman en "*Cuarenta Recomendaciones*" especiales contra el blanqueo de dinero y la financiación del terrorismo. Como señala F. D'Albora, el GAFI/FATF ha impuesto sus Recomendaciones como eje global de la prevención y control en las materias abordadas, sin que su estructura orgánica sea asimilable a ningún organismo de derecho internacional público reconocido, ni pueda desentrañarse realmente la naturaleza jurídica de sus Cuarenta Recomendaciones. Ese poder se manifiesta en su capacidad de imponer restricciones económicas y financieras, "tanto a sus miembros como al resto de la comunidad internacional"[1]. Ha sido creado en 1989 en la XVº Cumbre del Grupo de los Siete (G7: Alemania, Canadá, Estados Unidos, Francia, Italia, Japón y Reino Unido), como grupo intergubernamental dedicado a combatir el blanqueo de dinero. Sus Recomendaciones son periódicamente renovadas y no tienen fuerza ejecutiva (no son jurídicamente vinculantes), pero poseen una enorme trascendencia real que deriva de su rigurosa incorporación a las Directivas Europeas y a la legislación de los casi cuarenta países o regiones miembros del GAFI/FATF y sus zonas internacionales de proyección. La producción normativa de este grupo de presión no se limita a sus propias resoluciones, sino que se replica en medio centenar de organismos internacionales, algunos creados

---

1 Cfr. D'albora, F.J. "Lavado de dinero y evasión tributaria", en AAVV (Bertazza, dir.) "Elementos del procedimiento tributario y penal tributario", ed. La Ley, Buenos Aires, 2018, p. 83.

a su imagen y semejanza (Grupo Asia/Pacífico APG, Grupo de Acción Financiera de Suramérica GAFISUD —actualmente GAFILAT—, Grupo de Acción Financiera del Medio Este y Norte de África —MENAFATF— y en innumerables bancos de desarrollo, el Banco Mundial, el Fondo Monetario Internacional, etc.[2]. El GAFI redactó la primera versión de sus "*Recomendaciones*" en el año 1990, en una cumbre reunida en París. Partiendo de la base de la necesidad de ratificar y cumplir las medidas surgidas de la Convención de Naciones Unidas contra el tráfico ilícito de estupefacientes y sustancias psicotrópicas suscrita el 20 de diciembre de 1988 en Viena, añadió un completo programa de recomendaciones dirigidas a la prevención del delito de blanqueo de dinero, actuando sobre el sistema financiero y bancario. Al producirse los atentados terroristas en los Estados Unidos el 11 de septiembre de 2001, el GAFI/FATF procedió a complementar sus cuarenta Recomendaciones para la lucha contra el blanqueo de dinero con otras nuevas Recomendaciones para prevenir la financiación del terrorismo. En febrero de 2012 se aprobó una reestructuración importante de las "Recomendaciones", que se unificaron íntegramente en cuarenta para abordar el blanqueo de dinero, la financiación del terrorismo y la proliferación de armas de destrucción masiva. Al contar con la aprobación del Fondo Monetario Internacional y del Banco Mundial, las Cuarenta Recomendaciones ya han sido bautizadas como el global standard del blanqueo de dinero[3].

---

2 Sobre la influencia del GAFI/FATF en España y el extranjero cfr. Díaz-Maroto y Villarejo J. "Recepción de las propuestas del GAFI y de las Directivas Europeas sobre el blanqueo de capitales en el Derecho español", en AAVV, Política Criminal y blanqueo de capitales (Bajo-Bacigalupo ed.) Madrid 2009, p. 21 y sig.) y TROVATO, G.F. "La recepción de las propuestas del GAFI en la legislación penal argentina", en AAVV, Política Criminal y blanqueo de capitales (Bajo-Bacigalupo ed.) Madrid, 2009, p. 67 y sig. Sobre otros aspectos relevantes del GAFI/FATF, cfr. Blanco Cordero, I. "El delito de blanqueo de capitales", 4ª ed., Aranzadi, Navarra, 2015, p. 185 y sig.

3 Cfr. Keith, N. Anti-money laundering: comparative review of legislative development. Business Law International, 19 (3), 245-276, 2018. p. 248; Sullivan, K. "Anti-Money Laundering in a Nutshell", New York, 2015, p. 144 y sig. Adviértase que el delito de blanqueo de dinero funciona ya como una nueva pandemia, según percibe M. Abel Souto, "Análisis de la incidencia en el mundo digital de la COVID-19 y blanqueo de dinero", en AAVV (Abel Souto y alt. Coordinadores) IX Congreso sobre prevención y represión del blanqueo de dinero", ed. Tirant lo Blanch, Valencia, p. 277 y sig. Sobre la universalidad de estos delitos, véase también Abel Souto, M. "El blanqueo de dinero en la normativa internacional". Santiago de Compostela, 2002, p. 45 y sig.

El GAFI/FATF, como la OCDE/OECD, MONEYVAL del Consejo de Europa[4], el Grupo Egmont y los grupos financieros que toman sin un amparo jurídico claro —ni en teoría vinculante— las grandes decisiones planetarias en materias tributarias y de blanqueo de dinero, conforman el conocido como *soberano privado internacional difuso*, que diseña muchas directrices de la punibilidad en materias económicas, *"por encima de la retórica soberanía de los Estados"*[5]. Su primer impulso se dirige a los Estados, para que ajusten sus normas a los dictados de estos fácticamente influyentes órganos internacionales. Así, en un segundo escalón se encuentran las Naciones Unidas, la sometida Unión Europea, y los también vasallos Estados de todos los rincones del planeta, cuyos parlamentos deben seguir ciegamente, "*a pies juntillas*", las famosas *"Cuarenta Recomendaciones" de* GAFI/FATF, y otras ideas brillantes que emanan de sus coyunturales socios en estas materias. Las sanciones en caso de incumplimiento no son jurídicas sino económicas: simplemente la inclusión en listas negras que imposibilitan el crédito internacional, los negocios, en muchos casos el necesario desarrollo económico, etc. En una tercera instancia se encuentran los controladores nacionales, conocidos como Unidades de Inteligencia Financiera o con nombres aún más rimbombantes según cada Estado: SEPBLAC en España (Servicio Ejecutivo de la Comisión de Prevención del Blanqueo de Capitales e Infracciones Monetarias), GIFI en Polonia (General Inspector of Financial Information), TRACFIN en Francia (Intelligence Processing and Action Against Illicit Financial networks Unit), MOKAS en Chipre (Unit for Combating Money Laundering), y otras muchas que se conocen simplemente como Unidades de Inteligencia Financiera de cada país (Financial Intelligence Units). Por último y por fin, quedan los Fiscales y Jueces encargados de velar por el respeto de todo este marco de influencia jurídica tan complejo. Todo comienza por los aspectos preventivos —con su apéndice sancionatorio— que se desarrolla en el Derecho administrativo, para culminar con más específicos aspectos represivos, a los que se aplican los parámetros de la teoría jurídica del delito y que prevén responsabilidades dolosas y culposas, con penas a menudo draconianas, siempre en la esfera del Derecho penal. Sobre estos

---

4 Committee of Experts on the Evaluation of Anti-Money Laundering Measures and the Financing of Terrorism, creado en 1997.

5 Cfr. Terradillos Basoco J. "El Derecho penal económico español: de la pujanza económica a la depresión" en AAVV, "Derecho penal y crítica al poder punitivo del Estado", LH Nodier Agudelo Betancur, Bogotá, 2013, p. 305. Como destaca este autor, "*la confusa naturaleza jurídica y política de este soberano se traduce en la ausencia de un centro de imputación de poder*".

últimos aspectos *también todos opinan*, y a través de la cascada de influencias ya mencionada se modulan los riesgos y las conductas que se esperan de los ciudadanos y empresas. En síntesis, La legislación internacional y nacional contra el blanqueo de dinero y la financiación del terrorismo (Disposiciones de Naciones Unidas, GAFI/FATF, múltiples directivas europeas, Código Penal y otras leyes nacionales) se presenta como una muestra evidente de nihilismo jurídico: objetivos políticos y financieros absolutos, ausencia de prudentia iuris, seria afección a los principios de razonabilidad y proporcionalidad, ausencia infinita de tolerancia, etc.[6].

LOS TRES PUNTOS ÁLGIDOS

Todo esto se desarrolla como corolario en pleno siglo XXI de una evolución construida sobre tres puntos álgidos. El primer *punto álgido* se localiza en los Estados Unidos, al aprobarse *The Money Laundering Control Act* de 1986[7]. En ese texto legal se materializó la caracterización del blanqueo de dinero como la *sangre vital (lifeblood)* del narcotráfico y del crimen organizado, abordando por vez primera este problema de una manera diferente: luchando contra el ocultamiento de recursos ilícitos que disfrazaban su fuente, intentando su devolución al mundo económico-empresarial. Se hablaba de una cash connection, que preocupaba al propio presidente de los Estados Unidos, red que conformaban el crimen organizado, las instituciones financieras y el blanqueo de dinero. En paralelo, los banqueros miraban hacia otro lado, mientras se lucraban ampliamente con estas maniobras[8].

---

6 Cfr. Pereira Menaut, A.C. "¿Puede la lucha contra el blanqueo de dinero producir nihilismo jurídico?", en AAVV, VIº Congreso sobre prevención y represión del blanqueo de dinero", ed. Tirant lo Blanch, Valencia, 2019, p. 114 y sig.). Destaca este autor que aquí no se protege al ser humano, sino a la "*integridad del sistema financiero*".

7 Muchos autores se alejan más en el tiempo, considerando que este delito ha nacido en el contexto de la "*ley seca" norteamericana, la mafia y Al Capone (años '20 del siglo XX), procediendo a disimular el origen ilícito de los bienes, aprovechando el poco control ejercido sobre las lavanderías de ropa. Así, paulatinamente, se ha ido pasando del lavado a mano a la tintorería. Cfr.* Blanco Cordero, I. "El delito de blanqueo de capitales", op. cit. p. 72 y sig. Pero en realidad se trata de ejemplos poco significativos o anecdóticos. La caracterización del genuino delito que aquí nos ocupa nace en los Estados Unidos con la ley de 1986, ya mencionada.

8 Cfr. Gurule, J. The Money Laundering Control Act of 1986: Creating a New Federal Offense or Merely Affording Federal Prosecutors an Alternative Means of Punishing Specified Unlawful Activity? 32 Am. Crim. L. Rev. 823 (1994-1995), p. 823 y sig.

Esta situación se origina, según entiendo, a raíz de las enormes cantidades de dinero que manejaban —entre otros— los cárteles latinoamericanos de la droga en esos años, por ejemplo, Pablo Escobar Gaviria de Colombia, narcotraficante que había llegado a acumular una fortuna calculada en 25 mil millones de dólares. El peligro no era el cash, sino la circulación del dinero legalizado que podía hacer posible la adquisición de empresas lícitas por parte de este u otros sujetos pertenecientes a la dirección del crimen organizado. En realidad, se debía impedir la utilización del sistema financiero para blanquear los beneficios del narcotráfico[9]. Esta mera posibilidad espantaba a presidentes, empresarios y finalmente a los propios banqueros que se vieron obligados a transigir modificando sus comportamientos. Creo que el temor a que la dirección de empresas poderosas pueda quedar en manos de narcotraficantes o del crimen organizado sigue sobresaltando y orientando (o desorientando...) a quienes desarrollan la política criminal contra el blanqueo de dinero. Llevaba mucha razón W. Bottke cuando decía que "*El dinero blanqueado dota de mayor poder social poco limpio. Es útil para facilitar las ventajas del juego sucio en la competencia. También es apropiado para comprar la influencia política y conduce a la corrupción*"[10].

El segundo *punto álgido* se localiza en la creación del Grupo de Acción Financiera Internacional/Financial Action Task Force (GAFI/FATF) en 1989, que a través de un aparentemente inocente sistema de "*Recomendaciones*" se ha convertido en un auténtico influencer legislativo a nivel mundial. Su secretaría tiene sede en París, que comparte con la OCDE/OECD. Como acertadamente señala F. D'Albora el GAFI/FATF conforma "*una de las mayores concentraciones de poder real sobre el planeta*"[11]. Este organismo, ajeno a la estructura tradicional de instituciones con poder normativo, actúa en distintas direcciones, pero fundamentalmente:

– Influyendo decisivamente en la prevención y sanción (aspectos administrativos y penales) del blanqueo de dinero y de la financiación del terrorismo en todos y cada uno de los países del mundo. A su influencia se debe la cada vez mayor homogenización internacional de las leyes anti-

---

9 Cfr. Alford, D.E. "Anti-Money Laundering Regulations: A Burden on Financial Institutions" North Carolina Journal of International Law and Commercial Regulation.19(3), 437-468, 1994, p. 437, quien destaca que el blanqueo de dinero sin limitaciones penales permitía a los narcotraficantes operar en los mercados y negocios legítimos.

10 Cfr. Bottke, W. "Mercado, criminalidad organizada y blanqueo de dinero en Alemania" en Revista Penal nº 2, 1998, p. 3.

11 Cfr. D'Albora, F.J. "Lavado de dinero y evasión tributaria", op. cit. p. 83.

blanqueo de los diferentes Estados. Por eso puedo afirmar que paradójicamente, tratándose de un recién nacido, *el mundo entero comprende el lenguaje del blanqueo de dinero.*

– Realizando evaluaciones periódicas para conocer si los distintos países padecen de *deficiencias estratégicas* para combatir el blanqueo de dinero y la financiación del terrorismo. Desde esta perspectiva funciona como un *tribunal administrativo internacional*, que exige modificaciones legislativas, analiza las estadísticas judiciales (número de condenas y procedimientos) bajo la amenaza de imponer multas a los países que se califiquen como *no cooperantes*. Más allá de las multas, su auténtico poder represivo se basa en lograr el aislamiento financiero internacional de los Estados no cooperantes.

El tercer y último *punto álgido* se genera en la Unión Europea, a través de la Directiva (UE) 2018/1673 (Directiva Penal), relativa a la lucha contra el blanqueo de capitales mediante el Derecho penal. Sobre la base de argumentos muchas veces reiterados (alto riesgo para la integridad, estabilidad y reputación del sector financiero, amenazas para el mercado interior y la seguridad interior de la Unión Europea, entre otros) se da el gran salto de uniformar en toda Europa una *normativa penal europea* en sentido estricto contra el blanqueo de dinero. Por vez primera se exige la tipificación penal de determinadas conductas de blanqueo, a través de una norma de obligatoria transposición y cumplimiento, lo que sirve como punto de partida para homogeneizar y uniformar en el espacio de la Unión los aspectos penales. Conviene recordar que el blanqueo de capitales fue incorporado en el listado de eurodelitos por el Tratado de Funcionamiento de la Unión Europea (en adelante TFUE) al integrarse en su artículo 83.

SOFT LAW Y BLANQUEO DE DINERO

Las Recomendaciones del GAFI/FATF —y también las de la Organización para la Cooperación y el Desarrollo Económicos (OCDE/OECD)— entrañan lo que ya se conoce como la *soft law clave en estas materias*[12], cri-

---

12 Cfr. López Barrero, E. "Lucha contra el blanqueo de capitales: perspectiva desde la normativa internacional", en AAVV "El blanqueo de capitales y su relación con la cibercriminalidad" ed. Aranzadi, Navarra, 2019, p. 93 y sig. En un interesante estudio, V. Rodríguez Vázquez "Democracia, sistemas de control y Derecho penal", Revista Electrónica de Ciencia Penal y Criminología 22-11, 2020, p. 5 considera que la verdadera crisis del Estado de Derecho contemporáneo tiene que ver con el abandono del monopolio normativo.

terios que surgen de organismos o instituciones internacionales que no son competentes para generar reformas legislativas, que ni siquiera son vinculantes[13], pero cuentan con un indubitado peso específico internacional que las hace fácticamente obligatorias para muchos Estados, esencialmente cuando se trata de temas que entran en el espacio de lo económico, de la libre competencia y de la financiación internacional (blanqueo de dinero, responsabilidad penal de las personas jurídicas, compliance penal, lucha contra la corrupción y el terrorismo, etc.). La influencia del GAFI/FATF con sus Recomendaciones en materia de terrorismo, por ejemplo, o en materia de financiación de desplazamientos internacionales con finalidad terrorista, ha sido destacada por la doctrina[14].

GAFI/FATF, construye sus "*Cuarenta Recomendaciones*" en torno a un enfoque *basado en el riesgo*. La metodología empleada por el GAFI/FATF, y consecuentemente por sus instancias inferiores supone esencialmente responsabilizar a una enorme y variopinta lista de sujetos (desde abogados y notarios hasta joyeros, pasando por entidades financieras y empresas de servicios postales, que realizan giros, transferencias, etc.) imponiéndoles el deber de vigilar y denunciar a sus clientes ante cualquier conducta sospechosa de blanqueo de dinero o de financiación del terrorismo. Incluso ante posibles maniobras para ocultar las ganancias derivadas de la corrupción, por parte de personas políticamente expuestas (PEPs). Se crea así un mecanismo de investigación parapolicial encubierto y gratuito (la única recompensa por el servicio prestado consiste en no ser sancionado administrativamente). En este contexto se ha llevado adelante una estrategia conocida como "*conozca a su cliente*" (*Know your customer: KYC*), directamente relacionada con el "*programa de identificación de clientes*" (*Customer identification program: CIP*)[15].

El poder del GAFI/FATF no se comprende fuera del contexto de la nueva forma de Estado fruto de la globalización, el llamado *Estado regulatorio* que recurre a una delegación de poderes del Estado hacia agencias independientes, que adquieren un poder ilimitado en algunas materias. Así, indica Silva Sánchez que son los técnicos los que deciden sobre qué y cómo

---

13 Cfr. Ekwueme, E. "Dampening corruption and money laundering: emissions from soft laws" Journal of Money Laundering Control vol. 24, nº 4, 2021, p. 849.

14 Cfr. Pomares Cintas, E. y García Rivas, N. "Delitos de terrorismo" en AAVV "Tratado de Derecho Penal Español. Parte Especial. VI. Delitos contra el orden público" ed. Tirant lo Blanch, Valencia, 2021, p. 145.

15 Cfr. Sullivan, K. "Anti-Money Laundering in a Nutshell", op. cit. p.70 y sig.

sancionar[16]. En este contexto, como señala Varela, de forma inmediata se somete a los mercados y de forma mediata, a los propios Estados[17].

En cualquier caso, el GAFI/FATF evalúa el grado de cumplimiento de sus Recomendaciones por parte de todos los Estados, valorando y puntuando la forma en que cada país combate el blanqueo de dinero. Se hacen Recomendaciones individuales a cada Estado para que actúe en diferentes áreas, como la cooperación internacional, el sector público, el sector privado o el sector legal. Sin embargo, la legitimidad de la actuación del GAFI/FATF se pone constantemente en duda. Por una parte, se desconoce quién lo gobierna y quién desarrolla su agenda de actuación, por lo que es señalado ante la ausencia de un régimen interno democrático y por su falta de transparencia[18]. Peor se presenta su falta de imparcialidad, ya que se reconoce que las decisiones no solo las toman los Estados, sino también existen "*cometarios y posiciones de las partes interesadas, en particular los participantes del mercado financiero*"[19]. Y no menos cuestionable es su política de *listas negras, en la que se incluyen "las jurisdicciones que no pueden combatir el blanqueo de capitales y la financiación del terrorismo"*[20], muchas de ellas por falta de medios económicos suficientes.

Considero que la política criminal que desarrolla el GAFI/FATF sigue careciendo de fundamentos sólidos, ya que responde en buena medida a un oportunismo e improvisación más propios de soluciones policiales a corto plazo. Adoptando un sentido crítico que comparto plenamente, Bajo Fernández consideraba que el GAFI/FATF y organismos similares responden a la mentalidad de una clase burócrata que "*confunde los fines preventivos, políticos y policiales en la lucha contra la criminalidad organizada con la*

---

16 Cfr. Silva Sánchez, J.M. "¿Derecho penal regulatorio?", InDret, 2015, nº 2, 2015, p. 1.

17 Cfr. Varela, L. "¿Expansión irrazonable del lavado de dinero? Una rápida consideración sobre la regulación mexicana desde la perspectiva europea" en Revista Penal México, nº 14/15, 201, p. 292.

18 Cfr. Pavlidis, G. "El grupo de acción financiera (GAFI) treinta años después: el futuro de la lucha internacional contra el blanqueo de capitales y la financiación del terrorismo", en Revista de Estudios Jurídicos nº 20 (Segunda época), Universidad de Jaén, 2020, p. 435 y sig. Considera este autor que estas críticas no hacen justicia al proceso de creación de normas del GAFI/FATF, cuya confiabilidad la deduce del número creciente de países que forman parte de este grupo.

19 Cfr. Pavlidis, G. "El grupo de acción financiera, op. cit. p. 436.

20 Cfr. Pavlidis, G. "El grupo de acción financiera, op. cit. p. 440, quien considera este método sumamente eficaz.

función del Derecho Penal"[21]. Añade este autor que "*muchos delitos económicos han nacido debido a la presión internacional de funcionarios tecnócratas ignorantes de los principios del Derecho penal*". *Entre ellos destaca el delito de blanqueo de dinero*[22]. Esta metodología podría estar cambiando en los últimos años, por el aparente esfuerzo del GAFI/FATF por mejorar su transparencia y previsibilidad en la toma de decisiones y en materia de gobernanza. Pero la flexibilidad de la que se presume[23] puede llegar a ser catastrófica, ya que en temas penales lo flexible se suele traducir en retrocesos garantistas.

La Organización para la Cooperación y el Desarrollo Económicos (OCDE/OECD Organisation for Economic Co-operation and Development,) también ha intervenido para trazar las líneas fundamentales del delito de blanqueo de dinero y su relación con la fiscalidad, fundamentalmente a través de la "*Guía para el control fiscal*" de 2009 y el "*Manual para inspectores y auditores fiscales*" de 2019. En 2009 el Centro de Política y Administraciones Fiscales editó una guía para "*mejorar el conocimiento que los funcionarios que realizan el control fiscal tienen del blanqueo de capitales*". Se reiteran las tesis y conceptos manejados por el GAFI/FATF, poniendo especial atención a su relación con el delito de defraudación fiscal y su control (detección de transacciones no habituales, conocimiento y alertas, intercambio internacional de información, indicadores y ejemplos de blanqueo para personas físicas, sector inmobiliario, servicios profesionales, etc.). El Manual de 2019 profundiza el estudio casuístico dirigido a inspectores y auditores fiscales, actualizando el documento de 2009 con la inclusión de nuevas modalidades delictivas, por ejemplo, las operaciones con criptomonedas. El ahínco con el que todas las instancias internacionales han caracterizado al producto de una defraudación tributaria como un bien corrupto a efectos del blanqueo de dinero se debe, sin duda, a las enormes presiones de OCDE/OECD.

---

21 Cfr. Bajo Fernández, M. "El desatinado delito de blanqueo de capitales", en AAVV, "Política Criminal y blanqueo de capitales". Madrid, 2009, p. 12.

22 Cfr. Bajo Fernández, M. "Los delitos económicos como manifestación característica de la expansión del Derecho Penal", en AAVV, "LH Rodríguez Ramos", Ed. Tirant lo Blanch, Valencia, 2013, p. 409. Añade este autor que muchos de estos funcionarios cuando se incorporan a tareas de gobierno en sus países abogan por anexar de manera efectiva esas normas al Derecho interno.

23 Cfr. Pavlidis, G. "El grupo de acción financiera, op. cit. p. 436 y sig.

LA UNIÓN EUROPEA

La Unión Europea se ha prodigado en directivas para uniformar la prevención y sanción administrativa del blanqueo de dinero y la financiación del terrorismo, con influencia indirecta y directa en las responsabilidades penales. Así, ha dictado una directiva específicamente reguladora de los aspectos penales aplicables al blanqueo de dinero, la Directiva (UE) 2018/1673, "*relativa a la lucha contra el blanqueo de capitales mediante el Derecho penal*" que se ha convertido en la piedra angular de la persecución penal del blanqueo de dinero en Europa. En orden a la prevención y sanción dentro del espacio preventivo-administrativo, se han dictado el 31 de mayo de 2024 tres importantísimas normas: El Reglamento (UE) 2024/1620, del Parlamento Europeo y del Consejo, por el que se crea la Autoridad de Lucha contra el Blanqueo de Capitales y la Financiación del Terrorismo, El Reglamento (UE) 2024/1624, del Parlamento Europeo y del Consejo, relativo a la prevención de la utilización del sistema financiero para el blanqueo de capitales o la financiación del terrorismo, y la Directiva (UE) 2024/1640 relativa a los mecanismos que deben establecer los Estados miembros a efectos de la prevención de la utilización del sistema financiero para el blanqueo de capitales o la financiación del terrorismo. Establece el Considerando 83 del mencionado Reglamento (UE) 2024/1620 del Parlamento Europeo y del Consejo de 31 de mayo de 2024 que: "Habida cuenta de sus funciones y competencias en el ámbito de la lucha contra el blanqueo de capitales y la financiación del terrorismo, la Autoridad está bien situada para apoyar la acción de la Comisión en los foros internacionales, incluido el GAFI, con vistas a promover una representación unida, común, coherente y eficaz de los intereses de la Unión en dichos foros. Por consiguiente, la Autoridad debe asistir a la Comisión en sus actividades como miembro del GAFI y contribuir a la representación de la Unión y a la defensa de sus intereses en los foros internacionales".

El conjunto de estas normas traslada de forma específica a Europa los dictados y Recomendaciones del GAFI/FATF en las materias aquí abordadas y en todo lo concerniente al fundamental espacio sancionador administrativo y penal. Es el interlocutor perfecto del GAFI/FATF con los países europeos. Según establece el Considerando Tercero de la Directiva (UE) 2018/1673 (Directiva Penal): "*En su actuación, la Unión debe seguir teniendo especialmente en cuenta las Recomendaciones del Grupo de Acción Financiera Internacional (GAFI) y los instrumentos de otras organizaciones y organismos internacionales que se ocupan de la lucha contra el blanqueo de dinero y la financiación del terrorismo. Los actos jurídicos de la Unión en la materia deben adaptarse, cuando proceda, a las Normas internacionales sobre la lucha contra el blanqueo de dinero y la financiación del terrorismo y la proliferación, adoptadas por el GAFI en febrero de 2012".*

También incide en esta materia la Directiva (UE) 2017/1371 del Parlamento Europeo y del Consejo de 5 de julio de 2017, sobre la lucha contra el fraude que afecta a los intereses financieros de la Unión a través del Derecho penal[24]. En consonancia, dispone el artículo 1.2 de la Directiva (UE) 2018/1673 (Directiva Penal), "*Objeto y ámbito de aplicación*", que: *"La presente Directiva no será aplicable al blanqueo de capitales referido a bienes provenientes de delitos que afecten a los intereses financieros de la Unión, el cual está sujeto a las normas específicas establecidas en la Directiva (UE) 2017/1371".*

El Tratado de Funcionamiento de la Unión Europea (TFUE) consagra en su artículo 83. 1 que *"El Parlamento Europeo y el Consejo podrán establecer, mediante directivas adoptadas con arreglo al procedimiento legislativo ordinario, normas mínimas relativas a la definición de las infracciones penales y de las sanciones en ámbitos delictivos que sean de especial gravedad y tengan una dimensión transfronteriza derivada del carácter o de las repercusiones de dichas infracciones o de una necesidad particular de combatirlas según criterios comunes".* Entre estos *eurodelitos* destaca, justamente, el blanqueo de dinero (art. 83.1 2º párrafo TFUE). En base a ello se ha dictado la Directiva (UE) 2018/1673, del Parlamento Europeo y del Consejo, de 30 de mayo de 2018, relativa a la lucha contra el blanqueo de dinero mediante el Derecho penal. Es la primera vez que se dicta una norma europea tan específica en esta materia, que por otra parte se desentiende de los aspectos penales de la financiación del terrorismo. Como sostiene Melchionda, *"Se trató de una postura firme e incisiva y, al mismo tiempo, una de las ocasiones más importantes de intervención directa del legislador europeo en materia de derecho penal"*[25]. Dispone el art. 3º de esta Directiva (UE) 2018/1673 (Directiva Penal), con relación a los "*Delitos de blanqueo de capitales*" que: "*1. Los Estados miembros adoptarán las medidas*

---

[24] Dispone el Considerando 7º que "*El Derecho de la Unión sobre blanqueo de capitales es plenamente aplicable al blanqueo del producto de las infracciones penales mencionadas en la presente Directiva. Una referencia a ese Derecho debe garantizar que el régimen sancionador establecido por la presente Directiva se aplique a todos los casos graves de infracciones penales que atenten contra los intereses financieros de la Unión*". Todo ello se concreta en el art. 4.1. de la Directiva, que establece: "*Los Estados miembros adoptarán las medidas necesarias para garantizar que sea constitutivo de infracción penal el blanqueo de capitales descrito en el artículo 1, apartado 3, de la Directiva (UE) 2015/849, que afecte a bienes procedentes de las infracciones reguladas por la presente Directiva*".

[25] Cfr. Melchionda, A "La regulación italiana del blanqueo de capitales. Perfiles generales y propuestas de reforma". Revista Penal 51, 2023, p. 192.

necesarias para garantizar que las siguientes conductas, cuando se cometan intencionadamente, sean castigadas como delito: a) la conversión o la transmisión de bienes, a sabiendas de que dichos bienes provienen de una actividad delictiva, con el propósito de ocultar o encubrir el origen ilícito de los bienes o de ayudar a personas que estén implicadas en dicha actividad a eludir las consecuencias legales de su acto; b) la ocultación o el encubrimiento de la verdadera naturaleza, origen, ubicación, disposición, movimiento o derechos sobre los bienes o la propiedad de los mismos, a sabiendas de que dichos bienes provienen de una actividad delictiva; c) la adquisición, posesión o utilización de bienes, a sabiendas, en el momento de la recepción, de que dichos bienes provienen de una actividad delictiva. 2. Los Estados miembros podrán adoptar las medidas necesarias para garantizar que las conductas a que se refiere el apartado 1 sean castigadas como delito cuando el autor sospechara o debiera haber sabido que los bienes provenían de una actividad delictiva".

Puede advertirse que no existen grandes diferencias en este último texto que proviene de la Unión Europea respecto a los requisitos fijados para el delito de blanqueo de dinero por todas las instancias internacionales: el art. 3.1.b) de la Convención de Naciones Unidas contra el tráfico ilícito de estupefacientes y sustancias psicotrópicas (Viena, 1988), el art. 23 de la Convención de Naciones Unidas contra la corrupción (Mérida, 2003), el art. 6.1 del Convenio de Estrasburgo del Consejo de Europa (1990), el art. 9.1 del Convenio de Varsovia del Consejo de Europa (2005) o el art. 2.1.1. del Reglamento (UE) 2024/1624. Incluso se ha incorporado en nuestro Derecho positivo una fórmula similar en el art. 1.2 de la Ley 10/2010, de 28 de abril, de prevención del blanqueo de capitales y de la financiación del terrorismo. Lo que diferencia la Directiva (UE) 2018/1673 (Directiva Penal) es el carácter imperativo de su transposición al *derecho penal interno* de cada Estado miembro. En España se hicieron *ligeros retoques* normativos a efectos de su transposición, a través de la Ley Orgánica 6/2021, de 28 de abril.

El principal argumento en el que se basa la Unión Europea para dictar esta importantísima norma unificadora del delito de blanqueo de dinero aparece descrito en su Considerando 4°, en cuanto entiende que existe una falta de coherencia regulatoria en las distintas normativas de los Estados de la Unión. Pero no se crea una norma de mínimos —como sería deseable— sino una regulación *muy de máximos*, que genera una auténtica *pancriminalización*, como denuncia la doctrina[26]. Se dejan pocos espacios

---

[26] Así, por ejemplo, Quintero Olivares, G. "La lucha contra la corrupción y la pancriminalización del autoblanqueo", Estudios Penales y criminológicos 38, 2018,

vacíos, para completar. Su incorporación a los sistemas normativos de los distintos Estados europeos es obligatoria, y su influencia extracontinental en materia de blanqueo de dinero es cada día más evidente.

El impulso internacional por fortalecer este nexo se hace evidente en la presión que ejerce el GAFI/FATF en sus Recomendaciones revisadas del año 2012, cuando incorpora entre las categorías de delitos previos, el "*contrabando" y los "delitos fiscales (relacionados con los impuestos directos e impuestos indirectos)"*. Este vínculo defraudación tributaria-blanqueo de dinero se ratifica expresamente en el art. 2.1 de la Directiva (UE) 2018/1673, relativa a la lucha contra el blanqueo de capitales mediante el Derecho penal, cuyo Considerando 8° dice que "Los delitos fiscales relacionados con los impuestos directos e indirectos deben estar incluidos en la definición de "actividad delictiva", de acuerdo con las Recomendaciones revisadas del GAFI/FATF. Dado que, en cada Estado miembro, diferentes delitos fiscales pueden constituir una actividad delictiva castigada con las sanciones a que se refiere la presente Directiva, las definiciones de los delitos fiscales podrían diferir en el Derecho nacional".

En síntesis, en materia preventiva y represiva del blanqueo de dinero, el marco jurídico español sigue rigurosamente a la Unión Europea que a su vez sigue rigurosamente los mandatos del GAFI/FATF. Queda claro, entonces, quien es el genuino "*hacedor de estas leyes*".

BIBLIOGRAFÍA

Abel Souto, M. "El blanqueo de dinero en la normativa internacional". Santiago de Compostela, 2002.

Abel Souto, M. "Análisis de la incidencia en el mundo digital de la COVID-19 y blanqueo de dinero", en AAVV (Abel Souto y alt. Coordinadores) IX Congreso sobre prevención y represión del blanqueo de dinero", ed. Tirant lo Blanch, Valencia, 2024.

Alford, D.E. "Anti-Money Laundering Regulations: A Burden on Financial Institutions" North Carolina Journal of International Law and Commercial Regulation.19(3), 437-468, 1994.

---

passim; Del Carpio Delgado, J. "Hacia la pancriminalización del blanqueo de capitales en la Unión Europea. Un análisis crítico de la Directiva (UE) 2018/1673 relativa a la lucha contra el blanqueo de capitales mediante el Derecho penal" Revista Penal n° 44, 2019, p. 22 y sig.

Bajo Fernández, M. "El desatinado delito de blanqueo de capitales", en AAVV, "Política Criminal y blanqueo de capitales". Madrid, 2009.

Bajo Fernández, M. "Los delitos económicos como manifestación característica de la expansión del Derecho Penal", en AAVV, "LH Rodríguez Ramos", Ed. Tirant lo Blanch, Valencia, 2013.

Blanco Cordero, I. "El delito de blanqueo de capitales", 4ª ed., Aranzadi, Navarra, 2015.

Bottke, W. "Mercado, criminalidad organizada y blanqueo de dinero en Alemania" en Revista Penal nº 2, 1998.

D'Albora, F.J. "Lavado de dinero y evasión tributaria", en AAVV (Bertazza, dir.) "Elementos del procedimiento tributario y penal tributario", ed. La Ley, Buenos Aires, 2018.

Del Carpio Delgado, J. "Hacia la pancriminalización del blanqueo de capitales en la Unión Europea. Un análisis crítico de la Directiva (UE) 2018/1673 relativa a la lucha contra el blanqueo de capitales mediante el Derecho penal" Revista Penal nº 44, 2019.

Díaz-Maroto Y Villarejo J. "Recepción de las propuestas del GAFI y de las Directivas Europeas sobre el blanqueo de capitales en el Derecho español", en AAVV, Política Criminal y blanqueo de capitales (Bajo-Bacigalupo ed.) Madrid 2009.

Ekwueme, E. "Dampening corruption and money laundering: emissions from soft laws" Journal of Money Laundering Control vol. 24, nº 4, 2021.

Ferré Olivé, J.C. "El delito de blanqueo de dinero", Tirant lo Blanch, Valencia, 2024.

Gurule, J. The Money Laundering Control Act of 1986: Creating a New Federal Offense or Merely Affording Federal Prosecutors an Alternative Means of Punishing Specified Unlawful Activity? 32 Am. Crim. L. Rev. 823 (1994-1995).

Keith, N. Anti-money laundering: comparative review of legislative development. Business Law International, 19 (3), 245-276, 2018.

López Barrero, E. "Lucha contra el blanqueo de capitales: perspectiva desde la normativa internacional", en AAVV "El blanqueo de capitales y su relación con la cibercriminalidad" ed. Aranzadi, Navarra, 2019.

Melchionda, A "La regulación italiana del blanqueo de capitales. Perfiles generales y propuestas de reforma". Revista Penal 51, 2023.

Pavlidis, G. "El grupo de acción financiera (GAFI) treinta años después: el futuro de la lucha internacional contra el blanqueo de capitales y la financiación del terrorismo", en Revista de Estudios Jurídicos nº 20 (Segunda época), Universidad de Jaén, 2020.

Pereira Menaut, A.C. "¿Puede la lucha contra el blanqueo de dinero producir nihilismo jurídico?", en AAVV, VIº Congreso sobre prevención y represión del blanqueo de dinero", ed. Tirant lo Blanch, Valencia, 2019.

Pomares Cintas, E. y García Rivas, N. "Delitos de terrorismo" en AAVV "Tratado de Derecho Penal Español. Parte Especial. VI. Delitos contra el orden público" ed. Tirant lo Blanch, Valencia, 2021.

Quintero Olivares, G. "La lucha contra la corrupción y la pancriminalización del autoblanqueo", Estudios Penales y criminológicos 38, 2018.

Rodríguez Vázquez, V. "Democracia, sistemas de control y Derecho penal", Revista Electrónica de Ciencia Penal y Criminología 22-11, 2020.

Silva Sánchez, J.M. "¿Derecho penal regulatorio?", InDret, 2015, nº 2, 2015.

Sullivan, K. "Anti-Money Laundering in a Nutshell", New York, 2015.

Terradillos Basoco J. "El Derecho penal económico español: de la pujanza económica a la depresión" en AAVV, "Derecho penal y crítica al poder punitivo del Estado", LH Nodier Agudelo Betancur, Bogotá, 2013.

Trovato, G.F. "La recepción de las propuestas del GAFI en la legislación penal argentina", en AAVV, Política Criminal y blanqueo de capitales (Bajo-Bacigalupo ed.) Madrid, 2009.

Varela, L. "¿Expansión irrazonable del lavado de dinero? Una rápida consideración sobre la regulación mexicana desde la perspectiva europea" en Revista Penal México, nº 14/15, 2018.

De nuevo sobre la construcción de un Derecho penal económico europeo[1]

JOSÉ LUIS GONZÁLEZ CUSSAC
Catedrático de Derecho penal
Universidad de Valencia

EVOLUCIÓN EN EL ESPACIO EUROPEO: DEL TRATADO DE ROMA AL TRATADO DE LISBOA

Ha habido, y sigue habiendo, discrepancia en la doctrina acerca de la existencia o no de un derecho penal europeo. Ciertamente parece no existir aún un cuerpo doctrinal autónomo y suficientemente dotado de principios generales suficientes para proclamar formalmente su existencia (no obstante existir ya literatura académica que sin pudor se enuncia "Derecho penal europeo o de la UE"). Sin embargo, si hay discrepancia respecto a la existencia de un derecho penal europeo, con sus principios y reglas comunes, no debiera haberla respecto a la existencia de normativa europea de carácter penal, sustantivo o procesal, abundante y en continuo aumento. Actualmente podemos contar mas de setenta importantes instrumentos legales (Directivas, Decisiones Marco, Decisiones del Consejo o Convenciones) en el área de del derecho penal[2].

Poder de sancionar han tenido siempre las Comunidades Europeas claro, especialmente en el ámbito del derecho de competencia, pero ello no quita que haya habido y haya fuertes resistencias de algunos, casi todos, los Estados Miembros a avanzar por la senda armonizadora del derecho penal o de los procedimientos de enjuiciamiento penal, incluso de la coo-

---

[1] Los primeros cuatro apartados de este trabajo ya fueron publicados en González Cussac, J. L.: "*Hacia la construcción de un Derecho penal económico europeo*", Libro Homenaje al Profesor Luis Arroyo Zapatero. Hacia un Derecho penal Humanista, Vol. I, (Rosario de Vicente Martínez; Diego Gómez Iniesta; Teresa Martín López; Marta Muñoz de Morales Romero; Adán Nieto Martín, editores), Madrid (BOE), 2021, p. 311 a 325. Y, los dos últimos apartados únicamente se esbozan en este trabajo, al estar todavía en fase de finalización.

[2] *European Union Instruments in the field of criminal law and related texts.* Council General Secretarial. December 2017.

peración en asuntos de justicia criminal. No obstante, de la necesidad se ha ido haciendo virtud y desde el Tratado de Maastricht, la cooperación en asuntos criminales y la cooperación judicial se ha venido demostrado como inevitable, conforme avanzaba el grado de integración de las economías y las políticas y se hacía evidente lo necesario de ese avance.

Puede hablarse de una revolución silenciosa. Ésta consiste en la creciente influencia e importancia de la política y del derecho europeo sobre la regulación socio-económica (contenido) y también por la salvaguarda de ésta (procesal). Por ejemplo, en los casos de la Comisión contra Grecia 68/88 y contra Francia 265/95, el TJUE ya advirtió que el sistema de garantía debe ser eficiente, disuasorio y proporcional.

El contenido material es en gran parte consecuencia de las Directivas y Reglamentos europeos. Así, junto a la incidencia directa del derecho de la Unión Europea se ha hablado también de una incidencia indirecta o efecto negativo[3].

Tratado de la UE de Maastricht de 1992

Con él comenzó el proceso de armonización directa del derecho penal bajo el llamado "*tercer pilar*", preferentemente a través de Convenios. Con el **Tratado de** Ámsterdam **de 1999** el proceso de armonización continuó mediante Decisiones Marco (DM). La modificación del **Tratado en Niza** (2001) no supuso cambio alguno en la materia que nos ocupa.

El espacio sin fronteras creado por el Tratado de Maastricht o Tratado de la Unión Europea (TUE), en vigor desde el 1 de noviembre de 1992, supuso en avance enorme en el proceso de integración. Este Tratado, junto al Tratado sobre el Funcionamiento de la Unión Europea (TFUE), fue el más importante desde el de Roma y nos trajo importantes modificaciones institucionales, de procedimiento legislativo, nuevas áreas de competencia y la creación de la ciudadanía europea[4].

---

[3] De la Mata Barranco, N.: "*Derecho Penal europeo y Legislación española*", Valencia (Tirant lo Blanch), 2015, p. 23 y ss.

[4] Arroyo Zapatero, L. y Nieto Martín, A.: "*La prorección de los intereses financieros de la Unión Europea: una nueva vuelta de tuerca*", en "El Derecho Penal ante la Globalización" (coord. L. Zúñiga; C. Méndez; Mª. R. Diego), Madrid (Colex), 2002.

Entre esas importantes reformas se acuerda la creación de lo que vino en llamarse el ***tercer pilar***[5], relativo a las *Disposiciones relativas a la cooperación policial y judicial en materia penal,* Título VI del TUE. Esto supuso una pequeña revolución jurídica porque hasta entonces no había apenas disposiciones de carácter penal o procesal-penal en los Tratados. En este nuevo pilar del TUE se creaba una nueva competencia para la Unión, se establecía la posibilidad de armonizar derecho penal sustantivo y procesal de los Estados miembros, allí donde hubiera una incidencia transfronteriza, pero, eso sí, dejándose todo el poder decisional en manos de los Estados miembros, esto es, fuera del sistema jurídico comunitario.

Puede decirse pues, que con el TUE se dota de base jurídica a las instituciones de la Unión, o mejor dicho a los Estados miembros, para avanzar en la armonización de "algún" derecho penal sustantivo y "algún" derecho procesal europeo, especialmente lo referido a la cooperación judicial penal y a la adopción progresiva de medidas que "*establezcan normas mínimas relativas a los elementos constitutivos de los delitos y a las penas en ámbitos de la delincuencia organizada, el terrorismo y el trafico ilícitos de drogas*" (art. 31 TUE, versión consolidada después del Tratado de Ámsterdam). En su momento esto fue un avance notable, al suponer la primera incursión seria de la UE en un coto vedado del Estado-nación. Durante años la actividad legislativa a través de Decisiones y Decisiones Marco (DM) fue limitada pero relevante en los ámbitos mencionados por el artículo 31 TUE. Al TJCE se le conceden asimismo competencias para pronunciarse con carácter prejudicial sobre la legalidad de las decisiones y Decisiones Marco (art. 35 TUE). No obstante, las competencias del TJCE permanecen muy limitadas en numerosos aspectos (art. 35 (2) y 35 (5) TUE.

En esta etapa no se creó un derecho penal europeo con delitos europeos, euro-delitos o un derecho penal económico europeo, pero muchas DM obligaron a los Estados a adaptar sus legislaciones penales nacionales.

Sin embargo, varias resoluciones del TJUE a partir de 2007 declararon como competencia funcional del legislador comunitario impulsar la armonización del derecho penal en ciertos campos de la política europea. Es así como fueron anuladas varias DM en materia de protección del medio ambiente y contaminación de buques en alta mar (casos Comisión-176/03 y Comisión-440/05), pasando a un nuevo instrumento normativo: aparecen las primeras Directivas con contenido penal, relativas a medio ambien-

---

5 Junto a un ***primer pilar***, la propia Comunidad europea, y un tercero, la Política Exterior y de Seguridad Común, PESC.

te (Directiva 2008/99/EG, medio ambiente, de 19 noviembre; y Directiva 2009/123/EG, de 21 octubre, contaminación en alta mar).

Las nuevas competencias en materia penal fueron también utilizadas respecto a migraciones ilegales (Directiva 2009/52/EG, de 18 junio, contra empleador de sujetos con residencia ilegal de países terceros).

Pero todavía en el contexto del **Tratado de Ámsterdam**, el proceso de integración europea, el incremento de la criminalidad transnacional obligó ya entonces a un mayor grado de cooperación en el espacio europeo, especialmente horizontal entre todas las autoridades de garantía. Es así como, junto a la necesidad de protección del mercado interno, se genera también un **espacio común de Libertad, Seguridad y Justicia**. Nace así, como prioridad, la idea de un espacio judicial común frente a la criminalidad transnacional. De aquí se derivó la cooperación administrativa mutua y los instrumentos de cooperación judicial tradicionales de asistencia fueron sustituidos por un programa muy ambicioso de reconocimiento mutuo: la Orden Europea de Detención y Entrega; Orden Europea de Obtención de Pruebas, etc. De suerte que medidas coercitivas nacionales deben ser inmediatamente ejecutables en cualquier jurisdicción europea (*jurisdicción compartida*).

Continuando todavía con la evolución dentro del **Tratado de Ámsterdam**, el derecho penal europeo tuvo otra notable influencia a través de la creación de organismos específicos europeos de salvaguardia. Así, todavía en la CEE, se crean por la Comisión la Dirección General de la Competencia y la Oficina Europea Contra el Fraude (OLAF). Aunque en puridad se trata de organismos administrativos, tienen mucho mayor poder que sus homólogos nacionales. La primera puede registrar empresas y domicilios, sin orden judicial salvo que exista oposición de la sociedad, que actúa en auxilio judicial. La OLAF tiene competencias en la investigación de fraudes y corrupción[6], mas limitadas, y generalmente actúa preparando e iniciando los procesos penales por las autoridades judiciales de cada Estado miembro[7].

Y dentro del "*tercer pilar*", en esta etapa fueron creadas EUROPOL y EUROJUST. En aquel momento no tenían competencias operativas, pero han sido clave para el intercambio de información policial y judicial, para

---

6 Arroyo Zapatero, L. y Nieto Martín, A.: "*Fraude y corrupción en Derecho Penal económico europeo: eurodelitos de corrupción y fraude*", Universidad de Castilla La Mancha, 2006.

7 Vervaele, J. A. E.: "*Internacionalización del Derecho penal y procesal penal. Necesidades y desafíos*", Lima (Jurista Editores EIRL), 2015.

su análisis y para la coordinación de la cooperación europea. La situación ha cambiado en estos últimos años y el lanzamiento en junio de 2020 del Centro Europeo de Delitos Financieros y Económicos (EFECC) puede suponer un verdadero acontecimiento en la lucha contra la criminalidad económica. El Centro reforzará el apoyo operativo proporcionado a los Estados miembros de la UE y los organismos de la UE en los ámbitos de la delincuencia económica y financiera y promoverá el uso sistemático de las investigaciones financieras. El nuevo EFECC se ha creado dentro de la estructura organizativa actual de EUROPOL, que ya está desempeñando un papel importante en la respuesta europea a los delitos financieros y económicos y contará con 65 expertos y analistas internacionales[8].

Durante todo este largo periodo, tradicionalmente la doctrina mayoritaria negó la existencia de un auténtico *derecho penal europeo*, esto es, en el sentido de un derecho penal supranacional[9]. En efecto, hasta el Tratado de Lisboa no existió un procedimiento por medio del cual las instituciones europeas ostentaran poder punitivo, entendido como capacidad normativa de imponer directamente a los ciudadanos, de crear infracciones y atribuirles una sanción penal. Esta competencia estaba reservada exclusivamente a los Estados y éstos nos habían transferido ninguna competencia en esta materia a los órganos de la Unión[10].

---

8 En la misma Comunicación que acompaña la creación de este nuevo organismo, se puede leer: "*Los delitos económicos y financieros son una amenaza muy compleja y significativa que afecta a millones de ciudadanos de la UE y a miles de empresas en la UE cada año. Además: el blanqueo de capitales y las finanzas delictivas son los motores del crimen organizado, sin ellos los delincuentes no podrían hacer uso de los beneficios ilícitos que generan con las diversas actividades delictivas graves y organizadas que se llevan a cabo en la UE. Según informes anteriores de Europol, el 98,9% de los beneficios delictivos estimados no se confiscan y quedan a disposición de los delincuentes.*
Además, la pandemia de COVID-19 en Europa ha proporcionado una amplia evidencia de que los delincuentes adaptan rápidamente sus esquemas criminales a las condiciones cambiantes para explotar los miedos y las vulnerabilidades. Los estímulos económicos como los propuestos a raíz de la pandemia de COVID-19 serán el objetivo de los delincuentes que buscan defraudar la financiación pública. Para disuadir y disuadir eficazmente a los delincuentes involucrados en delitos graves y organizados, las autoridades policiales deben seguir el rastro del dinero como parte regular de sus investigaciones penales con el objetivo de incautar las ganancias delictivas".

9 Arroyo Zapatero, L. y Nieto Martín, A.: "*Código de Derecho Penal europeo e internacional*", Madcrid (Ministerio de Justicia. Secretaria General Técnica), 2008.

10 En la literatura española, por todos ver Cuerda Riezu, A.: "¿Ostentan ius puniendo las Comunidades europeas?", en "Hacia un derecho penal económico europeo. Jornadas en Honor del profesor K. Tiedemann", Madrid 1995, p. 622.

Por ello, ante este obstáculo formal, vinculado a la resistencia de los Estados a la cesión de un contenido esencial de su soberanía, las técnicas empleadas en el camino hacia un *Derecho penal europeo* consistieron básicamente en tres: a) la "*asimilación*" de los intereses comunitarios por medio de remisiones al derecho penal estatal; b) la adaptación o "*armonización*" de las leyes penales estatales por medio de las Decisiones Marco u otros instrumentos de la UE; y, c) la "*remisión en blanco*" de las leyes penales estatales al derecho europeo[11].

Sin embargo, la reciente evolución política y social europea está permitiendo relativizar este punto de vista y caminar hacia una mayor integración de los modelos penales, a través del Tratado de Lisboa. La jurisprudencia del Tribunal de Justicia de las Comunidades Europeas[12] impulsó el cambio para superar las particularidades jurídicas, en especial en ámbitos sensibles de la criminalidad, y el desarrollo dado a los Tratados, permitió al menos comprobar un decidido incremento de las competencias penales a través de la técnica de la "armonización"[13].

En este periodo la influencia de las decisiones político criminales europeas en los distintos ordenamientos estatales no sólo es innegable ya en la actualidad, sino que su incidencia es notoriamente ascendente. En este sentido se ha diferenciado entre *efectos directos y efectos indirectos.* En los primeros debe incluirse básicamente la protección de intereses comunitarios, y entre los segundos los dos principios fundamentales en los que, a juicio de la jurisprudencia, descansa el ordenamiento comunitario: el efecto directo de la legislación europea y la primacía de ésta sobre los derechos estatales. Otros autores prefieren acudir a las expresiones *efectos positivos y efectos negativos,* que de alguna manera resultan equivalentes a los conceptos de *integración positiva y negativa.* Así, el *efecto positivo* consistirá en toda medida legislativa activa de un Estado tendente a asegurar el cumplimiento de obligaciones procedentes de la UE. Por el contrario, *los efectos negativos* del derecho europeo sobre el derecho penal estatal incluyen tanto las decisiones

---

11 Cfr. Ambos, K.: "*Internacional Stafrecht-Strafanwendungsrecht, Völkerstrafrecht und Europäisches Strafrecht*", Munchen (CH Beck) 2006.

12 Por ejemplo, las SSTJE de 13 septiembre 2005 y de 16 junio 2006 abre un escenario diferente en torno a la competencia europea en derecho penal y al efecto de las Decisiones Marco en los derechos estatales.

13 Ampliamente Baucells Lladós, J.: "*Nuevas perspectivas de la política criminal europea en materia ambiental*", Barcelona (Atelier) 2007, p. 19 a 28.

de suprimir normas internas incompatibles con aquél, como la abstención de promulgar las que pudieran oponerse[14].

De lo anterior parece claro poder extraer una primera conclusión: la existencia de una política criminal europea de la cual nacen obligaciones positivas y negativas para los ordenamientos penales de los Estados miembros. Pero a partir de aquí también es posible continuar indagando acerca del naciente poder punitivo europeo[15].

Así, en el marco de la "armonización penal europea" fluye una *vis* atractiva especial de proyectos como el *Corpus Juris, de Eurodelitos,* de la Orden Europea de Detención, del *Libro verde* de la Comisión Europea de 2001. También conviene considerar la posibilidad de interponer ante el TJCE un recurso para interpretar la normativa comunitaria, con la finalidad ulterior de cuestionar carencias o infracciones de las leyes penales nacionales al desconsiderar ciertas exigencias europeas de tutela. Pues bien, simplemente estas primeras afirmaciones nos permiten comprobar que el ordenamiento penal ya no es únicamente estatal sino también europeo. De modo que estos cambios son, por así decirlo, de naturaleza estructural, por cuanto afectan al mismo sistema de fuentes del derecho penal[16]. Por esta razón incluso se ha destacado el nacimiento de una "*red normativa*" singularmente compleja, en la que converge tanto la legislación como la jurisprudencia nacional y la comunitaria, e incluso la internacional, que ha reemplazado ya a la tradicional "pirámide" de escalones del sistema jurídico. En palabras de DONINI, asistimos a un "*entrelazado reticular de fuentes de producción normativa (que va más allá de las disposiciones abstractas de la ley) y a un pluralismo horizontal y vertical de esas mismas fuentes y de sus respectivos universos culturales*"[17].

---

14 Extensamente y con abundante bibliografía Baucells Lladós, J.: "*Nuevas perspectiva...*" *cit, pags. 28 y ss.*

15 Quintero Olivares, G. y González Cussac, J. L.: "*Sobre una política criminal común europea*", en "La adecuación del Derecho penal español al ordenamiento de la Unión Europea. La política criminal europea" (director F. Álvarez García), Valencia (Tirant) 2009, pag. 37 a 46.

16 Quintero Olivares, G. y González Cussac, J. L.: "*Sobre una política criminal común europea*", en "La adecuación del Derecho penal español al ordenamiento de la Unión Europea. La política criminal europea" (director F. Álvarez García), Valencia (Tirant) 2009, pag. 37 a 46.

17 Donini, M.: "*Escenarios del Derecho penal en Europa a principios del siglo XXI*", en "La política criminal en Europa" (coord. S. Mir Puig y M. Corcoy Bidasolo), Barcelona (Atelier) 2004, pag. 43 a 46.

Tratado de Lisboa, 13 diciembre 2007 (Tratado de Funcionamiento de la Unión Europea, TFUE)

Abolió la estructura de pilares. A partir de su entrada en vigor existe solo un Derecho de la Unión Europea, y se aplica conforme a sus propias reglas procesales. El **Tratado de Lisboa** supone un avance sustancial en lo que hace al proceso de integración de las políticas europeas, los procedimientos legislativos (la codecisión Parlamento-Consejo se amplía a prácticamente todos los ámbitos competenciales salvo la unión monetaria) y la jurisdicción del TJUE.

De aquí la UE recibe la competencia de una armonización de gran alcance del derecho penal material y procesal. Respecto de la armonización del derecho penal sustantivo, el Tratado prevé la armonización penal destinada a proteger los intereses plasmados en las políticas comunitarias.

Los avances en el área que nos ocupa han sido impresionantes en los últimos años, debido fundamentalmente a la teoría del ***spill over***, esto es del ***derrame***, que tanto asusta a los contrarios al proceso de integración europea. El avance en políticas de ciudadanía, de inmigración o asilo, la libre circulación de capitales y personas, la interacción creciente, comercial y personal, el aumento o constatación de la criminalidad trasfronteriza o nuevos fenómenos como el *ciber-crimen* han hecho inevitable el aumento de la producción legislativa y jurisprudencial en el ámbito de Justicia e Interior. La abolición de controles en las fronteras o la liberalización del movimiento de capitales no solo favorece la libre circulación de los buenos ciudadanos. Asimismo, normas de carácter procesal como la *Euro-orden* ha dado lugar a muchas otras normativas de carácter sustantivo o formal, que, como luego veremos, se han demostrado esenciales para la plena efectividad de la cooperación criminal y policial.

Desde la entrada en vigor de las enmiendas al TFUE introducidas por el **Tratado de Lisboa** el procedimiento para las áreas de Justicia e Interior deja de estar en las manos de los Estados miembros y pasa a las instituciones europeas, aplicándose el procedimiento legislativo ordinario (*codecisión*) a prácticamente todas las competencias en la materia. La vieja estructura de pilares desaparece; en lugar de Decisiones Marco y Convenios, la UE adopta normas de carácter penal, Directivas por el procedimiento legislativo ordinario.

El **Tratado de Lisboa** da carta de naturaleza a lo que se viene a llamar el *Espacio de Libertad, Seguridad y Justicia* (Título V) y dentro de él, los artículos 67 (3) y su Capítulo 4 sobre la *Cooperación Judicial en materia penal* (arts. 82 a

86), establecen las bases jurídicas para el reconocimiento mutuo de las resoluciones penales y la aproximación de las legislaciones en materia penal. Y ello en la medida que sea necesario para facilitar el reconocimiento de esas resoluciones judiciales y la cooperación judicial y policial en los asuntos penales con *dimensión transfronteriza* (artículo 82 (1)). Este artículo 82 ha servido de base jurídica para una amplia normativa de carácter procesal que, acompañada de extensa jurisprudencia del TJUE (y de los Tribunales Constitucionales nacionales) hace inevitable para el juez, fiscal o abogado estar al día de su evolución.

El papel del **Tribunal de Justicia** se ha reforzado considerablemente después de la reforma de Lisboa: la regla general es que los procedimientos de reenvío prejudicial y los procedimientos de infracción siguen exactamente las mismas reglas que en las áreas de tradicional competencia comunitaria. La jurisprudencia del TJUE desde que el Tratado de Lisboa entró en vigor en 2011 es ya abundantísima, y no son pocos los juristas decididamente europeístas que ahora empiezan a lamentar, en voz baja eso sí, esas nuevas competencias de la jurisdicción comunitaria.

Consecuencia de lo anterior es que, en el ámbito procesal al menos, es inevitable ya hablar de un *Derecho procesal penal europeo* y una codificación y sistematización del mismo no solo es conveniente sino imprescindible. El sistema de fuentes del derecho penal nacional queda definitivamente trastocado y el Derecho penal nacional y el de la Unión Europea se superponen y entrecruzan constantemente. No es solo la abundante producción legislativa sino la casuística y las interpretaciones del TJUE que necesariamente se inclina por una interpretación "autónoma" del Derecho penal de la UE.

Estas son las normas más relevantes en el ámbito procesal y de cooperación en asuntos penales[18]: *DM 2009/948 JHA sobre la prevención y arreglo de conflictos de jurisdicción en procedimiento penales; El Reglamento del Consejo 2017/1939 sobre la implementación de la cooperación reforzada en la creación de la Oficina del Fiscal Europeo; las Decisiones el Consejo relativas a los equipos conjuntos de investigación de 13 de junio de 2002 y 19 de enero de 2017.*

También todas las decisiones relativas al intercambio de información relativa a los antecedentes penales, en particular la *decisión del Consejo 2005/876 JHA sobre intercambio de información sobre antecedentes penales,*

Igualmente todos los instrumento relativos al **reconocimiento mutuo** (once se cuentan hasta la fecha), especialmente la *Orden Europea de Deten-*

---

18 Las traducciones de las Directivas no son siempre la oficial.

ción y Entrega (DM 2002/584/JAI); la de ejecución de órdenes y de embargo preventivo de bienes y de aseguramiento de pruebas (DM del Consejo 2003/577/JHA); la de mutuo reconocimiento de sanciones pecuniarias (DM 2005/214/JHA); la DM sobre reconocimiento mutuo de órdenes de confiscación, la DM 2008/675/JHA sobre consideración de los antecedentes penales en nuevos procedimientos penales, etc.

Además de la numerosa normativa en materia de reconocimiento mutuo hay que tener en cuenta las ***relativas a la cooperación judicial****, de asistencia en asuntos penales, conflictos de jurisdicción, las relativas a la creación de EUROJUST y el European Judicial Network o la creación de la European Prosecutor's Office.* De suerte que se estipula una base jurídica para que EUROPOL y EUROJUST puedan comenzar una investigación policial y judicial criminal. Y se prevé la creación de un Fiscal Europeo destinado a perseguir fraudes a la UE, tanto de ingresos (IVA, aduanas) como del gasto (subsidios), corrupción y blanqueo.

En el ámbito del **Derecho procesal penal *strictu sensu***, la producción desde las reformas del Tratado de Lisboa ha sido impresionante, lo mismo que la jurisprudencia que se ha generado.

Se ha legislado sobre:

– *la protección a las victimas (fundamentalmente Directiva 2012/29/EU).* Aquí habría que añadir la muy importante comunicación aprobado el 24 de junio de 2020, COM (2020) 258 final, Estrategia de la UE sobre los derechos de las víctimas (2020-2025)[19]:

– *sobre la interpretación y traducción en el proceso penal (Directiva 2010/64)*

– *sobre el derecho a la información en el proceso penal (Directiva 2012/13/EU),*

– *sobre el derecho a la asistencia de letrado en los procesos penales y en los procedimientos relativos a la orden de detención europea, y sobre el derecho a que se informe a un tercero en el momento de la privación de libertad y a comunicarse con terceros y con autoridades consulares durante la privación de libertad (Directiva 2013/48/EU),*

– *sobre la presunción de inocencia y el derecho a estar presente en el juicio (Directiva 2016/343/EU),*

– *sobre las garantías procesales de los menores sospechosos o acusados en los procesos penales (Directiva 2016/800 de 11 de mayo),*

---

19 Comunicación de la Comisión al Parlamento Europeo, al Consejo, al Comité Económico y Social Europeo y al Comité de las Regiones, Bruselas 24-06-2020.

– sobre la asistencia jurídica gratuita a los sospechosos y acusados en los procesos penales y a las personas buscadas en virtud de un procedimiento de orden europea de detención (Directiva 2016/1919/EU).

Todas estas directivas responden a una integración cada vez más estrecha y a la naturaleza transnacional y transeuropea de la delincuencia. La creación por ejemplo de la Orden Europea de Detención y Entrega, ya en 2002, revolucionó el sistema tradicional de extradición adoptando reglas con estrictos parámetros para el rechazo de la *euro-orden*, exclusión del ámbito político de la decisión sobre la *euro-orden* (que pasa a los jueces), los nacionales del país receptor de la euro-orden no están excluidos, la abolición del requisito de doble incriminación en 32 delitos (art. 2), límites claros a los tiempos de extradición, etc[20].

Toda esta actividad legislativa en el ámbito procesal penal viene a sumarse al impresionante **catálogo de principios generales que el TJEU** ha venido creando en las ultimas décadas, principios que ha ido fundamentando en las sentencias y resoluciones o del TEDH o de Convenios internacionales, principios como el derecho a un juicio justo, derecho a ser informado de la acusación, derecho al acceso irrestricto al expediente judicial, presunción de inocencia, *non bis in idem*, derecho a no declarar contra uno mismo, derecho a la inviolabilidad de la residencia, etc.

En lo que hace al **Derecho penal sustantivo**, el artículo 83 TFUE permite igualmente, con arreglo al procedimiento legislativo ordinario, establecer normas mínimas relativas a la tipificación de delitos y penas en ámbitos delictivos que sean de especial gravedad y tengan una *dimensión transfronteriza*. En el segundo párrafo se enumeran estos ámbitos: *terrorismo, trata de seres humanos y la explotación sexual de mujeres y niños, el tráfico ilícito de drogas, el tráfico ilícito de armas, blanqueo de capitales, corrupción, falsificación de medios de pago, la delincuencia informática; la delincuencia organizada.*

---

20 La OEDE se presenta como una historia de éxito, y sin duda lo es. Pero cabe recordar que data de 2012, antes de la ampliación a países del Este y necesita una urgente revisión. El numero de EAW no ha cesado de crecer en los últimos anos: 17.471 en 2018, de las cuales unas 7.000 finalizaron con la entrega en la frontera. Sin embargo, numerosos problemas vienen acumulándose en los últimos años, especialmente los relacionadas con el rechazo a ejecutarla por razones relacionadas con las condiciones de detención, resoluciones *in absentia* o derechos fundamentales. A este respecto puede verse el COM (2020) 270 final: Informe de la Comisión al Parlamento Europeo y al Consejo sobre la aplicación de la Decisión Marco del Consejo, de 13 de junio de 2002, relativa a la Orden de Detención Europea y a los procedimientos de entrega entre Estados miembros.

En fin, que las competencias son relativamente amplias y más que han ido expandiéndose debido al mencionado efecto *"derrame"* que hace que regular algunas materias exija ineludiblemente seguir con otras en las que al principio no se había imaginado.

En el ámbito preciso de la delincuencia económica la legislación adoptada ha sido importante y amplia, quizás las más abundante tras la relativa al terrorismo. Incluiremos aquí "grosso modo" la última parte del citado artículo 83 TFUE: *blanqueo de capitales, corrupción, falsificación de medios de pago, la delincuencia informática la delincuencia organizada.* A estos habría que añadir las infracciones que perjudiquen los *intereses financieros de la Unión (art. 86 TFUE).*

Con este Tratado el TJUE obtuvo plena competencia también en materia penal, aunque con un periodo de transición (Protocolo 36). Prevé la Carta de Derechos Fundamentales (obligatoria) y posibilidad de adherirse como tal al CEDH. Pero el TJUE ha desempeñado un papel crucial en la integración, en particular mediante el reconocimiento y desarrollo de los principios generales del Derecho comunitario. Desde el Tratado de Ámsterdam posee competencias para pronunciarse sobre validez e interpretación de las DM[21].

El **Tratado de Lisboa** representa una mayor europeización del derecho penal económico. Podría decirse que esta nueva etapa se caracteriza por una suerte de ***soberanía compartida*** entre los Estados miembros y las instituciones de la UE, y una cierta *verticalización* en su aplicación[22].

TENDENCIA EN LOS PRÓXIMOS AÑOS

El futuro: previsiblemente la armonización llegará hasta la creación de euro-delitos relacionados con el mercado interior. Por ejemplo, relativos a la unión monetaria, unión aduanera y referentes al especio común de libertad, seguridad y justicia.

---

21 Vervaele, J. A. E.: *"Internacionalización del Derecho penal y procesal penal. Necesidades y desafíos"*, Lima (Jurista Editores EIRL), 2015.

22 Vervaele, J. A. E.: *"Internacionalización del Derecho penal y procesal penal. Necesidades y desafíos"*, Lima (Jurista Editores EIRL), 2015

La vía ya conocida en la que los delitos socio-económicos están vinculados a fenómenos como el terrorismo y la criminalidad transnacional (blanqueo, financiación terrorismo) unida al denominado "*efecto derrame*".

Al respecto hay que insistir en que el principio de lealtad a la UE del art. 4 (3) del Tratado de la Unión de Lisboa, obliga a todos los órganos del Estado (legislativo, ejecutivo y judicial) a lograr los objetivos del Tratado, de cumplir la legislación secundaria y las obligaciones secundarias.

El naciente **Derecho penal europeo** se caracteriza entre otras cosas por su fragmentación y por la dispersión de sus fuentes. La dispersión es evidente en el Derecho sustantivo penal donde, aunque no se excluye ningún área. En este sentido es crucial ver el art. 83 (1) *in fine*, donde se otorga al Consejo la posibilidad de ampliar por unanimidad la lista de delitos. Tampoco se establece ninguna sistematización en la adopción de la normativa. Esta fragmentación es manifiesta en lo que ya empieza a llamarse "parte general" del Derecho penal europeo. Como sucede en el Derecho anglosajón, la naciente "parte general" no está en modo alguno codificada, sino que se va desarrollando en la práctica diaria legislativa y jurisprudencial. Probablemente corresponderá al TJUE ir estableciendo los principios informadores de esa parte general.

Los contornos de la "parte especial" del derecho penal europeo son mucho más claros, los llamados "euro-crímenes". Hay una serie de instrumentos que criminalizan, o al menos prohíben, ciertas conductas.

Los más antiguos quizás son los *delitos contra la libre competencia o el libre mercado*. Se refieren a las conductas prohibidas en los artículos 101 y 102 TFEU, distorsión de la competencia, abuso de posición dominante etc. El *delito de iniciados* fue igualmente pionero mediante la implementación de los artículos 2 y 3 de la Directiva 89/592[23].

La corrupción pasiva y activa en el sector privado se ha criminalizado en la *DM 2003/568 sobre corrupción en el sector privado*. Por su parte, los *delitos contra la integridad del sector financiero* han estado también entre los primeros, ya la Directiva 91/308 sobre lavado de dinero que fue reemplazada por la *Directiva 2005/60 relativa a la prevención de la utilización del sistema financiero para el blanqueo de capitales y para la financiación del terrorismo*. En esta área son importantes igualmente la *Directiva 2001/500 sobre el embargo y el decomiso de los instrumentos y del producto del delito en la Unión Europea*, la *DM 2005/212/JHA relativa al decomiso de los productos, instrumentos y bienes*

---

[23] Existe abundante jurisprudencia al respecto.

relacionados con el delito y la *Directiva 2014/42/EU sobre el embargo y el decomiso de los instrumentos y del producto del delito en la Unión Europea.*

Los llamados *ciberdelitos* han sido objeto del legislador comunitario: hay que mencionar aquí, la *DM 2001/413/JHA sobre la lucha contra el fraude y la falsificación de medios de pago distintos del efectivo* y *la Directiva relativa a los ataques contra los sistemas de información y por la que se sustituye la DM 2005/222/JAI del Consejo.*

A lo anterior, habría que añadir en el ámbito económico los instrumento relativos a la protección del euro, como la *Directiva relativa a la protección penal del euro y otras monedas frente a la falsificación, y por la que se sustituye la Decisión marco 2000/383/JAI del Consejo* y aquellos relativos a la protección de los intereses financieros de la Unión, especialmente la relativa a la *lucha contra el fraude que afecta a los intereses financieros de la Unión a través del Derecho penal (Directiva 2017/1271/EU).*

En esta nueva y creciente arquitectura jurídica europea se ciernen varios interrogantes. Entre ellos citaré dos: a) Si el TJUE anula un precepto legal de un Estado miembro, ¿qué ocurre con la vigencia del mismo?; b) Hasta la fecha los Tribunales Constitucionales no han acudido al TJUE planteando cuestión prejudicial en supuestos donde se interpretaban directamente normas europeas. Esta pasividad puede conducir a resoluciones en contradicción.

CONDICIONES MÍNIMAS PARA UN DERECHO PENAL ECONÓMICO EUROPEO

La primera condición es una mejora legislativa que delimite y articule con mayor precisión las competencias entre el derecho penal y el derecho administrativo sancionador. No cabe duda que coexistirán ambos instrumentos normativos, sistema dual, y quizás la tendencia apunta en la actualidad hacia la supremacía del derecho penal económico.

De ahí que, aunque en puridad todavía no puede hablarse de un derecho penal europeo en sentido estricto, lo que es innegable es la formación de *"un derecho "común" europeo extrapenal, es decir, la antijuricidad europea de derecho civil, tributario, mercantil, del trabajo, de la competencia, etc"*[24]. Y esta idea resulta de todo punto incuestionable, pues todos sabemos que se ha

---

[24] Donini, M.: *"Escenarios del Derecho penal..."*, *cit.*, pag. 46.

desarrollado un núcleo de derecho civil, mercantil, tributario, y laboral europeo. De forma que, si el derecho penal sigue siendo la última *ratio* del ordenamiento jurídico, manteniendo su carácter subsidiario y fragmentario, y aquél ya ha dejado de ser nacional para convertirse en europeo, entonces tampoco el derecho penal puede seguir siendo visto como exclusivamente estatal. Con otras palabras: si el derecho penal presupone la antijuricidad de los comportamientos típificados y ésta ya es una antijuricidad específicamente europea, también el derecho penal es en última instancia europeo[25].

Esta perspectiva supone admitir que el presupuesto de la infracción penal ya se encuentra conformado con remisiones a la legislación europea, esto es, que el tipo penal está integrado en grandes áreas por normativa comunitaria. Por esta razón se ha dicho que "*la misma legalidad penal se haya visto erosionada por las fuentes comunitarias*", y muy significativamente, más allá de interpretaciones de concretas figuras delictivas, en el ámbito de los elementos normativos y de la imprudencia, de las posiciones de garante en la comisión por omisión, o en la delimitación del riesgo permitido[26].

Sentado lo anterior, al afirmarse esta entrada e integración del derecho europeo en los tipos penales a través de las remisiones a normativa civil, mercantil, laboral y tributaria, reabre otra cuestión de gran interés: la relativa a la ***administrativización* del derecho penal**[27].

La segunda condición reside en la garantía procesal del reconocimiento judicial mutuos, anclado en el principio de confianza y reciprocidad.

En materia de la Orden Europea de Detención y Entrega ya han aparecido controversias entre el Estado de emisión y el requerido. La STJUE de 5 abril 2016 (*Aranyosi y Caldararu*; Alemania requerida por órdenes de tribunales de Hungría y Rumanía respectivamente), valora si los tribunales de ejecución pueden oponerse a la entrega considerando que las condiciones de reclusión del detenido sean contrarias al art. 3 CEDH y a los principios generales del Derecho consagrados en el art. 6 del Tratado UE. Admite "circunstancias excepcionales" que permiten examinar la existen-

---

25 En este sentido Donini, M.: "*Escenarios del Derecho penal…*", *cit.*, pag. 46.

26 Donini, M.: "*Escenarios del Derecho penal…*", *cit*, pag. 47.

27 Quintero Olivares, G. y González Cussac, J. L.: "*Sobre una política criminal común europea*", en "La adecuación del Derecho penal español al ordenamiento de la Unión Europea. La política criminal europea" (director F. Álvarez García), Valencia (Tirant) 2009, pag. 37 a 46.

cia de deficiencias en los centros de detención, permitiendo acudir a lo resuelto por tribunales internacionales. El fallo apela a lo dispuesto en el Considerando 12 de la DM 2002/584: impide la entrega si existen razones objetivas para suponer que dicha orden ha sido dictada con fines de persecución por motivos de discriminación[28].

Pero para que esta condición sea efectiva y supere los obstáculos actuales, es imprescindible avanzar hacia una armonización real tanto de las reglas procesales en sentido estricto, como del derecho penal sustantivo, a través de criterios propios y comunes de la "parte general" como de los concretos tipos penales.

EL DESARROLLO DEL ART. 83 TFUE

Por lo que respecta al Derecho penal sustantivo, merece una significativa mención el art. 83 TFUE. Este precepto permite igualmente, con arreglo al procedimiento legislativo ordinario, establecer normas mínimas relativas a la tipificación de delitos y penas en ámbitos delictivos que sean de especial gravedad y tengan una *dimensión transfronteriza.* En el segundo párrafo se enumeran estos ámbitos: *terrorismo, trata de seres humanos y la explotación sexual de mujeres y niños, el tráfico ilícito de drogas, el tráfico ilícito de armas, blanqueo de capitales, corrupción, falsificación de medios de pago, la delincuencia informática y la delincuencia organizada.* A estos habría que añadir las infracciones que perjudiquen los *intereses financieros de la Unión* (artículo 86 TFUE)[29].

El futuro desarrollo de este precepto puede comportar un transcendente cambio en las atribuciones penales de la UE y consiguientemente abrir un escenario completamente nuevo en el sistema de fuentes del Derecho penal en el espacio europeo[30]. De ahí que se contemplen ciertos mecanismos de emergencia para que los Estados miembros, bajo estrictas circunstancias, puedan oponerse[31].

---

28 Viada Baardají, S.: "*Cuestiones de la Orden Europea de Detención y Entrega*", El Notario del Siglo XXI, Mayo-Junio 2018, nº 79, pags. 28-31.

29 Orts Berenguer/González Cussac: "*Compendio de Derecho penal. Parte general*", Valencia (Tirant lo Blanch), 10ª edición 2023, p. 70 y ss.

30 Zoumpoulakis, Konstantinos: "*Approximation of criminal sanctions in the European Union: A wild goose chase?*", New Journal of European Criminal Law, 2022, Vol. 13(3) 333-345.

31 Rosin, Kaie, y Kärner, Markus: "*The Limitations of the Harmonisation of Criminal Law in the European Union Protected by Articles 82(3) and 83(3) TFUE*", European Journal of Crime, Criminal Law and Criminal Justice 26 (2018) 315-334.

LA CONFLUENCIA DE SISTEMAS NORMATIVOS: NACIONAL, EUROPEO Y COMUNITARIO

Pues bien, si efectivamente llega a desarrollarse el art. 83 TFUE en materia penal, contribuirá a lo que, entre otros ha planteado REQUEJO PAGUÉS: es decir, a que en la actualidad podemos ya hablar de una auténtica *confluencia de sistemas normativos.* En efecto, porque en el ordenamiento jurídico español, como ejemplo entre otros Estados, se integran simultáneamente tres sistemas normativos: el nacional, interno y propio del Estado español originado en la Constitución española de 1978; un segundo, surgido del Convenio de Roma (CEDH), con su jurisdicción propia (TEDH), y un tercero, el nacido de los Tratados de la Unión Europea, que a su vez posee una jurisdicción también propia (TJUE)[32].

Naturalmente esta triple confluencia presenta una compleja convivencia e integración entre todos ellos. Por una parte, porque se trata de "sistemas normativos propios", que entre otras cuestiones significa que nacen de su norma primaria propia y sin embargo piden integrarse en otro sistema jurídico cuya norma primaria no condiciona su validez sino exclusivamente su condición de sistema aplicable en un territorio determinado. En segundo término, porque no se trata de sistemas a su vez dinámicos, e incluso muy cambiantes. Y, tercero, porque cada uno posee unos fundamentos y finalidades muy distintos desde su origen.

Por consiguiente, no se trata de una mera acumulación de normas, sino de una pretensión de integración armónica de los tres sistemas. Justamente esta dificultad se traslada a la jurisdicción, donde el "diálogo" entre los tribunales de los distintos sistemas hace difícil fijar no ya uno presente, sino un *futuro vértice de los sistemas judiciales europeos*[33].

Por ejemplo, en materia penal, tanto la CE como el CEDH parten de la protección de los derechos y garantías fundamentales de las personas como ejes esenciales. Por el contrario, los Tratados de la UE se originan y persiguen la integración económica amplia en un reducido espacio[34].

---

32 Requejo Pagués, J. L.: "*El futuro de un vértice jurisdiccional cada vez más complejo*", en "El vértice de los sistemas judiciales", Anuario de la Facultad de Derecho de la Universidad Autónoma de Madrid, 22, 2018, p. 111 y ss.

33 Requejo Pagués, J. L.: "*El futuro de un vértice jurisdiccional cada vez más complejo*",*cit.* p. 116 y ss.

34 Hecker, Bern: "*The Development of Individual Rigts Protecction in European Criminal Law after the Lisbon Treaty*", en "Human Rigts in European Criminal Law" (Stefano Ruggieri editor), New York (Springer), 2015, p. 1 y ss.

Por tanto, en cuanto al sistema de fuentes, podría decirse que la CE española de 1978 es *la norma constitutiva de un concreto sistema normativo,* en concreto del español, y que es aplicada por la jurisdicción española. Pero la CE también es una *norma sobre la aplicación de normas.* Esto es, bien porque así lo contempla directamente o bien porque contiene procedimientos para que lo hagan los representantes soberanos del Estado español. De suerte que puede autorizar la aplicación de otros sistemas normativos en el territorio español. En consecuencia, la CE no solo es la ***norma superior de producción*** normativa en España, sino también es la *norma superior para autorizar la aplicación de otros sistemas normativos* en territorio español[35].

BIBLIOGRAFÍA

Álvarez García, F. J. (director): "*La adecuación del Derecho penal español al ordenamiento de la Unión Europea*", Valencia (Tirant lo Blanch), 2009.

Ambos, K.: "*Internacional Stafrecht-Strafanwendungsrecht, Völkerstrafrecht und Europäisches Strafrecht*", Munchen (CH Beck) 2006.

Arroyo Zapatero, L. y Nieto Martín, A.: "*La prorección de los intereses financieros de la Unión Europea: una nueva vuelta de tuerca*", en "El Derecho Penal ante la Globalización" (coord. L. Zúñiga; C. Méndez; Mª. R. Diego), Madrid (Colex), 2002.

Arroyo Zapatero, L. y Nieto Martín, A.: "*Fraude y corrupción en Derecho Penal económico europeo: eurodelitos de corrupción y fraude*", Universidad de Castilla La Mancha, 2006.

Arroyo Zapatero, L. y Nieto Martín, A.: "*Código de Derecho Penal europeo e internacional*", Madcrid (Ministerio de Justicia. Secretaria General Técnica), 2008.

Baucells Lladós, J.: "*Nuevas perspectivas de la política criminal europea en materia ambiental*", Barcelona (Atelier) 2007.

Cuerda Riezu, A.: "¿Ostentan I*us puniendo las Comunidades europeas?*", en "Hacia un derecho penal económico europeo. Jornadas en Honor del profesor K. Tiedemann", Madrid 1995, p. 622.

De La Cuesta Arzamendi, J.; Pérez Machío, Mª. I.; Ugartemendia Eceizabarrena, J. I.: "*Armonización penal en Europa*", Instituto Vasco de Administración Pública, 2013.

De la Mata Barranco, N.: "*Derecho Penal europeo y Legislación española*", Valencia (Tirant lo Blanch), 2015.

Delmas-Marty, M.; Pieth, M. y Sieber, U. (directores): "*Los caminos de la armonización penal*", Valencia (Tirasnt lo Blanch), 2009.

---

35 Orts Berenguer/González Cussac: "*Compendio de Derecho penal. Parte general*", cit., p. 74 y ss.

Donini, M.: "*Escenarios del Derecho penal en Europa a principios del siglo XXI*", en "La política criminal en Europa" (coord. S. Mir Puig y M. Corcoy Bidasolo), Barcelona (Atelier) 2004, pag. 43 a 46.

Fernández Teruelo, J. G.: "*Instituciones de Derecho Penal Económico y de la Empresa*", Pamplona (Lex Nova), 2013.

Hecker, Bern: "*The Development of Individual Rigts Protection in European Criminal Law after the Lisbon Treaty*", en "Human Rigts in European Criminal Law" (Stefano Ruggieri editor), New York (Springer), 2015.

Martínez-Buján Pérez, C.: "*Derecho penal económico y de la empresa. Parte general*", 4ª edición, Valencia (Tirant lo Blanch) 2014, pag. 519 y ss.

Martínez-Buján Pérez, C.: "*Derecho Penal económico y de la empresa. Parte* especial", 5ª ed., Valencia (Tirant) 2015.

Mata Barranco de la, N.: "*Derecho Penal Europeo y Legislación Española: las reformas del Código Penal*", Valencia (Tirant lo Blanch), 2015.

Mir Puig, S. y Corcoy Bidasolo, M. (directores): "*La Política Criminal en Europa*", Barcelona (Atelier) 2004.

Orts Berenguer/González Cussac: "*Compendio de Derecho penal. Parte general*", Valencia (Tirant lo Blanch), 10ª edición 2023, p. 70 y ss.

Quintero Olivares, G. y González Cussac, J. L.: "*Sobre una política criminal común europea*", en "La adecuación del Derecho penal español al ordenamiento de la Unión Europea. La política criminal europea" (director F. Álvarez García), Valencia (Tirant) 2009, pag. 37 a 46.

Rosin, Kaie, y Kärner, Markus: "*The Limitations of the Harmonisation of Criminal Law in the European Union Protected by Articles 82(3) and 83(3) TFUE*", European Journal of Crime, Criminal Law and Criminal Justice 26 (2018) 315-334.

Silva Sánchez, J. M.: "*Fundamentos del Derecho penal de la empresa*", 2ª ed., Madrid (Edisofer), 2016.

Tiedemann, K. y Nieto Martín, A. (coords.): "*Eurodelitos: el Derecho Penal económico en la Unión Europea*", Universidad de Castilla La Mancha, 2005.

VVAA: "*Penal económico y de la empresa*", Memento ExpertO, Madrid (F. Lefebvre), 2016-17.

Vervaele, J. A. E.: "*Internacionalización del Derecho penal y procesal penal. Necesidades y desafíos*", Lima (Jurista Editores EIRL), 2015.

Viada Baardají, S.: "*Cuestiones de la Orden Europea de Detención y Entrega*", El Notario del Siglo XXI, Mayo-Junio 2018, nº 79, pags. 28-31.

Zoumpoulakis, Konstantinos: "*Approximation of criminal sanctions in the European Union: A wild goose chase?*", New Journal of European Criminal Law, 2022, Vol. 13(3) 333-345.

Estructura del principio de proporcionalidad penal y su aplicación en la Unión Europea[1]

JOSÉ MANUEL LORENZO SALGADO
Catedrático emérito de Derecho penal
Universidad de Santiago de Compostela
Relator general del congreso

I

Por más que no podamos aludir a un auténtico Derecho penal de la UE, dado que la potestad legislativa penal sigue perteneciendo a cada uno de los países que la integran (que no han cedido su soberanía en este campo[2]), es lo cierto que la relevancia de la normativa penal comunitaria ha ido adquiriendo una importancia creciente en la armonización, cada vez más intensa, en relación con determinados delitos cuya especial trascendencia hace preciso que los países miembros partan de presupuestos co-

---

1 Este trabajo se elabora para ser enviado, en sus líneas fundamentales, como contribución al Libro homenaje al Prof. Dr. Carlos Martínez-Buján Pérez, y se integra en el proyecto PID2021-126422OB-100 (AEI/FEDER, UE), financiado por la Agencia Estatal de Investigación (Ministerio de Ciencia e Ilnnovación) y la Unión Europea: Blanqueo de dinero, mundo digital, reformas de 2021 y la posibilidad de un Derecho penal europeo.

2 Aunque puede decirse, como resalta Cuerda Riezu, que los países miembros en realidad no tienen intacta su soberanía penal teniendo presente que, pese a que la legislación europea no ostente el *ius puniendi* propio de los Estados, comoquiera que puede imponer la inaplicación de una norma penal interna posee un *ius non puniendi* que produce una obligación en los Estados: la de no castigar conductas lícitas desde la perspectiva comunitaria, debiendo además introducirse en los derechos internos los delitos que deriven de las Directivas ("¿Ostentan ius puniendi las Comunidades Europeas?", en *Hacia un Derecho penal económico europeo, Jornadas en honor del profesor Klaus Tiedemann*, Ed. Boletín Oficial del Estado, Madrid 1995, pp. 621 ss.). Señala al respecto Terradillos Basoco que aunque "los Tratados Constitutivos no suponen trasferencia expresa de *ius puniendi*, se les va agregando paulatinamente un cierto orden jurídico que, junto a las convenciones de coordinación de los sistemas represivos nacionales, y al hilo de la jurisprudencia, sin llegar a alcanzar naturaleza penal, impone a los Estados miembros una verdadera subordinación de sus políticas penales al orden supranacional" ("Política y Derecho Penal en Europa", en *Revista Penal*, 1999, nº 3, pp. 61 s.).

munes para hacerles frente[3]. Tal armonización, llevada a cabo a través de Directivas, ha de descansar, entre otros principios básicos, sobre el principio de proporcionalidad[4], determinante para la construcción de un ordenamiento penal "reducido a lo estrictamente necesario y ventajoso en la protección de la libertad, de la autonomía personal, de los ciudadanos"[5], siendo "una de las herramientas más importantes de control del legislador, en manos de los jueces constitucionales"[6]. Aunque muchos autores circunscriben este principio al estudio de la pena y de la correspondiente infracción, es importante subrayar que para captar su íntegra significación debe acudirse a su consideración como principio fundamental, informador, del Derecho, sobre el que, en definitiva, ha de asentarse el ordenamiento punitivo[7]. Ha podido afirmarse a este respecto "que si existen dos principios que configuran y definen la práctica penal en un Estado democrático de Derecho y marcan la superación del Derecho penal del Antiguo

---

3 Como señala Martínez-Buján Pérez, "a este proceso de armonización se le denomina usualmente '*europeización del Derecho penal*' (que consiste, pues, en una influencia del Derecho europeo sobre las normas del Derecho estatal interno), concebido como algo diferente al denominado 'Derecho penal europeo', supranacional, que estaría conformado por tipos penales que pertenecen al Derecho de la UE, de aplicación inmediata en los Estados miembros, y que [...] no existe todavía de *lege lata*" (*Derecho penal económico y de la empresa. Parte general*, 6ª ed. Tirant lo Blanch, Valencia, 2022, p. 135).

4 Según Tiedemann, "hoy en Europa la noción constitucional de proporcionalidad representa también para la imposición de sanciones un extendido principio general y una exigencia fundamental" ("Exigencias fundamentales de la Parte General y propuesta legislativa para un Derecho Penal Europeo", en *Revista Penal*, nº 3, enero 1999, p. 77). En esta misma Revista y nº, subraya ARROYO ZAPATERO "que si hubiera que destacar un ámbito en el que la jurisprudencia del Tribunal de Justicia de la Comunidad Europea ha sido más innovadora [...] creo que no habría que vacilar en proponer precisamente el principio de proporcionalidad" ("Reflexiones y propuestas para la construcción de una normativa europea", en *Revista Penal*, nº 3, enero 1999, p. 6).

5 Lascuraín Sánchez, J. A., "Principio de proporcionalidad", en *Memento Penal Práctico 2019*, Francis Lefebvre, Madrid, 2018, p. 101, nm 712.

6 Nieto Martín, A., "El principio de proporcionalidad", en *Principios generales del Derecho Penal en la Unión Europea (R. Sicurella, V. Mitsilegas, R. Parizot, A. Lucifora, eds.)*, BOE/Fundación Internacional de Ciencias Penales, Madrid, 2020, p. 136.

7 Como señala Mir Puig, "Un Derecho penal democrático debe ajustar la gravedad de las penas a la trascendencia que para la sociedad tienen los hechos a que se asignan, según el grado de la 'nocividad social' del ataque al bien jurídico" (*Derecho Penal. Parte General*, 10ª edición actualizada y revisada con la colaboración de V. Gómez Martín y V. Valiente Iváñez), Ed. Reppertor, Barcelona, 2016, p. 138, nm 76.

Régimen, tales son los de legalidad y proporcionalidad"[8]. En la actualidad, en nuestro Derecho, tal principio se vincula por un importante sector doctrinal básicamente al art. 1.1 CE, en la medida en que se refiere a España como un Estado social y democrático de Derecho y proclama como valores superiores de nuestro ordenamiento jurídico la libertad, la justicia y la igualdad[9], mencionándose al respecto igualmente, entre otros, los arts. 9.3, 10, 14, 15, 17.2 y 4, y 25.1 de nuestra Carta magna[10].

En la legislación europea el principio es también ampliamente reconocido, tanto en el llamado Derecho primario (contenido en los Tratados que establecen el marco jurídico de la UE) como en el derivado o secundario (compuesto por ciertos instrumentos jurídicos basados en dichos Tratados, caso, por ej., de las Directivas). Cabe citar aquí, en el primer grupo, la Carta de los Derechos

---

8 De la Mata Barranco, N. J., *El principio de proporcionalidad penal*, colección los delitos, 75, Tirant lo Blanch, Valencia, 2007, p.63.

9 *Vid.* de la Mata Barranco, *El principio de proporcionalidad penal*, *cit.*, pp. 71 s., autor para el que la vinculación del principio de proporcionalidad a la igualdad es cuestionable.

10 Vid., sobre lo discutible de que en los arts. 14, 15 y 25.1 se pueda extraer la vigencia del principio de proporcionalidad, Cuerda Arnau, M. L., "Aproximación al principio de proporcionalidad en Derecho penal", en *Estudios jurídicos en memoria del profesor Dr. D. José Ramón Casabó Ruiz*, vol. primero, Universidad de Valencia-Instituto de Criminología, Valencia, 1997, pp. 457 s. y 462. Para Cuerda Riezu, el principio de proporcionalidad, en realidad, se encuentra recogido en el art. 9.3 CE que garantiza la "interdicción de la arbitrariedad de los poderes públicos", interpretación que viene también avalada por la STC/1999 ("Proporcionalidad, efecto desaliento y algunos silencios en la Sentencia del Tribunal Constitucional 136/1999, que otorgó el amparo a los dirigentes de Herri Batasuna", en *La ciencia del Derecho penal ente el nuevo siglo. Libro homenaje al Profesor Doctor Don José Cerezo Mir, J. L. Díez Ripollés/C. Mª Romeo Casabona/L. Gracia Martín/Higuera Guimerá, editores*, Editorial Tecnos, Madrid, 2002, pp. 245 s.).
No está de más indicar, como destacan Orts Berenguer/González Cussac, que "No existe un derecho fundamental a la debida proporcionalidad cuyo incumplimiento pueda fundamentar por sí solo una demanda de amparo (STC 65/1986)". En definitiva, según estos autores, siguiendo la doctrina del TC, "el principio de proporcionalidad no es un canon de constitucionalidad autónomo y por tanto nunca puede alegarse única, aislada o independientemente. Por el contrario, conforme a la doctrina expuesta, solo puede operar en conexión con otros preceptos constitucionales: la desproporción o exceso punitivo podrán ser declarados inconstitucionales si conculcan el contenido de un derecho fundamental convenientemente alegado". Citan, en este sentido, entre otras, la STC 172/2020 (*Compendio de Derecho penal. Parte general*, 10ª ed., Tirant lo Blanch, Valencia, 2023, pp. 151 ss.). *Vid.*, en el mismo sentido, Silva Sánchez, J.Mª, *Derecho penal. Parte general*, Aranzadi La Ley/Civitas, Madrid, 2025, cap. 5/nm. 2.

Fundamentales de la Unión Europea que acoge el principio de proporcionalidad en su art. 49 (relativo a los principios de legalidad y de proporcionalidad de los delitos y las penas), en cuyo nº 3 declara que "la intensidad de las penas no deberá ser desproporcionada en relación con la infracción" y en el art. 52.1, a cuyo tenor "Dentro del respeto del principio de proporcionalidad, solo podrán introducirse limitaciones cuando sean necesarias y respondan efectivamente a objetivos de interés general reconocidos por la Unión o a la necesidad de protección de los derechos y libertades de los demás"[11]. También se hace alusión a él en el art. 5. 4 del TUE, si bien desde una vertiente competencial. Igualmente, las Directivas hacen constante referencia al principio, así por ej., la Directiva (UE) 2018/1673 del Parlamento europeo y del Consejo, de 23 de octubre de 2018, relativa a la lucha contra el blanqueo de capitales mediante el Derecho penal[12], lo hace en el considerando 22 que señala que "Dado que el objetivo de la presente Directiva, a saber, someter el blanqueo de capitales en todos los Estados miembros a sanciones penales efectivas, proporcionadas y disuasorias, no puede ser alcanzado de manera suficiente por los Estados miembros, sino que, debido a la dimensión y a los efectos de la presente Directiva, puede lograrse mejor a escala de la Unión, esta puede adoptar medidas, de acuerdo con el principio de subsidiariedad establecido en el artículo 5 del TUE. De conformidad con el principio de proporcionalidad establecido en el mismo artículo, la presente Directiva no excede de lo necesario para alcanzar dicho objetivo". Esta apelación al principio se concreta en el art. 5.1, según el cual "Los Estados miembros adoptarán las medidas necesarias para garantizar que las conductas a que se refieren los artículos 3 y 4 sean castigadas con penas efectivas, proporcionadas y disuasorias". Y en el art. 8, relativo a las sanciones para las personas jurídicas, se contiene una declaración semejante.

En el Convenio Europeo de Derechos Humanos no hay mención expresa al principio de proporcionalidad, pero este puede deducirse de sus arts. 8 a 11 y del protocolo adicional 4º, tal y como indica el TEDH[13]. Pese

---

11 La Carta, con la entrada en vigor del Tratado de Lisboa (diciembre de 2009), por el que modifican el Tratado de la Unión Europea y el Tratado constitutivo de la Comunidad Europea (que pasa a denominarse Tratado de Funcionamiento de la UE), se convierte en jurídicamente vinculante, con idéntica validez jurídica que los Tratados de la UE.

12 Ámbito de lucha contra el blanqueo absolutamente prioritario para la UE. Cfr. Melchionda, A., "Evolución y características actuales del Derecho penal económico", en *Revista Penal*, 2022, nº 50, julio (Especial XXV Aniversario), p. 197.

13 *Vid.* Chano Regaña, L., "Igualdad y principio de proporcionalidad en el Derecho Europeo: Especial referencia a los derechos fundamentales", en *Revista Universitaria Europea*, 2015, nº 23, julio-diciembre, p. 161.

a que el TEDH, a cuyas resoluciones aludiremos en este trabajo, no es una de las instituciones de la UE, es lo cierto que todos los países miembros han ratificado el CEDH. El TJUE emitió el dictamen 2/13 el 18 de diciembre de 2014 (que le había solicitado la Comisión europea), estimando, sin embargo, que el proyecto de Acuerdo de adhesión de la UE al CEDH es incompatible con el art. 6.2 y con el Protocolo nº 8 del TUE[14].

En el análisis de dicho principio es obligado aludir a su estructura tripartita (desarrollada a partir de las aportaciones del TC alemán[15] y de la doctrina constitucional alemana), que se concreta en la concurrencia de los elementos (o subprincipios) de idoneidad, necesidad y proporcionalidad *stricto sensu*, esenciales para la política criminal de los distintos países[16] y de la propia UE. Dicha estructura comporta un enjuiciamiento desde tres puntos de vista "diferentes y escalonados"[17].

---

14 Tal pronunciamiento del Tribunal luxemburgués es contundentemente criticado por Martín y Pérez de Nanclares. A juicio de este autor, la postura del Tribunal puede representar "simple y llanamente una defensa de la propia posición del Tribunal de Justicia" ("El TJUE pierde el rumbo en el Dictamen 2/13: ¿merece todavía la pena la adhesión de la UE al CEDH?", en *Revista de Derecho Comunitario Europeo*, 52, septiembre-diciembre, 2015, pp. 825 ss.).
Debe consignarse aquí que, en la declaración conjunta, el 29 de septiembre de 2020, de la Comisión Europea y el Consejo de Europa se subraya que se retoman las negociaciones para la adhesión de la UE al CEDH, adhesión que constituye una obligación legal prescrita por el Tratado de Lisboa. Esta declaración concluye con el deseo de que las negociaciones conduzcan a un final "rápido y exitoso en beneficio de Europa en su conjunto".

15 A partir de su pionera Sentencia de 11 de junio de 1958, en la que se garantizó "la protección de la libertad de la elección de profesión y el ejercicio frente a intervenciones exorbitantes de los poderes públicos". *Vid.* Faller, H. J., "Cuarenta años del Tribunal Constitucional federal alemán", en *Revista española de Derecho Constitucional*, 1992, nº 34, enero-abril, p. 130.

16 El TC español se ha hecho eco también del denominado test alemán de proporcionalidad compuesto por los elementos mencionados en el texto (idoneidad, necesidad y proporcionalidad en sentido estricto). A este test se alude por Ferré Olivé al referirse al delito de blanqueo, resaltando que en el momento de creación de la norma el legislador "debe hacer (o debería haber hecho) un test de proporcionalidad, para decidir si las disposiciones del GAFI/FATF-UE requerían inexorablemente una tipificación penal como la que se ha construido" (*El delito de blanqueo de dinero*, Tirant lo Blanch, Valencia, 2024, p. 57).

17 Chano Regaña, "Igualdad y principio de proporcionalidad en el Derecho Europeo: Especial referencia a los derechos fundamentales", *cit.*, p. 158.

II

La *idoneidad* o juicio de adecuación de la norma, requisito cuyo cumplimiento corresponde al legislador, va referida a su aptitud para alcanzar un fin legítimo; esto es, a su capacidad para proteger un bien jurídico valioso[18], "un interés que no esté proscrito constitucionalmente o que sea socialmente irrelevante"[19], y ello vincula esta exigencia de idoneidad al principio de exclusiva protección de bienes jurídicos o principio de ofensividad o lesividad[20], de acuerdo con el que solo cabe acudir a una sanción penal si se afectan intereses vitales para la convivencia comunitaria por la realización de la conducta que se pretende prohibir, lo que convierte a este principio en uno de "los ejes nucleares y legitimadores de la regulación jurídico penal"[21]. De esta suerte, la limitación de derechos que comporta la pena encontraría, desde esta vertiente de idoneidad normativa, una adecuada fundamentación. Y ello es particularmente claro en relación con los delitos a los que alude el art. 83.1 del TFUE (versión consolidada), que establece en su párrafo 1° que "El Parlamento Europeo y el Consejo podrán establecer, mediante directivas adoptadas con arreglo al procedimiento legislativo ordinario, normas mínimas relativas a la definición de las infracciones penales y de las sanciones en ámbitos delictivos que sean de especial gravedad y tengan una dimensión transfronteriza derivada del carácter o de las repercusiones de dichas infracciones o de una necesidad particular de combatirlas según criterios comunes".

---

18 Según Lascuraín Sánchez, la referencia únicamente a la idoneidad para proteger un bien jurídico no parece correcta, puesto que "mejor o peor, toda norma tiene su objeto de protección" ("Principio de proporcionalidad", *cit.*, p. 101, nm 714).

19 Orts Berenguer/González Cussac, Compendio de Derecho penal. Parte general, *cit.*, p. 153.

20 Octavio de Toledo y Ubieto subraya que el principio de exclusiva protección de bienes jurídicos, además de manifestarse en el momento de elaboración de la norma, ha de reflejarse igualmente en su interpretación y aplicación judicial ("Función y límites del principio de exclusiva protección de bienes jurídicos", en *Anuario de Derecho Penal y Ciencias Penales*, 1990, tomo 43, n° 1, p. 9).

21 García Arroyo, C., "Sobre el concepto de bien jurídico. Especial consideración de los bienes jurídicos supraindividuales-institucionales", en *Revista Electrónica de Ciencia Penal y Criminología*, 2022, n° 24-12, p. 2. Como escribe Silva Sánchez "La intervención del Derecho penal no resulta proporcionada si no tiene lugar en aras de la prestación de las condiciones fundamentales de la vida en común y para evitar ataques especialmente graves dirigidos contra las mismas" (*Aproximación al Derecho penal contemporáneo*, José Mª Bosch Ed., Barcelona, 1992, p. 267).

La importancia de la armonización de las leyes penales a través de las Directivas (que, por carecer, en principio, de eficacia directa, han de ser transpuestas por los Estados miembros) es, como ya se apuntó, indiscutible. Hasta que no sean transpuestas, las Directivas no crean obligaciones para los ciudadanos; sin embargo, de no haber sido incorporadas al derecho interno, podrán ser alegadas por los particulares frente al Estado[22]. Y así el TJUE, en Sentencia de 5 de abril de 1979 (148/78 asunto Ratti)[23] juzgó el caso en que la no transposición por Italia de la Directiva 73/173 CEE perjudicaba al ciudadano Tullio Ratti, directivo de una empresa de disolventes. En el marco del procedimiento abierto contra él (por incumplir las exigencias del Derecho italiano relativas a la clasificación de envasado y etiquetado de productos peligrosos y el de pinturas y barnices), el juez penal italiano planteó ante el TJUE una cuestión prejudicial, puesto que, de estar la indicada Directiva incorporada al Derecho italiano, como era obligado (pues ya había transcurrido el plazo para su inclusión en el Derecho interno), el señor Ratti no podría ser sancionado con una pena. El Tribunal de Luxemburgo determina que la Directiva citada tiene efectos directos sobre el ciudadano, habida cuenta de que la conducta de este no la contravenía (el Tribunal se pronuncia asimismo sobre la Directiva 77/128/UE, que no había sido transpuesta por Italia aunque estaba en plazo de hacerlo). En definitiva, y ya en palabras del TJUE, se concluye que:
"1) Un Estado miembro no puede aplicar su Derecho interno —incluso si prevé sanciones penales— aún no adaptado a una Directiva, después de expirado el plazo fijado para su entrada en vigor, a una persona que se ha ajustado a las disposiciones de la referida Directiva. 2) Del sistema de la Directiva 73/173/CEE, resulta que un Estado miembro no puede establecer en su normativa nacional condiciones más restrictivas que las previstas por la Directiva de que se trata o incluso más detalladas o, en todo caso diferentes, en materia de clasificación, envasado y etiquetado de disolventes y esta prohibición de imponer restricciones no previstas se aplica tanto a la comercialización directa de los productos en el mercado nacional como a los productos importados. 3) La Directiva 73/173/CEE debe interpretarse en el sentido de que no permite que las disposiciones nacionales prescriban que se indique en los recipientes la presencia de componentes de los productos de que se trata en términos que sobrepasen los previstos por la citada Directiva. 4) Las disposiciones nacionales que sobrepasan lo señalado por la Directiva 73/173/CEE sólo son

---

22 *Vid.* De la Mata Barranco/Hernández Díaz, "La normativa de la Unión Europea en el Derecho penal ambiental e informático", en *Garantías constitucionales y Derecho penal europeo* (S. Mir Puig/M. Corcoy Bidasolo dirs.), Marcial Pons, Madrid, 2012, pp.509 ss.; y De la Mata Barranco, N. J., *Derecho penal europeo y legislación española: Las reformas del Código penal,* Tirant lo Blanch, Valencia, 2015, pp. 20 ss., autor que cita al respecto el asunto "Pretore di Salò", tratado por la sentencia del Tribunal de Justicia de la Unión Europea (STJUE), nº 14-86, de 11 de junio de 1987.

23 *Vid.* al respecto Linde Paniagua, E., "El Derecho de la Unión Europea y el Derecho Nacional", en *Derecho de la Unión Europea (M. Bacigalupo SaggeseS. Viñuales Ferreiro, coord.),* 2ª ed., Tirant lo Blanch, Valencia, 2023, pp. 230 s.

> compatibles con el Derecho comunitario si se han adoptado siguiendo el procedimiento establecido y en la forma prevista por el artículo 9 de la citada Directiva. 5) La Directiva 77/728/CEE del Consejo, de 7 de noviembre de 1977, y en especial su artículo 9, no puede generar, en favor de un particular que se haya ajustado a las disposiciones de la misma antes de expirar el plazo de adaptación previsto para el Estado miembro, ningún efecto que pueda ser tenido en cuenta por los órganos jurisdiccionales nacionales".

Los ámbitos delictivos que menciona el citado art. 83.1, párr. 1°, se concretan por el art. 83.1, párr. 2°, en "el terrorismo, la trata de seres humanos y la explotación sexual de mujeres y niños, el tráfico ilícito de drogas, el tráfico ilícito de armas, el blanqueo de capitales, la corrupción, la falsificación de medios de pago, la delincuencia informática y la delincuencia organizada", declaración que se completa en el párr. 3° señalando que sobre la base de "la evolución de la delincuencia, el Consejo podrá adoptar una decisión que determine otros ámbitos delictivos que respondan a los criterios previstos en el presente apartado. Se pronunciará por unanimidad, previa aprobación del Parlamento Europeo". Y a ello añade el art. 83.2 que "Cuando la aproximación de las disposiciones legales y reglamentarias de los Estados miembros en materia penal resulte imprescindible para garantizar la ejecución eficaz de una política de la Unión en un ámbito que haya sido objeto de medidas de armonización, se podrán establecer mediante directivas normas mínimas relativas a la definición de las infracciones penales y de las sanciones en el ámbito de que se trate. Dichas directivas se adoptarán con arreglo a un procedimiento legislativo ordinario o especial idéntico al empleado para la adopción de las medidas de armonización en cuestión, sin perjuicio del artículo 76"[24].

Por tanto, no es objetable, conforme a este subprincipio de idoneidad, la legislación europea relativa a los mencionados delitos ni su adecuada transposición a los ordenamientos de los países miembros[25]. En realidad,

---

24 De acuerdo, pues, con el citado art. 83 es posible la tutela penal de otras materias no previstas en el elenco de delitos previstos en él. Así sucede, precisamente, con la reciente *Directiva (UE) 2024/1203 del Parlamento Europeo y del Consejo, de 11 de abril de 2024, relativa a la protección del medio ambiente mediante el Derecho penal y por la que se sustituyen las Directivas 2008/99/CE y 2009/123/CE.* Esta Directiva invoca a tales efectos "en particular" el art. 83.2 del TFUE.

25 Vid. Portero Henares, P., "¿Principio de efectiva protección de bienes jurídicos?: Derecho penal europeo y principio de proporcionalidad", en *Los derechos fundamentales en el Derecho penal europeo (L. M. Díez-Picazo/A. Nieto Martín dirs.),* Civitas, Thomson Reuters, Cizur Menor, 2010, p. 320.

con la redacción del mencionado art. 83.1 es inimaginable que surjan supuestos que susciten dudas acerca de la legitimidad y relevancia del bien jurídico propio de los delitos que menciona[26]. Sobre este particular, debe dejarse aquí constancia de la praxis que modula la real vigencia del principio de proporcionalidad referente a la especial cautela que los jueces europeos y constitucionales nacionales tienen a la hora de tomar una decisión acerca de este principio, adoptando así una posición que ha sido calificada de *deferente* (el llamado "margen de apreciación nacional"), que responde al reconocimiento de la legitimidad democrática de los distintos legisladores. No obstante, se ha aseverado, con razón, que "Los jueces constitucionales deben ser deferentes con el legislador que se esfuerza en argumentar, aun en situaciones de incertidumbre en relación a los datos, pero no cuando no se ha hecho esfuerzo alguno en aportar al debate los pocos datos existentes"[27]. En el ámbito propiamente europeo se ha podido aseverar que "existe un comportamiento diferente por parte de los jueces comunitarios, según deban juzgar la proporcionalidad de las medidas adoptadas por instituciones comunitarias o, a la inversa, por órganos de los Estados miembros. En efecto, en la segunda hipótesis, el control realizado por los jueces comunitarios resulta ser considerablemente reducido y limitado a los supuestos de evidente violación del principio"[28].

---

26 Según apunta Lascuraín Sánchez, solo en un reducido grupo de casos sería factible hablar de ilegitimidad como, v. gr., sucede en "bienes cuya protección es ilegítima *per se* (p. e. el de la norma que sancionara los actos homosexuales), bienes cuya protección es ilegítima por su coste (el de la norma que sanciona la negación de la comisión de un genocidio: TCo 235/2007), y falsos bienes, bienes que se invocan como protegidos pero que no son los lesionados por la conducta tipificada en la norma (el de la norma que sancionara la embriaguez bajo la pretensión de prevenir delitos en tal estado)", en "Principio de proporcionalidad", *cit.*, p. 101, nm 714.

27 Nieto Martín, A., "La reserva de ley y el control de la constitucionalidad de las leyes penales", en *Libro homenaje al profesor Luis Arroyo Zapatero. Un Derecho penal humanista, vol. I (editores: R. de Vicente Martínez/D. Gómez Iniesta/T. Martín López/M. Muñoz de Morales Romero/A. Nieto Martín)* Instituto de Derecho Penal Europeo e Internacional/Agencia estatal Boletín Oficial del Estado, Madrid, 2021, p. 518. En concreto sobre las denominadas áreas de deferencia, *vid.* también Nieto Martín, El principio de proporcionalidad, *cit.*, pp. 141 ss.

28 Galerta, D.-U., "El principio de proporcionalidad en el Derecho comunitario", en *Cuadernos de Derecho Público,* 1998, núm. 5, septiembre-diciembre, p. 85. Vid., sobre la doctrina del "margen de apreciación", Fassbender, B., "El principio de proporcionalidad en la jurisprudencia del Tribunal Europeo de Derechos Humanos", en *Cuadernos de Derecho Público,* 1978, núm. 5, septiembre-diciembre, pp. 57 ss.

Entre las más destacadas resoluciones que, en el ámbito europeo, tratan de hacer prevalecer esta forma de proporcionalidad (juicio de adecuación de la norma), figura la sentencia de 22 de octubre de 1981 del TEDH que juzgó el caso del ciudadano Jeffrei Dudgeon. El Ordenamiento penal de Irlanda del Norte castigaba penalmente la práctica (incluso la tentativa) de actos homosexuales consentidos entre hombres adultos. El señor Dudgeon —que se había enfrentado a redadas policiales, interrogatorios acerca de sus actividades sexuales e incautación de sus cartas y diarios personales— llevó su caso ante el Tribunal de Estrasburgo, argumentando ante este que la incriminación de los indicados actos vulneraba su derecho a que su vida privada y familiar fuese respetada; o lo que es los mismo, denunció que la propia existencia de una tal legislación lo hacía susceptible de ser perseguido penalmente inmiscuyéndose en su vida privada de una manera injustificada. El Tribunal le da la razón declarando que, ciertamente, el demandante Dudgeon "ha sufrido y continúa sufriendo una intromisión injustificada en su derecho al respeto de su vida privada. Existe consiguientemente una violación del artículo 8"[29]. En 1982 se abolió en la legislación de Irlanda del Norte la prohibición de las relaciones consentidas entre hombres adultos[30]. Como se ha puesto de relieve por la doctrina especializada, los delitos que forman parte del derecho penal sexual son los que en mayor medida han dado lugar a una interesante pero también, en algún caso, controvertida jurisprudencia[31].

---

[29] El art. 8 del CEDH dispone "1. Toda persona tiene derecho al respeto de su vida privada y familiar, de su domicilio y de su correspondencia.
2. No podrá haber injerencia de la autoridad pública en el ejercicio de este derecho, sino en tanto en cuanto esta injerencia esté prevista por la ley y constituya una medida que, en una sociedad democrática, sea necesaria para la seguridad nacional, la seguridad pública, el bienestar económico del país, la defensa del orden y la prevención del delito, la protección de la salud o de la moral, o la protección de los derechos y las libertades de los demás".

[30] Manzano Barragán, I., "La jurisprudencia del Tribunal Europeo de Derechos Humanos sobre orientación sexual e identidad de género", en *Revista Española de Derecho Internacional*, 2012, vol. LXIV, julio-diciembre, p. 77. Para este autor "es necesario concluir que el Tribunal se ha avanzado durante los últimos años al surgimiento de tal consenso paneuropeo para combatir prácticas discriminatorias basadas en la orientación sexual y la identidad de género del individuo".

[31] *Vid.* Nieto Martín, "El principio de proporcionalidad", *cit.*, pp. 145 s. Uno de los casos más famosos, en este ámbito, junto con el de *Dudgeon* es el de *Stübing contra Alemania*. Patrick Stübing, condenado por el todavía vigente § 173 del CP alemán por mantener relaciones sexuales con su hermana, mayor de edad y con su pleno consentimiento, recurre ante el TC alemán que, por sentencia de 26 de febrero

Ha de advertirse, finalmente, que, dado el carácter democrático de los países miembros de la UE —depurados ya defectos groseros de preceptos nacionales, tanto por los tribunales europeos (es el caso acabado de narrar) como por los tribunales de los derechos internos (derogación, por ej., en el ordenamiento penal español de los estados de peligrosidad predelictuales)—, en la actualidad es difícilmente imaginable que puedan darse supuestos en los que las legislaciones internas no superen el primero de los filtros del principio de proporcionalidad (idoneidad o adecuación de la norma), teniendo además en cuenta el cierto grado de deferencia o autocontención que se mantiene, como ya se ha indicado, por los distintos tribunales hacia la labor legislativa[32].

III

La *necesidad* o juicio de indispensabilidad de la adopción de determinadas medidas restrictivas de derechos frente a determinadas acciones requiere, por su parte, la constatación de la imposibilidad de acudir a medios menos lesivos para lograr el indicado fin de tutela eficaz de bienes jurídicos. Tal exigencia, dimanante del principio de proporcionalidad, se viene a identificar con el carácter subsidiario o de *ultima ratio* del Derecho penal que entronca con el pensamiento liberal de la mínima intervención posible. En consecuencia, en la protección de los ciudadanos y la sociedad ha de acudirse a los recursos menos lesivos antes de apelar al Derecho punitivo, puesto que, como se ha destacado por la doctrina, "donde basten los medios del Derecho civil, del Derecho público o incluso medios extra-

---

de 2008, lo rechaza. Ante ello Stübing lleva el caso al TEDH, que en sentencia de 13 de abril de 2012 desestima su petición de que se declarase la vulneración del art. 8 del CEDH (derecho a la vida privada y familiar). Puede verse un extenso análisis de la fundamentación de ambos tribunales para denegar la petición de los recursos presentados en Turienzo Fernández, A., "El incesto consentido entre adultos: una práctica aún delictiva en multitud de ordenamientos jurídicos", en *Revista Electrónica de Ciencia Penal y Criminología,* 2023, núm. 25-12, pp. 41 ss. (criminet.ugr.es). Este autor, con matizados argumentos, subraya que no encuentra fundamento material que justifique que el incesto consentido entre adultos deba ser delito, que en España fue despenalizado en 1978. *Vid.* otros casos juzgados por el TEDH en Chano Regaña, l., "Igualdad y principio de proporcionalidad en el Derecho Europeo: Especial referencia a los derechos fundamentales", en *Revista Universitaria Europea,* 2015, nº 23. julio-diciembre, p. 163,

32 *Vid.* Nieto Martín, "El principio de proporcionalidad", *cit.*, pp. 141 ss.

jurídicos, ha de retraerse el Derecho penal, pues su intervención —con la dureza de sus medios— sería innecesaria y, por tanto, injustificable"[33]. O expresado en otros términos, "La 'cirugía penal', por sus efectos traumáticos e irreversibles —por su nocividad intrínseca— solo puede prescribirse 'in extremis', esto es, cuando no se dispone de otras posibles técnicas de intervención o estas resultan ineficaces"[34]. No se pasa, pues, el filtro de la necesidad de dicha intervención punitiva si sus costes "son más elevados que los que se lograrían utilizando otra alternativa de protección distinta para el bien jurídico"[35]. En suma, "es posible el recurso a la sanción penal cuando otro tipo de sanciones no puedan ser aplicadas o sean insuficientes para lograr el objetivo pretendido"[36].

Y aunque es obvio que la norma salvará el test de necesidad si una sanción más leve que la por ella establecida resultase insuficiente para proteger al mismo nivel el bien jurídico, no pueden desconocerse las dificultades para poner en práctica esta segunda exigencia del juicio de proporcionalidad, pues como se destacado "para aplicarla de un modo no puramente arbitrario o ideológico, se necesitan datos criminológicos y hasta psicológicos suficientes, muy elaborados y que generalmente no se tienen"[37]. O como

---

33 Luzón Peña, D. M., *Lecciones de Derecho penal. Parte general*, 4ª ed. ampliada y revisada, Tirant lo Blanch, Valencia, 2025, p. 87.

34 García-Pablos de Molina, A., *Introducción al Derecho Penal. Instituciones, fundamentos y tendencias del Derecho Penal*, vol. II, 5ª ed., Ed. Universitaria Ramón Areces, Madrid, 2012, p. 563.

35 Portero Henares, "¿Principio de efectiva protección de bienes jurídicos?", *cit.*, p. 321.

36 Pérez del Valle, C., "Derecho penal europeo, principio de legalidad y principio de proporcionalidad", en *Indret Penal*, 4.2008, p. 17 (www.indret.com). Advierte la STJUE (sala cuarta), de 23 de noviembre de 2023, que "si no existe armonización de la legislación de la Unión en el ámbito de las sanciones aplicables en caso de incumplimiento de las condiciones previstas en un régimen establecido por dicha legislación, los Estados miembros serán competentes para establecer las sanciones que consideren adecuadas. No obstante, estarán obligados a ejercer esta competencia con observancia del Derecho de la Unión y de los principios generales de este Derecho y, por consiguiente, respetando el principio de proporcionalidad. En virtud de ese principio, las medidas administrativas o represivas no deben exceder de lo que resulta necesario para lograr los objetivos legítimamente perseguidos por dicha normativa ni ser desproporcionadas con respecto a esos objetivos".

37 García Amado, J. A., "Sobre límites constitucionales de la punición. A propósito de la acórdão n.º 867/2021 del Tribunal constitucional portugués", *en Libro Homenaje al Profesor Javier de Vicente Remesal por su 70º aniversario, t. I (M. García Mosquera, V. Rodríguez Vázquez, M. Díaz y García Conlledo, D.-M. Luzón Peña, directores)*, BOE/ Fundación Internacional de Ciencias Penales, Madrid, 2024, p. 87.

también se ha aseverado, "la necesidad exige del juez que ejerza de legislador imaginario y que plantee posibles alternativas a la pena, demostrando además que su utilización supondría un grado de idoneidad similar a la elegida por el legislador. No es de extrañar que ante lo complejo de este ejercicio, la necesidad se limite a los casos extremos o a lo sumo plantee como alternativa alguna de las medidas que ha barajado el legislador en sus proyectos. Por esta razón resulta muy importante, el que la Comisión Europea vincule la necesidad con una obligación de argumentar por parte del legislador"[38].

Un ejemplo del significado del principio de *necesidad* en el ámbito europeo lo constituye el caso resuelto por el TJUE en su sentencia de 14 de julio de 1988, relativa al denominado caso Zoni. El Sr. Zoni, mayorista italiano, importó de la República Federal de Alemania pastas que contenían una mezcla de trigo blando y duro. El art. 29 de la Ley italiana sobre pastas alimenticias, de 4 de julio de 1967, establecía el empleo exclusivo de trigo duro para la producción de pastas secas, que pueden conservarse cierto tiempo antes de su consumo, reservándose el blando para la producción de pastas secas destinadas tanto al consumo inmediato como a la exportación. El art. 36, párr. 1°, de dicha Ley prohibía la venta en Italia de pastas secas obtenidas con trigo blando o con una mezcla de blando y duro, estableciendo su art. 50, párr. 2°, que tal prohibición de venta debía ser aplicada igualmente a las pastas importadas. La regulación prevista en esta Ley de 1967 respondía a que el legislador quiso, por una parte, garantizar la calidad de las pastas —ya que las que se obtienen únicamente con trigo duro resisten mucho mejor a la cocción— y, por otra parte, pretendió favorecer el desarrollo del cultivo de trigo duro, al no tener sus productores en la comunidad más salida que el mercado de pastas y al no existir la posibilidad real, en las regiones donde están establecidos, de reconvertirse a otros cultivos. Incoado procedimiento penal por el Ministerio Fiscal, Zoni alegó en su defensa que la aplicación del artículo 29 de la susodicha Ley a las pastas importadas era incompatible con los artículos 30 y 36 del Tratado CEE. Así las cosas, el magistrado nacional, mediante resolución de 19 de marzo de 1986, suspendió el procedimiento y planteó una cuestión prejudicial.

El TJUE, sobre la base de la interpretación constante que ha venido manteniendo del art. 30 del Tratado, entiende que este prohíbe cualquier normativa de los Estados miembros que obstaculice "directa o indirectamente, actual o potencialmente" la importación de pastas fabricadas con

---

[38] Nieto Martín, "El principio de proporcionalidad", *cit.*, p. 150.

trigo blando o con mezcla de blando y duro por otros países miembros, siendo claro que la legislación italiana era un impedimento al respecto. Consecuentemente, la única manera de que los consumidores estén informados sobre la mercancía que adquieren y poder elegir entre la tradicional pasta italiana —a la que se atribuye gran calidad— u otra elaborada con trigo blando (o con la referida mezcla) es básicamente "la fijación obligatoria de un etiquetado adecuado relativo al carácter del producto vendido", pudiendo el legislador italiano reservar la denominación "pastas de sémola de trigo duro" a las fabricadas únicamente con trigo duro. El obstáculo a la indicada importación tampoco se explica —expone el Tribunal— por razones de salud pública, puesto que no quedó probado que las pastas fabricadas con trigo blando o con mezcla contuvieran aditivos químicos o colorantes. Así pues, "la prohibición general de comercializar pastas importadas obtenidas con trigo blando y con una mezcla de trigo blando y duro es, por consiguiente, contraria en cualquier caso al principio de proporcionalidad". En definitiva, vedar bajo sanción penal la importación de determinado tipo de trigo no es una medida proporcionada, puesto que lo decisivo es que el ciudadano esté bien informado sobre lo que adquiere para consumir, para lo cual lo procedente era prever una medida menos restrictiva de derechos (como la de obligar al fabricante al correcto etiquetado del producto)[39].

En relación con el principio de *idoneidad*, parece oportuno recoger, por último, la observación doctrinal en torno a la necesidad de impedir el *fraude de etiquetas* en este campo, que podría producirse mediante la previsión en el derecho administrativo, por ej., de sanciones para un mismo supuesto más graves que la pena, a imponer además sin las garantías propias del proceso penal. La legislación europea debe, por tanto, evitar esta posibilidad[40].

---

39 *Vid.* García Pérez, R., "La aplicación del principio de proporcionalidad en la jurisprudencia sobre libre circulación de mercancías del tribunal de justicia de las comunidades europeas", en *Anuario da Facultade de Dereito da Universidade da Coruña*, 2001, vol. 5, pp. 933 ss.

40 Portero Henares, "¿Principio de efectiva protección de bienes jurídicos?", *cit.*, pp. 321 s. Para este autor, "es evidente que la discusión en este sentido no se refiere al terrorismo o a la trata de seres humanos o su explotación sexual, pero sí puede haber distorsiones con la necesidad de la intervención, o con la 'estafa de etiquetas' en algunos aspectos de la criminalidad organizada, del blanqueo de capitales o de la delincuencia informática, ya que existen en el ordenamiento de la Unión, y en el de los países miembros, métodos de solución de conflictos en estos ámbitos que incorporan sanciones administrativas igual o más gravosas que las consecuencias

IV

A) Constatada la concurrencia de los requisitos de idoneidad (o adecuación de la norma) y de necesidad (o juicio de indispensabilidad de la adopción de determinadas medidas), para completar el contenido del principio de proporcionalidad en sentido amplio "falta aún comprobar que el coste de la intervención penal, representado por la limitación de derechos que supone, no sea mayor que el beneficio (protección) que con ella se puede conseguir"[41]; que es lo que exige y caracteriza al subprincipio de proporcionalidad en sentido estricto.

La proporcionalidad *stricto sensu* —cuya plasmación legal corresponde al legislador al tipificar la conducta con su correspondiente sanción (proporcionalidad en abstracto) y al juez al aplicar la norma (proporcionalidad en concreto)[42]— se da cuando la gravedad de la pena se corresponde con la gravedad del hecho[43]. Por tanto, pese a que concurran las exigencias de idoneidad y necesidad, un juicio general de proporcionalidad reclama, además —valga la insistencia—, que la entidad del sacrificio en derechos que la pena conlleva no supere el beneficio que con ella se pretende alcanzar, que no se aplique, pues, "un precio excesivo, para obtener un beneficio inferior: si se trata de obtener el máximo de libertad, no podrán preverse

---

jurídica de los delitos que se ocupan de esos ámbitos delictivos. Este deberá ser uno de los principales filtros que supone el principio de proporcionalidad para las disposiciones sancionadoras penales que se promulguen al amparo de esos ámbitos delictivos previstos en el artículo 83.1 del TFUE".

41 Mir Puig, S., "El principio de proporcionalidad como fundamento constitucional de límites materiales del Derecho penal", en *Constitución, Derechos fundamentales y sistema penal (Semblanzas y estudios con motivo del setenta aniversario del profesor Tomás Salvador Vives Antón, (J. C, Carbonell Mateu, J. L. González Cussac, E. Orts Berenguer, directores, M. L. Cuerda Arnau, coordinadora)* Tirant lo Blanch, 2009, p. 1362.

42 La alusión a estos dos planos es constante en la doctrina. *Vid.*, por todos, Orts Berenguer/González Cussac, *Compendio de Derecho penal. Parte general, cit.*, p. 153.

43 Y ello comporta una auténtica limitación del *ius puniendi estatal. Vid.*, por todos, Aguado Correa, T., *El principio de proporcionalidad en Derecho penal*, Editorial Edersa, Madrid, 1999, p. 277. Resalta MIR PUIG que del principio de proporcionalidad en sentido estricto se siga que gravedad de la pena y gravedad del ataque al bien jurídico (gravedad del injusto penal) han de estar en una relación de proporcionalidad, no comprende el postulado de que la culpabilidad sea el límite de la pena, pues ello corresponde al ámbito de otro principio: el de culpabilidad, en el que dicho límite debe funcionar con carácter absoluto ("El principio de proporcionalidad como fundamento constitucional de límites materiales del Derecho penal", *cit.*, p. 1370).

penas que resulten desproporcionadas con la gravedad de conducta"[44]. O expresado de otro modo, "lo que el principio de proporcionalidad exige, en un Derecho penal de mínimos, es que el coste socio-individual de la pena no supere la desventaja que puede causar la comisión del delito"; esto es, "que la previsión e imposición de la pena, con todas sus desventajas, no sea más perjudicial —en términos globales de libertad— en relación con los beneficios que con ella se obtiene"[45].

Si las penas no guardasen la debida proporcionalidad entre hecho y sanción o se equiparase el castigo de delitos de menor y mayor gravedad, se produciría "un debilitamiento del efecto inhibidor de la prohibición de estos últimos, la consiguiente confusión valorativa y desconcierto de los mecanismos humanos de control y la destrucción de la función de encauzamiento de la pena"[46].

Se ha afirmado que un entendimiento del principio concretado en un balance global entre costes y beneficios (vertiente utilitarista)[47] no podría cohonestarse con el contenido garantista del principio de proporcionalidad. Este punto de vista, sin embargo, no es compartido por otro sector de la literatura jurídico-penal, que estima que una comprensión del principio de proporcionalidad *stricto sensu* como un balance de beneficios y costes no excluye en modo alguno el susodicho cometido garantista, dado que en dicho balance sigue estando presente "una relación de proporción entre pena y desvalor del comportamiento"; esto es, "la correlación entre pena y lesividad del comportamiento viene garantizada por el juicio global interno de proporcionalidad". El que otros factores hayan de ponderarse, como

---

44 Carbonell Mateu, J. C., *Derecho penal: concepto y principios constitucionales*, 2ª ed., Tirant lo Blanch, Valencia, 1996, p. 202.

45 De la Mata Barranco, *El principio de proporcionalidad penal, cit.*, p. 175.

46 Luzón Peña, *Medición de la pena y sustitutivos penales*, Publicaciones del Instituto de Criminología de la Universidad complutense de Madrid, 1979, pp. 24 s. En relación con la igualdad del castigo para delitos de menor y mayor gravedad, resalta Luzón que "se conseguiría que los posibles delincuentes ya no tuvieran mayores inhibiciones —penales— para cometer estos últimos, lo que produciría a la larga un crecimiento de dichos delitos gravísimos, lo que sí sería absolutamente insoportable para la sociedad", de manera que la proporcionalidad se erige en presupuesto imprescindible de una prevención general asumible (*Derecho Penal. Parte General, cit.*, pp. 88 ss.).

47 *Vid.* Navarro Frías, I., "El principio de proporcionalidad en sentido estricto: de proporcionalidad entre el delito y la pena o balance global de costes o beneficios", en *Indret Penal*, 2.2010, p. 27 (www.indret.com).

los perjuicios que irroga la aplicación de la norma, "empujará hacia abajo la pena imponible que quiera resultar internamente proporcionada"[48]. Y por más que de ello pueda seguirse una pena muy reducida —siempre dentro de los límites fijados por la ley penal— esto no afecta al carácter de garantista que el principio de proporcionalidad debe desempeñar, porque como también ha podido escribirse "la proporcionalidad, como principio garantístico, se opone a ser desbordada hacia arriba, pero no a ser desbordada hacia abajo"[49].

Pues bien, esta manifestación del principio de proporcionalidad (proporcionalidad *stricto sensu*) se ha ligado por algunos autores al carácter fragmentario del Derecho penal, que impone "reservar los castigos estatales más severos para los comportamientos más graves, que afecten a su vez a los intereses sociales más importantes"[50].

B) En la legislación penal española no siempre se respeta de la manera debida el principio de proporcionalidad. Así sucede con la previsión de aquellos delitos de peligro abstracto que ni siquiera deberían figurar entre las infracciones penales y que, por ello mismo, no observan el referido principio. Es el caso de los denominados "tipos de peligro abstracto puramente formales o delitos de peligro abstracto 'puro'", delitos que, como se ha subrayado, carecen "de todo contenido de injusto material" y son "auténticos ilícitos administrativos cuya elevación al rango de infracción penal es criticable", vulnerando el principio de intervención mínima. Entre otros supuestos, cabe citar el art. 310, a) de nuestro texto punitivo, que castiga con "pena de prisión de cinco a siete meses al que estando obligado por ley tributaria a llevar contabilidad mercantil, libros o registros fiscales: a) incumpla absolutamente dicha obligación en régimen de estimación directa de bases tributarias"[51].

---

48 Lascuraín Sánchez, "La proporcionalidad de la norma penal", en *Cuadernos de Derecho Público,* núm. 5, dedicado al principio de proporcionalidad, septiembre-diciembre 1998, pp. 174 s.

49 Silva Sánchez, Aproximación al Derecho pena contemporáneo, *cit.*, p. 259.

50 Nieto Martín, "El principio de proporcionalidad", *cit.*, p. 136. Portero Henares, "¿Principio de efectiva protección de bienes jurídicos?", *cit.*, p. 323, que alude en este ámbito al carácter fragmentario y el merecimiento de pena.

51 Martínez-Buján Pérez, *Derecho penal económico y de la empresa. Parte general, cit.*, p. 269. A diferencia de los aludidos delitos, los delitos de peligro abstracto genuinos, como indica Martínez-Buján, tienen "un contenido material de injusto que rebasa la mera ilicitud extrapenal" (pp. 270 s.). Los delitos de peligro abstracto que basan su punición en que la conducta es estadísticamente peligrosa, deben adap-

También habría que reflexionar sobre la decisión legislativa de seguir manteniendo idéntica sanción para la tentativa (arts. 16 y 62 CP) y para la conspiración, proposición y provocación para delinquir (arts. 17 y 18 CP), habida cuenta de su distinta "entidad desde la perspectiva del bien jurídico", cuyo contenido de injusto es dispar, tal como por lo demás ha venido a reconocer el legislador cuando puso fin al castigo generalizado de los actos preparatorios[52].

Y no debe dejar de ponerse de relieve la existencia de algún supuesto concreto de delito que en nuestro CP desborda claramente el principio de proporcionalidad. Y esto sucede, precisamente, en un delito clave al que la legislación europea ha prestado especial atención: el delito de blanqueo, pues, en efecto, cuando los hechos se realizan por imprudencia grave se establece la pena "de prisión de seis meses a dos años y multa del tanto al triplo" del valor de los bienes (art. 301. 3), con lo cual se produce un amplio solapamiento con la prevista para el blanqueo doloso, para el que se dispone la prisión de seis meses a seis años y multa idéntica del tanto al triple. De esta suerte, se equiparan, en parte importante de la sanción,

---

tarse también al principio de proporcionalidad. En tal sentido, subraya Lascuraín que "puede resultar sensato considerar como delito conducir bajo la influencia del alcohol o incluso conducir con una tasa de alcohol en sangre superior a 1,2 gramos por litro, pero no lo es condenar a quien bajo aquella influencia o incluso con esta tasas se limitó a cambiar de plaza su vehículo en el solitario aparcamiento comunitario del apartamento de la playa en un día de invierno a las 5 de la mañana", "El principio de proporcionalidad: cinco retos (y II)", almacendelderecho. org. Alude Teijón Alcalá a la "administrativización del Derecho penal" y subraya que, más allá de los delitos de peligro hipotético (peligro abstracto-concreto), no se debería recurrir al Derecho penal. Por consiguiente, no deberían formar parte de él los delitos de peligro abstracto (delito presunto), delitos de desobediencia, delitos formales o incluso los delitos de peligro acumulativo o global, que suponen un "peligro de generalización", en cuanto su consideración como delitos no respeta el principio de proporcionalidad. Reconoce este autor que, dada la tendencia seguida por el legislador español, parece que "estamos ante un viaje sin retorno" ("Los delitos de peligro en el derecho penal contemporáneo", en *Revista Electrónica de Ciencia Penal y Criminología*, 2023, núm. 25-29, pp. 37 s., http://criminet.ugr.es/recpc/25/recpc25-29.pdf).

52 *Vid.* Cuerda Arnau, "Aproximación al principio de proporcionalidad en Derecho penal", *cit.*, p.490, y Lascuraín, "El principio de proporcionalidad: cinco retos (y II)", *cit.*, quien menciona al respeto el art, 575.2. 2º y destaca la preocupante proyección del castigo de los actos preparatorios sobre delitos como la estafa, el blanqueo, las negociaciones prohibidas a los funcionarios, la asociación ilícita o la desobediencia.

conductas de muy distinto contenido de disvalor, y ello puede conducir a la posibilidad de que la versión imprudente del delito pueda ser penada en el caso concreto con mayor rigor que la dolosa[53].

Cuando la persona jurídica sea responsable del delito de blanqueo, también se produce una llamativa desproporcionalidad entre la multa penal (art. 302. 2 CP) y la multa administrativa prevista en los arts. 56 ss. de la *Ley 10/2010, de 28 de abril, de prevención del blanqueo de capitales y de la financiación del terrorismo*[54].

Y es asimismo cuestionable la pena del blanqueo imprudente en comparación con la prevista para el delito de receptación, puesto que la sanción

---

53 Critican el defecto denunciado, entre otros, Abel Souto, que alude a la "preocupante desproporción punitiva al ser viable sancionar la posesión y utilización negligentes con una pena, se seis meses a dos años de prisión y multa del tanto al triplo que no distingue entre tipos básicos y agravados, la cual permite en el caso concreto castigar con mayor gravedad la conducta negligente que la dolosa, desproporción que no es de recibo (*La expansión penal del blanqueo de dinero,* colección Grandes Maestros del Derecho penal tributario, tomo I, Centro Mexicano de estudios en lo penal tributario, México, 2016, p. 146). Ferré Olivé, por su parte, destaca la evidencia del "solapamiento de las penas mínimas privativas de libertad y de las penas de multa", lo cual "no se concilia con el distinto desvalor de injusto que corresponde a las modalidades dolosa y a la culposa" (*El delito de blanqueo de dinero, cit,* p. 301). Martínez Buján, en la misma línea, califica de "circunstancia insólita" que "tipo doloso y tipo imprudente cuenten con idéntico límite mínimo (amén de idéntica pena pecuniaria), algo que no resiste el más somero examen crítico, incluso dentro del propio sistema de penas del CP español" (*Derecho penal económico y de la empresa. Parte General, cit.*, p. 524) Para Díaz y García Conlledo, que de la comisión del blanqueo por imprudencia grave resulte *in concreto* una pena igual o mayor que la del delito doloso "convierte a la decisión legislativa cuando menos en discutible", "Blanqueo de bienes", en *Enciclopedia Penal Básica (Luzón Peña, dir.),* Granada, 2002, pp. 213 s.

Por lo demás, como es sabido, la legislación internacional no se ha mostrado especialmente favorable a su versión culposa, dada la existencia de convenios que omiten toda referencia a la regulación imprudente y otras normas sobre el blanqueo que no llegan más allá de facultar su inclusión en los ordenamientos penales de cada Estado. Es el caso, por ej., de la Directiva 2018/1673, en cuyo art. 3.2 se limita a indicar que los países miembros *pueden* prever como delito las conductas citadas en su art. 3.1 "cuando el autor sospechara o debiera haber sabido que los bienes provenían de una actividad delictiva" (la cursiva es mía).

54 Tal como denuncia Vidales Rodríguez, "Penas previstas para las personas jurídicas en España y sanciones de la Directiva 2018/1673", en *IX Congreso sobre prevención y represión del blanqueo de dinero (coords. M. Abel Souto/J. M. Lorenzo Salgado/N. Sánchez Stewart),* Tirant lo Blanch, Valencia, 2024, p. 462.

de la modalidad imprudente de blanqueo (de seis meses a dos años de prisión y multa del tanto al triplo del valor de los bienes blanqueados) "podría vulnerar el principio de proporcionalidad al ser idéntica a la pena privativa de libertad prevista para el delito doloso de receptación; delito cuya comisión, paradójicamente, no conlleva pena pecuniaria alguna. Resultan, en consecuencia, equiparados penológicamente el actuar doloso y con ánimo de lucro y el actuar imprudente sin ánimo alguno"[55].

Y a ello debe añadirse que, en la actualidad, un sector significativo de la literatura jurídico-penal propugna suprimir del CP el castigo del blanqueo culposo, por parecerle preferible el recurso a la vía administrativa y evitar así la afectación, entre otros, de los principios de intervención mínima, proporcionalidad y taxatividad[56]. No carece, empero, de un también importante número de defensores la opción por la que se inclinó nuestro vigente CP[57].

---

55 Vidales Rodríguez, *Los delitos de receptación y legitimación de capitales en el Código penal de 1995*, Tirant lo Blanch, Valencia, 1997, p. 146

56 Sobre las consideraciones que llevan a Ferré Olivé a defender esta propuesta, *vid.* su trabajo "La imprudencia en los delitos de blanqueo de capitales y financiación del terrorismo", en *Revista General de Derecho Penal*, 2020, núm. 33, pp. 9 ss. A su juicio, "puede cuestionarse político-criminalmente que se recurra a un delito de naturaleza económica, existiendo un completo régimen de infracciones y sanciones administrativas [...]". Y cabe subrayar aquí la crítica que hace a la opinión del legislador alemán al caracterizar el delito imprudente en este ámbito como una especie de "tipo de recogida", mediante el cual de no poderse probar el dolo siempre cabrá acudir a la imprudencia. Un razonamiento de este tipo, como indica Ferré, conduce a consecuencias absurdas. *Vid.* también Martínez-Buján Pérez, quien señala que en los delitos socioeconómicos, como defiende un importante sector de la doctrina, solo de manera muy excepcional es admisible la tipificación imprudente (*Derecho penal económico y de la empresa. Parte General, cit.*, p. 515). Vid., asimismo, Muñoz Cuesta, "Blanqueo de capitales imprudente: una figura más que discutible. Comentario a STS, Sala 2ª, de 14 septiembre 2005", en *Repertorio de Jurisprudencia Aranzadi*, núm. 7, 2005, pp. 21777. En la misma línea: Carlos de Oliveira, A. C., *Los deberes de colaboración en el Blanqueo de Capitales. Contexto normativo, fundamento y fines*, Atelier Ed., Barcelona, 2023, pp. 162 y 301. Desde luego, la mayoría de países de la UE no castigan en sus textos punitivos el blanqueo imprudente. Puede consultarse al respecto, Blanco Cordero, El delito de blanqueo de capitales, 4ª ed., Aranzadi, Cizur Menor (Navarra), 2015, pp. 871 s.

57 Según Lascuraín Sánchez, esta es la doctrina dominante ("Blanqueo de capitales, en Derecho penal económico y de la empresa" (de la Mata Barranco/Dopico Gómez-Aller/Lascuraín Sánchez/Nieto Martín), Madrid, 2018, p. 517), Varela, "Razón filosófico-política a favor de la criminalización del blanqueo de capitales imprudente", en *Revista de Derecho Penal y Criminología*, núm. 16, 2016. pp. 248 y

También son controvertibles los delitos de posesión —una especie de delitos de peligro abstracto que en ocasiones se configuran como delitos de sospecha—, en los que la pena no guarda correspondencia "con la gravedad de la conducta que efectivamente se ha realizado, sino con una más grave que el legislador presume a partir de ciertos hechos. En cuanto que la pena se establece en relación con una infracción no cometida por el autor resulta evidente que violan el principio de proporcionalidad y de culpabilidad"[58].

Algún supuesto de inobservancia del principio de referencia se da igualmente en el Derecho penal de menores, tal como oportunamente se ha denunciado por la doctrina especializada. Es el caso del art. 50. 2 de la LORRPM que permite que una medida no privativa de libertad sea sustituida por internamiento en centro semiabierto, mientras que el art. 468 CP sanciona con multa a los que, sin estar privados de libertad, quebranten penas o medidas[59].

C) Para el debido acatamiento del principio de proporcionalidad en sentido estricto, además de la importancia de la actividad legislativa, es absolutamente decisiva la actuación judicial, que tiene a su disposición un espacio de juego o marco penal[60]. Esta vertiente requiere, como se apunta por algún especialista, que se lleve a cabo "un análisis global de todas las ventajas e inconvenientes de la norma. Los costes que importan de la norma son todos. No solo la cantidad y la calidad de la pena, sino también el reproche que comporta la misma, la pérdida de autonomía que supone la prohibición en sí, y los costes indirectos que generan la Administración policial, judicial y penitenciaria", y el beneficio que la norma implica consiste en "la protección penal que provee a un bien jurídico, y será mayor cuanto

---

ss. Para González Quinzán, el art. 301.3 no vulnera "ningún principio formal y material propio del derecho penal" ("La comisión imprudente del blanqueo", en *Revista Penal México*, núm. 21, julio-diciembre, 2022, p. 194).

58 Nieto Martín, "El principio de proporcionalidad", *cit.*, p. 162. Cita este autor, entre otros, el delito de estafa del art. 248. 2, b) CP, que castiga a "los que fabricaren, introdujeren, poseyeren o facilitaren programas informáticos específicamente destinados a la comisión de las estafas previstas en este artículo".

59 *Vid.* Abel Souto, M., "La reforma de 25 de noviembre de 2003 en materia de principio acusatorio y la proporcionalidad garantizada por la Ley penal del menor", en *Estudios Penales y Criminológicos*, XXIV, 2004, p. 42.

60 Cfr. Demetrio Crespo, E., "Notas sobre la dogmática de la individualización de la pena", en *Derecho Penal y Criminología*, 1999, vol. 21, nº 67, pp. 32 ss.

más valioso sea el bien y cuanta mayor protección se le dispense"[61]. Es evidente que se trata de una labor difícil de llevar a cabo, pero tales datos han de ser tenidos en cuenta en la medida en que puedan ser determinados por al juzgador.

Como se ha advertido con toda precisión, el debate jurídico sobre la aplicación del principio de proporcionalidad se centra "en si puede el juicio de proporcionalidad ser fundamento de la decisión judicial que derrota una norma legal no inconstitucional o del juicio que, en control abstracto, declara constitucional una norma cuyo texto palmariamente choca con el texto de la Constitución o, al revés, declarar inconstitucional una ley que en nada contradice lo que el texto constitucional manda"[62]. Y ha de quedar meridianamente claro, como premisa inderogable, que no es admisible ponderar en contra de los preceptos constitucionales. Ello no significa, obviamente, que dicho juicio no tenga "ningún papel en la práctica jurídica ni deba tenerlo"[63]. El juez, pues, ha de tomar en consideración todos aquellos elementos contenidos en la ley penal que conduzcan a la aplicación de la norma teniendo siempre presente el principio de proporcionalidad. Y así, debe buscar un adecuado equilibrio entre el valor del fin perseguido y el medio empleado, identificando tanto las consecuencias positivas resultantes de la limitación o restricción de derechos, como las negativas para, previo pesaje de unas y otras, valorar si los aspectos positivos de dicha ponderación superan a los efectos negativos. En suma, con la proporcionalidad *stricto sensu* se trata de evitar la imposición de sanciones desmesuradas "buscando fines preventivos o fines que no resultan esenciales para la sociedad"[64]. Se ha subrayado oportunamente que ni el TEDH ni el TJUE siguen un método ponderativo tan minucioso como el acabado

---

61 Lascuraín Sánchez, "Principio de proporcionalidad", *cit.*, p. 102, nm 719. Para Lascuraín, entre otros supuestos a los que alude, relativos a la necesidad de tomar en consideración los costes globales de la pena, únicamente "si se computan como costes de la administración de la pena se entenderán algunos de los poderosos argumentos que se esgrimen a favor de la despenalización del tráfico de drogas, que tiene directa o indirectamente ocupado a buena parte del aparato policial, judicial y penitenciario". Sobre esta cuestión puede consultarse *Una alternativa a la actual política criminal sobre drogas*, Grupo de Estudios de Política Criminal, Documentos 1, pp. 9 ss.

62 García Amado, "Sobre proporcionalidad y garantismo en las decisiones judiciales", Sílex, 2022 (https://www.si-lex.es/sobre-proporcionalidad-y-garantismo-en-las-decisiones-judiciales), consultado en mayo 2024.

63 García Amado, *ibidem.*

64 Nieto Martín, "El principio de proporcionalidad", *cit.*, pp. 150 s.

de señalar, limitándose el TEDH a requerir al respecto que concurra una *relación adecuada* entre el valor del fin perseguido y el medio empleado, y a valorar "la intensidad con que la conducta prohibida afecta al interés tutelado, para a continuación comparar esta gravedad con la restricción del derecho implicado"[65]

Pues bien, el principio proporcionalidad en sentido estricto, con su versión de prohibición de exceso, tiende, ante todo, a lograr la realización de la justicia material en el caso concreto[66]. Y como dicha proporcionalidad o mandato de ponderación reclama que las sanciones puedan ser mensurables, es decir, objeto de graduación, el juez cuenta con los mecanismos previstos en el Ordenamiento penal para lograr la indicada proporcionalidad en la reacción punitiva. En nuestro Derecho, puede afirmarse que el juez —que está obligado a motivar debidamente sus resoluciones[67]—, tiene unos márgenes de arbitrio significativos, y para llevar a cabo su labor cuenta, entre otros elementos, con las reglas de determinación de la pena relativas al grado de participación en el delito, a la ejecución de este, a la concurrencia de las circunstancias modificativas de la responsabilidad criminal[68] y al régimen que prevé nuestro CP en materia de concurso de

---

65 *Ibidem.*

66 Sobre las posibilidades de que dispone el juez ordinario español en los casos de prohibición de exceso, *vid.* Silva Sánchez, *Derecho penal. Parte general, cit.*, cap. 5/ nm. 3. *Vid.* también Kluth, W., "Prohibición de exceso y principio de proporcionalidad en Derecho alemán", en *Cuadernos de Derecho Público*, 1998, núm. 5, septiembre-diciembre, p. 234.

67 Nuestro CP prescribe en su art. 72 que "Los jueces o tribunales, en la aplicación de la pena, con arreglo a las normas contenidas en este capítulo, razonarán en la sentencia el grado y extensión de la pena impuesta".

68 De especial interés son las previsiones del art. 66.1 6ª, que regula un supuesto de gran repercusión en la práctica del juzgador. En él se preceptúa que "Cuando no concurran atenuantes ni agravantes aplicarán la pena establecida por la ley para el delito cometido, en la extensión que estimen adecuada, en atención a las circunstancias personales del delincuente y a la mayor o menor gravedad del hecho". En tal sentido afirma de la Mata Barranco, al analizar la mención del art. 66.1.6ª CP a "circunstancias personales", que aunque no se especifiquen legalmente esas circunstancias y su concreción quede encomendada al juez, ello "parece lógico dada la tremenda heterogeneidad de circunstancias personales que pueden ser estudiadas al enjuiciar comportamientos delictivos y el hecho de que nos encontremos con datos de marcado carácter individual, que pueden ser valorados de forma diferente según el sujeto a quien afecten". Y entre tales circunstancias —que han de ponderarse para llevar a cabo el juicio de proporcionalidad— se citan "la edad, la madurez psicológica, el origen, la educación o formación intelectual y cultural, el

delitos o de normas. En definitiva, ha de tenerse en consideración todo aquello que brinda el Ordenamiento penal para que el juez pueda imponer la pena adecuada a la gravedad de la infracción[69], siendo los sustitutivos penales de una relevancia especial[70].

Y ha de mencionarse aquí, por último, la doctrina del efecto de desaliento (*chilling effect*), que mayoritariamente se vincula al juicio proporcionalidad en sentido estricto[71]. Como con precisión se ha descrito, dicho efecto "es el resultado disuasorio indirecto que sobre el ejercicio de un

---

estado y entorno familiar, la salud física y mental, condiciones económicas —por supuesto, en relación con la individualización con la pena de multa, como supuesto especial, habrá de tenerse en cuenta en todo caso la capacidad financiera del sujeto—, la posición profesional o social del sujeto, su vida anterior, su comportamiento posterior al delito, su comportamiento procesal, su sensibilidad frente a la pena y la susceptibilidad que tenga frente a ella, sus posibilidades de integración en el cuerpo social y, en general, las consecuencias previsibles en su vida futura" (*El principio de proporcionalidad penal*, Tirant lo Blanch, colección los delitos, núm. 75, Valencia, 2007, pp. 269 ss.). Fuentes Cubillos, entre otros, estima que deben excluirse de la evaluación "todos aquellos datos que no tengan vinculación directa con el hecho cometido, incluyendo aquellos que no puedan ser reconducidos al injusto, no pudiendo ser objeto de ponderación en un juicio de proporcionalidad, por lo menos para agravar la pena y sobrepasar el límite ya trazado por la gravedad del hecho, ello, en razón de que la entidad del injusto no puede ser alterada por consideraciones a la personalidad individual" ("El principio de proporcionalidad en Derecho penal. Algunas consideraciones acerca de su concretización en el ámbito de la individualización de la pena", en *Revista Ius et Praxis*, 2008, vol. 14, nº 2, p. 23). Según de la Mata Barranco no existe problema "en aceptar considerar circunstancias que no tengan ninguna relación con el hecho cometido y sí estrictamente con los efectos de la pena en la vida futura del sujeto" (*El principio de proporcionalidad penal, cit.*, p. 272). *Vid.* también Lascuraín Sánchez, autor que alude, como ya apunté con anterioridad, a la procedencia de tener en cuenta los costes globales de la pena ("Principio de proporcionalidad", *cit.*, p. 102, nm 719).

69 También en la denominada doctrinalmente Parte Especial se encuentran supuestos en los que se da al juez un importante arbitrio (cuya concreción, por supuesto, ha de ser siempre motivada) a la hora de imponer la sanción: es el caso de las penas potestativas (art. 226. 2, por ej.), alternativas (entre otras, prisión o multa, art. 332) y, por supuesto, la facultad, mediante resolución motivada, de suspender la ejecución de las penas privativas de libertad, de acuerdo con los requisitos de los arts. 80 y ss. CP), o las posibilidad, por ej., de subir en grado la pena o disminuirlo (arts. 369 o 368, párr. 2º).

70 Sobre tan importante temática es obligado consultar la monografía de Luzón Peña, *Medición de la pena y sustitutivos penales, op. cit.*

71 *Vid.* Lopera Mesa, G. P., *Principio de proporcionalidad y ley penal*, Centro de Estudios Políticos y Constitucionales, Madrid, 2006, pp. 508 ss.

derecho fundamental produce la sanción penal de una conducta ilícita pero muy cercana a las que resultan amparadas por el derecho en cuestión, razón por la cual se estima que recurrir al Derecho penal para sancionar esas extralimitaciones resulta desproporcionado"[72]. Esta doctrina alcanza con la STC 136/1999 su máxima relevancia en nuestro Derecho[73]. En ella se examina el caso del video elaborado por ETA y enviado por miembros de Herri Batasuna a organismos públicos para su difusión. El TS, en su sentencia de 29 de noviembre de 1997, castigó a los autores por el delito de colaboración con banda armada a sendas penas de siete años de prisión mayor y multa de medio millón de pesetas. Los condenados recurrieron en amparo ante el TC que dictó la antedicha sentencia 136/1999[74]. Al mar-

---

72 Cuerda Arnau, "La doctrina del efecto de desaliento en la jurisprudencia del Tribunal Constitucional español. Origen, desarrollo y decadencia", en Indret Penal. Revista para el análisis del Derecho, 2.2022, p. 92.

73 La STC 136/1999, según Cuerda Arnau, versa sobre, "una conducta relacionada con el ejercicio de la libertad de expresión, derecho y garantía constitucional que, a mi modesto entender, constituye piedra de toque de las posibilidades del referido principio como canon para enjuiciar la constitucionalidad de las limitaciones impuestas a los derechos fundamentales" ("Proporcionalidad penal y libertad de expresión: la función dogmática del efecto de desaliento", en *Revista General de Derecho Penal*, 2007-8).

74 El TC, en el fundamento jurídico 20 de esta sentencia, subraya que "el hecho de que se expresen ideas, se comunique información o se participe en una campaña electoral de forma ilícita y, por consiguiente, sin la protección de los respectivos derechos constitucionales, no significa que quienes realizan esas actividades no estén materialmente expresando ideas, comunicando información y participando en los asuntos públicos. Precisamente por ello, una reacción penal excesiva frente a este ejercicio ilícito de esas actividades puede producir efectos disuasorios o de desaliento sobre el ejercicio legítimo de los referidos derechos ya que sus titulares, sobre todo si los límites penales están imprecisamente establecidos, pueden no ejercerlos libremente ante el temor de que cualquier extralimitación sea severamente sancionada". Y el fundamento jurídico 29 hace también alusión a la doctrina del efecto de desaliento en los siguientes términos: "Hemos reiterado que la difusión de estas ideas e informaciones y este modo de participación en la actividad política no constituye un ejercicio lícito de las libertades de expresión, de información y de participación política y, por ello, no están tuteladas por esos derechos constitucionales y por ello pueden ser objeto de sanción penal; sin embargo, también hemos señalado que es indudable que las conductas incriminadas son actividades de expresión de ideas e informaciones y constituyen una forma de participación política y, en consecuencia, una sanción penal desproporcionada puede producir efectos de desaliento respecto del ejercicio lícito de esos derechos. En suma, aun admitiendo la legitimidad del recurso a la vía penal, la pena no puede proyectarse con la dureza que el tipo previene sobre la universalidad

gen de otras críticas que se hacen a esta sentencia[75], cabe señalar que una interpretación distinta era también posible, pues el TC pudo estimar que el desaliento se proyectaba no tanto sobre la ley, sino sobre la aplicación que de esta realizó el TS; es decir, que pudo amparar a los demandantes "considerando que la interpretación de la jurisdicción ordinaria no atendió a las exigencias de la prohibición de exceso. Así es porque la función que la doctrina del desaliento está llamada a tener en el momento de la subsunción típica bastaba para respaldar la idea de que el déficit de la ley pudo haberlo cubierto el juez con una interpretación de la misma como la que, en virtud de la referida función, aquí se ha postulado"[76]. Sin embargo, abandona el TC en posteriores sentencias hacer factible los efectos que de la doctrina del efecto de desaliento se derivan. Y así sucede, entre

---

de los componentes del órgano dirigente de una asociación política que, si bien extralimitándose, han actuado en un ámbito en el que las formaciones políticas deben operar con la mayor libertad sin más limitaciones que las estrictamente necesarias para preservar la libertad de los ciudadanos". En su fallo decide "otorgar el amparo a los recurrentes y, en consecuencia:
1º Reconocer que el art. 174 bis a) 1º y 2º del Código Penal de 1973 al ser aplicado al caso ha vulnerado su derecho a la legalidad penal (art. 25.1 C.E.).
2º Restablecerles en sus derechos y, a tal fin, declarar la nulidad de la Sentencia núm. 2/1997, de 29 de noviembre de 1997, dictada por la Sala Segunda del Tribunal Supremo, en la causa especial núm. 840/1996".

75 *Vid.*, entre otros, Cuerda Riezu, "Proporcionalidad, efecto desaliento y algunos silencios en la Sentencia del Tribunal Constitucional 136/1999, que otorgó el amparo a los dirigentes de Herri Batasuna", *cit.*, pp. 248 s. y muy especialmente, pp. 250 s. y 255, Navarro Frías, I., "El principio de proporcionalidad en sentido estricto: de proporcionalidad entre el delito y la pena o balance global de costes o beneficios", en *InDret Penal*, 2/2010, pp. 23 s.), Urías, J., "El efecto disuasorio (*chilling effect*) sobre el ejercicio de los derechos en nuestra jurisprudencia constitucional", en *Revista Española de Derecho Constitucional*, 2023, 129, 305-336 (https://doi.org/10.18042/cepc/redc.129.10).

76 Cuerda Arnau, "La doctrina del efecto de desaliento en la jurisprudencia del Tribunal Constitucional español. Origen, desarrollo y decadencia", *cit.*, p. 115. Advierte Cuerda Arnau que "el efecto disuasorio se presenta en esta STC 136/1999 como un presupuesto de la desproporcionalidad, es decir, como un requisito para entender infringido el principio de proporcionalidad [...]. Más concretamente, en esta STC 136/1999 el efecto de desaliento se considera como un criterio relevante para apreciar la desproporcionalidad en sentido estricto de la pena en comparación con el sacrificio que ello implica de los derechos fundamentales afectados".

otras, en la 190/2020, relativa a ultrajes a la bandera[77], y en la 133/2021, sobre el asalto al Parlamento de Cataluña. Estas dos sentencias se refieren, correctamente, a la proscripción del desaliento, pero no extraen de ello las consecuencias correspondientes en los casos concretos que analizan, quedando las referencias a la doctrina del *chilling effect* como alusiones vacías, meramente formales, obviando, de esta suerte, "la utilidad inherente a la doctrina del desaliento"[78].

D) En lo que atañe a la justicia europea, ha de subrayarse que, al igual que sucede en la de muchos de los países miembros, propende a prescindir en sus sentencias del análisis sistematizado del principio, dejando de examinar frecuentemente los subprincipios de idoneidad y necesidad, para efectuar directamente la ponderación propia de la proporcionalidad en sentido estricto.

En la jurisprudencia del TEDH, en relación con la doctrina del efecto de desaliento, puede citarse, por ej., los casos Karácsony y otros v. Hungría (sentencia de 16 septiembre de 2014), y Fragoso da Costa c. España (sentencia de 8 de junio de 2023)[79], casos en los que se tuvo en cuenta el chilling effect. De especial interés, puesto que se anula una Directiva,

---

77 *Vid.* sobre esta sentencia Colomer Bea, D., *El efecto desaliento. Análisis desde una perspectiva jurídico-penal*, en Delitos, nº 183, Tirant lo Blanch, Valencia, 2024, p. 99.

78 Una de las críticas más contundentes —y plenamente compartible— es la que Cuerda Arnau realiza sobre el abandono por parte del TC de la doctrina del efecto de desaliento, como se acaba de poner de manifiesto en el texto de este trabajo ("La doctrina del efecto de desaliento en la jurisprudencia del Tribunal Constitucional español. Origen, desarrollo y decadencia", *cit.*, pp. 116 ss.). Es justo también indicar que nuestro TC ha llevado a cabo análisis de gran importancia, aunque con ciertos altibajos e incorrecciones, a la hora de pronunciarse sobre el principio de proporcionalidad en sentido amplio Pueden verse al respecto: Chaño Regaña, l., "Ponderación (Tribunal Constitucional español)", en *Eunomía, Revista de Cultura de la Legalidad,* 2022, 23, pp. 241 ss., de la Mata Barranco, *El principio de proporcionalidad penal, cit.*, p. 167. Emmanuel Blanco, A., "La jurisprudencia del Tribunal Constitucional español sobre el principio de proporcionalidad en el proceso penal", en *Anuario de Derecho Penal y Ciencias Penales,* LXXXIV, 2021, p. 707, Lopera Mesa, *Principio de proporcionalidad y ley penal, cit.*, pp. 561 ss., Pereira Saéz, C., "Una contribución al estudio del principio de proporcionalidad en la jurisprudencia reciente del Tribunal Constitucional español", en *Anuario da Facultade de Dereito da Universidade da Coruña,* 2004, pp. 1043 ss., Perelló Doménech, I., "El principio de proporcionalidad y la jurisprudencia constitucional", en *Jueces para la democracia,* 1997, nº 28, pp. 69 ss.

79 *Vid.* Colomer Bea, D., "El efecto desaliento. Análisis desde una perspectiva jurídico-penal", *cit.*, pp. 99 ss.

es el asunto Digital Rights Ireland. Dicha Directiva es la 2006/24/CE del Parlamento europeo y del Consejo, de 15 de marzo de 2006, *sobre la conservación de datos generados o tratados en relación con la prestación de servicios de comunicaciones electrónicas de acceso público o de redes públicas de comunicaciones y por la que se modifica la Directiva* 2002/58/CE. Esta Directiva iba dirigida a conservar datos personales a los efectos "de investigación, detección y enjuiciamiento de delitos graves, tal como se definen en la normativa nacional de cada Estado miembro, como el terrorismo y la delincuencia organizada, [que] no pueden ser alcanzados de manera suficiente por los Estados miembros". Con la falta de las restricciones necesarias o salvaguardas bastantes para preservar que la utilización de los datos personales respondiese a lo estrictamente necesario, la norma europea producía una insostenible injerencia directa en el derecho a la vida privada, hasta el punto de que el TC de Austria aseveró la imposibilidad de llevar a cabo una trasposición de la Directiva sin afectar derechos fundamentales. Por ello, al igual que la Corte Suprema de Irlanda, planteó una cuestión prejudicial ante el TJUE. El Tribunal (Gran Sala), en sentencia de 8 de abril de 2014, encuadrando el tema en el ámbito de proporcionalidad en sentido estricto, declaró que la indicada Directiva adolecía de nulidad por contravenir los arts. 7 y 8 de la Carta de los Derechos fundamentales de la Unión Europea[80]. En ella se parte de la base de que "la lucha contra la delincuencia grave, especialmente contra la delincuencia organizada y el terrorismo, reviste una importancia primordial para garantizar la seguridad pública y su eficacia puede depender en gran medida de la utilización de técnicas modernas de investigación" No obstante, como declara el Tribunal, ello "no puede por sí solo justificar que una medida de conservación como la establecida por la Directiva 2006/24 se considere necesaria a los efectos de dicha lucha". En efecto, la Directiva a) "abarca de manera generalizada a todas las personas, medios de comunicación electrónica y datos relativos al tráfico sin que se establezca ninguna diferenciación, limitación o excepción en función del objetivo de lucha contra los delitos graves", b) "no exige ninguna relación entre los datos cuya conservación se establece y una amenaza para la seguridad pública", c) "la conservación no se limita a datos referentes a un período temporal o zona geográfica determinados o a un círculo de personas

---

80 *Vid.* al respecto González Pascual, M., "El TJUE garante de los derechos en la UE a la luz de la sentencia Digital Rights Ireland", en *Revista de Derecho Comunitario Europeo,* 2014, nº 49, septiembre-diciembre, pp. 943 ss. Señala este autor que la sentencia "vino en gran medida condicionada por la cascada de decisiones nacionales contrarias a la norma europea, circunstancia bastante insólita" (p. 968).

concretas que puedan estar implicadas de una manera u otra en un delito grave, ni a personas que por otros motivos podrían contribuir, mediante la conservación de sus datos, a la prevención, detección o enjuiciamiento de delitos graves", d) tampoco "establece ningún criterio objetivo que permita limitar el número de personas que disponen de la autorización de acceso y utilización posterior de los datos conservados a lo estrictamente necesario teniendo en cuenta el objetivo perseguido". Tales datos por lo demás, como destaca el Tribunal de Luxemburgo "considerados en su conjunto, pueden permitir extraer conclusiones muy precisas sobre la vida privada de las personas cuyos datos se han conservado, como los hábitos de la vida cotidiana, los lugares de residencia permanentes o temporales, los desplazamientos diarios u otros, las actividades realizadas, sus relaciones sociales y los medios sociales que frecuentan", sin contener las limitaciones o cautelas correspondientes que justifiquen una injerencia de tal envergadura en la vida privada. Estas son algunos de las razones que llevan al TJUE a declarar la invalidez de la referida Directiva, que deja, pues, de pertenecer a la legislación europea. Debe destacarse, llegados a este punto, que pese a que la TJUE no cita *nominatim* la doctrina del efecto de desaliento esta subyace en alguno de los argumentos que llevan al Tribunal a adoptar su decisión. Y dado que en su sentencia censura el modo de retener datos personales, como los descritos, no parece aventurado afirmar que, con la difusa configuración de tales datos, calase en el ciudadano la sensación de estar siendo controlado de una manera tan discutible que ello condujese a afectar o limitar su comportamiento, incluso en terrenos que nada tuviesen que ver con lo delictivo.

Al margen ya de la temática del *chilling effect,* son numerosas las sentencia tanto del TEDH como del TJUE que estudian el principio de proporcionalidad *stricto sensu,* y entre los supuestos tratados por el Tribunal de Luxemburgo ocupan un lugar destacado aquellos que versan sobre la expulsión de extranjeros. Y así, en el caso Panagiotis Tsakouridis se plantea una rica problemática en la que se dan hipótesis diversas, cada una de ellas con varios parámetros sobre los que llevar a cabo la ponderación propia del principio de proporcionalidad en sentido estricto.

El Sr. Tsakouridis, de nacionalidad griega pero nacido en Alemania, con antecedentes penales por diversos delitos[81], poseía desde octubre de 2001 permiso de residencia en Alemania por tiempo ilimitado. Sin embargo, al

---

81 Por "posesión de objeto prohibido, agresión con lesiones graves, lesiones dolosas y coacciones".

ser condenado por el Landgericht Stuttgart, en sentencia de 28 agosto de 2007, a la pena de 6 años y 6 meses de prisión por ocho actos de tráfico de estupefacientes, en cantidad importante, con pertenencia a banda organizada, el Regierungspräesidium Stuttgart declaró la pérdida de su derecho de entrada y permanencia en territorio alemán con la advertencia "de que podía ser objeto de una medida de expulsión a Grecia sin fijar un plazo para su salida voluntaria". La indicada decisión se toma por haberse excedido el umbral de los 5 años de prisión.

Tal decisión de injerencia en la vida privada y familiar se justifica, subraya el órgano administrativo, "por el interés superior de la protección del orden público y de la prevención de nuevos delitos [...] sin que puedan apreciarse intereses particulares o familiares de igual valor que obliguen a desistir de la medida por razones de proporcionalidad", basando el Regierungspräesidium tal medida en *motivos imperiosos de seguridad pública.*

Contra esta resolución, el 17 de agosto de 2008 el Sr. Tsakouridis interpone recurso ante el Verwaltungsgerichts Stuttgart, aduciendo una serie de circunstancias que deberían tenerse en cuenta para evitar su expulsión y privarle del permiso de residencia por tiempo ilimitado en Alemania[82] Dicho Tribunal administrativo anula, por sentencia de 24 de noviembre de 2008, la resolución del Consejo Regional (Regierungspräesidium), puesto que una condena penal es insuficiente para perder el derecho de entrada y residencia de un ciudadano, que exigiría la concurrencia de "una amenaza efectiva y suficientemente grave que afecte a un interés fundamental de la sociedad"[83]. Y en un caso como el presente al Sr. Tsakouridis, con una residencia de diez años en territorio alemán anteriores a la decisión del

---

82 Tales razones se concretan en las siguientes: que la mayor parte de su familia vive en Alemania. Además, de la sentencia del Landgericht de Stuttgart se desprende, según él, que sólo era un miembro subalterno de la banda organizada. Dado que se crió y fue escolarizado en Alemania, no existe peligro, en el sentido del artículo 6, apartado 1, de la FreizügG/EU. Asimismo, mantiene una estrecha relación con su padre, que vive en Alemania y que lo visita regularmente en prisión. Se entregó voluntariamente a la Policía, lo que demuestra, en su opinión, que no representa ya un peligro para el orden público después de haber cumplido su pena, de modo que la declaración de pérdida de su derecho a entrar y residir en territorio alemán resulta desproporcionada. Por último, alega que su madre, que residía entonces con su hija en Austria, iba a volver a residir definitivamente con su esposo en Alemania en la primavera de 2009.

83 Conforme a lo dispuesto en el art. 6.2. de la FreizüG/UE

Regierungspräesidium Stuttgart[84], solo sería factible privarle del derecho de entrada y permanencia si se diesen "motivos imperiosos de seguridad", motivos que, según la resolución de este órgano jurisdiccional administrativo, no concurren[85].

Finalmente, recurrida en apelación dicha sentencia ante el Verwaltungsgerichtshof Baden-Württemberg, este decide suspender el procedimiento y plantear varias cuestiones prejudiciales al TJUE a las que, constituido en Gran Sala, responde por medio de la sentencia de 23 de noviembre de 2010[86].

Según el apartado 25 de la STJU, "como se desprende del vigesimocuarto considerando de la Directiva 2004/38, esta establece un régimen de protección frente a medidas de expulsión que se basa en el grado de integración de las personas afectadas en el Estado miembro de acogida, de modo que cuanto mayor sea la integración de los ciudadanos de la Unión y de los miembros de su familia en el Estado miembro de acogida, tanto mayor debería ser la protección contra la expulsión". Y así, la protección reforzada, prevista en el art. 28.3, a) de la citada Directiva 2004/38[87], impide la expulsión, salvo si tal decisión está fundamentada en la existencia de

---

84 Aunque en realidad residió más de treinta años en el Estado miembro de acogida (Alemania), a los efectos de la protección reforzada frente a una posible expulsión, el dato importante es, como veremos, el referido a los últimos diez años previos a la resolución del Regierungspräesidium Stuttgart.

85 *Vid.* art. 6. 2 y 5 de la FreizügG/EU, art. 28. 3 de la Directiva 2004/38.

86 Sobre esta sentencia puede consultarse: Díaz Crego, Mª., "Derecho de extranjería jurisprudencial del Tribunal Constitucional, del Tribunal Europeo de los Derechos Humanos y el Tribunal de Justicia de la Unión Europea", en *Anuario CIDOB de la inmigración, nº 2011, 2012 (Ejemplar dedicado a: la hora de la integración)*, pp. 431 ss., Villar Fuentes, I., "Motivos graves de orden público, una excepción a la protección reforzada contra la expulsión de ciudadanos comunitarios con 10 años de residencia en el Estado de acogida", en *Revista Internacional de Doctrina y Jurisprudencia*, pdf, pp. 9 ss. (en Dialnet-MotivosGravesDeOrdenPublico-7966979). Cortés Martín, J. M., "Crónica jurisprudencial del Tribuna de Justicia de la Unión Europea", en *Revista de Derecho Comunitario Europeo*, 2011, nº 38 (enero-abril), pp. 225 ss.

87 Según el art. 28. 3, letra a), "No se podrá adoptar una decisión de expulsión contra un ciudadano de la Unión, excepto si la decisión se basa en *motivos imperiosos de seguridad pública* tal que definidos por los Estados miembros, cuando éste: a) haya residido en el Estado miembro de acogida durante los diez años anteriores". En la legislación alemana, el art. 6.1 de la Ley general de circulación de los ciudadanos de la Unión alude a *razones de orden público, seguridad o salud* (las cursivas son mías).

motivos imperiosos de seguridad pública. Y aunque se entienda, en principio, que el ciudadano ha residido en el Estado miembro de acogida durante los diez años anteriores a la decisión del Regierungspräesidium, si ha incurrido en ausencias durante ese período, estas pueden afectar a los diez años exigidos para la referida protección, con la posibilidad de perderla. En el supuesto de Tsakouridis, que incurrió en varias ausencias del territorio alemán, el TJUE —a los efectos de saber si sigue en esa posición de "protección reforzada"—, señala que el Tribunal superior administrativo alemán ha de tomar en consideración particularmente las circunstancias siguientes: "la duración de cada una de las ausencias del interesado del Estado miembro de acogida, la duración total y la frecuencia de estas ausencias, así como los motivos que llevaron al interesado a abandonar ese Estado miembro. En efecto, hay que examinar si tales ausencias implican el desplazamiento hacia otro Estado miembro del centro de los intereses personales, familiares o profesionales del sujeto en cuestión". Y si el Tribunal interno —con las indicaciones que le proporciona el TJUE— llega a la conclusión de que la protección que le corresponde es la del art. 28.2, no se podrá adoptar una medida de expulsión del país de acogida contra quien "haya adquirido un derecho de residencia permanente en su territorio, excepto por *motivos graves de orden público o seguridad pública*"[88]. El problema radica entonces en saber si el tráfico de drogas se incluye en las dos formas de ataque a que se refieren el art. 28. 3 y 2 (*motivos imperiosos de seguridad pública y motivos graves de orden público o seguridad pública*), materia esta que es otra de las cuestiones prejudiciales planteadas por el órgano jurisdiccional remitente. Se trata, pues, de precisar si el tráfico de drogas entra dentro del ámbito de *motivos imperiosos de seguridad pública* y en el de *motivos graves de orden público o seguridad pública.* Para resolver este extremo, el TJUE, en el apartado 36 de su sentencia, manifiesta que a la normas que cita el Tribunal nacional en sus cuestiones prejudiciales, es necesario añadir otras de Derecho de la Unión que sean de utilidad para resolver el litigio que se le ha planteado. Y así destaca el Tribunal europeo que ya en anteriores resoluciones ha interpretado que la seguridad pública comprende la seguridad interior y exterior del país miembro, sin que ello implique indefectiblemente que el tráfico de drogas esté excluido del concepto de seguridad pública, pues tal como señala la Decisión marco 2004/757/JAI del Consejo, "el tráfico ilegal de droga representa una amenaza para la salud, la seguridad y la calidad de la vida de los ciudadanos de la Unión, así como para la economía legal,

---

[88] Sobre lo que haya de entenderse por seguridad pública, *vid.* la STJUE, apartados 43 y ss.

la estabilidad y la seguridad de los Estados miembros". De este modo —al haber considerado el Tribunal de Justicia, en varias sentencias, que contra el tráfico de drogas, por el peligro que este representa para la sociedad, es justificable que los Estados miembros prevean medidas especiales para los extranjeros que incurran en el mencionado delito—, confirma el Tribunal de Luxemburgo que este tipo de delincuencia está abarcado por las expresiones *motivos imperiosos de seguridad pública* y *motivos graves de orden público o seguridad pública.*

Por lo demás, ordena el art. 28.1 que "antes de tomar una decisión de expulsión del territorio por razones de orden público o seguridad pública, el Estado miembro de acogida deberá tener en cuenta, en particular, la duración de la residencia del interesado en su territorio, su edad, estado de salud, situación familiar y económica, su integración social y cultural en el Estado miembro de acogida y la importancia de los vínculos con su país de origen".

Como se sigue de la lectura de la sentencia del TJUE, es el Tribunal nacional que planteó las cuestiones prejudiciales (el Verwaltungsgerichtshof) el que establezca —con la orientación que le proporciona el Tribunal europeo— "si se han roto los vínculos de integración establecidos anteriormente con el Estado miembro de acogida".

En suma, si dicho órgano jurisdiccional nacional decide que tales ausencias no pueden desposeerle de la protección reforzada, deberá analizar entonces si la decisión de expulsión puede fundamentarse en "motivos imperiosos de seguridad pública", que suponen un ataque a dicha seguridad especialmente intenso, concepto este que es más limitado que el de "motivos graves de orden público o seguridad pública", precisamente porque dicho concepto está ligado a supuestos en los que los ciudadanos han permanecido durante los últimos diez años al menos en el país de acogida. La medida de expulsión requiere, en consecuencia, un análisis individualizado de cada caso concreto, y ha de poder ejecutarse si "tal medida es necesaria para proteger los intereses que pretende garantizar, a condición de que este objetivo no pueda alcanzarse con medidas menos estrictas". Y al respecto hay que tener presente "la duración de la residencia del ciudadano de la Unión en el Estado miembro de acogida y, en particular, las consecuencias negativas graves que una medida de este tipo puede generar para los ciudadanos de la Unión verdaderamente integrados en el Estado miembro de acogida". Y la decisión de expulsar ha de tener igualmente en cuenta si la injerencia es proporcionada al fin perseguido (protección de la seguridad pública), para lo cual debe evaluarse "el carácter y la gravedad de la infracción cometida, la duración de la residencia del interesado en el Estado miembro de acogida, el período transcurrido desde que se cometió la infracción y la conducta del interesado durante este período, así como la solidez de los vínculos sociales, culturales y familiares con el Estado miembro de acogida. En el caso de un ciudadano de la Unión que haya pasado legalmente la mayor parte, o incluso la totalidad, de su infancia y de su juventud en el Estado miembro de acogida, habrá que apuntar razones muy sólidas para justificar la medida de expulsión".

En definitiva, con las directrices que el TJUE le proporciona y las circunstancias que han de ser tenidas en cuenta, es el órgano que planteó las cuestiones prejudiciales (el Verwaltungsgerichtshof Baden-Württemberg) el competente para resolver el litigio, para lo cual debe realizar la ponderación de las diversas variables y determinar si concurre una relación adecuada entre la afectación en la vida privada y familiar (que la medida de expulsión conlleva) y la protección de la seguridad o el orden públicos.

III. COMUNICACIONES

Inteligencia artificial y blanqueo de capitales: prevención y comisión del delito

CARLOS ÁLVARO PERIS
Becario ministerial de colaboración 2023-2024 en la Universidad de Valencia

DEFINICIÓN DE SISTEMA DE IA

¿Qué podemos entender por sistema de inteligencia artificial? En los últimos años, la inteligencia artificial (de ahora en adelante IA) ha irrumpido en nuestras vidas generando tanto expectación como preocupación. Las redes sociales y los medios de comunicación se han llenado de agoreros y futuristas que aseguran saber cuál es el futuro que le espera a la humanidad. Los primeros advierten de la inminente aparición de robots humanoides que tratarán de aniquilar a la especie humana. Los segundos visualizan la rápida llegada de unas máquinas con inteligencia general que desplazarán por completo a los humanos. Pero bien es cierto que actualmente ni unos ni otros tienen razón y es que en tiempos convulsos como los que estamos viviendo solo nos queda una solución: abandonar el terreno de las meras especulaciones para dar paso al rigor científico y jurídico.

En primer lugar, acudimos a la doctrina científica para corroborar que todavía no tenemos una IA fuerte o general capaz de superar a la inteligencia humana. Así lo hace saber la catedrática de la Universidad Estatal de Portland y profesora en el Instituto Santa Fe, Melanie Mitchell[1]: "*Para las máquinas superinteligentes y conscientes falta mucho tiempo*"[2]. También lo han afirmado el director del Allen Institute, Oren Etzioni[3], o más recientemente el científico Gary Marcus en su artículo de *Scientific American* donde

---

1 Melanie Mitchell es la discípula de Douglas Hofstadter, afamado académico cuya monografía: "*Gödel, Escher, Bach: Un eterno y grácil bucle*" tuvo gran repercusión en el campo de la IA.

2 Mitchell, M. (2020). *Inteligencia Artificial. Guía para seres pensantes.* Ed. Capitán Swing. Cap. 16, pp. 351- 352.

3 Etzioni, O. (2017) *Creating Human-Level AI: How and when?* [Conferencia] Future of Life Institute. Recuperado de https://www.youtube.com/watch?v=V0aXMTpZTfc

nos confirma que la IA general no es tan inminente como se piensa[4]. Por tanto, desde un punto de vista científico, a pesar de que ha habido grandes avances gracias a la creación de redes neuronales, solo podemos hablar de que existen sistemas de IA débil para realizar algunas tareas concretas, ya que todavía estamos lejos de alcanzar esos sistemas de IA fuerte o general que desplacen al ser humano.

En segundo lugar, una vez hemos constatado cuál es el verdadero estado actual de la IA, debemos trasladarlo a términos jurídicos, ya que los profesionales del derecho u operadores jurídicos necesitamos saber cuándo estamos frente a un sistema de IA y cuándo no. A lo largo de los años, distintas asociaciones de juristas han tratado de dar respuesta a esta cuestión, situación que ha sido solventada recientemente por la Unión Europea[5] al definir en el artículo 3 del Reglamento de IA qué se entiende por sistema de IA[6]. Por tanto, como operadores jurídicos, concluiremos que estamos ante uno de estos sistemas cuando cumpla con los patrones de autonomía, aprendizaje e interacción establecidos en este Reglamento.

PREVENCIÓN DEL BLANQUEO DE CAPITALES A TRAVÉS DE SISTEMAS DE IA

El origen del blanqueo de capitales lo sitúan algunos autores en la Edad Media, cuando grupos de piratas atracaban navíos y posteriormente trataban de lavar el oro robado. Sin embargo, el concepto de "lavar dinero" se expande en los años veinte cuando la mafia norteamericana creó una red de lavanderías para disimular el origen de todo el dinero proveniente de

---

4 Marcus, G. (2022) *Artificial General Intelligence is not as imminent as you might think.* Scientific American. Recuperado de https://www.scientificamerican.com/article/artificial-general-intelligence-is-not-as-imminent-as-you-might-think1/

5 Si bien la definición establecida por el nuevo Reglamento de IA de la Unión Europea continúa siendo bastante amplia, cabe destacar que se ha mejorado la seguridad jurídica de los usuarios de la cadena de valor de la IA, ya que en la primera propuesta de reglamento, la definición de sistema de IA remitía a un anexo que podía modificarse en cualquier momento por la Comisión Europea.

6 El artículo 3 del Reglamento de IA de la UE define el sistema de IA como: "*un sistema basado en una máquina diseñado para funcionar con distintos niveles de autonomía, que puede mostrar capacidad de adaptación tras el despliegue y que, para objetivos explícitos o implícitos, infiere de la información de entrada que recibe la manera de generar información de salida, como predicciones, contenidos, recomendaciones o decisiones, que puede influir en entornos físicos o virtuales*"

actividades criminales. Sin duda, es una lacra que hemos arrastrado desde entonces en todos los países y que se ha visto agravada con la globalización. Por ello, como bien dice el profesor Abel Souto: "*el blanqueo de capitales es un fenómeno mundial que exige de respuestas globales estando condenada al fracaso toda iniciativa estatal aislada*"[7].

Ahora bien, ¿cómo podemos utilizar los sistemas de IA para prevenir el blanqueo de capitales? Gracias a la capacidad de comparación masiva de datos que tienen los sistemas de IA, pueden predecir comportamientos y averiguar cuáles van a ser los países donde más dinero se va a blanquear. Supone un gran avance en la prevención del delito al permitir destinar más recursos y prestar más atención a las zonas donde está previsto que se va a blanquear más. También, la fiscalía está comenzando a utilizar estos sistemas para trazar datos a través de las plataformas de *blockchain*. Además, tal y como comentó el profesor Abel Souto[8], en el considerando decimoséptimo del Reglamento de la UE 2023/1113 relativo a las transferencias de fondos y criptoactivos, se alude a que ciertas transferencias de criptoactivos, sobre todo aquellas en las que están involucrados monederos privados y mezcladores o *tumblers*, suponen un alto riesgo de blanqueo de capitales. Por ello, también se pueden utilizar los sistemas de IA para garantizar la capacidad de seguimiento de dichas transferencias. De esta forma, podemos comprobar cómo los sistemas de IA sirven para prevenir el blanqueo de capitales tanto en la forma de comisión tradicional del delito como en las nuevas formas de llevarlo a cabo a través de criptoactivos.

COMISIÓN DEL DELITO DE BLANQUEO DE CAPITALES MEDIANTE EL USO DE SISTEMAS DE IA Y NUEVAS TECNOLOGÍAS

Una vez hemos analizado los buenos usos que se le pueden dar a los sistemas de IA para prevenir o luchar contra el blanqueo de capitales, debemos analizar el uso que hacen los criminales de estos sistemas para lavar el dinero. Principalmente, se aprovechan de la capacidad de estos sistemas

---

7 Abel Souto, M. (2022) *COVID-19 y comisión del delito de blanqueo de dinero mediante las nuevas tecnologías.* Revista Electrónica de Ciencia Penal y Criminología ISSN 1695-0194. RECPC 24-28

8 Abel Souto, M. (2024, 22 de mayo) *Inteligencia artificial y blanqueo de dinero procedente de la corrupción.* [Conferencia] IX Jornadas las respuestas penales a los retos del buen gobierno. V Jornadas homenaje a la Dra. Górriz Royo en la Universidad de Valencia.

para manejar ingentes cantidades de datos, llevando así a cabo grandes operaciones de dinero a través de plataformas de *exchange* o intercambios centralizados que utilizan una débil tecnología.

Por tanto, esta débil tecnología que no permite controlar con seguridad el origen de las operaciones, así como el creciente uso de testaferros, hace que sea prácticamente imposible descubrir quién hay detrás de esas operaciones, por lo que los criminales gozan de anonimato[9]. Sin duda, estas relaciones entre clientes no presenciales hacen que se convierta en una actividad transfronteriza que provoca una difícil aplicación de las medidas antilavado, así como otros problemas de competencia territorial o dispersión de la prueba[10]. También, hacen uso de estos sistemas para blanquear dinero a través de servicios de pago en internet. ¿Cómo lo hacen? Principalmente, recurren a ciberdelicuentes que han utilizado técnicas como el robo de credenciales o *phising* para posteriormente suplantar la identidad de la víctima. Por si todo ello fuera poco, los criminales han encontrado otra fuente de blanqueo de dinero en el mercado de los tokens no fungibles (NFT) creando registros falsos de ventas en la blockchain, vendiéndose el token a sí mismo a través de diferentes cuentas para posteriormente vendérselo a un comprador incauto.

Finalmente, a modo de conclusión, podemos afirmar que la inteligencia artificial y el resto de nuevas tecnologías presentan muchas oportunidades para luchar contra el blanqueo de capitales, pero también grandes retos a la hora de frenar su uso por parte de los criminales. Por ello, los legisladores jugarán en los próximos años un papel muy importante a la hora de llevar a cabo una regulación que responda con seguridad, firmeza y rigor a todas las posibles violaciones de bienes jurídicos protegidos penalmente.

BIBLIOGRAFÍA

Abel Souto, M. (2022) *COVID-19 y comisión del delito de blanqueo de dinero mediante las nuevas tecnologías.* Revista Electrónica de Ciencia Penal y Criminología ISSN 1695-0194. RECPC 24-28

---

9 Abel Souto, M. (2022) *COVID-19 y comisión del delito de blanqueo de dinero mediante las nuevas tecnologías.* Revista Electrónica de Ciencia Penal y Criminología ISSN 1695-0194 RECPC 24-28

10 Navarro Cardoso, F. (2019) *Criptomonedas (en especial, bitcóin) y blanqueo de dinero.* Revista Electrónica de Ciencia Penal y Criminología ISSN 1695-0194 RECPC 21-14

Abel Souto, M. (2024, 22 de mayo) *Inteligencia artificial y blanqueo de dinero procedente de la corrupción.* [Conferencia] IX Jornadas las respuestas penales a los retos del buen gobierno. V Jornadas homenaje a la Dra. Górriz Royo en la Universidad de Valencia.

Etzioni, O. (2017) *Creating Human-Level AI: How and when?* [Conferencia] Future of Life Institute. Recuperado de https://www.youtube.com/watch?v=V0aXMTpZTfc

Ibáñez Jiménez, J.W. (2018) *Blockchain. Primeras cuestiones en el ordenamiento español.* Ed. Dykinson.

Marcus, G. (2022) *Artificial General Intelligence is not as imminent as you might think.* Scientific American. Recuperado de https://www.scientificamerican.com/article/artificial-general-intelligence-is-not-as-imminent-as-you-might-think1/

Miró Llinares, F. (2021) *Crimen, cibercrimen y COVID-19: desplazamiento (acelerado) de oportunidades y adaptación situacional de ciberdelitos.* Revista de Internet, Derecho y Política. ISSN-e 1699-8154, Nº. 32, 2021.

Mitchell, M. (2020). *Inteligencia Artificial. Guía para seres pensantes.* Ed. Capitán Swing. Cap. 16, pp. 351-352.

Navarro Cardoso, F. (2019) *Criptomonedas (en especial, bitcóin) y blanqueo de dinero.* Revista Electrónica de Ciencia Penal y Criminología ISSN 1695-0194 RECPC 21-14

Monedas virtuales, blanqueo de capitales y financiación del terrorismo

DIEGO GONZÁLEZ LÓPEZ
Personal docente e investigador ACIF
Universidad de Valencia

EL CRIMEN Y LAS MONEDAS VIRTUALES

Las monedas virtuales son instrumentos financieros de carácter digital que utilizan un sistema descentralizado, el cual permite que la emisión y gestión de las transacciones se lleve a cabo sin la existencia de intermediarios y con una velocidad de transacción mayor que las transferencias bancarias internacionales. Por tanto, al facilitar el envío de fondos entre particulares y facilitar la elusión de los controles gubernamentales por su complejo proceso de seguimiento, las monedas virtuales se han convertido en una herramienta tecnológica utilizada por la mayoría de las organizaciones criminales. Y es que, la utilización de criptomonedas para la comisión de actividades delictivas se basa en la confianza que estos activos generen en las organizaciones, las cuales suelen estar formadas y asesoradas por parte de sujetos con conocimientos jurídicos y tecnológicos.

Es indudable la confianza que genera el dinero fiduciario, sin embargo, determinadas monedas virtuales como Monero o Dash, cuyo pilar fundamental es la privacidad y el anonimato de las transacciones, provocan que los delincuentes opten por la utilización de estos instrumentos financieros en la comisión de actividades delictivas. Dentro de estas actividades, cabe diferenciar entre dos tipos de delincuentes, aquellos que lavan directamente las ganancias obtenidas por su propia organización criminal y los grupos de delincuencia organizada que ofrecen el lavado de dinero como servicio a terceros. Y es que, como señala ABEL SOUTO, los nuevos sistemas de pago facilitan la actividad criminal de los blanqueadores[1], sin embargo, no todas las organizaciones criminales cuentan con el conocimiento técnico

---

1 Abel Souto, M (2022). COVID-19 y comisión del delito de blanqueo de dinero mediante las nuevas tecnologías. *Revista Electrónica de Ciencia Penal y Criminología*, p. 23.

suficiente para lavar sus activos, por lo que el blanqueo de capitales como servicio a terceros se ha convertido en algo habitual entre los propios delincuentes.

Como consecuencia de la dificultad o imposibilidad de realizar la trazabilidad de las transacciones, cabe poner el énfasis en la operatividad de los *exchanges* y de los *hot wallets* y en la prohibición de los *cold wallets*. Los monederos no custodiados (*cold wallets*) se pueden abrir desde cualquier lugar del mundo sin la necesidad de identificación, ya que únicamente se requiere de la clave privada del monedero para acceder a los fondos, lo que facilita el anonimato de los delincuentes. Por tanto, el uso de *cold wallets* junto con la utilización de criptomonedas con elevados estándares de confidencialidad, provoca la total privacidad, anonimato y seguridad de los criminales, que pueden blanquear el dinero obtenido de las actividades ilícitas sin que sea posible su trazabilidad y recuperación posterior por parte de las autoridades judiciales.

EL DELITO DE BLANQUEO DE CAPITALES

El delito de blanqueo de capitales, desde una perspectiva amplia, incluye todos los procedimientos, herramientas y sistemas que se utilizan con la finalidad de legalizar los bienes o activos, ya sean monetarios o no, creados en actividades ilícitas. Y es que, el delito de blanqueo es una figura muy útil que impide que los delincuentes disfruten de las ganancias obtenidas a través de la realización de actividades delictivas. El tipo básico del delito castiga la adquisición, la posesión, la utilización, la conversión y la transmisión sabiendo el origen ilícito de los bienes o la ayuda a la persona que haya participado en el lavado de activos para eludir las consecuencias jurídicas de sus actos. Por tanto, el delito de blanqueo requiere que todos los actos realizados por el sujeto activo tengan como finalidad ocultar o encubrir la procedencia ilícita de los bienes o ayudar al autor del delito precedente a evitar las consecuencias legales de su actividad ilícita.

Refiriéndonos a los tipos agravados del delito de blanqueo de capitales debemos de realizar la siguiente clasificación:

– Por el origen de los bienes, artículo 301.1 del Código Penal.

– Por la pertenencia a una organización criminal, párrafo primero del artículo 302.1 del Código Penal.

– Por ser sujeto obligado de la normativa de prevención del blanqueo de capitales y de la financiación del terrorismo, párrafo segundo del artículo 302.1 del Código Penal.

El párrafo primero del precepto 302.1 del Código Penal prevé una circunstancia agravante del delito de blanqueo de capitales para los sujetos que pertenezcan a organizaciones que se dediquen al lavado de activos. Además, el contenido del artículo señala la pena superior en grado a los jefes, administradores y encargados de estas organizaciones criminales. Por otra parte, cabe señalar que el párrafo segundo del artículo 302.1 del Código Penal, responde a la transposición de la Directiva (UE) 2018/1673, relativa a la lucha contra el blanqueo de capitales mediante el Derecho penal, al ordenamiento jurídico español, a través de la Ley Orgánica 6/2021 que incorpora dos nuevas circunstancias agravantes para el delito de blanqueo de capitales.

Concretamente, la Ley Orgánica 6/2021 modifica el Código Penal aumentando las penas en su mitad superior para los sujetos obligados de la Ley 10/2010 de prevención del blanqueo de capitales y de la financiación del terrorismo. Los sujetos obligados se encuentran regulados en el artículo 2 de la Ley 10/2010, la cual se ha visto modificada recientemente, por la transposición de la Directiva (UE) 2018/843 al derecho interno español, mediante el Real Decreto-ley 7/2021 que añade como nuevos sujetos obligados a los proveedores de servicios de monedas virtuales, los servicios de cambio de moneda virtual, y los proveedores de servicios de tutela y protección de monederos electrónicos o de garantía de contraseñas. Y es que, el artículo 2.1 de la Ley 10/2010 incorpora a los exchanges y los hot wallets como sujetos obligados de forma expresa, al establecer que *"la presente Ley será de aplicación a (…) z) Los proveedores de servicios de cambio de moneda virtual por moneda fiduciaria y de custodia de monederos electrónicos"*.

Como señala ABEL SOUTO, el legislador agota todas las letras del abecedario en el amplísimo catálogo en el que se recogen los sujetos obligados por la normativa de prevención, a los cuales se le puede aplicar la nueva agravante introducida por la Ley Orgánica 6/2021[2]. La justificación se encuentra en la especial responsabilidad que presentan estos sujetos por la actividad profesional que realizan, sin que ello conlleve que nos encontre-

2 Abel Souto, M (2022). El nuevo tipo agravado de blanqueo en el ejercicio profesional de los obligados por la normativa de prevención, incorporado al código penal español por la Ley Orgánica 6/2021, y los proveedores de servicios de cambio de moneda virtual y de custodia de monederos electrónicos. *Revista Penal México,* p.20.

mos ante un derecho penal de autor o del enemigo. Sin embargo, como señala León Alapont esto provoca que cada vez cobre más fuerza la tesis a favor de considerar este delito como un delito especial[3].

También es importante mencionar que, a pesar de que el legislador afirma expresamente que la Ley Orgánica 6/2021 realiza "una mejora técnica", la nueva agravante utilizada debería de haberse incluido en el artículo 303 del Código Penal, ya que, como hemos mencionado anteriormente, su argumentación es fruto de particular situación profesional en la que se encuentran estos sujetos[4].

Por otra parte, cabe hacer referencia a las criptomonedas como objeto material del delito de blanqueo de capitales. La Directiva 2005/60 del Parlamento Europeo y del Consejo estableció que se entenderá por bienes *"todo tipo de actividades, tanto materiales como inmateriales, muebles o inmuebles, tangibles o intangibles, así como los documentos o instrumentos que acrediten la propiedad de dichos activos o un derecho sobre los mismos"*, además, deben de poder ser valorados económicamente y ser susceptibles de incorporarse a tráfico económico mercantil y al patrimonio[5].

El Tribunal Supremo realizó, en la sentencia 369/2019, una primera delimitación de la naturaleza jurídica y económica de las monedas virtuales, produciendo su identificación como bienes. A este respecto, las criptomonedas pueden constituir el objeto material del delito de blanqueo de capitales, debido a que el tipo de blanqueo ha de comprender no solo los bienes originados directamente en la actividad delictiva previa, sino también los derivados indirectamente de aquella[6]. Por tanto, la transformación en criptomonedas de la remuneración directa del delito de blanqueo de capitales puede considerarse como blanqueo de bienes.

---

3 León Alapont, J. (2022). "Una reforma más del delito de blanqueo de dinero en España: la Ley Orgánica 6/2021, de 28 de abril", en Abel Souto, M.; Lorenzo Salgado, J.M.; Sánchez Stewart, N. (coords.): *VIII Congreso Internacional sobre prevención y represión del blanqueo de dinero*, Tirant lo Blanch, pp. 872-873.

4 Abel Souto, M (2022). El nuevo tipo agravado de blanqueo en el ejercicio profesional de los obligados por la normativa de prevención, incorporado al código penal español por la Ley Orgánica 6/2021, y los proveedores de servicios de cambio de moneda virtual y de custodia de monederos electrónicos. *Revista Penal México*, p. 22.

5 Martínez-Buján Pérez, C (2015). *Derecho penal económico y de la empresa. Tirant lo blanch*, pp. 252-257.

6 Blanco Cordero, I (1997). *El delito de blanqueo de capitales.* Aranzadi, pp. 210-211.

EL DELITO DE FINANCIACIÓN DEL TERRORISMO

El tipo doloso básico del delito de financiación del terrorismo (artículo 576.1 CP) castiga conductas de blanqueo de capitales similares a las previstas en el precepto 301 CP, pero se destaca que se realicen para cometer delitos de terrorismo, hecho que justifica su tipificación específica y su mayor penalidad[7]. Además, cabe recordar que las finalidades de la financiación del terrorismo y las del blanqueo de capitales son distintas. La financiación pretende reunir fondos, lícitos o ilícitos, para realizar la actividad terrorista, mientras que el lavado de activos se dirige a transformar fondos ilegítimos en legítimos[8].

Por su parte, la tipificación del tipo agravado de efectiva puesta a disposición de los fondos (artículo 576.2 CP) responde a la ratificación por España del Convenio Internacional para la Represión de la Financiación del Terrorismo de Naciones Unidas, primer documento internacional en la materia. Y es que, desde el mencionado Convenio se exige la criminalización, como delito consumado, del mero acto de recolección de fondos, sin necesidad de una utilización posterior de los mismos. En cuanto a la expresión "puesta a disposición efectiva de los bienes o valores", puede entenderse cumplida con la posibilidad de acceso material a los fondos, sin que sea exigible que el sujeto los mantenga materialmente en su poder. Por tanto, disponer de las claves de acceso a la billetera de criptomonedas sería suficiente para cumplir con el tipo[9].

Por último, el artículo 576.4 del Código Penal, como sucede en el artículo 301.3 del Código Penal al castigar la imprudencia grave, también castiga la inexistencia de las más elementales reglas del deber objetivo de cuidado. Sin embargo, al contrario de lo que sucede en el delito de blanqueo, el delito de financiación del terrorismo, únicamente, castiga la modalidad imprudente de aquellos sujetos específicamente obligados por la ley a colaborar en la prevención de la comisión de actividades de financiación del terrorismo, dentro de los cuales destaca la presencia de los nuevos sujetos obligados del artículo 2.1 apartado z) de la Ley 10/2010.

---

7 Muñoz Conde, F (2019). *Derecho Penal. Parte Especial.* Tirant lo blanch, p. 827.

8 Ferré Olivé, J.C (2009). "Política criminal europea en materia de blanqueo de capitales y de financiación del terrorismo", en J.L. González Cussac (dir.): *Financiación del terrorismo, blanqueo de capitales y secreto bancario: un análisis crítico,* Tirant lo Blanch, p. 164.

9 Navarro Cardoso, F (2018). Los tipos dolosos del delito de financiación del terrorismo. *Revista Electrónica de Ciencia Penal y Criminológica,* núm. 20-01, p. 18-19.

BIBLIOGRAFÍA

Abel Souto, M (2022). El nuevo tipo agravado de blanqueo en el ejercicio profesional de los obligados por la normativa de prevención, incorporado al código penal español por la Ley Orgánica 6/2021, y los proveedores de servicios de cambio de moneda virtual y de custodia de monederos electrónicos. *Revista Penal México.*

Abel Souto, M (2022). COVID-19 y comisión del delito de blanqueo de dinero mediante las nuevas tecnologías. *Revista Electrónica de Ciencia Penal y Criminología.*

Blanco Cordero, I (1997). *El delito de blanqueo de capitales.* Aranzadi.

Ferré Olivé, J.C (2009). "Política criminal europea en materia de blanqueo de capitales y de financiación del terrorismo", en J.L. González Cussac (dir.): *Financiación del terrorismo, blanqueo de capitales y secreto bancario: un análisis crítico,* Tirant lo Blanch.

León Alapont, J. (2022). "Una reforma más del delito de blanqueo de dinero en España: la Ley Orgánica 6/2021, de 28 de abril", en Abel Souto, M.; Lorenzo Salgado, J.M.; Sánchez Stewart, N. (coords.): *VIII Congreso Internacional sobre prevención y represión del blanqueo de dinero,* Tirant lo Blanch.

Martínez-Buján Pérez, C (2015). *Derecho penal económico y de la empresa.* Tirant lo blanch.

Muñoz Conde, F (2019). *Derecho Penal. Parte Especial.* Tirant lo blanch.

Navarro Cardoso, F (2018). Los tipos dolosos del delito de financiación del terrorismo. *Revista Electrónica de Ciencia Penal y Criminológica.*

La reacción normativa del Grupo de Acción Financiera Internacional frente al criptoblanqueo

YAGO GONZÁLEZ QUINZÁN
Investigador predoctoral FPU
Universidad de Santiago de Compostela

Los criptoactivos han adquirido un papel protagonista en el sistema financiero mundial hasta el punto de considerarse como la alternativa perfecta para recuperar la confianza en este último tras la crisis económica iniciada en el 2007[1]. Los activos virtuales presentan múltiples ventajas en tanto en cuanto facilitan la realización de transacciones digitales carentes de límites fronterizos y permiten la eliminación de intermediarios en favor de plataformas descentralizadas cuyas operaciones se registran en un libro de contabilidad público asegurado mediante criptografía[2]. En particular, las finanzas descentralizadas (DeFi), la cadena de bloques (BCT), la tecnología de libro mayor distribuido (DLT), los tokens no fungibles (NFT) y la revolución *Play-to-Earn* (P2E) constituyen tecnologías que permiten conseguir una mejora de la comerciabilidad, una mayor transparencia y liquidez de los activos, reducir costes y lograr la desintermediación[3].

El avance que supone la disrupción de los criptoactivos se pone en tela de juicio debido a la progresiva instrumentalización de aquellos para la comisión delictiva[4]. Entre las actividades ilegales potenciadas mediante la aparición de los activos virtuales se halla el *ransomware*, entendido como el

---

1 *Cfr.* Koutsoupia, V. (2023): "Challenges of the Use of Virtual Assets in Money Laundering", *Nordic Journal of European Law*, 6(4), p. 53.

2 *Ibidem.*

3 *Cfr.* Wronka, C. (2024): "Crypto-asset activities and markets in the European Union: issues, challenges and considerations for regulation, supervision and oversight", *Journal of Banking Regulation*, 25(1), p. 85.

4 *Cfr.* Gibbs, T. (2023): "Evolution of Legal and Regulatory Responses to Money Laundering Risks Related to Virtual Assets: The Examples of the European Union and the US". En Rébé, N. (ed.): *Cyber Laundering: International Policies and Practices.* Singapur: World Scientific Publishing, p. 199.

robo de datos personales en equipos informáticos mediante la introducción de un *malware* que bloquea la computadora de la víctima hasta el pago de un rescate, normalmente en criptomonedas como Bitcoin o Monero[5]; la financiación del terrorismo ya que, por ejemplo, los integrantes del ISIS, Al Qaeda y Hamás solicitan donaciones o transfieren dinero a través de criptomonedas[6]; y, especialmente, el blanqueo de capitales[7]. Este último delito ha adquirido una nueva dimensión en tanto en cuanto las criptomonedas poseen tres notas atractivas para los delincuentes: 1) naturaleza descentralizada; 2) cierto grado de anonimato, desde parcial a absoluto[8]; y 3) facilidades de acceso para realizar transacciones seguras e irreversibles[9].

La proliferación de los activos virtuales exige disponer de una amplia regulación que proteja a los inversores, el correcto desarrollo del sistema financiero y, sobre todo, evite la consolidación del ecosistema de los criptoactivos como un campo propicio para la criminalidad. En relación con los activos virtuales se distinguen tres reacciones[10]: 1) apostar sin cautelas por la innovación financiera; 2) fomentar la innovación financiera combatiendo al mismo tiempo los riesgos delictivos inherentes a los criptoactivos, especialmente en punto al blanqueo de capitales; o 3) adoptar una posición contraria a la introducción de los activos virtuales en el sector financiero. En el plano mundial se apuesta por la segunda de las soluciones y ello determina que se erija como un reto mayúsculo para las instancias reguladoras la promoción de la tecnología financiera (FinTech), con ejemplos como las DeFi, NFT, P2E, BCT y DLT o las criptomonedas, y la prevención de determinadas actividades delictivas como el blanqueo de capitales[11].

---

5 *Cfr.* Trozze, A. (2023): "Cryptocurrency Crime". En Liebowitz, J. (ed.): *Cryptocurrency Concepts, Technology, and Applications.* Londres: CRC Press, p. 99.

6 *Cfr.* Kapsis, I. (2023): "Crypto-assets and criminality. A critical review focusing on money laundering and terrorism financing". En aa. vv. (eds.): *Organised Crime, Financial Crime, and Criminal Justice.* Londres: Routledge, p. 124.

7 *Cfr.* Koutsoupia, V. (2023): *op. cit.*, p. 54.

8 *Cfr.* Ristic, P. (2023): "Cryptocurrency Money Laundering: A New Challenge for the European Anti-Money Laundering Framework", *ZEuS Zeitschrift für Europarechtliche Studien,* 24(2), p. 197.

9 *Cfr.* Trozze, A. (2023): *op. cit.*, p. 94.

10 *Cfr.* Pavlidis, G. (2020): "International regulation of virtual assets under FATF's new standards", *Journal of Investment Compliance,* 21(1), p. 2.

11 *Cfr.* Wronka, C. (2024): "Crypto-asset…", *cit.*, p. 85.

La confusión terminológica en el ámbito de los activos virtuales es una de las primeras cuestiones que conviene aclarar previamente para analizar el régimen de prevención del criptoblanqueo promovido por el GAFI. Ampliamente se utiliza el término criptoactivo para hacer referencia a las criptomonedas o monedas virtuales descentralizadas, entre las que destaca el Bitcoin. No obstante, estas últimas se tratan únicamente de una modalidad de tokens de tipo pago/intercambio como primera categoría de activos virtuales, en donde se diferencian a su vez los tokens de inversión/seguridad y los tokens de utilidad para acceder a aplicaciones o servicios[12]. Asimismo, existen otras clasificaciones complementarias como aquella que diferencia entre los criptoactivos que están respaldados por autoridades centrales, que ejercen una labor de supervisión y control, frente a los criptoactivos descentralizados, peer-to-peer y de código abierto en los que predomina sobre todo la alta volatilidad en cuanto al precio del activo virtual[13].

Los criptoactivos se pueden definir, tal y como se recoge acertadamente por el GAFI[14], por su dependencia de la tecnología de libro mayor distribuido[15]. Esta se identifica primordialmente con la tecnología de la cadena de bloques (en inglés, *blockchain*), que se trata de un gran libro de contabilidad público, distribuido e inalterable que no se gestiona por una entidad central, sino que múltiples nodos mantienen idénticas copias del registro[16]. La descentralización garantiza la transparencia y la seguridad del registro. La tecnología *blockchain* se compone de dos notas clave: la criptografía asimétrica, tendente a asegurar el anonimato del emisor y receptor mediante la puesta a disposición de dos claves criptográficas (pública y privada) para cada usuario, y la *proof of work* que desarrollan los mineros para validar las transacciones en bloques[17]. A pesar de que la tecnología de la cadena de bloques ha revolucionado el sector financiero en poco tiempo, su expansión no se ha acompañado de la pertinente regulación, por lo que "las incertidumbres jurídicas y normativas han obstaculizado considerablemente la innovación en blockchain"[18].

---

12 *Cfr.* Pavlidis, G. (2020): *op. cit.*, p. 1.

13 *Cfr.* Kapsis, I. (2023): *op. cit.*, p. 127.

14 *Cfr.* Pavlidis, G. (2020): *op. cit.*, p. 1.

15 *Cfr.* Kapsis, I. (2023): *op. cit.*, p. 127.

16 *Cfr.* Koutsoupia, V. (2023): *op. cit.*, p. 55.

17 *Cfr.* Ristic, P. (2023): *op. cit.*, p. 194.

18 Benson, V. et al. (2024): "Harmonising cryptocurrency regulation in Europe: opportunities for preventing illicit transactions", *European Journal of Law and Economics*, 57, p. 38.

El ecosistema de los activos virtuales evoluciona constantemente con la aparición de nuevos activos, productos y servicios[19], hasta el punto de afirmarse que existe una auténtica economía basada en activos virtuales[20]. Véase así el caso de las *stablecoins*, destinadas a hacer frente a la volatilidad de las monedas virtuales descentralizadas mediante su respaldo con otros activos[21]; las *Initial Coin Offering* (ICO) en las que los inversores, a cambio de moneda fiduciaria u otros criptoactivos, reciben tokens criptográficos que permiten acceder a servicios o instrumentos financieros según el emisor[22]; y las monedas digitales emitidas por los bancos centrales. Asimismo, el ecosistema de los criptoactivos no se restringe únicamente a emisores y usuarios, sino que en ellos se incluyen también *mixers* y *tumblers* en aras de lograr un mayor anonimato[23], los mineros, las plataformas comerciales descentralizadas, los proveedores de servicios de cambio de activos virtuales por moneda fiduciaria u otros activos virtuales y los proveedores de servicios de custodia de monederos electrónicos.

En punto al criptoblanqueo se ha constatado que las monedas virtuales descentralizadas, con el ejemplo paradigmático de Bitcoin, son las que presentan mayores estadísticas de uso criminal, si bien también las DeFi y los NFT son instrumentalizadas para el delito[24]. El proceso de criptoblanqueo consta igualmente de tres fases[25]. Primero la colocación, que se produce con la compra de criptomonedas mediante dinero fiduciario[26], si bien en los supuestos de *ransomware* se altera la sustantividad de esta primera fase[27]. La segunda etapa consiste en la estratificación, en la que los delincuentes suelen intercambiar criptomonedas por otras para lograr mayor privaci-

---

19 *Cfr.* Kapsis, I. (2023): *op. cit.*, p. 127.

20 *Cfr.* Gibbs, T. (2023): *op. cit.*, p. 197.

21 *Cfr.* Kapsis, I. (2023): *op. cit.*, p. 127.

22 *Ibidem.*

23 *Cfr.* Abel Souto, M. (2022): "La comisión del delito de blanqueo de dinero mediante las nuevas tecnologías y la internacionalización del Derecho penal". En aa. vv. (coords.): *VIII Congreso Internacional sobre prevención y represión del blanqueo de dinero.* Valencia: Tirant lo Blanch, p. 509.

24 *Cfr.* Trozze, A. (2023): *op. cit.*, p. 101.

25 *Cfr.* Wronka, C. (2022): ""Cyber-laundering": the change of money laundering in the digital age", *Journal of Money Laundering Control,* 25(2), p. 334.

26 *Ibidem.*

27 *Cfr.* Van Wegberg, R. et al. (2018): "Bitcoin money laundering: mixed results? An explorative study on money laundering of cybercrime proceeds using bitcoin", *Journal of Financial Crime,* 25, p. 420.

dad, esto es, realizar transvases de fondos entre cadenas de bloques (técnica conocida como *chain-hopping*)[28] o recurrir a *mixers* o *tumblers* con el fin de impedir el rastreo de las transacciones en la *blockchain* (tales servicios permiten combinar a los usuarios las entradas y salidas de sus transacciones en una sola operación inscrita en la cadena de bloques, imposibilitando la asociación entre cada entrada y salida)[29]. Y la última fase es la integración, en la que el método principal consiste en la creación de una empresa que admite el pago en Bitcoin para convertir las criptomonedas contaminadas en limpias en tanto en cuanto pasan a constituir el resultado económico de la actividad empresarial[30].

Antes de adentrarnos en cómo se combate desde el plano internacional el fenómeno del criptoblanqueo, conviene hacer una mención especial al anonimato ofrecido por las criptomonedas. En el caso del Bitcoin, por ejemplo, debe indicarse que este no proporciona un anonimato absoluto en la medida en que las transacciones se registran en la cadena de bloques pública[31]; este extremo permite pues el recurso a empresas de análisis de la *blockchain* como, por ejemplo, Chainalysis Reactor[32]. Debido a este pseudoanonimato, los delincuentes recurren como primera solución al uso de *mixers* o *tumblers* con el objetivo de obstaculizar la trazabilidad de la cadena de bloques mediante la combinación de transacciones que impiden vincular una operación concreta a una dirección de Bitcoin[33]. La segunda alternativa, preferida actualmente por los delincuentes, es el uso de las monedas de privacidad, como Monero y Zcash, que incluyen soluciones tecnológicas que permiten ocultar los datos sobre el remitente/receptor y el importe de la transacción[34].

Las medidas legales contra el criptoblanqueo se hallan en constante evolución debido a la complejidad de la tarea a la que se hace frente. El GAFI ha adoptado un papel proactivo en la lucha contra el criptoblanqueo y sus recomendaciones y demás documentos reflejan a la perfección el

---

28 *Cfr.* Paesano, F. (2023): "Following the Virtual Money: Investigating Crypto-Based Money Laundering and Confiscating Virtual Assets". En Liebowitz, J. (ed.): *Cryptocurrency Concepts, Technology, and Applications.* Londres: CRC Press, p. 135.

29 *Ibidem.*

30 *Cfr.* Wronka, C. (2022): ""Cyber-laundering"...", *cit.*, p. 334.

31 *Cfr.* Ristic, P. (2023): *op. cit.*, p. 196.

32 *Cfr.* Paesano, F. (2023): *op. cit.*, p. 124 y ss.

33 *Cfr.* Kapsis, I. (2023): *op. cit.*, p. 128.

34 *Cfr.* Ristic, P. (2023): *op. cit.*, p. 196.

gran desarrollo que ha experimentado el campo de los activos virtuales. La primera definición y clasificación de las monedas virtuales se introdujo por esta organización en el 2014[35]. Esta iniciativa fue objeto de mayor desarrollo en la "Guía para un enfoque basado en el riesgo de las monedas virtuales" publicada en 2015, cuya aportación principal es la sujeción de las monedas virtuales y los proveedores de servicios de moneda virtual a los estándares del GAFI. Desde ese instante los estados miembros del GAFI deben aplicar el enfoque basado en el riesgo en relación con monedas virtuales[36], debiéndose adoptar una diligencia reforzada en punto a las monedas virtuales convertibles y descentralizadas de mayor riesgo[37].

El GAFI revisó su Recomendación n.º 15 en 2018 ampliando el ámbito de aplicación de sus estándares con la finalidad de abarcar todas las actividades con criptoactivos y no únicamente aquellas con las monedas virtuales[38]. A diferencia de lo estipulado en 2015, el GAFI no restringe su atención a los proveedores de cambio de moneda virtual por fiduciaria, sino que amplía su atención a las actividades de cambio de activo virtual por activo virtual (sin interacción con el sistema financiero tradicional)[39], así como a cajeros automáticos de Bitcoin, plataformas P2P y servicios de mezcla[40]. De hecho, el GAFI indica que por proveedores de servicios de activos virtuales debe entenderse cualquier persona física o jurídica que como negocio lleva a cabo alguna de las siguientes actividades: i) intercambio entre activos virtuales y monedas fiduciarias; ii) intercambio entre una o más formas de activos virtuales; iii) transferencia de activos virtuales; iv) custodia y/o administración de activos virtuales; y v) prestación de servicios financieros relacionados con la oferta y/o venta de un activo virtual por parte de un emisor. Por último, la revisión de la Recomendación n.º 15 introduce la medida de que los países sometan a los proveedores de servicios de activos virtuales a un régimen de licencias y registro.

Apenas un año más tarde, en junio de 2019, el GAFI publicó la nota interpretativa de la Recomendación n.º 15 para aclarar todavía más su aplicación respecto a los activos virtuales y proveedores de servicios de activos virtuales, así como para que estos últimos recopilen y compartan datos de

---

35 *Cfr.* Abel Souto, M. (2022): *op. cit.*, p. 516.

36 *Ibidem.*

37 *Cfr.* Pavlidis, G. (2020): *op. cit.*, p. 4.

38 *Cfr.* Abel Souto, M. (2022): *op. cit.*, p. 518.

39 *Cfr.* Koutsoupia, V. (2023): *op. cit.*, p. 69.

40 *Cfr.* Ristic, P. (2023): *op. cit.*, p. 208.

sus clientes en función de la cuantía de las operaciones, si bien ello se plantea como un freno al desarrollo de la tecnología *blockchain*[41]. Entre las novedades aportadas destaca, en primer lugar, la necesidad de que el registro de los proveedores de servicios de activos virtuales tenga lugar como mínimo en la jurisdicción en la que se crean dichas entidades, por lo que para ofrecer productos en otros países pueden quedar aquellos sometidos a un nuevo régimen de licencia[42]. En segundo lugar, la nota interpretativa señala que las autoridades nacionales deben garantizar que los delincuentes no posean participación significativa de control o gestión en las entidades proveedoras de servicios de activos virtuales y, en caso de producirse algún cambio en la estructura de aquellas, debe ser objeto de aprobación por las autoridades competentes.

Entre las ampliaciones de la nota interpretativa a la Recomendación n.º 15 se contempla también la llamada regla de viaje a las transacciones criptográficas[43]. Los proveedores de servicios de activos virtuales están obligados a recopilar y compartir datos de los usuarios en transacciones superiores a 1.000 EUR. La información del prestador inicial se traslada hasta el proveedor de servicios receptor, debiéndose incluir, según la nota interpretativa a la Recomendación n.º 16, la siguiente información: a) nombre, dirección y número de cuenta del proveedor inicial; b) número de documento de identidad, fecha y lugar de nacimiento del cliente; y c) nombre del beneficiario y número de cuenta. Asimismo se estipula que también las transacciones transfronterizas por debajo del umbral de 1.000 EUR deben incluir los nombres y números de cuenta del originador y del beneficiario, si bien no serán objeto de comprobación salvo sospechas de blanqueo de capitales o financiación del terrorismo. La regla de viaje implica pues el manejo cuidadoso de los datos, la necesidad de privacidad y el uso de medidas de diligencia debida[44].

En octubre del mismo año 2019 el GAFI adoptó la "Guía sobre la aplicación de un enfoque basado en el riesgo a los activos virtuales y a los proveedores de servicios de activos virtuales" para regular aquellos puntos de intersección entre el sistema financiero tradicional y los activos virtuales[45]. En este documento se señala que las *stablecoins* y los proveedores de servi-

---

41 *Cfr.* Abel Souto, M. (2022): *op. cit.*, p. 517.

42 *Cfr.* Pavlidis, G. (2020): *op. cit.*, p. 4.

43 *Cfr.* Paesano, F. (2023): *op. cit.*, p. 127.

44 *Ibidem.*

45 *Cfr.* Koutsoupia, V. (2023): *op. cit.*, p. 68.

cios relativos a las monedas estables deben quedar sometidos a los estándares del GAFI, bien como activos virtuales o proveedores de servicios de activos virtuales, bien como proveedores de servicios y activos financieros tradicionales[46]. La guía actualizada define activo virtual como la representación digital de valor que puede comercializarse o transferirse digitalmente y puede usarse con fines de pago o inversión; ello supone pues la inclusión, por ejemplo, de los tokens de utilidad o de inversión[47]. En particular, el GAFI indica la necesidad de flexibilizar la definición de activos virtuales y proveedores de servicios de activos virtuales por tratarse de una gama de productos y servicios en evolución; por ello, a efectos de aplicación de los estándares antiblanqueo considera los activos virtuales "bienes", "productos", "fondos", "fondos u otros activos" o un "valor correspondiente"[48].

En junio de 2020 el GAFI publicó la primera revisión de 12 meses acerca de la implementación de la Guía de 2019. En ella se expuso que 35 de las 54 jurisdicciones aplicaron las nuevas normas, mientras que 19 no lo hicieron[49]. En la evaluación se pusieron de manifiesto también las principales problemáticas a la hora de aplicar los estándares, entre las que se subraya especialmente el *sunrise problem.* Siguiendo en este punto a PAESANO[50], este suele ser un problema recurrente con la aparición de una nueva normativa en tanto en cuanto su implementación en el plano nacional difiere en función de los esfuerzos adoptados por cada estado. En relación con los activos virtuales y el desigual cumplimiento de las normas, el problema radica en que la regla de viaje no podría aplicarse con éxito en aquellos casos en los que un cliente de un *exchange* que opera en una jurisdicción vinculada a las obligaciones de identificación envía dinero a una persona que utiliza un *exchange* sito en una país que no incorporó la regulación de la regla de viaje. Este supuesto determina la falta de respuesta por el proveedor de servicios receptor en la medida en que carece de dicha información solicitada por no aplicarse en su país la regla de viaje[51].

---

46 *Cfr.* Kapsis, I. (2023): *op. cit.*, p. 131. El GAFI volvió a centrar su atención en las *stablecoins* en junio de 2020 mediante la elaboración de un dictamen adicional a sobre tales criptoactivos y su sujeción a las recomendaciones.

47 *Cfr.* Abel Souto, M. (2022): *op. cit.*, p. 518; Ristic, P. (2023): *op. cit.*, p. 194.

48 *Cfr.* Pavlidis, G. (2020): *op. cit.*, p. 3.

49 *Cfr.* Gibbs, T. (2023): *op. cit.*, p. 203.

50 *Cfr.* Paesano, F. (2023): *op. cit.*, p. 129.

51 *Ibidem.*

Como consecuencia de la segunda revisión de 12 meses en 2021, el GAFI publicó en octubre del año en cuestión la "Guía actualizada para un enfoque basado en el riesgo de los activos virtuales y los proveedores de servicios de activos virtuales" con el fin de auxiliar a los países en la aplicación eficaz de los requisitos demandados por la Recomendación n.º 15 y su nota interpretativa. En esta actualización de la Guía publicada en 2019 se incluyeron las siguientes novedades: 1) la ampliación de las definiciones de activos virtuales y proveedores de servicios de activos virtuales a efectos de incluir los nuevos productos financieros; 2) la aplicación de las recomendaciones a las *stablecoins*; 3) la extensión de los requisitos de registro o autorización de los proveedores de servicios de activos virtuales en los países en los que las personas físicas sitúan su centro de negocios[52]; y 4) la adición de los principios de intercambio de información y cooperación entre los supervisores de los proveedores de servicios de activos virtuales[53], que se tratan de reglas no vinculantes relativas a una serie de requisitos como acusar recibo de solicitud, responder a petición de información y facilitar cooperación entre homólogos.

El GAFI ha actualizado en diversas ocasiones en los últimos años su Guía sobre activos virtuales y proveedores de servicios de activos virtuales debido a los retos incesantes que plantea el ecosistema de los activos virtuales. En junio de 2022 publicó una reforma del documento en la que hizo especial insistencia en la aplicación de la regla de viaje. Entre los aspectos más reseñables del nuevo documento destaca la advertencia a los estados miembros acerca de la necesidad de controlar el desarrollo de los mercados DeFi y NFT[54]. Y, nuevamente, en junio de 2023 volvió a publicar una actualización del texto a fin de subrayar la todavía irregular y escasa aplicación de las medidas de registro y autorización para los proveedores de servicios de activos virtuales en las distintas jurisdicciones. En particular, el GAFI pone de manifiesto que los proveedores de servicios de activos virtuales sin licencia o no registrados que operan sin la debida supervisión plantean un grave riesgo de blanqueo de capitales y financiación del terrorismo.

El bagaje normativo expuesto permite afirmar que el GAFI apuesta por vigilar los riesgos delictivos asociados a los criptoactivos con el fin de conjugar el avance financiero y la prevención del blanqueo de capitales. Los cambios constantes en su normativa tienen por finalidad instaurar un régi-

---

52 *Cfr.* Gibbs, T. (2023): *op. cit.*, p. 206.

53 *Ibidem*, p. 209.

54 *Cfr.* Koutsoupia, V. (2023): *op. cit.*, p. 70.

men legal armonizado que dote a las jurisdicciones nacionales de las herramientas necesarias para reaccionar frente al criptoblanqueo. El GAFI trata de lograr una progresiva adecuación al panorama de los activos virtuales en aras de eliminar el *forum shopping* por parte de los criminales que pretenden conseguir el régimen jurídico más favorable; para ello adopta diferentes iniciativas, entre las que destaca la promoción de la Recomendación n.º 15 y su nota interpretativa, las revisiones regulares de su Guía sobre activos virtuales y proveedores de servicios de activos virtuales, así como una mayor participación en foros mundiales de especial transcendencia como los realizados en el seno del G7 o G20[55].

Las actuaciones del GAFI resultan especialmente importantes en la medida en que dotar de legitimidad al ecosistema de los activos virtuales conlleva una mayor confianza en tales productos. Como indica KAPSIS[56], la aplicación del enfoque basado en el riesgo en relación con los activos virtuales y proveedores de servicios de activos virtuales fomenta la utilización de los criptoactivos sin la adopción de restricciones desmedidas contra todos los productos y servicios que componen el ecosistema. Asimismo, el establecimiento de medidas de registro y licencia para los proveedores de servicios de activos virtuales, así como la extensión de la regla de viaje, permite combatir el anonimato y la falta de transparencia que ampliamente se asocia con el ecosistema de los criptoactivos[57].

BIBLIOGRAFÍA

Abel Souto, M. (2022): "La comisión del delito de blanqueo de dinero mediante las nuevas tecnologías y la internacionalización del Derecho penal". En aa. vv. (coords.): *VIII Congreso Internacional sobre prevención y represión del blanqueo de dinero.* Valencia: Tirant lo Blanch, pp. 501-528.

Benson, V. et al. (2024): "Harmonising cryptocurrency regulation in Europe: opportunities for preventing illicit transactions", *European Journal of Law and Economics,* 57, pp. 37-61.

Gibbs, T. (2023): "Evolution of Legal and Regulatory Responses to Money Laundering Risks Related to Virtual Assets: The Examples of the European Union and the US". En Rébé, N. (ed.): *Cyber Laundering: International Policies and Practices.* Singapur: World Scientific Publishing, pp. 197-233.

---

55 *Ibidem,* p. 71.

56 *Cfr.* Kapsis, I. (2023): *op. cit.,* p. 135.

57 *Ibidem.*

Kapsis, I. (2023): "Crypto-assets and criminality. A critical review focusing on money laundering and terrorism financing". En aa. vv. (eds.): *Organised Crime, Financial Crime, and Criminal Justice*. Londres: Routledge, pp. 122-141.

Koutsoupia, V. (2023): "Challenges of the Use of Virtual Assets in Money Laundering", *Nordic Journal of European Law*, 6(4), pp. 53-78.

Paesano, F. (2023): "Following the Virtual Money: Investigating Crypto-Based Money Laundering and Confiscating Virtual Assets". En Liebowitz, J. (ed.): *Cryptocurrency Concepts, Technology, and Applications*. Londres: CRC Press, pp. 119-139.

Pavlidis, G. (2020): "International regulation of virtual assets under FATF's new standards", *Journal of Investment Compliance*, 21(1), pp. 1-8.

Ristic, P. (2023): "Cryptocurrency Money Laundering: A New Challenge for the European Anti-Money Laundering Framework", *ZEuS Zeitschrift für Europarechtliche Studien*, 24(2), pp. 189-218.

Trozze, A. (2023): "Cryptocurrency Crime". En Liebowitz, J. (ed.): *Cryptocurrency Concepts, Technology, and Applications*. Londres: CRC Press, pp. 93-118.

Van Wegberg, R. et al. (2018): "Bitcoin money laundering: mixed results? An explorative study on money laundering of cybercrime proceeds using bitcoin", *Journal of Financial Crime*, 25, pp. 419-435.

Wronka, C. (2022): "'Cyber-laundering': the change of money laundering in the digital age", *Journal of Money Laundering Control*, 25(2), pp. 330-344.

Wronka, C. (2024): "Crypto-asset activities and markets in the European Union: issues, challenges and considerations for regulation, supervision and oversight", *Journal of Banking Regulation*, 25(1), pp. 84-93.

El expansionismo del delito de blanqueo de dinero en la era de la ciberdelincuencia

DANIEL GONZÁLEZ URIEL
Magistrado en servicios especiales
Letrado del Tribunal Constitucional
Profesor contratador doctor (acr.)

En esta breve contribución me gustaría realizar algunas anotaciones sobre el fenómeno de expansión del Derecho Penal Económico y, sobre todo, en relación con el delito de blanqueo de dinero. Vaya por delante que, ante las limitaciones de espacio, y dada la modesta finalidad perseguida de efectuar algunos apuntes introductorios de la cuestión, no se realizará un examen exhaustivo y profundo, sino únicamente un esbozo general. Cuando aludimos a la expansión del Derecho Penal, seguimos los postulados de Silva Sánchez[1], el principal autor español al respecto. En apretada síntesis, y en diversas obras de referencia, Silva ha aludido al proceso de ampliación del instrumento punitivo hacia áreas que, con anterioridad, estaban reguladas, exclusiva o principalmente, mediante el remedio administrativo. Con dicha expresión se alude a la hipertrofia penal, al ensanchamiento —más o menos indebido— de su ámbito de actuación, que aboca a cambios de paradigma, a flexibilización de principios y normas, a colectivizaciones de bienes jurídicos, sujetos y conductas y a diferentes enfoques de política criminal. Con buen tino, dicho autor contextualiza este fenómeno en la sociedad del riesgo —siguiendo la terminología de Ulrich Beck— y en los nuevos modelos para gestionar los diferentes riesgos que acontecen en las diversas áreas de desarrollo, al hilo de las sociedades postindustriales. En su decir, el Derecho Penal se ha administrativizado, convirtiéndose en un Derecho de gestión de riesgos.

Pues bien, una de las áreas del ordenamiento punitivo en que se aprecian estas tendencias con mayor esplendor es el Derecho Penal Económico. En este sentido, y siguiendo a Hassemer, podemos convenir en que se ha operado una notable evolución, pasando de los postulados del Dere-

---

1 Silva Sánchez, J. M., *La expansión del Derecho penal. Aspectos de la política criminal en las sociedades postindustriales*, 3ª ed., Edisofer, Madrid, 2011.

cho Penal "clásico", "nuclear" o "tradicional", basado en bienes jurídicos individuales, a un Derecho Penal "moderno" que, en síntesis, vendría representado, entre otras, por las siguientes notas: la abstracción de bienes jurídicos, el adelantamiento de las barreras de protección, la equiparación punitiva entre algunos actos de tentativa y ciertos delitos consumados, la tutela de intereses supraindividuales, los conceptos expansivos de autor, la ampliación del perímetro de actuación del Derecho Penal con la incorporación de nuevas figuras delictivas, el incremento de los tipos de infracción de deber y el ensanchamiento de los delitos existentes, la mayor importancia que se concede a la prevención, una cierta rebaja en las garantías procesales y, en sus estadios más avanzados, los riesgos de aparición de notas propias del Derecho Penal del enemigo —en su formulación inicial de Jakobs—.

Dicho lo cual, no podemos sino confirmar que el blanqueo de dinero constituye el máximo exponente de ambas tendencias, tanto en su faceta expansiva como a propósito de la presencia de rasgos del citado Derecho Penal "moderno". Si atendemos a la configuración típica del blanqueo, a su origen, a su virtualidad aplicativa y a las tendencias de futuro, debemos vaticinar que el legislador continuará en la indeseable senda expansionista en el tipo de lavado de activos, lo que requerirá, de modo inexorable, el empleo y aplicación de criterios de restricción jurisprudenciales y doctrinales, a los fines de limitar su desmesurado ámbito operativo.

Debemos comenzar apuntando, de modo telegráfico, los rasgos esenciales del delito de blanqueo que, entre otros, lo configuran como un campo abonado a su continuo expansionismo: i) su origen convencional, ii) la defectuosa configuración típica, iii) el solapamiento con otros delitos, las situaciones concursales anómalas y la vulneración del principio *non bis in idem*, iv) la confusión en las finalidades de política criminal de su aplicación y v) su empleo como tipo subsidiario, de recogida o de mera sospecha.

Si bien no está de más que, en este punto inicial nos preguntemos: ¿qué entendemos por blanqueo de bienes? La respuesta es, en apariencia, muy sencilla: el proceso por el cual se intenta dar una pátina de legitimidad a unos bienes de procedencia delictiva y por el que se persigue su reincorporación al tráfico económico financiero de curso legal. Ni más, ni menos. Eso —y solo eso— es el delito de blanqueo. Sin embargo, en muchos escritos de acusación y en multitud de calificaciones jurídicas se acude al blanqueo como una suerte de remedio milagroso para reprimir cualquier engrose patrimonial sospechoso. En efecto, no es extraño que se confunda ese indicio, el incremento patrimonial inusual, y se obvie que no se dan todos los elementos del tipo, tanto objetivos como subjetivos.

Antes de abordar esos rasgos, quiero apuntar una serie de aspectos esenciales del blanqueo: se trata de un delito de referencia, dado que precisa de un delito fuente o antecedente al que ir referido, si bien, es un tipo autónomo, con su contenido de injusto propio —como es de ver en su penalidad— y que, además, convive con la normativa administrativa de prevención —Ley 10/2010—, lo que puede producir tensiones interpretativas. Además, para su punición no es preciso que haya recaído una previa sentencia condenatoria por el delito base del que emanan los bienes. A su vez, se aprecia una notable influencia internacional, representada por las Directivas de la UE, por el Consejo de Europa y, sobre todo, por las recomendaciones emanadas del Grupo de Acción Financiera Internacional (GAFI), que presentan naturaleza de *soft law*, pero que cuentan con un amplio predicamento y seguimiento.

Por lo que hace a su incorporación al ordenamiento español, el blanqueo tiene su origen en la Convención de Viena de 1988 sobre drogas tóxicas, estupefacientes y sustancias psicotrópicas. Por lo tanto, fue necesario unificar tradiciones jurídicas no homogéneas, lo que ha dado lugar a distorsiones en la concreta plasmación de la conducta típica en el ordenamiento punitivo español. En efecto, originariamente, el blanqueo se incorporó como un tipo de referencia vinculado a un único delito fuente, a saber, el delito de narcotráfico. Éste era el objetivo inicial: cegar cualquier ganancia derivada de los delitos contra la salud pública y evitar que sus autores se lucrasen con dicha ilícita actividad. Por lo tanto, en sus orígenes se trataba de reprimir una participación postdelictiva en el delito cometido por un tercero.

Si bien en el CP de 1995 se reguló en los arts. 301-304, ligado a la receptación, como era de ver en la propia rúbrica de su capítulo, "De la receptación y otras figuras afines". En dicha configuración originaria se indicó que se podía cometer blanqueo cuando el delito fuente fuese cualquier "delito grave". Esto es importante, porque el expansionismo que ha experimentado el blanqueo ha llevado a una ampliación desmesurada de su alcance. No solo se ha ampliado el delito base, pasando del narcotráfico, al delito grave —en el CP de 1995—, a "cualquier delito", según la LO 15/2003, para aterrizar en la, por el momento —y quién sabe hasta cuándo—, última idea del legislador, consagrada en la LO 5/2010, en que explicita que el blanqueo se puede cometer cuando los bienes provengan de "cualquier actividad delictiva", sea ello lo que fuere.

No solo se aprecia expansionismo en el delito fuente que habilita la persecución por lavado de activos. También se observa este fenómeno en las modalidades de conducta, con la incorporación de la posesión y de la utilización como conductas aptas para lesionar los bienes jurídicos tutelados con dicha figura, con todo lo censurable que ello resulta en orden a su idoneidad para afectar a tales intereses jurídicos. Además, la tipificación expresa del autoblanqueo por la LO 5/2010 ha incidido en esa senda expansionista, si bien, ello ya era asumido por la Sala 2ª del TS, como se podía apreciar en el Acuerdo de Pleno no Jurisdiccional de la Sala 2ª de 18 de julio de 2006, que permitía el castigo en concurso real entre el delito fuente y el ulterior blanqueo. La última —por ahora— nota de expansionismo en el blanqueo viene dada por la ampliación desmedida de los tipos agravados, operada por la LO 6/2021, en que se da la peculiaridad de que, ante el notable incremento de tipos agravados, el tipo básico se convierte en la excepción, lo que no es sino una evidente anomalía. Y, ojo, frente a lo que muchos consideran, el tipo básico no se contiene en el art. 301.1 CP. En dicho precepto, como refiere Abel Souto, se recogen una serie de tentativas específicamente tipificadas por la ley, mientras que es el art. 301.2 CP el que acoge la definición más o menos canónica de blanqueo, tal y como señala Lascuraín Sánchez[2].

Con estos bueyes tenemos que arar. El blanqueo se ha configurado como un tipo en que se ha discutido prácticamente todo: su bien jurídico tutelado, su alcance, sus sujetos activos, sus modalidades típicas, sus criterios de restricción, los concursos a que da lugar —real, medial, ideal o aparente de normas— y su empleo por los tribunales. Podemos convenir en que el blanqueo es un delito pluriofensivo, en que se tutelan la licitud de los bienes en el tráfico económico-financiero de curso legal y la Administración de Justicia. En lo tocante a las modalidades de conducta, la amplitud del art. 301.1 CP, con la alusión a adquirir, poseer, utilizar, convertir o transmitir bienes que proceden de una actividad delictiva, se ve sobrepasada por la cláusula abierta: "o realice cualquier otro acto" para ocultar o encubrir el origen ilícito, o para ayudar a la persona que haya participado en la infracción o infracciones a eludir las consecuencias legales de sus actos, lo que vulnera el principio de taxatividad de los tipos y configura una estructura distorsionada, en que surge la duda a propósito de si la finalidad de ocultar o encubrir se predica de todas las modalidades de conducta o únicamen-

---

2 Lascuraín Sánchez, J. A., "Blanqueo de capitales", en De La Mata Barranco, N. J., Dopico Gómez-Aller, J., Lascuraín Sánchez, J. A., Nieto Martín, A. (auts.), *Derecho penal económico y de la empresa*, Dykinson, Madrid, 2018, p. 503.

te de la cláusula abierta. Esta polémica se encuentra zanjada jurisprudencialmente —que no doctrinalmente—, y es que, tal y como enunció con claridad la STS 265/2015, *"la esencia del tipo es, por tanto, la expresión "con la finalidad de ocultar o encubrir el origen ilícito". Finalidad u objeto de la conducta que debe encontrarse presente en todos los comportamientos descritos por el tipo"*.

Hemos adelantado, además, que genera problemas concursales dado que, en cualquier delito en que haya un engrose patrimonial, de modo automático, habrá, cuando menos, una posesión de bienes que proceden de un delito. Con semejante interpretación, y ante la amplitud de las modalidades de conducta del blanqueo, se ponen en peligro los principio de proporcionalidad, de culpabilidad y el *non bis in idem*, por lo que habrá que acudir a criterios de restricción, como los empleados por la Sala 2ª: la necesidad de finalidad de ocultación en todas las modalidades de lavado, el recurso a la figura del riesgo permitido, la incorporación de los actos neutros o socialmente adecuados en el ámbito de actuación económica de que se trate, los actos posteriores copenados o el principio de insignificancia, para excluir los comportamientos de bagatela que no lesionen ni pongan en peligro el bien jurídico tutelado; o, como señala Castro Moreno[3], valorar si el delito fuente ya conlleva o no una vocación de aprovechamiento económico y, por ende, acudir a las reglas del art. 8 CP, sobre concurso aparente de normas y, sobre todo, a la regla de consunción.

Tampoco podemos obviar que, con la incorporación de la responsabilidad criminal de las personas jurídicas mediante un sistema de *numerus clausus*, y la posibilidad de que tales entes corporativos respondan por delitos de blanqueo de dinero, se abre un nuevo portillo a la expansión del reciclaje de fondos y es que, como bien ha anotado Abel Souto[4], es posible que se repriman como blanqueo de dinero actos cometidos por personas jurídicas cuando los concretos bienes procedan de delitos antecedentes que no se encuentran en el listado cerrado que habilita su punición, con lo

---

3 Castro Moreno, A., "Capítulo V. Nuevas tendencias sobre el delito de blanqueo: ¿anteblanqueo? Delito fiscal, blanqueo de capitales y regularización tributaria", en Castro Moreno, A./Otero González, P. (dirs.), Garrocho Salcedo, A. M. (coord.), *Corrupción y delito: Aspectos de Derecho Penal Español y desde la perspectiva comparada*, Dykinson, Madrid, 2017, pp. 142-149.

4 Abel Souto, M., "Blanqueo de dinero, responsabilidad criminal de las personas jurídicas y directivas de 2018", en Sanz Hermida, A. M. (dir.), *La justicia penal del siglo XXI ante el desafío del blanqueo de dinero*, Tirant lo Blanch, Valencia, 2021, pp. 41-75.

que, también por vía elíptica, se ensancha el arsenal punitivo y se engrosa la aplicabilidad del blanqueo.

Por todo ello, y ya desde la fase instrucción, hemos de ser especialmente cuidadosos y prudentes en las calificaciones de blanqueo. Quintero Olivares[5] ha indicado, y con razón, que, en ocasiones, las acusaciones emplean, como un postre natural, las calificaciones de blanqueo en sus escritos. Debemos reconocer que no se trata de un delito de sospecha, de recogida ni para luchar contra cualquier incremento patrimonial. En ocasiones se acude a este delito de modo indebido, para engarzar artificiosos concursos de delitos, sobre la base de su mayor plazo de prescripción —que, en algunas modalidades, como la posesión, podrían resultar, *de facto*, casi imprescriptibles—, sin que existan indicios sólidos de su comisión, únicamente con el dato del incremento patrimonial inusual.

No podemos pasar por alto que, además, algunas interpretaciones conducen a confusión entre las finalidades político-criminales del blanqueo de dinero y las del decomiso, lo que genera notables efectos perturbadores, puesto que se trata de instituciones distintas, que obedecen a finalidades diversas y que, en todo caso, comparten las irrefrenables pulsiones expansionistas del legislador, como es de ver con una mera lectura de las sucesivas reformas legales operadas en sede de decomiso —y las que están por venir—, y siempre, como parapeto, bajo la *exceptio* universal de las obligaciones internacionales, de los compromisos adquiridos y, en los últimos tiempos, de la inexorable, inaplazable y urgente necesidad de equiparar u homologar el ordenamiento español a estándares —supuestamente— mucho más avanzados y democráticos.

Pues bien, a la vista de lo que antecede, debemos agregar que la ciberdelincuencia se erige en un terreno que propicia —y lo hará todavía más en el futuro— las calificaciones expansivas del blanqueo y que se siga utilizando, de modo indebido, como ariete punitivo contra cualquier modalidad delictiva en que se detecte acopio de fondos. La ciberdelincuencia, por sus propias características, favorece, entre otros muchos aspectos, un anonimato tendencial, la dispersión geográfica, la pluralidad de víctimas de un solo victimario y con una única acción —envío de un mail a una generalidad de destinatarios—, el ocultamiento de la dirección IP mediante el empleo de VPN u otros artilugios técnicos, el acceso a la *darknet*, el contacto con

---

5 Quintero Olivares, G., "La lucha contra la corrupción y la pancriminalización del autoblanqueo", *Estudios Penales y Criminológicos*, núm. Extra 38, 2018, pp. 242-245, 252-259, 262 y 263.

sujetos ubicados en distintos y alejados lugares, o la capacitación informática *online*, y dificulta la obtención y conservación de fuentes de prueba, la persecución de los delitos y la identificación de sus autores. Se observa que el ciberespacio constituye un cauce privilegiado para la circulación de los fondos, para vehicular ciberestafas y otros ilícitos patrimoniales y, también, para opacar la procedencia delictiva de las ganancias. Todo ello se ve incrementado por el auge de las criptomonedas, por los intentos de romper la trazabilidad de los fondos —mediante aplicaciones como los *mixer* o mezcladores de criptodivisa procedente de diferentes monederos— y por el traslado de los fondos procedentes de actividades delictivas del entorno *off line* al ciberespacio —significadamente, se ha apreciado este fenómeno en diferentes organizaciones criminales con sólida implantación en los más variados ámbitos como el narcotráfico, el tráfico de armas o la explotación coactiva de la prostitución—, que pretenden refugiar sus engroses patrimoniales al albur de las nuevas posibilidades que brindan las TIC.

No obstante, y pese a reconocer la viabilidad de las TIC para camuflar los fondos, no podemos defender que en todas y cada una de las investigaciones por tales ciberdelitos se acuda al comodín del blanqueo, por lo que reclamamos cautela en su empleo. Todo ello se ve incrementado, de modo exponencial, con el recurso a la discutida figura del blanqueo imprudente, como es de ver, de modo destacado, en algunas resoluciones a propósito de la intervención de las cibermulas en las ciberestafas[6]. Como regla general, hemos de mostrar nuestra frontal oposición a la ruptura de los títulos de imputación, al empleo de categorías forzadas y a la relajación en la aplicación de los tipos. Debemos reiterar que el blanqueo no es un delito de sospecha, sino que deben acreditarse —siquiera mediante prueba indiciaria— todos sus elementos, tanto objetivos como subjetivos.

De igual modo, la generalización de la Inteligencia Artificial (IA) puede dar lugar a una pluralidad de posibilidades de comisión de delitos patrimoniales, por lo que este ámbito también habrá de centrar nuestra preocupación, nuestra formación y nuestros debates en un futuro que, por lo que semeja, no se presenta muy lejano. La cibedelincuencia y la IA han venido para quedarse, y es nuestra obligación investigar ambos fenómenos, sus consecuencias, implicaciones, funcionalidades, ventajas, retos y, en la medida de lo posible, proponer interpretaciones respetuosas con los derechos fundamentales.

---

6 González Uriel, D., "Cibermulas y criptomulas: a medio camino entre la estafa y el blanqueo", *Revista Aranzadi Doctrinal*, núm. 6, 2023.

Estos apuntes no son meramente críticos o destructivos, sino que se basan en el dato indefectible de que la Sala 2ª ha dictado una pluralidad de absoluciones por blanqueo, casando condenas iniciales, sobre la base de criterios de restricción, lo que ha de hacernos reflexionar sobre la interpretación de este delito, sus contornos, sus perfiles y su perímetro. Y es que, este delito requiere mesura, contención y prudencia, tanto en su interpretación como en su aplicación y en su delimitación con otras figuras delictivas afines, con las que comparte contornos, segmentos de acción y con las que se solapa o confunde ya que, como bien ha subrayado Dopico Gómez-Aller, si todo es blanqueo, nada es blanqueo[7].

---

[7] Dopico Gómez-Aller, J., "Si todo es blanqueo, nada es blanqueo (I)", publicado el 15 de enero de 2010 en la página web https://www.legaltoday.com/practica-juridica/derecho-penal/economico/si-todo-es-blanqueo-nada-es-blanqueo-i-2010-01-15/.

El blanqueo de dinero en Costa Rica

FERNANDO LARA GAMBOA
Magistrado suplente de la Sala Constitucional de la Corte Suprema de Justicia de Costa Rica

Resulta impresionante, cómo con la evolución del internet y la tecnología de la información, que ha sido exponencialmente muchísimo más rápida que la radio, o la televisión, no sólo ha servido para promover el desarrollo y la conectividad, sino que también ha permitido facilitar esconder dinero o bienes obtenidos al margen de la ley (dinero sucio).

Las criptomonedas, las transferencias internacionales de dinero, las transferencias rápidas, permiten, que contrario a lo que sucedía hace cuarenta años, en donde el dinero proveniente de delitos se guardaba en un colchón en efectivo, hoy se pueda sacar del país o esconder en múltiples cuentas bancarias, tipo telaraña, que hacen muy difícil seguir el rastro del dinero.

Al igual que en España, y otros países iberoamericanos, a finales de los años 80´s empezó una carrera por la regulación y expansión del delito de blanqueo de dinero, de forma positivista[1].

A nivel mundial se empezó regulando el delito del blanqueo de dinero, o legitimación de capitales, circunscrito únicamente al narcotráfico; posteriormente se ampliaron los tipos penales a todo tipo de delitos, se agravaron las penas, en algunos casos, como por ejemplo en el caso de los funcionarios públicos, o delitos contra la Administración Pública, se ha venido también, reformando las normas imponiendo más años de prisión a este tipo de delitos, como si se estuviera en una competencia en donde la normativa tiene que intentar alcanzar a la tecnología. Sin embargo, en lugar de evitar estos comportamientos antijurídicos, las leyes, al final, solamente

---

1 Abel Souto, Miguel, *"La Expansión Iberoamericana del Blanqueo de Dinero y las Reformas Penales Españolas de 2015, con Jurisprudencia y Anotaciones Relativas a los Ordenamientos Jurídicos de Argentina, Bolivia, Ecuador, Los Estados Unidos, Méjico y Perú"*, versión ampliada de la conferencia pronunciada en la Bolsa de Comercio de la ciudad de Buenos Aires dentro del marco del II Congreso Iberoamericano de Derecho Penal Económico y de la Empresa, celebrado el 3 de marzo de 2018, pp. 1-13.

pueden sancionar a aquellos que finalmente terminan en los tribunales, y hay muchos que nunca llegan ahí.

Mediante la ley 7093, "Ley de Estupefacientes, Sustancias Psicotrópicas, Drogas de Uso no Autorizado y Actividades Conexas", de 22 de abril de 1988, se regula por primera vez en Costa Rica, el delito de Legitimación de Capitales, imponiendo así en su artículo número 15 una pena de prisión de *"ocho a quince años a quien realice cualquier acto o contrato, real o simulado, de adquisición, posesión, transferencia o disposición de bienes, tendente a ocultar o a encubrir el origen de recursos económicos obtenidos por medio del tráfico ilícito de drogas o de delitos relacionados con esa actividad, independientemente del lugar en donde el acto ilícito se haya cometido. Cuando el hecho se hubiere cometido en el extranjero, su comisión podrá acreditarse por cualquier medio"*[2].

Costa Rica no fue excepción, y al igual que lo sucedido en los países, estudiados por el profesor Abel Souto, citado anteriormente, la regulación se da en el año 1988, y dicha tipificación era inicialmente exclusiva para el narcotráfico.

Posteriormente esa ley amplía su ámbito de aplicación extendiéndolo a un número mayor de delitos, que se incluyen en la misma ley, y luego en mayo de 1991 se aumenta la pena de prisión de 8 a 20 años[3], *"Artículo 17.- Se impondrá prisión de ocho a veinte años a quien interviniera en cualquier tipo de contrato, ya sea real o simulado, de enajenación, de inversión, de pignoración, de cesión, de conversión. de transferencia, de guarda, o de encubrimiento de la naturaleza, origen, ubicación, destino o circulación de las ganancias, cosas, valores, títulos o bienes provenientes de los hechos delictivos tipificados en esta ley o del beneficio económico obtenido de dichos delitos, siempre que hubiera conocido ese origen y tienda con esas acciones a ocultar o encubrir el origen de los recursos o a eludir las consecuencias jurídicas de ellas, independientemente del lugar donde esos actos ilícitos se hubieran cometido.*

---

2 Asamblea Legislativa de Costa Rica, LEY N° 7093, "Ley sobre sustancias psicotrópicas, drogas de uso no autorizado y actividades conexas", 22 de abril de 1988, Sinalevi, accesado 4 de julio de 2024, http://www.pgrweb.go.cr/scij/Busqueda/Normativa/Normas/nrm_texto_completo.aspx?param1=NRTC&nValor1=1&nValor2=4971&nValor3=5260&strTipM=TC

3 Asamblea Legislativa de Costa Rica, LEY N° 7233, "Reforma Ley de Estupefacientes, Sustancias Psicotrópicas, Drogas de Uso No Autorizado y Actividades Conexas", 8 de mayo de 1991, art. 17, Sinalevi, accesado 4 de julio de 2024, http://www.pgrweb.go.cr/scij/Busqueda/Normativa/Normas/nrm_texto_completo.aspx?param1=NRTC&nValor1=1&nValor2=12792&nValor3=13739&strTipM=TC

El favorecimiento personal del delito establecido en este artículo será sancionado con la pena señalada para el autor. Cuando el tráfico de drogas o los delitos relacionados con esa actividad, aun los referidos a las conductas tipificadas en este artículo, se hayan ejecutado en el extranjero, su respectiva demostración podrá acreditarse por cualquier medio de prueba, siempre que se respeten las garantías establecidas en la legislación nacional y en las convenciones internacionales aceptadas por Costa Rica en protección de los derechos del imputado". Sin embargo, se requiere que se tenga conocimiento previo del origen, y que se esté tratando de ocultar o encubrir el origen de esos bienes.

Actualmente el blanqueo de dinero se encuentra regulado por dos vías. En primer lugar, por el artículo 69 de la ley 8204, *"Ley sobre estupefacientes, sustancias psicotrópicas, drogas de uso no autorizado, actividades conexas, legitimación de capitales y financiamiento al terrorismo"*, con una pena de 8 a 20 años, y de 10 a 20, cuando su finalidad sean actos de terrorismo;

> *"**Artículo 69.-** Será sancionado con pena de prisión de ocho (8) a veinte (20) años:*
> ***a)** Quien adquiera, convierta o transmita bienes de interés económico, sabiendo que estos se originan en un delito que, dentro de su rango de penas, puede ser sancionado con pena de prisión de cuatro (4) años o más, o realice cualquier otro acto para ocultar o encubrir el origen ilícito, o para ayudarle a la persona que haya participado en las infracciones, a eludir las consecuencias legales de sus actos.*
> ***b)** Quien oculte o encubra la verdadera naturaleza, el origen, la ubicación, el destino, el movimiento o los derechos sobre los bienes o la propiedad de estos, a sabiendas de que proceden, directa o indirectamente, de un delito que dentro su rango de penas puede ser sancionado con pena de prisión de cuatro (4) años o más.*
> *La pena será de diez (10) a veinte (20) años de prisión, cuando los bienes de interés económico se originen en alguno de los delitos relacionados con el tráfico ilícito de estupefacientes, sustancias psicotrópicas, legitimación de capitales, desvío de precursores, sustancias químicas esenciales y delitos conexos, conductas tipificadas como terroristas, de acuerdo con la legislación vigente o cuando se tenga como finalidad el financiamiento de actos de terrorismo y de organizaciones terroristas"*[4].

---

4 Asamblea Legislativa de Costa Rica, LEY N° 8204, "Ley sobre estupefacientes, sustancias psicotrópicas, drogas de uso no autorizado, actividades conexas, legitimación de capitales y financiamiento al terrorismo", del 11 de enero de 2002, Sinalevi, accesado el 4 de julio de 2024, *http://www.pgrweb.go.cr/scij/Busqueda/Normativa/Normas/nrm_texto_completo.aspx?param1=NRTC&nValor1=1&nValor2=48392&nValor3=0&strTipM=TC*

Y en segundo lugar por el artículo 37 de la ley 9699 *"Responsabilidad de las personas jurídicas sobre cohechos domésticos, soborno transnacional y otros delitos"* del 10 de junio de 2019, reformado por las Reformas a leyes en materia de anticorrupción para atender recomendaciones del grupo de trabajo sobre el soborno en las transacciones comerciales internacionales de la Organización para la Cooperación y Desarrollo Económico (OCDE)", N° 10373 del 20 de setiembre de 2023; las cuales imponen una pena de uno a ocho años, a *"quien oculte, asegure, transforme, invierta, transfiera, custodie, administre, adquiera o dé apariencia de legitimidad a bienes, activos o derechos, a sabiendas de que han sido producto del enriquecimiento ilícito o de actividades delictivas de un funcionario público, cometidas con ocasión del cargo o por los medios y las oportunidades que este le brinda"*[5].

Pese a que actualmente hay algunos casos graves en fase de investigación, en la jurisprudencia no existen resoluciones trascendentes o de relevancia nacional en cuanto al lavado de dinero, ya que no es usual tenerlo presente como un delito en sí mismo.

La forma en que se ha legislado, por medio de creación de leyes especiales, en lugar de reformar el Código penal, puede que sea una de las razones por las cuales no se tenga presente el delito de blanqueo de dinero por parte de los abogados, defensores, fiscales o jueces, ya que académicamente las universidades no suelen incluir las leyes especiales dentro de la malla curricular para ser abogado. Sin embargo, el Código penal sí se estudia en profundidad, independientemente de la especialidad que al final cada estudiante elija, y por ello es importante que se mencione el blanqueo del dinero en dicho Código.

---

5 Asamblea Legislativa de Costa Rica, LEY N° 9699, "Responsabilidad de las personas jurídicas sobre cohechos domésticos, soborno transnacional y otros delitos" del 11 de junio de 2019, Sinalevi, accesado el 4 de julio de 2024, http://www.pgrweb.go.cr/scij/Busqueda/Normativa/Normas/nrm_texto_completo.aspx?param1=NRTC&nValor1=1&nValor2=88954&nValor3=0&strTipM=TC

Blanqueo y decomiso ampliado: la tormenta perfecta[1]

JOSÉ LEÓN ALAPONT
Profesor titular de Derecho penal
Universidad de Valencia

A la regulación especialmente intensiva que el Código Penal español hace del delito de blanqueo de dinero[2] hay que sumar una modalidad de decomiso que no viene sino a ampliar (más si cabe) los efectos de aquél: se trata del decomiso ampliado.

El art. 127 bis 1 CP prevé que, en determinados delitos y a partir de una serie de indicios, se decomisen los bienes, efectos y ganancias provenientes de otras actividades ilícitas del sujeto condenado distintas a los hechos por los que se le condena, siempre y cuando no se acredite su origen lícito. Así pues, en palabras de Martínez González, a diferencia del decomiso directo, "el decomiso ampliado no se fundamenta en la acreditación plena de la conexión causal entre la actividad delictiva y el enriquecimiento, sino en la constatación por el juez, sobre la base de indicios fundados y objetivos, de que han existido otra u otras actividades delictivas, distintas a aquellas por las que se condena al sujeto, de las que deriva el patrimonio que se pretende decomisar"[3].

---

1 Esta comunicación se enmarca dentro del Proyecto de Investigación "Ganancias ilícitas y sistema de justicia penal: una perspectiva global" (PID2022-138796NA-I00) del que soy IP.

2 Abel Souto, M.: "El nuevo tipo agravado de blanqueo en el ejercicio profesional de los obligados por la normativa de prevención, incorporado al código penal español por la Ley orgánica 6/2021, y los proveedores de servicios de cambio de moneda virtual y de custodia de monederos electrónicos", *Revista Penal México*, núm. 20, 2022, pp. 17-26.

3 Martínez González, I.: "El decomiso: una estrategia de política criminal", en Gómez Rivero, M. C. y Barrero Ortega, A. (Dirs.): *Regeneración democrática y estrategias penales en la lucha contra la corrupción*, Valencia, Tirant lo Blanch, 2017, pp. 964-965.

Esta modalidad imperativa de decomiso, como nos recuerda Aguado Correa, se predica tanto de los delitos dolosos como de los imprudentes[4], siendo esto último criticado por algunos autores al considerar que puede resultar desproporcionado[5].

En realidad, dada la configuración del decomiso ampliado, se confiere una potestad para auditar todo el patrimonio del condenado, como una suerte de "fiscalización o investigación patrimonial universal"[6]. Lo cual, como ha destacado Quintero Olivares, reviste una especial complejidad[7]. En cambio, ello no significa que tengan que decomisarse todos los bienes, efectos y ganancias que estén en posesión de la persona física (o jurídica). Así las cosas, deberá procederse a una individualización de los bienes a decomisar, de forma que sólo cuando todos ellos tengan origen criminal se podrá desposeer a su titular de todo su patrimonio[8]. En este sentido, se insiste en que tales bienes, efectos o ganancias deben derivar directa o indirectamente de actuaciones delictivas "que no pueden ser probadas", pues sí ello fuera posible, lo que cabría es la condena penal por tales hechos y, en ese caso, lo que procedería es decretar el decomiso directo y no ampliado[9]. Por tanto, lo que se exige en esta modalidad de decomiso es que esa "actividad delictiva" quede probada de un modo genérico[10].

No obstante, nos preguntamos si, en la práctica, esto último no supone una renuncia encubierta al ejercicio del *ius puniendi*, pues, quizás, con una actitud más proactiva podría llegarse a probar esa otra u otras actividades delictivas. Por el contrario, pudiera parece más bien que lo verdaderamente importante

---

4 Aguado Correa, T.: "Comiso: crónica de una reforma anunciada", *InDret*, núm. 1, 2014, p. 20.

5 Así, Rodríguez García, N.: *El decomiso de activos ilícitos*, Cizur Menor, Thomson Reuters-Aranzadi, 2017, p. 165.

6 Con estas palabras se expresa González Cussac, J. L.: "Decomiso y embargo de bienes", *Boletín de información del Ministerio de Justicia*, núm. extraordinario 2015, 2006, p. 16.

7 Quintero Olivares, G.: "El comiso tras la reforma del Código penal (LO 1/2015, de 30 de marzo)", en Goenaga Olaizola, R. *et al.*: *La reforma del Código Penal a* debate, Bilbao, Publicaciones de la Universidad de Deusto, 2016, p. 45.

8 Rodríguez García, N.: *El decomiso…*, *op. cit.*, p. 172.

9 De la Mata Barranco, N. J.: "Las distintas modalidades de decomiso después de la Ley Orgánica 1/2015, de 30 de marzo", *La Ley Penal: revista de derecho penal, procesal y penitenciario*, núm. 124, 2017.

10 Rodríguez García, N.: *El decomiso…*, *op. cit.*, p. 172. Con referencias a sentencias del Tribunal Supremo.

(o lo único) sea la recuperación de activos, aun cuando lo sea a toda costa. Es más, incluso se ha señalado con acierto que el sujeto que *posee* o *utiliza* esos bienes, efectos o ganancias provenientes de una actividad delictiva puede ser castigado por blanqueo de capitales (o autoblanqueo). Si bien, cuestión distinta es que, una vez requisados todos los bienes cuyo origen lícito no puede acreditarse, subsista el interés por castigar dicha infracción[11].

El listado de delitos en los que cabe aplicar el decomiso ampliado es el siguiente: a) Delitos de trata de seres humanos. b) Delitos relativos a la prostitución y a la explotación sexual y corrupción de menores y delitos de abusos y agresiones sexuales a menores de dieciséis años. c) Delitos informáticos de los apartados 2 y 3 del artículo 197 y artículo 264. d) Delitos contra el patrimonio y contra el orden socioeconómico en los supuestos de continuidad delictiva y reincidencia. e) Delitos relativos a las insolvencias punibles. f) Delitos contra la propiedad intelectual o industrial. g) Delitos de corrupción en los negocios. h) Delitos de receptación del apartado 2 del artículo 298. i) Delitos de blanqueo de capitales. j) Delitos contra la Hacienda pública y la Seguridad Social. k) Delitos contra los derechos de los trabajadores de los artículos 311 a 313. l) Delitos contra los derechos de los ciudadanos extranjeros. m) Delitos contra la salud pública de los artículos 368 a 373. n) Delitos de falsificación de moneda. o) Delitos de cohecho. p) Delitos de malversación. q) Delitos de terrorismo. r) Delitos cometidos en el seno de una organización o grupo criminal.

Respecto de los indicios objetivos fundados que permitirán afirmar que los bienes provienen de una actividad delictiva, el art. 127 bis 2 CP señala que se valorarán, especialmente, entre otros, los siguientes:

1.º La desproporción entre el valor de los bienes y efectos de que se trate y los ingresos de origen lícito de la persona condenada.

2.º La ocultación de la titularidad o de cualquier poder de disposición sobre los bienes o efectos mediante la utilización de personas físicas o jurídicas o entes sin personalidad jurídica interpuestos, o paraísos fiscales o territorios de nula tributación que oculten o dificulten la determinación de la verdadera titularidad de los bienes.

3.º La transferencia de los bienes o efectos mediante operaciones que dificulten o impidan su localización o destino y que carezcan de una justificación legal o económica válida.

---

11 *Cfr.* Vidales Rodríguez, C.: "Consecuencias accesorias: decomiso (arts. 127 a 128 octies)", en González Cussac, J. L. (Dir.): *Comentarios a la reforma del Código Penal de 2015*, Valencia, Tirant lo Blanch, 2015, p. 400.

Por tanto, no se trata de una enumeración cerrada[12]. Esta circunstancia, no sólo redunda en una mayor inseguridad jurídica, sino que, a nuestro juicio, conculca el principio de legalidad[13].

La doctrina, por su parte, ha sido muy crítica con esta modalidad de decomiso. No tanto por el recurso a la prueba indiciaria, que ha sido validada por el Tribunal Constitucional para el decomiso[14], sino por la inversión de la carga de la prueba que se produce cuando se quiere desvirtuar o cuestionar los indicios sobre la procedencia ilícita de los bienes, lo cual atenta contra el derecho a la presunción de inocencia[15]. No obstante, nuestro Alto Tribunal ha considerado que la imposición del decomiso ampliado no afecta a dicho derecho por cuanto una vez que sobre el sujeto haya recaído una condena la presunción de inocencia ya no está en cuestión. De forma que, al imponer el decomiso habrán de respetarse el resto de garantías del proceso y las exigencias del derecho a la tutela judicial efectiva[16].

En el fondo, como han señalado numerosos autores, el legislador ha sorteado la tipificación expresa del delito de enriquecimiento injusto recurriendo, precisamente, a esta figura del decomiso ampliado[17]. Por ello,

---

12 Así lo han resaltado, entre otros, Rodríguez García, N.: *El decomiso…*, *op. cit.*, p. 180. Y Roig Torres, M.: "La regulación del comiso. El modelo alemán y la reciente reforma española", *Estudios penales y criminológicos*, núm. 36, 2016, p. 249.

13 Critican que se trate de un catálogo abierto de indicios, Orts Berenguer, E. y González Cussac, J. L.: *Compendio de Derecho penal*, Valencia, Tirant lo Blanch, 2017, p. 570.

14 Así SSTC 219/2006, de 28 de julio, 220/2006, de 3 de julio; y, 126/2011, de 18 de julio.

15 En este sentido se han expresado, Pérez Cebadera, M. A.: "Decomiso ampliado: a vueltas con la prueba del origen del patrimonio", en Demetrio Crespo, E. y González-Cuéllar Serrano, N. (Dirs.): *Halcones y palomas: corrupción y delincuencia económica*, Madrid, Ediciones Jurídicas Castillo de Luna, 2015, p. 414. Matellanes Rodríguez, N.: "Muestras del proceso…", *op. cit.*, p. 469. Y Vidales Rodríguez, C.: "El comiso ampliado: consideraciones constitucionales", en Carbonell Mateu, J. C.; González Cussac, J. L. y Orts Berenguer, E. (Dirs.): *Constitución, derechos fundamentales y sistema penal (semblanzas y estudios con motivo del setenta aniversario del profesor Tomás Salvador Vives Antón). Tomo II*, Valencia, Tirant lo Blanch, 2009, pp. 1994-1995. En el citado trabajo, dicha autora lleva también a cabo un interesante análisis sobre las consecuencias que puede tener el ejercicio del derecho a guardar silencio en relación a los indicios que apunten al origen delictivo de los bienes.

16 *Vid.*, SSTC 219/2006, de 28 de julio (FJ. 9) y 220/2006, de 3 de julio (FJ. 8).

17 Entre otros, Gómez Rivero, M. C.: "La recuperación de activos procedentes del delito: ¿hacia el delito de enriquecimiento ilícito?, *Cuadernos de Política Criminal*, núm. 121, 2017, p. 61.

para GONZÁLEZ CUSSAC, nuestro sistema se ubica a mitad camino entre optar directamente por la incriminación de la riqueza injustificable y permitir que todas las presunciones, en lo que al patrimonio detectado se refiere, jueguen en favor del responsable criminal del delito[18].

Por su parte, el art. 127 bis 3 CP prevé que en esta modalidad también se pueda acordar el decomiso por valor equivalente, lo que, a juicio de alguna autora, resulta desmedido[19]. Así pues, como apunta VIDALES RODRÍGUEZ, esta posibilidad parece ir destinada, principalmente, a salvaguardar los derechos de terceros de buena fe en casos de cotitularidad[20].

En otro orden de cosas, el apartado cuarto del art. 127 bis CP dispone que *"si posteriormente el condenado lo fuera por hechos delictivos similares cometidos con anterioridad, el juez o tribunal valorará el alcance del decomiso anterior acordado al resolver sobre el decomiso en el nuevo procedimiento"*. Dada su parquedad, dicho precepto genera más dudas que certezas, de modo que trataremos de aportar algunas claves interpretativas para su aplicación.

En primer lugar, el precepto refiere a que el sujeto vuelva a ser condenado "posteriormente" lo que implica un lapso de tiempo impreciso o, si se prefiere, ilimitado. No obstante, la dilación de esa segunda condena en el tiempo quedará condicionada por los plazos de prescripción correspondientes según el delito de que se trate. En segundo lugar, la condena posterior debe serlo por "hechos similares", debiéndose entender por tales los delitos enumerados en el primer apartado del art. 127 bis 1 CP (no que haya homogeneidad entre el relato fáctico de la sentencia anterior y la posterior). En tercer lugar, se alude a que estos hechos similares hayan sido cometidos "con anterioridad", debiéndose entender, pues, con anterioridad a la condena previa (estuviesen o no siendo investigados en aquel momento). Por tanto, los hechos en que se basaría la condena posterior no recibirían el calificativo de nuevos, sino de nueva noticia. Y, en cuarto

18 *Cfr.* González Cussac, J. L.: "El tratamiento en el Código Penal de los tipos relacionados con la corrupción", *Cuadernos Digitales de Formación (CGPJ)*, núm. 8, 2013, p. 16.

19 Roig Torres, M.: "La regulación...", *op. cit.*, p. 251. Aduce dicha autora que, dado que el origen ilegítimo se deduce de indicios y no está demostrado con prueba plena, tal previsión resulta desproporcionada. Además de señalar que dicha posibilidad no se contenía en la Directiva 2014/42/UE, del Parlamento Europeo y del Consejo de 3 de abril de 2014, sobre el embargo y el decomiso de los instrumentos y del producto del delito en la Unión Europea.

20 Vidales Rodríguez, C.: "Consecuencias accesorias...", *op. cit.*, p. 400.

lugar, entendemos que la valoración del alcance del decomiso anterior sobre el del nuevo procedimiento se proyecta sobre su modalidad ampliada aunque, siendo esto perfectamente posible, lo preferible sería que todo lo decomisado en el procedimiento predecesor se tuviera en consideración respecto de la modalidad directa del decomiso de la posterior condena (no siendo necesario decretarse el decomiso ampliado bajo tales circunstancias).

Por último, el art. 127 bis 5 CP establece que el decomiso ampliado no será acordado: a) cuando las actividades delictivas de las que provengan los bienes o efectos hubieran prescrito; o, b) hubieran sido ya objeto de un proceso penal resuelto por sentencia absolutoria o resolución de sobreseimiento con efectos de cosa juzgada. Sin embargo, dicho precepto encierra una grave contradicción, pues, para invocar la prescripción, absolver o sobreseer se requiere haber identificado previamente tales actividades delictivas. Pero, como se mencionó más arriba, no se exige sobre dicha actividad delictiva una prueba plena, sino que la misma quede demostrada "de modo genérico", ya que, como también se advirtió, de lo contrario estaríamos en presencia de un delito y entonces cabría decretar el decomiso directo y no el ampliado. Por ello, estimamos que dicho artículo no puede ser de aplicación, salvo que se considere (en un intento desesperado por dotarlo de virtualidad práctica) que dicha actividad delictiva pueda quedar identificada sin que origine un nuevo proceso (lo cual *a priori* suena un tanto retorcido).

BIBLIOGRAFÍA CITADA

Abel Souto, M.: "El nuevo tipo agravado de blanqueo en el ejercicio profesional de los obligados por la normativa de prevención, incorporado al código penal español por la Ley orgánica 6/2021, y los proveedores de servicios de cambio de moneda virtual y de custodia de monederos electrónicos", *Revista Penal México*, núm. 20, 2022, pp. 17-26.

Aguado Correa, T.: "Comiso: crónica de una reforma anunciada", *InDret*, núm. 1, 2014, pp. 1-56.

De la Mata Barranco, N. J.: "Las distintas modalidades de decomiso después de la Ley Orgánica 1/2015, de 30 de marzo", *La Ley Penal: revista de derecho penal, procesal y penitenciario*, núm. 124, 2017.

Gómez Rivero, M. C.: "La recuperación de activos procedentes del delito: ¿hacia el delito de enriquecimiento ilícito?, *Cuadernos de Política Criminal*, núm. 121, 2017, pp. 35-70.

González Cussac, J. L.: "El tratamiento en el Código Penal de los tipos relacionados con la corrupción", *Cuadernos Digitales de Formación (CGPJ)*, núm. 8, 2013, pp. 1-21.

González Cussac, J. L.: "Decomiso y embargo de bienes", *Boletín de información del Ministerio de Justicia*, núm. extraordinario 2015, 2006, pp. 13-19.

Martínez González, I.: "El decomiso: una estrategia de política criminal", en Gómez Rivero, M. C. y Barrero Ortega, A. (Dirs.): *Regeneración democrática y estrategias penales en la lucha contra la corrupción*, Valencia, Tirant lo Blanch, 2017, pp. 937-973.

Orts Berenguer, E. y González Cussac, J. L.: *Compendio de Derecho penal*, Valencia, Tirant lo Blanch, 2017.

Pérez Cebadera, M. A.: "Decomiso ampliado: a vueltas con la prueba del origen del patrimonio", en Demetrio Crespo, E. y González-Cuéllar Serrano, N. (Dirs.): *Halcones y palomas: corrupción y delincuencia económica*, Madrid, Ediciones Jurídicas Castillo de Luna, 2015, pp. 403-430.

Quintero Olivares, G.: "El comiso tras la reforma del Código penal (LO 1/2015, de 30 de marzo)", en Goenaga Olaizola, R. *et al.*: *La reforma del Código Penal a* debate, Bilbao, Publicaciones de la Universidad de Deusto, 2016, pp. 41-62.

Rodríguez García, N.: *El decomiso de activos ilícitos*, Cizur Menor, Thomson Reuters-Aranzadi, 2017.

Roig Torres, M.: "La regulación del comiso. El modelo alemán y la reciente reforma española", *Estudios penales y criminológicos*, núm. 36, 2016, pp. 199-279.

Vidales RodrígueZ, C.: "Consecuencias accesorias: decomiso (arts. 127 a 128 octies)", en González Cussac, J. L. (Dir.): *Comentarios a la reforma del Código Penal de 2015*, Valencia, Tirant lo Blanch, 2015, pp. 393-416.

Vidales Rodríguez, C.: "El comiso ampliado: consideraciones constitucionales", en Carbonell Mateu, J. C.; González Cussac, J. L. y Orts Berenguer, E. (Dirs.): *Constitución, derechos fundamentales y sistema penal (semblanzas y estudios con motivo del setenta aniversario del profesor Tomás Salvador Vives Antón). Tomo II*, Valencia, Tirant lo Blanch, 2009, pp. 1989-2005.

Perspectivas de la internacionalización del Derecho penal desde un contexto global digital y blanqueo de dinero

TANIA MUÑOA VIDAL
Profesora de Derecho penal
Universidad San Gregorio de Portoviejo, Manabí, Ecuador

La necesidad de profundizar en los procesos de integración latente en un mundo global determina que, ante las amenazas de nuevas formas de criminalidad macro, desbordadas de los límites en los que los estados ejercen su soberanía, el Derecho penal amplía sus dimensiones, de forma tal que se muestra una tendencia de extralimitación del ámbito espacial de aplicación territorial de la norma penal, imponiéndose un nuevo reto para la aplicación del *ius dicere,* donde el término de jurisdicción del derecho positivo se convierte en un problema más agudo que aquel de tipo semántico[1] que tradicionalmente desde el punto de vista teórico siempre ha padecido, pero que en postura dominante siguiendo a Montero Aroca es "la potestad dimanante de la soberanía del Estado, ejercida exclusivamente por tribunales independientes, con el propósito de aplicar el derecho en el caso concreto, juzgando de modo irrevocable y ejecutando lo juzgado"[2].

La idea que antecede, introducida desde los ámbitos de validez de la norma penal y una cuestión adjetiva elemental en su aplicación, se incardina obligatoriamente con el *ius puniendi* que si bien puede fundarse en distintas concepciones políticas[3] sin lugar a dudas resulta inherente al poder estatal y justificado por su propia existencia[4]. "El ius puniendi es el

---

1 *Cfr.* Mendoza Díaz, J., Derecho Procesal. Parte General, Félix Varela, La Habana, 2015, p.101.

2 *Cfr.* Montero Aroca, J., La potestad y la función jurisdiccional, en Mendoza Díaz, J., Derecho Procesal. Parte General, 2015, p.103.

3 *Cfr.* Mir Puig, S., Derecho Penal. Parte General, Reppertor, Barcelona, 2011, p.104.

4 *Cfr.* Muñoz Conde, F., Derecho Penal. Parte General, Tiran lo Blanch, Valencia, 2019, p.61.

único tipo de violencia que se encuentra legitimada para ser ejercida exclusivamente por el Estado"[5]. El poder de castigar pertenece a los estados, es legitimado y a la vez limitado por el Derecho penal, por lo que tiene un marcado carácter propio, nacional.

Sin embargo, la nueva dimensión del Derecho penal, traslada las posturas tradicionales abordadas *supra* hacia una mirada universal, que opera desde los procesos de integración, donde los estados realizan concesiones y aúnan intereses en cuanto a políticas criminales propias, a fin de adoptar la protección a bienes jurídicos de carácter supranacional, y ante la necesidad de respuestas penales a la criminalidad trasnacional; siendo así que se enfocan en una organización que conlleva la armonización de las legislaciones penales, la cooperación judicial, policial, y la prevención de la macrocriminalidad, a fin de aplicar el Derecho penal interno.

En estos procesos de integración, definidos por Haas desde 1971 como un proceso en que los estados se fusionan voluntariamente para resolver de manera conjunta sus conflictos[6], a lo que Malamud y Schmitter agregan en el 2006 que "lo hacen creando instituciones comunes permanentes, capaces de tomar decisiones vinculantes para todos los miembros"[7], la Unión Europea en su interés jurídico supranacional, que requiere de protección, muestra gran complejidad y todo un proceso de evolución de estructura institucional y de desarrollo legislativo[8], que no resulta ajeno al Derecho penal.

Un ejemplo de lo anterior lo constituyen las acciones de prevención, detección y represión de las conductas criminales de blanqueo, que se comportan como "fenómenos mundiales", y en consecuencia reclaman "respuestas globales", de manera que, siguiendo al profesor Abel Souto, "las iniciativas

---

5 *Cfr.* Herrera Sabando, WA./Villacreses Palomeque JL., El lavado de activo en la legislación penal ecuatoriana: Estudio de caso, *Revista de Investigación en Ciencias Jurídicas*, Volumen 6, No. 21, 2023, p.209.

6 *Vid.* Haas, Ernst B., The Uniting of Europe and the Uniting of Latin America, en Malamud A., Conceptos, teorías y debates sobre la integración regional, *Norteamérica* vol.6 no. 2, Ciudad de México jul./dic. 2011.

7 *Cfr.* Malamud A., Conceptos, teorías y debates sobre la integración regional, *Norteamérica* vol.6 no. 2, Ciudad de México jul./dic. 2011.

8 *Vid.* Levi Coral, M., La Unión Europea y la nueva integración latinoamericana: parámetros de comparación aplicados en diferentes estudios sobre los procesos de integración, *Revista del Centro Andino de Estudios Internacionales* 11, año 2011, Quito, ISSN 1390-1532.

estatales aisladas están condenadas al fracaso"[9] y en tal sentido la Unión Europea interviene a través de elementos importantes como la armonización y cooperación[10], lo que obliga a una proactividad legislativa nacional, como expresión de manifestaciones de internacionalización del Derecho penal.

Las conductas de blanqueo de dinero comúnmente se asocian a complejas arquitecturas financieras, pero en la actualidad, a partir del desarrollo de las nuevas tecnologías, se han ido moldeando al nuevo contexto global digital, aunque sigue siendo una realidad que resultan favorecidas por las propias limitaciones legales en la prevención, detección y represión de dichas actividades[11].

En una de las obras más recientes de Abel Souto, el autor expresa que "la digitalización ha alcanzado tal intensidad que incluso se ha dicho, hiperbólicamente, que nada se mueve sin la intervención de las nuevas tecnologías". Plantea el profesor que la digitalización "crea nuevos riesgos", y no deja de advertir que "aunque las herramientas de la inteligencia artificial puedan revolucionar la lucha contra el blanqueo de dinero, es necesario mantener un equilibrio entre eficiencia y salvaguarda de los derechos fundamentales"[12].

Al hablarse de inteligencia artificial, en contraste con la realidad, se denuncia que es falible, ya que, al ser manipulable, por el trabajo humano que la precede en su creación, requiere de constante actualización y corrección[13].

---

9 *Vid.* Abel Souto, M., El blanqueo de dinero en la normativa internacional: especial referencia a los aspectos penales, Universidad de Santiago de Compostela, Servicio de Publicaciones e Intercambio Científico, Santiago, 2002; Del Mismo Autor, Normativa internacional sobre el blanqueo de dinero y su recepción en el Ordenamiento penal español, Montevideo/Buenos Aires/Madrid, B de F, 2020.

10 *Vid.* Vogel, J., La internacionalización del Derecho penal y del Proceso penal, *Revista Penal,* n.° 22. Julio 2008.

11 *Vid.* Gómez Iniesta, D.J., "El uso de las monedas virtuales y el dinero electrónico en el delito de blanqueo y la Directiva 843/2018", en Abel Souto, M.; Sánchez Stewart, N. (coords.): VIII Congreso internacional sobre prevención y represión del blanqueo de dinero, Tirant lo Blanch, Valencia, 2022, pp. 959-962.

12 *Vid.* Abel Souto, M. "Análisis de la incidencia en el mundo digital de la COVID-19 y blanqueo de dinero", en Abel Souto, M. Lorenzo Salgado J. y Sánchez Stewart, N. (coords.): IX Congreso sobre prevención y represión del blanqueo de dinero, Tirant lo Blanch, Valencia, 2024, pp. 273-322.

13 *Cfr.* Abel Souto, M. "Blanqueo de capitales, inteligencia artificial, responsabilidad penal de las personas jurídicas y delitos empresariales". CONSILIUM IURIDICUM, N° 1(9), 2024, p.70.

Sin lugar a dudas las nuevas tecnologías se han convertido en factores de riesgo, que justifican la intervención penal, no tendente a limitar su uso legítimo, sino a prevenir el ilegítimo, es así que a través de la legislación europea, vinculante para los estados partes, se advierte sobre dichos riesgos. Un ejemplo lo constituyen la Directiva 2015/849, Directiva 2018/843 y Directiva 2018/1673, relativas a la prevención de la utilización del sistema financiero para el blanqueo de capitales o la financiación del terrorismo y a los aspectos penales de esta materia, a la necesidad de adaptar los marcos jurídicos de los estados ante la amenaza que constituye el uso de las nuevas tecnologías para las actividades de blanqueo, poniendo al descubierto algunos factores criminógenos en el uso de las monedas virtuales, advirtiendo sobre sus riesgos y desafíos en la lucha contra el blanqueo. En este propio sentido se manifiesta el Reglamento 1113 y Reglamento 1114, ambos de 31 de mayo de 2023, sobre mercados de criptoactivos, en los que se considera de igual manera la necesidad de diseñar una legislación a tono con las exigencias siempre cambiantes de ese mercado, que permita la lucha contra las actividades de blanqueo[14].

Pero las nuevas tecnologías también pueden ser usadas en un rol inverso, en este sentido coincidiendo con Morón Pendás, “los avances tecnológicos también pueden contribuir a la lucha contra este tipo de delincuencia especialmente en lo que al aspecto preventivo se refiere”[15], destaca la magistrada que la labor de prevención toma un matiz distinto a las labores tradicionales de prevención de delitos, reservadas a los poderes estatales, y que dicho cambio de paradigma alcanza además la necesidad de investigar a nivel global las conductas criminales[16], pues en el mundo globalizado, ante métodos sofisticados propios de una nueva criminalidad, se impone también la cooperación en materia de investigación policial y de auxilio judicial.

Por ello la tendencia de internacionalización del Derecho penal se torna necesaria a pesar de lo complejo del proceso, que aun cuando significa

---

14 *Cfr.* Abel Souto, M. “Análisis de la incidencia en el mundo digital de la COVID-19 y blanqueo de dinero”, en Abel Souto, M. Lorenzo Salgado J. y Sánchez Stewart, N. (coords.): IX Congreso sobre prevención y represión del blanqueo de dinero, Tirant lo Blanch, Valencia, 2024, pp. 281-282.

15 *Cfr.* Morón Pendás, I. “La detección del blanqueo en el mundo digital y las nuevas tecnologías para facilitar el cumplimiento de la normativa de prevención”, en Abel Souto, M. Lorenzo Salgado J. y Sánchez Stewart, N. (coords.): IX Congreso sobre prevención y represión del blanqueo de dinero, Tirant lo Blanch, Valencia, 2024, p.212.

16 *Ibidem.*

una reducción en "la capacidad decisoria de los estados"[17] y en ocasiones puede hasta significar un "desplazamiento de la interpretación desde los organismos jurisdiccionales de cada país"[18] a órganos jurisdiccionales supranacionales, evita "la divergencia entre sus legislaciones"[19], aspecto relevante en la nueva dimensión del Derecho penal, que se ancla ineludiblemente a la prevención, detección y represión del banqueo de dinero en un contexto global.

BIBLIOGRAFÍA

Abel Souto, M., El blanqueo de dinero en la normativa internacional: especial referencia a los aspectos penales, Universidad de Santiago de Compostela, Servicio de Publicaciones e Intercambio Científico, Santiago, 2002; del mismo autor, Normativa internacional sobre el blanqueo de dinero y su recepción en el Ordenamiento penal español, Montevideo/Buenos Aires/Madrid, B de F, 2020.

Abel Souto, M. "Análisis de la incidencia en el mundo digital de la COVID-19 y blanqueo de dinero", en Abel Souto, M. Lorenzo Salgado J. y Sánchez Stewart, N. (coords.): IX Congreso sobre prevención y represión del blanqueo de dinero, Tirant lo Blanch, Valencia, 2024, pp. 273-322.

Abel Souto, M. "Blanqueo de capitales, inteligencia artificial, responsabilidad penal de las personas jurídicas y delitos empresariales". Consilium Iuridicum, N° 1(9), 2024, pp. 69-109.

Gómez Iniesta, DJ., "El uso de las monedas virtuales y el dinero electrónico en el delito de blanqueo y la Directiva 843/2018", en Abel Souto, M.; Sánchez Stewart, N. (coords.): VIII Congreso internacional sobre prevención y represión del blanqueo de dinero, Tirant lo Blanch, Valencia, 2022, pp. 959-962.

Herrera Sabando, Wa./Villacreses Palomeque JL., El lavado de activo en la legislación penal ecuatoriana: Estudio de caso, *Revista de Investigación en Ciencias Jurídicas*, Volumen 6, No. 21, 2023. https://mail.google.com/mail/u/1/#inbox?projector=1

Levi Coral, M., La Unión Europea y la nueva integración latinoamericana: parámetros de comparación aplicados en diferentes estudios sobre los procesos de integración, *Revista del Centro Andino de Estudios Internacionales* 11, año 2011, Quito, ISSN 1390-1532. https://revistas.uasb.edu.ec/index.php/comentario/article/view/83/92

---

17 *Vid.* Abel Souto, M. "Análisis de la incidencia en el mundo digital de la COVID-19 y blanqueo de dinero", en Abel Souto, M. Lorenzo Salgado J. y Sánchez Stewart, N. (coords.): IX Congreso sobre prevención y represión del blanqueo de dinero, Tirant lo Blanch, Valencia, 2024, p 283.

18 *Ibidem.*

19 *Ibidem.*

Malamud A., Conceptos, teorías y debates sobre la integración regional, *Norteamérica* vol.6 no.2 Ciudad de México jul./dic. 2011. ISSN 2448-7228.

http://www.scielo.org.mx/scielo.php?script=sci_arttext&pid=S1870-35502011000200008

Mendoza Díaz, J., Derecho Procesal. Parte General, Félix Valera, La Habana,2015.

Mir Puig, S., Derecho Penal. Parte General. Reppertor, Barcelona, 2011.

Morón Pendás, I. "La detección del blanqueo en el mundo digital y las nuevas tecnologías para facilitar el cumplimiento de la normativa de prevención", en Abel Souto, M. Lorenzo Salgado J. y Sánchez Stewart, N. (coords.): IX Congreso sobre prevención y represión del blanqueo de dinero, Tirant lo Blanch, Valencia, 2024, pp. 211-235.

Muñoz Conde, F., Derecho Penal. Parte General, Tirant lo Blanch, Valencia, 2019

Vogel, J., La internacionalización del Derecho penal y del Proceso penal, *Revista Penal*, n.° 22. Julio 2008, Universidad de Huelva. http://hdl.handle.net/10272/11997

Blanqueo de capitales y otros instrumentos para la sanción de la posesión de bienes cuyo origen se sospecha ilícito

MARÍA QUINTAS PÉREZ
Doctora en Derecho penal por la Universidad de Salamanca

El crimen organizado, los delincuentes económicos y quienes cometen delitos de corrupción se valen de paraísos fiscales, testaferros y entramados societarios para ocultar el producto de su actividad criminal o darle apariencia de legalidad. Esto dificulta de forma importante la prueba del delito del que proceden los bienes. Por ello, han ido surgiendo otras "estrategias" para tratar de que el delito no quede impune. Tales estrategias ponen el foco en perseguir el producto del delito o, en ocasiones, en un dinero que no parece corresponderse con los ingresos lícitos del sujeto.

Una de ellas es el delito de fraude fiscal, el cual, aunque pensado para sancionar a quien eluda el pago de los tributos, se viene utilizando para sancionar un incremento patrimonial cuando no hay pruebas suficientes de la comisión de otro delito. También el delito de blanqueo de capitales se pretende utilizar como comodín para sancionar cualquier comportamiento realizado sobre bienes de origen criminal. No obstante, para condenar por este delito será necesario acreditar tanto el origen delictivo de los bienes como que el sujeto activo del blanqueo conocía, o debía conocer, tal origen. Nuestro Código Penal además de sancionar el blanqueo cometido por imprudencia grave y el de quien ha cometido el delito previo del que proceden los bienes (*autoblanqueo*), también sanciona el *poseer* y *utilizar* bienes de origen ilícito. La jurisprudencia ha interpretado que en el caso del *autoblanqueo* la posesión o utilización de los bienes provenientes del delito ha de realizarse con las finalidades de ocultar o de encubrir el origen de los bienes para evitar que todo delito con consecuencias económicas encuentre una doble tipicidad en el delito originario y en el blanqueo. Así, por ejemplo, la STS, Sala 2ª, 265/2015, de 29 de abril.

Otra vía para que el delito no resulte rentable es el decomiso. Esta figura también ha experimentado una importante expansión permitiendo en la actualidad que se puedan decomisar bienes no procedentes del concreto delito por el que se está enjuiciando a una persona, cuando se pueda inferir "de indicios objetivos fundados" que estos provienen de una actividad delictiva y no se acredite el origen lícito (*decomiso ampliado).*

Los incrementos patrimoniales desproporcionados también se prenden sancionar con el delito de enriquecimiento ilícito (art. 438 bis CP), aunque en este caso el campo de sujetos activos se limita a las autoridades.

Pese a la amplitud de estas figuras y a las importantes tensiones con los derechos fundamentales que plantean, los legisladores siguen buscando nuevos mecanismos para que el delito no resulte rentable. Así, en la Propuesta de Directiva del Parlamento Europeo y del Consejo sobre la lucha contra la corrupción, se propone la creación de un delito de "enriquecimiento por delitos de corrupción" (artículo 13). Su objetivo es sancionar la adquisición, la posesión y la utilización intencionadas, por un funcionario, de bienes que dicho funcionario sepa que provienen de la comisión de un delito de corrupción, con independencia de haya participado o no en el mismo. Tal configuración típica recuerda al *autoblanqueo* pero parece no exigir que tales conductas se realicen con determinadas finalidades, lo que plantea importantes problemas con el principio de *non bis in idem* y con el derecho a la presunción de inocencia.

Proscripción a la compensación de bases imponibles negativas pendientes de compensación de entidades adquiridas como mecanismo antifraude

JORGE TABOADA VILLA
Profesor de Derecho financiero y tributario
Doctor en Derecho tributario
Universidad de Santiago de Compostela

COMPENSACIÓN DE BASES IMPONIBLES NEGATIVAS

Como es sabido, la práctica de la compensación de bases imponibles negativas en el Impuesto sobre Sociedades tiene su génesis en la regulación introducida en el año 1964, concretamente a través de la Ley 41/1964[1]. Pese a que un primer momento únicamente se facultaba al contribuyente a la compensación de pérdidas contra los beneficios de los cinco ejercicios ulteriores, en la actualidad, después de los numerosos aumentos del referido plazo, no existe limitación temporal alguna. Por otra parte, en nuestro ordenamiento jurídico, únicamente está prevista la compensación hacia delante, también conocida como "*carry forward*", en detrimento de la compensación hacia atrás o "*carry back*".

Esta práctica, que se presenta como una excepción al principio de independencia de los ejercicios, tiene una ingente relevancia en el eficiente cumplimiento de los principios de capacidad económica e igualdad. Para evidenciar esto, traeremos a colación dos simples ejemplos.

En primer lugar, supongamos una entidad A que obtiene en el ejercicio n, una base imponible de —1.000 euros y en el ejercicio n+1 una base imponible de 2.000 euros. De no estar prevista la compensación de bases imponibles negativas, tributaría por un importe de 2.000 euros relativos al segundo ejercicio, habiendo sido su renta neta únicamente de 1.000 euros a lo largo de este período, por lo que sería sometida a un exceso de imposición.

---

1 Ley 41/1964, de 11 de junio, de Reforma del Sistema Tributario.

En segundo lugar, supongamos que la entidad B obtiene los mismos resultados que en el anterior supuesto. Estando prevista la compensación de bases imponibles negativas, al poder compensar la base imponible negativa del ejercicio n contra la positiva del n+1, únicamente tributaría por 1.000 euros, siendo éste el importe efectivo de su beneficio neto.

De este modo, podemos apreciar cómo la capacidad económica de B resultó gravada de un modo más fiel a la realidad que la de A. Relacionado con esto, conviene mencionar que el único momento en el que se puede conocer con absoluta exactitud la renta o los beneficios generados por una sociedad a lo largo de su existencia será en momento de su extinción, de ahí que sea tan importante que la compensación de pérdidas no esté sometida a ningún tipo de limitación temporal, aunque si bien es cierto sí estará sometida a ciertas restricciones cuantitativas.

LIMITACIÓN A LA COMPENSACIÓN DE BASES IMPONIBLES GENERADAS POR CIERTAS ENTIDADES TRAS SU ADQUISICIÓN

Motivado por la existencia de bases imponibles negativas pendientes de compensar dentro los activos de las entidades, brotaría cierto hábito de adquisición de éstas, no siempre con fines lícitos, ya que recurrentemente el motivo que auspiciaba tal transacción sería el único aprovechamiento de aquellas.

Debido a ello, con la entrada en vigor de la Ley 43/1995[2], se introdujo una primera limitación a la hora de realizar la práctica compensatoria. Así, el segundo apartado de su artículo 23 dispuso que la base imponible negativa objeto de compensación sería reducida en el importe de la diferencia positiva entre el valor de las aportaciones de los socios, correspondiente a la participación adquirida y su valor de adquisición, cuando concurriesen las siguientes circunstancias: que la mayoría del capital social o de los derechos a participar en los resultados de la entidad hubiera sido adquirida por una persona o entidad —o conjunto de personas o entidades— vinculadas, de manera posterior a la conclusión del período impositivo en el que la base imponible negativa se hubiera generado; que estas personas o entidades debían tener una participación inferior al 25 por ciento en el momento de la conclusión del período impositivo al que correspondiese la base imponible negativa; y por último, que la entidad no hubiera realizado

2 Ley 43/1995, de 27 de diciembre, del Impuesto sobre Sociedades.

explotaciones económicas dentro de los seis meses anteriores a la adquisición de la participación que otorga la mayoría del capital social.

Podemos apreciar que cuando esta restricción entrara en juego, se produciría una disminución de la base imponible a compensar de la entidad adquirida en la proporción previamente señalada. Sin embargo, no provocaría ello una acusada disminución de la compraventa con fines dudosamente estratégicos de entidades que tuvieran bases pendientes de compensación.

PROHIBICIÓN A LA COMPENSACIÓN DE BASES IMPONIBLES NEGATIVAS

Con la entrada en vigor de la Ley 27/2014[3] —LIS en adelante—, el legislador optó por endurecer la limitación prevista en la normativa anterior e iría un paso más allá, introduciendo ahora una proscripción total a la práctica compensatoria bajo determinadas circunstancias. Tal y como emana de su exposición de motivos, su fin será "*evitar la adquisición de sociedades inactivas o cuasi-inactivas con bases imponibles negativas, se establecen medidas que impiden su aprovechamiento, incidiendo en la lucha contra el fraude fiscal*". Dicho mecanismo está previsto en el cuarto apartado del artículo 26 de la referida norma.

Así, pivotando sobre la finalización del período impositivo en el que se hubieran generado las bases imponibles negativas deberán concurrir en primer lugar dos circunstancias para tal prohibición florezca. Están previstas en sus letras *a)* y *b)*, respectivamente.

La primera de ellas será que la mayoría del capital social o de los derechos a participar[4] en los resultados de la entidad, hubiera sido adquirida por una persona o entidad vinculada o conjunto de personas o entidades vinculadas —en el sentido del art. 18 LIS— posteriormente a la conclusión del período impositivo al que corresponde la base imponible negativa.

La segunda, consistirá en que las citadas personas o entidades hubieran tenido una participación inferior al 25 por ciento en el momento de la

---

[3] Ley 27/2014, de 27 de noviembre, del Impuesto sobre Sociedades.

[4] Debido esto a la posible emisión de acciones privilegiadas que, sin llegar a representar la mayoría del capital social, pueden otorgar el derecho en el disfrute de la mayoría de los beneficios.

conclusión del período impositivo en el que se hubiera generado la base imponible negativa. Hablamos aquí del mismo porcentaje que el previsto por la LIS para establecer la relación de vinculación entre dos sociedades, de modo que, si los adquirientes ya poseían tal participación, se presume que la adquisición no responde a razones de elusión fiscal.

Adicionalmente a los dos anteriores requisitos, la entidad adquirida deberá de cumplir al menos una de las circunstancias previstas en la siguiente numeración de carácter cerrado presente en la letra *c):* que no viniera realizando actividad económica alguna dentro de los tres meses previos a la adquisición; que realizara una actividad económica en los dos años posteriores a la adquisición diferente o adicional[5] a la realizada con anterioridad que arrojara un Importe Neto de la Cifra de Negocios superior al 50 por ciento del Importe Neto de la Cifra de Negocios de la actividad correspondiente a los dos años previos[6]; que se trate de una entidad patrimonial[7]; y por último, que la entidad hubiera sido dada de baja en el índice de entidades según lo previsto en el art. 119.1.*b)* LIS.

En resumen, para determinar si procede la compensación de bases imponibles de signo negativo pendientes de compensar en la entidad adquirida, habrá que atenerse por un lado al grado de participación existente *ex ante* —art. 26.4.*b)*— y *ex post* —art. 26.4.*a)*— a la adquisición, sin perder de vista la vinculación de los sujetos que intervienen en la operación y, por otro lado, a ciertas situaciones ínsitas a la sociedad objeto de adquisición —art.26.4.*c)*—. Por ello, cada particular supuesto deberá pasar por este triple tamiz.

No obstante, lo expuesto no es óbice para poder afirmar que tal regulación todavía es insuficiente. De hecho, la redacción del artículo 26.4 LIS, puede ser fácilmente soslayable ya que, en cuanto adquiramos la totalidad de una entidad con pérdidas y no hubiéramos tenido una participación superior al 25 por ciento en el momento de producirse éstas, siempre que no ocurra ninguna de las circunstancias previstas en la letra *c)*, la compensación de bases imponibles negativas tendrá luz verde. Debido a

---

5 A tenor de las previstas en la Clasificación Nacional de Actividades Económicas (CNAE), establecidas por el *Real Decreto 475/2007, de 13 de abril, por el que se aprueba la Clasificación Nacional de Actividades Económicas 2009 (CNAE-2009)*

6 El cumplimiento de este requisito deberá verificarse una vez transcurridos los dos años previstos.

7 Aquella en que más de la mitad de su activo esté constituido por valores o no esté afecto a una actividad económica.

esto, creemos que aún queda margen de poder vigorizar un punto más las restricciones inherentes a la regulación concerniente a la obstaculización del "*mercadeo*" de bases imponibles de signo negativo. Lo cierto es que, en ocasiones, los importes satisfechos por la compra de sociedades con bases imponibles negativas pendientes de compensar pueden proceder de ciertos ilícitos, lo que acarreará un doble aprovechamiento: por un lado, el blanqueo de capital y, por otro, el aprovechamiento de la base negativa.

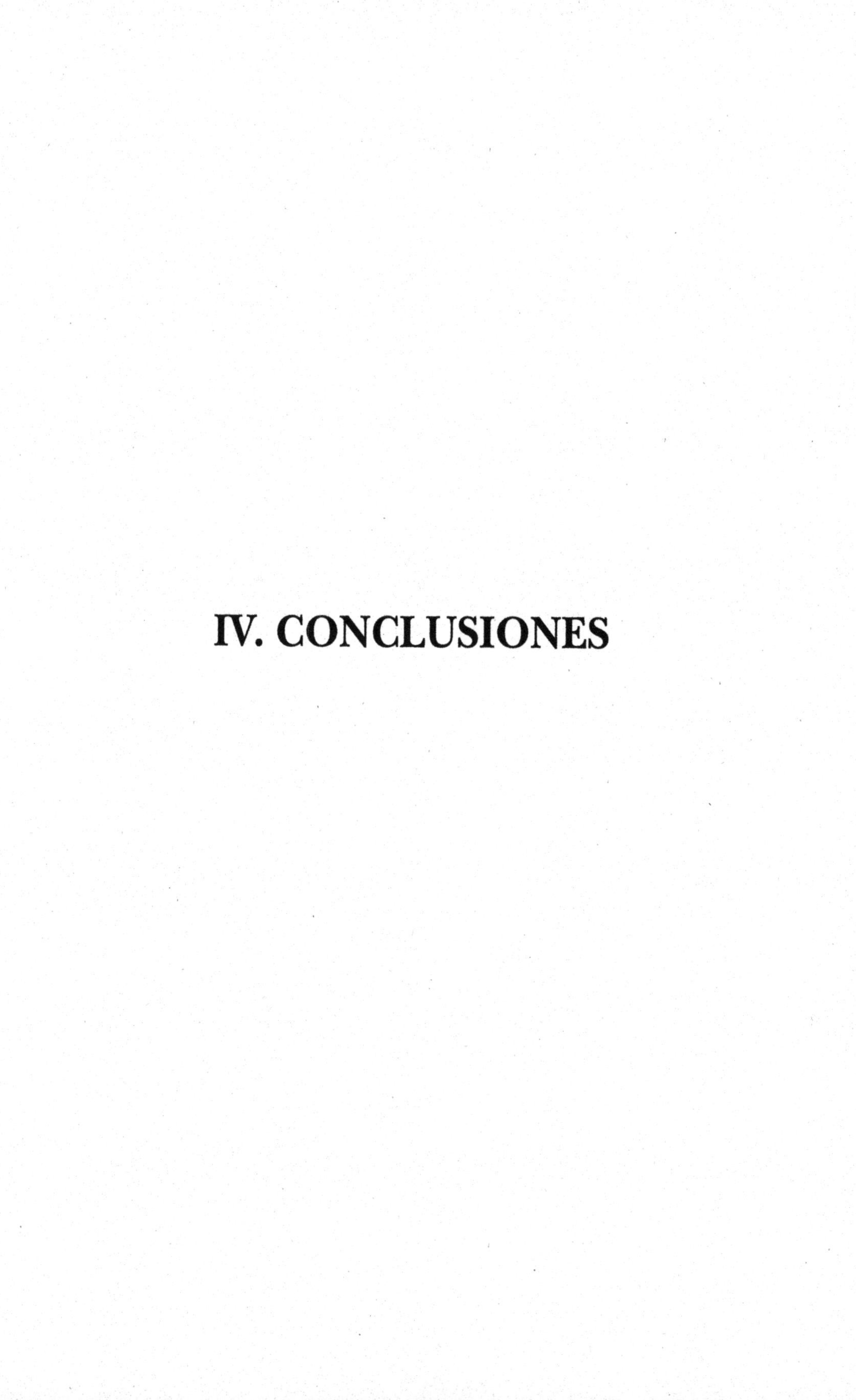

IV. CONCLUSIONES

A) Sección profesional, financiera, administrativa, económica, constitucional, comparada y tecnológica

Actualidad y retos de la Abogacía en la prevención del blanqueo de dinero

NIELSON SÁNCHEZ STEWART
Abogado
Doctor en Derecho
Ex Presidente de la Comisión de Prevención de Blanqueo de Capitales del Consejo General de la Abogacía Española
Relator de la sección profesional, financiera, administrativa, económica, constitucional, comparada y tecnológica

El 27 de abril de 2015, hace casi diez años, la entonces Comisión Especial para la Prevención del Blanqueo de Capitales del Consejo General de la Abogacía Española elaboró un completo informe sobre la evolución de la normativa relativa a la prevención del blanqueo de capitales en la medida que afectaba al ejercicio libre de la Abogacía.

Releyendo el informe puede concluirse que los problemas con los que se encontraban los profesionales de la Abogacía entonces no difieren mucho de los que tienen que enfrentarse en la actualidad en su calidad de sujetos obligados. A pesar del enorme esfuerzo que ha desarrollado la abogacía y la escasa ayuda que ha recibido de la administración que no ha colaborado en poner a disposición de las instituciones colegiales la información que ha ido recopilando y de la que dispone en relación a los blanqueadores y a las personas políticamente expuestas, los abogados tienen que depender de sus propias investigaciones y de las bases de datos que se ofrecen en el mercado que no son siempre confiables y que tienen un importante costo. La pertinaz resistencia de las autoridades de proveer un órgano centralizado de prevención en el seno del Consejo General a pesar de los casi veinte años en que se viene solicitando la creación de este instrumento que facilitaría el cumplimiento de las obligaciones que impone la ley, resistencia que subsiste a pesar de las diferencias de política que se han producido en el período, no ha facilitado el cumplimiento.

El abogado, a diferencia de lo que ocurre con una entidad financiera, dispone de muchos menos elementos para apreciar si el acto o negocio jurídico que le presenta su cliente está vinculado a operaciones de blanqueo de capital.

La misma relación de los Abogados con el blanqueo llama la atención. En España, su labor se orienta fundamentalmente a la defensa en juicio y parece exótico que cuando ocasionalmente pueda asesorar en una operación inmobiliaria, financiera o mercantil se transforme en un sujeto obligado.

Reitero siempre mi personal satisfacción por la inclusión en el elenco una vez que se suavizaron las exageradas exigencias que imponía la ley 10/2010 que eliminó los sujetos obligados de naturaleza especial y sujetó a los profesionales a las mismas obligaciones que un gran banco, nombramiento de un representante ante el SEPBLAC, formulación de la política expresa de admisión de clientes, redacción de un manual de prevención, elaboración de un procedimiento de control interno, revisión por experto externo de los métodos utilizados y aprobación de un plan anual de formación para el personal, entre otras.

El Reglamento aprobado por el Real Decreto 304/2016, de 5 de mayo, en relación a los sujetos obligados que facturasen menos de dos millones de euros al año, tuviesen una plantilla de personal inferior a diez personas y cuyo activo fuese inferior a la antes mencionada suma, representó un alivio para la mayor parte de los abogados que, según estudios realizados por el Consejo General, son profesionales independientes en despachos de pocos miembros, tres como promedio. Así, quedaban eximidos del cumplimiento de las obligaciones anteriores quedando sí en la necesidad de cumplir al menos con cinco: (1) conocer al cliente, identificarlo, comprobar si es una persona políticamente expuesta y determinar el titular real, (2) Seguir la pista del dinero, aplicando en determinados casos diligencia reforzada (3) Guardar por el plazo de diez años la documentación que acredite la operación en la que interviene y lo realizado para conocer al cliente y disipar cualquier duda de blanqueo, (4) abstenerse de seguir actuando tan pronto como aparezca indicio o certeza del delito y (5) comunicar a la unidad financiera de tal circunstancia colaborando con el servicio y sin que el cliente conozca tal comunicación.

Permanecen, sin embargo, diversas dificultades.

– La inclusión del asesoramiento como una de las actividades que constituyen al Abogado que lo presta en sujeto obligado con la dificilísima delimitación entro lo que está cubierto por el secreto profesional y lo que no lo está.

– El concepto del secreto profesional como un valor absoluto constitucional y legalmente establecido que, por tanto, no es susceptible de excepciones.

– La comisión culposa del delito de blanqueo de capitales

– La consideración como agravante del delito la calidad de sujeto obligado.

– La punición del autoblanqueo que, unido a las figuras típicas de la posesión y de la utilización de bienes de procedencia ilícita, transforma en presunto blanqueador al que no lo es. Un cliente de muy difícil identificación.

– La posesión y utilización de bienes de procedencia ilícita como modos de cometer el delito que desnaturaliza el estricto sentido del delito de blanqueo y lo transforma en una infracción penal continuada y, en la realidad, imprescriptible. Y, en caso, de heredarse bienes de procedencia ilícita, una situación delincuencial transmisible por causa de muerte.

– La carencia de un "filtro" que existe en otras jurisdicciones u otras profesiones que, sin seleccionar datos que deben ser comunicados y no comunicados, sirva como una guía de lo que realmente pueda constituir indicios o certeza de blanqueo y de los sinuosos límites entre lo que está sometido al secreto profesional y lo que no lo está.

– La inclusión de la cuota defraudada en el caso de los delitos contra la Hacienda Pública entre los bienes procedentes de una actividad delictiva, que en la generalidad de los supuestos —simple omisión— no es el antecedente y que impide detectar el presunto blanqueo.

– La intervención repetitiva y redundante de las diversas categorías de sujetos obligados en los temas en que los Abogados quedan sometidos a la normativa preventiva. Bancos e instituciones financieras, agentes inmobiliarios, Notarios, Registradores de la Propiedad y Mercantiles lo que obliga a preguntarse si el Abogado es realmente un "gatekeeper".

– La notable desproporción entre el esfuerzo que se exige a la Abogacía y el resultado que se obtiene según las estadísticas de las que se dispone.

– La falta de cooperación de las autoridades que no han sido receptivas a facilitar las bases de datos y demás información que poseen para identificar a los sospechosos de blanqueo.

Los problemas de autoría y participación en la criminalidad organizada transnacional y el uso de sus herramientas de investigación para el blanqueo según la Directiva 2018/1673

JAVIER GUSTAVO FERNÁNDEZ TERUELO
Catedrático de Derecho penal de la Universidad de Oviedo
Decano de la Facultad de Derecho de Oviedo
Presidente de la Conferencia de Decanos de Derecho de España

La Directiva (UE) 2018/1673 relativa a la lucha contra el blanqueo de capitales mediante el Derecho penal define una serie de delitos y determina sanciones en el ámbito del blanqueo de capitales con el fin de facilitar la cooperación policial y judicial entre los Estados miembros de la Unión Europea y evitar que los delincuentes se aprovechen de los sistemas judiciales más indulgentes.

El art. 4 referido a la complicidad, inducción, y tentativa determina que los Estados miembros adoptarán las medidas necesarias para garantizar que la complicidad, la inducción y la tentativa de las conductas de blanqueo sean castigada como delito.

El progresivo desarrollo del fenómeno de la delincuencia organizada que, casi siempre incluye el blanqueo entre sus actividades delictivas, y qué ha tenido lugar en las últimas décadas ha ido minando poco a poco las posibilidades de intervención frente a los delitos cometidos a su amparo. A la vez, este mismo factor ha contribuido a la conformación del "modelo amable", que durante mucho tiempo ha amparado a este tipo de criminalidad. Más en concreto, la aplicación de los criterios clásicos de imputación y autoría y de los principios (restrictivos) en materia de prueba, construidos sobre la base de un modelo de criminalidad violenta e individual, ha determinado soluciones escasamente satisfactorias, que sólo se han suavizado en algunas ocasiones por el puntual pragmatismo y abstracción de nuestra jurisprudencia respecto a los criterios de prueba e imputación, siendo en otros muchos casos el llamado garantismo penal y procesal un instrumento de defensa ampliamente exprimido por este colectivo.

Aunque la mayor parte del esfuerzo doctrinal de los últimos años se ha centrado en la búsqueda de nuevos mecanismos, fórmulas o criterios de atribución de responsabilidad e imputación a las personas físicas (e incluso a las jurídicas), los principales problemas reales que afronta la intervención penal en el marco de la criminalidad organizada hoy siguen siendo probatorios. Se trata en concreto de dificultades para poder demostrar la participación real del sujeto en el comportamiento delictivo que, aun teniendo diversos orígenes, se derivan principalmente de los métodos y estructuras de ejecución de delito.

Desde la UE, a través de sus directivas, y desde otros organismos, como el Grupo de Acción Financiera Internacional, se han formulado requerimientos que pretenden hacer frente a ese fenómeno, recurriendo a cierta objetivización de la responsabilidad penal, cuyo mayor exponente es el reconocimiento de la responsabilidad penal de las personas jurídicas, a la que se refieren los arts. 7 y 8 de la Directiva.

Monedas virtuales en la Directiva 2018/843, su tributación y blanqueo.

JUAN JOSÉ NIETO MONTERO
Catedrático acr. de Derecho financiero y tributario
Universidad de Santiago de Compostela

Las monedas virtuales se han caracterizado, entre otros aspectos, por la relativa opacidad de sus movimientos y, en ese sentido, como un instrumento utilizado para la ocultación de ganancias procedentes de actividades delictivas y el subsiguiente blanqueo de dinero. Como consecuencia de esta realidad, la Directiva (UE) 2018/843 del Parlamento Europeo y del Consejo, de 30 de mayo de 2018 (conocida como Quinta Directiva contra el Blanqueo de Capitales —5AMLD—) vino a modificar la Directiva (UE) 2015/849 relativa a la prevención de la utilización del sistema financiero para el blanqueo de capitales o la financiación del terrorismo, incorporando las exigencias regulatorias de esta última a los proveedores de servicios de cambio de criptomonedas y a los proveedores de monederos electrónicos. Esto significó que las autoridades de los Estados Miembros pasaron a disponer de un mecanismo de control e información sobre las monedas virtuales, plasmado en el caso español en la modificación de la Ley 10/2010, de 28 de abril, de prevención del blanqueo de capitales y de la financiación del terrorismo, llevada a cabo por el Decreto-Ley 7/2011, de 27 de abril, y en la regulación establecida por la Ley 11/2021, de 9 de julio, de medidas de prevención y lucha contra el fraude fiscal, que estableció tres nuevas obligaciones de información sobre monedas virtuales y monederos electrónicos, desarrolladas posteriormente por el Real Decreto 249/2023, de 4 de abril. A todo ello debe añadirse el impacto que sobre estas cuestiones ha venido a significar el Reglamento (UE) 2023/1114 del Parlamento Europeo y del Consejo, de de 31 de mayo de 2023, relativo a los mercados de criptoactivos. Esta norma ha venido a extender de modo importante el ámbito regulatorio de las citadas directivas, incluyendo ya no solo a las monedas virtuales o los monederos electrónicos, sino a prácticamente todo el conjunto de los denominados criptoactivos, de los que las monedas virtuales son una —si se quiere la más importante y conocida— de sus categorías. Además, esta disposición armoniza las regulaciones de los criptoactivos en toda la UE, fijando importantes requisitos de transparencia, divulgación y registro, así como medidas orientadas a la protección del consumidor y a la prevención del fraude.

Una de las consecuencias más evidentes de la cada vez más detallada incorporación de los criptoactivos al circuito económico y su utilización como instrumentos de cambio —e incluso como instrumentos de pago—, junto a la propia información de que dispone la administración, es su posible sometimiento al sistema tributario. En este sentido, las distintas actividades relacionadas con los criptoactivos (minería, *staking*, participación en *airdrops*, brókeres, *exchangers*…) son susceptibles de ser calificadas como actividades económicas y, en dicha medida, objeto de gravamen por los Estados. En el caso concreto de España, cabe plantearse el posible sometimiento de todas estas actividades al Impuesto sobre Actividades Económicas, que grava el mero ejercicio de las mismas; el gravamen de sus productos en los impuestos sobre la renta de las personas que las desarrollan (Impuestos sobre Sociedades o sobre la Renta de las Personas Físicas) y de la titularidad de los activos (Impuesto sobre el Patrimonio). Por otra parte, la utilización de estos activos como instrumentos de mercado plantea también la tributación de las operaciones en las que intervengan y, de un modo especial, las operaciones de transmisión de tales activos, susceptibles de generar ganancias o pérdidas patrimoniales en sus transmitentes.

Finalmente, debe tenerse presente que la combinación de los mecanismos de control y suministro de información y del gravamen de las actividades relativas a los criptoactivos, esto es, la que podríamos denominar "normalización" de estos instrumentos, supone un claro freno a su utilización como instrumentos de blanqueo de capitales. Sin embargo, esta conclusión decae desde el momento en que el depósito o transmisión de los activos se realiza en el ámbito de una jurisdicción no cooperativa, ya que al no existir un efectivo intercambio de información queda en manos del ciudadano titular de los activos el posible cumplimiento de todas las obligaciones (también las tributarias) inherentes a dicha titularidad.

Delitos fiscales relacionados con los impuestos directos e indirectos como hechos previos del blanqueo según las recomendaciones del GAFI y la Directiva 2018/1673

JOSÉ MANUEL IGLESIAS CASAIS
Profesor titular acr. de Derecho financiero y tributario
Universidad de Santiago de Compostela

El delito de blanqueo de capitales, surgido en el ámbito de la lucha contra el tráfico de estupefacientes y otras formas de crimen organizado, se ha revelado en las últimas décadas como una de las respuestas penales más adecuadas para impedir el aprovechamiento económico del ilícito por parte de los sujetos penalmente responsables. Su protagonismo creciente se explica en base al interés común de Estados, Organismos e Instituciones internacionales en poner coto a este tipo de conductas que comprometen la reputación del sector financiero y falsean las condiciones de los mercados, lo que ha llevado a estos a adoptar una política internacional coordinada en la que han jugado un papel principal las recomendaciones del Grupo de Acción Financiera Internacional (GAFI).

En el ámbito comunitario, por su parte, buena muestra de los esfuerzos de la UE por adaptar la normativa de sus socios a los estándares internacionales fijados en materia lucha contra el blanqueo de dinero lo representa la Directiva 2018/1673, de 23 de octubre de 2018, en la que la Unión hace suyas las recomendaciones revisadas del GAFI de incluir en la definición de actividad delictiva previa al blanqueo los delitos fiscales "relacionados con los impuestos directos e indirectos".

Debe precisarse, no obstante, que en nuestro país esta extensión ya tuvo lugar con la Ley 10/2010, de 28 de abril, de prevención del blanqueo de capitales y de financiación del terrorismo, y la Ley Orgánica 5/2010, de 2 de junio, que modifica el Código Penal. La posibilidad así reconocida de que los delitos contra la Hacienda Pública generen bienes susceptibles de ulterior lavado ha generado y seguirá generando gran controversia por su posible colisión con los principios y garantías propios del orden penal.

Modificación por el RDL7/2021 de la intervención temporal de medios de pago para cumplir con el Reglamento 2018/1672, la reclamación administrativa y el procedimiento sancionador

MARÍA TERESA CARBALLEIRA RIVERA
Catedrática de Derecho administrativo
Universidad de Santiago de Compostela

En la nutrida lista de sujetos obligados regulados por la Ley 10/2010, de 28 de abril, de prevención del blanqueo de capitales y la financiación del terrorismo (LPBC) se contempla en el apartado 2.1.v) a las personas físicas que realicen movimientos de medios de pago, en los términos establecidos en el artículo 34 de la citada ley. Se apela con ello a los portadores de dinero de curso legal, efectos negociables como los cheques, medios de pago al portador, tarjetas prepago y materias primas utilizadas como depósitos valor de gran liquidez, significadamente el oro.

También encajan en este grupo aquellos medios de pago no acompañados de personas físicas que salgan o entren en territorio nacional tales como envíos postales, envíos por mensajería, equipaje o carga en contenedores. En este caso, el sujeto obligado es el remitente cuando estamos en envíos o el destinatario cuando se trate de entregas en territorio nacional.

Los datos estadísticos indican que las operaciones con dinero Fiat siguen siendo el sistema preferido para la realización de actividades delictivas. También las últimas memorias realizadas por los servicios de blanqueo de capitales españoles demuestran el peso relativo de este tipo de actividades y la necesidad de mantener ciertas prevenciones.

En el ámbito de la Unión Europea, destaca el Reglamento (UE) 2018/1672 del Parlamento Europeo y del Consejo, de 23 de octubre de 2018, relativo a los controles de la entrada o salida de efectivo de la Unión. Fue uno de los impulsores de estas políticas de control de movimientos de medios de pago de frontera con terceros países.

Por su parte, algunas sentencias punteras en la materia como la del TJUE de 16 de julio de 2015 y de 31 de mayo de 2018 obligaron a modificar la normativa estatal en lo que atañe a la aplicación del principio de proporcionalidad de las sanciones por incumplimiento del deber de declaración. Todo lo cual dio como resultado una reformulación de los artículos 34 y 35 de la LPBC y su desarrollo parcial a través de la Orden ETD/1217/2022, de 29 de noviembre, por la que se regulan las declaraciones de movimientos de medios de pago en el ámbito de la prevención del blanqueo de capitales y de la financiación del terrorismo.

Todos los supuestos regulados tienen como nota común la de tratarse de movimientos de fondos intra o transfronterizos, realizados con medios de pago de carácter anónimo, cierta relevancia económica y susceptibles de financiación del terrorismo o lavado de dinero.

En líneas generales estamos ante una normativa con luces y sombras qua ha sido pensada para facilitar la labor fiscalizadora, interventora y sancionadora de la Administración pública. Tanto su contenido como la aplicación jurisprudencial interpelan a los dos brazos de la balanza jurídica, esto es, a las garantías de los interesados y a la eficacia de la acción administrativa en su tarea preventiva. Un equilibrio difícil y muy sensible a los abusos de poder que exige actuar con gran rigor en la ejecución e interpretación de la norma.

Entre las cuestiones merecedoras de un estudio en detalle, destacan los supuestos de intervención contemplados en el artículo 35 de la LPBC así como la aplicación de la medida provisional de incautación por incumplimiento de formalidades administrativas y su posterior transformación en garantía de pago. Igualmente, merece un lugar destacado el análisis de las garantías del procedimiento sancionador a la luz de la legislación básica estatal, la apreciación de la intencionalidad de los portadores físicos, la graduación de la sanción o las formas admitidas de acreditación del origen de los medios de pago. Por último, la obligación de establecer canales de revisión de las sentencias contencioso-administrativas en la materia conforme señaló la STEDH de 30 de junio de 2020, se suma a estos interrogantes haciendo de esta figura jurídica una magnífica oportunidad para debatir temas cruciales del nuestro derecho actual.

Blanqueo de dinero con tecnología blockchain *y retos para el decomiso y la investigación penal*

FABIO JOFFRE CALASICH

Abogado boliviano

Vocal de la Asociación Iberoamericana de Derecho Penal Económico y de la Empresa

El blanqueo de dinero mediante criptomonedas y protocolos DeFi sigue siendo un desafío complejo y en evolución para las autoridades. Aunque las criptomonedas ofrecen herramientas potentes para el anonimato y la descentralización, las estrategias avanzadas de cumplimiento y rastreo están mejorando. Las autoridades deben continuar adaptándose y desarrollando nuevas estrategias y tecnologías para rastrear y prevenir el uso ilícito de estas plataformas. La colaboración internacional, el desarrollo de herramientas avanzadas de análisis y la implementación de regulaciones efectivas son esenciales para enfrentar estos retos de manera efectiva.

Recursos y capacidades tecnológicas actualizadas exigidas por la Directiva 2018/1673 en la lucha contra el blanqueo, su proporcionalidad y el respeto al derecho a la protección de datos de carácter personal

CARLOS RUIZ MIGUEL
Catedrático de Derecho constitucional
Universidad de Santiago de Compostela

La Directiva 2018/1673, en el párrafo 19 de su exposición de motivos dice que, para garantizar el éxito de la investigación y el enjuiciamiento de los delitos de blanqueo de capitales, los responsables de investigar o perseguir tales delitos deben tener la posibilidad de utilizar herramientas de investigación eficaces, como las que se utilizan en la lucha contra la delincuencia organizada u otros delitos graves. Por ello debe garantizarse que se dispone de suficiente personal y formación específica, de recursos y de capacidades tecnológicas actualizadas. La utilización de tales herramientas, de conformidad con el Derecho nacional, debe ser selectiva y tener en cuenta el principio de proporcionalidad y la naturaleza y gravedad de los delitos investigados, y respetar el derecho a la protección de los datos de carácter personal.

Ocurre, sin embargo, que la Directiva de 2018 no dice cuáles deben ser esos "recursos y capacidades tecnológicas actualizadas" cuya disponibilidad debe "garantizarse". Esto significa que la Directiva no establece una clara obligación cuyo incumplimiento pueda fiscalizarse mediante una demanda ante el Tribunal de Justicia de la UE. Por tanto, estamos ante una declaración de buenas intenciones, sin contenido normativo que, por eso mismo, debiera haber sido omitida.

La utilización de esas herramientas, cuya "capacidad" no define la Directiva, debe hacerse con el debido respeto al derecho a la protección de datos personales que la propia jurisprudencia comunitaria vincula al derecho a la intimidad. Aunque la exposición de motivos de la Directiva no diga qué norma define el criterio para determinar el supuesto respeto a este derecho, debemos entender que ese criterio está definido por una Directiva anterior, la Directiva 2016/680 del Parlamento europeo y del Consejo, de 27 de abril de 2016, relativa a la protección de las personas físicas en lo que respecta al tratamiento de datos personales por parte de las autoridades competentes para fines de prevención, investigación, detección o enjuiciamiento de infracciones penales o de ejecución de sanciones penales, y a la libre circulación de dichos datos, Directiva que deroga la Decisión Marco 2008/977/JAI del Consejo, de 27 de noviembre de 2008, relativa a la protección de datos personales tratados en el marco de la cooperación policial y judicial en materia penal.

Esta Directiva 2016/680 fue traspuesta al Derecho Español, fuera de plazo, y con una sentencia del Tribunal de Justicia de condena por incumplimiento por medio, mediante la Ley Orgánica 7/2021, de 26 de mayo, de protección de datos personales tratados para fines de prevención, detección, investigación y enjuiciamiento de infracciones penales y de ejecución de sanciones penales.

La Ley Orgánica 7/2021, introduce en su artículo 7 una cláusula, no prevista en la Directiva, que aniquila el derecho a la protección de datos obligando a particulares y administraciones a trasferir datos personales a la policía o al Ministerio Fiscal con la obligación de no informar al interesado. Por lo demás, en la trasposición de la Directiva, la ley orgánica opta por la posibilidad más restrictiva y de dudosa conformidad con la Carta de los Derechos Fundamentales, obligando a no informar al interesado sobre el tratamiento de sus datos personales cuando hay una investigación en curso, lo que vacía totalmente el derecho a la protección de datos personales en las investigaciones penales y, en concreto en las relativas al blanqueo.

La Directiva 2016/680 tiene varios agujeros negros al permitir que se retrase, limite u omitan ciertos derechos del interesado en el tratamiento de sus datos, en especial el derecho de acceso, el derecho de rectificación y el derecho a recibir una comunicación por violación de la seguridad de los datos.

Estadísticas hasta 2024 sobre aplicación de la normativa administrativa de prevención del blanqueo en el campo internacional

MARÍA MERCEDES TATO RODRÍGUEZ
Profesora titular de Economía cuantitativa
Universidad de Santiago de Compostela

El fenómeno del blanqueo de capitales generó una auténtica preocupación en el ámbito internacional que afecta al sistema económico de cada país. La mejor manera de prevenir y combatir el blanqueo de capitales es a través de un esfuerzo global de cooperación internacional, dado que las actividades criminales organizadas no reconocen fronteras.

A lo largo de 1990 todos los organismos internacionales con competencias específicas en otras materias comienzan a preocuparse del fenómeno del blanqueo de capitales, surgiendo toda una serie de textos y declaraciones.

Recientemente, el FMI decidió que el blanqueo de dinero, la financiación del terrorismo y los delitos que de ellos se derivan deben formar parte de la supervisión de los sistemas económicos de los países que integran el FMI si dichos temas amenazan con desestabilizar el sistema financiero de un país miembro o si contribuyen a movimientos que afecten al tipo de cambio.

Muchos países aún no tienen políticas contra el blanqueo de capitales o tienen políticas limitadas. Debido a ello, varias organizaciones conocidas, como el Grupo de Acción Financiera (GAFI), el Comité de Basilea, Wolfsberg, Egmont y la Unión Europea, han colaborado con la comunidad financiera global en la creación, adopción y desarrollo y en la actualización de medidas preventivas contra el blanqueo de capitales y políticas de cooperación.

Con respecto a la cooperación internacional, los países deberían proporcionar de manera efectiva la mayor asistencia jurídica mutua en relación con el blanqueo de capitales, los delitos previos asociados y las investigaciones, procesos y procedimientos relacionados con la financiación del terrorismo. Cada país debe firmar tratados, acuerdos, para mejorar la cooperación. También es importante proteger la confidencialidad de las solicitudes de asistencia jurídica mutua, para salvaguardar la integridad de las investigaciones o consultas.

En este trabajo analizaremos para distintos países, en primer lugar, los distintos organismos encargados de la prevención del blanqueo de capitales y financiación del terrorismo a través del estudio individual de cada uno de ellos y su posterior comparación, en los campos que hemos considerado más importantes para entender su funcionamiento.

Esta información no es homogénea en todos los países lo que dificulta la comparación de los datos recogidos. No obstante, con la escasa información de la que disponemos intentaremos dar una visión de cómo los países se enfrentan a esta gran preocupación del fenómeno del blanqueo de capitales.

Obligaciones incorporadas por el RDL 7/2021 de informar del efectivo no acompañado y transportado en la entrada o salida de la Unión Europea

JOSÉ CAAMAÑO ALEGRE
Profesor contratado doctor de Economía aplicada
Universidad de Santiago de Compostela
Governance and Economics research Network (GEN)

En el año 2015, Europol emitió un informe sobre la utilización del efectivo como facilitador del blanqueo de dinero, poniéndole un título bien elocuente: "¿Por qué es el efectivo aún el rey?" De hecho, el efectivo en circulación de los países resulta a menudo desproporcionado con respecto a sus demandas reales para transacciones legales, y no parece que ello pueda explicarse únicamente por el papel del efectivo como depósito de valor, sino que responde también a la existencia de transacciones ilegales. El mercado de la droga es intensivo en efectivo, los sobornos de la corrupción suelen pagarse en efectivo, y la extorsión, la explotación sexual y el contrabando de migrantes son generadores de efectivo. El contrabando de efectivo en grandes cantidades (transferencia de efectivo a través de las fronteras nacionales sin cumplir la obligación de declararlo) es ampliamente utilizado por diversas organizaciones criminales, aunque no siempre con fines de blanqueo. Y los negocios y activos intensivos en efectivo se emplean con frecuencia para blanquear dinero sucio. Se entiende, pues, que las sucesivas evaluaciones supranacionales de riesgos de blanqueo de la Unión Europea reserven un lugar destacado al efectivo. Al fin y al cabo, el efectivo se caracteriza por el anonimato, el fácil transporte y la "intrazabilidad", que los delincuentes tratan de aprovechar para desplazarlo a lugares donde predomina la utilización de este tipo de dinero, o donde la supervisión del sistema financiero es débil.

En el ámbito de la UE, la implantación de los controles sobre el sistema financiero previstos en la I Directiva antiblanqueo, de 1991, conllevaba el riesgo de que se intentase eludir tales controles mediante un aumento de los movimientos de efectivo con fines ilícitos. Para atajarlo, la citada Directiva se complementó con el Reglamento comunitario 1889/2005, que estableció un sistema de controles inspirado en la Recomendación 32 del GAFI y aplicable a las personas físicas que entrasen o saliesen de la Unión transportando efectivo o efectos al portador, por importes iguales o superiores a 10.000 euros o su equivalente en otras monedas. Se consagró así, en la política antiblanqueo de la UE, una aproximación de base legal dual (Directiva y Reglamento) que lo es todavía más desde las reformas legislativas de 2024. Más allá de eso, en los lustros de vigencia del citado Reglamento, se registraron avances en la comprensión de los mecanismos utilizados para el traslado transfronterizo de efectivo de origen ilícito, y dichos avances se tradujeron luego en recomendaciones, normas y "mejores prácticas". Todo ello aconsejó efectuar en el Reglamento modificaciones tan amplias que se prefirió derogarlo y sustituirlo por uno nuevo.

En la evaluación de impacto del Reglamento de 2005 que aportó la Comisión Europea en diciembre de 2016, uno de los problemas detectados fue el contrabando de efectivo en envíos postales y de mercancías. Para abordarlo, el nuevo Reglamento 2018/1672 dispuso que las autoridades competentes de cada Estado miembro tuviesen la potestad de exigir una declaración informativa cuando, a través de sus fronteras, *entrase o saliese de la Unión efectivo no acompañado por persona física* por importe igual o superior a 10.000 euros. A modo de ejemplo, el considerando 18 mencionaba los envíos postales, envíos por mensajería, equipaje no acompañado y carga en contenedores. Y el mismo considerando precisaba que la declaración informativa podría exigirse *de forma sistemática o caso por caso,* de acuerdo con los procedimientos nacionales. Los obligados a declarar serían, según el caso, el remitente o el destinatario del efectivo, o su representante.

A la hora de aplicar el nuevo Reglamento, España no partía en absoluto de cero. La evaluación de 2014 del GAFI había ya considerado que nuestro país cumplía los 11 criterios de la susodicha Recomendación 32, por lo que la aplicación de esta se calificó de conforme. La posterior revisión de 2019 reafirmó la calificación. Sin embargo, la Orden 1439/2006, del Ministerio de Economía y Hacienda, no hacía referencia expresa alguna al efectivo no acompañado. Ha habido que esperar al Real Decreto-Ley 7/2021 y a la Orden 1217/2022, del Ministerio de Asuntos Económicos y Transformación Digital, para poder contar con un marco propio de Derecho interno ajustado al Reglamento comunitario de 2018.

Un primer aspecto a destacar de dicho marco jurídico es que, en línea con nuestra tradición para el efectivo acompañado, el deber de declaración del efectivo no acompañado *se extiende a los movimientos intracomunitarios y nacionales,* achicándose así una de las vías de escape apuntadas por la literatura académica. Otro aspecto relevante y con profundas implicaciones operativas es la opción por *exigir de forma sistemática* que se declare el efectivo no acompañado, siempre que su importe sea igual o superior a 10.000 euros (movimientos extra- e intracomunitarios) o a 100.000 euros (movimientos nacionales). Para la declaración de movimientos intracomunitarios y nacionales de efectivo no acompañado se crea el *modelo S-2,* mientras que los movimientos extracomunitarios se han de declarar conforme al modelo aprobado por el Reglamento de Ejecución 2021/776 de la UE, que nuestra Orden ministerial denomina *modelo E-2.* Se faculta, por otra parte, a los funcionarios aduaneros y policiales a controlar e inspeccionar cualquier sistema de envío o transporte que pueda contener efectivo no acompañado, y se prevé la intervención provisional de este si se incumplen las obligaciones de informar. El efectivo se entiende además de forma más amplia que en la normativa precedente. Con todo, habrá que ver hasta qué punto el ejercicio de las facultades de control e intervención y la amenaza de sanciones consiguen frenar el contrabando de efectivo no acompañado.

El delito de lavado de dinero en la República Argentina: respuesta normativa y la garantía de defensa en juicio para la persona jurídica

JUAN MARÍA RODRÍGUEZ ESTÉVEZ
Abogado argentino
Vocal de la Asociación Iberoamericana de Derecho Penal Económico y de la Empresa

1. El delito de lavado de dinero en la Argentina se encuentra previsto en el Título XIII del Código penal bajo la denominación "delitos contra el orden económico y financiero".

> Artículo 303 del CP:
> 1. Será reprimido con prisión de tres (3) a diez (10) años y multa de dos (2) a diez (10) veces del monto de la operación, el que convirtiere, transfiriere, administrare, vendiere, gravare, adquiriere, disimulare o de cualquier otro modo pusiere en circulación en el mercado, bienes u otros activos provenientes de un ilícito penal, con la consecuencia posible de que el origen de los bienes originarios o los subrogantes adquieran la apariencia de un origen lícito, y siempre que su valor supere la suma de ciento cincuenta (150) Salarios mínimos, vitales y móviles al momento de los hechos, sea en un solo acto o por la reiteración de hechos diversos vinculados entre sí.
> 2. La pena prevista en el inciso 1) será aumentada en un tercio del máximo y en la mitad del mínimo, en los siguientes casos:
> a) Cuando el autor realizare el hecho con habitualidad o como miembro de una asociación o banda formada para la comisión continuada de hechos de esta naturaleza.
> b) Cuando el autor fuera funcionario público que hubiera cometido el hecho en ejercicio u ocasión de sus funciones. En este caso, sufrirá además pena de inhabilitación especial de tres (3) a diez (10) años. La misma pena sufrirá el que hubiere actuado en ejercicio de una profesión u oficio que requieran habilitación especial.
> c) El que recibiere bienes u otros activos provenientes de un ilícito penal, con el fin de hacerlos aplicar en una operación de las previstas en el inciso 1), que les dé la apariencia posible de un origen lícito será reprimido con la pena de prisión de seis (6) meses a tres (3) años.
> d) Si el valor de los bienes no superare la suma indicada en el inciso 1), el autor será reprimido con la pena de multa de cinco (5) a veinte (20) veces del monto de la operación.
> e) Las disposiciones de este artículo regirán aún cuando el ilícito penal precedente hubiera sido cometido fuera del ámbito de aplicación espacial de este

> Código, en tanto el hecho que lo tipificara también hubiera estado sancionado con pena en el lugar de su comisión.

El sistema del CP también regula la responsabilidad penal de las personas jurídicas.

> Artículo 304 del CP:
> Cuando los hechos delictivos previstos en el artículo precedente hubieren sido realizados en nombre, o con la intervención, o en beneficio de una persona de existencia ideal, se impondrán a la entidad las siguientes sanciones conjunta o alternativamente:
> 1. Multa de dos (2) a diez (10) veces el valor de los bienes objeto del delito.
> 2. Suspensión total o parcial de actividades, que en ningún caso podrá exceder de diez (10) años.
> 3. Suspensión para participar en concursos o licitaciones estatales de obras o servicios públicos o en cualquier otra actividad vinculada con el Estado, que en ningún caso podrá exceder de diez (10) años.
> 4. Cancelación de la personería cuando hubiese sido creada al solo efecto de la comisión del delito, o esos actos constituyan la principal actividad de la entidad.
> 5. Pérdida o suspensión de los beneficios estatales que tuviere.
> 6. Publicación de un extracto de la sentencia condenatoria a costa de la persona jurídica.
> Para graduar estas sanciones, los jueces tendrán en cuenta el incumplimiento de reglas y procedimientos internos, la omisión de vigilancia sobre la actividad de los autores y partícipes, la extensión del daño causado, el monto de dinero involucrado en la comisión del delito, el tamaño, la naturaleza y la capacidad económica de la persona jurídica.
> Cuando fuere indispensable mantener la continuidad operativa de la entidad, o de una obra, o de un servicio en particular, no serán aplicables las sanciones previstas por el inciso 2 y el inciso 4.

2. El tipo penal en cuestión —artículo 303 del CP— ha sido materia de distintas reformas legales y discusiones judiciales, cuyas principales consideraciones y proyecciones esquematizaré a continuación:

a) La introducción del tipo penal por ley 25.246 independizó el delito de lavado de dinero del delito de encubrimiento y estableció los deberes de informar a cargo de los sujetos obligados expresamente establecidos por la ley. En este contexto normativo, se discutió si resultaba exigible —para la configuración del delito de lavado de dinero—, la condena por el delito precedente, imponiéndose el criterio por el cual ello no era una exigencia del tipo penal.

A modo de ejemplo, cabe mencionar lo resuelto por el máximo tribunal penal de nuestro país, la Cámara Federal de Casación Penal, la cual estableció que "(...) el legislador ha establecido que el comportamiento de quien pusiere en circulación en el mercado bienes provenientes de un ilícito penal queda abarcada por el significado normativo del tipo penal en cuestión (...) no es necesaria una sentencia condenatoria por un delito anterior, sino que, a los efectos de tener por reunidos los elementos del art. 303 del CP, alcanza con que se pruebe que los activos que se intentaron blanquear tuvieron un origen ilícito" (cfr. CFCP, Sala IV, 22-IX-2023, "SANTI", voto del Juez Guillermo J. Yacobucci).

b) Con posterioridad, la ley 26.683 vino a regular la posibilidad de autolavado, dando respuesta a las sugerencias de organismos internacionales que venían bregando por la independencia del delito de lavado de dinero de su matriz originaria —encubrimiento—.

c) Finalmente, la ley 27.739 del 15-III-2024 vino a regular determinadas consideraciones de importancia tales como la creación de un Registro Público de Beneficiarios Fiscales en el ámbito de la Administración Federal de Ingresos Públicos —AFIP—. Este punto tiene la principal finalidad político criminal el favorecer la investigación de la trazabilidad del comportamiento delictivo y la canalización de las ganancias del delito, por medio de una seria de reglas legales dirigidas a la identificación de la persona destinataria del beneficio del delito de lavado de activos. En términos dogmáticos, un importante paso hacia la imputación de responsabilidad penal del "autor detrás del autor".

Esta legislación también crea el Registro de Proveedores de Servicios de Activos Virtuales en el ámbito de la Comisión Nacional de Valores. Es conocido por todos el impacto que el auge de las cripto-monedas ha implicado en el ámbito de los delitos económicos, empresarios y financieros. Sobre este punto, la Corte de Casación italiana (Sentencia 27024, 7-VII-2022) destacó que la adquisición de *bitcoin* se presta a garantizar un alto grado de anonimato y que las monedas virtuales no pueden quedar excluidas del ámbito de los instrumentos financieros y especulativos. Se estableció que su adquisición puede configurar un mecanismo de autolavado de dinero que tuvo como delito precedente el delito de estafa.

d) Es importante mencionar las principales preocupaciones que se han podido evidenciar en la Argentina con motivo de la reciente visita de los organismos internacionales evaluadores —GAFI— en el mes de marzo de 2024, a saber: a) la cantidad de sociedades comerciales inscriptas inactivas; b) la falta de conectividad en el manejo y tratamiento de la información financiera —compartimentos estancos—; c) las escasas sentencias condenatorias que se registran; d) la inexistencia de un dato cierto de la cantidad de personas jurídicas registradas en el país; e) la exclusión de los abogados como sujetos obligados a informar una operación sospechosa —extremo corregido por la ley 27.739—; f) la disparidad de criterios de mitigación de riesgos en el ámbito registral de personas de existencia ideal en razón del carácter federal de la República Argentina —23 provincias y un distrito federal—.

e) Entre los principales problemas dogmáticos que genera la legislación argentina me centraré en los siguientes: 1) exigencias del tipo subjetivo del delito de lavado de dinero; 2) estándares normativos para a acreditación del delito precedente; 3) comienzo de computo del plazo de prescripción; 4) *compliance* penal e investigaciones internas y; 5) modelo de imputación de responsabilidad penal de la persona jurídica.

Jurisprudencia sobre el lavado de dinero en Paraguay

JOSÉ MIGUEL FERNÁNDEZ ZACUR
Abogado paraguayo
Secretario de la Asociación Iberoamericana de Derecho Penal Económico y de la Empresa

Las estadísticas jurisprudenciales paraguayas demuestran que no son muchos los procesos penales abiertos por lavado de dinero y que la mayor parte de estos tiene al narcotráfico como ilícito precedente. Aquí debo reparar en el vaso medio lleno y no en el medio vacío. Si el Paraguay no se volvió (aún) una usina generadora de causas por blanqueo, si la mayoría de las existentes tiene al tráfico de estupefacientes o relacionados como injustos de base y si los juicios por los demás ilícitos determinantes no conllevan necesariamente el enjuiciamiento por legitimación de su producido, es porque a pesar de haber cedido a la impronta internacional en la inflación o expansión normativa, todavía está instalado en el "inconsciente colectivo jurisdiccional" que la figura solo aplica a casos graves.

El **criterio de gravedad** que en la práctica mantienen los órganos judiciales del Paraguay (mal que pese al **GAFI**) permite mantener al lavado de dinero cerca de las necesidades que justificaron su tipificación, evitando que se desborde para fagocitar ámbitos que le restan identidad conceptual. En efecto, *"(…) cuanto mayor sea el círculo de delitos de referencia, tanto más se extenderá la represión del blanqueo,* ***pero también sus costes sociales y el peligro de una inflación punitiva que desposea al Derecho Penal de su entendimiento como ultima ratio***"[1].

Por lo demás, de los fallos trascriptos resulta: 1. Que las definiciones sobre lavado de dinero recogidas en los precedentes coinciden en un componente interpretativo que aunque no aparezca explícito en la descripción de las conductas previstas en el Art. 196 del Código Penal paraguayo, condiciona la relevancia penal de los verbos típicos: **la finalidad**

1 Miguel Abel Souto, "Normativa internacional sobre el blanqueo de dinero y su recepción en el ordenamiento penal español" (tesis doctoral), USC, Santiago de Compostela-España, 2001, Pág. 219.

de introducir objetos maculados al circuito regular de la economía bajo apariencia de licitud. 2. Que se hace hincapié en la recuperación de los bienes afectados por el ilícito de conexión como objeto de tutela, sin desconocer la pluriofensividad del blanqueamiento. 3. Que basta con que el predicado alcance la condición de hecho antijurídico y que el mismo debe ser probado, así como su vínculo con el acervo a regularizar. 4. Que el injusto determinante debe ser concreto y que forma parte del tipo objetivo del lavado de activos. 5. Que el lavado de dinero es autónomo desde que su condena no exige la condena por el hecho antijurídico subyacente, lo que de ningún modo implica que este último no deba probarse en sus aristas fundamentales. 6. Que las conductas típicas deben encaminarse a disfrazar fondos espurios para presentarlos como impolutos en la economía de superficie. Siendo así, todas podrían reconducirse a una sola: "disimular" (la procedencia). 7. Que el lavado de activos es doloso en lo que hace a conocer la genética ilegítima de los recursos a normalizar y a conocer y querer las conductas de legitimación. Sin perjuicio del ya aludido elemento anímico específico y adicional al simple dolo. 8. Que el autolavado es punible, a pesar de las diversas refutaciones dogmáticas e interpretativas. 9. Que el lavado de dinero genérico no derogó al lavado de dinero proveniente del tráfico de estupefacientes y que dado el caso, debe aplicarse este último tipo penal por especialidad. 10. Que en el lavado de dinero no se invierte la carga probatoria. El Ministerio Público debe probar con grado de certeza cada arista del blanqueo, incluyendo que tales bienes provienen de tales injustos previos y los demás elementos objetivos y subjetivos de la figura. La sola falta de justificación de ciertos capitales es insuficiente para concluir la ilegalidad de los mismos, en el sentido que exige la configuración típica. La prueba indiciaria es de utilidad, siempre y cuando siga las directrices necesarias para resultar en la plena convicción sobre la existencia del hecho punible y sus participantes.

La cooperación transfronteriza y la jurisdicción en materia de blanqueo según la Directiva 2018/1673

ISABEL MORÓN PENDÁS

Magistrado de lo contencioso administrativo de Huelva

La Directiva (UE) 2018/1673 del Parlamento Europeo y del Consejo de 23 de octubre de 2018 relativa a la lucha contra el blanqueo de capitales mediante el Derecho penal es sin duda alguna la norma punitiva europea más relevante en materia de blanqueo de dinero y financiación del terrorismo, que busca homogeneizar los conceptos y la respuesta pena en Europa ante este gravísimo fenómeno. En su Considerando 1° ya aparece su objetivo principal: *"luchar contra el blanqueo de capitales mediante el Derecho penal, permitiendo una cooperación transfronteriza más eficaz y rápida entre las autoridades competentes"*.

Lo explica con claridad meridiana su Considerando 2°: *"Las medidas adoptadas únicamente en el ámbito nacional o incluso en el de la Unión, sin tener en cuenta la coordinación ni la cooperación internacionales, tendrían efectos muy limitados. Las medidas adoptadas por la Unión para luchar contra el blanqueo de capitales deben, por tanto, ser compatibles con las que se emprendan en los foros internacionales y deben ser, como mínimo, igual de rigurosas"*. En otros términos, la existencia de lagunas en materia de ejecución y los obstáculos en la cooperación entre las autoridades competentes de los distintos Estados miembros lastran cualquier esfuerzo eficaz en estas materias (Considerando 4°).

Se promueve la cooperación entre los distintos derechos nacionales no sólo dentro de Europa sino también con terceros países. Todo ello se refleja en materia sustantiva (delitos antecedentes cometidos en el extranjero), como procesal (cooperación jurisdiccional). Se manifiesta en el Considerando 12° de la directiva que *"resulta oportuno que la investigación y el enjuiciamiento del blanqueo de capitales no se vean obstaculizados por el hecho de que la actividad delictiva se haya cometido en otro Estado miembro o en un tercer país, con sujeción a las condiciones establecidas en la presente Directiva"*. La necesidad de cooperación internacional se encuentra enunciada de forma mucho más explícita y reiterada en materia de prevención del BD/FT, concretamente, en el reciente Reglamento (UE) 2024/1620 del Parlamento Europeo y del

Consejo de 31 de mayo de 2024 por el que se crea la Autoridad de Lucha contra el Blanqueo de Capitales y la Financiación del Terrorismo.

Por otra parte, la Directiva 2018/1673 establece en su artículo 10° una serie de reglas en orden a determinar la jurisdicción de los Estados miembros y la eventual colisión entre ellos a la hora de la persecución de delitos de blanqueo de dinero.

Jurisprudencia alemana sobre lavado de dinero desde la reforma de 2021

MARÍA EUGENIA ESCOBAR BRAVO
Profesora de Derecho penal económico de la Universidad de Münster
Miembro de la Asociación Iberoamericana de Derecho Penal Económico y de la Empresa

Desde el 18 de marzo de 2021, el tipo penal de blanqueo de dinero o Geldwäsche (lavado de dinero) § 261 *Strafgesetzbuch* (Código Penal alemán: *StGB*) ya no se refiera principalmente a las transferencias de benecifios procedentes de la "delincuencia organizada". En su lugar esta reforma, ha llevado a suprimir el catálogo de delitos previos y a una expansión del blanqueo de capitales, que como consecuencia cualquier producto pueda ser objeto de blanqueo. El denominador común de esta investigación se refiere a la aplicación en sede judicial del § 261 StGB, la cual aborda las principales encrucijadas en las que el delito de blanqueo de capitales ha puesto a la doctrina y jurisprudencia, centrándose en las resoluciones emanadas por el Tribunal Supremo Federal alemán (*Bundesgerichtshof) y* Tribunal Constitucional Federal alemán (*Bundesverfassungsgericht*). El análisis de los hechos probados y como se han interpretado las teorías jurídicas sobre el blanqueo, nos brinda una construcción del delito que no deja de plantear dudas y situaciones con soluciones problemáticas. El objetivo principal consiste en el planteamiento de determinados parámetros que permitan una interpretación restrictiva y reduccionista del tipo penal, en base a las normas constitucionales y principios generales que rigen el Derecho Penal en Alemania.

Jurisprudencia italiana reciente sobre el delito de blanqueo de dinero

EMANUELE FISICARO
Abogado italiano
Presidente del Centro Europeo de Estudios sobre Prevención y Represión del Blanqueo de Dinero

En la lucha contra el blanqueo de dinero, la jurisprudencia italiana ha desempeñado un papel crucial en la interpretación y aplicación de las leyes contra el blanqueo de capitales de origen ilícito. En particular las sentencias 43912 de 2022, 29346 de 2023 y 20748 de 2024.

Italia ha desarrollado un marco legal sólido y una jurisprudencia activa para combatir el lavado de dinero. La combinación de legislación específica, directivas europeas y colaboración entre autoridades ha fortalecido significativamente las capacidades del país para prevenir y sancionar el lavado de dinero, protegiendo así la integridad del sistema financiero.

B) Sección penal

Las reformas penales sobre el blanqueo de dinero introducidas en España por la Ley orgánica 6/2021, de 28 de abril, y su aplicación jurisprudencial hasta 2024

MIGUEL ABEL SOUTO
Presidente de la Asociación Iberoamericana de Derecho Penal Económico y de la Empresa
Catedrático de Derecho penal
Universidad de Santiago de Compostela
Relator de la sección penal

La LO 6/2021, de 28 de abril, agrava la pena a los sujetos obligados por la normativa de prevención si blanquean en el ejercicio de su actividad profesional, agravante obligatoria para los países de la Unión, exigida por la Directiva 2018/1673, de 23 de octubre, sobre la lucha contra el blanqueo mediante el Derecho penal, pero la LO 6/2021 también incrementa el castigo del blanqueo cuando los bienes procedan de la trata de seres humanos, los delitos contra los ciudadanos extranjeros, los relativos a la prostitución y a la explotación sexual, la corrupción de menores y en los negocios, agravaciones potestativas según la Directiva 2018/1673. Muy poco antes en Europa, en el marco de una sucesión normativa sin precedentes que atenta contra la seguridad jurídica, la Directiva 2018/843, de 30 de mayo, incorporó novedades en materia de proveedores de servicios tanto de cambio de moneda virtual en moneda fiduciaria como de custodia de monederos electrónicos y se traspuso a Derecho interno mediante el RDL 7/2021, de 27 de abril. Luego la Unión Europea incrementó sus atentados contra la seguridad jurídica con la aprobación, el 31 de mayo de 2023, de dos reglamentos, el 1113 sobre información de las transferencias de fondos y criptoactivos, que también abarca los activos virtuales y sus proveedores, y el 1114 en torno a los mercados de criptoactivos. Justo un año después persistió en la permanente reforma al aprobar, el 31 de mayo de 2024, una nueva directiva contra el blanqueo, la 1640, y otros dos reglamentos, el 1620, que crea la autoridad europea en materia de lucha contra el blanqueo, y el 1624, relativo a la prevención del sistema financiero para el blanqueo con normas directamente aplicables.

Concretamente, la LO 6/2021 dispone que "se impondrá la pena en su mitad superior cuando los bienes tengan su origen en alguno de los delitos comprendidos en… la sec. 4ª del capítulo XI, del título XIII", es decir, los delitos de corrupción en los negocios previstos en los arts. 286 bis, 286 ter y 286 quáter del CP, con lo que se recupera la desaparecida agravante relativa a la corrupción en las transacciones comerciales internacionales como hecho previo, pero se deja pasar la oportunidad de eliminar la referencia al capítulo X del título XIX, que antes la albergaba y desde 2015 constituye una perturbadora remisión que debe ser derogada. Esta agravación del blanqueo de dinero procedente de la corrupción en los negocios va más allá de lo exigido por los compromisos internacionales cuando el esfuerzo debería llevarse al *compliance*. En el marco aplicativo la STS 10/2024, de 11 de enero, absolvió al directivo que ocultó a su empresa la recepción de una comisión ilegal, porque en ese momento no existía delito de corrupción entre particulares, que se creó después, y más tarde la LO 6/2021 da otro salto hasta la agravación.

La reforma de 28 de abril de 2021 también incorpora como nuevos tipos agravados el blanqueo de bienes procedentes de "los delitos comprendidos en el título VII bis", esto es, la trata de seres humanos del art. 177 bis, agravación calificada de "error" y que la doctrina descartaba, así como el blanqueo de dinero derivado de los delitos previstos en "el capítulo V del título VIII", o sea, los delitos relativos a la prostitución y a la explotación sexual y a la corrupción de menores, recogidos en los arts. 187 a 190 del Texto punitivo. En este sentido la STS 555/2023, de 6 de julio, confirmó la condena por blanqueo de la correo que sacó del territorio nacional, mediante frecuentes viajes a Nigeria, el dinero obtenido de la explotación sexual, pero la STS 212/2022, de 9 de marzo, absolvió de autoblanqueo al que ordenó en ocasiones a las víctimas de la prostitución coactiva ingresar el dinero de su actividad por transferencia a Rumanía en una cuenta propia, de su madre o pareja, proxeneta que fue condenado ya por explotación de la prostitución.

Igualmente se añade como nuevo tipo agravado el blanqueo de bienes con origen en los delitos comprendidos en "el título XV bis", a saber, los delitos contra los derechos de los ciudadanos extranjeros del art. 318 bis.

Sin embargo, el dinero procedente de estos delitos no representa una cifra muy alta en comparación con el derivado de otras formas de corrupción, los delitos contra la ordenación del territorio, el fraude fiscal o el narcotráfico, ni genera tanta preocupación, ni se castiga con frecuencia su blanqueo.

Ninguna de estas agravaciones resultaba obligatoria para el legislador español, como reconoce el propio preámbulo de la reforma al incluirlas "dentro de las agravantes de carácter potestativo para los Estados miembros", pues la Directiva 2018/1673 simplemente dispone que los países de la Unión, respecto al blanqueo, "podrán prever" como agravantes que los bienes "provengan de uno de los delitos a que se refiere el art. 2, punto 1, letras a) a e) y h)", en las que se mencionan la trata de seres humanos y el tráfico ilícito de migrantes (c), la explotación sexual (d) y diferentes tipos de corrupción (h). El preámbulo de la LO 6/2021 presume de coherencia, ya que afirma, con cacofonía incluida, que "la reforma, de forma consistente" considera estas sanciones "más eficaces, proporcionadas y disuasorias en aquellos supuestos en los que el delito previo sea de tal gravedad"; sin embargo, brilla por su ausencia la coherencia político criminal, de la que me ocuparé a continuación, sistemática, pues se persiste en la incorrecta ubicación de tipos agravados en el art. 301.1 que alcanzan al 301.2, y hasta léxica, dado que la referencia a los delitos previos "de tal gravedad" apunta a una entidad especial, muy grande, mayor que la gravedad ordinaria, pero contradictoriamente gran parte de los hechos antecedentes que dan lugar a los tipos agravados ni siquiera pasan de ser delitos menos graves, como los recogidos en los arts. 177 bis, ap. 8°, 187, 188.1, párr. 1°, 188.4, inciso inicial, 189.1, 189.4, 189.5, 189.6, 286 bis, 318 bis ap. 1° y 318 bis ap. 2°.

Además, el desacierto político-criminal que pesaba sobre el tipo agravado de blanqueo de dinero procedente del narcotráfico debe predicarse, con mayor razón, de los posteriores tipos cualificados, incorporados en 2010, cuando los bienes tengan su origen en algunos delitos contra la Administración pública y los urbanísticos, de introducción muy poco oportuna en plena disminución de la corrupción urbanística debido a la crisis del sector inmobiliario, y de los nuevos tipos agravados que se incorporan en 2021, cuando los bienes procedan de los delitos contra los ciudadanos extranjeros, la trata de seres humanos, la prostitución y explotación sexual o la corrupción de menores y en los negocios, ya que no puede presumirse que las sumas blanqueadas procedentes de estas infracciones superen las derivadas de otros delitos. Tampoco se justifican dichos tipos agravados en atención a los bienes jurídicos protegidos, pues nos encontramos ante los mismos valores tutelados mediante el tipo básico, porque la Administración de Justicia tiene interés en sancionar cualquier delito y el orden socioeconómico no resulta más lesionado por el blanqueo de dinero procedente de estos delitos. Lo que realmente determina un mayor contenido de injusto es el valor de lo blanqueado, dato que no se tiene en cuenta al incrementar la prisión, y sobre él debería operarse para agravar la pena y no en la irrelevante naturaleza del delito previo, dado que el fundamento de la agravación radicaría en el mayor caudal de bienes ilícitos puestos en circulación. En este sentido, entre las agravantes facultativas que los Estados miembros podían introducir, la Directiva 2018/1673 contempla "que el valor de los bienes objeto de blanqueo sea considerable"; no obstante, el legislador español de 2021 despreció esta coherente agravación, pese a su evidente eficacia, manifiesta proporcionalidad e indudable carácter intimidatorio.

También desde el punto de vista técnico es inaceptable agravar las penas en el blanqueo por el origen de los bienes, habida cuenta de que desposeeríamos de autonomía a este tipo penal para atender al delito base. Igualmente, si el CP de 1995 pretendía una sanción especial del blanqueo vinculado al narcotráfico y una decepcionante aplicación jurisprudencial, a pesar de la ampliación de los hechos previos, sigue centrándose casi exclusivamente en el tráfico de drogas, el 94% de las sentencias hasta 2024, a lo que se añaden 2 tipos cualificados en 2010 y otras 5 nuevas agravaciones en 2021, resulta que el tipo básico casi nunca se aplicaría, lo cual transforma la regla en excepción. Finalmente, el fundamento de la cualificación no subyace en el mayor reproche, ni en la presión internacional, puesto que ningún instrumento supraestatal obliga a agravar la pena del blanqueo en estos casos.

Sin embargo sí resultaba ineludible para el legislador español introducir el tipo agravado que se incorpora en el 2° párr. del art. 302.1, y es el que motiva la reforma, pues esta circunstancia agravante se encuentra, junto con la comisión en el marco de una organización delictiva, ya contemplada en nuestro ordenamiento, en la Directiva 2018/1673 entre las circunstancia que obligatoriamente deben tipificarse en virtud del art. 6.1, a cuyo tenor "los Estados miembros adoptarán las medidas necesarias para garantizar" que "se consideren como agravantes" del blanqueo, por lo que la LO 6/2021 establece la imposición de "la pena en su mitad superior" para los sujetos obligados por la normativa de prevención del blanqueo cuando "cometan cualquiera de las conductas descritas en el art. 301 en el ejercicio de su actividad profesional".

Efectivamente, aun cuando la legislación penal española sea bastante más expansiva que la Directiva 2018/1673 y no precisase muchos cambios para cumplir con las exigencias comunitarias, sí era necesaria una reforma del CP "a más tardar el 3 de diciembre de 2020", plazo incumplido por el legislador pese a haber sido advertido con tiempo: el art. 303 "tendrá que ser modificado" debido al mandato, establecido en la letra b) del art. 6.1

de la Directiva 2018/1673, de considerar circunstancia agravante "que el autor sea una entidad obligada en el sentido del art. 2 de la Directiva (UE) 2015/849, y haya cometido el delito en el ejercicio de su actividad profesional", art. 2 que no solo incluye a las entidades financieras y de crédito, sino también a un extenso catálogo de personas físicas y jurídicas, cuando actúen profesionalmente, que amplió la Directiva 2018/843 y fue trasladado a Derecho interno español por el RDL 7/2021, de 27 de abril, el cual modificó, en el ap. 1 del art. 2 de la Ley 10/2010 sobre prevención del blanqueo, las letras b), h), k), l), m) y r) y añadió la z), referida a los proveedores de servicios de cambio de moneda virtual por moneda fiduciaria y de custodia de monederos electrónicos, con lo que el legislador agota todas las letras del abecedario en el amplísimo catálogo, amén de reformar el ap. 4 del art. 2, art. en el que se recogen los sujetos obligados por la normativa de prevención a los que se puede aplicar esta nueva agravante. De manera que, en un evidente atentado contra la seguridad jurídica, el RDL 7/2021 amplía el catálogo de sujetos obligados el 29 de abril y al día siguiente la LO 6/2021 los convierte en sujetos activos de un nuevo tipo agravado.

El preámbulo de la LO 6/2021 se vanagloria de llevar a cabo "una mejora técnica" con la introducción de este tipo agravado para los obligados por la normativa de prevención cuando blanqueen en el ejercicio de su actividad profesional, mas la técnica legislativa, de nuevo, brilla por su ausencia, pues al tratarse de una agravación profesional debería haberse ubicado en el art. 303 del CP, como con acierto se había propuesto doctrinalmente, y no entre los tipos agravados para las organizaciones del art. 302.1. Además, el asistemático legislador de 2021 desaprovecha la reforma al no eliminar del art. 303 las aberrantes menciones a los facultativos, trabajadores sociales, docentes o educadores, carentes de sentido en el blanqueo y que proceden de los delitos relativos al narcotráfico.

También el nuevo tipo cualificado refuerza la interpretación de que el blanqueo imprudente constituye un delito común, pues el párr. 2° del art. 302.1 del CP agrava la pena cuando se cometa "cualquiera de las conductas descritas en el art. 301" por los sujetos obligados según la normativa de prevención. Las sentencias sobre blanqueo imprudente son muy frecuentes, tanto que al día siguiente a la reforma de 28 de abril de 2021 el TS confirmó la condena del que adquirió un vehículo para un tercero con dinero ajeno "omitiendo todo deber de comprobar su origen, siendo consciente de la alta probabilidad de su procedencia delictiva". Según la STS 158/2023, de 8 de marzo, "no se trata de un delito especial" y la STS 224/2024, de 7 de marzo, absuelve al que facilitó sus datos para abrir una cuenta en la que recibir dinero de una estafa al no ser punible la participación culposa en la actividad fraudulenta, sentencia que no debe confundirse con al 222, del mismo día, que absuelve por la recepción en una cuenta de 2.100 euros y su transferencia posterior al no constar el conocimiento de su origen delictivo.

Aspectos criminológicos del blanqueo de dinero en Italia

FRANCESCO SIDOTI
Catedrático emérito de Criminología de la Universidad de L´Aquila
Miembro del International Forum on Crime and Criminal Law in the Global Era
MARIATERESA GAMMONE
Profesora asociada de Sociología de la Universidad de L'Aquila

Los aspectos criminológicos del blanqueo de dinero en Italia serán abordados a través de un marco histórico que comienza desde la primera percepción nacional del problema hacia finales del siglo XIX hasta la actualidad. En este período de tiempo, que abarca un siglo y medio, el contexto internacional siempre ha tenido una gran importancia, así como las relaciones con la política. Por lo tanto, la discusión se llevará a cabo con especial atención a los perfiles políticos y geopolíticos.

Poco después de la unificación nacional italiana en 1870, se produjeron varios escándalos bancarios a finales del siglo XIX. Estos escándalos atrajeron la atención de la escuela criminológica italiana, que inicialmente se caracterizó por un enfoque biológico, pero que posteriormente incorporó las críticas de la izquierda italiana. Además, la escuela criminológica italiana comenzó a prestar una gran atención a los factores económicos y a los crímenes cometidos por la clase dominante.

Lombroso utilizó frecuentemente el término "*criminali in guanti bianchi*", anticipando así por muchos años el concepto de "*white-collar criminality*" de Sutherland. Lombroso murió en 1909, tras haber criticado duramente escándalos bancarios internacionales, como la gran estafa del Canal de Suez. Gran parte de sus discípulos se convirtieron en antifascistas y se especializaron en la crítica de las malversaciones económicas y financieras.

La mafia siciliana en Estados Unidos heredó un espíritu empresarial criminal específico, especializándose en el tráfico de drogas, especialmente después de la guerra de Vietnam y con el surgimiento de una nueva problemática juvenil en los años 60 en todo Occidente. El juez Giovanni Falcone, en su lucha contra la mafia, señaló repetidamente que todas las investigaciones debían seguir el principio metodológico resumido en la frase "*follow the money*", la cual citaba directamente en inglés porque estaba muy inspirado en las metodologías estadounidenses de combate a la mafia. El juez Giovanni Falcone fue asesinado en 1992, pero dejó a la cultura antimafia una valiosa indicación metodológica sobre el blanqueo de dinero, que perdura hasta hoy.

Los italianos sostienen que las herramientas técnicas y legislativas contra el blanqueo de dinero están más desarrolladas en Italia que en cualquier otra parte del mundo. Sin embargo, según algunos, estas técnicas y leyes ofrecen poca protección a los sospechosos y utilizan métodos más adecuados para un Estado policial que para un Estado liberal. Un ejemplo de esto es el uso masivo e invasivo de interceptaciones telefónicas, que se publican íntegramente en los periódicos y que también pueden afectar a aspectos mínimos y personales de la vida íntima de los investigados.

Un ejemplo de esta situación criminológica compleja fue una investigación en marzo de 2024 sobre un presunto acceso abusivo a las bases de datos de la Fiscalía Nacional Antimafia, para obtener información confidencial sobre muchas figuras políticas y públicas famosas. La investigación se refiere a los llamados SOS, las "denuncias de transacciones sospechosas" promovidas por el Banco de Italia y transmitidas a las fuerzas policiales, incluido el Fiscal Nacional Antimafia y Antiterrorismo, es decir, el magistrado que coordina las investigaciones en todo el territorio italiano sobre delitos relacionados con el crimen organizado. El SOS es un sistema que obliga a los bancos, intermediarios financieros e inmobiliarios, corredores de bolsa, notarios, oficinas de correos y sociedades de gestión de activos a informar al Banco de Italia sobre movimientos de dinero que consideren sospechosos y que puedan estar vinculados con operaciones de blanqueo de capitales o financiación del terrorismo, o que deriven de actividades delictivas.

Blanqueo de capitales en Portugal

JOSÉ DE FARIA COSTA
Catedrático de Derecho penal de la Universidad de Coimbra
Presidente del Centro de Estudios Avanzados en Derecho Francisco Suárez

Tanto los tribunales nacionales como los europeos están haciendo hincapié en la creciente tendencia a reforzar los mecanismos de lucha contra el blanqueo de capitales, garantizando al mismo tiempo los derechos procesales de los acusados.

En Portugal, la legislación se ha adaptado para incluir una gama más amplia de delitos subyacentes y reforzar las obligaciones preventivas de las entidades financieras y no financieras.

A escala europea, las decisiones del TJUE y del TEDH reflejan una preocupación constante por armonizar las normas y la eficacia de las medidas contra el blanqueo de capitales, garantizando al mismo tiempo el respeto de los derechos fundamentales.

Se plantea el dilema de si reforzar institucionalmente e invertir materialmente en los medios de prevención e investigación del delito ya existentes, o si ceder a la tentación de hacer recaer sobre los particulares las tareas básicas de un Estado que prefiere mantenerse atado a los pilares del Derecho *penal liberal*, ya sea a través de la mencionada colaboración con premios o de mecanismos tecnocráticos de autorregulación de las empresas, en la línea del llamado *riesgo de gobernanza, como los* programas de *compliance penal*.

En nuestra opinión, el legislador debe liberarse del dilema y sin reservas. Ayer era demasiado tarde: hay que reforzar e invertir en los medios de prevención e investigación criminal.

Una reflexión sobre las penas y las circunstancias agravantes de la Directiva 2018/1673 sobre lucha contra el blanqueo mediante el Derecho penal

MIGUEL ÁNGEL NÚÑEZ PAZ
Catedrático de Derecho penal
Universidad de Huelva

En las últimas décadas, Europa se ha visto inmersa en una desmedida sucesión normativa. Las fórmulas de lucha contra el blanqueo de dinero se han venido estructurando sobre dos vías: *la administrativa*, más frecuente y de carácter esencialmente preventivo, y *la penal*, tradicionalmente menos homogénea, y de ámbito represivo. No obstante, a pesar de esta dualidad, el fin nuclear de ambas es idéntico, "pues en el fondo subyace el objetivo de proteger íntegramente el sistema financiero y económico".

Especialmente trascendente en nuestra órbita penal resultó la promulgación de la Directiva (UE) 2018/1673, del Parlamento Europeo y del Consejo, de 23 de octubre de 2018 (la llamada VI Directiva), relativa a la lucha contra el blanqueo de dinero mediante el Derecho penal. Tras todos los anteriores intentos de coordinación, parecía una tarea imposible hacer confluir las grandes divergencias entre las normativas estatales en materia de represión del blanqueo de dinero. Sin embargo, y aunque no sea especialmente favorable a concederle muchos méritos, es cierto que, en algún modo, a través de esta norma secundaria y de las correlativas transposiciones en cada Estado de la UE, ha habido un esfuerzo en adecuar los tipos penales de blanqueo conforme al marco de mínimos estructurado en la norma comunitaria.

Lo cierto es que los tipos penales de blanqueo españoles han sido siempre más expansivos que los modelos internacionales, así pues, estando recogidas ya gran parte de las previsiones de dicha Directiva en la regulación del delito del blanqueo de nuestro Código Penal, la reforma supuso básicamente incluir nuevas y extensas agravantes para el delito, en los Artículos 301.1 y 302.1.

Con la reforma de 2021, se han incrementado aún más los delitos previos que determinan la aplicación de tipos agravados, extendiéndose ahora, en tales supuestos, las penas contempladas para el tipo básico hasta su mitad superior, es decir, de 3 años y 3 meses a 6 años de prisión y multa del duplo al triplo del valor de los bienes.

En cuanto al Art. 302, La reforma afecta al sujeto activo del delito que sea sujeto obligado por la normativa de prevención del blanqueo de dinero y financiación del terrorismo.

Por supuesto, ese esfuerzo normativo no puede hallarse exento de otras diversas críticas, que aquí valoraremos desde el punto de vista penológico, técnico y también sistemático.

Proveedores de servicios de cambio de moneda virtual y de custodia de monederos electrónicos y tipos agravados de blanqueo de la LO 6/2021 y la Directiva 2018/1673

DIEGO JOSÉ GÓMEZ INIESTA
Profesor titular de Derecho penal
Facultad de Derecho de Albacete, Universidad de Castilla-La Mancha

La reforma legislativa operada por Ley Orgánica 6/2021, de 28 de abril, lleva a cabo una serie de modificaciones importantes en el tratamiento jurídico-penal del blanqueo de dinero. Entre ellas, destaca la inclusión de una agravación en el artículo 302.1 CP, referida a la participación de sujetos obligados en actividades de blanqueo de dinero en el contexto de su ejercicio profesional, que afecta directamente a los proveedores de servicios de cambio de moneda virtual y de custodia de monederos electrónicos, entre otros.

Esta agravación, que se suma a las ya existentes, junto con aquellas que nuevamente se refieren a las modalidades delictivas de las que procede el dinero, responde a las directrices marcadas por la legislación europea en materia de prevención y represión del blanqueo. En concreto, la Directiva (UE) 2018/1673 del Parlamento Europeo y del Consejo (VI Directiva) aborda la lucha contra el blanqueo mediante el Derecho Penal y en su artículo 6, bajo la rúbrica "Circunstancias Agravantes", establece que los Estados miembros deben considerar como agravante, entre otras circunstancias, que el autor del delito sea una entidad obligada según lo previsto en el artículo 2 de la Directiva 2015/849 relativa a la prevención de la utilización del sistema financiero para el blanqueo de capitales o la financiación del terrorismo, y haya cometido el delito "en el ejercicio de su actividad profesional". Debe recordarse que esta última fue modificada por la Directiva (UE) 2018/843 del Parlamento Europeo y del Consejo, de 30 de mayo de 2018 (V Directiva), que se ocupa del riesgo asociado a monedas virtuales, entre otros aspectos, y el cierto grado de "anonimato" asegurado por las redes del entorno virtual, que dificulta la identificación de las personas involucradas en casos de blanqueo, asimilándolas a un "medio de cambio", que no como medio de pago, y con el fin de distinguirlas de otros medios de pago existentes, por ejemplo, el dinero electrónico. Para ello, sigue con el enfoque clásico de extender el alcance de la Directiva en razón de la actividad profesional o empresarial desarrollada, incluyendo a los proveedores que ofrecen servicios de cambio entre monedas fiduciarias y virtuales, así como a los proveedores de carteras que se utilizan para salvaguardar las claves criptográficas privadas en nombre de sus clientes y el mantenimiento, almacenaje y transferencia de criptomonedas, convirtiéndoles en protectores de la integridad financiera y económica por su especial cercanía al bien jurídico protegido.

La misma plantea una serie de cuestiones interpretativas con evidentes consecuencias en su aplicación práctica. En particular, aparece la necesidad de dilucidar cómo ha de aplicarse cuando el sujeto obligado se trata de una persona jurídica. El párrafo relativo a la cualidad del sujeto activo del delito debe entenderse a la vista del Real Decreto-ley 7/2021, de 27 de abril, de transposición de la V Directiva, por el que se añade la letra z) en el apartado 1 del artículo 2 de la Ley 10/2010, de 28 de abril, de prevención del blanqueo de capitales y de la financiación del terrorismo, incluyendo a "los proveedores de servicios de cambio de moneda virtual por moneda fiduciaria y de custodia de monederos electrónicos", que pasan a ser considerados entidades financieras, debiéndose destacar que en muchos casos adoptan la forma de personas jurídicas. Si esto es así, no se puede pasar por alto que su artículo 2.2 establece que, aunque sujetos obligados pueden ser tanto personas físicas como jurídicas, las obligaciones impuestas recaen sobre la persona jurídica cuando las personas físicas actúen como empleados o presten servicios a dicha persona jurídica, ya sea de manera permanente o esporádica, lo que deberá interpretarse a la luz del artículo 31 bis CP. Asimismo, la agravación exige que el sujeto obligado actúe "en el ejercicio de su actividad profesional", lo que debería interpretarse en el sentido de que para atribuir la responsabilidad penal a la persona jurídica obligada, no basta con que la persona física actúe en el ámbito de actividad de la persona jurídica, sino que debe tratarse de acciones que se relacionan directa y estrechamente con el curso normal de las funciones y obligaciones específicas en materia de prevención; por tanto, tratándose de representantes legales y administradores de hecho o de derecho para tomar decisiones deben hacerlo actuando en nombre y por cuenta de la persona jurídica y en su beneficio, así como por sus empleados cuando no se haya ejercido el debido control.

Junto a lo anterior, se cuestiona la forma en la que se va a compatibilizar la circunstancia agravante con el tipo imprudente de blanqueo (art. 301.3

CP), referido no a la forma de cometer el acto, sino al conocimiento sobre el origen delictivo de los bienes, como consecuencia de la violación grave y flagrante de los deberes de cuidado más básicos cuando su origen no está claramente establecido. Para ello, y teniendo en cuenta que el régimen sancionador del capítulo VIII es aplicable a todas las categorías de sujetos del artículo 2 de la Ley 10/2010, se ha de subrayar que no cualquier incumplimiento de la normativa administrativa dará lugar a la responsabilidad por blanqueo imprudente, sino solo cuando el sujeto obligado realice alguna de las acciones tipificadas en el artículo 301, párrafo 1° y 2° CP, y solo en el supuesto que se ponga en evidencia que el sujeto obligado debería haber conocido que los bienes tenían procedencia delictiva, conectándolo con la infracción muy grave de aquellas obligaciones que exigen una evaluación del riesgo, como el examen especial de operaciones inusuales o sin propósito económico o el deber de comunicación de dichas operaciones sospechosas al SEPBLAC o el deber de abstención de ejecutarlas, que podrían indicar una violación flagrante de diligencia o debida cautela. Entonces, si la incorporación de la circunstancia agravante converge con el propósito de la legislación administrativa de proteger la integridad del sistema financiero y su sistema de pagos, así como de otros sectores económicos, desde la prohibición del *non bis in idem*, tiene difícil justificación que un mismo hecho pueda calificarse como imprudente y que, además, opere como agravación de la pena.

En resumen, el delito de blanqueo de capitales imprudente y su agravación revelan cuestiones complejas en relación con el principio de legalidad y tipicidad, así como con el deber objetivo de cuidado exigido a los sujetos obligados por la normativa de prevención del blanqueo de capitales, por lo que es necesario una interpretación clara que, sin afectar a la lucha contra el blanqueo de dinero, respete los fundamentos del Derecho penal.

Análisis cuantitativo hasta 2024 del volumen y evolución del delito de blanqueo en España y en Europa

CARMEN LÓPEZ ANDIÓN
Profesora titular de Economía cuantitativa
Centro de investigación interuniversitario ECOBAS
Universidad de Santiago de Compostela

La información estadística es muy importante en la lucha contra el blanqueo de dinero a fin de que los países puedan evaluar la eficacia de los sistemas establecidos a tal fin y, en definitiva, para conocer la dimensión de este delito.

El mantenimiento de estadísticas detalladas sobre el tema es una exigencia de diferentes organismos y aparece recogido como obligación en sucesivas Directivas de la Unión Europea. Así, la Directiva (UE) 2024/1640 del Parlamento Europeo y del Consejo, de 31 de mayo de 2024 considera que los Estados miembros deben mantener estadísticas al respecto y mejorar su calidad. Con vistas a aumentar la calidad y la coherencia de los datos estadísticos recogidos a escala de la Unión, la Comisión y la Autoridad de Lucha contra el Blanqueo de Capitales y la Financiación del Terrorismo (ALBC) deben hacer un seguimiento de la evolución del combate contra estos delitos y publicar análisis periódicos. Además, en su artículo 9 detalla los datos que dichas estadísticas deberían incluir e indica que los Estados miembros velarán por que la información se recopile y transmita anualmente a la Comisión. Esta Directiva considera además que una vez que se establezca la metodología para la recopilación de las estadísticas, como muy tarde en 2030 y posteriormente cada dos años, la Comisión publicará un informe en el que se resumirán y explicarán dichos datos y lo publicará en su sitio web. Es de esperar, por tanto, que a partir de ese momento se pueda disponer de información que permita una detallada comparación entre los países europeos.

En este trabajo se analiza el volumen y la evolución del delito de blanqueo de dinero en Europa a partir de los datos disponibles. Las conclusiones más relevantes se exponen a continuación.

El número de delitos de blanqueo de dinero registrados por la policía en la Unión Europea ha crecido de forma muy importante en los últimos años, pasando de algo más de 22.000 en el año 2016 a casi 60.000 en 2022, último año para el que existe información.

Dado el tamaño tan dispar de los países de la UE, la comparación entre los mismos se realiza teniendo en cuenta el número de delitos por cada 100.000 habitantes. Atendiendo a esta variable, el país con una mayor tasa de delito de blanqueo es Suecia al que corresponden en media anual en el período de referencia 74,2 delitos de blanqueo por cada 100.000 habitantes. A este país le siguen Bélgica y Dinamarca con una tasa media de 27,4 y 24,7 respectivamente.

Los países con menor numero de delitos de blanqueo en relación a su población son España, Bulgaria, Grecia y Portugal con una tasa media en el período de 0,65, 0,57, 0,48 y 0,36 delitos por 100.000 habitantes respectivamente.

La evolución seguida por los delitos de blanqueo registrados en los diferentes países no es en absoluto homogénea, pero en la mayoría de ellos la tendencia es creciente, destacando especialmente el caso de Dinamarca y, en menor medida, Malta y Suecia

Existe una importante correlación positiva entre el delito de blanqueo y otros como fraude, corrupción o actos ilícitos relacionados con drogas o precursores sujetos a fiscalización. También está asociado positivamente, aunque en menor grado, con el delito de actos contra sistemas informáticos. Sin embargo, no se aprecia relación significativa con el delito de pertenencia a grupos de delincuencia organizada.

Los datos también muestran que un mayor nivel de PIB per capita va asociado a un mayor número de delitos de blanqueo por 100.000 habitantes. Por el contrario, se aprecia una relación negativa débil entre este delito y el índice de riesgo de blanqueo que elabora el Instituto de Basilea.

Los principios de legalidad y proporcionalidad en la Directiva 2018/1673, del Parlamento Europeo y del Consejo, de 23 de octubre de 2018, relativa a la lucha contra el blanqueo de capitales mediante el Derecho penal

CATY VIDALES RODRÍGUEZ
Catedrática de Derecho penal
Universidad de Valencia

El artículo 49.1 de la Carta de los Derechos Fundamentarles de la Unión Europea reconoce los principios de legalidad y proporcionalidad de los delitos y las penas. En efecto, en el primer apartado, en referencia al principio de legalidad, establece que "nadie podrá ser condenado por una acción o una omisión que, en el momento en que haya sido cometida, no constituya una infracción según el Derecho interno o el Derecho internacional. Del mismo modo, no podrá imponerse una pena más grave que la aplicable en el momento en que la infracción haya sido cometida. Si con posterioridad a esta infracción la ley dispone una pena más leve, deberá aplicarse estas". Por su parte el apartado tercero del referido precepto dispone que "la intensidad de las penas no deberá ser desproporcionada en relación con la infracción". Pues bien, la Directiva 2018/1673, contiene una mención expresa al respeto entre otros, de estos principios que, según se indica, "abarcan asimismo los requisitos de precisión, claridad y previsibilidad en el Derecho penal". En consecuencia, se afirma que la Directiva debe aplicarse de conformidad a los mismos. Lo que se propone, en consecuencia, es analizar el grado de respeto que ha observado la propia Directiva para, a continuación, examinar la práctica forense de nuestro país con el propósito de determinar si, si más allá de su consagración formal, la interpretación del delito de blanqueo se ajusta a sus exigencias.

El protagonismo del GAFI en la configuración de la normativa internacional del blanqueo y en la Directiva 2018/1673

JUAN CARLOS FERRÉ OLIVÉ
Catedrático de Derecho penal
Universidad de Huelva

Dice textualmente el Considerando 3° de la Directiva 2018/1673 "En su actuación, la Unión debe seguir teniendo especialmente en cuenta las Recomendaciones del Grupo de Acción Financiera Internacional (GAFI) y los instrumentos de otras organizaciones y organismos internacionales que se ocupan de la lucha contra el blanqueo de capitales y la financiación del terrorismo. Los actos jurídicos de la Unión en la materia deben adaptarse, cuando proceda, a las Normas internacionales sobre la lucha contra el blanqueo de capitales y la financiación del terrorismo y la proliferación, adoptadas por el GAFI en febrero de 2012". Añade el Considerando 8° de la mencionada Directiva que "Los delitos fiscales relacionados con los impuestos directos e indirectos deben estar incluidos en la definición de "actividad delictiva", de acuerdo con las Recomendaciones revisadas del GAFI. Dado que, en cada Estado miembro, diferentes delitos fiscales pueden constituir una actividad delictiva castigada con las sanciones a que se refiere la presente Directiva, las definiciones de los delitos fiscales podrían diferir en el Derecho nacional".

En materia de prevención, establece el Considerando 83 del Reglamento (UE) 2024/1620 del Parlamento Europeo y del Consejo de 31 de mayo de 2024 por el que se crea la Autoridad de Lucha contra el Blanqueo de Capitales y la Financiación del Terrorismo que "Habida cuenta de sus funciones y competencias en el ámbito de la lucha contra el blanqueo de capitales y la financiación del terrorismo, la Autoridad está bien situada para apoyar la acción de la Comisión en los foros internacionales, incluido el GAFI, con vistas a promover una representación unida, común, coherente y eficaz de los intereses de la Unión en dichos foros. Por consiguiente, la Autoridad debe asistir a la Comisión en sus actividades como miembro del GAFI y contribuir a la representación de la Unión y a la defensa de sus intereses en los foros internacionales".

En síntesis, en materia preventiva y represiva la Unión Europea sigue rigurosamente los mandatos de GAFI para el desarrollo de sus normas y su ámbito de actuación.

De nuevo sobre la construcción de un Derecho penal económico europeo

JOSÉ LUIS GONZÁLEZ CUSSAC
Catedrático de Derecho penal
Universidad de Valencia

Las Comunidades Europeas han tenido siempre el poder de sancionar, especialmente en el ámbito del Derecho de Competencia. Pero ello no ha sido óbice a las fuertes resistencias de casi todos los Estados Miembros a avanzar por la senda armonizadora del Derecho penal sustantivo y procesal, incluso de la cooperación en asuntos de justicia criminal. No obstante, es preciso distinguir dos grandes periodos.

A) Con el **Tratado de la UE de Maastricht de 1992**, comenzó el proceso de armonización directa del Derecho Penal bajo el llamado "*tercer pilar*", preferentemente a través de Convenios. Con el **Tratado de Amsterdam de 1999** el proceso de armonización continuó mediante la técnica de las Decisiones Marco. La modificación del **Tratado en Niza** (2001) no supuso cambio alguno en la materia que nos ocupa.

Se conoce como ***tercer pilar*** el conjunto de las *Disposiciones relativas a la cooperación policial y judicial en materia penal,* Título VI del TUE. Esto supuso una pequeña revolución jurídica porque hasta entonces no había apenas disposiciones de carácter penal o procesal-penal en los Tratados. En este nuevo pilar del TUE se creaba una nueva competencia para la Unión, se establecía la posibilidad de armonizar derecho penal sustantivo y procesal de los Estados Miembros, allí donde hubiera una "incidencia transfronteriza". Aparecen las primeras Directivas con contenido penal, relativas a medio ambiente.

Pero todavía en el contexto del **Tratado de Amsterdam**, el proceso de integración europea junto al incremento de la criminalidad transnacional obligó ya a un mayor grado de cooperación en el espacio europeo, especialmente horizontal entre todas las autoridades. Es así como, junto a la necesidad de protección del mercado interno, se genera también un **espacio común de Libertad, Seguridad y Justicia, el llamado** "espacio judicial común".

Durante todo este largo periodo, la doctrina mayoritaria negó la existencia de un auténtico *Derecho penal europeo*, en el sentido de un Derecho Penal supranacional. Por ello, ante este obstáculo formal, vinculado a la resistencia de los Estados a la cesión de un contenido esencial de su soberanía, las técnicas empleadas en el camino hacia un *Derecho penal europeo* consistieron básicamente en tres:

a) la "*asimilación*" de los intereses comunitarios por medio de remisiones al derecho penal estatal;

b) la adaptación o "*armonización*" de las leyes penales estatales por medio de las Decisiones Marco u otros instrumentos de la UE; y,

c) la "*remisión en blanco*" de las leyes penales estatales al derecho europeo

En esta etapa no se creó un auténtico Derecho Penal europeo con delitos europeos (euro-delitos), pero muchas Decisiones Marco obligaron a los Estados a adaptar sus legislaciones penales nacionales.

B) **Tratado de Lisboa, 13 diciembre 2007 (Tratado de Funcionamiento de la Unión Europea, TFUE)**. Abolió la estructura de pilares. A partir de su entrada en vigor existe solo un Derecho de la UE, y se aplica conforme a sus propias reglas procesales. Por ello la UE recibe la competencia de una armonización de gran alcance del Derecho Penal material y procesal. Respecto de la armonización del Derecho Penal sustantivo, el Tratado prevé la armonización penal destinada a proteger los intereses plasmados en las políticas comunitarias.

El **Tratado de Lisboa** da carta de naturaleza a lo que se viene a llamar el *Espacio de Libertad, Seguridad y Justicia* y dentro de él, los artículos 67 (3) y su Capítulo 4 sobre la *Cooperación Judicial en materia penal* (arts. 82 a 86), establecen las bases jurídicas para el reconocimiento mutuo de las resoluciones penales y la aproximación de las legislaciones en materia penal.

Por lo que respecta al **Derecho penal sustantivo**, el art. 83 TFUE permite igualmente, con arreglo al procedimiento legislativo ordinario, establecer normas mínimas relativas a la tipificación de delitos y penas en ámbitos delictivos que sean de especial gravedad y tengan una *dimensión transfronteriza*. En el segundo párrafo se enumeran estos ámbitos: *terrorismo, trata de seres humanos y la explotación sexual de mujeres y niños, el tráfico ilícito de drogas, el tráfico ilícito de armas, blanqueo de capitales, corrupción, falsificación de medios de pago, la delincuencia informática y la delincuencia organizada.* A estos habría que añadir las infracciones que perjudiquen los *intereses financieros de la Unión (artículo 86 TFUE).*

Estructura del principio de proporcionalidad penal y su aplicación en la Unión Europea

JOSÉ MANUEL LORENZO SALGADO
Catedrático emérito de Derecho penal
Universidad de Santiago de Compostela
Relator general del congreso

La presente ponencia consta de los siguientes cuatro apartados:

1) El primero de ellos, de carácter introductorio, se dedica a poner de relieve la significación e importancia del principio de proporcionalidad, sobre el que todo país democrático debe asentar su ordenamiento penal. En nuestra Constitución si bien no se alude expresamente a dicho principio, este se deduce de varios de sus preceptos, entre los que cabe citar los arts. 1.1 y 9.3. En la legislación europea es ampliamente reconocido tanto por el Derecho primario (por ej., en la Carta de los derechos fundamentales de la UE) como por el secundario (así, entre otras, por la Directiva 2018/1763, relativa la lucha contra el blanqueo de capitales mediante el Derecho penal).. Por su parte, el Convenio europeo de derechos humanos, aunque no lo menciona *nominatim* puede deducirse de sus arts. 8 a 11.

2) Teniendo en cuenta la estructura tripartita del principio, concretada en los subprincipios de *idoneidad, necesidad* y *proporcionalidad en sentido estricto,* en el segundo de los apartados de la ponencia se analiza lógicamente la exigencia de la *idoneidad* de la norma. Conforme a ella, únicamente ha de acudirse a la sanción penal cuando con la conducta prohibida se afectan intereses vitales para la convivencia comunitaria. Así pues, la norma es idónea cuando posee capacidad para proteger bienes jurídicos valiosos, dado que solo de esta manera la regulación penal encuentra su legitimidad. Y tal legitimación concurre, ciertamente, en los delitos de especial gravedad a los que se refiere el art. 83.1.párr. 2° (vid. también el párr. 3°) del TFUE, que impone que las Directivas de ámbito penal se circunscriban a las conductas delictivas indicadas en el citado precepto. En consecuencia, no es objetable, desde esta perspectiva de idoneidad de la norma, el elenco de los graves delitos aludidos en el susodicho art. 83.

Un ej. paradigmático de ausencia de idoneidad de la norma viene representado por el caso Dudgeon juzgado por el TEDH, cuya sentencia de octubre de 1981 condujo a que Irlanda del Norte derogase en 1982 la legislación penal que prohibía las relaciones sexuales consentidas entre hombre adultos.

3) El tercero de los apartados de este trabajo se ocupa del subprincipio de *necesidad*, de acuerdo con el que la norma de que se trate ha de ser indispensable para tutelar debidamente el bien jurídico atacado. De esta suerte, si el mismo grado de protección se obtuviese con una norma de menor intensidad (bien sea penal o extrapenal) es ineludible acudir a ella. El requisito o subprincipio de necesidad entronca, pues, con el pensamiento liberal de la mínima intervención penal posible. No puede, sin embargo, desconocerse la enorme dificultad que, en determinados supuestos, se presentaría a la hora de determinar si, con una reacción punitiva de menor gravedad que la prevista en la norma penal, se lograría un nivel de eficacia similar en la protección del bien jurídico o incluso si ya sería suficiente para conseguir tal eficacia con una sanción o medida de carácter no penal.

Tal dificultad no concurrió en el llamado caso Zoni, mayorista italiano que, en contra de lo dispuesto en la legislación italiana, había importado de la RF de Alemania pastas que contenían una mezcla de trigo blando y duro, lo cual no se admitía en Italia para la elaboración de pastas secas, de mayor calidad y durabilidad.

Incoado el correspondiente procedimiento penal, el señor Zoni alegó en su defensa que la aplicación de la legislación de su país resultaba incompatible con los arts. 30 y 36 de Tratado CEE. Ante ello, el magistrado nacional planteó una cuestión prejudicial ante el TJUE, quien en sentencia de julio de 1988 resolvió que el Tratado prohíbe cualquier normativa interna que obstaculice la importación de mercancías entre países miembros; en este caso, pastas fabricadas con trigo blando o con mezcla de blando y duro. Sin embargo, como lo decisivo es que los consumidores estén informados sobre la mercancía que adquieren, se decidió por el Tribunal europeo que era suficiente con el adecuado etiquetamiento del producto, medida menos restrictiva de derechos que la reacción penal, que no era necesaria o indispensable para obtener la protección del consumidor.

4) En el apartado cuarto de la ponencia se completa el análisis del contenido del principio de proporcionalidad en sentido amplio, teniendo en cuenta que, concurrentes la *idoneidad* y *necesidad* de la norma, resta por examinar el ultimo de sus subprincipios, referido a la *proporcionalidad stricto sensu*. Y esta se dará si la limitación de derechos que la norma comporta (coste de la intervención penal) no es superior a la protección o beneficio que con ella se pueda alcanzar. En suma, si las normas penales no guardan

el necesario equilibrio entre hecho y sanción, o se castigan de igual modo hechos de distinta gravedad, no puede afirmarse la vigencia del principio de proporcionalidad.

La preservación de la indicada vigencia corresponde tanto al legislador al prever conductas y sanciones (proporcionalidad en abstracto), como al juez al aplicar la norma (proporcionalidad en concreto). El legislador tiene, pues, la obligación de evitar todo aquello que pueda afectar al principio, tema tratado *in extenso* en el trabajo incluido en el presente volumen. Además de la relevancia de la actividad legislativa, es decisiva también, como decimos, la actuación judicial, que cuenta con las importantes reglas de determinación e imposición de la pena. En todo caso, el juzgador debe buscar un adecuado equilibrio entre el valor del fin perseguido por la norma y el medio empleado (sanción), ya que para ello goza en nuestro Derecho de un amplio arbitrio para adoptar la correspondiente resolución, que ha estar debidamente motivada. En definitiva, el juez debe evaluar todos aquellos elementos que conduzcan a una sentencia proporcionada (justa), evaluación que no puede ir en contra de preceptos constitucionales.

En el Derecho europeo, uno de los supuestos más significativos en el que resulta obligado llevar a cabo la ponderación propia del juicio de proporcionalidad en sentido estricto, es el denominado caso Tsakouridis, en el que el TJUE estudió y resolvió las cuestiones prejudiciales que le fueron planteadas por el Tribunal superior administrativo de Baden-Württemberg. Se trataba de dilucidar cuáles eran los elementos que debían ser ponderados para proceder a la expulsión de un ciudadano griego que, integrado en banda organizada, cometió varios actos de tráfico de drogas por los que fue condenado a 6 años y 6 meses de prisión. Había residido en Alemania los últimos diez años, previos a la decisión de expulsión, si bien con alguna ausencia. Para determinar si tales ausencias del señor Tsakouridis eran suficientes para la pérdida de la protección reforzada que le otorgaba el artículo 28, apartado 3, de la Directiva 2004/38, había de valorarse la duración de cada ausencia del país de acogida, la duración total y frecuencia de dichas ausencia, los motivos que las explicasen, y ello a los efectos de precisar si estas ausencias fueron debidas a que el Estado de acogida había dejado de ser el "centro de sus intereses personales, familiares o profesionales". Si después de esta valoración, el órgano que propuso las cuestiones prejudiciales llegase a estimar —al resolver definitivamente el asunto— que el interesado sigue manteniendo la indicada protección reforzada, el Tribunal de Luxemburgo señala que deberá tenerse presente que el tráfico de drogas, por estar abarcado por el concepto "motivos imperiosos de seguridad pública", puede justificar su expulsión de Alemania.

Y si el Tribunal alemán —competente para decidir el litigio— considera que su protección se limita a la prevista en el art. 28, apartado 2, de la Directiva (por las mencionadas ausencias), puede procederse a la expulsión, pues su conduta de tráfico de drogas se halla igualmente comprendida en el concepto "motivos graves de orden público o seguridad pública". Para decidir la expulsión en cualquiera de ambas hipótesis, el Tribunal de Justicia destaca que han de tomarse en consideración, entre otras, y como más relevantes, la duración de la residencia del interesado en su territorio, su edad, estado de salud, situación familiar y económica, su integración social y cultural en el Estado miembro de acogida y la importancia de los vínculos con su país de origen.

En definitiva, como antes se apuntó, estamos ante un claro supuesto de aplicación del juicio de proporcionalidad *en sentido estricto,* en el que habrá de determinarse, mediante la ponderación de las circunstancias a que hace mención el TJUE, si se da el debido equilibrio entre la conducta y su consecuencia jurídica.